중대재해처벌법

위험을 넘어 안전한 사회로

중대시민재해 이해와 실무

최명기 저

공학박사/지도사/기술사

지우북스

〈저자 프로필〉

교수 **최명기**

- 전남대학교 토목공학 학사
- 광운대학교 건설법무대학원 법학석사
- 동신대학교 대학원 공학석사, 공학박사
- 산업안전지도사(건설안전, 2012)
- 기술사(안전 · 품질 · 시공 · 도로)
- 기술거래사
- 대한민국산업현장교수단 교수
- 안전사회 구축을 위한 전문가모임 대표
- 한국안전리더스포럼 부회장
- 한국기술사회 안전조사위원장
- 국회 재난안전정책포럼 전문위원
- 한국재난안전정책연구원 특별사고조사위원장
- 한국건설안전학회 부회장
- 한국건설품질기술사회 부회장
- 한국건설안전환경실천연합 부회장
- KBS 재난안전방송 전문위원
- 이투데이 자문위원

머리말

우리 사회는 건축물, 도로, 교량, 터널, 지하철, 항공기, 여객선 등 다양한 공중이용시설과 공중교통수단을 통해 시민의 생활 기반을 제공하고 있다. 이러한 공간과 수단들은 시민의 생명과 안전을 직접적으로 보호하는 공공 인프라이다. 그 안전성은 국가 공동체의 지속 가능성과 신뢰를 좌우하는 근본적인 가치라 할 수 있다.

공중이용시설과 관련하여 최근 발생한 중대시민재해는 단순한 물리적 사고를 넘어 공중이용시설의 설계 적정성, 유지관리체계의 실효성, 위험요인의 선제적 대응 여부 등 구조적 문제에 대한 근본적인 점검을 요구하고 있다. 이는 공중이용시설에 대한 법적 책임뿐만 아니라 예방 중심의 안전관리 패러다임 정립과 실질적인 관리 역량의 구축이 절실하다는 점을 분명히 요구하고 있다.

중대시민재해는 예측 불가능한 사고가 아니라 예방 가능한 위험의 관리 실패에서 비롯되는 경우가 많다. 중대시민재해 대응책 마련은 기술과 제도의 문제를 넘어 사람의 생명을 최우선으로 두는 사회적 의지의 표현이다. 안전이라는 가치가 일상의 풍경 속에서 실현될 수 있도록 우리 모두의 적극적인 참여와 성찰이 필요한 시점이다.

이 책은 「중대재해처벌법」상 중대시민재해(공중이용시설)에 대한 이해를 돕고 실질적인 대응이 가능하도록 하기 위한 종합적인 실무 지침서로 기획되었다. 공중이용시설과 공중교통수단에서 발생할 수 있는 피해 사례를 중심으로 중대시민재해의 법적 개념과 적용 요건, 안전보건 확보의무, 사고 발생 시 대응 절차, 재발방지 대책까지 전 과정에 걸쳐 구조화된 내용을 담고 있다.

특히 이 책은 정부, 지방자치단체, 공공기관, 민간시설 운영 주체 등 현장에서 책임 있는 역할을 수행해야 하는 실무자들이 보다 효율적으로 활용할 수 있도록 구성되었다. 법령 해석뿐만 아니라 구체적인 안전보건 확보의무 요령, 가상 사고기반 적용 시나리오 분석, 중대시민재해 실무적용 쟁점 정리 등 실질적이고 구체적인 대응 요령을 중심으로 정리하였다. 단순한 이론서가 아닌 현장 중심의 실무 가이드로 기능할 수 있도록 구성하였다.

이 책이 중대시민재해 예방과 대응에 있어 각 기관과 실무자가 필요로 하는 지식과 실무 기준을 제시하여 사회 전체의 안전문화 형성과 시민 생명 보호에 기여할 수 있기를 진심으로 기대한다.

많은 부분에서 미흡하고 부족하지만 계속해서 보완하여 중대시민재해 사고를 예방하는데 기여토록 하겠다.

2025년 9월

저자 최명기

목차

제1장

왜 지금, 중대시민재해인가

01 예고된 비극이 낳은 시민의 분노와 좌절

“이런 비극이 더 이상 반복되어서는 안 됩니다.” 참사가 발생할 때마다 이 말은 어김없이 나온다. 이제는 국민들에게 너무 익숙하게 들려 공허함만 남는다. 그동안 우리는 수많은 재난을 겪어왔고 많은 생명이 희생되었다. 삼풍백화점 붕괴, 대구 지하철 화재, 세월호 침몰, 병원 화재, 이태원 압사 사고 등 우리 사회는 안타까운 참사들과 함께 수많은 역사를 써왔다.

그러함에도 불구하고 정작 바뀐 건 거의 없다. 사고의 원인은 언제나 유사했다. 부실한 시공, 안전 경시, 허술한 관리, 미비한 시스템, 부족한 예산과 인력, 책임 회피 등이 되풀이됐다. 그리고 그 책임은 너무 쉽게 개인의 실수로 축소되거나 시간이 지나면서 기억 속에서 희미해졌다. ‘중대시민재해’는 반복되는 구조적 참사로 인해 무고한 시민이 희생되는 현실을 직시한 결과물이다.

이러한 문제들은 단순히 개인의 부주의나 실수가 아닌 제도와 조직의 구조적인 무관심에서 비롯된 것들이다. 공공기관의 미온적인 대응과 시민사회 전체의 침묵 또한 이 고리를 더욱 단단하게 만들었다. 그래서 사람들은 분노했고 행동으로 이어졌다. 단순한 항의가 아니라 구조적인 변화를 요구한 것이다. 누가 책임을 져야 하는지, 어떤 시스템이 필요하며 무엇이 실패했는지를 명확히 따져 묻기 시작했다. 그 요구에 응답해 만들어진 것이 바로 ‘중대재해처벌법’이다. 그중에서도 ‘중대시민재해’ 조항이 바로 그것이다.

‘중대시민재해’란 피해자가 잘못해서 발생한 일이 아니라 무책임과 방치가 낳은 결과라는 점을 분명히 밝히는 선언이다. 이제는 조직과 사회가 회피할 수 없는 책임을 함께 짊어지겠다는 약속이다.

이 법은 단순한 처벌 규정이 아니라 재난을 사전에 막기 위한 시스템을 의무화하는 사회적 장치이며 조직 내 실질적인 경영책임자에게 법적 책임을 명확히 하는 기준선이다.

“무너진 것은 단지 건물이 아니었다. 우리 사회의 책임감과 구조 그 자체였다.” 이 말은 과거를 되돌아보는 비판을 넘어 우리에게 던지는 깊은 성찰의 메시지이다.

02 입법의 필요성과 사회적 합의

2.1 입법의 필요성 : 왜 이 법이 필요했는가?

중대시민재해에 대한 입법은 단순히 처벌을 위한 법이 아니라 "책임을 묻는 사회"에서 "책임을 다하는 사회"로 나아가기 위한 약속이다.

표 1.1 입법의 필요성과 사회적 합의

구분	내용
입법 필요성	반복된 참사, 기존 법의 한계, 책임 회피구조
사회적 합의	시민사회 요구, 국회의 입법, 예방 중심의 패러다임 전환
핵심 가치	생명과 안전은 타협할 수 없는 공공의 권리

1) 되풀이되는 참사와 예방 실패

가습기 살균제 사태, 세월호 침몰, 이태원 압사 참사, 오송지하차도 침수사고 등은 모두 공중이용시설이나 제품, 교통수단의 관리 부실로 인해 시민들이 피해를 입은 대표적인 사례이다. 대부분의 참사는 사전에 막을 수 있었다. 그럼에도 불구하고 책임이 불분명하거나 관련자에 대한 처벌이 미약해 사회적 불신을 키웠다는 점에서 문제가 있었다.

2) 기존 법 제도의 제한적 대응

산업안전보건법은 근로자 보호 중심의 법률이며 「제조물책임법」과 「국가배상법」 역시 민사적 손해배상에 초점이 맞춰져 있다. 이런 상황에서 중대시민재해 발생시 형사책임을 명확히 부과할 수 있는 법적 근거가 부족하다 보니 실질적인 예방 효과를 기대하기 어려웠고 사고에 대한 경각심 유발에도 한계가 있었다.

3) 책임 회피의 구조와 제도의 한계

사고가 발생할 때마다 실무자 또는 하청업체에 책임이 집중되고 정작 경영진이나 공공기관장은 책임을 회피하는 구조가 반복되었다. 이러한 면책 관행은 조직 내 실질적 경영책임자에게 책임을 묻지 못하는 제도적 공백으로 이어졌고 이에 대한 개선 요구는 갈수록 높아졌다.

4) '중대시민재해'의 입법 필요성과 역할

이러한 배경 속에서 제정된 '중대시민재해' 조항은 반복되는 사회적 참사를 끊기 위한 핵심적인 제도적 수단이다. 단순히 사고 이후 처벌뿐만 아니라 조직이 사전에 안전관리체계를 갖추도록 의무화하고 사고 발생 시 실질적인 경영 책임자에게 책임을 묻는 기준을 제시하는데 의의가 있다. 중대시민재해 조항은 시민의 안전을 국가와 기업이 공동으로 책임져야 한다는 사회적 합의의 산물이며 단순히 법률을 넘어서는 사회공동체의 윤리적 선언이기도 하다.

2.2 사회적 합의 : 어떻게 공감대를 형성했는가?

중대시민재해에 대한 공감대는 반복된 사회적 비극을 겪은 시민들의 집단적 성찰과 절실한 요구에서 비롯된 것이다. "더는 시민을 구조적 무책임의 희생양으로 내버려 두지 않겠다"라는 사회 전체의 약속이라고 볼 수 있다.

1) 시민사회의 강력한 목소리와 공감대 형성

지금까지의 대형참사는 모두 예방할 수 있었음에도 발생한 재난이었다. 이에 따라 노동계, 시민단체, 피해 유가족들은 "책임 있는 자가 책임을 져야 한다"라는 공통된 구호 아래 법 제정을 강력히 촉구해왔다. 특히 세월호 참사를 계기로 "안전은 선택 가능한 비용이 아니라 누구나 누려야 할 기본 권리"라는 인식이 사회 전반에 깊이 뿌리내렸다. 시민들은 사고 후 처벌도 중요하지만 사고 자체를 미리 막을 수 있는 구조 개혁을 요구했다.

2) 국회 및 정부의 수용과 입법 결정

2021년 1월, 여야 간 합의로 「중대재해처벌법」이 국회를 통과했고 이 법은 2022년 1월부터 시행에 들어갔다. 입법 과정에서 산업현장의 재해인 중대산업재해와 시민 대상의 재해인 중대시민재해를 구분해 규정함으로써 일반 국민도 법적 보호를 받을 수 있도록 제도적 장치를 마련하였다. 이는 공공 영역에서 발생하는 안전 문제까지 포괄하겠다는 명확한 의지의 표현이다.

3) 입법 과정에서 사회적 숙의와 조율

법안을 만드는 과정에서 과도한 처벌이나 기준의 불명확성 등에 대한 우려가 제기되기도 했다. 그러나 논의는 '예방 중심의 안전관리 시스템' 도입이라는 방향성 아래 조율되었다. 이 과정에서 법적 적용대상의 범위, 공무원의 책임 부여, 교육시설 적용 여부 등에 대한 세부 쟁점들은 지속적인 사회적 협의를 거쳐 입법안에 반영되었다.

2.3 입법 과정 중 주요 쟁점 사항

입법 과정 중 공무원 처벌 규정, 5인 미만 사업장 제외 여부, 안전보건 확보의무를 어떻게 구체화해 규정할 것인지의 여부, 인과관계 추정 여부, 중대시민재해의 적용 범위 등이 대표적인 주요 쟁점사항이었다.

1) 공무원 처벌 규정

중대재해처벌법을 만드는 과정에서 공중이용시설이나 공중교통수단의 안전을 감독하거나 인허가를 담당하는 공무원이 직무를 소홀히 해 중대시민재해 발생에 영향을 준 경우 가중 처벌해야 한다는 의견이 제기되었다.

하지만 이에 대해서는 반대 의견도 많았다. 공무원에게 과도한 책임을 지우는 것은 자기책임 원칙에 어긋나며 자칫하면 소극 행정을 초래할 수 있다는 우려 때문이었다. 결국 형법 등 기존 법률과 달리 공무원에 대한 별도의 가중처벌 조항은 포함되지 않았다.

대신 중대산업재해와 중대시민재해에 대한 책임을 지는 경영책임자의 범위에 중앙행정기관의 장, 지방자치단체의 장, 지방공기업의 대표, 공공기관의 책임자 등이 포괄적으로 포함되도록 입법되었다.

중대재해에 영향을 준 공무원을 직접 처벌하지는 않지만 예산·인력·점검·계획 등 실질적 권한을 가진 경영책임자에게 법적 책임을 묻는 방식으로 입법이 이루어진 점은 제도적 현실성과 예방 효과 측면에서 긍정적으로 평가되고 있다.

2) 안전보건 확보의무를 어떻게 구체화하여 규정할 것인지의 여부

중대시민재해와 관련된 법 제9조는 경영책임자에게 안전과 보건을 확보할 의무를 부여하고 있다. 하지만 그 의무의 내용이 너무 추상적이라는 지적이 많았다. "무엇을 어떻게 해야 하는지"가 명확하지 않으면 형벌을 부과할 수 없다는 죄형법정주의 원칙에 위배될 수 있다는 우려도 제기됐다.

논의 끝에 법에서는 4가지 안전보건 확보의무를 명시했고 그중 2가지는 시행령에서 구체적으로 정하도록 위임했다. 이렇게 해서 법의 실효성과 명확성을 높이려는 조치가 이루어졌다. 시행령에는 ① 재해예방에 필요한 인력·예산·점검 등 안전보건관리체계의 구축 및 그 이행에 관한 조치와 ② 안전보건 관계 법령에 따른 의무이행에 필요한 관리상의 조치가 규정되었다. 완벽하지는 않지만 시행령을 통해 실무자가 실제로 무엇을 해야 하는지를 명확히 규정했기 때문에 법의 적용 기준이 보다 구체화되었고 형벌의 정당성 역시 확보할 수 있게 되었다.

표 1.2 시행령에서 구체화된 2가지 의무

항목	구체적 내용
안전보건관리체계의 구축과 이행	재해예방에 필요한 인력 · 예산 · 점검 계획 등
안전 · 보건 관계 법령에 따른 의무이행에 필요한 관리상의 조치	관련 법령에 따른 의무이행 여부 점검과 교육 이수 여부 확인 및 조치 등

3) 인과관계 추정 여부

중대재해처벌법의 인과관계 판단은 형사법의 기본 원칙과 충돌하는 지점이 많아 입법 과정에서 상당한 논란이 있었다. 특히 중대재해에 대해 인과관계를 추정하는 조항은 형법상 무죄 추정 원칙과 검사에게 입증 책임이 있다는 원칙에 반한다는 이유로 최종적으로 법안에서 제외되었다.

하지만 중대산업재해와 관련된 실제 판례에서는 여전히 인과관계가 인정되어야만 범죄 성립이 가능하다는 경향이 강하게 나타나고 있다. 2023년 8월 창원지방법원에서 선고된 중대재해처벌법 4호 판결에서는 경영책임자의 안전보건 확보의무 위반과 중대산업재해 사이의 인과관계를 비교적 자세히 판단하고 있다. 이 사건 판결에서는 "대표이사가 안전보건 확보의무를 이행했더라면 근로자의 사망이라는 결과가 발생하지 않았을 것"이라는 가설을 바탕으로 인과관계를 인정"하는 방식으로 접근했다.

반면 중대시민재해는 아직까지 판례가 거의 없거나 매우 제한적인 상황이다. 대표적인 사례로는 2023년 4월에 발생한 성남시 분당구 정자교 인도 붕괴사고가 있다. 이 사고는 공중이용시설에서 시민이 사망한 사건으로 중대시민재해 적용 가능성이 제기되었다. 그러나 경찰은 성남시장이 안전보건 확보의무를 소홀히 했다는 정황이 없었다고 판단해 무혐의 처분을 내린 바 있다. 이 사건은 중대시민재해에 대한 첫 적용이 가능한 사례였지만 경영책임자의 의무이행 여부, 예산 승인 및 인력 증원 등 행정적 조치, 사고와의 직접적 인과관계 부재 등을 근거로 형사책임을 묻지 않았다.

사실 중대시민재해는 인과관계 입증이 더 어려운 영역이다. 사고 발생 원인으로서 공중이용시설의 구조적 결함, 관리 부실, 외부 요인 등이 복합적으로 작용하기 때문이다. 입법적으로 인과관계 추정 조항은 제외된 상태이지만 경영책임자에게 책임을 묻기 위해서는 정밀한 인과관계 분석과 실질적 의무 위반 연관성이 필요하다. 이런 연유로 중대시민재해에 대한 법적 책임을 묻는 데 있어서는 실무적 한계와 해석의 여지가 클 것으로 보인다. 따라서 향후 판례 축적과 제도 개선이 병행되어야 할 것으로 보인다.

4) 중대시민재해의 적용 범위

중대시민재해 적용 범위에서 교육시설이 제외된 결정은 법적·행정적 현실을 반영한 것이지만 그에 따른 안전 사각지대는 분명히 존재한다.

학교를 비롯한 교육시설은 이미 「교육시설안전법」 등을 통해 안전관리 의무와 처벌 규정이 명시돼 있다. 이에 따라 교육계에서는 중대산업재해 뿐만 아니라 중대시민재해까지 적용될 경우 이중 처벌 우려와 함께 교육활동이 위축될 수 있다는 점을 들어 강력하게 반대하였다. 그러나 교육시설은 공중이용시설의 하나로 학생들이 이용 중 사고를 당할 수 있는 공간이다. 실제로 학교 내 시설물 붕괴나 화재 등으로 인해 학생이 사망하거나 중상을 입는 사고가 발생할 수도 있다. 그럼에도 불구하고 교육시설은 중대시민재해 적용 대상에서 제외되었다. 그러나 향후 교육시설의 안전 문제에 대해서는 사회적으로 보다 깊이 있는 논의가 필요한 부분이다. 단순한 처벌 강화가 아니라 교육시설에 적합한 안전보건관리체계 구축, 예산 및 인력 지원 확대, 교육청과 전문기관 간 협력 강화 등 실질적인 대책을 통해 사고예방이 필요하다. 궁극적으로는 학생의 생명과 안전을 최우선으로 보호하는 제도적 장치가 마련되어야 한다.

최근 들어 서울 강동구 명일동, 서울 서대문구 연희동, 경기도 광명시 등에서 도로 지반 침하(일명 땅꺼짐)로 시민이 사망하거나 중상을 입는 사고가 잇따라 발생하고 있다. 사고의 대부분은 공중이용시설 또는 지하 공사와 관련된 구조적 결함이 원인으로 추정된다. 땅꺼짐 사고는 중대시민재해에 해당되지는 않는다. 그러나 반복되는 사망사고로 인해 통해 땅꺼짐(싱크홀) 사고도 중대시민재해에 포함하여야 한다는 필요성은 점점 더 힘을 얻고 있다.

중대시민재해는 「중대재해처벌법」 시행령에서 적용대상을 공중이용시설·공중교통수단·원료·제조물로 한정하고 있다. 도로, 하수도 덮개, 공사 중 터널 등은 공중이용시설로 명시되어 있지 않기 때문에 법 적용에 어려움이 있다. 이에 대해 시민단체와 전문가들은 공중이용시설의 범위를 확대하거나 시행령에서 규정하고 있는 시설물 외에 '영조물 전체'로 포괄하는 방식으로 개정할 필요가 있다고 주장하고 있다. 그렇게 해야만 도로, 하수도, 공사 중 구조물 등에서 발생하는 사고에 대해서도 중대시민재해로 그 책임을 물을 수 있기 때문이다.

적용 범위 확대가 필요한 이유는 같은 사망사고일지라도 장소에 따라 법 적용 여부가 달라지는 불합리를 해소할 필요가 있기 때문이다. 또한 관리주체가 법적 책임을 지게 되면 예방적 조치를 강화하는 동기로 작용하여 시민의 생명을 보호할 수 있기 때문이다. 지금부터라도 법령 개정을 통해 적용 범위를 확대하고 공중이용시설 전반에 대한 안전관리 책임을 강화할 필요성이 있다.

5) 애매한 포괄적인 규정

법 조항의 포괄성으로 인해 실무에서 혼선이 나타나고 있다. 중대시민재해의 적용 범위와 관련된 혼란은 실제 현장에서 안전관리 책임을 명확히 하기 위해 반드시 짚고 넘어가야 할 중요한 사항이다. 중대재해처벌법 제9조 제1항에서는 사업주와 경영책임자에게 원료나 제조물의 설계 · 제조 · 관리상의 결함으로 인한 안전보건 확보의무를 하도록 하고 있다. 그러나 '원료'나 '제조물'이 정확히 무엇을 의미하는지에 대한 법적 정의가 명확하지 않아 실제 사고 발생 시 법 적용 여부를 판단하는데 어려움이 발생하고 있다.

시행령 [별표 5]에서는 12가지 원료 · 제조물 유형을 예시로 제시하고 있다. 유해화학물질, 의료기기, 식품, 의약품, 독성가스 등이 포함되어 있지만 이 목록에 포함되지 않은 경우는 중앙행정기관의 고시 여부에 따라 법 적용 가능성이 달라진다. 이러한 구조는 법적 판단을 모호하게 만들 수 있다. 따라서 고시되지 않은 위험물이라도 안전상 일정 기준을 충족하면 법 적용이 가능하도록 법적 보완이 필요하다.

예컨대 지하에 매설된 온수배관이 파열되어 시민이 사망하거나 부상을 입는 사고가 발생한 경우 해당 배관이 '제조물'에 해당하는지 여부와 고시된 위험물로 분류되는지에 따라 중대시민재해 적용 여부가 달라질 수 있다. 사고의 심각성은 분명함에도 법적 책임을 묻기 어려운 상황이 발생할 수 있다는 점에서 적용 범위를 구체적으로 명확히 하는 것이 매우 중요하다.

따라서 원료 · 제조물의 정의를 보다 구체화하고 사고 유형별 적용 가능성을 명시한 실질적인 해설서나 가이드라인을 마련하거나 중앙행정기관의 고시 절차를 구체적으로 운영하는 것이 필요하다. 이러한 제도 개선은 단순히 법적 명확성을 높이는 데 그치지 않고 시민의 생명과 안전을 실질적으로 보호하는 법적 기반을 강화하는 데 기여할 것이다.

03 이 법이 던지는 사회적 메시지

「중대재해처벌법」 특히 중대시민재해 조항은 사회가 안전을 어떻게 인식하고 책임질 것인가에 대한 철학적 입장을 담고 있다.

이 법이 전하는 가장 중요한 사회적 메시지는 다음과 같다.

- "사고의 책임은 현장 담당자가 아니라 최종 결정권자에게 있다"라는 구조적 인식의 변화
- "안전은 선택의 문제가 아닌 모든 시민이 누려야 할 기본적인 권리"라는 인식의 확산
- "재난은 불운의 결과가 아니라 조직과 제도의 관리 실패"라는 사회적 합의의 정립

1) 책임의 재정의 : 실무자가 아닌 결정권자가 책임진다.

중대시민재해와 관련된 중대재해처벌법은 경영책임자, 기관장, 지자체장 등 실질적인 권한을 가진 자에게 책임을 묻고 있다. 반복되는 참사에서 책임이 하청업체나 현장 실무자에게만 전가되던 관행을 끊고 조직을 운영하고 의사를 결정하는 경영책임자와 기관장에게 실질적 책임을 묻는 구조로의 전환을 의미한다. 이는 안전에 관한 조직문화와 리더십의 책임 윤리를 새롭게 정립하는 계기가 되었다.

2) 안전은 비용이 아니라 시민의 권리다.

"예산 부족"이나 "인력 미비"를 이유로 안전을 소홀히 해온 관행에 제동을 걸고 모든 시민이 안전하게 살아갈 권리를 보장해야 한다는 인식 확산이 요구되고 있다. 법 제정에 따라 기업과 공공기관은 인력 · 예산 확보, 점검체계 마련, 안전 교육 등 전반적인 안전관리 시스템을

구축할 법적 의무를 지니게 되었으며 이는 곧 "안전은 비용이 아닌 투자"라는 인식의 전환을 촉진시켰다.

3) 사고는 운이 아니라 관리의 실패다.

중대시민재해는 예측이 가능하고 예방이 가능한 사고를 전제로 한다. 이는 과거 "불가항력"이라는 표현으로 책임을 회피해오던 관행에 종지부를 찍는 선언이다. "사고가 났다면, 누군가는 책임을 다하는 것이다"라는 인식 전환을 요구한다. 이 법은 중대시민재해를 불가피한 우연으로 치부하던 태도에서 벗어나 사고는 예방 가능한 시스템의 부재와 관리 소홀의 결과라는 사회적 메시지를 내포하고 있다.

4) 예방 중심 사회로의 전환

이 법은 단순히 처벌을 위한 수단이 아니라 사고 이전 단계에서 사전에 예방 시스템을 구축하도록 강제한다. 사고 이후의 처벌보다 중요한 것은 사전에 위험을 감지하고 차단할 수 있는 구조적 시스템을 갖추는 것이라는 방향성을 제시하고 있다.

5) 시민을 무방비 상태로 방치하지 않겠다는 공동체의 약속

중대시민재해 조항은 국가와 기업이 시민의 생명과 안전을 공동으로 책임져야 한다는 윤리적 선언이며 더는 피해자가 침묵 속에 잊히지 않도록 제도화된 기억이다. 중대시민재해를 다루고 있는 「중대재해처벌법」은 단순한 법적 처벌을 넘어서 '책임'을 다시 정의하고 '안전'을 새롭게 구성하겠다는 공동체의 선언이다. 이 법은 우리가 무엇을 책임지고 어떻게 안전을 지킬 것인가에 대한 사회 전체의 성찰과 약속이기도 하다. 이는 곧 우리 사회가 반복되는 중대시민재해를 무관심과 책임 회피 속에 흘려보내지 않겠다는 뜻이며 "누가 책임져야 하는가, 어떻게 막을 것인가"에 대한 집단적 성찰의 결과물이다.

제2장

중대시민재해란 무엇인가

01 중대재해처벌법(중대시민재해) 목적

중대재해처벌법 제1조(목적)

이 법은 사업 또는 사업장, 공중이용시설 및 공중교통수단을 운영하거나 인체에 해로운 원료나 제조물을 취급하면서 안전보건 조치의무를 위반하여 인명피해를 발생하게 한 사업주, 경영책임자, 공무원 및 법인의 처벌 등을 규정함으로써 중대재해를 예방하고 시민과 종사자의 생명과 신체를 보호함을 목적으로 한다.

「중대재해처벌법」 중 중대시민재해 조항은 공중이용시설이나 공중교통 수단을 운영하거나 인체에 해로운 원료·제품을 취급하는 과정에서 안전보건 의무를 소홀히 하여 시민에게 피해를 준 경우 사업주·경영책임자·공무원·법인에게 형사처벌과 벌금형을 부과할 수 있도록 만든 법이다. 이 법은 시민의 생명과 신체를 보호하고 사고를 예방하기 위한 제도적 장치로 제정되었다.

생산·제조·판매·유통 중인 원료나 제품에 설계·제조·관리상의 결함이 있을 경우 또는 공중이용시설이나 공중교통수단에 설계·설치·관리상의 결함이 있을 경우 사업주나 경영책임자는 안전보건 확보의무를 이행해야 한다. 이러한 위험을 예방하기 위해 경영책임자는 안전보건관리체계를 구축하고 운영하는 등 안전보건 확보의무를 수행해야 한다.

일반적으로 경영책임자가 안전보건 확보의무를 위반하여 중대시민재해가 발생한 경우 형사처벌 대상이 된다. 중대시민재해에 대한 형사처벌 조항은 「중대재해처벌법」 제10조와 제11조에 명시되어 있다. 이 조항들은 단순한 처벌을 넘어 사전에 안전보건관리체계를 구축하고 이행할 책임을 명확히 하려는 목적을 담고 있다.

법 전문에서는 경영책임자의 의무를 '안전보건 확보의무'라고 표현하고 있지만 법 제1조(목적)에서는 '안전보건 조치 의무'라는 용어를 사용하고 있어 용어 혼란이 발생할 수 있다. 이 두 표현은 법적 의미가 다르기 때문에 향후 법 개정에서는 '안전보건 확보의무'로 통일하는 것이 바람직하다고 생각된다.

02 중대재해처벌법의 구성과 체계

2.1 법의 구성

「중대재해처벌법」은 총 4장 16개 조문과 부칙으로 구성되어 있다. 시행령은 총 4장 13개 조문과 부칙 및 별표로 구성되어 있다.

표 2.1 「중대재해처벌법」 구성 체계(4장 16개 조문)

장	조문
제1장 총칙	제1조 목적 제2조 정의
제2장 중대산업재해	제3조 적용 범위 제4조 사업주와 경영책임자 등의 안전 및 보건 확보의무 제5조 도급 · 용역 · 위탁 등 관계에서의 안전 및 보건 확보의무 제6조 중대산업재해 사업주와 경영책임자 등의 처벌 제7조 중대산업재해의 양벌규정 제8조 안전보건교육의 수강
제3장 중대시민재해	제9조 사업주와 경영책임자 등의 안전 및 보건 확보의무 제10조 중대시민재해 사업주와 경영책임자 등의 처벌 제11조 중대시민재해의 양벌규정
제4장 보칙	제12조 형 확정 사실의 통보 제13조 중대산업재해발생 사실 공표 제14조 심리절차에 관한 특례 제15조 손해배상의 책임 제16조 정부의 사업주 등에 대한 지원 및 보고
부칙	제1조(시행일) 제2조(다른 법률의 개정)

표 2.2「중대재해처벌법」 시행령 구성 체계(4장 13개 조문)

구분	내용
제1장 총칙	제1조 목적 제2조 직업성 질병자 제3조 공중이용시설
제2장 중대산업재해	제4조 안전보건관리체계의 구축과 이행 조치 제5조 안전보건 관계 법령에 따른 의무이행에 필요한 관리상의 조치 제6조 안전보건교육의 실시 등 제7조 과태료의 부과기준
제3장 중대시민재해	제8조 원료 · 제조물 관련 안전보건관리체계의 구축과 이행 조치 제9조 원료 · 제조물 관련 안전 · 보건 관계 법령에 따른 의무이행에 필요한 관리상의 조치 제10조 공중이용시설 · 공중교통수단 관련 안전보건관리체계 구축과 이행에 관한 조치 제11조 공중이용시설 · 공중교통수단 관련 안전보건 관계 법령에 따른 의무이행에 필요한 관리상의 조치
제4장 보칙	제12조 중대산업재해발생 사실의 공표 제13조 조치 등의 이행사항에 관한 서면의 보관
부칙	제1조(시행일) 제2조부터 제4조까지 생략 제5조(다른 법령의 개정) 제6조 생략
별표	[별표 1] 직업성 질병(제2조 관련) [별표 2] 법 제2조제4호가목의 시설 중 공중이용시설(제3조제1호 관련) [별표 3] 법 제2조제4호나목의 시설물 중 공중이용시설(제3조제2호 관련) [별표 4] 과태료의 부과기준(제7조 관련) [별표 5] 제8조제3호에 따른 조치 대상 원료 또는 제조물(제8조제3호 관련)

「중대재해처벌법」은 국민의 생명과 안전을 보호하고 그 책임을 방기한 자에게 실질적인 책임을 묻기 위한 제도적 장치로 마련되었다. 중대재해는 크게 두 가지로 구분된다.

① 근로자가 업무 중 사망하거나 중상을 입거나 직업병에 걸리는 경우로 이를 중대산업재해라고 한다.

② 일반 시민이 공중이용시설이나 공중교통수단 혹은 인체에 유해한 원료나 제품으로 인해 피해를 입은 경우로 이는 중대시민재해에 해당한다.

2.2 법의 체계

중대재해처벌법의 체계는 중대재해를 예방하고 이에 대한 책임이 있는 자에게 형사책임을 묻기 위한 구조로 설계되어 있다.

표 2.3 「중대재해처벌법」의 체계

중대재해	
중대산업재해(고용노동부)	**중대시민재해**
노무를 제공하는 사람이 업무에 관계되는 건설물·설비·원재료·가스·증기·분진 등에 의하거나 작업 또는 그 밖의 업무로 인하여 발생한 재해 • 사망자 1명 이상 발생 • (동일 사고) 6개월 이상 치료가 필요한 부상자 2명 이상 • (동일 유해요인) 직업성 질병자 1년 이내에 3명 이상	특정 원료 또는 제조물, 공중이용시설 또는 공중교통수단의 설계·제조·설치·관리상의 결함을 원인으로 하여 발생한 재해 • 사망자 1명 이상 발생 • (동일 사고) 2개월 이상 치료가 필요한 부상자 10명 이상 • (동일 원인) 3개월 이상 치료가 필요한 질병자 10명 이상
	공중이용시설·공중교통수단 분야(국토교통부)
	원료·제조물 분야(환경부)

사업주와 경영책임자 등의 안전보건 확보의무
① 재해예방에 필요한 인력·예산·점검 등 안전보건관리체계의 구축 및 그 이행에 관한 조치 ② 재해발생 시 재발방지 대책의 수립 및 그 이행에 관한 조치 ③ 중앙행정기관·지방자치단체가 관계 법령에 따라 개선·시정 등을 명한 사항의 이행에 관한 조치 ④ 안전보건 관계 법령에 따른 의무이행에 필요한 관리상의 조치

표 2.4 「중대재해처벌법」 관련 소관 부처

「중대재해처벌법」 체계		소관 부처
총괄		법무부
중대산업재해		고용노동부
중대시민재해	원료 · 제조물 분야	환경부
	공중이용시설 · 공중교통수단 분야	국토교통부

「중대재해처벌법」은 국민의 생명과 안전을 보호하기 위한 법률로 다양한 유형의 재해에 대응하기 위해 여러 정부 부처가 협력하는 구조로 운영된다. 이 법의 총괄 부처는 법무부이며 법률 해석과 형사처벌 체계 전반을 관리한다. 중대재해는 크게 두 가지로 나뉘며 각각의 유형에 따라 담당 부처가 달라진다.

① 중대산업재해는 근로자에게 발생한 사고를 의미하며 이에 대한 관리와 감독은 고용노동부가 맡는다.

② 중대시민재해는 일반 시민에게 피해가 발생한 사고로 그 원인에 따라 담당 부처가 나뉜다. 예를 들어 유해한 원료나 제조물로 인한 재해는 환경부가 공중이용시설이나 공중교통수단에서 발생한 사고는 국토교통부가 각각 담당한다.

그 외에도 다양한 안전보건 관련 법령과 제도에 따라 여러 부처가 중대시민재해 대응에 관여하고 있다.

표 2.5 중대시민재해 대응부처와 내용

소관 부처	담당 내용
소방청	화재 및 구조 대응
해양수산부	항만과 해양시설 안전
문화체육관광부	공연장 · 체육시설 등 문화공간 안전
기타	산업통상자원부, 농림축산식품부, 보건복지부, 행정안전부, 교육부, 식품의약품안전처, 원자력안전위원회, 경찰청 등

03 중대시민재해 정의

3.1 법 제2조(정의)에 따른 정의

법 제2조(정의)에서는 중대재해, 중대산업재해, 중대시민재해를 비롯하여 공중이용시설, 공중교통수단, 제조물, 종사자, 사업주, 경영책임자 등 총 9가지 용어를 정의하고 있다.

법 제2조(정의)

이 법에서 사용하는 용어의 뜻은 다음과 같다.

1. "중대재해"란 "중대산업재해"와 "중대시민재해"를 말한다.
2. "중대산업재해"란 「산업안전보건법」 제2조제1호에 따른 산업재해 중 다음 각 목의 어느 하나에 해당하는 결과를 야기한 재해를 말한다.
   가. 사망자가 1명 이상 발생
   나. 동일한 사고로 6개월 이상 치료가 필요한 부상자가 2명 이상 발생
   다. 동일한 유해요인으로 급성중독 등 대통령령으로 정하는 직업성 질병자가 1년 이내에 3명 이상 발생
3. "중대시민재해"란 특정 원료 또는 제조물, 공중이용시설 또는 공중교통수단의 설계·제조·설치·관리상의 결함을 원인으로 하여 발생한 재해로서 다음 각 목의 어느 하나에 해당하는 결과를 야기한 재해를 말한다. 다만, 중대산업재해에 해당하는 재해는 제외한다.
   가. 사망자가 1명 이상 발생
   나. 동일한 사고로 2개월 이상 치료가 필요한 부상자가 10명 이상 발생

다. 동일한 원인으로 3개월 이상 치료가 필요한 질병자가 10명 이상 발생

4. “공중이용시설”이란 다음 각 목의 시설 중 시설의 규모나 면적 등을 고려하여 대통령령으로 정하는 시설을 말한다. 다만, 「소상공인 보호 및 지원에 관한 법률」 제2조에 따른 소상공인의 사업 또는 사업장 및 이에 준하는 비영리시설과 「교육시설 등의 안전 및 유지관리 등에 관한 법률」 제2조제1호에 따른 교육시설은 제외한다.
   가. 「실내공기질 관리법」 제3조제1항의 시설(「다중이용업소의 안전관리에 관한 특별법」 제2조제1항제1호에 따른 영업장은 제외한다)
   나. 「시설물의 안전 및 유지관리에 관한 특별법」 제2조제1호의 시설물(공동주택은 제외한다)
   다. 「다중이용업소의 안전관리에 관한 특별법」 제2조제1항제1호에 따른 영업장 중 해당 영업에 사용하는 바닥면적(「건축법」 제84조에 따라 산정한 면적을 말한다)의 합계가 1천제곱미터 이상인 것
   라. 그 밖에 가목부터 다목까지에 준하는 시설로서 재해발생 시 생명 · 신체상의 피해가 발생할 우려가 높은 장소
5. “공중교통수단”이란 불특정다수인이 이용하는 다음 각 목의 어느 하나에 해당하는 시설을 말한다.
   가. 「도시철도법」 제2조제2호에 따른 도시철도의 운행에 사용되는 도시철도차량
   나. 「철도산업발전기본법」 제3조제4호에 따른 철도차량 중 동력차 · 객차(「철도사업법」 제2조제5호에 따른 전용철도에 사용되는 경우는 제외한다)
   다. 「여객자동차 운수사업법 시행령」 제3조제1호라목에 따른 노선 여객자동차운송사업에 사용되는 승합자동차
   라. 「해운법」 제2조제1호의2의 여객선
   마. 「항공사업법」 제2조제7호에 따른 항공운송사업에 사용되는 항공기
6. “제조물”이란 제조되거나 가공된 동산(다른 동산이나 부동산의 일부를 구성하는 경우를 포함한다)을 말한다.
7. “종사자”란 다음 각 목의 어느 하나에 해당하는 자를 말한다.
   가. 「근로기준법」상의 근로자
   나. 도급 · 용역 · 위탁 등 계약의 형식에 관계없이 그 사업의 수행을 위하여 대가를 목적으로 노무를 제공하는 자

다. 사업이 여러 차례의 도급에 따라 행하여지는 경우에는 각 단계의 수급인 및 수급인과 가목 또는 나목의 관계가 있는 자

8. "사업주"란 자신의 사업을 영위하는 자, 타인의 노무를 제공받아 사업을 하는 자를 말한다.

9. "경영책임자 등"이란 다음 각 목의 어느 하나에 해당하는 자를 말한다.

가. 사업을 대표하고 사업을 총괄하는 권한과 책임이 있는 사람 또는 이에 준하여 안전보건에 관한 업무를 담당하는 사람

나. 중앙행정기관의 장, 지방자치단체의 장, 「지방공기업법」에 따른 지방공기업의 장, 「공공기관의 운영에 관한 법률」 제4조부터 제6조까지의 규정에 따라 지정된 공공기관의 장

3.2 중대시민재해 적합 요건

「중대재해처벌법」 제2조(정의) 제3호에 따르면 '중대시민재해'란 다음의 네 가지 기준으로 정의된다.

① 특정한 원료나 제조물, 공중이용시설, 공중교통수단과 관련된 경우
② 설계 · 제조 · 설치 · 관리 등의 결함이 원인이 된 경우
③ 피해를 입은 사람의 기준에 해당하는 경우
④ 실제로 중대시민재해에 해당하는 사고가 발생했는지 여부

※ 단, 예외적으로 '중대산업재해'에 해당하는 사고는 중대시민재해에서 제외된다.

중대시민재해	
대상	특정한 원료나 제조물, 공중이용시설, 공중교통수단과 관련된 경우
원인	설계·제조·설치·관리 등에서 발생한 결함이 원인이 된 경우
피해자	피해를 입은 사람 기준
발생	실제로 중대시민재해에 해당하는 사고가 발생했는지 여부

그림 2.1 법 제2조 제3호에 따른 '중대시민재해' 적합 요건

3.3 중대시민재해 적용대상

현행법에서는 중대시민재해의 적용대상을 ① 원료 ② 제조물 ③ 공중이용시설 ④ 공중교통수단에 한정하고 있다. 즉, 이 네 가지 적용대상과 관련된 결함으로 인해 발생한 재해만을 '중대시민재해'로 인정하고 있는 실정이다. 네 가지 범주에 포함되지 않는 도로, 건축물, 장비, 차량, 공사장 등에서 발생한 사고는 시민 피해가 크더라도 중대시민재해로 다뤄지지 않는다.

하지만 실제 사고는 반드시 정해진 범주에서만 발생하지 않는다. 예를 들어 건설현장 해체공사 중 발생한 건물 붕괴사고로 시민이 사망한 경우처럼 피해가 막심함에도 법에서 지정한 대상이 아닌 경우에는 중대시민재해로 인정되지 않고 있는 실정이다.

2021년 6월 광주의 한 재개발 해체공사 현장에서는 철거 중이던 건물이 무너지며 버스 승강장에서 정차 중이던 버스를 덮쳐 시민 9명이 사망하고 8명이 부상을 당했다. 당시에는 중대재해처벌법 시행 이전이라 적용되지 않았지만 이와 동일한 사고가 오늘날 발생해도 법에서 명시한 '공중이용시설의 결함'이 원인이 아니라면 여전히 적용되기는 어렵다.

현행 법령은 중대시민재해의 재해발생 요건인 적용대상을 원료, 제조물, 공중이용시설, 공중교통수단으로 협소하게 한정하고 있어 법의 취지에 따른 실효성에 한계가 있다. 따라서 다음과 같은 사고도 중대시민재해에 포함시키는 방향으로 법령 개정이 필요할 것으로 보인다.

중대시민재해 적용 범위 확대 방안

1. 건설공사 현장 사고

「건설산업기본법」 제2조 제4호에 규정된 건설공사 현장이 원인이 된 시민 피해도 중대시민재해로 포함시켜야 한다. 특히 안전관리 또는 유해 · 위험 방지의 결함으로 제3자(공중)에게 발생한 재해는 중대시민재해에 해당하도록 법적 기준을 강화할 필요가 있다.

2. 공작물 · 대형기계 · 일시적 구조물 관련 사고

공연장 가설 구조물 붕괴, 대형 간판 낙하 등의 사고도 시민 피해 규모가 크므로 중대시민재해에 포함시켜야 한다. 또한 일시적이거나 비 고정된 구조물이더라도 공중이 이용 중일 때 발생한 재해는 법 적용 대상에 포함시켜야 한다.

3.4 재해발생에 따른 재해자의 범위

법률이나 시행령에서는 재해자의 범위를 원료나 제조물, 공중이용시설 또는 공중교통수단의 이용자로만 한정하고 있지는 않다. 법률의 제정 목적은 '시민의 생명과 신체를 보호'하는 것으로 명시되어 있고(법 제1조) 법 제9조 제1항 및 제2항에서는 "원료나 제조물, 공중이용시설 또는 공중교통수단의 설계, 설치, 제조, 관리상의 결함으로 인한 그 이용자 또는 그 밖의 사람의 생명 · 신체의 안전"을 보호하기 위한 것이라고 규정하고 있다.

이런 측면에서 살펴볼 때 중대시민재해와 관련한 재해자의 범위는 '원료나 제조물, 공중이용시설 및 공중교통수단의 이용자 또는 그 밖의 사람'으로 폭넓게 해석할 수 있다. 다만, 중대산업재해(종사자에게 발생하는 사망 · 상해 사고)에 해당하는 재해는 중대시민재해에서 제외하도록 규정하고 있다.

중대시민재해는 단순히 사고의 규모가 아닌 피해자가 일반 시민인지 여부가 핵심 기준이다.

오송지하차도 침수 사건은 피해자가 일반 시민이었고 공중이용시설에서 발생한 사고이므로 중대시민재해의 요건을 충족한다. 또한 하천 관리 실패, 지하차도 침수, 시민 피해라는 점에서 명확한 인과관계를 보여주는 사례다.

오송 지하차도 침수 사고 : 중대시민재해 적용 사례

- 오송 지하차도는 연장 100 m 이상인 터널로서 공중이용시설에 해당하며 사고 피해자들은 출근 중이던 요양보호사, 버스 승객 등 일반 시민이었다. 이에 따라 중대시민재해 요건 중 '재해자 범위' 기준을 충족한다.
- 이 사고는 하천 시설물 관리 부실로 인해 발생한 인재(人災)이며 단순한 자연재해가 아니다. 전국 지하차도의 72.5%가 침수 위험에도 불구하고 진입 차단 시설이 없었으며 오송 지하차도 역시 이에 해당되었다.
- 따라서 이 사건은 「중대재해처벌법」에서 중대시민재해 적용의 첫 사례가 될 수 있으며 경영책임자의 안전보건 확보의무 이행 여부에 따라 형사책임 여부가 법적으로 적용되어 처벌 될 수 있다.

핵심 메시지 요약

- 중대시민재해의 적용 기준은 시설의 유형보다 피해자의 신분(일반 시민)에 주목
- 법률상 '그 밖의 사람'이라는 표현은 적용 대상을 확장적으로 해석할 수 있는 여지를 제공

3.5 재해의 발생 결과

1) 사망자 1명 이상 발생

중대시민재해의 적용 요건과 사망 발생 시점을 기준으로 해석해보면 현행 법령에서는 별도의 추가 요건을 규정하고 있지는 않다. 따라서 특정 원료 · 제조물 또는 공중이용시설 · 공중교통수단의 설계 · 제조 · 설치 · 관리 과정에서 발생한 결함으로 인해 이용자 또는 제3자가 1명 이상 사망한 경우 해당 재해는 『중대재해처벌법』이 정의하는 중대시민재해에

해당한다.

또한 사망 시점에 따른 중대시민재해 성립 여부와 관련해 초기 부상이나 질병 발생 후 일정 시간이 지난 뒤 사망에 이른 경우 그 사망이 초기 재해와 직접적인 인과관계가 인정되는 경우에는 사망 발생 시점을 기준으로 중대시민재해가 성립한다고 보아야 한다.

2) 동일한 사고로 2개월 이상 치료가 필요한 부상자 10명 이상 발생

(1) 동일한 사고의 의미

"동일한 사고" 개념은 『중대재해처벌법』에서 매우 중요한 판단 기준 중 하나이다. 단순히 사고의 원인이 같다고 해서 동일한 사고로 간주되지는 않는다. 법적으로는 시간적 · 장소적 근접성과 사고의 연속성이 핵심 요소로 작용한다.

『중대재해처벌법』 제2조 제2호 나목은 "동일한 사고"를 "하나의 사고 또는 장소적 · 시간적으로 근접성을 갖는 일련의 과정에서 발생한 사고"로 정의하고 있다.

중대시민재해는 단일 사고 또는 장소적 · 시간적 연속성과 근접성을 지닌 일련의 사고 과정에서 2개월 이상 치료가 필요한 부상자가 10명 이상 발생한 경우에 해당한다.

따라서 동일한 원인에 의해 사고가 발생하더라도 각 사고 사이에 시간적 · 장소적 근접성이 결여된 경우에는 독립된 사고로 판단되어 『중대재해처벌법』상 "동일한 사고"의 요건을 충족하지는 않게 된다.

표 2.6 동일한 사고 판단 기준 3가지

판단 기준	내용
장소적 근접성	사고가 같은 장소 또는 인접한 공간에서 발생했는가?
시간적 근접성	사고가 동일하거나 연속된 시간대에 발생했는가?
일련의 과정	사고들이 하나의 연속적인 흐름 속에서 발생했는가?

예를 들어 같은 공장에서 같은 날 같은 기계 결함으로 두 명이 다쳤다면 이는 '동일한 사고'로 볼 수 있다. 반면 같은 기계 결함이라도 한 사고는 1주일 전에 다른 사고는 1주일 후에 발생했다면 별개의 사고로 간주된다. 또한 같은 기계 결함으로 각각 다른 날에 사고가

발생한 경우 또는 오전과 오후에 각각 발생한 경우 공장 내 서로 다른 작업장에서 발생한 사고 역시 별개의 사고로 판단된다. '동일한 사고'로 인정되면 법적 책임과 처벌의 범위가 확대될 수 있다.

중대시민재해는 중대산업재해에 비해 치료 기간 요건은 다소 유연하지만 부상자 수 요건은 더 엄격하게 설정되어 있다. 이는 일반 시민의 집단적 피해에 대한 예방과 사후 책임 강화를 염두에 둔 입법적 취지로 해석할 수 있다.

(2) 2개월 이상 치료가 필요한 부상

중대시민재해의 판단 기준 중 하나는 '직접적인 치료 행위'가 2개월 이상 필요한 부상자가 10명 이상 발생한 경우이다. 여기서 '직접적인 치료 행위'란 부상 또는 그로 인한 합병증에 대한 의료적 치료 과정을 의미한다. 재활 치료나 회복을 위한 관리 기간은 원칙적으로 포함되지 않는다.

초기 진단 당시 치료 기간이 2개월 미만으로 예상되었더라도 치료 경과 중 기간이 연장되어 2개월 이상 치료가 필요한 부상자가 10명 이상으로 확인된 경우 그 시점을 기준으로 중대시민재해가 성립된 것으로 간주할 수 있다.

3) 동일한 원인으로 3개월 이상 치료가 필요한 질병자 10명 이상 발생

(1) 동일한 원인

중대시민재해에서 말하는 '동일한 원인'이란 여러 명의 피해자가 발생했을 때 그 피해가 동일한 결함이나 위험 요소에서 비롯되었는지를 판단하는 핵심 기준이다. 단순히 사고 양상이 유사하다고 해서 '동일한 원인'으로 간주되지는 않으며 법적으로는 다음과 같은 요소들을 종합적으로 고려해야 한다.

① 기계 · 시설 · 제품의 동일한 결함 여부 : 사고에 영향을 준 구조적 또는 기능적 결함이 동일한지
② 위험 요소의 반복성 : 사고 이전에 유사한 경고나 징후가 있었는지 여부

③ 관리 책임의 동일성 : 결함이나 위험 요소에 대한 관리주체가 동일했는지
④ 사고 발생의 유사한 환경 조건 : 사고가 유사한 작업 환경, 장소, 시점에서 발생했는지
⑤ 피해자의 피해 유형과 발생 경로 : 피해자가 당한 손상·질병이 같은 원인을 통해 유사하게 나타나는지

표 2.7 동일한 원인 판단 기준

① 기술적 · 물리적 결함의 일치

- 예 : 특정 제품에 포함된 유해화학물질이 여러 사람에게 질병을 유발한 경우 → 제품의 설계 또는 성분 자체가 동일한 원인

② 관리상의 동일한 부실

- 예 : 공중이용시설에서 안전점검 미비로 반복적인 사고가 발생한 경우 → 관리체계의 결함이 동일한 원인

③ 제조 · 설치 · 운영 방식의 공통성

- 예 : 동일한 방식으로 설치된 엘리베이터에서 반복적으로 고장이 발생해 부상자가 생긴 경우 → 설치·운영 방식이 동일한 원인

④ 시간적 · 장소적 연속성은 부차적 요소

- 사고가 다른 장소나 시간에 발생했더라도 결함의 성격이 동일하다면 동일한 원인으로 볼 수 있음

중대산업재해와 달리 중대시민재해에서는 질병의 유형에 대한 제한이 명시되어 있지 않다. 따라서 모든 종류의 질병이 포함될 수 있으며 이는 다음과 같은 다양한 건강 피해를 포괄할 수 있다.

① 급성 중독
② 호흡기 질환
③ 피부 질환
④ 신경계 질환 등

예컨대 유해화학물질이 포함된 제품 사용으로 인해 발생한 폐질환, 피부염, 만성 기관지염 등도 해당 요건을 충족할 수 있다.

표 2.8 적용 판단 기준

• 질병자 수가 10명 이상일 것 • 각 질병자가 3개월 이상 치료가 필요한 상태일 것 • 동일한 원인에 의해 발생한 질병일 것 • 해당 사업주 또는 기관이 재해요인을 실질적으로 관리 · 통제하고 있을 것

사례 : 가습기 살균제 참사

- 가습기 살균제 사건은 중대시민재해의 대표적인 참사로 평가된다. 당시 시중에 판매된 제품에는 인체에 유해한 화학물질이 포함되어 있었고 이를 사용한 일반 소비자들은 장기간 폐질환에 시달렸다.
  - 피해자들은 대부분 가정에서 일상적으로 제품을 사용하던 일반 시민이었다.
  - 그 중 수천 명이 질병을 앓았고 수백 명이 사망했다.
  - 특히 폐섬유화, 간질성 폐질환 등 치료가 까다롭고 장기적인 의료적 개입이 필요한 피해가 다수 발생했다.
  - 치료 기간이 수개월을 넘긴 사례가 많아 중대시민재해의 판단 기준을 충족한다.
- 이 사건은 특정 제조물의 설계 및 안전성 검증의 결함으로 인해 시민들이 집단적인 피해를 입은 전형적인 사례이며 『중대재해처벌법』이 규정한 다음 요건을 모두 충족한다.
  - 제조물의 결함
  - 일반 시민의 피해
  - 대규모 질병 및 장기 치료
- 다만, 이 사건은 법 시행 이전에 발생했기 때문에 직접적인 법 적용은 어려웠지만 제도적 공백을 드러낸 계기로 작용하여 이후 관련 법제 개선과 사회적 경각심 제고에 기여한 전환점이 되었다.

가습기 살균제 사건은 「중대재해처벌법」에서 규정한 "동일한 원인"에 따른 중대시민재해의 대표적인 사례로 평가된다. 이 사건은 특정 제조물에 내재된 설계 결함과 유해 성분으로 인해 수천 명의 일반 시민이 광범위한 피해를 입은 제품 안전사고다. 피해자들이 서로 다른 지역과 시기에 발생했음에도 불구하고 공통된 제품 결함으로 인해 피해가 발생했다는 점에서 동일한 원인에 의한 질병으로 간주된다.

1990년대 중반부터 2011년까지 국내에서 판매된 여러 가습기 살균제 제품에는 PHMG(폴리헥사메틸렌구아닌), PGH(에톡시에틸구아닌), CMIT(클로로메틸이소티아졸리논), MIT(메틸이소티아졸리논) 등 흡입 독성이 검증되지 않은 유해화학물질이 포함돼 있었다. 이를 일상적으로 사용한 시민들은 해당 물질을 직접 흡입하게 되었고 그 결과 폐섬유화, 천식, 간질성 폐질환 등 중증 호흡기 질환이 다수 발생했다. 피해자 중 상당수가 수개월 이상 치료가 필요한 상태에 놓였으며 수백 명 이상의 사망자가 발생한 것으로 알려졌다.

이 사건에서 문제가 된 제품들은 제조물의 안전성에 대한 충분한 검증 없이 시중에 유통되었다. 이 제품들은 설계 및 성분 자체에 결함이 있었던 것으로 밝혀졌다. 이 사례는 「중대재해처벌법」이 정의하는 중대시민재해 요건, 제조물의 결함, 일반 시민 피해, 장기 치료를 요구하는 질병의 다발적 발생을 모두 충족하는 전형적인 예시라고 볼 수 있다.

피해자들이 지역적으로 분산되어 있었고 사고 발생 시점도 상이했지만 모두 동일한 유해 성분을 포함한 제품을 사용했다는 공통점으로 인해 법적 판단 기준에서는 '하나의 원인에 의한 집단 피해'로 해석된다.

(2) 3개월 이상 치료가 필요한 질병

중대시민재해의 판단 기준 중 하나는 동일한 원인으로 인해 발생한 질병자 가운데 '3개월 이상 직접적인 치료가 필요한 경우'에 해당한다는 점이다. 이때 '직접적인 치료'란 질병 자체 또는 그로 인한 합병증에 대해 의료적으로 필요한 진단, 처치, 약물 투여, 입원 등의 의료행위를 의미한다. 이때 재활 치료나 사회적 복귀를 위한 관리 기간은 원칙적으로 포함되지 않는다.

초기 진단 시 치료 기간이 짧게 예측되었더라도 치료 경과 중 합병증이 발생하거나 회복이 지연되어 3개월 이상의 치료가 필요한 경우 해당 시점부터 중대시민재해의 요건을 충족한 것으로 간주할 수 있다. 이는 피해자의 건강 상태 변화와 의료적 판단에 따라 중대시민재해 성립 시점이 달라질 수 있음을 의미하며 실무상 사고 분류와 보고 기준에도 중요한 영향을 미친다.

3.6 처벌 대상자 : 사업주와 경영책임자

「중대재해처벌법」에서는 사업주와 경영책임자 등을 처벌 대상자로 규정하고 있다. 이들은 중대산업재해 또는 중대시민재해가 발생한 경우 예방을 위한 안전보건 확보의무를 이행하지 않는다면 형사처벌을 받을 수 있다. 여기서 사업주는 해당 사업을 운영하는 자로서 근로자를 사용하는 모든 사업자 또는 법인을 포함한다. 경영책임자 등은 사업 또는 기관의 대표자 또는 이에 준하여 안전보건에 관한 업무를 실질적으로 담당하고 최종 의사결정권을 가진 자를 의미한다. 중대시민재해의 경우에는 특성상 경영책임자가 처벌 대상자가 될 가능성이 높다.

경영책임자 등은 안전보건관리체계의 구축, 인력과 예산의 배치, 위험요인의 제거 및 점검 등 구체적인 실행 책임을 갖는다. 따라서 중대한 재해가 발생했을 경우 단순히 지시를 따르는 중간관리자가 아닌 조직의 최고 수준에서 실질적인 의사결정권과 조치 권한을 가진 경영책임자에게 법적 책임이 귀속된다.

형사처벌의 수위는 재해의 유형에 따라 달리 적용된다. 사망자가 발생한 경우 사업주 또는 경영책임자 등에게는 1년 이상의 징역형 또는 10억 원 이하의 벌금형이 부과될 수 있다. 법인에는 최대 50억 원까지 벌금형이 부과된다. 부상자 또는 질병자가 발생한 경우에도 개인에게는 최대 7년 이하의 징역형 또는 1억 원 이하의 벌금형, 법인에는 최대 10억 원까지의 벌금형이 적용될 수 있다.

이외에도 「중대재해처벌법」은 고의 또는 중대한 과실이 인정되는 경우 피해자에게 손해액의 최대 5배까지 배상하도록 하는 징벌적 손해배상 제도를 함께 규정하고 있어 중대시민재해 발생 시 법적·재정적 책임이 크다고 할 수 있다.

1) 사업주

「산업안전보건법」에서는 '사업주'를 "근로자를 사용하여 사업을 하는 자"로 정의하고 있으며 이는 고용관계를 전제로 한 협의의 개념이라 할 수 있다.

반면 「중대재해처벌법」 제2조 제8호에서는 사업주를 "자신의 사업을 영위하는 자, 타인의 노무를 제공받아 사업을 하는 자"로 규정하고 있어 근로자 고용 여부와 관계없이 사업을 운영하는 자를 포괄하는 광의의 개념으로 해석된다. 이는 근로자 없이도 외주나 위탁 등을 통해 노무를 제공받는 개인사업자까지 사업주 범주에 포함시킨다는 의미를 갖는다.

그런데 「중대재해처벌법」 제3조에서는 중대산업재해의 적용 대상을 구체화하며 "상시 근로자가 5명 미만인 사업 또는 사업장의 사업주(개인사업주에 한정한다. 이하 같다)"라고 명시하고 있다. 여기서 '이하 같다'라는 표현은 이후 조항에서 사용되는 '사업주'라는 용어가 모두 자연인으로서의 개인사업주만을 의미한다는 해석을 가능하게 한다.

법 제2조(정의)

8. "사업주"란 자신의 사업을 영위하는 자, 타인의 노무를 제공받아 사업을 하는 자를 말한다.
9. "경영책임자 등"이란 다음 각 목의 어느 하나에 해당하는 자를 말한다.
   가. 사업을 대표하고 사업을 총괄하는 권한과 책임이 있는 사람 또는 이에 준하여 안전보건에 관한 업무를 담당하는 사람
   나. 중앙행정기관의 장, 지방자치단체의 장, 「지방공기업법」에 따른 지방공기업의 장, 「공공기관의 운영에 관한 법률」 제4조부터 제6조까지의 규정에 따라 지정된 공공기관의 장

대법원 1992년 11월 10일 선고 92도2034 판결에서도 '사업주'란 사업 경영이익의 실질적 귀속 주체를 의미하며 법인의 경우에는 법인 자체가 사업주이고 대표이사는 이에 해당하지 않는다고 판시한 바 있다. 이러한 판례는 「중대재해처벌법」의 해석에도 적용될 수 있으며 법인의 대표이사는 '사업주'가 아닌 '경영책임자 등'으로 분류되어 별도의 책임 주체로 규정된다. 결국 「중대재해처벌법」은 '사업주'와 '경영책임자 등'을 명확히 구분하고 있다고 볼 수 있다.

이는 법이 안전보건 확보의무를 개인사업자와 경영책임자에게 각각 부과하고 법인의 경우에는 경영책임자 등을 통해 책임을 묻는 구조임을 보여준다.

2) 경영책임자

(1) 중대재해처벌법상 '경영책임자 등'의 개념과 법적 판단 기준(민간부문 적용)

중대재해처벌법은 안전관리 책임을 명확히 하고 사고 예방의 실효성을 높이기 위해 '경영책임자 등'이라는 개념을 신설하였다. '경영책임자 등'이란 사업을 대내외적으로 대표하고 조직 전체의 운영과 의사결정을 총괄할 수 있는 권한과 책임을 가진 자 또는 이에 준하여 안전보건 관련 업무를 실질적으로 담당하는 자를 포함한다.

일반적으로 기업의 대표이사가 이에 해당하며 이는 「상법」 제389조에서 규정하는 대표이사의 법적 지위에 근거한다. 다만, 직위 명칭만으로 경영책임자 여부를 판단하지 않으며 해당 인물이 안전보건 확보의무의 최종 집행 책임자인지 여부를 기준으로 삼는다. 즉, 직무 내용, 권한, 조직 내 의사결정 구조, 실제 업무 수행 상황 등을 종합적으로 고려하여 그 인물이 '경영책임자 등'에 해당하는지를 법적으로 평가한다고 볼 수 있다.

「산업안전보건법」은 사업주(개인 또는 법인)를 안전보건 의무의 수범자로 규정한다. 반면에 「중대재해처벌법」은 이를 보다 세분화하여 개인사업자의 경우 해당 개인에게 법적 책임을 부과한다. 법인 또는 기관의 경우에는 '경영책임자 등'이라는 자연인에게 안전보건 확보의무를 직접 부과한다.

이러한 구조는 법이 단순히 법인에 책임을 묻는 것을 넘어서 실질적 의사결정권자에게 직접적인 형사책임을 부과하기 위한 장치로 해석된다.

최근에는 건설업, 제조업, 물류, 철강, 폐기물처리 등 다양한 분야에서 중대재해가 발생했을 때 해당 기업의 대표이사나 실질적 의사결정권자가 '경영책임자 등'으로 법적 책임을 지는 구조로 판결이 이어지고 있다. 판결에서는 직책의 명칭보다는 실제로 권한과 책임을 행사하고 있었는지 여부를 중심으로 '경영책임자 등' 판단이 이루어졌다.

결국, 중대재해처벌법에서의 '경영책임자 등'은 형식적 직위가 아닌 실질적 권한과 책임의 행사 여부를 기준으로 판단되며 이는 법적 책임의 귀속과 형사처벌 여부를 결정짓는 핵심 요소가 된다고 볼 수 있다.

(2) 이에 준하여 안전보건에 관한 업무를 담당하는 사람

'이에 준하여 안전보건에 관한 업무를 담당하는 사람'은 단순히 안전관리 업무를 수행하는 실무자를 의미하는 것이 아니라 대표이사에 준하는 수준의 권한과 책임을 실질적으로 행사할 수 있는 자를 지칭한다. 이들은 사업 또는 사업장 전반의 안전보건 조직, 인력, 예산 등을 총괄하며 안전보건 확보에 관한 최종 의사결정권을 실질적으로 보유한 경우에 한해 '경영책임자 등'으로 인정될 수 있다. 따라서 해당 직책에 있는 사람이 존재한다는 사실만으로 대표자의 법적 의무가 면제되는 것은 아니며 실질적인 권한 위임 여부와 그 범위가 핵심 판단 기준이 된다.

예를 들어 안전보건 최고책임자가 있더라도 그가 조직 · 인력 · 예산에 대한 결정권을 갖지 못하고 단순 보고 · 집행 역할에 머물러 있다면 중대재해처벌법상 '경영책임자 등'으로 간주되기 어렵다.

한 제조기업에서 '안전보건총괄임원'이라는 직책을 가진 자가 있었으나 실제로는 대표이사 승인 없이는 예산 편성이나 조직 개편을 할 수 없었고 안전보건 관련 정책 수립도 이사회 결의에 의존했다. 이 경우 해당 임원은 '경영책임자 등'으로 인정되지 않으며 실질적인 의사결정을 수행했던 대표이사가 중대재해 발생에 대한 법적 책임을 부담하게 된다.

반면 특정 사업 부문에 대해 법률상 대표권은 없더라도 회사 정관이나 이사회 결의에 따라 포괄적 대리권을 부여받아 외부 거래와 내부 경영을 총괄하는 권한을 가진 자는 '경영책임자 등'으로 인정될 수 있다. 이는 대기업의 사업 부문별 대표 등에게 적용될 수 있는 해석이다.

(3) 공공부문 적용

중대재해처벌법에 따라 공공부문에서의 '경영책임자 등'은 민간사업자와는 다른 기준에 따라 정의된다. 이는 행정조직의 특성과 법적 책임 구조를 반영한 것으로 이해할 수 있다. 공공기관의 안전보건 확보의무를 이행할 주체로 규정된 '경영책임자 등'은 다음과 같이 분류된다.

1. 중앙행정기관의 장

각 부처를 대표하여 정책 결정과 조직 운영을 총괄하는 위치에 있으며 해당 부처 내에서 발생한 중대재해에 대한 예방과 책임 이행의 주체로 간주된다.

2. 지방자치단체의 장

기초 또는 광역자치단체를 대표하며 지역 내 공중이용시설 및 사업장에서 발생하는 재해에 대해 법적 · 행정적 책임을 지는 위치에 있다.

3. 「지방공기업법」에 따라 설립된 지방공기업의 장

수도, 도시가스, 지방공단 등 지역 기반 공공서비스를 수행하는 조직의 대표자로서 해당 기업에서 발생하는 중대시민재해 예방과 안전보건관리체계의 최종 책임자로 규정된다.

4. 「공공기관의 운영에 관한 법률」 제4조~제6조에 따라 지정된 공공기관의 장

준정부기관 및 기타 공공기관을 포함하여 국가 또는 지방자치단체가 설립하거나 출자한 기관의 대표자로서 안전보건 확보의무의 실질적 경영책임을 부담한다.

① 중앙행정기관의 장

중대재해처벌법상 공공부문에서의 '경영책임자 등'은 조직의 법적 성격과 운영 구조에 따라 명확하게 구분된다.

중앙행정기관의 장은 「정부조직법」 제2조 제2항에 따라 설치된 부 · 처 · 청의 장을 포함하며 방송통신위원회, 공정거래위원회, 국민권익위원회, 금융위원회, 개인정보보호위원회, 원자력안전위원회 등 독립적 권한을 가진 행정기관의 장도 포함된다. 이들은 각각 해당 조직을 대표하고 운영 · 관리 전반을 총괄하므로 중대재해처벌법상 '경영책임자 등'으로 간주된다.

한편 대법원, 국회, 헌법재판소, 감사원, 선거관리위원회 등은 「정부조직법」에서 규정하는 중앙행정기관에 포함되지 않으며 헌법상 독립기관으로 구성되어 있다. 이 경우에는 중대재해처벌법 제2조 제9호 가목에 따라 '사업을 대표하고 사업을 총괄하는 권한과 책임이 있는 사람' 또는 '이에 준하여 안전보건에 관한 업무를 담당하는 사람'으로 경영책임자를 판단하는 것이 타당하다.

헌법기관의 독립성과 조직 구조를 고려하면 각 기관의 장이 아닌 실질적 운영 책임을 지는 자, 예컨대 법원행정처장, 국회사무처장, 헌법재판소 사무처장 등이 경영책임자로 보는 해석이 합리적이라는 일부 의견도 있다. 따라서 헌법기관의 경영책임자 범위를 보다 명확히 하기 위해서는 별도의 규정 정비가 필요하다고 본다.

또한 각 부처에 소속된 외청의 경우 직무상 독립성이 인정된다면 해당 기관의 청장이 경영책임자에 해당한다. 예를 들어 검찰청의 검찰총장, 경찰청의 경찰청장, 해양경찰청의 해양경찰청장, 국세청의 국세청장, 관세청의 관세청장 등은 각 청의 실질적인 최고 의사결정권자로서 중대재해처벌법상 안전보건 확보의무를 부담하는 경영책임자에 해당한다고 볼 수 있다.

결론적으로 공공부문에서의 경영책임자 판단은 기관의 법적 위치와 운영 실태에 따라 달라지며 단순한 직위 명칭이 아니라 실질적인 지휘·감독 권한과 최종 의사결정 권한을 기준으로 판단되어야 한다.

② 지방자치단체의 장

「중대재해처벌법」에서 말하는 '지방자치단체의 장'은 「지방자치법」 제2조 제1항에 따라 설치된 지방자치단체의 대표자로서 특별시·광역시·특별자치시·도·특별자치도 및 시·군·구의 장을 의미한다.

이들은 해당 지방자치단체의 행정·재정·조직 운영을 총괄하며 중대재해처벌법상 공공부문에서의 '경영책임자 등'으로 간주되어 안전보건 확보의무를 이행할 법적 책임 주체가 된다.

예를 들어 광역시의 경우에는 시장, 군의 경우에는 군수, 구의 경우에는 구청장이 이에 해당한다. 이들은 해당 지역 내 공중이용시설이나 사업장에서 발생한 중대시민재해에 대해 형사책임을 포함한 법적 책임을 질 수 있다.

③ 공공기관의 장

중대재해처벌법에서 '공공기관'의 경영책임자 등은 해당 기관의 법적 지위와 지정 여부에 따라 구분하여 판단해야 한다. 「공공기관의 운영에 관한 법률」 제4조부터 제6조까지의 규정에 따라 지정된 공공기관의 경우에는 해당 기관의 장이 경영책임자 등으로 간주된다. 이 법률에 따라 기획재정부 장관이 지정한 공기업, 준정부기관, 기타 공공기관은 모두 중대재해처벌법의 적용 대상이며 기관장은 안전보건 확보의무를 이행할 책임을 진다.

반면 공공기관운영법에 따라 지정되지 않은 공공기관, 예를 들어 일부 출연기관, 협회 등은 중대재해처벌법 제2조 제9호 가목에 따라 경영책임자를 판단해야 한다. 이 경우에는 형식적 직위가 아닌 실질적으로 사업을 대표하고 총괄하는 권한과 책임을 가진 자 또는 이에 준하여 안전보건 업무를 담당하는 자가 경영책임자 등이 된다. 이러한 구분은 법적 책임의 귀속을 명확히 하기 위한 것으로 기관의 설립 근거와 운영 구조에 따라 경영책임자 판단 기준이 달라질 수 있다.

④ 지방공기업의 장

지방공기업은 「지방공기업법」 제3조에 따라 지방직영기업, 지방공사, 지방공단으로 구분된다. 이 중 지방공사와 지방공단은 법적 독립성을 갖는 조직으로 각각 제51조 및 제76조 제2항에 따라 법인으로 규정되어 있다. 따라서 이들 조직의 대표자는 중대재해처벌법상 '경영책임자 등'에 해당하며 안전보건 확보의무를 직접 이행해야 할 법적 책임 주체로 판단된다.

⑤ 지방직영기업

지방직영기업은 지방자치단체(시 · 도 · 군 · 구)가 직접 설립하고 운영하는 기업이다. 지방직영기업은 지방자치단체 내부에서 특별회계로 운영되는 조직으로 별도의 법인격이 존재하지 않는다. 운영은 지방자치단체가 직접 수행하며 예산 · 인사 · 조직 등 자치단체 소속 공무원에 의해 관리된다. 이러한 점 때문에 중대재해처벌법상 경영책임자를 누구로 보아야 하는지에 대한 해석이 필요해진다. 법령 구조를 종합적으로 고려할 때 법인격이 없더라도 지방직영기업의 관리자는 조직 운영의 실질적 총괄 권한과 책임을 보유하고 있다고 평가할 수 있으며 중대재해처벌법상 '경영책임자 등'으로 보는 것이 타당하다.

이는 지방직영기업에서도 독립적인 안전보건관리체계를 구축할 필요성을 의미하며 해당 관리자 개인이 법적 의무를 직접 부담하는 구조임을 나타낸다. 지방자치단체의 장은 조직 전체에 대한 최종 행정 책임을 부담하지만 지방직영기업의 실무 운영과 재해예방에 관해서는 해당 관리자가 중대재해처벌법상 실질적인 경영책임자로서 역할을 수행한다고 해석할 수 있다.

(4) 학교의 경우

중대재해처벌법은 공중이용시설에서 발생한 중대시민재해에 대해 사업자에게 법적 책임을 묻는 구조를 갖고 있으나 교육시설에 대해서는 예외를 두고 있다. 교육시설은 일반적으로 학생, 교직원, 방문자 등 많은 사람이 이용하는 공간으로 외형상 공중이용시설에 해당하지만 중대재해처벌법 제2조 제4호 단서에서는 「교육시설 등의 안전 및 유지관리 등에 관한 법률」 제2조 제1호에 따른 교육시설을 공중이용시설에서 명시적으로 제외하고 있다.

이에 따라 초중등학교 · 고등학교 · 대학교 등 교육시설에서 발생한 재해는 중대시민재해로 분류되지 않으며 해당 규정의 적용 대상에서 제외된다. 다만, 학교 내에서 교직원, 행정직, 시설관리자 등 종사자에게 재해가 발생한 경우에는 중대산업재해로 판단될 수 있으며 이때만 중대재해처벌법이 적용된다.

(5) 중대시민재해 : 적용 대상 예외 없음

중대재해처벌법은 중대산업재해와 중대시민재해를 구분하여 각각의 적용 범위를 설정하고 있는데 이로 인해 사업장의 규모나 종사자 수에 따라 법 적용 여부가 달라진다. 중대산업재해의 경우에는 상시 근로자 5명 미만인 사업 또는 사업장에서는 법 적용이 제외되며 해당 사업주는 개인사업주로 한정된다.

반면에 중대시민재해의 경우에는 이러한 예외가 존재하지 않는다. 중대시민재해는 공중이용시설이나 생활에 밀접한 제조물 · 원료 등의 결함으로 인해 불특정 다수의 시민에게 피해가 발생한 경우 적용되는데 이때에는 사업장의 규모나 근로자 수와 관계없이 중대재해처벌법의 적용 대상이 된다.

이는 시민 안전을 최우선으로 고려한 법의 보호 범위로써 공공성과 불특정성을 중심으로 사고의 원인과 피해 정도를 판단하는 구조다. 따라서 동일한 사업장이더라도 중대산업재해가 발생한 경우에는 상시 근로자 수에 따라 법 적용 여부가 달라질 수가 있다. 반면에

시민을 대상으로 한 중대시민재해가 발생한 경우는 예외 없이 법적 책임이 발생할 수 있다. 이러한 차이는 사업주가 재해예방을 위한 안전보건관리체계를 구축하는데 있어 어느 영역에 더 중점을 두어야 하는지를 판단하는 기준이 될 수 있다. 이처럼 중대시민재해는 불특정 다수의 시민을 보호하기 위한 규정으로 사업장의 규모와 무관하게 적용되므로 모든 사업자는 이에 대한 예방 조치와 안전보건관리체계를 구축할 필요가 있다.

04 중대산업재해와의 차이

『중대재해처벌법』은 중대산업재해와 중대시민재해를 함께 규정하고 있다. 그러나 그 적용 대상, 피해자의 성격, 법적 해석 등에 있어 분명한 차이를 지닌다. 특히 이 두 개념은 사고 발생 장소와 피해자 유형에 따라 법적 대응 방식과 책임 주체가 달라진다.

중대산업재해는 사업장 내 근로자가 업무 수행 중 사망 또는 중대한 부상을 입거나 3개월 이상의 치료가 필요한 직업성 질병에 걸린 경우를 의미한다. 피해자는 해당 기업에서 업무를 수행하는 근로자이며 이러한 재해는 『산업안전보건법』에 따라 고용노동부의 관할 하에 관리된다.

반면 중대시민재해는 원료 · 제조물 · 공중이용시설 또는 공중교통수단의 설계 · 제조 · 설치 · 관리상의 결함으로 인해 불특정 다수의 일반 시민이 사망 또는 부상을 입거나 3개월 이상의 치료가 필요한 질병에 걸린 경우를 말한다. 피해자는 근로자가 아닌 공공 공간 또는 일상생활 영역에서 피해를 입은 시민이다. 일반적으로 소비자 안전과 공중이용시설 관리 책임과 직결된다. 예컨대 백화점 천장 붕괴로 쇼핑 중이던 시민이 사망한 사례, 유해 성분이 함유된 제품 사용으로 인해 소비자가 장기적 치료가 필요한 폐질환에 걸린 경우 등이 이에 해당된다. 이러한 재해는 경찰과 검찰 등 사법기관의 수사 대상이 되며 시설 소유자나 제조 기업의 안전보건관리 책임이 주요 쟁점으로 부각된다.

두 재해의 가장 근본적인 차이는 피해자 범위와 발생 맥락에 있다. 중대산업재해는 작업장 중심의 사고로 분류되고 중대시민재해는 공공 영역 또는 생활 소비 활동 중 발생한 재해를 포함한다. 따라서 예방체계 또한 구분되어야 한다. 중대산업재해는 산업안전 측면의 관리 의무 이행과 보호장비 착용 등 작업장 중심의 개선이 요구되고 중대시민재해는 제품 안전성 검증, 공중이용시설의 유지관리, 대중교통 장비점검 등 광범위한 생활 안전 분야에서 제도적 강화를 필요로 한다. 요약하자면 중대산업재해는 “근로자 보호”에 중점을 두며 중대시민재해는 “공중의 안전” 확보를 목적으로 한다. 이러한 구분은 법적 책임 설정과 제도운영 방향을 구체화하는 데 핵심 기준이 된다. 중대재해처벌법의 실효성을 높이기 위해서는 각 유형에 대한 명확한 해석과 적용 기준의 지속적 정비가 요구된다. 아울러 사회적 인식도 이에 부합하도록 성숙해질 필요가 있다.

중대산업재해 종사자 안전보건		**중대시민재해** 이용자 안전보건
• 사업 또는 사업장의 안전·보건에 관한 목표와 경영방침을 설정할 것(시행령 제4조 제1호)	목표 경영 방침	• **안전계획**을 수립하고, 충실히 이행 (시행령 제10조 제4호)
• 안전·보건에 관한 업무를 총괄·관리하는 전담 조직을 둘 것(시행령 제4조 제2호)	전담 조직	
• 유해·위험요인 확인 개선하는 업무절차 마련, 점검(시행령 제4조 제3호)	유해 위험 확인	• 안전·보건 관계법령에 따른 **안전점검계획**, 수행(시행령 제10조 제3호) • 제1호부터 제4호까지 반기 1회 이상 점검 (시행령 제10조 제5호)
• 필요한 예산을 편성하고 그 편성된 용도에 맞게 집행(시행령 제4조 제4호)	안전 보건 예산	• **예산**을 편성·집행(시행령 제10조 제2호) • 점검 또는 보고 결과에 따라 예산편성, 집행 (시행령 제10조 제6호)
• 안전보건관리챔임자, 관리감독자, 안전보건총괄 책임자 충실한 업무수행(시행령 제4조 제5호)	현장 안전 조직	• **인력**을 갖추어 업무 수행(시행령 제10조 제1호) • 점검 또는 보고 결과에 따라 인력 배치 (시행령 제10조 제6호)
• 안전관리자, 보건관리자, 안전보건관리 담당자 및 산업보건의를 배치(시행령 제4조 제 6호)	전문 인력	
• 종사자의 의견을 듣는 절차를 마련, 이행점검 (시행령 제4조 제7호)	종사자	
• 중대산업재해 발생, 발생할 급박한 위험이 있을 경우 대비한 매뉴얼 마련, 점검(시행령 제4조 제8호)	비상 조치	• **업무처리절차**를 마련하여 이행 (시행령 제10조 제7호)
• 도급, 용역, 위탁시 종사자 안전·보건을 확보 위한 기준과 절차 마련, 점검(시행령 제4조 제9호)	도급, 용역, 위탁	• 도급, 용역, 위탁시 이용자 **안전확보** 위한 기준과 절차 마련, 점검(시행령 제10조 제8호)

그림 2.2 중대산업재해와 중대시민재해의 안전보건관리체계 차이점

05 일반 시민이 겪는 중대재해의 특수성

중대시민재해는 근로환경 내에서 발생하는 중대산업재해와 달리 일반 시민들이 공중이용시설, 교통수단 혹은 소비재를 일상적으로 이용하거나 소비하는 과정에서 예상치 못한 피해를 입는 경우를 말한다. 이러한 시민 대상 재해는 몇 가지 중요한 특수성을 지닌다.

우선 일반 시민들은 해당 재해를 사전에 인지하거나 예방할 수 있는 정보나 권한이 극히 제한된 상태에서 사고를 당하는 경우가 빈번하다. 공장에서 근로하는 사람은 일정한 교육과 관리체계 아래에서 위험을 감수하며 업무를 수행한다. 그러나 일반 시민은 백화점, 지하차도, 지하철, 주거 공간과 같은 공공 영역에서 사고를 겪게 된다. 중대시민재해는 피해자가 사고의 위험성을 인지하지 못한 채 일상생활 중에 피해를 입게 되므로 사업자나 기관은 그만큼 높은 수준의 안전관리에 대한 책임을 져야 한다.

또한 중대시민재해는 사회 전체에 미치는 파급력이 크다. 피해는 특정 개인을 넘어 다수의 불특정 시민에게 확산되며 사고의 유형에 따라 소비자 불신, 공중이용시설에 대한 불안, 정부 정책에 대한 비판 등 광범위한 사회적 반향을 불러온다. 예를 들어 가습기 살균제 사건에서는 제품을 신뢰하고 사용한 수천 명의 시민이 질병과 사망에 이르렀고 오송 지하차도 침수 사고에서는 출근길 시민 다수가 인명피해를 당했다.

중대시민재해의 특수성은 결국 '예측 불가능한 일상 속 위험'과 '사회 구조의 책임'이라는 두 축으로 설명된다.

이에 따라 중대시민재해는 공공의 안전과 기업의 사회적 책임, 제도적 대응의 적절성을 종합적으로 시험하는 사건이다. 이러한 특수성을 고려할 때 예방체계는 단순한 기술적 안전조치에 그쳐서는 안 되며 시민의 권리 보호와 정보 접근성, 사후 대응의 투명성까지 포함하는 포괄적 안전관리체계가 요구된다고 할 수 있다.

06 경찰 수사의 한계점

중대시민재해를 판단하는 과정에서 경찰 수사는 여러 제도적·실무적 한계에 직면할 수밖에 없다. 사고의 원인과 책임 주체를 규명하는 데 있어 인과관계 입증, 관리 소홀 판단, 책임 구조의 복잡성 등 다양한 요소가 수사의 난이도를 높이고 있기 때문이다. 경찰수사의 한계점을 살펴보면 다음과 같다.

1) 인과관계 입증의 어려움

중대시민재해는 공중이용시설 또는 공중교통수단의 설계·설치·관리상의 결함으로 인해 시민의 생명 또는 신체에 피해가 발생한 경우를 의미하지만 실제 사고는 자연재해나 이용자 부주의 등 외부 요인이 복합적으로 작용하는 경우가 많다. 이때 결함과 사고 발생 사이의 직접적인 인과관계를 입증하는 것은 경찰 수사에서 가장 큰 난관 중 하나이다.

예를 들어 폭우, 강풍, 지진 등 불가항력적인 외부 요인이 사고에 영향을 미친 경우 해당 시설물의 결함이 사고의 직접 원인인지 여부를 판단하기 위해서는 설계 기준, 유지관리 상태, 대응 조치의 적절성 등을 종합적으로 검토해야 한다. 그러나 이러한 요소는 높은 기술 전문성과 장기간의 조사를 필요로 하며 경찰 단독 수사로는 한계가 있다.

또한 피해자의 부주의나 자기위태 행위가 개입된 경우에는 해당 행위가 사고의 직접적인 원인이었는지 아니면 시설물의 결함이 더 큰 원인이었는지 구분하기도 어려울 수 있다. 특히 피해자의 과실이 중대한 경우 인과관계가 단절된 것으로 판단될 가능성이 높아 수사에 대한 법적 판단을 더욱 복잡하게 만든다.

따라서 인과관계 판단 기준의 정립이 필요하다. 자연재해와 시설물 결함 간의 경계를 명확히 하고 피해자의 부주의와 구조적 결함이 함께 작용한 경우에도 책임 소재를 판단할 수 있는 법리적 기준이 마련되어야 한다. 이를 위해 '인접효 법칙'과 같은 규범적 인과관계 이론을 수사 매뉴얼에 반영하고 경찰이 기술적 조사기관의 전문가와 협업하여 결함의 기여도를 분석할 수 있도록 해야 한다.

2) 관리 소홀 판단 기준 불명확

사고 발생 전 시설물에 대한 정기점검 결과가 '이상 없음'으로 기록되어 있는 경우 경찰은 관리 소홀을 입증하기 위해 점검의 실효성, 점검자의 자격, 점검 방식 등을 추가로 조사해야 한다.

점검 기록이 존재하더라도 실제 점검이 적정하게 이루어졌는지 위험 요소를 인지했음에도 불구하고 조치를 취하지 않았는지를 입증하려면 점검자의 자격과 방식, 기록의 신뢰성을 종합적으로 검토해야 한다. 이는 수사에 상당한 시간과 전문성이 요구되는 영역이다.

따라서 관리 소홀 판단을 위한 명확한 점검 기준과 기록 관리체계의 강화가 필요하다. 구체적으로는 시설물의 점검 결과가 '이상 없음'으로 기록되었더라도 그 실효성과 적정성을 평가할 수 있는 기준이 필요하며 점검 기록의 표준화와 디지털화가 요구된다. 이를 통해 수사 과정에서 관리 책임의 유무를 보다 명확히 판단할 수가 있다.

3) 책임 주체의 구조가 복잡

시설물의 소유자와 관리자가 지자체, 공공기관, 민간업체 등으로 분산되어 있는 경우 경찰은 실질적인 지배 · 운영 · 관리 주체를 특정하기 위해 다양한 기관의 계약 관계, 업무분장 등을 분석해야 한다. 특히 지방자치단체장이 처벌 대상이 될 수 있는 경우 정치적 부담과 법적 해석의 충돌 가능성이 수사에 영향을 줄 수 있다.

따라서 책임 주체의 구조적 복잡성을 해소하기 위한 법적 정비가 필요하다. 실질적인 지배 · 운영 · 관리 주체를 특정하기 위한 법적 기준과 해석 지침을 마련하고 지방자치단체장의 책임 여부에 따른 정치적 부담을 완화할 수 있는 제도적 장치 또한 요구된다.

4) 정확한 원인규명 곤란

사고 직후 현장 감식이 지연되거나 물리적 증거가 손상되는 경우가 많아 정확한 원인 규명에 어려움이 발생한다. 복구 작업이 우선되기에 구조물 붕괴 · 화재 등으로 인해 증거 훼손이 발생하는 경우 현장 감식과 기술 조사에 제약이 따른다.

현장 감식 역량의 강화는 중대시민재해 수사의 신속하고 정확한 진행을 위한 핵심 요소이다. 경찰은 기술 전문기관의 전문가와 협업을 통해 증거 확보와 분석 체계를 강화해야 한다. 특히 재해의 특수성과 복잡성을 고려한 다학제적 접근과 첨단 기술 도입이 필수적이다.

이와 더불어 중대시민재해 전담 수사팀의 역량 제고도 병행되어야 한다. 수사팀은 사건 유형에 따른 조사기법을 숙련하고 디지털 포렌식, 드론 감식, 3D 정밀 스캔 등 첨단 장비를 효과적으로 운용할 수 있어야 한다. 이외에도 교육훈련과 장비 확보, 기술조사기관과의 협업 시스템 강화를 통해 정보 공유와 공동 대응의 효율성을 높여야 한다. 이러한 과학적 근거 기반의 정밀 수사는 향후 유사 재해 예방과 대응 전략 수립에도 핵심 기반이 될 것이다.

5) 법령 해석의 경직성

중대시민재해 적용을 위한 시설 기준이 물리적 · 정량적 요소(예 : 옹벽 높이, 도로 연장 등)에만 의존하고 있어 실질적 위험성과 무관하게 법 적용이 배제되는 사례가 발생할 수 있다. 이는 수사 방향성과 법적 판단에 혼선을 초래할 수 있다. 중대시민재해의 법적 판단은 단순한 자연과학적 인과관계를 넘어 규범적 인과관계에 기반해야 하며 ‘인접효 법칙’과 같은 법리적 기준을 통해 경영책임자의 부작위와 사고결과 사이의 구조적 연결고리를 논증해야 하는 고난도의 법적 작업이 요구된다. 따라서 수사와 예방을 연계할 수 있는 정보 기반 관리체계를 구축할 필요가 있다. 사고 이력, 민원 접수 내역, 위험요인 점검 결과 등을 통합 관리하는 데이터베이스를 구축하여 유사 사고 재발 방지와 사건 발생 시 수사 방향 설정에 적극적으로 활용해야 한다. 특히 민원 접수 후 조치 여부와 사고 발생 간의 연계성 분석이 가능한 시스템이 조속히 필요하다.

07 중대시민재해의 한계점

중대시민재해의 특징과 한계는 다양한 실제 사례를 통해 복합적으로 드러나고 있다. 중대시민재해는 유지관리 측면에서 접근되는 경우가 많으며 품질(예 : 부실공사) 문제와 매우 밀접하게 연결된다. 또한 설계 · 설치 · 관리 영역이 혼합되어 있어 책임 소재 판단이 어렵고 기술과 법이 융합된 분야인 만큼 법적 해석과 적용이 난해하다는 특성을 갖는다. 아울러 공중이용시설 대상 확대에 대한 사회적 요구, 중대시민재해에 대한 판례나 제도 기반의 시스템 부족 그리고 경찰 수사 역량의 미흡 등도 중대시민재해의 구조적인 한계로 지적되고 있다.

1) 유지관리 중심 접근의 한계

유지관리 측면에서 발생하는 재해는 시설물의 노후화나 점검 미흡으로 인해 발생한다. 예를 들어 대형 쇼핑몰 천장 마감재가 추락한 사고는 고소 구조물에 대한 정기적인 근접 점검이 이루어지지 않아 시민이 부상을 입은 사례로 유지관리 소홀의 위험성을 보여준다. 중대시민재해는 대부분 시설물의 노후화, 점검 미흡, 관리 부실에서 비롯된다. 이는 사고 예방이 단순한 기술적 조치만으로는 해결되지 않으며 지속적인 유지관리 체계가 필수적임을 의미한다. 그러나 현실에서는 예산 부족, 인력 미배치, 점검의 형식화 등으로 인해 관리가 소홀해지는 경우가 많다. 가장 큰 문제는 유지관리단계 외에 설계단계나 공사 단계의 원인이 되어 발생 가능한 중대시민재해에 대해서는 거의 관심이 없다는 점이다.

2) 품질(부실공사) 측면의 접근

품질 측면에서는 주로 부실공사가 시민의 생명을 위협하는 사건으로 이어진다. 2023년 오송지하차도 침수 참사는 법적 기준을 무시한 임시 제방의 부실시공이 원인이었다. 부실한 시공, 불량자재 사용, 설계 오류 등 품질관리의 실패는 시민의 생명과 직결된다. 건설 분야의 경우 중대시민재해는 대부분 부실 설계, 부실시공, 부실 관리에서 발생할 가능성이 높아 이에 대한 관심이 각별히 필요하다.

3) 설계 · 설치 · 관리 영역의 혼합성

중대시민재해는 설계 단계의 오류, 설치 과정의 부주의 그리고 관리상의 결함이 복합적으로 작용하는 경우가 많다. 예를 들어 체육관 화재 사고에서 비상구 설계의 미흡, 스프링클러의 미설치, 관리자 대응의 지연이 동시에 작용할 수 있다. 이처럼 책임 소재가 여러 영역으로 분산될 경우 법적 판단과 예방 조치의 실행이 더욱 어려워질 수 있다.

4) 기술과 법의 융합에 따른 판단 난해

기술적 원인과 법적 책임이 얽혀 판단이 난해해지는 경우도 존재한다. 지하철 연결 통로 붕괴사고의 경우 시공 중 안전관리 미흡이 주요 원인이었지만 책임 주체 간 경계가 불분명하여 수사와 판결 과정이 복잡하게 전개될 수도 있다. 이는 기술과 법이 충돌할 때 중대시민재해 판단의 어려움을 보여주는 대표적인 사례다. 사고의 원인이 기술적 결함인지 관리자의 법적 의무 위반인지 경계가 모호한 경우도 많다. 이러한 상황에서는 법과 기술 모두에 대한 이해가 있어야 예방과 대응이 가능하다.

5) 공중이용시설 대상 확대 요구

공중이용시설의 정의가 협소하다는 비판도 존재한다. 예를 들어 엘리베이터 추락사고가 발생했음에도 해당 시설이 법적으로 공중이용시설로 인정되지 않아 중대시민재해 적용 여부에 논란이 있을 수 있다. 현재 법령상 공중이용시설의 정의는 면적, 용도, 구조물 유형 등에 따라 제한적으로 적용되며 이로 인해 현실에서 시민들이 자주 이용하는 시설이 법 적용 대상에서 제외되는 사례가 존재한다. 예를 들어 엘리베이터, 에스컬레이터, 소형 체육시설 등은 사고 발생 시에도 중대시민재해로 인정되지 않을 수 있어 법적 사각지대가 발생한다. 이에 따라 시민단체와 전문가들은 적용 대상의 확대를 지속적으로 요구하고 있다.

6) 시스템(판결사례)의 미흡

중대시민재해에 대한 판결사례가 충분히 축적되지 않았거나 일관성이 부족해 유사 사고 발생 시 법적 판단이 어려운 상황이 이어질 수도 있다. 오송 참사나 분당 정자교 붕괴사고에서는 일부 책임자가 기소된 반면 행정적 결정권을 가진 자는 불기소되면서 형평성 논란이 제기되었다. 이는 법적 기준과 판례 보완의 필요성을 분명히 보여주는 사례라 할 수 있다.

7) 경찰 수사 역량의 한계

수사 역량의 한계 역시 중대시민재해 대응에서 중요한 변수로 작용한다. 버스 추락사고의 경우 초기 수사가 운전자 과실에만 집중되어 도로시설관리의 조직적 문제를 간과할 가능성이 있다. 이후 경영진 책임으로 수사를 확대하겠지만 국민적 신뢰는 크게 훼손될 수도 있다. 중대시민재해는 기술적 분석과 법적 해석이 동시에 요구되므로 수사기관의 전문성 부족이 지속적으로 문제로 지적될 수 있다. 특히 초기 수사 단계에서 단순 과실로 사건을 처리하거나 시설관리 책임이 간과되는 경우가 많아 이후 법적 책임 규명에 혼선을 초래할 수도 있다.

중대시민재해는 단일 원인으로 설명하기 어려운 복합적 구조와 제도적 미비 속에서 발생한다. 이를 예방하기 위해서는 법령의 정비, 책임 구조의 명확화, 기술과 법의 융합에 대한 해석 기준 마련 그리고 수사·판결 시스템의 전문성 강화가 반드시 병행되어야 한다.

그림 2.3 중대시민재해의 한계점

제외대상 많음

• 시행령 [별표 2] 6.「공항시설법」 제2조제7호의 **공항시설** 중 연면적 1천 5백 제곱미터 이상인 **여객터미널**

추가확대 요구

• 시민단체 중대시민 재해 (공중이용시설) 대상확대 요구

경실련 "또 씽크홀 사고 ... 중대 시민재해 대상에 도로 포함 해야"

설치 중 관리 여부

• 공사과정 중 발주자, 시공사는 **공중 이용시설 관리주체 인식** (오송지하차도)

Tip
• 공중이용시설 적용 여부 **재확인 / 공사 중**에도 공중이용시설 관리(실질적 지배)
• 보수적 측면에서 대상 범위 확대 해석(제외 부분까지 관리)

그림 2.4 중대시민재해의 문제점

제3장

중대시민재해에 대한 처벌

01 사업주와 경영책임자 등의 처벌

1.1 법적 근거

제10조(중대시민재해 사업주와 경영책임자 등의 처벌)

① 제9조를 위반하여 제2조제3호가목의 중대시민재해에 이르게 한 사업주 또는 경영책임자 등은 1년 이상의 징역 또는 10억 원 이하의 벌금에 처한다. 이 경우 징역과 벌금을 병과할 수 있다.

② 제9조를 위반하여 제2조제3호나목 또는 다목의 중대시민재해에 이르게 한 사업주 또는 경영책임자 등은 7년 이하의 징역 또는 1억 원 이하의 벌금에 처한다.

중대재해처벌법 제9조 및 제10조는 사업주 또는 경영책임자가 안전 및 보건 확보의무를 위반하여 중대시민재해를 초래한 경우 그에 대한 형사처벌을 명확히 규정하고 있다. 이 조항은 단순히 사고 발생에 따른 책임을 묻는 것이 아니라 사전에 충분한 예방조치를 이행했는지를 기준으로 경영자의 법적 책임을 판단하는 구조로 설계되어 있다.

제9조는 사업주 또는 경영책임자가 실질적으로 지배·운영·관리하는 사업장에서 제조물 또는 공중이용시설·공중교통수단의 결함으로 인해 시민의 생명 또는 신체에 피해가 발생하지 않도록 안전보건관리체계를 구축하고 이를 이행할 의무를 부과하고 있다. 여기에는 인력·예산·점검체계 마련, 재발방지 대책 수립, 행정기관의 시정명령 이행, 관련 법령에 따른 관리조치 등이 포함된다.

제10조는 이러한 의무를 위반하여 중대시민재해를 발생시킨 경우의 처벌 수위를 규정하고 있다. 사망자가 발생한 경우는 1년 이상의 징역 또는 10억 원 이하의 벌금에 처하며 징역

과 벌금의 병과도 가능하다. 부상자 또는 질병자가 다수 발생한 경우는 7년 이하의 징역 또는 1억 원 이하의 벌금에 처하게 된다.

이러한 법적 구조는 실질적인 지배·운영 여부를 기준으로 판단한다. 외주나 도급을 준 경우에도 실질적으로 통제하고 있었다면 책임을 면할 수 없도록 되어 있다.

1.2 조문 취지

중대재해처벌법이 제정되기 이전에는 중대시민재해로 인해 사상자가 발생하더라도 형법 제268조에 따른 업무상과실치사상죄가 적용되어왔다. 이 조항은 과실로 사람을 사망 또는 상해에 이르게 한 경우를 처벌하는 규정으로 법정형은 5년 이하의 금고 또는 2천만 원 이하의 벌금이 부과되었다. 이러한 처벌 수준은 대규모 인명피해가 발생한 경우도 경영책임자에게 실질적인 책임을 묻기에는 한계가 있었다.

대표적인 사례로는 2018년 밀양 요양병원 화재 사고로 192명의 사상자가 발생했지만 당시 경영진은 업무상과실치사상죄로 기소되어 벌금형에 그쳤다. 이는 기업의 구조적 안전관리 부실이나 예방조치 미비에 대해 충분한 법적제재가 이루어지지 않았다는 비판을 불러왔다. 이러한 문제의식 속에서 2022년 1월 중대재해처벌법이 시행되었다. 이 법은 사업주 또는 경영책임자가 안전 및 보건 확보의무를 위반하여 중대시민재해를 초래한 경우 보다 강화된 형사처벌을 부과하도록 규정했다.

법의 제정은 단순히 형량을 상향한 데 그치지 않고 경영자의 실질적인 지배·운영 여부를 기준으로 책임을 판단하는 구조로 전환되었다. 외주나 도급을 준 경우도 실질적으로 통제하고 있었다면 책임을 면할 수 없도록 설계되어 있으며 이는 기업의 안전보건관리체계가 실제로 작동하고 있는지를 법원이 판단하는 기준이 되었다.

1989년 대법원 판결(89도1618)은 중대재해처벌법 제정 이전에 경영책임자의 주의의무 범위를 판단하는 기준을 제시한 사례였다. 이 판결에서 대법원은 시공회사의 사장이 현장 공사감독을 직접 수행하지 않았고 해당 업무는 상무이사인 현장소장이 전담하고 있었다는 점을 들어 사장에게 개별 작업에 대해 구체적이고 직접적인 안전대책을 강구할 주의의무는 인정하기 어렵다고 판시했다. 이는 당시 법적 구조 아래에서 최고경영자에게는 중간관리자에 대한 일반적인 지휘·감독 의무만 인정되었으며 현장 작업에 대한 세부적이고 직접적인 책임은 현장 관리자에게 귀속된다는 입장을 반영한 것이다.

실제로 이 판결을 비롯한 여러 사례에서 최고경영자에게 구체적 주의의무가 없다는 이유로 무죄가 선고되었다. 이는 형법상 업무상과실치사상죄의 적용 한계를 보여주는 대표적인 예로 평가되고 있다.

중대재해처벌법 제정 이전에는 이러한 판례들이 경영책임자의 형사책임을 제한하는 근거로 작용했다. 그러나 법 시행 이후에는 실질적인 지배·운영 여부를 기준으로 경영책임자의 책임을 보다 넓게 인정하는 방향으로 변화하고 있다. 즉, 단순히 현장에 없었다는 이유만으로 책임을 면하기 어려워졌다는 점에서 이 판결은 과거와 현재의 법적 책임 구조를 비교하는 데 매우 유의미한 기준이 된다. 최근 판례들과 비교해보면 법원이 경영책임자의 안전보건관리체계 구축과 이행 여부를 보다 적극적으로 판단하고 있다는 점에서 법적 책임의 범위가 실질적으로 확대되고 있음을 확인할 수 있다.

현대 기업의 특성상 안전관리는 다양한 직급으로 세분화되어 있고 책임이 아래로 위임되는 구조를 이루고 있다. 따라서 의사결정권자인 경영책임자에게 현행법상 형사책임을 묻기 어렵다는 지적이 있었다. 이에 중대재해처벌법에서는 사업주와 경영책임자 등의 안전보건 확보의무를 명시하고 이처럼 직접 부과된 의무 위반을 책임 근거로 삼아 처벌하는 것을 명확히 했다.

중대시민재해는 중대산업재해와 달리 재범에 대한 가중처벌 규정은 없다. 중대재해처벌법은 법인에 대한 처벌이 아닌 개인사업주 또는 경영책임자에게 직접적으로 의무를 부과하고 해당 의무를 위반하여 발생한 중대시민재해에 대하여 법 위반 주체로서 처벌하는 것이다. 결국, 중대재해처벌법은 기존 형법의 한계를 보완하고 안전보건에 대한 인식과 책임 구조를 근본적으로 변화시키는 계기가 되었다. 이는 단순한 법적 규제 강화에 그치지 않고 사회적 안전 확보를 위한 제도적 진전으로 평가할 수 있다.

02 중대시민재해의 구성요건

2.1 객관적 요소와 주관적 요소

중대시민재해 범죄의 구성요건은 중대재해처벌법 제9조와 제10조를 중심으로 형성되며 형법적 관점에서는 객관적 요건과 주관적 요건으로 나누어 이해할 수 있다.

1) 객관적 구성요건

사업주 또는 경영책임자가 안전 및 보건 확보의무를 위반한 행위가 존재해야 하며 그로 인해 중대시민재해로 규정된 결과가 발생해야 한다. 중대시민재해란 특정 원료, 제조물, 공중이용시설 또는 공중교통수단의 결함으로 인해 다음 중 하나 이상의 결과가 발생한 경우를 말한다.

① 사망자 1명 이상 발생
② 동일 사고로 2개월 이상 치료가 필요한 부상자 10명 이상 발생
③ 동일 원인으로 3개월 이상 치료가 필요한 질병자 10명 이상 발생

이러한 결과와 기본 행위 사이에는 법적으로 상당한 인과관계가 존재해야 하며 단순한 시간적·공간적 연관을 넘어서 책임을 인정할 수 있는 수준의 인과성이 요구된다.

2) 주관적 구성요건

경영책임자가 해당 재해의 발생 가능성을 예견할 수 있었음에도 불구하고 적절한 예방조

치를 취하지 않았다는 점이 핵심이다. 이는 고의 또는 중대한 과실로 평가되며 특히 안전보건관리체계의 구축과 이행을 게을리 한 경우에는 그 책임이 더욱 무겁게 인정된다.

3) 법적 성격과 해석상의 쟁점

중대시민재해 범죄는 결과적 가중범의 성격과 유사하게 기본 행위와 중대한 결과가 결합된 구조를 갖는다. 그러나 일부 학계에서는 이를 엄밀한 의미의 결과적 가중범으로 보기는 어렵다는 견해도 존재한다. 따라서 죄형법정주의 원칙에 따라 신중한 법적 해석이 필요하다.

4) 책임 판단 기준

이 범죄의 핵심은 경영책임자가 실질적으로 지배 · 운영 · 관리하는 사업장에서 안전보건 확보의무를 이행했는지 여부이다. 단순한 형식적 직위가 아니라 실질적인 통제권 행사 여부가 법적 책임 판단 기준이 된다.

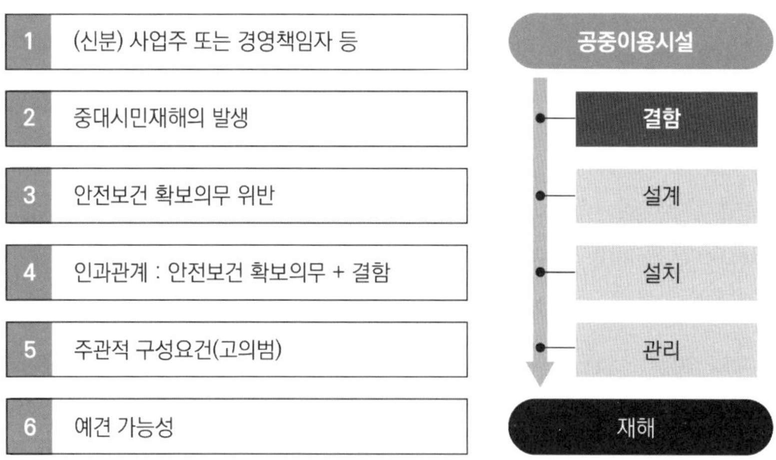

그림 3.1 범죄의 구성요건

2.2 진정 신분범 : 사업주 또는 경영책임자 등

중대시민재해 범죄는 중대재해처벌법상 진정신분범으로 분류되며 해당 범죄의 성립을 위해서는 반드시 일정한 신분 즉, 개인사업주 또는 경영책임자 등의 지위가 요구된다. 이는 특정한 신분을 가진 자에게만 해당 범죄가 성립된다는 의미로 형법상 진정신분범의 대표적 사례인 공무원의 수뢰죄, 군인의 군무이탈죄 등과 같은 구조를 따른다.

중대재해처벌법에서 말하는 '신분'은 단순한 직책이나 명칭이 아니라 해당 사업 또는 시설에 대해 실질적으로 지배 · 운영 · 관리하는 자로서의 법적 책임을 수반하는 지위이다. 법 제9조는 사업주 또는 경영책임자에게 안전 및 보건 확보의무를 부과하고 있고 제10조는 이러한 의무 위반으로 중대시민재해를 발생시킨 경우에 형사처벌을 하도록 규정하고 있다. 따라서 일반 근로자나 외부인은 해당 법의 적용 대상이 되지 않으며 사업을 실질적으로 지배 · 운영 · 관리하는 자만이 범죄 주체가 될 수 있다.

이러한 법적 구조는 형법 제33조의 진정신분범 개념과도 연결된다. 형법 제33조는 공범과 신분의 관계를 규율하면서 진정신분범의 경우 신분이 없는 자라도 공범 성립이 가능하다는 점을 명시하고 있다. 즉, 신분이 없는 자는 중대재해처벌법상 범죄의 정범으로는 성립되지 않는다. 그러나 범행에 가담한 경우에는 공동정범, 교사범, 종범 등의 공범으로 처벌될 수 있다.

결국 중대시민재해 범죄는 단순 과실책임을 넘어 경영을 책임지는 자에게만 성립하는 범죄로써 기업의 안전보건관리체계 구축과 이행에 대한 실질적인 책임을 묻는 강력한 법적 수단이다.

2.3 안전보건 확보의무 위반

중대시민재해란 특정 원료, 제조물, 공중이용시설, 공중교통수단의 설계 · 제조 · 설치 · 관리상의 결함으로 인해 사망자 1명 이상이 발생하거나 동일 사고로 2개월 이상 치료가 필요한 부상자 10명 이상 또는 동일 원인으로 3개월 이상 치료가 필요한 질병자 10명 이상이 발생한 경우를 말한다. 이러한 결과가 발생했을 때 사업주 또는 경영책임자 등이 안전보건관리체계 구축과 이행, 재발방지 대책 수립, 행정기관의 시정명령 이행, 관련 법령에 따른 관리조치 등 제9조에서 규정한 안전보건확보 의무를 다하지 않았다는 사실이 인정되면 형사처벌이 이루어진다.

이 법은 단순한 과실책임을 넘어 사업 또는 시설을 실질적으로 지배 · 운영 · 관리하는 자에게 예방 의무를 부과하고 그 의무를 위반하여 시민의 생명이나 신체에 중대한 피해를 초래한 경우 형사책임을 명확히 묻는 구조로 설계되어 있다.

처벌 수위는 사망자가 발생한 경우 1년 이상의 징역 또는 10억 원 이하의 벌금이며 징역과 벌금의 병과도 가능하다. 부상자 또는 질병자가 다수 발생한 경우는 7년 이하의 징역 또는 1억 원 이하의 벌금이 적용된다. 이는 기존 형법상 업무상과실치사상죄의 처벌 수준(5년 이하의 금고 또는 2천만 원 이하의 벌금)에 비해 대폭 강화된 것으로 경영자의 실질적 책임을 명확히 하고 기업의 안전경영을 제도적으로 유도하기 위한 입법적 조치라 할 수 있다.

결국 이 법은 기업의 안전보건관리체계가 단순히 형식적인 수준에 머무르지 않고 실제로 작동하고 있는지를 판단하여 경영책임자에게 실질적인 책임을 부과함으로써 중대재해 예방이라는 사회적 목적을 실현하고자 하는 것이다.

법 제9조(사업주와 경영책임자 등의 안전 및 보건 확보의무) 제1항 제1, 4호 및 제2항 제1, 4호의 ① 안전보건관리체계의 구축과 이행에 관한 조치 ② 안전보건 관계 법령에 따른 의무이행에 필요한 관리상의 조치 위반 여부의 판단에 있어서는 개인사업주 또는 경영책임자 등에 대한 해당 조치의 요구 수준이나 이행 정도가 문제될 수 있다.

즉, 개인사업주 또는 경영책임자 등이 상기 의무이행을 위하여 일정한 노력, 비용 등이 필요한 경우 어느 범위까지 책임을 인정할 수 있는지 여부가 될 수 있다.

특히 안전보건관리체계의 주요 내용인 필요한 인력, 예산의 요건과 관련하여 어느 정도의 인력, 예산의 결여가 의무 위반을 구성하는지 여부의 판단 기준은 중대재해처벌법의 입법목적과 규정의 특성상 입법기술적 한계가 있을 수밖에는 없는 상황이다.

하나의 예로서 2023년 4월에 발생한 분당 정자교 인도 붕괴사고에서는 일반 시민 1명이 사망하고 1명이 부상을 당했지만 해당 지자체가 인력과 예산을 확보했다는 점이 고려되어 중대시민재해가 적용되지는 않았다. 이처럼 어느 정도 수준의 인력과 예산을 확보해야 하는

지에 대한 법령상 구체적이고 정량적 기준이 없다. 향후 다양한 사례와 판례 축적을 통해 기준의 구체성과 명확성이 보완될 필요가 있다.

중대재해처벌법 시행령 제10조 및 제11조에서는 원료와 제조물과 관련된 주의의무를 구분하여 정하고 있지 아니하고 있다. 따라서 위 법률에 따른 주의의무를 특정하기는 사실 어렵고 곤란한 상황이다. 원료 · 부품 제조업자와 완성품 제조업자, 판매 · 유통업자와 설계 · 제조업자가 각각 어떤 주의의무를 부담하는지 구분하고 있지 아니하여 구체적인 주의의무 내용을 알기가 어렵다. 최종 제조물이 생산되기까지 원료, 부품, 완성품 제조업, 판매 및 유통업 관련 경영책임자 등이 그 사업 범위 즉, 자신이 통제 가능한 영역에서만 의무를 이행하면 되는지 아니면 다른 사업자에 대한 조사, 감시의무도 부담하게 되는 것인지 등이 불분명하고 경영책임자 등의 책임 범위가 무한정 확장될 가능성이 있다는 비판도 있다.

2.4 결과물인 중대시민재해의 발생

중대재해처벌법은 사업주 또는 경영책임자 등에게 안전 및 보건 확보의무를 부과하고 그 의무를 위반하여 중대시민재해가 발생한 경우에만 형사처벌이 가능한 결과범적 성격의 법률이다. 따라서 개인사업주 또는 경영책임자 등이 법 제9조에 규정된 안전보건 확보의무를 이행하지 않았더라도 중대시민재해가 실제로 발생하지 않았다면 중대재해처벌법 위반으로는 형사처벌할 수 없다.

이러한 법적 구조는 형법상 결과범의 일반 원칙과도 일치한다. 즉, 행위 자체만으로는 범죄가 성립하지 않으며 해당 행위로 인한 일정한 결과가 발생해야만 비로소 범죄로 인정된다. 중대재해처벌법 제10조는 명시적으로 "제9조를 위반하여 중대시민재해에 이르게 한 경우"에 처벌한다고 규정하고 있는데 이는 "단순한 의무 위반만으로는 형사책임을 물을 수 없다"라는 점을 분명히 한다.

다만, 중대시민재해가 발생하지 않았더라도 안전보건 확보의무 위반행위 자체는 안전 관련 법령에 따라 행정처분이나 과태료 부과 대상이 될 수 있다. 예를 들어 고용노동부의 시정명령을 이행하지 않은 경우는 별도의 행정 제재가 가능하고 반복적인 의무 위반은 추후 중대재해 발생 시 가중처벌의 요소로 작용할 수 있다.

중대재해처벌법은 사후적 책임 부과측면도 있지만 예방 중심의 경영책임 강화를 목적으로 하고 있다. 또한 형사처벌은 중대재해 발생이라는 결과가 있어야만 가능하다는 점에서 법적 명확성과 책임주의 원칙을 유지하고 있다. 이는 경영책임자에게 실질적인 안전관리 의무를 부여함으로써 기업의 안전문화 정착과 시민의 생명 · 신체 보호를 제도적으로 뒷받침하려는 입법적 취지로 해석할 수 있다.

2.5 인과관계

1) 부작위범의 인과관계

대법원은 작위의무를 이행했더라면 사망이라는 결과가 발생하지 않았을 것이 명백히 인정되는 경우 작위를 하지 않은 부작위와 사망 사이에 인과관계가 성립된다고 판단한다. 이러한 법리는 중대재해처벌법 위반죄와 같이 부작위범의 구조를 가진 범죄에도 동일하게 적용될 수 있다.

중대재해처벌법은 경영책임자 또는 개인사업주에게 안전 및 보건 확보의무를 부과하고 있는데 해당 의무 위반과 중대시민재해 사이에 인과관계가 인정되어야만 범죄가 성립한다.

이때의 인과관계 판단은 자연과학적 인과관계를 넘어서 규범적 인과관계인 상당인과관계에 의해 평가된다. 법원은 "경영책임자가 안전보건 확보의무를 적절히 이행했더라면 해당 재해가 발생하지 않았을 것"이라는 점이 경험칙에 비추어 인정되는 경우 그 의무 위반과 재해 사이에 인과관계를 인정하고 있다. 예컨대 안전보건관리체계가 정상적으로 작동했다면 위험요인을 사전에 인지하고 제거할 수 있었고 그로 인해 사고를 예방할 수 있었을 것이라는 점이 합리적으로 예견 가능하다면 의무 위반과 결과 사이의 인과관계는 성립한다고 볼 수 있다.

중대시민재해와 관련된 판례는 아직까지 없지만 최근 중대산업재해 사건에서 동일한 판단 구조가 적용되고 있음을 알 수 있다. 예를 들어 굴착기 작업 반경 내 근로자 출입 통제가 이루어지지 않았고 유도자 배치가 없었으며 안전시설비 예산조차 편성되지 않았던 사안에서 법원은 "경영책임자가 해당 안전보건 확보의무를 이행했더라면 사고가 발생하지 않았을 것"이라는 점을 인정하고 그 부작위와 사망 사이의 인과관계를 긍정하였다.

중대재해처벌법 위반죄에서 인과관계의 성립 여부는 경영책임자의 의무 위반이 사고 발생에 실질적으로 기여했는지를 중심으로 판단하며 작위의무를 이행했더라면 결과를 회피할 수 있었을 것이라는 점이 합리적으로 인정될 경우 부작위와 결과 사이에 인과관계를 인정될 수 있다. 이는 형사책임의 정당성과 책임주의 원칙을 확보하기 위한 핵심 법리로 작용하고 있다.

2) 개인사업주 또는 경영책임자 등의 의무위반이 구체적인 주의 의무위반에 해당하는 경우

개인사업주 또는 경영책임자 등의 의무 위반이 업무상과실치사상죄의 성립을 위해 요구되는 직접적이고 구체적인 주의의무 위반에 해당한다고 평가되는 경우 상당인과관계와 동일한 기준으로 심사가 이루어질 수 있다.

대법원은 1997년 1월 24일 선고한 96도776 판결에서 대구 지하철 사고와 관련하여 건설사업자의 안전관리 의무 및 그 이행 여부가 사고 발생에 미친 영향을 심도 있게 판단하였다. 이 사건에서 피고인은 건설업법에 따라 자격을 갖춘 건설기술자를 공사 현장에 배치해야 할 법적 의무가 있었음에도 불구하고 이를 이행하지 않았고 그로 인해 공사가 기술적 관리 없이 진행되었다. 특히 지하 매설물에 대한 확인과 설계도면도 없이 시행된 그라우팅 공사로 인해 폭발 사고가 발생했다는 점에서 대법원은 만약 건설기술자가 현장에 배치되어 있었다면 사고를 방지할 수 있었을 가능성이 충분하다고 보았다.

이 판결은 건설사업자가 단순히 계약상 책임을 넘어서 법령에 따른 기술적 안전관리 의무를 충실히 이행해야 할 작위의무가 있으며 이를 위반한 경우 중대한 결과에 대한 형사책임이 성립할 수 있음을 명확히 한 사례이다. 특히 안전관리 의무를 이행했더라면 사고가 발생하지 않았을 것이라는 점이 인정될 경우 부작위와 결과 사이의 인과관계가 성립한다는 법리를 확인하였다는 점에서 중대재해처벌법 적용에 있어서도 중요한 시사점을 제공하고 있다.

이 사건은 중대재해처벌법이 적용되기 이전에 발생한 사안으로 법적으로는 '중대시민재해'에 해당하지는 않지만 중대재해처벌법 제9조 제2항 제1호 및 시행령 제10조 제1호 가목에서 규정한 필요한 인력의 배치 의무와 관련하여 사업주에게 직접적이고 구체적인 주의의무가 부과된 사례로 평가할 수 있다.

향후 중대시민재해가 발생했을 때 사업주가 법령상 요구되는 안전관리 인력을 배치하지 않았고 그로 인해 사고가 발생했을 가능성이 인정된다면 대법원의 기존 판례와 유사하게 중대재해처벌법 위반으로 형사책임을 물을 수 있는 근거가 될 수 있다. 이는 단순한 인력 부족이 아닌 법령상 작위의무를 이행하지 않은 부작위에 의한 결과 발생으로 평가되며 법적 책임의 성립 요건을 충족하는 구조가 될 수 있다.

3) 개인사업주 또는 경영책임자 등의 직접적인 관여 내지 구체적인 의무가 확인되지 않는 경우

개인사업주 또는 경영책임자 등이 실무자들의 구체적 주의의무 위반행위를 방지하기 위해 중대재해처벌법에 따라 요구되는 안전보건 확보의무를 이행하였는지 여부를 고려해 인과관계를 판단해야 한다.

개인사업주 또는 경영책임자 등의 안전보건 확보의무 위반이 종사자 등이 안전보건 관계 법령상의 의무를 이행하도록 하는 일반적·추상적 성격의 관리조치 불이행이라고 할 때 여러 단계를 거쳐 실행되는 관리조치 불이행과 중대시민재해의 결과 발생 사이의 인과관계를 인정하려면 그러한 안전보건 확보의무 위반이 행위자인 종사자 등의 주의의무 위반의 원인이 되고 그로 인해 중대시민재해가 발생하게 되었다는 순차적인 방식의 접근도 가능할 것이다.

중대재해처벌법의 적용에 있어 인과관계 판단은 단순한 결과 발생 여부를 넘어 행위자의 구체적인 의무 위반과 그로 인한 재해발생 사이의 규범적 연관성을 중심으로 이루어진다.

여기에서 인과관계는 다음과 같은 방식으로 평가된다. 먼저 행위자가 이행해야 할 구체적인 안전보건 확보의무가 무엇이었는지를 명확히 하고 그 의무를 이행하지 않은 사실이 객관적으로 입증되어야 한다. 또한 해당 의무가 충실히 이행되었더라면 재해가 발생하지 않았을 것이라는 점이 경험칙상 인정될 수 있는가 증명되어야 한다. 이 과정에서 재해발생의 경위, 위험요인의 사전 인지 가능성, 예방조치의 실현 가능성 그리고 피해의 중대성 등이 종합적으로 고려되어야 한다.

결국, 행위자의 구체적인 의무 위반행위가 중대시민재해의 발생과 직접적인 연관성을 갖는 것으로 평가되는 경우 법적 책임의 근거가 마련되며 이는 중대재해처벌법상 형사처벌의 성립 요건을 충족하는 것으로 볼 수 있다. 이러한 접근은 법적 책임의 정당성과 예방 중심의 규범 구조를 동시에 확보하기 위한 핵심적인 판단 기준으로 작용한다.

4) 인과관계 쟁점

중대시민재해가 발생한 경우 그 원인이 개인사업주 또는 경영책임자 등의 안전보건 확보 의무 위반에 있었는지를 판단하기 위해서는 해당 행위와 재해 사이의 인과관계를 구체적 사안에 따라 개별적으로 검토할 필요가 있다. 이러한 인과관계는 단순한 시간적 · 공간적 연관성을 넘어서 경험칙상 개연성과 행위의 중대성, 예방 가능성 등을 종합적으로 고려하여 판단되어야 한다.

중대시민재해는 특정 원료 · 제조물, 공중이용시설 또는 공중교통수단의 설계 · 제조 · 설치 · 관리상의 결함으로 인해 사망자 또는 다수의 부상자 · 질병자가 발생한 경우를 포함한다. 이때 '결함'과 재해 사이의 인과관계는 법적 책임의 성립 여부를 결정짓는 핵심 요소로 작용한다.

특히 건설공사의 경우 설치상의 결함은 일반적으로 부실공사로 연계될 수 있다. 이에 대한 인과관계 판단은 구조적 안정성, 시공기술, 설계도면의 적정성, 현장관리 수준 등 기술적 요소에 크게 의존한다. 이러한 기술적 판단은 수사기관의 전문성에 따라 좌우될 수 있으며 경찰 수사 단계에서 충분한 기술적 조사가 이루어질 수 있을지는 사실 불확실한 측면이 있다.

중대재해처벌법의 적용에 있어 인과관계 판단은 단순히 법령 위반 여부만으로 결정되는 것이 아니라 해당 의무 위반이 재해발생에 실질적으로 기여했는지를 중심으로 사안별로 정밀하게 분석되어야 한다. 이는 법적 책임의 정당성과 형사처벌의 타당성을 확보하기 위한 필수적인 과정이다. 향후 판례와 기술 감정 결과 등을 통해 보다 구체적인 기준이 형성될 것으로 기대된다.

5) 인과관계의 단절 문제

형법상 인과관계 판단에서 예견가능성은 행위자의 주관적 인식이 아니라 일반인의 관점에서 객관적으로 평가되어야 한다. 이는 특정 행위가 결과를 발생시킬 수 있다는 점이 사회통념상 평균적인 사람의 경험과 인식 능력에 비추어 예측 가능했는지를 기준으로 삼는다는 의미이다. 따라서 행위자가 특별한 전문지식이나 직업적 특수성을 가지고 있었는지 여부는 예견가능성 판단에 있어 본질적인 요소가 되지 않는다.

예견가능성과 인과관계는 형법상 책임주의 원칙을 실현하기 위한 핵심 요소로써 행위 당시의 상황을 기준으로 사회 일반인의 경험칙에 따라 결과 발생의 개연성을 판단하는 것이 타당하다. 이러한 접근은 결과적 가중범이나 과실범의 성립 여부를 결정하는 데 있어 중요한 역할을 하며 법적 안정성과 형평성을 확보하는 데 기여한다.

또한 인과관계는 어떤 행위가 사고발생 결과의 유일하거나 직접적인 원인이었는지 여부에만 국한되지 않는다. 피해자나 제3자의 과실 또는 외부적 요인이 개입된 경우에도 그러한 사정이 통상적으로 예견될 수 있는 것이라면 행위와 결과 사이의 인과관계는 인정될 수 있다. 이는 자연과학적 인과관계가 아닌 규범적 인과관계로서 법적 책임의 귀속 여부를 판단하는 기준으로 작용한다.

중대재해처벌법의 적용에 있어 인과관계 판단은 단순히 행위와 결과 사이의 직접적인 연결만을 요구하지는 않는다. 개인사업주 또는 경영책임자 등이 안전보건 확보의무를 위반한 상태에서 중대시민재해가 발생한 경우 그 사이에 피해자나 제3자의 행위 또는 불가항력적 요소가 일부 개입되었더라도 그러한 요소들이 통상적으로 예견 가능한 범위 내에 있었다면 인과관계는 인정될 수 있다.

이는 대법원이 2015년 7월 9일 선고한 경주 마우나오션리조트 체육관 붕괴 사건(2015도5512 판결)에서 확인한 법리와도 일치한다. 해당 사건에서 법원은 폭설이라는 외부 요인이 사고에 일부 영향을 미쳤음에도 불구하고 시공업체 운영자 등이 설계도면과 다른 저강도 자재를 사용하였고 지붕 패널과 구조물을 부실하게 결합한 점을 들어 업무상 과실과 사고 사이의 상당인과관계를 인정하였다.

이 판결은 중대재해처벌법상 인과관계 판단에 있어 중요한 시사점을 제공한다. 즉, 행위자가 안전보건 확보의무를 이행했더라면 재해가 발생하지 않았을 것이라는 점이 경험칙상 인정될 수 있고 그 과정에서 일부 외부 요인이 개입되었더라도 그러한 요인이 통상적으로 예견 가능한 것이었다면 법적 책임은 면할 수 없다는 것이다.

결국 중대시민재해에 대한 인과관계 판단은 행위자의 의무 위반이 결과 발생에 실질적으로 기여했는지를 중심으로 이루어지며 이는 규범적 인과관계의 관점에서 형사책임의 성립 여부를 결정짓는 핵심 기준으로 작용한다.

2.6 고의범 또는 과실범에 따른 주관적 구성요건

중대재해처벌법 제10조에서 규정한 중대시민재해치사상죄는 그 법적 성격상 과실범으로 분류되며 이에 대한 해석에는 큰 이견이 없다. 이는 사업주 또는 경영책임자 등이 법 제9조에 따른 안전보건 확보의무를 이행하지 않은 상태에서 중대시민재해가 발생한 경우 그 의무 위반과 결과 사이의 인과관계 및 예견가능성을 중심으로 형사책임을 판단하는 구조에 기반한다.

과실범의 성립을 위해서는 행위자가 해당 결과를 예견할 수 있었음에도 불구하고 주의의무를 다하지 않았다는 점이 인정되어야 한다. 이때 예견가능성은 행위자의 주관적 인식이 아니라 일반인의 관점에서 객관적으로 판단되며 사회 통념상 평균적인 사람의 경험과 인식 능력에 비추어 중대한 결과 발생의 가능성을 충분히 인식할 수 있었는지가 핵심이다.

또한 중대시민재해치사상죄는 부작위범의 구조를 지니고 있으므로 인과관계 판단에서는 가설적 첨가 절차(hypothetical addition method)가 적용된다. 즉, 행위자가 법령상 작위의무를 이행했더라면 해당 결과가 발생하지 않았을 것이라는 점이 인정되는 경우 부작위와 결과 사이에 인과관계가 성립된다. 예컨대 사업주가 안전관리 인력을 적절히 배치하고 위험요인을 사전에 점검했더라면 중대시민재해가 발생하지 않았을 것이라는 점이 경험칙상 인정된다면 해당 의무 위반과 재해 사이의 인과관계는 성립할 수 있다.

결국 중대시민재해치사상죄의 성립을 위해서는 사업주 또는 경영책임자 등의 안전보건 확보의무 위반이라는 행위와 중대한 결과 발생 사이에 예견 가능성과 인과관계가 인정되어야 한다. 다만, 이러한 중대시민재해치사상죄의 구성요건 중 '중대한 결과의 원인이 되는 안전보건 확보의무 위반'이 고의행위에만 해당하는 것인지 혹은 과실도 포함하는 것인지에 대해서는 논란의 여지가 존재한다.

종래 대법원은 산업안전보건법상 안전보건조치 위반 행위에 대해 일관되게 고의범으로 해석해왔다. 중대시민재해에서의 안전보건 확보의무는 중대산업재해에서의 그것과는 내용이 다소 상이한 부분이 있으나 형법의 기본 원칙에 따라 과실에 의한 위반행위를 처벌한다는 점을 명시하지 않은 이상 기본 행위인 안전보건 확보의무 위반에 대해서는 고의가 요구된다고 보는 것이 상당하다.

중대재해처벌법 위반죄에서의 고의는 개인사업주 또는 경영책임자 등이 중대재해처벌법 제9조 및 그 시행령에서 요구하는 안전보건 확보조치를 취하지 않은 상태에서 위험성이 있는 사업을 수행하도록 지시하거나 그러한 조치가 취해지지 않은 상태에서 사업이 이루어지고 있다는 사정을 인식하고도 이를 방치하는 인식 상태를 의미한다. 따라서 중대재해라는 결과 자체에 대한 인식까지는 요구되지 않지만 중대한 결과에 대한 예견가능성은 인정되어야 한다.

중대재해처벌법상 안전보건 확보의무는 일반적 · 추상적인 감독의무를 포괄하며 본질적으로 개인사업주 또는 경영책임자 등의 고유 업무 범위에 속한다. 이에 따라 그 의무 위반에 대한 고의는 비교적 넓게 인정될 여지가 있다.

4가지로 구분된 안전보건 확보의무에 대해 개인사업주 또는 경영책임자 등이 해당 조치가 이행되지 않은 상태를 알면서도 계속 사업을 수행하다가 중대시민재해가 발생한 경우 중대재해처벌법 위반에 대한 책임이 인정될 수 있다.

반면 재해예방을 위한 인력 · 예산 · 점검 등 안전보건관리체계의 구축 및 그 이행에 관한 조치(제1호), 안전보건 관계 법령에 따른 의무이행에 필요한 관리상의 조치(제4호)의 경우에는 그러한 의무의 완전한 불이행보다는 미진하거나 불완전한 이행이 문제 되는 경우가 많다. 이처럼 과실의 영역에 가까운 상황에서 이를 중대재해처벌법 위반죄의 고의범으로 의율(擬律)할 수 있을지는 법적 쟁점이 될 수 있다.

기존의 법리에서는 인력이나 예산 등 적절한 조치를 취하지 않아 결과가 발생한 경우 이를 업무상과실치사상죄로 평가해왔다. 조치의 부족이 고의에 의한 것인지 과실에 의한 것인지까지 판단할 필요는 없었다.

그러나 중대재해처벌법의 적용 여부를 판단함에 있어서는 안전보건 확보의무 위반에 대한 고의가 인정되어야 한다. 즉, 개인사업주 또는 경영책임자 등이 자신의 판단에 따라 인력을 배치하고 예산을 집행했음에도 그 조치가 결과적으로 부족하여 중대재해가 발생한 경우 재해가 인력·예산 부족에서 기인한 것이 입증되었다면 경영책임자의 고의가 인정될 수 있는지 여부가 핵심 판단 요소가 된다.

다만, 제1호 및 제4호의 조치에는 '반기 1회 이상' 등의 주기적 점검이 포함되어 있으므로 점검의 미실시나 보완 조치의 불이행 등의 간접적 사실을 통해 개인사업주 또는 경영책임자의 주관적 구성요건(고의)을 추단할 여지는 존재한다.

이러한 해석상의 불확실성은 안전관련 법령의 규정과 비교할 때 중대재해처벌법의 문언이 불명확하게 규정되어 있는 데서 비롯된 측면이 있다. 예컨대 시설물안전법 제63조(벌칙)는 일정한 의무위반 행위를 기본 범죄로 처벌하면서 치사상죄에 대하여는 고의와 과실을 구분하여 별도 범죄로 명시하고 있다.

또한 징벌적 손해배상을 규정한 중대재해처벌법 제15조에서는 "고의 또는 중대한 과실로"라고 명시하고 있지만 벌칙 조항인 제10조에서는 이러한 주관적 구성요건을 별도로 규정하고 있지 않아 법 적용 과정에서 해석상의 혼란을 야기하고 있다.

고의범 또는 과실범에 따른 주관적 구성요건 핵심 정리

- 고의와 과실 구분 기준이 불명확한 조항들의 법리 해석 문제
- 관리조치의 미진한 이행 → 과실인지 고의인지 판단 필요
- 점검 미이행 등 간접 사실 → 고의 인정의 추단 근거
- 시설물안전법과의 체계적 비교 → 중대재해처벌법의 개선 필요성 제기

2.7 중대재해처벌법 위반죄 자체의 죄수 관계

중대재해처벌법 제10조 제1항 및 제2항에서 규정하는 중대시민재해치사상죄는 피해자 수에 따라 범죄가 수죄로 나뉘는 것이 아니라 일정한 피해 기준을 충족하면 단일 범죄로 구성된다고 보고 있다. 즉, 해당 조항은 피해자가 복수일 경우를 예정하고 있으며 피해자

수가 일정 기준을 초과하더라도 범죄 성립은 하나의 죄로 평가된다.

예를 들어 공중이용시설이나 공중교통수단의 결함으로 인해 시민 2명이 사망한 경우에도 중대재해처벌법 제10조 제1항 위반죄 1죄가 성립하고 동일한 사고로 2개월 이상 치료가 필요한 부상자가 12명이 발생한 경우도 제10조 제2항 위반죄 1죄만 성립하는 것으로 해석된다. 이는 형법상 업무상과실치사상죄와 달리 중대재해처벌법이 일정한 피해 규모 기준으로 중대시민재해를 정의하고 있기 때문이다.

피해의 정도에 따라 중대재해처벌법 제10조 제1항 위반죄와 제2항 위반죄가 동시에 성립할 수 있으며 이는 상상적 경합 관계에 있다고 볼 수 있다. 피해자 수는 범죄 성립 여부에 직접적인 영향을 미치기보다는 양형 판단에 있어 고려 요소로 작용한다.

법원은 피해자의 수, 피해의 중대성, 재해발생 경위 등을 종합적으로 고려하여 형의 경중을 결정하게 되며 이는 중대재해처벌법의 입법 취지인 예방 중심의 책임 강화와 형사처벌의 명확성 확보를 위한 구조적 특징으로 이해될 수 있다.

중대재해처벌법 제10조 제1항 위반죄는 피해자가 복수일 경우를 예정하고 있는 과실범으로서 안전보건 확보의무를 위반하여 중대한 결과가 발생한 경우 성립한다. 이때 해당 의무위반행위는 형법상 업무상과실치사상죄에서 요구되는 주의의무와 실질적으로 동일한 성격을 지니므로 하나의 행위로 인해 동일한 법익인 생명 또는 신체를 침해한 경우는 중대재해처벌법 위반죄와 업무상과실치사상죄가 동시에 성립할 수 있다.

대법원은 2023년 12월 28일 선고한 2023도12316 판결에서 이러한 법리를 명확히 하였다. 해당 사건에서 피고인은 안전보건총괄책임자이자 경영책임자의 지위에서 안전보건관리체계 구축과 이행 의무를 다하지 않아 근로자가 사망한 사고에 대해 중대재해처벌법 위반죄, 산업안전보건법 위반죄 그리고 업무상과실치사죄로 기소되었다. 법원은 이들 죄가 사회통념상 하나의 행위로 평가될 수 있는 경우로써 형법 제40조에 따른 상상적 경합 관계에 있다고 판시하였다.

이는 중대재해처벌법상 안전보건 확보의무가 안전보건 관계 법령상 안전조치 의무와 업무상과실치사상죄의 주의의무를 포괄할 수 있다는 점에서 동일한 행위가 여러 법률에 의해 중첩 평가될 수 있음을 의미한다. 따라서 하나의 의무위반행위로 인해 동일한 피해가 발생한 경우 각 법률에 따른 죄가 성립하더라도 이는 상상적 경합관계로 보아야 하며 가장 중한 죄의 법정형에 따라 처벌하게 된다.

이러한 해석은 법적 책임의 명확성과 형벌의 균형을 유지하면서도 중대재해 예방을 위한 경영책임자의 실질적 의무이행을 촉진하는 데 기여하고 있다. 중대재해처벌법에 따라 부과된 안전보건 확보의무가 업무상과실치사상죄에서의 주의의무를 구성할 수 있으므로 하나의 의무위반행위로 동일한 법익을 침해한 경우 수죄가 성립하더라도 양 죄는 상상적 경합관계에 있다고 봄이 타당하다.

03 양벌규정

3.1 법적 근거

법 제11조(중대시민재해의 양벌규정)

법인 또는 기관의 경영책임자 등이 그 법인 또는 기관의 업무에 관하여 제10조에 해당하는 위반행위를 하면 그 행위자를 벌하는 외에 그 법인 또는 기관에게 다음 각 호의 구분에 따른 벌금형을 과(科)한다. 다만, 법인 또는 기관이 그 위반행위를 방지하기 위하여 해당 업무에 관하여 상당한 주의와 감독을 게을리하지 아니한 경우에는 그러하지 아니하다.

1. 제10조제1항의 경우 : 50억 원 이하의 벌금
2. 제10조제2항의 경우 : 10억 원 이하의 벌금

중대재해처벌법 제11조는 경영책임자 등이 제9조에서 정한 안전보건 확보의무를 위반하여 제10조에 따라 행위자로 처벌되는 경우 해당 행위자가 소속된 법인 또는 기관에도 형사책임을 부과하기 위한 양벌규정이다.

3.2 조문 취지

중대재해처벌법 제11조는 중대시민재해가 발생한 경우 해당 위반행위를 한 경영책임자 등 뿐만 아니라 그 법인 또는 기관 자체에도 형사책임을 부과할 수 있도록 규정한 양벌조항이다. 이 조항은 조직 차원의 안전관리 책임을 명확히 함으로써 단순히 개인의 과실에 그치지 않고 조직 전체의 관리체계와 감독의무 이행 여부를 법적 책임 판단 기준으로 삼고 있다.

구체적으로 법인 또는 기관의 경영책임자 등이 그 업무와 관련하여 중대재해처벌법 제10조에 해당하는 위반행위를 한 경우 해당 행위자에 대한 처벌과는 별도로 법인 또는 기관에도 벌금형이 부과된다.

① 사망사고(제10조 제1항) : 50억 원 이하의 벌금
② 다수 부상자 발생(제10조 제2항) : 10억 원 이하의 벌금

다만, 법인 또는 기관이 해당 업무에 관해 중대시민재해를 방지하기 위해 상당한 주의와 감독을 게을리하지 않았다는 점을 입증할 수 있는 경우에는 벌금형이 면제될 수 있다. 여기서 '상당한 주의와 감독'이란 단순한 형식적 조치를 넘어서

① 실질적인 안전보건관리체계의 구축과 이행
② 위험요소의 사전 점검 및 대응
③ 내부 교육 및 감시체계의 운영 등과 같은 구체적이고 실효성 있는 예방조치를 의미한다.

결국 이 조항은 기업이 안전관리 의무를 문서상 형식적으로 갖추는 것을 넘어 실제로 이행하고 있었는지를 기준으로 법적 책임을 판단하며 기업의 조직문화와 경영전략에 안전을 내재화하도록 유도하는 역할을 한다. 이는 중대재해 예방을 위한 법적 장치로써 기업의 실질적 책임을 강화하고 사회적 신뢰를 확보하기 위한 제도적 기반으로 평가된다.

3.3 적용 요건

법인 또는 기관의 처벌은 경영책임자의 위반행위가 발생한 업무에 대해 조직 차원의 주의

또는 감독의무를 게을리 한 경우에 한정된다. 이는 법인의 책임이 단순히 경영책임자의 행위에 대한 결과적 책임이 아니라 실질적인 관리 · 감독 체계의 구축과 이행 여부를 기준으로 판단된다는 점에서 제7조와 동일한 법리 구조를 따른다.

예를 들어 경영책임자가 중대시민재해의 원인이 되는 행위를 하였고 법인 또는 기관이 그 업무에 관해 안전보건 확보를 위한 실질적 관리 · 감독을 이행하지 않은 경우는 법 제11조에 따라 법인 또는 기관에도 벌금형이 부과될 수 있다.

결국 제11조는 중대산업재해에 관한 제7조와 동일한 해석 구조를 갖고 있으며 기업의 조직적 책임을 명확히 하고 안전관리의 실효성을 높이며 예방 중심의 경영을 유도하는 데 그 목적이 있다.

04 징벌적 손해배상

4.1 법적 근거

법 제15조(손해배상의 책임)

① 사업주 또는 경영책임자 등이 고의 또는 중대한 과실로 이 법에서 정한 의무를 위반하여 중대재해를 발생하게 한 경우 해당 사업주, 법인 또는 기관이 중대재해로 손해를 입은 사람에 대하여 그 손해액의 5배를 넘지 아니하는 범위에서 배상책임을 진다. 다만, 법인 또는 기관이 해당 업무에 관하여 상당한 주의와 감독을 게을리하지 아니한 경우에는 그러하지 아니하다.

② 법원은 제1항의 배상액을 정할 때는 다음 각 호의 사항을 고려하여야 한다.

1. 고의 또는 중대한 과실의 정도
2. 이 법에서 정한 의무위반행위의 종류 및 내용
3. 이 법에서 정한 의무위반행위로 인하여 발생한 피해의 규모
4. 이 법에서 정한 의무위반행위로 인하여 사업주나 법인 또는 기관이 취득한 경제적 이익
5. 이 법에서 정한 의무위반행위의 기간·횟수 등
6. 사업주나 법인 또는 기관의 재산 상태
7. 사업주나 법인 또는 기관의 피해구제 및 재발방지 노력의 정도

중대재해처벌법 제15조는 중대재해 발생 시 사업주 또는 경영책임자 등에 대해 민사상 손해배상 책임을 부과하는 조항으로써 특히 징벌적 손해배상제도를 도입하고 있다는 점에서 중요한 의미를 갖는다.

4.2 조문 취지

중대재해처벌법 제15조는 사업주 또는 경영책임자 등이 고의 또는 중대한 과실로 안전보건 확보의무를 위반하여 중대재해를 발생시킨 경우 해당 사업주나 법인·기관이 피해자에게 손해액의 최대 5배까지 징벌적 손해배상 책임을 지도록 규정하고 있다. 이는 우리 법제에서 드물게 도입된 제도로써 단순한 피해회복을 넘어서 가해자의 불법행위에 대한 강력한 제재 효과를 의도한 것이다.

이러한 규정은 과거 가습기 살균제 사건과 같은 대규모 시민재해를 계기로 마련된 것으로 평가된다. 당시 수많은 피해자가 발생했음에도 기업의 책임이 충분히 규명되지 않았고 피해자에 대한 실질적인 배상이 이루어지지 못했다는 사회적 비판이 제기되었다. 이에 따라 형사처벌뿐 아니라 민사상 책임을 강화할 필요성이 대두되었고 그 결과 중대재해처벌법에 징벌적 손해배상 조항이 포함되었다.

이 조항은 기업이 안전보건 확보의무를 형식적으로 갖추는 수준을 넘어서 실질적 예방조치를 이행하도록 유도하는 강력한 수단으로 기능하며 피해자 보호와 재발방지라는 이중의 입법목적을 내포하고 있다.

그러나 이와 같은 징벌적 손해배상제도는 다음과 같은 법리적 논쟁을 동반하고 있다.

① 손해배상의 기본 원칙(전보적 성격)과 부조화
② 정신적 손해는 민법상 배상으로 충분히 해결될 수 있다는 주장
③ 처벌적 효과가 국가 아닌 피해자에게 귀속된다는 점에서 법의식과 부합성에 대한 의문

그러함에도 불구하고 이 제도는 기업 또는 행위자의 악의적이고 반복적인 불법행위에 대한 강력한 억지 효과를 제공하고 불특정 다수 피해자를 방지하는 데 실효성을 갖는다.

사고예방을 위한 실효성을 극대화하기 위해서는 형사처벌·행정처분·과징금 등의 공적 제재 수단을 함께 정비하고 다수 피해자에 대한 직접적 구제를 위한 집단소송제도의 도입도 필수적으로 논의될 필요는 있어 보인다.

징벌적 손해배상제도와 집단소송제도는 상호 보완적인 법적 구조로써 불특정 다수에 피해를 주는 행위에 대한 예방과 구제의 이중 구조를 형성하며 기업의 안전경영을 촉진하고

소비자 권익을 실질적으로 보호하는 데 기여할 수 있을 것으로 보인다.

4.3 중대재해처벌법상 징벌적 손해배상의 요건

1) 중대재해로 손해를 입은 사람(원고)

손해배상 청구권자의 범위에 대해서는 해석상 논란이 존재한다. 일부 견해에 따르면 제15조에서 말하는 '중대재해로 손해를 입은 사람'은 중대재해의 직접 피해자 및 그 상속인으로 한정된다고 본다. 이러한 해석에 따르면 중대재해로 사망한 자의 유족은 중대재해처벌법 제15조에 근거하여 위자료를 청구할 수 없고 민법 제752조에 따라 정신적 손해에 대한 위자료만 청구할 수 있다. 즉, 중대재해처벌법상 징벌적 손해배상은 직접적인 생명 · 신체 피해를 입은 자에게만 적용되며 유족의 정신적 고통에 대한 배상은 민법상 일반 불법행위책임에 따라 별도로 판단된다는 것이다.

이러한 제한적 해석은 징벌적 손해배상제도의 적용 범위를 명확히 하여 법적 안정성을 확보하려는 목적에서 비롯되며 피해자 보호와 기업 책임 사이의 균형을 고려한 접근으로 평가된다. 다만, 유족의 권리 보호를 강화하기 위한 법 개정이나 판례를 통한 해석의 확장 가능성도 존재하므로 향후 법적 논의의 진전에 따라 원고의 범위가 확대될 여지도 있다.

2) 배상책임자 : 개인사업주, 법인 또는 기관(피고)

중대재해처벌법 제15조에 따른 손해배상책임의 주체는 개인사업주의 경우에는 해당 개인사업주이고 법인 등의 경우에는 법인 또는 기관이다.

법인의 경우 제15조 제1항은 법인의 불법행위책임 또는 사용자책임에 관한 특칙으로써 경영책임자 등이 고의 또는 중대한 과실로 중대재해처벌법에서 정한 의무를 위반하여 중대재해를 발생시킨 경우 해당 법인이 피해자에게 손해액의 5배를 넘지 않는 범위 내에서 배상책임을 지도록 하고 있다.

법인과 경영책임자의 손해배상책임은 부진정연대관계에 있다. 경영책임자가 고의 또는 중대한 과실로 중대재해처벌법상 의무를 위반하여 중대재해를 발생시킨 경우 법인은 중대재해처벌법 제15조에 따른 징벌적 손해배상책임을, 반면에 경영책임자는 민법 제750조에 따른 불법행위책임을 부담한다.

국가 · 지방자치단체 · 공법인의 경우에는 중앙행정기관의 장 또는 지방자치단체의 장이 경영책임자로서 안전보건 확보의무를 위반하여 중대재해가 발생한 경우는 양벌규정과는 달리 국가 또는 지방자치단체에 대해 국가배상책임의 특칙으로써 징벌적 손해배상을 청구할 수 있다고 봄이 타당하다. 법인격을 가진 공기업 또는 공공기관은 징벌적 손해배상의 피고 적격을 당연히 갖는다.

한편 '기관'의 경우 중대재해처벌법상 기관이 법인격 없는 공공기관으로 해석된다면 해당 기관은 민사소송법상 당사자능력이 없으므로 직접 손해배상 청구가 불가능하다. 이에 따라 기관을 설치 · 운영하는 국가 또는 지방자치단체 등 공법인을 상대로 소를 제기해야 할 것으로 보인다.

비법인사단에 대해서는 그 대표자가 직무에 관련하여 타인에게 손해를 가한 경우 해당 사단은 민법 제35조 제1항의 유추 적용에 따라 손해배상 책임을 부담한다.

3) 고의 또는 중대한 과실로 이 법에서 정한 의무 위반

중대재해처벌법은 형사책임과 민사책임을 구분하여 규정하고 있으며 각각의 책임 성립 요건이 다르게 설정되어 있다는 점에서 중요한 법적 구조를 갖는다.

제6조 및 제10조는 중대산업재해와 중대시민재해에 대한 형사처벌 조항으로써 사업주 또는 경영책임자 등이 안전보건 확보의무를 고의로 위반하여 재해를 발생시킨 경우에 처벌이 이루어진다는 것이 다수의 견해이다. 이는 형법상 책임주의 원칙에 따라 고의 또는 미필적 고의가 인정되어야 형사처벌이 가능하다는 해석에 기반한다.

반면 제15조는 징벌적 손해배상 조항으로써 사업주 또는 경영책임자 등이 고의 또는 중대한 과실로 법에서 정한 의무를 위반하여 중대재해를 발생시킨 경우 피해자에게 손해액의 최대 5배까지 배상책임을 지도록 규정하고 있다. 여기서 '중대한 과실'은 형사처벌 요건인 고의보다 낮은 수준의 책임으로 평가되며 형사책임이 인정되지 않더라도 민사상 징벌적 손해배상 청구는 가능하다는 점에서 법적 효과가 분명히 구분된다.

따라서 사업주 또는 경영책임자에 대해 고의가 인정되지 않아 형사처벌이 이루어지지 않더라도 중대한 과실이 인정되는 경우에는 중대재해처벌법 제15조에 따라 징벌적 손해배상 책임을 물을 수 있는 법적 근거가 성립한다. 이는 피해자 보호와 기업의 예방적 책임을 강화하기 위한 입법적 장치로써 형사책임과 민사책임의 병렬적 구조를 통해 중대재해에 대한 대응력을 높이는 효과를 가진다고 볼 수 있다.

4) 중대재해의 발생과 면책 규정

중대재해처벌법 제15조에 따라 징벌적 손해배상을 받기 위해서는 반드시 중대재해가 발생하여야 한다. 면책 규정과 관련하여 제15조 제1항 단서는 법인 또는 기관이 해당 업무에 관해 상당한 주의와 감독을 게을리 하지 않은 경우 손해배상 책임이 부정된다고 규정하고 있다.

중대재해처벌법 제15조는 징벌적 손해배상 책임을 규정하면서 그 요건으로 중대재해의 발생과 사업주 또는 경영책임자 등의 고의 또는 중대한 과실을 명시하고 있다. 따라서 이 조항에 따라 손해배상을 청구하기 위해서는 반드시 중대재해가 실제로 발생해야 하며 단순한 안전보건 확보의무 위반만으로는 징벌적 손해배상 책임이 성립하지 않는다.

또한 제15조 제1항 단서는 법인 또는 기관이 해당 업무에 대해 상당한 주의와 감독을 게을리하지 않았다는 점을 입증하는 경우 손해배상 책임을 면할 수 있도록 하고 있다. 그러나 징벌적 손해배상 책임은 사업주 또는 경영책임자의 고의 또는 중대한 과실을 전제로 하며 '상당한 주의와 감독'의 주체 역시 결국 경영책임자 등이 될 수밖에 없다.

따라서 경영책임자 등의 중대한 과실이 인정되는 상황에서는 법인 또는 기관이 면책을 주장하기 어려운 구조이며 실무상으로도 이러한 면책이 인정될 가능성은 매우 낮다고 볼 수 있다.

결국 중대재해처벌법 제15조에 따른 징벌적 손해배상 책임은 중대재해의 발생이라는 객관적 요건과 경영책임자 등의 고의 또는 중과실이라는 주관적 요건을 충족해야 하며 면책을 위한 조직 차원의 예방 노력은 단순한 형식적 조치가 아닌 실질적이고 구체적인 관리 · 감독의 이행으로 입증되어야 한다.

5) 배상액의 산정

기초가 되는 '손해액'의 산정은 전보적 손해배상액의 산정 단계에서 손해배상법의 일반 이론이 적용된다. 중대재해처벌법 제15조에 따른 징벌적 손해배상액은 일반적인 손해배상 실무에서 적용되는 손해 삼분설에 따라 적극적 재산손해, 소극적 재산손해, 정신적 손해(위자료)로 구분하여 손해배상액을 산정해야 한다는 견해가 있다. 또한 징벌적 손해배상에서 피해자에게 발생한 손해는 재산상의 손해로 한정되어야 한다는 견해도 존재한다.

① 적극적 재산손해 : 치료비, 장례비, 개호비 등 실제로 지출된 비용
② 소극적 재산손해 : 일실수익, 노동능력 상실 등 장래 수입 손실
③ 정신적 손해 : 피해자가 입은 정신적 고통에 대한 위자료로써 이때의 위자료는 징벌적 의미를 고려하지 않은 기초적 평가에 따른다.

이렇게 산정된 기초 손해액에 대해 법원은 제15조 제1항에 따라 징벌 승수(punitive multiplier)를 곱하여 최종 징벌적 손해배상액을 결정하게 된다. 이 징벌 승수는 다음과 같은 요소를 종합적으로 고려해 법원이 정한다.

- 고의 또는 중대한 과실의 정도
- 이 법에서 정한 의무위반행위의 종류 및 내용
- 이 법에서 정한 의무위반행위로 인하여 발생한 피해의 규모
- 이 법에서 정한 의무위반행위로 인하여 사업주나 법인 또는 기관이 취득한 경제적 이익
- 이 법에서 정한 의무위반행위의 기간 · 횟수 등
- 사업주나 법인 또는 기관의 재산 상태
- 사업주나 법인 또는 기관의 피해구제 및 재발방지 노력의 정도

결국 징벌적 손해배상액은 기초 손해액 × 징벌 승수의 방식으로 산정된다. 이는 기업의 위법행위에 대한 강력한 제재와 예방 효과를 동시에 실현하려는 입법적 취지를 반영한 것이다. 이 구조는 피해자 보호와 기업의 책임경영을 촉진하는 데 중요한 역할을 수행한다.

6) 증명책임

원고는 중대재해처벌법 제15조에 따른 손해배상 책임의 성립 요건을 증명해야 하고 피고는 면책 사유를 증명해야 한다.

민사소송에서 사실의 증명은 자연과학적 확증을 요구하는 것이 아니라 경험칙에 비추어 모든 증거를 종합적으로 검토한 결과 어떠한 사실이 있었다는 점을 통상적인 사람이라면 의심을 품지 않을 정도로 시인할 수 있는 수준 즉 '고도의 개연성'이 인정되어야 한다는 것이 대법원의 확립된 입장이다. 이는 대법원 2010년 10월 28일 선고 2008다6755 판결 등에서 명확히 판시된 바 있으며 자유심증주의에 따라 사실을 인정함에 있어 법관이 갖추어야 할 심증의 정도를 구체적으로 제시한 기준이다.

이러한 고도의 개연성 기준은 징벌적 손해배상 사건에도 동일하게 적용된다는 것이 다수설과 기존 판례의 입장이다. 징벌적 손해배상은 일반 손해배상과 달리 행위자의 고의 또는 중대한 과실을 전제로 하며 그 입증책임은 피해자에게 있다. 따라서 피해자는 위법행위의 존재, 손해 발생, 인과관계 그리고 고의 또는 중과실의 존재를 모두 고도의 개연성 수준에서 입증해야 하며 이는 통상적인 민사소송보다 더 높은 증명도를 요구하는 구조이다.

다만 일부 영역에서는 피해자의 증명 곤란을 고려하여 '상당한 개연성' 기준으로 증명도를 완화하는 판례도 존재하지만 중대재해처벌법 제15조에 따른 징벌적 손해배상은 고의 또는 중과실이라는 주관적 요건을 전제로 하므로 고도의 개연성 기준을 유지하는 것이 타당하다는 해석이 우세하다.

7) 제조물책임법과의 관계

하나의 제조물 결함으로 인해 발생한 재해가 제조물책임법과 중대재해처벌법에서 규정한 손해배상 요건을 모두 충족하는 경우 양 법의 요건과 효과가 서로 다르므로 청구권 경합 관계가 된다. 따라서 손해배상 청구권자는 두 법에서 규정하고 있는 손해배상 청구권 중 하나를 선택하여 행사할 수 있다.

중대재해처벌법과 제조물책임법은 각각의 입법목적과 책임 구조가 다르기에 동일한 재해에 대해 병렬적으로 적용될 여지가 존재한다. 특히 책임 주체의 범위에서 두 법은 중요한 차이를 보인다.

제조물책임법은 제조물의 결함으로 인해 손해가 발생한 경우 제조자를 기본적인 책임 주체로 규정하고 있으며 판매업자는 제조자의 소재를 알 수 없는 경우 등에 한해 보충적 책임을 지는 구조이다. 즉, 제조물의 설계 · 제조 · 표시 · 사용상 주의의무 위반이 문제가 되는 경우에는 제조자가 우선적으로 책임을 부담한다.

반면 중대재해처벌법은 사업주 또는 경영책임자 등을 책임 주체로 규정하며 해당 법인이 실질적으로 지배 · 운영 · 관리하는 제조물의 설계 · 제조 · 관리상의 결함으로 인해 시민재해가 발생한 경우 제조업자뿐만 아니라 유통업자 및 판매업자도 안전보건 확보의무를 부담하는 주체가 될 수 있다. 즉, 제조물의 생산 · 제조 · 판매 · 유통 전 과정에서 안전보건 확보의무를 이행하지 않은 자는 중대시민재해 발생 시 형사책임과 민사책임의 대상이 될 수 있다.

따라서 중대재해가 발생한 경우 제조물책임법상 제조자에게 손해배상 책임이 인정됨과 동시에 중대재해처벌법상 유통업자나 판매업자가 안전보건 확보의무를 위반한 사실이 인정된다면 이들 역시 별도로 책임을 질 수 있다. 이는 청구권의 중첩적 행사가 허용되지 않더라도 법률별로 책임 주체가 달라질 수 있다는 점에서 각각의 법이 독자적으로 적용될 가능성을 열어둔 것이다.

청구권의 중첩적 행사는 허용되지 않지만 중대재해처벌법상 책임 주체인 '사업주 또는 경영책임자 등'과 제조물책임법상 '제조자'가 반드시 일치하는 것은 아니므로 배상책임자별로 각각 양 법이 독자적으로 적용될 여지도 있다. 즉, 제조물책임법은 제조업자가 책임 주체이고 판매업자는 보충적 책임을 질뿐이지만 중대재해처벌법에서는 제조업자뿐만 아니라 유통 및 판매업체도 책임 주체가 될 수 있다.

결국 중대재해에 대한 법적 책임은 제조물의 결함뿐만 아니라 그 결함을 예방하거나 통제할 수 있었던 자의 의무이행 여부에 따라 판단되며 이는 피해자 보호와 기업의 책임경영을 실현하기 위한 입법적 구조로 이해할 수 있다.

8) 징벌적 손해배상의 요건 강화 및 배상액 상한의 조정

징벌적 손해배상제도는 불법행위자가 그 행위로 인해 부담해야 할 배상 비용을 포함한 총비용을 사전에 계산한 뒤 그 비용이 기대되는 이익보다 작다고 판단해 불법행위를 실행하는 경우를 억제하기 위한 제도적 장치이다. 즉, 불법행위자가 손해배상액을 포함한 총비용을 감수할 수 있다고 판단하면 위법행위를 감행할 수 있다는 점에서 징벌적 손해배상은 그러한 경제적 계산을 무력화하기 위해 도입된 것이다.

이 제도는 피해자의 손해를 단순히 보전하는 것을 넘어 가해자에게 실손해 이상의 배상책임을 부과함으로써 불법행위로 인한 경제적 이익을 제거하고 향후 유사한 행위에 대한 강력한 억지 효과를 부여하는 데 목적이 있다. 특히 기업이나 조직이 반복적이고 악의적인 불법행위를 통해 이익을 추구하는 경우 징벌적 손해배상은 그 이익을 초과하는 비용을 부과함으로써 불법행위의 유인을 제거하고 사회적 정의와 공익 실현을 도모한다.

이러한 제도는 법경제학적으로도 '비용 내부화' 또는 '최적 억지(Optimal deterrence)' 이론에 기반하여 불법행위의 외부효과를 행위자에게 전가시키는 방식으로 설명된다. 즉, 불법행위로 인해 사회 전체에 발생하는 손해를 행위자에게 집중시켜 그 행위가 경제적으로 불리하도록 만드는 것이다.

징벌적 손해배상제도는 단순한 민사적 배상 제도를 넘어 불법행위에 대한 사회적 경고와 예방 기능을 수행하며 기업의 책임경영을 유도하고 피해자 보호를 강화하는 데 중요한 역할을 한다.

미국의 징벌적 손해배상제도는 불법행위 억지를 핵심 목적으로 하며 배상액 산정에 있어 단순히 피해자의 손해를 보전하는 수준을 넘어 가해자가 불법행위를 통해 얻을 수 있는 경제적 이익을 무력화하는 데 중점을 둔다. 이를 위해 미국에서는 불법행위 적발 확률을 평균 약 25%로 보고 전보적 손해배상액의 3배를 징벌적 손해배상액으로 설정하고 있다.

이러한 접근은 법경제학적 관점에서 불법행위자의 기대이익을 제거하기 위한 전략으로 이해되며 실제로 적발되지 않을 가능성을 고려해 배상액을 가중함으로써 불법행위의 유인을 사전에 차단하는 효과를 가져 온다.

우리나라의 경우에도 징벌적 손해배상제도를 도입하거나 확대하려는 움직임이 있으나 단순히 미국의 사례를 기계적으로 모방하여 3배 또는 5배의 배수기준을 설정하는 것은 제도의 실효성을 확보하는 데 한계가 있다. 보다 타당한 접근방법은 우리 사회에서 해당 분야의 불법행위가 얼마나 적발되고 있는지를 실증적으로 분석하고 그 적발률에 따라 배상 배수를 설정하는 방식을 고려해 볼 수 있다. 예를 들어 특정 산업에서 불법행위의 적발률이 10%에 불과하다면 기대이익을 무력화하기 위해서는 전보적 손해액의 10배에 해당하는 징벌적 손해배상액이 필요할 수 있다.

따라서 징벌적 손해배상제도의 도입과 배수기준 설정은 단순한 입법 모방이 아니라 우리 사회의 법 집행 현실과 불법행위의 구조적 특성을 반영한 실증적이고 합리적인 논의가 선행되어야 한다. 이를 통해 제도의 목적에 부합하는 실질적 억지 효과를 확보할 수가 있다.

징벌적 손해배상제도의 취지, 외국의 입법례, 민법과의 체계적 정합성, 실제 분쟁 사건에서의 법원 수용성, 이중처벌 논란 등 다양한 관점에서 징벌 배상의 요건을 보다 엄격하게 적용하고 손해배상의 상한을 3배로 조정할 필요가 있다는 견해도 존재한다. 그 외에도 고의와 중과실을 구별하여 고의인 경우에는 5배, 중과실인 경우에는 3배를 상한으로 입법하는 것이 적절하다는 의견도 있다.

이러한 쟁점들은 결국 안전보건 확보의무 위반에 대한 억지력의 실증적 분석, 타법과의 균형성 그리고 법원의 실무 수용 가능성을 종합적으로 고려하여 배상액 상한에 대한 입법적 개선으로 이어져야 할 것이다.

표 3.1 국내 vs 미국 제도 비교표

항목	미국	한국(제안/현행)
배상 목적	불법행위 억제 및 피해 보호	피해자 구제 및 억지력 확보
적발률 기준 배상 배수	평균 25% 적발률 → 3배	실증적 적발률 기반 배수 설정 제안
배상 상한	주별로 다름, 3배~10배 이상	통상 3배 또는 5배 상한
적용 범위	고의 · 악의적 행위 중심	고의 및 중과실 모두 포함 가능
제도 실효성 확보 방식	사법 사례 축적 및 집단소송 병행	법원 수용도 고려 + 배상구조 정비 필요

제4장

중대시민재해 적용대상

01 원료

1.1 원료의 일반적 정의

중대재해처벌법은 ‘원료’라는 용어에 대해 별도의 정의를 제시하고 있지는 않지만 법령 적용의 실무적 흐름 속에서는 포괄적으로 해석되고 있다. 특히 제조물이나 시설의 구성 요소로 사용되는 물질이 사고와 인과관계를 맺는 경우 해당 원료는 법적 판단의 중요한 요소가 된다.

일반적으로는 국어사전 등에서 정의된 의미를 참조하게 된다. ‘표준국어대사전’에서는 원료를 “어떤 물건을 만드는 데 사용되는 재료”로 설명하고 있다. 이러한 정의는 통상적인 제조 과정에서 투입되는 물질 전체를 아우른다. 예컨대 철광석은 철강의 원료로 콩은 식품 제조 시 두부의 원료로 간주될 수 있다.

중대시민재해 발생 시 원료의 위험성이 문제된 경우에는 설계상의 부적절성, 제조상의 불량, 관리 · 보존상의 미흡이 복합적으로 작용할 수 있으며 이에 대한 법적 분석은 각 결함 유형별로 달리 적용된다. 특히 해당 원료가 안전관리 의무의 미이행을 통해 재해를 유발했는지 여부는 사업주나 경영책임자의 형사책임 판단에 직접적인 영향을 미친다.

따라서 원료에 대한 법적 정의가 명문화되어 있지 않더라도 그 개념은 사고 발생 원인의 하나로써 실질적으로 작용하며 법리적 해석에서 결함 판단과 인과관계 입증의 중심축 역할을 수행한다.

1.2 원료의 범위

실제 법 적용 과정에서는 인체 건강을 해치거나 해칠 가능성이 있는 물질인 원료는 중대시민재해의 원인으로 간주될 수 있어 원료의 개념은 실질적인 법적 판단 요소로 기능한다. 이러한 물질은 대기 · 수질 · 화학물질 등 다양한 관리 분야에서 이미 규제 대상으로 정해져 있으며 관련 법령의 정의 규정을 참고하여 판단할 수 있다.

예를 들어 「화학물질관리법」은 유해화학물질 및 사고대비물질 등을 규정하며 독성 · 폭발성 · 환경 유해성 기준에 따라 물질을 분류한다. 「위험물안전관리법」은 인화성 및 폭발성 물질을 중심으로 위험물을 관리하고 「물환경보전법」과 「대기환경보전법」은 수질 및 대기 오염물질을 각각 규제 대상으로 삼는다. 이처럼 다양한 법령은 특정 원료가 생명 · 신체에 유해한 영향을 미칠 수 있는 경우를 전제하고 그 취급 및 관리에 있어 엄격한 기준을 마련하고 있다.

한편 중대재해처벌법 시행령 제8조 제3호와 관련되는 [별표 5]는 특정 12종의 원료 또는 제조물에 대해 중대시민재해 예방을 위한 강화된 조치를 요구하고 있다. 이들에는 독성가스, 농약, 마약류, 유해화학물질 등 건강이나 안전에 직접적인 위해를 가할 수 있는 물질이 포함되어 있다. 사업주는 해당 물질의 취급 시 안전보건 확보를 위한 체계적인 관리와 사전 예방 조치를 이행해야 한다.

결국 중대재해처벌법은 원료의 위험성 그 자체보다는 그에 대한 관리 책임의 이행 여부를 중심으로 법적 책임을 판단한다. 이는 사업장의 안전관리체계가 미비하거나 주의의무가 소홀히 된 경우 그 결과가 중대시민재해로 이어지는 구조를 보여주며 예방 중심의 관리와 법적 책임 사이의 연결성을 강조한다.

중대재해처벌법 시행령 [별표 5]

제8조제3호에 따른 조치 대상 원료 또는 제조물(제8조제3호 관련)

1. 「고압가스 안전관리법」 제28조제2항제13호의 독성가스
2. 「농약관리법」 제2조제1호, 제1호의2, 제3호 및 제3호의2의 농약, 천연식물보호제, 원제(原劑) 및 농약활용기자재
3. 「마약류 관리에 관한 법률」 제2조제1호의 마약류
4. 「비료관리법」 제2조제2호 및 제3호의 보통비료 및 부산물비료
5. 「생활화학제품 및 살생물제의 안전관리에 관한 법률」 제3조제7호 및 제8호의 살생물

물질 및 살생물제품

6. 「식품위생법」 제2조제1호, 제2호, 제4호 및 제5호의 식품, 식품첨가물, 기구 및 용기 · 포장
7. 「약사법」 제2조제4호의 의약품, 같은 조 제7호의 의약외품(醫藥外品) 및 같은 법 제85조제1항의 동물용 의약품 · 의약외품
8. 「원자력안전법」 제2조제5호의 방사성물질
9. 「의료기기법」 제2조제1항의 의료기기
10. 「총포 · 도검 · 화약류 등의 안전관리에 관한 법률」 제2조제3항의 화약류
11. 「화학물질관리법」 제2조제7호의 유해화학물질
12. 그 밖에 제1호부터 제11호까지의 규정에 준하는 것으로써 관계 중앙행정기관의 장이 정하여 고시하는 생명 · 신체에 해로운 원료 또는 제조물

1.3 원료의 대상

중대재해처벌법에서는 '원료'에 대해 명시적인 정의를 두고 있지 않다. 그 범위가 법적으로 한정되어 있지 않기 때문에 제조물과 마찬가지로 기본적으로 모든 원료가 법 적용대상에 포함되는 것으로 해석된다. 이는 제조 · 생산 · 유통 과정에서 사용되는 다양한 물질이 잠재적으로 중대시민재해와 연결될 수 있음을 의미한다.

원료는 그 자체로 인체에 유해하지 않을 수 있지만 취급 · 보존 · 관리 과정에서 결함이 발생하면 유해성과 위험성이 새롭게 나타날 수 있다. 예를 들어 보관 온도가 적절하지 않아 화학적 변성이 일어나거나 안전한 혼합이 이루어지지 않아 폭발 위험이 생기는 경우가 이에 해당된다. 따라서 원료의 물리적 · 화학적 속성에만 초점을 두는 것은 중대시민재해 예방에 충분하지 않다.

나아가 원료가 본래 인체에 해롭지 않더라도 특정 조건이나 상황에서 인체 건강을 해칠 수 있는 잠재적 위험성이 존재하는 경우 사업자는 예방적 관점에서 안전보건 확보의무를 성실히 이행해야 한다. 이러한 의무는 단순한 법령 준수를 넘어 재해예방을 위한 선제적 관리체계 구축을 요구한다.

2016년 충남 금산에서 발생한 불산 누출 사고는 화학 제조공장에서 불산이 대량으로 누출되면서 인근 주민과 작업자들이 중독 증세를 보였고 다수의 사망자가 발생했다. 이 사고는 원료 취급 및 저장 관리의 부실과 안전장치 미비가 원인이었으며 중대시민재해로 분류된다. 불산(Hydrofluoric Acid, HF)은 일반적으로 제조물보다는 원료로 분류되며 반도체, 디스플레이, 금속 세정, 화학 합성 등 다양한 산업 공정에서 기초 화학물질로 사용되는 원재료에 해당한다. 따라서 「중대재해처벌법」 제9조 제1항에서 말하는 '원료 · 제조물'에 포함된다.

위의 불산 누출 사고에서 불산(55%)은 IBC 용기에 저장된 상태로 이송 중 누출되었다. 해당 사업장은 불산을 원료로 사용하여 반도체 식각액 등 관련 제품을 생산하던 곳이었다. 이처럼 불산은 가공되지 않은 상태로 산업 공정에 투입되는 물질이며 기업이 실질적으로 지배 · 운영 · 관리하는 사업장에서 생산 · 유통 · 사용 중인 원료로 간주된다. 따라서 불산 누출 사고는 중대시민재해로 이어질 수 있고 그 원인은 원료의 취급과 관리상의 결함이었다.

중대재해처벌법에서의 '원료'는 위험성 그 자체뿐만 아니라 해당 물질의 관리의 적정성 여부에 따라 법적 책임 유무가 결정돼 이는 재해예방과 사후 책임 판단 모두에서 중요한 기준으로 작용한다.

1.4 원료의 생산 · 제조 · 판매 · 유통

중대재해처벌법은 사업장에서 발생하는 중대시민재해에 대해 사업주 또는 경영책임자에게 형사책임을 부과하는 법률로써 그 적용 범위는 매우 포괄적이다. 특히 '원료'에 대해서는 제조물과 동일한 기준이 적용된다.

중대재해처벌법은 사업주, 법인 또는 기관이 실질적으로 지배 · 운영 · 관리하는 사업장에서 이루어지는 생산 · 제조 · 판매 · 유통 전 과정에 사용되는 원료 및 제조물에 대해 적용된다. 따라서 사업자의 모든 영업활동에서 사용되는 원료는 법적 책임의 대상이 될 수 있으며 이는 원료의 유해성 여부와 관계없이 관리상의 결함이 존재할 경우 중대시민재해로 이어질 수 있음을 의미한다.

다만, 사고의 원인이 사업자의 관리 범위를 벗어난 경우는 중대시민재해로 인정되지 않는다. 예를 들어 이용자의 부주의로 인한 사고나 「재난 및 안전관리 기본법」 제3조 제1호 가목에서 규정한 자연재난(태풍, 홍수, 지진 등)에 의한 사고는 기업 또는 기관의 관리 책임 범위를 벗어나므로 중대재해처벌법의 적용대상에서 제외된다.

결국 '원료'의 법적 적용 여부는 해당 물질이 사업자의 관리 하에 있었는지 그리고 그 관리가 적절했는지에 따라 판단되며 이는 중대시민재해 성립 여부를 결정하는 핵심 요소로 작용한다.

1.5 불산과 원료

불산과 같은 고위험 유해화학물질을 원료로 사용하는 산업체는 단순히 산업재해를 넘어 일반 시민에게 피해를 초래할 수 있는 중대시민재해의 가능성까지 고려하여 종합적으로 안전보건관리체계를 구축해야 한다.

불산은 반도체, 금속 표면처리, 화학제품 제조 등 다양한 분야에서 핵심 원료로 사용되며 강한 부식성과 독성을 지녀 노출 시 인체에 심각한 건강 피해를 일으킬 수 있다. 따라서 기업은 「화학물질관리법」과 「산업안전보건법」에 따라 시설 안전 기준을 충족하고 누출 감지 장비운영, 개인보호구 지급, 주기적인 작업자 교육 등을 포함한 법적 의무사항을 철저히 준수해야 한다.

만약 불산 누출로 인해 근로자 또는 일반 시민에게 중대한 피해가 발생할 경우 경영책임자는 단순 관리 소홀을 넘어 형사적 책임까지 질 수 있다. 이때 법적 판단은 안전관리 시스템의 존재 여부뿐만 아니라

① 위험성평가의 적정성
② 비상 대응 체계의 실효성
③ 실행 수준 등 전반적인 안전조치 이행 여부를 기준으로 삼는다.

실제 사례에서도 안전설비 미비, 누출 위험에 대한 사전 조치 부족, 교육 미이행 등이

중대재해로 인정되어 기업 및 책임자에게 형사처벌과 과징금이 부과된 바 있다. 이러한 판례는 유해물질을 취급하는 산업현장이 사회 전체에 미치는 잠재적 위험 요소를 보여주며 법적 책임 또한 작업장 내부를 넘어 공공 안전의 범위까지 확장될 수 있다는 점을 시사한다.

결과적으로 불산을 취급하는 모든 기업은 단순한 생산 활동을 넘어 인명 보호와 공공 안전을 확보하는 사회적 책무의 주체로서 법적 · 윤리적 책임을 성실히 수행해야 한다. 이를 소홀히 할 경우 기업은 중대한 법적 제재뿐 아니라 사회적 신뢰 상실이라는 치명적 결과를 초래할 수도 있다.

1.6 온수 파열과 원료

온수 배관 파이프가 파열되어 행인이 부상을 입은 사고가 중대재해처벌법상 중대시민재해에 해당하는지 여부가 궁금할 것이다.

중대재해처벌법 시행령 [별표 5] 제8조 제3호에서는 독성가스, 유해화학물질, 방사성물질 등 인체에 직접적 위해를 가하는 12종의 원료와 제조물에 대해 강화된 예방 조치를 요구하고 있다. 그러나 일반적으로 사용되는 온수나 온수 배관은 해당 목록에 포함되어 있지 않으므로 이들 자체는 조치 대상 원료 또는 제조물로 간주되지는 않는다.

그럼에도 불구하고 사고가 중대시민재해에 해당할 가능성은 여전히 존재한다. 온수 배관이 공중이용시설의 일부로 기능하며 그 설치 · 관리상의 결함으로 사고가 발생하고 피해 규모가 중대재해처벌법상 기준을 충족하는 경우에는 해당 사고는 원료나 제조물의 문제가 아니라 시설의 관리상 결함에 따른 중대시민재해로 인정될 수 있다.

특히 온수가 직접적인 유해물질은 아니더라도 고온 상태에서 인체에 심각한 화상이나 부상을 유발한 경우에는 피해의 중대성이 문제가 될 수 있다. 파이프의 설치 방식, 유지관리 실태, 고장 징후에 대한 사전 대응 여부 등을 종합적으로 고려하여 법적 책임이 판단된다.

파열의 직접적인 원인이 파이프 재질 자체에 결함이 있었거나 고온 · 고압 환경에 적합하지 않은 부적절한 재료가 사용되어 내구성이 현저히 떨어진 경우에 해당 파이프는 원료의 결함으로 인해 사고가 발생한 것으로 해석될 수 있다. 즉, 제조 과정에서 품질 불량이나 설계 단계에서의 재질 선정 부적절 등이 있었다면 이는 원료의 결함에 의한 중대시민재해로 볼 여지가 있다.

반면 파열이 배관 노후화, 시공상의 불량, 유지관리 미흡, 외부 충격 또는 과도한 수압 등의 요인으로 발생한 것이라면 이는 원료 자체의 문제보다는 시설물의 유지관리나 설치 결함에 기인한 것으로 판단된다. 이 경우에는 사업장의 안전관리 의무 위반에 의한 중대시민재해에 해당할 가능성이 높다.

이와 같은 사고가 중대재해처벌법상 '원료의 결함'에 해당하는지는 사고 원인에 대한 기술적 · 법적 분석과 해당 재료의 설계 · 제조 · 관리 과정에서의 결함 여부를 종합적으로 검토한 후 판단되어야 한다. 그 책임은 사고 당시 관리주체가 누구였는지, 안전 확보조치를 적절히 이행했는지 여부에 따라 달라질 수 있다.

결국 온수 배관 파열 사고는 시행령 [별표 5]의 적용 여부와는 별개로 사고의 실질적 원인과 관리 의무 이행 여부 그리고 피해의 중대성에 따라 중대시민재해 해당 여부가 판단되어야 한다.

1.7 염소, 인화성 가스, 인화성 액체를 사용하는 사업장

제조업 기반의 사업장이라 하더라도 특정 조건을 충족하면 중대시민재해의 적용 대상이 될 수 있다. 염소, 인화성 가스 및 액체를 취급하고 있고 PSM 대상 사업장이며 제1종 시설물을 보유한 경우 중대산업재해뿐 아니라 중대시민재해도 함께 관리해야 한다.

1) 중대시민재해 적용 여부 판단 기준

중대시민재해는「중대재해처벌법」제2조 제3호에 명시된 기준에 따라 판단되며 이는 사고로 인한 피해 규모와 그 원인이 된 장소 또는 대상에 기반한다. 시민이 일상적으로 이용하거나 접근 가능한 시설, 교통수단 또는 사업장에서 제조 · 유통하는 물질로 인해 사고가 발생하고 그 결과로 인명피해가 일정 수준 이상이면 중대시민재해로 간주된다. 피해 수준은 다음 세 가지 기준 중 하나라도 충족해야 한다.

① 사망자 1명 이상 발생한 경우
② 2개월 이상 치료가 필요한 부상자 10명 이상 발생한 경우
③ 3개월 이상 치료가 필요한 질병자 10명 이상 발생한 경우

이 기준은 피해의 심각성과 규모를 고려한 것으로 단순한 경상자나 일시적 피해는 해당하지 않는다. 사고의 원인이 된 장소나 물질의 범위는 법령에서 구체적으로 정의되어 있다.

① 사업장에서 생산 · 제조 · 유통하는 원료 또는 제조물
   - 인화성 물질, 유독가스, 고압가스 등 시민에게 잠재적 위험을 초래할 수 있는 물질 포함
② 사업주가 실질적으로 지배 · 운영 · 관리하는 공중이용시설
   - 건축물, 체육시설, 대형 상업공간 등 다수 시민이 이용하는 공간
③ 시민이 이용하는 공중교통수단
   - 버스, 철도, 지하철 등

이러한 기준을 종합하면 중대시민재해는 공공성과 불특정 다수에 대한 피해를 고려한 개념이다. 사업주나 운영 주체는 시설 및 제조물의 관리에 있어 시민의 생명과 안전을 최우선으로 고려해야 한다.

2) 적용될 수 있는 중대시민재해 유형

사업장이 염소 · 인화성 가스 · 인화성 액체 등 고위험 화학물질을 취급하고 있고 공정안전관리(PSM) 대상이며 제1종 시설물을 보유하고 있다는 점에서 중대산업재해뿐만 아니라 중대시민재해 적용대상이 될 수 있다. 이는 단순히 근로자 보호에만 초점을 맞출 수 없는 환경이며 사업장 외부의 시민에게도 피해를 줄 수 있는 물리적 · 화학적 위험 요소가 존재하기 때문이다.

먼저 제조물로 인한 시민재해 측면에서 보면 해당 사업장에서 취급하는 염소 및 인화성 물질은 「중대재해처벌법 시행령」 별표 5에 따라 중대시민재해 적용대상 원료·제조물로 명시되어 있다. 예를 들어 염소가 누출되어 인근 주민이 흡입 피해를 입거나 인화성 액체가 폭발해 사업장 주변 도로나 상가에 화재 피해를 입힌다면 이는 중대시민재해에 해당할 수 있다. 이때 피해 규모가 사망 1인 이상 또는 중상자 10인 이상 등 법에서 정한 수준을 넘을 경우 경영책임자에게 형사 책임이 부여될 수 있다.

또한 공중이용시설로 인한 시민재해 가능성도 고려될 수 있다. 기업이 보유한 제1종 시설물은 「시설물의 안전 및 유지관리에 관한 특별법」에 따라 중대시민재해 적용대상 시설에 해당한다. 해당 시설에서 구조적 결함이나 관리 소홀로 인해 시민에게 피해가 발생한 경우 그 사고 역시 중대시민재해로 간주될 수 있다. 특히 해당 시설이 시민이 출입하거나 접근 가능한 환경에 위치해 있다면 고소 시설물의 낙하, 노후 구조물의 붕괴, 방재 설비 미작동 등의 원인으로 중대한 사고로 이어질 수 있다.

결국 기업의 사업장은 내부 종사자 보호를 위한 중대산업재해에 대한 대응 체계뿐 아니라 외부 시민 피해를 고려한 중대시민재해 관리체계도 독립적으로 구축하는 것이 바람직하다. 제조물의 안전성 확보, 시설물의 구조적 안정성 진단, 시민 접점 환경의 위험요인 관리 등 다양한 항목을 포함하여 체계적으로 대응해야 한다. 이를 통해 사업장은 법적 의무뿐 아니라 사회적 책임까지 포괄하는 안전 운영 체계를 구현할 수 있다.

02 제조물

2.1 제조물 정의

'제조물'이란 「중대재해처벌법」 제2조 제6호 및 「제조물책임법」 제2조 제1호에 따라 제조 또는 가공된 동산(다른 동산이나 부동산의 일부를 구성하는 경우를 포함)을 의미한다.

법 제2조(정의)

6. "제조물"이란 제조되거나 가공된 동산(다른 동산이나 부동산의 일부를 구성하는 경우를 포함한다)을 말한다.

대법원이 2013년 7월 12일 선고한 2006다17539 판결에 따르면 제조물책임의 대상이 되는 '제조물'이란 원재료에 설계나 가공 등의 작업을 거쳐 새로운 물품으로 제조된 동산으로써 상업적 유통을 목적으로 제공되는 것을 의미한다. 이는 불특정 다수에게 공급되는 경우뿐만 아니라 특정 소비자에게 계약에 따라 직접 납품되는 경우도 포함된다.

또한 「중대재해처벌법」 제9조 제1항에서 '원료 · 제조물'은 사업주, 법인 또는 기관이 실질적으로 지배 · 운영 · 관리하는 사업장에서 생산 · 제조 · 판매 · 유통 중인 것으로 정의하고 있다.

한편 이용자의 부주의로 인한 사고나 「재난 및 안전관리 기본법」 제3조 제1호 가목에 명시된 태풍, 강풍, 낙뢰, 지진 등 자연현상에 의해 발생한 사고는 기업의 관리 범위를 벗어나므로 이러한 사고는 '중대시민재해'에 해당하지 않는다.

대법원이 2024년 12월 26일 선고(2024도1856)한 가습기 살균제 사건은 대표적인 제조물 관련 사례다. 해당 제품은 인체에 유해한 화학물질을 포함하고 있었으며 이를 사용한 소비자 다수가 폐질환, 천식, 사망 등의 피해를 입었다. 이 사건은 제조물의 설계 및 안전성 검증 미비와 기업의 관리 책임, 정부의 사후 대응 부족 등이 복합적으로 작용한 것으로 평가된다.

가습기 살균제는 화학적 성분을 혼합·가공한 액체 제품으로써 공산품으로 소비자에게 유통되었기 때문에 법적 정의상 '제조물'에 해당한다.

실제로 대법원은 가습기 살균제에 설계상·표시상의 결함이 존재한다고 판단하며 제조물책임법에 따라 제조사에게 손해배상 책임을 인정하였다. 예를 들어 PHMG(폴리헥사메틸렌구아닌) 성분이 인체에 유해함에도 불구하고 '아이에게도 안심'이라는 문구를 사용한 점은 표시상의 결함이고 독성 실험 없이 상품화한 점은 설계상의 결함으로 보았다.

따라서 가습기 살균제는 단순한 원료이지만 제조·가공 과정을 거쳐 소비자에게 제공된 완성된 제품(제조물)로서 제조물책임법의 적용 대상이 된다.

이처럼 제조물로 인한 사고는 시민의 생명과 건강에 직접적 피해를 초래하는 중대시민재해로 판단된다. 「중대재해처벌법」은 이러한 사고에 대해 기업 경영책임자에게 형사책임을 물을 수 있도록 규정하며 제조물의 안전성 확보와 사전 예방 조치의 중요성을 강조하고 있다.

2.2 제조물 범위

모든 제조물은 원칙적으로 중대시민재해 예방의 관리 대상이 될 수 있다. 「중대재해처벌법」과 「제조물책임법」에서는 제조물의 범위를 명확히 한정하지 않고 있으므로 제조 또는 가공을 통해 생산·유통되는 모든 동산은 법적 책임 적용대상에 포함된다.

제조물의 특성상 자동차, 승강기, 주방기구 등 직접적인 인체 유해성을 갖지 않는 제품도 존재한다. 그러나 이러한 제품들도 설계상 결함, 관리 소홀, 유지보수 미비 등으로 인해 시민에게 중대한 피해를 초래할 수 있다. 예를 들어 승강기 제어장치 오작동에 따른 추락사고나 자동차 브레이크 결함으로 인한 대형 교통사고 등은 제조물 자체의 유해성 여부와 관계없이 중대시민재해로 이어질 수 있는 잠재 위험을 내포하고 있다.

나아가 본래 인체에 해롭지 않은 물품이라 하더라도 일정 조건에서 예상치 못한 위해성이 발생할 가능성이 있다면 기업은 이에 대한 사전 예방 조치와 안전보건 확보의무를 충실히 이행해야 한다. 이는 단순히 위험 회피 차원을 넘어 공중의 안전을 지키기 위한 사회적 책임이자 법적 의무이다.

2020년 서울의 한 아파트 단지에서 승강기 센서 이상으로 엘리베이터가 층간 정지를 반복했고 이로 인해 고령 이용자가 부상을 입는 사고가 발생했다. 해당 승강기는 해로운 제조물이 아니었음에도 관리상의 결함과 경고장치 부재로 인해 중대시민재해로 해석될 여지가 있었다.

결국 기업은 제조물의 성질에 관계없이 잠재적 위험 요소를 인지하고 예방을 위한 안전 시스템을 마련해야 하며 이를 이행하지 않을 경우 중대시민재해에 대한 책임을 면할 수 없다.

2.3 제조물의 특징

중대시민재해에 적용되는 제조물의 특징은 다음의 세 가지 관점에서 해석될 수 있다. 이는 단순히 고위험 제품에 국한된 것이 아니라 일상적인 소비재나 공중이용시설물에도 적용될 수 있다는 점에서 기업과 기관의 책임 범위가 넓고 포괄적임을 시사한다.

① 일상생활에서 접할 수 있는 제조물도 적용대상이다. 식당에서 제공되는 식품, 일반 약국에서 판매되는 의약품, 편의점에서 구입 가능한 생활화학제품 등은 대부분 소비자의 일상에 깊숙이 자리한 제조물이다. 이러한 제품들은 대량 유통과 반복적인 소비로 인해 결함 발생 시 다수 시민에게 직접적인 피해를 줄 수 있다. 실제로 식품의 미생물 오염, 의약품의 이상 반응, 생활화학제품의 흡입 독성 등이 사고로 이어진 사례가 존재한다.

② 본래 해롭지 않은 제품이라도 결함이 있다면 적용이 가능하다. 승강기, 자동차, 전자제품 등은 일반적으로 해롭지 않은 제조물이지만 설계 결함, 부품 불량, 유지관리 부실 등으로 인해 대형 사고가 발생하는 경우가 적지 않다. 예컨대 승강기 센서 오작동으로 인한 추락사고, 자동차 브레이크 시스템의 하자로 인한 교통사고 등이 대표적인 예이다. 이러한 사고는 본래 유해성과 무관하게 중대시민재해로 간주될 수 있으며 제조사

는 물론 설치·관리 주체에게도 법적 책임이 부여된다.

③ 사업장 규모와 관계없이 법 적용이 가능하다. 중대시민재해는 피해의 심각성과 인명피해 여부를 기준으로 판단한다. 따라서 제조물의 생산 주체가 중소기업 또는 영세 사업장이라 하더라도 적용에서 제외되지 않는다. 실제로 상시 근로자가 5명 이하인 소규모 화학제품 제조업체가 불산 누출 사고로 시민 피해를 유발했을 경우 중대시민재해로 기소된 사례가 있다.

결국 제조물의 유해성 여부보다 중요한 것은 해당 제품이 인명피해를 초래할 가능성과 위험성이 명백히 존재하는지 그리고 이를 예방하기 위한 안전관리 의무를 적절히 이행했는지 여부다. 기업은 제품의 종류나 사업 규모를 불문하고 국민의 생명과 안전을 지키기 위한 법적 책임 주체로서의 역할을 충실히 수행할 필요가 있다.

2.4 생산 · 제조 · 판매 · 유통의 정의

중대시민재해는 사업주, 법인 또는 기관이 실질적으로 지배·운영·관리하는 사업 또는 사업장에서 생산·제조·판매·유통되는 원료 및 제조물에 적용된다. 이는 사업자의 모든 영업활동 전반을 법 적용 대상 범위로 포함하며 이러한 과정에서 사용되거나 제공되는 모든 원료와 제조물이 중대시민재해의 적용 대상이 될 수 있음을 의미한다.

따라서 해당 제조물이 중대시민재해 적용 대상인지 명확히 판단하기 위해서는 생산·제조·판매·유통 각 단계의 개념을 정확히 정의하고 구분할 필요가 있다.

만약 각 단계에서 안전관리 의무가 적절히 이행되지 않거나 결함이 있는 제조물이 소비자에게 전달되어 인명피해를 유발하는 경우 사업자는 「중대재해처벌법」에 따라 법적 책임을 질 수 있다.

1) 생산

‘생산’이란 원료나 부품의 조달 및 가공을 포함하여 물품을 초기적으로 창출하는 행위를 의미한다. 이는 재배, 채굴, 수확, 어로, 번식, 사육, 수렵, 제조, 가공, 조립 또는 분해 등의 과정을 통해 물품을 획득하는 것을 포함하며 「자유무역협정(FTA) 관세법 시행규칙」 제2조 제4호에서 정의되고 있다.

이러한 생산·제조 과정에서는 다양한 원료가 사용되며 해당 원료로 만들어지는 제조물 또한 관련 대상으로 해석된다. 따라서 위탁 생산 과정도 포함되며 이는 중대시민재해 적용 시 사업자의 관리 범위에 포함된다.

2) 제조

'제조'란 설계 또는 기술을 바탕으로 일정한 구조와 기능을 갖춘 물품을 완성하는 행위를 위미한다. 특히, 화학물질의 경우 그 사용 목적에 따라 화학반응을 일으켜 다른 화학물질을 생성하는 행위도 포함되며 이는 일시적 생성까지 포괄한다. 이러한 정의는 「생화학무기법」 제2조 제10호 가목에서도 명시되어 있다.

3) 판매

'판매'란 물품을 상업적으로 제공하거나 거래하는 행위를 의미한다. 특히 화학물질, 혼합물 또는 제품을 시장에 출시하는 행위는 「화학물질등록평가법」 제2조 제18호에 따라 판매로 정의된다.

이때 제품을 판매하거나 유통하는 자는 모두 법적 정의상 판매자에 해당하며 수입판매업자와 판매중개업자 등이 포함된다.

또한 온라인 플랫폼 사업자 역시 판매중개업자로 분류될 수 있으며 현재 다양한 법령에서는 이들에 대해서도 제품의 안전 확보를 위한 의무를 부과하고 있다.

4) 유통

'유통'이란 제조물이 공급망을 통해 소비자에게 전달되는 전체 과정을 의미한다. 이는 상품 등이 생산자에서 소비자 또는 수요자에 도달하기까지 여러 단계를 거쳐 교환 및 분배되는 활동을 포함한다. 「표준국어대사전」에서도 이와 유사한 정의를 제시하고 있다.

5) 사용자 측의 관리 부주의로 인한 제조물 결함

생산 · 제조 · 판매 · 유통 과정을 거친 이후 "구입" 및 "사용" 단계에서 관리상의 결함이 발생하는 경우가 있다. 사업장 또는 사업체에서 제품을 구입해 사용하는 행위는 일반적으로 전 생산 단계 이후의 최종 사용 과정에 해당한다.

이 단계에서는 사용자의 관리 책임이 우선적으로 작용한다. 만약 제품의 오남용, 안전수칙 미준수, 관리 상태 불량 등 사용자 과실로 인해 사고가 발생한 경우 해당 재해는 「중대재해처벌법」의 직접적 적용 대상이 되지 않는 것이 타당하다.

그러나 사고의 원인이 제품 자체의 설계 오류, 제조 공정상의 결함 또는 제조업체의 유지관리 미흡 등에 있다면 이는 중대시민재해로 간주될 수 있으며 해당 제조기업 또는 법인은 「중대재해처벌법」의 적용대상이 된다.

사용자는 최종 소비자로서 제품을 직접 사용하는 위치에 있다. 이 단계에서 발생한 사고의 법적 책임은 제품의 결함 유무와 사용자 관리의 적절성에 따라 달라진다.

사용자 과실로 인해 중대재해가 발생한 경우라면 해당 사고는 사용자책임으로 귀속되며 법 적용 대상에서 제외되는 것이 타당하다. 그러나 제품에 제조 · 설계 · 관리상의 결함이 존재하고 그 결함으로 시민 피해가 발생한 경우 제조물은 중대시민재해의 원인이 될 수 있으며 이를 생산 · 제조 · 유통한 사업자는 중대재해처벌법의 적용 대상이 된다.

이는 중대재해처벌법이 단순히 제조 과정만을 규율하는 것이 아니라 제품 결함으로 인한 시민 피해 발생 시 경영책임자의 안전보건 확보의무 이행 여부를 판단하는 법률이라는 점에서 사용 단계의 사고라 하더라도 원인이 제품 결함이라면 법 적용이 가능하다는 해석이다.

예를 들어 2020년 한 군부대에서 공기청정기 사용 중 발생한 화재 사고는 최종 사용자 단계에서 발생했지만 실제 원인은 공급 이전부터 존재하던 전원부 과열 가능성과 제조사의 안전성 평가 미비였다. 해당 사례는 설계상 결함으로 인한 중대시민재해 가능성이 제기될 수 있으며 제조사에게 법적 책임이 부과될 수 있다.

이처럼 제품 사용 단계에서 발생한 사고라도 그 원인이 제조물의 본질적 결함에 있다면 시민 피해로 연결되는 중대시민재해로 판단될 수 있다. 따라서 기업은 최종 사용자 환경까지 고려한 안전 설계와 위험 평가를 철저히 수행해야 하며 공급 이후에도 제품 관련 사고에 대한 책임을 질 수 있다는 점을 인식해야 한다.

2.5 중대시민재해 적용 대상 제조물의 범위와 해석상의 한계

「중대재해처벌법 시행령」 [별표5](제8조제3호 관련) 제12호에서는 “그 밖에 제1호부터 제11호까지의 규정에 준하는 것으로써 관계 중앙행정기관의 장이 정하여 고시하는 생명 · 신체에 해로운 원료 또는 제조물”을 중대시민재해 적용 대상으로 규정하고 있다. 이는 법령에 명시되지 않은 제조물이라 하더라도 중앙행정기관의 고시를 통해 적용 대상이 될 수 있는 가능성을 열어둔 조항이다.

그러나 현실적으로 고시되지 않은 제조물은 법 적용 대상에서 제외되는 해석이 일반적이다. 이로 인해 생활에 필수적인 제조물임에도 법적 보호의 사각지대에 놓이는 사례가 발생할 수 있다.

예를 들어 2018년 경기 고양시 백석역 인근에서 발생한 지역난방 온수 배관 파열 사고가 대표적인 사례다. 당시 110℃의 고온수가 도로 위로 분출되며 시민 1명이 사망하고 45명이 부상했다. 해당 배관은 한국지역난방공사가 관리하던 27년 된 열 수송관이었는데 누수 감지 장치 미설치와 부식 방지 조치 미흡이 원인이 되었다. 하지만 해당 온수 배관은 고시된 제조물이 아니었다는 이유로 중대시민재해로 인정되지 않을 수 있고 이러한 측면에서 볼 때 법적 해석의 한계를 단적으로 안고 있다.

마찬가지로 건물 내 승강기 설비는 일반적으로 공중이용시설의 일부로 인식되지만 시행령상 ‘건축물’로 분류된 시설에는 승강기 자체가 제외되어 있다. 따라서 승강기 사고는 해당 설비를 ‘제조물’로 간주하고 [별표5] 제12호에 따른 고시 여부를 근거로 적용 여부를 판단해야 하는 구조다. 예컨대 대형 쇼핑몰 내 승강기 제어장치 오작동으로 시민이 사망하거나 중상을 입은 사고가 발생하더라도 해당 승강기가 고시되지 않았다면 중대시민재해로 인정받지 못할 가능성이 있다.

이러한 사례들은 중대시민재해의 적용 기준이 지나치게 협소하게 해석될 수 있는 구조적 문제를 보여준다. 특히 온수 배관, 승강기, 보일러, 정수기 등은 시민의 일상생활과 밀접하게 연결된 제조물로 사고 발생 시 다수 인명피해로 이어질 수 있는 잠재적 위험 요소를 내포하고 있다.

따라서 중대시민재해 예방이라는 법의 본래 취지를 고려할 때 생활 필수 제조물에 대한 적용 범위를 확대하고 고시 체계를 보다 유연하고 실질적으로 운영할 필요가 있다. 중앙행정기관은 위험성평가 기반의 사전 고시 목록을 정기적으로 갱신하고 예외적 상황에서도 사고 발생 후 적용 가능성을 열어두는 해석 기준을 마련할 필요가 있다.

03 공중이용시설

3.1 공중이용시설 정의

공중이용시설은 「중대재해처벌법」 제2조 제3호 및 같은 법 시행령 제3조에 따라 규정된 개념으로 일반 시민이 이용하는 다중이용 시설물을 포괄한다. 이러한 시설은 불특정 다수가 접근하고 활용할 수 있는 공간인 만큼 그 설계 · 제조 · 설치 · 관리 과정에서의 결함이 시민의 생명이나 신체에 심각한 위해를 초래할 수 있다.

이에 따라 법은 해당 시설의 안전과 보건 확보에 대한 의무를 사업주 및 경영책임자에게 명확히 부과하고 있다. 이들은 예측 가능한 위험요소를 사전에 점검하고 필요한 예방조치와 유지관리 활동을 지속적으로 수행해야 한다. 특히 중대시민재해로 이어질 수 있는 결함에 대해 적절한 점검체계와 대응 프로세스를 갖추는 것은 경영책임자의 핵심 의무이다.

궁극적으로 공중이용시설의 결함으로 인한 시민 피해는 단순한 사고가 아니라 법적 책임이 수반되는 중대시민재해에 해당하므로 경영책임자는 법적 요구사항에 기반한 안전관리체계를 구축 · 운영해야 하며 이를 위반할 경우 엄중한 처벌을 받을 수 있다. 공중이용시설에 대한 중대재해처벌법상 정의는 다음과 같다.

법 제2조(정의)

4. "공중이용시설"이란 다음 각 목의 시설 중 시설의 규모나 면적 등을 고려하여 대통령령으로 정하는 시설을 말한다. 다만, 「소상공인 보호 및 지원에 관한 법률」 제2조에 따른 소상공인의 사업 또는 사업장 및 이에 준하는 비영리시설과 「교육시설 등의 안전 및 유지관리 등에 관한 법률」 제2조제1호에 따른 교육시설은 제외한다.

가. 「실내공기질 관리법」 제3조제1항의 시설(「다중이용업소의 안전관리에 관한 특별법」 제2조제1항제1호에 따른 영업장은 제외한다)

나. 「시설물의 안전 및 유지관리에 관한 특별법」 제2조제1호의 시설물(공동주택은 제외한다)

다. 「다중이용업소의 안전관리에 관한 특별법」 제2조제1항제1호에 따른 영업장 중 해당 영업에 사용하는 바닥면적(「건축법」 제84조에 따라 산정한 면적을 말한다)의 합계가 1천제곱미터 이상인 것

라. 그 밖에 가목부터 다목까지에 준하는 시설로서 재해발생 시 생명·신체상의 피해가 발생할 우려가 높은 장소

시행령 제3조(공중이용시설)

법 제2조제4호 각 목 외의 부분 본문에서 "대통령령으로 정하는 시설"이란 다음 각 호의 시설을 말한다.

1. 법 제2조제4호가목의 시설 중 별표 2에서 정하는 시설
2. 법 제2조제4호나목의 시설물 중 별표 3에서 정하는 시설물. 다만, 다음 각 목의 건축물은 제외한다.

   가. 주택과 주택 외의 시설을 동일 건축물로 건축한 건축물

   나. 건축물의 주 용도가 「건축법 시행령」 별표 1 제14호나목2)의 오피스텔인 건축물
3. 법 제2조제4호다목의 영업장
4. 법 제2조제4호라목의 시설 중 다음 각 목의 시설(제2호의 시설물은 제외한다)

   가. 「도로법」 제10조 각 호의 도로에 설치된 연장 20 m 이상인 도로교량 중 준공 후 10년이 지난 도로 교량

   나. 「도로법」 제10조제4호부터 제7호까지에서 정한 지방도·시도·군도·구도의 도로터널과 「농어촌도로 정비법 시행령」 제2조제1호의 터널 중 준공 후 10년이 지난 도로 터널

   다. 「철도산업발전기본법」 제3조제2호의 철도시설 중 준공 후 10년이 지난 철도 교량

   라. 「철도산업발전기본법」 제3조제2호의 철도시설 중 준공 후 10년이 지난 철도터널

(특별시 및 광역시 외의 지역에 있는 철도 터널로 한정한다)

마. 다음의 시설 중 개별 사업장 면적이 2,000 m2 이상인 시설

1) 「석유 및 석유대체연료 사업법 시행령」 제2조제3호의 주유소

2) 「액화석유가스의 안전관리 및 사업법」 제2조제4호의 액화석유가스 충전사업의 사업소

바. 「관광진흥법 시행령」 제2조제1항제5호가목의 종합유원시설업의 시설 중 같은 법 제33조제1항에 따른 안전성검사 대상인 유기시설 또는 유기기구

3.2 공중이용시설 범위(포함 또는 제외대상)

공중이용시설은 다수의 일반 시민이 접근 · 이용하는 시설을 의미한다. 이들 시설은 공중이용성, 규모, 시설 유형 등 다양한 요소를 종합적으로 고려하여 정의되며 해당 기준은 법령상 명확히 규정되어 있다.

이에 따라 경영책임자 등은 해당 시설에 대해 법적으로 요구되는 안전 및 보건 확보의무를 성실히 이행할 책임을 부담하게 된다. 이는 단순한 운영관리 차원이 아닌 설계 · 제조 · 설치 · 관리 전반에 걸쳐 시민의 생명 · 신체에 대한 위해를 예방하고 중대시민재해 발생을 사전에 차단하기 위한 포괄적 안전관리 의무를 의미한다.

공중이용시설의 범위는 단순히 물리적 장소의 크기나 기능만으로 결정되는 것이 아니다. 시민의 이용 행태와 위험 노출 가능성을 포함하여 법령에서 요구하는 기술적 · 관리적 요건을 충족하는지 여부를 기준으로 판단한다.

중대재해 처벌 등에 관한 법률 시행령 [별표 2] 〈개정 2022.12.6.〉
법 제2조 제4호 가목의 시설 중 공중이용시설(제3조제1호 관련)

1. 모든 지하역사(출입통로 · 대합실 · 승강장 및 환승 통로와 이에 딸린 시설을 포함한다)
2. 연면적 2,000 m^2 이상인 지하도상가(지상 건물에 딸린 지하층의 시설을 포함한다. 이하 같다). 이 경우 연속되어 있는 둘 이상의 지하도상가의 연면적 합계가 2,000 m^2

이상인 경우를 포함한다.

3. 철도역사의 시설 중 연면적 2,000 m^2 이상인 대합실
4. 「여객자동차 운수사업법」 제2조제5호의 여객자동차터미널 중 연면적 2,000m^2 이상인 대합실
5. 「항만법」 제2조제5호의 항만시설 중 연면적 5,000 m^2 이상인 대합실
6. 「공항시설법」 제2조제7호의 공항시설 중 연면적 1,500 m^2 이상인 여객터미널
7. 「도서관법」 제3조제1호의 도서관 중 연면적 3,000 m^2 이상인 것
8. 「박물관 및 미술관 진흥법」 제2조제1호 및 제2호의 박물관 및 미술관 중 연면적 3,000 m^2 이상인 것
9. 「의료법」 제3조제2항의 의료기관 중 연면적 2,000 m^2 이상이거나 병상 수 100개 이상인 것
10. 「노인복지법」 제34조제1항제1호의 노인요양시설 중 연면적 1,000 m^2 이상인 것
11. 「영유아보육법」 제2조제3호의 어린이집 중 연면적 430제곱미터 이상인 것
12. 「어린이놀이시설 안전관리법」 제2조제2호의 어린이놀이시설 중 연면적 430 m^2 이상인 실내 어린이놀이시설
13. 「유통산업발전법」 제2조제3호의 대규모점포. 다만, 「전통시장 및 상점가 육성을 위한 특별법」 제2조제1호의 전통시장은 제외한다.
14. 「장사 등에 관한 법률」 제29조에 따른 장례식장 중 지하에 위치한 시설로서 연면적 1,000 m^2 이상인 것
15. 「전시산업발전법」 제2조제4호의 전시시설 중 옥내시설로서 연면적 2,000 m^2 이상인 것
16. 「건축법」 제2조제2항제14호의 업무시설 중 연면적 3,000 m^2 이상인 것. 다만, 「건축법 시행령」 별표 1 제14호나목2)의 오피스텔은 제외한다.
17. 「건축법」 제2조제2항에 따라 구분된 용도 중 둘 이상의 용도에 사용되는 건축물로서 연면적 2,000 m^2 이상인 것. 다만, 「건축법 시행령」 별표 1 제2호의 공동주택 또는 같은 표 제14호나목2)의 오피스텔이 포함된 경우는 제외한다.
18. 「공연법」 제2조제4호의 공연장 중 객석 수 1천석 이상인 실내 공연장
19. 「체육시설의 설치·이용에 관한 법률」 제2조제1호의 체육시설 중 관람석 수 1천석 이상인 실내 체육시설

※ 비고 : 둘 이상의 건축물로 이루어진 시설의 연면적은 개별 건축물의 연면적을 모두 합산한 면적으로 한다.

1) 「실내공기질 관리법」 제3조 제1항의 시설(환경부 생활환경과 소관)

「실내공기질 관리법」 제3조 제1항에서 규정한 일정 유형의 실내시설은 중대시민재해 예방 관리 범위에 해당할 수 있다.

「실내공기질 관리법」에 따른 공중이용시설은 「중대재해처벌법」 제2조 제4호 가목과 같은 법 시행령 제3조 제1호 및 별표 2에서 그 구체적인 범위와 대상이 정의되어 있다. 이러한 시설은 일반 시민이 통상적으로 이용하는 공간으로 일정 규모 이상일 경우 중대시민재해 예방의 주요 대상이 된다. 여기에는 지하철역사, 지하도상가, 철도역 대합실, 여객터미널, 도서관, 박물관, 미술관, 의료기관, 어린이집, 키즈카페, 대규모점포, 장례식장, 전시시설, 업무시설, 실내공연장, 실내 체육시설 등이 포함된다.

다만, 「다중이용업소의 안전관리에 관한 특별법」 제2조 제1항 제1호에서 정의한 일부 영업장은 중복 규정 방지를 위해 법 제2조 제4호 다목과의 중첩성을 고려하여 실내공기질 관리법에 따른 공중이용시설 대상에서 제외된다.

표 4.1 실내공기질관리법(소관 부처 : 환경부)

구분	관련 법률	관계부처
모든 지하 역사	도시철도법	국토부
지하도상가(연면적 2,000 m^2 이상)	지자체 조례	지자체
철도역사 대합실(연면적 2,000 m^2 이상)	철도법	국토부
여객자동차터미널 대합실(연면적 2,000 m^2 이상)	여객자동차 운수사업법	국토부
항만시설 대합실(연면적 5,000 m^2 이상)	항만법	해수부
공항시설 여객터미널(연면적 1,500 m^2 이상)	공항시설법	국토부
도서관(연면적 3,000 m^2 이상)	도서관법	문체부
박물관 및 미술관(연면적 3,000 m^2 이상)	박물관 및 미술관 진흥법	문체부
의료기관(연면적 2천 m^2 이상 또는 병상 수 100개 이상)	의료법	복지부
노인요양시설(연면적 1,000 m^2 이상)	노인복지법	복지부
어린이집(연면적 430 m^2 이상)	영유아보육법	복지부
어린이놀이시설(연면적 430 m^2 이상)	어린이놀이시설 안전관리법	행안부
대규모점포(전통시장 제외)	유통산업발전법	산업부

구분	관련 법률	관계부처
지하장례식장(연면적 1,000 m^2 이상)	장사 등에 관한 법률	복지부
옥내전시시설(연면적 2,000 m^2 이상)	전시산업발전	산업부
업무시설(연면적 3,000 m^2 이상, 오피스텔 제외)	건축법	지자체
복합용도 건축물(연면적 2,000 m^2 이상) (공동주택 또는 오피스텔이 포함된 경우 제외)	건축법	지자체
실내공연장(객석 수 1천석 이상	공연법	문체부
실내체육시설(관람석 수 1천석 이상)	체육시설법	문체부

2) 「시설물의 안전 및 유지관리에 관한 특별법(시설물안전법)」 제2조제1호의 시설물 (국토교통부 시설안전과 소관)

국토교통 분야에서의 공중이용시설은 대부분 「시설물의 안전 및 유지관리에 관한 특별법(시설물안전법)」에 따라 제1종 또는 제2종 시설물로 지정되며 그 구조적 특성과 규모에 따라 시민의 생명과 안전에 중대한 영향을 줄 수 있는 대상이다.

「중대재해처벌법 시행령」 제3조 제2호 및 별표 3에서는 공중이용시설로 간주되는 주요 시설을 구체적으로 명시하고 있다. 이에 해당하는 시설은 도로 및 철도교량, 도로 및 철도터널, 항만시설(방파제 · 파제제 · 호안 · 계류시설), 댐, 건축물, 하천구조물(하구둑 · 제방 · 보), 상하수도시설, 옹벽 및 절토사면 등이다.

이들 시설은 불특정 다수가 이용하거나 접근 가능한 공중이용성을 갖추고 있으며 설계 · 시공 · 관리상의 결함이 중대시민재해를 유발할 수 있는 위험요소로 작용할 수 있다. 따라서 경영책임자는 시설의 유형과 규모를 고려하여 법령에서 요구하는 안전 및 보건 확보의무를 체계적으로 이행해야 한다.

한편 공동주택은 중대재해처벌법상 공중이용시설의 범위에서 명확히 제외되며 주택과 주택 외의 시설이 혼합된 건축물이나 건축물의 주 용도가 「건축법 시행령」 별표 1 제14호 나목 2)의 오피스텔인 경우에도 적용대상에서 제외된다.

중대재해처벌 등에 관한 법률 시행령 [별표 3]

법 제2조제4호나목의 시설물 중 공중이용시설(제3조제2호 관련)

1. 교량	
가. 도로교량	1) 상부구조 형식이 현수교, 사장교, 아치교 및 트러스교인 교량 2) 최대 경간장 50 m 이상의 교량 3) 연장 100 m 이상의 교량 4) 폭 6 m 이상이고 연장 100 m 이상인 복개 구조물
나. 철도교량	1) 고속철도 교량 2) 도시철도의 교량 및 고가교 3) 상부구조형식이 트러스교 및 아치교인 교량 4) 연장 100 m 이상의 교량
2. 터널	
가. 도로터널	1) 연장 1,000 m 이상의 터널 2) 3차로 이상의 터널 3) 터널구간이 연장 100 m 이상인 지하차도 4) 고속국도, 일반국도, 특별시도 및 광역시도의 터널 5) 연장 300미터 이상의 지방도, 시도, 군도 및 구도의 터널
나. 철도터널	1) 고속철도 터널 2) 도시철도 터널 3) 연장 1,000 m 이상의 터널 4) 특별시 또는 광역시에 있는 터널
3. 항만	
가. 방파제, 파제제 및 호안	1) 연장 500 m 이상의 방파제 2) 연장 500 m 이상의 파제제 3) 방파제 기능을 하는 연장 500 m 이상의 호안
나. 계류시설	1) 1만 톤급 이상의 원유부이식 계류시설(부대시설인 해저 송유관을 포함한다) 2) 1만 톤급 이상의 말뚝구조의 계류시설 3) 1만 톤급 이상의 중력식 계류시설
4. 댐	
	1) 다목적댐, 발전용댐, 홍수 전용댐 2) 지방상수도 전용댐 3) 총저수용량 1백만 톤 이상의 용수 전용댐

5. 건축물	
	1) 고속철도, 도시철도 및 광역철도 역 시설 2) 16층 이상이거나 연면적 30,000 m^2 이상의 건축물 3) 연면적 5,000 m^2 이상(각 용도별 시설의 합계를 말한다)의 문화 · 집회 시설, 종교시설, 판매시설, 운수시설 중 여객용 시설, 의료시설, 노유자시설, 수련시설, 운동시설, 숙박시설 중 관광숙박시설 및 관광휴게시설
6. 하천	
가. 하구둑	1) 하구둑 2) 포용조수량 1천만 톤 이상의 방조제
나. 제방	국가하천의 제방[부속시설인 통관(通管) 및 호안(護岸)을 포함한다]
다. 보	국가하천에 설치된 다기능 보
7. 상하수도	
가. 상수도	1) 광역상수도 2) 공업용수도 3) 지방상수도
나. 하수도	공공하수처리시설 중 1일 최대처리용량 500톤 이상인 시설
8. 옹벽 및 절토사면(깎기비탈면)	1) 지면으로부터 노출된 높이가 5 m 이상인 부분의 합이 100 m 이상인 옹벽 2) 지면으로부터 연직(鉛直) 높이(옹벽이 있는 경우 옹벽 상단으로부터의 높이를 말한다) 30 m 이상을 포함한 절토부(땅깎기를 한 부분을 말한다)로써 단일 수평연장 100 m 이상인 절토사면

비고

1. 도로란 「도로법」 제10조의 도로를 말한다.
2. 교량의 "최대 경간장"이란 한 경간(徑間)에서 상부구조의 교각과 교각의 중심선 간의 거리를 경간장으로 정의할 때, 교량의 경간장 중에서 최댓값을 말한다. 한 경간 교량에 대해서는 교량 양측 교대의 흉벽 사이를 교량 중심선에 따라 측정한 거리를 말한다.
3. 교량의 "연장"이란 교량 양측 교대의 흉벽 사이를 교량 중심선에 따라 측정한 거리를 말한다.
4. 도로교량의 "복개구조물"이란 하천 등을 복개하여 도로의 용도로 사용하는 모든 구조물을 말한다.
5. 터널 및 지하차도의 "연장"이란 각 본체 구간과 하나의 구조로 연결된 구간을 포함한 거리를 말한다.
6. 방파제, 파제제 및 호안이란 「항만법」 제2조 제5호 가목 2)의 외곽시설을 말한다.
7. 계류시설이란 「항만법」 제2조제5호가목4)의 계류시설을 말한다.
8. 댐이란 「저수지 · 댐의 안전관리 및 재해예방에 관한 법률」 제2조제1호의 저수지 · 댐을 말한다.
9. 위 표 제4호의 지방상수도 전용댐과 용수전용댐이 위 표 제7호 가목의 광역상수도 · 공업용수도 또는 지방상수도의 수원지시설에 해당하는 경우에는 위 표 제7호의 상하수도시설로 본다.

10. 위 표의 건축물에는 그 부대시설인 옹벽과 절토사면을 포함하며, 건축설비, 소방설비, 승강기설비 및 전기설비는 포함하지 않는다.
11. 건축물의 연면적은 지하층을 포함한 동별로 계산한다. 다만, 2동 이상의 건축물이 하나의 구조로 연결된 경우와 둘 이상의 지하도상가가 연속되어 있는 경우에는 연면적의 합계로 한다.
12. 건축물의 층수에는 필로티나 그 밖에 이와 비슷한 구조로 된 층을 포함한다.
13. 건축물은 「건축법 시행령」 별표 1에서 정한 용도별 분류를 따른다.
14. 운수시설 중 여객용 시설이란 「건축법 시행령」 별표 1 제8호의 운수시설 중 여객자동차터미널, 일반철도역사, 공항청사, 항만여객터미널을 말한다.
15. 철도 역 시설이란 「철도의 건설 및 철도시설 유지관리에 관한 법률」 제2조 제6호 가목의 역 시설(물류시설은 제외한다)을 말한다. 다만, 선하역사(시설이 선로 아래 설치되는 역사를 말한다)의 선로구간은 연속되는 교량시설물에 포함하고, 지하역사의 선로구간은 연속되는 터널시설물에 포함한다.
16. 하천시설물이 행정구역 경계에 있는 경우 상위 행정구역에 위치한 것으로 한다.
17. 포용조수량이란 최고 만조(滿潮) 시 간척지에 유입될 조수(潮水)의 양을 말한다.
18. 방조제란 「공유수면 관리 및 매립에 관한 법률」 제37조, 「농어촌정비법」 제2조제6호, 「방조제 관리법」 제2조제1호 및 「산업입지 및 개발에 관한 법률」 제20조제1항에 따라 설치한 방조제를 말한다.
19. 하천의 "통관"이란 제방을 관통하여 설치한 원형 단면의 문짝을 가진 구조물을 말한다.
20. 하천의 "다기능 보"란 용수 확보, 소수력 발전이나 도로(하천을 횡단하는 것으로 한정한다) 등 두 가지 이상의 기능을 갖는 보를 말한다.
21. 위 표 제7호의 상하수도의 광역상수도, 공업용수도 및 지방상수도에는 수원지시설, 도수관로 · 송수관로(터널을 포함한다) 및 취수시설을 포함하고, 정수장, 취수 · 가압펌프장, 배수지, 배수관로 및 급수시설은 제외한다.

건축물의 공중이용시설 해당 여부는 「건축물대장」을 통해 용도, 연면적 등 주요 정보를 확인함으로써 판단할 수 있다. 특히 「시설물의 안전 및 유지관리에 관한 특별법」(시설물안전법)에 따라 제1종 또는 제2종 시설물로 지정된 공중이용시설은 시설물통합정보관리시스템(FMS)을 통해 시설물의 유형, 세부 분류, 주요 제원 등을 종합적으로 파악할 수 있다. 이를 통해 해당 시설이 중대시민재해 예방관리 대상에 해당하는지 여부를 명확히 판단할 수 있다.

한편 「중대재해처벌법 시행령」 별표 3의 비고 10에 따르면 '건축물'에는 부대시설인 옹벽과 절토사면은 포함되지만 건축설비, 소방설비, 승강기설비 및 전기설비는 제외된다고 명시되어 있다. 반면 「실내공기질 관리법」에서는 이와 같은 명확한 제외 규정이 존재하지 않아 법령 간 해석의 불일치가 발생할 수 있다. 이로 인해 엘리베이터 등 승강설비에서 중대시민재해가 발생한 경우 해당 시설의 법적 적용 여부에 혼선이 생길 수 있다.

따라서 향후 법령 개정 시에는 건축물의 개념을 보다 포괄적으로 재정의하고 건축설비, 소방설비, 승강기 설비 및 전기설비 등도 공중이용시설의 구성 요소에 명확히 포함시켜 중대시민재해 예방을 위한 관리 범위를 확대할 필요가 있다.

3)「다중이용업소의 안전관리에 관한 특별법(다중이용업소법)」제2조제1항제1호에 따른 영업장 중 해당 영업에 사용하는 바닥면적의 합계가 1,000 m^2 이상인 것(소방청 화재예방총괄과 소관)

중대시민재해 공중이용시설의 판단 기준에서「다중이용업소의 안전관리에 관한 특별법(다중이용업소법)」에 따른 영업장이 자동적으로 전체 중대시민재해 대상이 되는 것은 아니다. 오히려 해당 영업장 중에서 영업에 사용되는 바닥면적의 합계가 1,000 m^2 이상인 경우에 한하고 있다.

여기서 '바닥면적'은「건축법」제84조에 따라 산정된 공식 면적을 기준으로 하며 이는 단순 실사용 면적이 아닌 건축법령상 인정되는 면적 계산 방식에 기반한다. 이러한 기준을 적용함으로써 법령 간 면적 산정 방식의 통일성과 행정의 일관성을 확보할 수 있다.

다중이용업소라 하더라도 실제 바닥면적이 기준을 충족하지 못하는 경우에는 중대시민재해 예방관리 적용대상에서 제외될 수 있다. 이는 중복 규정이나 법적 혼선을 방지하기 위한 조치이며 공중이용시설 판단에 있어 '규모 요건'이 핵심적인 역할을 한다는 점을 시사한다.

다중이용업소의 안전관리에 관한 특별법(다중이용업소법) 제2조(정의) 제1항 제1호

① 이 법에서 사용하는 용어의 뜻은 다음과 같다.

1. "다중이용업"이란 불특정 다수인이 이용하는 영업 중 화재 등 재난 발생 시 생명·신체·재산상의 피해가 발생할 우려가 높은 것으로써 대통령령으로 정하는 영업을 말한다.

다중이용업소의 안전관리에 관한 특별법 시행령 제2조(다중이용업)

「다중이용업소의 안전관리에 관한 특별법」 제2조제1항제1호에서 "대통령령으로 정하는 영업"이란 다음 각 호의 영업을 말한다. 다만, 영업을 옥외 시설 또는 옥외 장소에서 하는 경우 그 영업은 제외한다.

1. 「식품위생법 시행령」 제21조제8호에 따른 식품접객업 중 다음 각 목의 어느 하나에 해당하는 것
   가. 휴게음식점영업 · 제과점영업 또는 일반음식점영업으로서 영업장으로 사용하는 바닥면적(「건축법 시행령」 제119조제1항제3호에 따라 산정한 면적을 말한다.)의 합계가 100 m^2(영업장이 지하층에 설치된 경우는 그 영업장의 바닥면적 합계가 66 m^2) 이상인 것. 다만, 영업장(내부계단으로 연결된 복층구조의 영업장을 제외한다)이 다음의 어느 하나에 해당하는 층에 설치되고 그 영업장의 주된 출입구가 건축물 외부의 지면과 직접 연결되는 곳에서 하는 영업을 제외한다.
      1) 지상 1층
      2) 지상과 직접 접하는 층
   나. 단란주점영업과 유흥주점영업

1의2. 「식품위생법 시행령」 제21조제9호에 따른 공유주방 운영업 중 휴게음식점영업 · 제과점영업 또는 일반음식점영업에 사용되는 공유주방을 운영하는 영업으로서 영업장 바닥면적의 합계가 100 m^2(영업장이 지하층에 설치된 경우는 그 바닥면적 합계가 66 m^2) 이상인 것. 다만, 영업장(내부계단으로 연결된 복층구조의 영업장은 제외한다)이 다음 각 목의 어느 하나에 해당하는 층에 설치되고 그 영업장의 주된 출입구가 건축물 외부의 지면과 직접 연결되는 곳에서 하는 영업은 제외한다.
   가. 지상 1층
   나. 지상과 직접 접하는 층

2. 「영화 및 비디오물의 진흥에 관한 법률」 제2조제10호, 같은 조 제16호가목 · 나목 및 라목에 따른 영화상영관 · 비디오물감상실업 · 비디오물소극장업 및 복합영상물제공업
3. 「학원의 설립 · 운영 및 과외교습에 관한 법률」 제2조제1호에 따른 학원으로서 다음 각 목의 어느 하나에 해당하는 것
   가. 「소방시설 설치 및 관리에 관한 법률 시행령」 별표 7에 따라 산정된 수용인원이 300명 이상인 것

나. 수용인원 100명 이상 300명 미만으로서 다음의 어느 하나에 해당하는 것. 다만, 학원으로 사용하는 부분과 다른 용도로 사용하는 부분(학원의 운영권자를 달리하는 학원과 학원을 포함한다)이 「건축법 시행령」 제46조에 따른 방화구획으로 나누어진 경우는 제외한다.

(1) 하나의 건축물에 학원과 기숙사가 함께 있는 학원

(2) 하나의 건축물에 학원이 둘 이상 있는 경우로서 학원의 수용인원이 300명 이상인 학원

(3) 하나의 건축물에 제1호, 제2호, 제4호부터 제7호까지, 제7호의2부터 제7호의5까지 및 제8호의 다중이용업 중 어느 하나 이상의 다중이용업과 학원이 함께 있는 경우

4. 목욕장업으로서 다음 각 목에 해당하는 것

가. 하나의 영업장에서 「공중위생관리법」 제2조제1항제3호가목에 따른 목욕장업 중 맥반석 · 황토 · 옥 등을 직접 또는 간접 가열하여 발생하는 열기나 원적외선 등을 이용하여 땀을 배출하게 할 수 있는 시설 및 설비를 갖춘 것으로서 수용인원(물로 목욕을 할 수 있는 시설부분의 수용인원은 제외한다)이 100명 이상인 것

나. 「공중위생관리법」 제2조제1항제3호나목의 시설 및 설비를 갖춘 목욕장업

5. 「게임산업진흥에 관한 법률」 제2조제6호 · 제6호의2 · 제7호 및 제8호의 게임제공업 · 인터넷컴퓨터게임시설제공업 및 복합유통게임제공업. 다만, 게임제공업 및 인터넷컴퓨터게임시설제공업의 경우에는 영업장(내부계단으로 연결된 복층구조의 영업장은 제외한다)이 다음 각 목의 어느 하나에 해당하는 층에 설치되고 그 영업장의 주된 출입구가 건축물 외부의 지면과 직접 연결된 구조에 해당하는 경우는 제외한다.

가. 지상 1층

나. 지상과 직접 접하는 층

6. 「음악산업진흥에 관한 법률」 제2조제13호에 따른 노래연습장업

7. 「모자보건법」 제2조제10호에 따른 산후조리업

7의2. 고시원업[구획된 실(室) 안에 학습자가 공부할 수 있는 시설을 갖추고 숙박 또는 숙식을 제공하는 형태의 영업]

7의3. 「사격 및 사격장 안전관리에 관한 법률 시행령」 제2조제1항 및 별표 1에 따른 권총사격장(실내사격장에 한정하며, 같은 조 제1항에 따른 종합사격장에 설치된 경우를 포함한다)

7의4. 「체육시설의 설치 · 이용에 관한 법률」 제10조제1항제2호에 따른 가상체험 체육시

설업(실내에 1개 이상의 별도의 구획된 실을 만들어 골프 종목의 운동이 가능한 시설을 경영하는 영업으로 한정한다)

7의5. 「의료법」 제82조제4항에 따른 안마시술소

8. 법 제15조제2항에 따른 화재안전등급이 제11조제1항에 해당하거나 화재발생시 인명피해가 발생할 우려가 높은 불특정다수인이 출입하는 영업으로서 행정안전부령으로 정하는 영업. 이 경우 소방청장은 관계 중앙행정기관의 장과 미리 협의하여야 한다.

표 4.2 다중이용업소법(소관 부처 : 소방청)

구분	관련 법률	관계부처
휴게음식점	식품위생법	식약처
일반음식점	식품위생법	식약처
제과점	식품위생법	식약처
단란주점	식품위생법	식약처
유흥주점	식품위생법	식약처
목욕장(찜질방)	공중위생관리법	복지부
산후조리원	모자보건법	복지부
안마시술소	의료법	복지부
영화영상관	영화비디오법	문체부
비디오감상실	영화비디오법	문체부
비디오소극장	영화비디오법	문체부
복합영상물제공업	영화비디오법	문체부
게임제공업	게임산업법	문체부
인터넷컴퓨터게임시설제공업	게임산업법	문체부
복합유통게임제공업	게임산업법	문체부
노래연습장	음악산업법	문체부
가상체육시설업 중 골프	체육시설법	문체부
학원	학원법	교육부
실내(권총)사격장	사격장안전법	경찰청
고시원	자유신고업	
화상대화 · 전화방		
콜라텍		
수면		

4) 그 밖에 재해발생 시 생명 · 신체상의 피해가 발생할 우려가 높은 장소(국토교통부 시설안전과, 산업통상자원부 석유산업과 소관)

「중대재해처벌법 시행령」 제3조 제4호에 따르면 공중이용시설로 분류되는 장소에는 준공 후 일정 시간이 경과된 주요 토목시설이 포함된다. 이는 도로교량, 도로터널, 철도교량, 철도터널 등 대중이 이용하거나 통과하는 구조물을 의미한다. 이러한 시설은 시간 경과에 따라 노후화가 진행되어 구조적 안전성이 저하될 수 있으며 결함 발생 시 일반 시민에게 직접적인 위해를 줄 수 있는 위험요소를 내포하고 있다.

또한 공중의 안전과 관련된 특정 영업시설도 해당 범위에 포함되는데 대표적으로 일정 규모 이상의 주유소, 가스충전소, 유원시설 등이 이에 해당한다. 이들은 인화성 · 폭발성 물질을 취급하거나 공중이 밀집되는 장소로써 시설의 안전관리 소홀 시 중대시민재해로 이어질 가능성이 높은 시설군이다.

다만, 이러한 시설 중 「시설물의 안전 및 유지관리에 관한 특별법」 제2조 제1호에 따라 규정된 시설물안전법 대상 시설물 즉, 국토교통부 시설안전과의 관할 하에 있는 제1 · 2종 시설물은 본 시행령 규정의 적용 대상에서 명시적으로 제외된다. 이는 법령 간 이중규제를 방지하고 시설물안전법에 따른 독립적 안전관리체계를 존중하기 위한 조치로 해석된다.

중대시민재해 예방 관점에서 해당 장소들은 공중이 이용하는 구조적 · 기능적 특성을 고려할 때 지속적인 유지관리와 안전 확보의무 이행이 요구되는 시설이며 법령에 따른 대상 구분과 적용 예외 사항을 명확히 이해하고 관리하는 것이 핵심 역할이라 할 수 있다.

가. 「도로법」 제10조 각 호의 도로에 설치된 연장 20 m 이상인 도로교량 중 준공 후 10년이 지난 도로교량
나. 「도로법」 제10조제4호부터 제7호까지에서 정한 지방도 · 시도 · 군도 · 구도의 도로터널과 「농어촌도로 정비법 시행령」 제2조제1호의 터널 중 준공 후 10년이 지난 도로터널
다. 「철도산업발전기본법」 제3조제2호의 철도시설 중 준공 후 10년이 지난 철도교량
라. 「철도산업발전기본법」 제3조제2호의 철도시설 중 준공 후 10년이 지난 철도터널(특별시 및 광역시 외의 지역에 있는 철도터널로 한정한다)
마. 다음의 시설 중 개별 사업장 면적이 2,000 m^2 이상인 시설
　1) 「석유 및 석유대체연료 사업법 시행령」 제2조제3호의 주유소

2) 「액화석유가스의 안전관리 및 사업법」 제2조제4호의 액화석유가스 충전사업의 사업소
바. 「관광진흥법 시행령」 제2조제1항제5호가목의 종합유원시설업의 시설 중 같은 법 제33조제1항에 따른 안전성검사 대상인 유기시설 또는 유기기구

도로시설 가운데 중대시민재해 예방관리 대상에 해당하는 공중이용시설은 일반적으로 「도로법」 제56조에 근거하여 작성·보관 중인 도로대장을 통해 확인할 수 있다. 해당 대장에는 도로터널 및 도로교량의 준공연도와 구조적 제원이 기재되어 있어 시설의 노후화 정도와 적용 여부를 판단할 수 있다.

현행 기준에서는 준공 후 10년이 경과하고 연장이 20 m 이상인 도로교량만을 공중이용시설로 판단하고 있으나 이는 시민 안전의 관점에서 과도하게 협소한 적용 범위라는 문제가 지적된다. 예를 들어 10년 이상 경과한 20 m 이하의 교량이라 하더라도 구조적 결함이나 유지관리 미흡으로 인해 시민이 사망하는 중대시민재해가 발생할 수 있으며 사고의 심각성은 교량 연장과는 무관하게 동일하다.

이처럼 사망 또는 중대한 신체 피해 발생 가능성을 기준으로 판단해야 할 공중이용시설의 적용 대상을 단순히 연장 20 m 이상으로 한정한 것은 시설관리의 편의성만을 고려한 한계적 규정이라 볼 수 있으며 향후 법적·기술적으로 개선이 요구된다. 특히 준공 후 10년이라는 기준 역시 현실적인 유지관리 여건과 재해발생 사례 등을 고려할 때 3년 이상으로 완화하는 방안이 더 실질적인 안전 확보에 기여할 수 있다고 보여진다.

중대시민재해 예방의 관점에서는 시설의 물리적 규모나 경과 시간보다 실질적인 위해 가능성, 재해 이력, 구조적 특성 등 다양한 요소를 포괄적으로 고려한 시설 적용 기준의 재정비가 필요하다. 이는 향후 법령 개정이나 정책 개선 과정에서 중점적으로 반영되어야 할 사항이다.

3.3 공중이용시설 적용 제외

공중이용시설의 범위는 「중대재해처벌법 시행령」에 따라 불특정 다수가 이용하는 시설로

규정되어 있으나 모든 사업장이나 시설이 포함되는 것은 아니다. 특히 소상공인의 사업장, 이에 준하는 비영리시설, 「교육시설법」에 따른 교육시설, 공동주택(오피스텔 포함)은 적용대상에서 명시적으로 제외된다.

이러한 제외 규정은 현실적인 안전관리 능력과 경영책임자 특정 가능성을 고려한 결과로 해석된다. 소상공인의 경우 자원 · 인력 · 기술력 등의 제약으로 인해 중대재해처벌법에 따른 체계적 관리가 사실상 어려운 측면이 있으며 경영자와 안전관리 책임자의 법적 식별도 명확하지 않은 이유로 보인다. 여기서 말하는 '소상공인'은 「소상공인기본법」 제2조 및 「소상공인 보호 및 지원에 관한 법률」 제2조에서 정의한 범주에 해당하며 일정 규모 이하의 매출 및 종업원 수를 기준으로 분류된다. 이러한 소상공인의 경우 공중이용시설로 간주하지 않음으로써 법 적용의 현실성을 확보하고 과도한 부담을 방지하려는 입법적 목적이 반영되어 있다고 볼 수 있다. 비영리시설이나 교육시설 역시 관리주체와 운영 방식이 상이하며 공동주택은 일반 거주공간으로서 중대재해 발생 구조가 공중이용시설과 성격을 달리하기에 제외된 것으로 보인다.

소상공인 보호 및 지원에 관한 법률 제2조(정의)

이 법에서 "소상공인"이란 「소상공인기본법」 제2조에 따른 소상공인을 말한다.

소상공인기본법 제2조(정의)

① 이 법에서 "소상공인"이란 「중소기업기본법」 제2조 제2항에 따른 소기업(소기업) 중 다음 각 호의 요건을 모두 갖춘 자를 말한다.
1. 상시 근로자 수가 10명 미만일 것
2. 업종별 상시 근로자 수 등이 대통령령으로 정하는 기준에 해당할 것

② 제1항을 적용할 때 소상공인이 그 규모의 확대 등으로 소상공인에 해당하지 아니하게 된 경우 그 사유가 발생한 연도의 다음 연도부터 3년간은 소상공인으로 본다. 다만, 소기업 외의 기업과 합병하거나 그 밖에 대통령령으로 정하는 사유로 소상공인에 해당하지 아니하게 된 경우에는 그러하지 아니하다.

공중이용시설의 적용 범위는 법적 요건과 사회적 형평성, 구조적 위험성과 관리책임 이행 가능성에 따라 적용 대상 여부를 판단하고 있다.

표 4.3 공중이용시설 적용 판단 시 고려 요소

구분	설명
법적 요건	「중대재해처벌법 시행령」 제3조 및 별표에 따른 시설 유형, 규모, 용도 등
사회적 형평성	소상공인 · 비영리시설 · 공동주택 등 제외 대상의 현실적 관리 역량 고려
구조적 위험성	노후화, 설계 결함, 유지관리 미흡 등으로 인한 시민 피해 가능성
관리책임 이행 가능성	경영책임자의 안전보건 확보의무 이행 여부 및 체계 구축 수준

3.4 공중이용시설과 중대재해처벌법 적용 검토 예

1) 골프장의 공중이용시설 범위 포함 여부

2025년 국내 골프장의 워터 해저드(연못)에서 공을 줍던 이용객이 실족하여 사망하는 사고가 발생했다. 해당 사건은 일반 시민이 이용하는 공간에서 생명과 직결되는 피해가 발생했다는 점에서 중대시민재해 여부에 대한 법적 검토가 필요했다.

「중대재해처벌법」 제2조 제4호 및 같은 법 시행령 제3조, 별표 2 · 3에 따르면 중대시민재해의 적용 대상은 일정한 공중이용성, 규모, 유형을 갖춘 시설로써 사업주 또는 경영책임자 등이 안전 및 보건 확보의무를 이행해야 하는 공중이용시설이어야 한다. 이에 따라 골프장이 공중이용시설로 인정될 수 있는지 여부가 핵심 판단 기준이다.

골프장은 불특정 다수가 이용할 수 있고 상업적 운영이 이루어지는 체육시설이지만 대부분의 골프코스는 지붕 · 벽 · 기둥이 없는 개방형 야외 공간으로서 「건축법」상 '건축물'의 요건을 충족하지는 않는다. 반면 클럽하우스, 락카 룸, 식음료 공간 등은 건축물로 분류될 수 있으나 사고가 발생한 페어웨이 또는 워터 해저드는 법령상 공중이용시설로 명확히 인정되기는 어렵다.

표 4.4 골프장과 공중이용시설 해당여부

공중이용시설	해당 여부
1) 「실내공기질 관리법」 제3조 제1항의 시설 • 19. 「체육시설의 설치 · 이용에 관한 법률」 제2조제1호의 체육시설 중 관람석 수 1천석 이상인 실내 체육시설	×
2) 「시설물의 안전 및 유지관리에 관한 특별법(시설물안전법)」 제2조제1호의 시설물 • 5. 건축물 : 3) 연면적 5,000 m^2 이상(각 용도별 시설의 합계를 말한다)의 문화 · 집회 시설, 종교시설, 판매시설, 운수시설 중 여객용 시설, 의료시설, 노유자시설, 수련시설, 운동시설, 숙박시설 중 관광숙박시설 및 관광휴게시설	×
3) 「다중이용업소의 안전관리에 관한 특별법(다중이용업소법)」 제2조제1항제1호에 따른 영업장 중 해당 영업에 사용하는 바닥면적의 합계가 1,000 m^2 이상인 것	×
4) 그 밖에 재해발생 시 생명 · 신체상의 피해가 발생할 우려가 높은 장소 • 바. 「관광진흥법 시행령」 제2조제1항제5호가목의 종합유원시설업의 시설 중 같은 법 제33조제1항에 따른 안전성검사 대상인 유기시설 또는 유기기구	×

실제 사고에서도 설계상의 결함이나 안전관리 부재로 인한 인과관계가 명확히 입증되지 않았으며 골프장 측은 연못 주변에 안전 경고 표지 및 울타리를 설치한 것으로 확인되었다. 이에 따라 해당 사고는 공중이용시설로써의 요건 부합 여부에서 적용 제외 판정을 받았다.

다만 공중이용시설의 정의가 지나치게 건축물 중심으로 설정되어 있어 야외 체육시설, 놀이공원, 레저 공간 등에서 발생할 수 있는 시민 피해에 대한 법적 보호의 공백이 있다는 지적도 있었다. 향후 법령 개정 시에는 시민의 접근성과 이용 형태를 중심으로 한 실질적인 공중이용시설 기준의 재정립이 필요할 것으로 보인다.

2) 장례식장의 공중이용시설 범위 포함 여부

지상에 위치한 장례식장이 중대시민재해 적용 대상인 공중이용시설에 해당하는지 여부는 해당 시설의 법적 요건, 건축물 구성, 면적 기준 등을 종합적으로 고려하여 판단해야 한다.

「중대재해처벌법 시행령」 [별표2]에 따르면 「장사 등에 관한 법률」 제29조에 따른 장례식장 중 지하에 위치하고 연면적이 1,000 m^2 이상인 건축물은 공중이용시설로 명시되어 있다. 이는 지하 공간의 화재 위험성과 대피 어려움 등을 고려해 적용 대상을 제한적으로 설정한 것으로 해석된다. 이에 따라 지상 장례식장은 원칙적으로 해당 항목의 적용 대상에서 제외된다.

그러나 시설 구성이 단순하지 않은 경우 다른 조항을 통해 공중이용시설 여부를 판단할 수 있다. 예컨대 장례식장이 포함된 건축물이 둘 이상의 용도로 사용되며 건축물대장에서 전체 연면적이 4,000 m^2 이상이고 해당 건축물에 공동주택이나 오피스텔이 포함되지 않았다면 시행령 [별표 2] 제17호가 적용될 수 있다. 이 조항은 복합용도 건축물로서 연면적이 2,000 m^2 이상인 경우를 공중이용시설로 규정하며 연면적은 개별 건축물의 합산 기준으로 판단된다.

예를 들어 구역 내에 세 개의 건축물이 존재하고 그중 하나에 장례식장이 포함되어 있으며 건축물대장상 전체 건축물이 하나로 통합되어 있고 연면적이 4,000 m^2 이상이라면 해당 건축물은 공중이용시설에 해당될 가능성이 있다. 특히 장례식장이 불특정 다수를 수용하거나 접근 가능성이 높은 경우 공중이용성 요건도 충족된다고 볼 수 있다.

결론적으로 지상 장례식장 단독 건물은 시행령상 기준을 충족하지 않아 공중이용시설로 보기는 어렵지만 복합용도 건축물의 일부로 포함되어 있고 연면적 및 제외 용도 요건을 충족하지 않은 경우에는 적용 대상이 될 수도 있다.

3) 고가도로 보강토 옹벽 붕괴 사고와 공중이용시설 적용 여부

2025년 7월 16일, 경기도 오산시 가장교차로 인근 고가도로에서 옹벽 붕괴 사고가 발생했다. 해당 옹벽은 연장 약 330 m, 높이 약 10 m의 구조물 붕괴 당시 하부 도로를 지나던 시민이 차량 안에서 사망했다. 옹벽은 「시설물의 안전 및 유지관리에 관한 특별법」 제2조 제1호에 따라 제2종 시설물로 분류되며 불특정 다수가 통행하는 공공 도로의 일부 구조물로서 공중이용시설 요건을 명백히 충족한다.

이 사고는 「중대재해처벌법」상 중대시민재해로 적용될 수 있는 대표 사례로 주목받고 있다. 특히 해당 옹벽은 공중이용성, 규모 기준을 모두 충족한 시설물로서 적용 요건을 갖추고 있다.

사고 전날에는 옹벽 붕괴 우려를 제기하는 민원이 오산시에 접수되었고 사고 당일에도 포트홀 발생으로 도로 일부가 통제되었으나 옹벽 하부 도로는 통제되지 않은 채 방치되었다는 점에서 관리 소홀의 정황이 드러났다. 이에 따라 경찰은 중대시민재해 적용 여부를 포함한 수사에 착수하였으며 오산시의 안전관리 의무이행 여부와 사고의 인과관계를 집중적으로 조사하고 있다.

이 사건은 지방자치단체가 관리하는 공중이용시설에서 발생한 중대시민재해로써 지자체장에게 형사책임이 부과될 수 있는 가능성을 보여주는 사례이다.

「중대재해처벌법」 제2조 제4호 및 시행령 제3조, [별표 3]의 공중이용시설의 결함으로 인해 시민이 사망하거나 중대한 신체적 피해를 입은 경우 이를 중대시민재해로 판단한다. 오산 옹벽의 붕괴는 물리적 결함과 안전관리 미흡에서 비롯된 것으로 보이며 사고 전 민원이 접수되었음에도 하부 도로 통제가 이루어지지 않았다는 점에서 관리의무 위반 정황이 확인된다.

이에 따라 해당 사고는 중대시민재해로 판단될 여지가 충분하며 오산시가 관리주체로서 안전보건 확보의무를 이행했는지를 중심으로 법적 책임 적용이 이루어질 것으로 보인다.

실무적으로는 해당 구조물의 안전점검 이력, 민원 대응 내역, 위험 사전 통제 조치 여부를 정밀하게 기록 · 관리해야 한다. 시설물통합정보관리시스템(FMS)을 통해 제원과 시설 구분을 명확히 확인하고 재해발생 시에는 초기 통제, 구조 대응, 피해자 보호, 사고 보고까지 신속하고 체계적으로 이행해야 하며 사고 이후에는 원인 규명과 유사 시설에 대한 재발방지 조치가 요구된다.

4) 땅꺼짐(싱크홀)의 공중이용시설 범위 포함 여부

2025년 3월 24일, 서울 강동구 명일동에서 직경 약 20 m, 깊이 약 18 m에 달하는 대형 지반침하(싱크홀) 사고가 발생했다. 이로 인해 오토바이 운전자 1명이 사망하고 승합차 탑승자가 부상을 입었다. 사고 지점은 서울지하철 9호선 연장공사 구간과 세종~포천고속도로 지하터널 인근으로 공사 영향에 의한 사고 가능성이 제기되었다.

「중대재해처벌법」 제2조 제4호 및 시행령 제3조는 중대시민재해를 '공중이용시설의 결함으로 인해 시민이 사망하거나 중대한 피해를 입은 경우'로 정의한다. 공중이용시설은 「시설물의 안전 및 유지관리에 관한 특별법」에 따른 교량, 터널, 상하수도관 등 특정 구조물에 한정되며 일반 도로는 적용 대상에 포함되지 않는다. 따라서 사고 장소가 일반 도로로 분류될 경우 원칙적으로 중대시민재해에는 해당되지 않는다.

또한 사고 원인으로 지하철 9호선 터널 공사가 언급되었지만 해당 터널이 준공 전 상태였다면 법적으로 사용승인을 받지 않은 시설로써 공중이용시설로는 인정되지 않는다. 시행령은 '준공 또는 사용승인 이후의 시설'만을 공중이용시설로 간주하고 있다.

반면 사고 원인이 상하수도관 파열이나 누수 등 관리상의 결함으로 밝혀질 경우 판단은 달라질 수 있다. 시행령은 광역상수도, 공업용수도, 지방상수도를 공중이용시설로 명시하고 있고 「수도법」에서는 관로를 포함한 원수·정수 공급시설 전체를 수도로 정의하고 있다. 이 경우 해당 사고는 상하수도 설비의 구조적·관리적 결함으로 인한 시민 피해로 판단되어 중대시민재해로 인정될 여지가 있다.

실제로 법조계에서는 '관리상의 결함'을 단순한 기술적 오류뿐 아니라 관리자의 의무 불이행, 위험요소 인지 후 조치 미이행, 절차 미준수 등 포괄적으로 해석하고 있고 법적 책임 판단의 핵심 기준으로 보고 있다.

결론적으로 명일동 지반침하 사고는 사고 지점의 시설 유형과 원인에 따라 중대시민재해 적용 여부가 달라진다. 현재로서는 도로 자체가 공중이용시설로 인정되지 않기 때문에 법 적용이 어렵다는 해석이 우세하지만 상하수도 등 기반시설의 결함이 원인으로 밝혀질 경우 중대재해처벌법 적용 가능성이 존재한다. 따라서 해당 사건의 원인조사 결과가 법적 판단의 핵심이 될 것이다.

5) 교량상부 방음터널 화재가 중대시민재해에 적용되는지 여부

2022년 12월 29일 경기도 과천시 제2경인고속도로 북의왕 IC 인근 방음터널에서 발생한 화재 사고는 중대시민재해 적용 가능성을 제기한 대표 사례로 기록된다.

사고는 오후 1시 49분경, 5톤 폐기물 수집 트럭에서 시작된 화재가 방음터널 내부로 급속히 확산되면서 발생했다. 해당 터널은 약 800 m 길이의 구조물로 천장과 벽면에 PMMA(폴리메타크릴산 메틸) 소재의 투명 방음판이 사용되었다. 이 자재는 열분해 온도가 낮고 불에 잘 타는 특성을 지녀 화재 확산을 가속화했다.

이 사고로 5명이 사망하고 37명이 부상당했으며 터널 내부에 있던 차량 40여 대가 전소되었다. 특히 유독가스와 불똥이 터널 내부로 유입되면서 대피가 어려웠고 일부 차량은 후

진으로 탈출을 시도했으나 실패했다. 사고 당시 터널 진입 차단시설이 전기 차단으로 작동하지 않아 계속해서 통행 중이던 차량이 화재 구간에 진입하면서 피해가 더욱 확대되었다.

방음터널은 법령상 '터널'로 분류되지 않아 소방설비 설치 의무가 없다. 또한 「시설물의 안전 및 유지관리에 관한 특별법」상 정밀안전진단 대상에서도 제외되어 있었다는 점에서 구조적 · 관리적 결함이 있었다.

해당 사고는 「중대재해처벌법」상 중대시민재해에 해당할 수 있는 가능성이 매우 높은 사례로 평가되었지만 법적 적용에는 한계가 있었다. 사고는 교량 위 구조물인 방음터널 내부에서 발생한 화재로 인해 다수의 시민 피해가 발생한 중대한 사건이었다. 시설의 법적 성격과 이용 형태 등을 종합적으로 고려할 때 중대시민재해 적용 여부가 핵심적으로 검토되었다.

중대재해처벌법 시행령 제3조 및 [별표 3]에서는 공중이용시설의 범위를 규정하고 있다. 여기에서는 교량 · 터널 · 상하수도 등 시설물안전법상 제1 · 2종 시설물을 명시적으로 포함하고 있다. 방음터널은 소음 차단을 목적으로 도로에 설치된 구조물이지만 그 형상은 터널과 유사하고 불특정 다수의 차량이 통행하는 도로상에 위치해 있다는 점에서 공중이용성 요건을 충분히 충족한다.

그러나 법적 쟁점은 방음터널이 현행 법령상 '터널'로 분류되는지 여부와 관리주체가 안전보건 확보의무를 이행했는지 여부에 있다. 당시 방음터널은 법령상 터널로 명시되어 있지 않았으며 이에 따라 중대시민재해로 처벌되지는 않았고 형법상 업무상과실치사상죄로만 책임이 부과되었다.

만약 방음터널이 시설물안전법상 터널로 규정되었다면 민자도로 운영법인 등 관리주체가 경영책임자로서 안전보건 확보의무를 이행하지 않았다고 판단될 경우 중대시민재해 적용이 가능했을 것이다.

사고 당시 방음터널 내부에는 소방설비, 자동소화장치, 비상대피 경로 등이 미흡하거나 부재했던 정황도 드러났다. 이에 따라 연소 확산 속도와 인명피해 규모를 고려할 때 '설계 · 설치 · 관리상의 결함'이 있었다고 판단할 여지가 크다.

방음터널은 법령상 공중이용시설로 명시되어 있지는 않았지만 사고의 성격과 구조적 특성, 시민 접근성, 관리 책임 등을 종합적으로 고려할 때 중대시민재해 적용 대상이 될 수 있는 합리적 근거는 분명히 존재한다. 향후 중대시민재해 제도의 실효성을 높이기 위해서는 공중이용시설의 해석을 보다 실질적인 기준으로 확장하고 법령 개정이 필요할 것으로 보인다.

6) 기계식 주차장의 공중이용시설 범위 포함 여부

(1) 기계식 주차장 사고 내용

도시 중심에 위치한 상업용 기계식 주차장에서 한 이용자가 출차 대기 중 내부 차량 상태를 확인하기 위해 주차 기계 내부로 진입했다. 그러나 주차 관리인이 이를 인지하지 못한 채 기계를 작동시켰고 이로 인해 기계가 가동되면서 해당 이용자가 사망하는 사고가 발생했다.

이 사고는 기계식 주차장의 구조적 · 운영상 결함 및 안전관리 미흡과 직접적으로 관련된 비극적인 사건이다. 이에 따라 「중대재해처벌법」상 중대시민재해에 해당하는지 여부가 주요 검토 대상이 되었다.

중대시민재해는 「중대재해처벌법」 제2조 제4호 및 시행령 제3조, 별표 2 · 3에서 정의된 공중이용시설의 결함으로 인해 일반 시민에게 사망 또는 중대한 부상을 야기한 경우를 말한다.

공중이용시설이고 사고의 인과관계가 시설의 설계나 관리체계 특히 출입통제 및 작동 전 확인 절차의 미비에서 비롯되었다면 사업주 또는 경영책임자가 안전보건 확보의무를 다하지 못한 것으로 판단될 수 있다. 이 경우 해당 사고는 중대시민재해로 인정되어 중대재해처벌법에 따른 형사처벌 대상이 될 수 있다.

(2) 기계식 주차장이 공중이용시설에 포함된다는 주장

일부 의견에서는 「중대재해처벌법」 제2조 제3호 및 제4호 가목 그리고 「실내공기질관리법」 제3조 제1항 제20호 및 같은 법 시행령 제2조 제1항 제20호를 근거로 기계식 주차장 시설물이 중대시민재해 적용 대상인 공중이용시설에 해당한다는 주장을 제기하고 있다.

특히 업무시설로 분류되는 건축물 중 연면적이 3,000 m^2 이상인 경우 실내공기질관리법상 관리대상시설로 지정되며 이를 근거로 중대재해처벌법 적용 가능성을 주장하는 사례도 있다.

그러나 이러한 해석은 중대재해처벌법 및 그 시행령에서 규정한 공중이용시설의 적용 범위와 요건에 대한 정확한 이해 부족에서 비롯된 오해로 볼 수 있다. 시행령 제3조 및 별표

2 · 3에서는 공중이용시설의 범위를 명확히 규정하고 있다. 해당 시설은 공중이용성, 규모, 유형 등을 종합적으로 고려하여 경영책임자가 안전보건 확보의무를 이행해야 할 대상인지 판단하도록 되어 있다.

기계식 주차장은 일반적으로 업무시설의 부속 공간으로 설치되며 그 자체가 독립된 공중이용시설로 인정되기 위해서는 불특정 다수의 이용 가능성, 구조적 위험성, 법령상 명시된 시설 유형 포함 여부 등을 충족해야 한다.

현재 시행령 별표상 기계식 주차장은 명시적으로 공중이용시설로 분류되어 있지 않으며 실내공기질관리법에서의 관리대상 여부가 곧바로 중대재해처벌법 적용 대상으로 연결되는 것은 아니다.

따라서 기계식 주차장 시설물에 대해 중대재해처벌법을 적용하기 위해서는 사고 발생 장소의 법적 성격, 구조적 요건, 공중이용성의 실질적 판단, 경영책임자의 안전관리 의무이행 여부 등을 종합적으로 검토해야 한다. 단순히 연면적이나 업무시설 여부만으로 적용 여부를 단정하는 것은 법령의 취지와 구조에 부합하지 않는다.

(3) 실내공기질 관리법에 따른 공중이용시설 해당 여부

「중대재해처벌법」 제2조 제4호 가목 및 같은 법 시행령 제3조 제1호 [별표 2]에서는 「실내공기질 관리법」 제3조 제1항에 따른 시설 중 일부를 공중이용시설로 규정하고 있다. 이때 「다중이용업소의 안전관리에 관한 특별법」 제2조 제1항 제1호에 따른 영업장은 중복 적용을 방지하기 위해 명시적으로 제외된다.

해당 별표에는 총 19개 항목의 시설이 열거되어 있으나 「실내공기질 관리법」 제3조 제1항 제20호에서 규정한 '업무시설'은 포함되어 있지 않다. 이에 따라 업무시설이 공중이용시설로 판단되기 위해서는 시행령 별표 2의 제16호 및 제17호 규정을 적용하는 것이 타당하다.

① 제16호는 「건축법」 제2조 제2항 제14호에 따른 업무시설 중 연면적 3,000 m^2 이상인 시설을 대상으로 하며 단서 조항으로 「건축법 시행령」 별표 1 제14호 나목 2)의 오피스텔은 제외하고 있다.

② 제17호는 둘 이상의 용도에 사용되는 복합용도 건축물 중 연면적 2,000 m^2 이상인

경우를 대상으로 하며 이 역시 공동주택 및 오피스텔이 포함된 경우는 제외된다.

따라서 업무시설이 중대시민재해의 적용 대상이 되기 위해서는 단순히 실내공기질관리법상의 관리대상 여부가 아니라 「중대재해처벌법 시행령」에서 명시한 공중이용시설의 요건을 충족해야 한다.

이는 시설의 규모, 용도, 공중이용성, 법령상 제외 규정 등을 종합적으로 고려하여 판단해야 하며 법령 간 단순 연결 해석은 오해를 초래할 수 있다.

(4) 다중이용업소법에 따른 공중이용시설 해당 여부

기계식 주차장이 포함된 건축물에서 사망자가 발생한 사고의 경우 해당 시설이 「중대재해처벌법」상 공중이용시설에 해당하는지 여부가 법 적용의 핵심 쟁점이 된다.

같은 법 제2조 제4호 다목 및 시행령 제3조 제3호에서는 「다중이용업소의 안전관리에 관한 특별법」 제2조 제1항 제1호에 따른 영업장 중 실제 영업에 사용하는 바닥면적의 합계가 1,000 m^2 이상인 경우 공중이용시설로 판단할 수 있다고 명시하고 있다.

여기서 '바닥면적'은 「건축법」 제84조에 따라 산정된 공식 면적으로 건축물의 총 연면적과는 구별되며 법령상 규정에 근거한 산정 방식이 적용된다.

따라서 기계식 주차장이 해당 영업장의 일부로 포함되어 있고 전체 바닥면적 기준을 충족하며 불특정 다수가 이용하는 구조를 갖고 있다면 해당 건축물은 공중이용시설로서 중대시민재해 적용 대상에 포함될 수 있다.

특히 대형 판매시설, 복합업무시설, 터미널, 다중이용시설 부속 주차장 등은 이용자 접근이 빈번하고 위험 노출도가 높은 구조적 특성을 지니기 때문에 공중이용시설로 해석될 가능성이 높다. 반면 해당 시설이 「다중이용업소법」상 영업장에 해당하지 않거나 면적 기준을 충족하지 않는 경우 중대시민재해로 보기는 어려울 수 있다.

다만 이 경우에도 사고의 성격이나 관리자의 안전보건 조치 미비가 명확한 경우 형법상 업무상과실치사상죄 등의 책임은 별도로 검토될 수 있다.

결국 기계식 주차장 사고의 중대재해처벌법 적용 여부는 단순히 주차장의 존재 여부가 아닌 해당 시설의 영업장 포함 여부, 바닥면적 산정 기준, 시민 접근성, 사고의 구조적 인과관계 등을 종합적으로 고려한 법률적 해석에 따라 결정된다. 실제 적용을 위해서는 사고

장소와 구조의 세부 정보에 대한 면밀한 판단이 필요할 것으로 보인다.

(5) 시설물안전법에 따른 공중이용시설 해당 여부

기계식 주차장이 포함된 건축물에서 중대시민재해가 발생한 경우 해당 시설이 「시설물의 안전 및 유지관리에 관한 특별법(시설물안전법)」에서 정의하는 제1종 또는 제2종 시설물에 해당하는지 여부는 법 적용의 핵심 요소로 작용한다.

시설물안전법 제2조 제1호에서는 구조물의 규모와 용도를 기준으로 제1 · 2종 시설물을 분류하며 특히 제2종 시설물 중에는 연면적 5,000 m^2 이상인 문화 · 집회시설, 종교시설, 판매시설, 여객용 운수시설, 의료시설, 노유자시설, 수련시설, 운동시설, 숙박시설(관광숙박 및 관광휴게시설 포함) 등이 포함된다. 이 기준은 각 시설 용도별 면적 합계를 기준으로 산정된다.

사고가 발생한 주차장이 이러한 용도의 건축물에 부속된 형태로 존재하며 전체 연면적이 기준을 초과할 경우 해당 건축물은 시설물안전법상 제2종 시설물에 해당할 수 있고 「시설물통합정보관리시스템(FMS)」에 등록되어 관리될 가능성이 높다. FMS를 통해 건축물의 주요 제원, 용도별 면적, 구조 안전등급 등의 정보를 확인함으로써 법적 해당 여부 검토가 가능하다.

기계식 주차장은 직접적인 대상 시설로 명시되어 있지는 않았지만 해당 건축물의 용도와 연계된 부속시설로 포함되어 있다면 주차장 자체에 대한 관리 책임도 함께 논의되어야 한다. 사고의 원인이 관리 소홀이나 구조적 결함이라면 경영책임자의 안전보건 확보의무 위반으로 판단될 수 있다.

만약 기계식 주차장이 포함된 건축물이 연면적 및 용도 기준을 충족한다면 해당 건축물은 시설물안전법상 제2종 시설물로 분류되어 중대시민재해 적용 대상이 될 수 있으며 이에 따른 법적 책임 또한 검토되어야 한다.

(6) 건축물 중 건축설비, 소방설비, 승강기설비 및 전기설비 제외 규정

중대재해처벌법 시행령 [별표 3] 비고 10호에서는 공중이용시설로 분류되는 건축물의 부대시설 중 옹벽과 절토사면은 포함되지만 건축설비, 소방설비, 승강기설비 및 전기설비는 제외된다고 명시하고 있다. 이 규정은 공중이용시설의 범위를 제한적으로 해석하기 위한 것으로 건축물의 일부 설비를 중대시민재해 적용 대상에서 제외하려는 입법적 의도가 반영된 것이다.

기계식 주차장은 구조적으로 승강기설비의 특성을 갖고 있으며 차량을 수직 또는 수평으로 이동시키는 기계장치로 구성되어 있다. 따라서 해당 시설이 「실내공기질관리법」이나 「다중이용업소법」, 「시설물안전법」상 건축물로 분류된다 하더라도 「중대재해처벌법」 시행령상에서는 승강기설비로 간주되어 건축물로 인정되지 않을 가능성이 높다.

이는 곧 해당 시설이 공중이용시설로 보기 어렵다는 결론으로 이어지며 이에 따라 중대시민재해 적용 요건을 충족하지 못할 수 있다.

기계식 주차장에서 발생한 사고가 중대시민재해로 인정되기 위해서는 해당 시설이 공중이용시설로 법적으로 명확히 인정되어야 한다. 현재 시행령의 해석상 기계식 주차장은 공중이용시설로 보기에는 타당성이 부족하다는 의견이 우세하다.

따라서 이 사건에 대해 중대재해처벌법을 직접 적용하기는 어려울 것으로 판단되며 다른 법령에 따른 형사책임 여부를 별도로 검토해야 할 것이다.

(7) 원료 · 제조물의 범위 해당 여부

기계식 주차장의 승강설비는 차량의 자동 적재 · 이송을 목적으로 설계된 독립적 기계장치로 이는 단순한 건축물 부속설비가 아니라 별도의 제조물로 간주될 수 있다. 「중대재해처벌법」 제2조 제3호는 시민에게 사망 또는 중대한 부상을 초래할 수 있는 사고가 제조물의 설계 · 제조 · 관리상의 결함으로부터 발생한 경우를 중대시민재해로 명시하고 있다.

따라서 기계식 주차장의 승강기 구조 또는 작동 시스템에서 발생한 결함으로 인해 시민이 사망에 이른 경우 해당 사고는 제조물에 의한 중대시민재해로 판단된다는 일부 의견이 있다.

이러한 해석은 시행령 [별표 3] 비고 10호의 규정과도 충돌되지 않는다. 해당 규정은 공중이용시설 범위 내 '건축물' 판단 시 제외되는 항목을 명시한 것으로 승강기설비가 건축물로는 인정되지 않지만 제조물로는 독립적으로 판단될 수 있는 근거가 된다.

즉, 기계식 주차장이 건축물에 해당하지 않더라도 그 설비 자체가 제조물로 인정된다면

「중대재해처벌법」에 따라 시민재해의 책임 주체가 발생한다. 사고의 원인이 구조적 · 관리적 결함에서 비롯된 경우 경영책임자 또는 관련 제조사의 형사책임이 문제 될 수 있다.

이는 제조물책임법과 중대재해처벌법 사이의 교차지점으로써 안전관리체계가 단순한 시설관리 수준을 넘어설 필요가 있음을 시사한다.

(8) 기계식 주차장의 공중이용시설 해당 여부 요약정리

표 4.5 기계식 주차장과 공중이용시설 해당여부

<table>
<tr><th colspan="2">공중이용시설</th><th>해당 여부</th></tr>
<tr><td rowspan="4">항목별
1차
검토</td><td>1) 「실내공기질 관리법」 제3조 제1항의 시설
• 16. 「건축법」 제2조제2항제14호의 업무시설 중 연면적 3,000 m^2 이상인 것. 다만, 「건축법 시행령」 별표 1 제14호나목2)의 오피스텔은 제외한다.
• 17. 「건축법」 제2조제2항에 따라 구분된 용도 중 둘 이상의 용도에 사용되는 건축물로서 연면적 2,000 m^2 이상인 것. 다만, 「건축법 시행령」 별표 1 제2호의 공동주택 또는 같은 표 제14호나목2)의 오피스텔이 포함된 경우는 제외한다.</td><td>○</td></tr>
<tr><td>2) 「시설물의 안전 및 유지관리에 관한 특별법(시설물안전법)」 제2조제1호의 시설물
• 3) 연면적 5,000 m^2 이상(각 용도별 시설의 합계를 말한다)의 문화 · 집회 시설, 종교시설, 판매시설, 운수시설 중 여객용 시설, 의료시설, 노유자시설, 수련시설, 운동시설, 숙박시설 중 관광숙박시설 및 관광휴게시설</td><td>○</td></tr>
<tr><td>3) 「다중이용업소의 안전관리에 관한 특별법(다중이용업소법)」 제2조제1항제1호에 따른 영업장 중 해당 영업에 사용하는 바닥면적의 합계가 1,000 m^2 이상인 것 (소방청 화재예방총괄과 소관)</td><td>○</td></tr>
<tr><td>4) 그 밖에 재해발생 시 생명 · 신체상의 피해가 발생할 우려가 높은 장소</td><td>×</td></tr>
<tr><td colspan="2">• 공중이용시설 : 종합검토 결과
- 만약 「시설물의 안전 및 유지관리에 관한 특별법(시설물안전법)」 제2조제1호의 시설물 비고 10호를 적용 시 기계식 주차장은 건축물로 볼 수가 없다.
※ 비고 10 : 위 표의 건축물에는 그 부대시설인 옹벽과 절토사면을 포함하며, 건축설비, 소방설비, 승강기 설비 및 전기설비는 포함하지 않는다.</td><td>×</td></tr>
<tr><td colspan="2">• 제조물 : 종합검토 결과
- 기계식 주차장(승강기 설비)은 제조물로 볼 수 있다.</td><td>○</td></tr>
</table>

3.5 공중이용시설 적용 범위의 한계와 개선방안

「중대재해처벌법」상 중대시민재해의 적용 대상은 공중이용시설에서 발생한 시민의 사망 또는 중대한 피해로 명확히 규정되어 있다. 시행령 [별표 2] 및 [별표 3]에서는 공중이용시설의 종류를 제한적으로 열거하고 있다. 예를 들면 「실내공기질관리법」상 관리대상 시설이거나 「시설물의 안전 및 유지관리에 관한 특별법」상 제1 · 2종 시설물이 이에 해당한다. 이러한 열거주의적 접근은 법령의 명확성과 적용 범위의 안정성을 도모하기 위한 것이지만 시민 안전과 직결된 다양한 시설에서 발생하는 사고를 포괄하지 못한다는 한계를 내포하고 있다.

실제로 2019년 서울시 서초구 잠원동 철거현장 붕괴사고나 2021년 광주 학동 철거공사 중 발생한 버스 승객 사망사고의 경우 건축물 해체 중 도로변으로 해체 중이던 건축물이 넘어져 많은 시민이 희생되었음에도 해당 건축물이 해체공사 과정 중이어서 공중이용시설로 명시되어 있지 않아 중대시민재해로 적용되기 어려웠다. 이는 법령이 '설치'라는 개념을 사용하고 있는 관계로 해체공사 중인 시설에 대한 적용 여부가 불확실하고 제한적으로 해석되기 때문이다. 법 제9조 제2항에 따라 실질적으로 지배 · 운영 · 관리하는 시설에 책임을 물을 수 있는 여지가 있음에도 현재로서는 법적 해석의 폭이 좁다.

마찬가지로 도로상의 포트홀이나 싱크홀 사고, 승강기 설비의 기계적 결함, 공동주택 · 학교 · 오피스텔에서 발생한 구조적 붕괴사고 역시 시행령에서 열거하고 있는 시설에 포함되지 않아 중대시민재해로 인정되지는 않는다. 이태원 사고와 같은 불법건축물 관련 다수 사망 사례 또한 해당 건축물이 법적 공중이용시설로 인정되지 않음에 따라 적용이 배제된다. 이는 사회적 파급력이 큰 사고임에도 중대재해처벌법의 보호 영역 밖에 놓이는 구조적 취약점을 드러낸다.

현행 법령의 제한적 열거 방식은 시민의 생명과 안전을 실질적으로 보호하기에 충분하지 않기에 공중이용시설의 정의 확대가 요구된다. 시설의 법적 성격보다는 시민의 접근성과 이용 실태를 중심으로 실질적 공중이용성 판단 기준이 마련되어야 한다. 또한 '결함'의 범위도 물리적 · 기술적 결함뿐 아니라 환경적 요인, 관리자의 주의의무 위반 등 사회적 · 관리적 결함까지 확대할 필요가 있다. 이는 「중대재해처벌법」이 지향하는 시민 보호의 취지와 법적 책임의 실효성을 확보하기 위한 핵심 과제이며 향후 입법 개정과 구체적인 행정지침 마련을 통해 시민 피해에 대한 보다 현실적이고 포괄적인 대응체계를 구축해야 할 것이다.

04 공중교통수단

4.1 정의

법 제2조(정의)

5. "공중교통수단"이란 불특정다수인이 이용하는 다음 각 목의 어느 하나에 해당하는 시설을 말한다.
   가. 「도시철도법」 제2조제2호에 따른 도시철도의 운행에 사용되는 도시철도차량
   나. 「철도산업발전기본법」 제3조제4호에 따른 철도차량 중 동력차 · 객차(「철도사업법」 제2조제5호에 따른 전용철도에 사용되는 경우는 제외한다)
   다. 「여객자동차 운수사업법 시행령」 제3조제1호라목에 따른 노선 여객자동차운송사업에 사용되는 승합자동차
   라. 「해운법」 제2조제1호의2의 여객선
   마. 「항공사업법」 제2조제7호에 따른 항공운송사업에 사용되는 항공기

「중대재해처벌법」은 시민의 생명과 신체에 위해를 미치는 사고의 예방과 책임 강화를 목적으로 특정 공중교통수단을 중대시민재해의 적용 대상으로 명시하고 있다. 법 제2조 제5호에서는 불특정 다수가 이용하는 운송수단을 공중교통수단으로 열거하고 있다.

공중교통수단에는 도시철도차량, 철도차량, 시외버스, 여객선, 운송용 항공기 등이 포함되며 이 가운데 도시철도 · 철도 · 시외버스 · 항공기는 국토교통부 관할이고 여객선은 해양수산부 소관으로 나뉜다. 각각의 교통수단은 「도시철도법」, 「철도산업발전기본법」, 「여객자동차운수사업법」, 「항공사업법」, 「해운법」 등 관련 법률을 통해 제도적 관리 기반을 갖추고 있다.

공중교통수단에 해당하는 설비나 운송체계에서 발생한 사고가 설계 · 제조 · 설치 · 관리상의 결함에 기인한 경우 해당 사고는 중대시민재해로 판단될 수 있다. 예컨대 철도차량의 제동 시스템 결함으로 인한 탈선, 시외버스의 구조적 문제로 인한 대형 교통사고, 항공기의 장비 고장이나 정비 부실로 인한 추락사고 등은 모두 중대재해처벌법의 적용 대상이 될 수 있다.

따라서 공중교통수단에 대한 중대시민재해 적용은 단순한 사고 대응을 넘어 평시의 안전관리체계 구축, 점검 및 교육, 유지보수 기준 준수, 비상대응 체계 마련 등 포괄적이고 체계적인 의무이행을 요구하고 있다. 이는 법률상 명시된 경영책임자의 책임 범위를 넘어서 실질적인 조직의 안전문화와 제도적 감시체계 정비가 필요한 영역이며 법의 취지는 시민을 보호하는 사회안전망으로써의 기능을 실현하는 데 있다.

4.2 도시철도차량

「도시철도법」 제2조 제2호에 따르면 도시철도차량은 도시철도 운행을 위한 궤도 기반 교통수단으로 정의된다. 도시철도란 도시교통권역 내에서 시민의 일상적 이동을 지원하고 교통 흐름을 원활하게 하기 위해 건설 · 운영되는 교통수단을 의미한다. 철도뿐 아니라 모노레일, 노면전차, 선형유도전동기 방식 차량, 자기부상열차 등 다양한 궤도형 시스템을 포함한다.

이러한 도시철도차량은 불특정 다수가 일상적으로 이용하는 고밀도 교통체계로써 공중교통수단 중에서도 대중성이 높은 유형에 해당한다. 따라서 도시철도차량에서 발생하는 사고는 단순한 기술적 오류를 넘어 사회적 파급력이 크며 시민의 생명과 안전에 직접적인 영향을 미친다.

「중대재해처벌법」에서는 도시철도차량을 공중교통수단의 하나로 명시하고 있으며 해당 차량의 설계 · 제조 · 설치 · 관리상의 결함으로 인해 시민이 사망하거나 중대한 피해를 입은 경우 이를 중대시민재해로 규정하고 있다. 이에 따라 도시철도를 운영 · 관리 · 지배하는 기관이나 법인의 경영책임자는 법 제4조에 따라 안전보건 확보의무를 이행해야 하며 사고 발생 시 형사책임이 문제될 수 있다.

운영기관은 도시철도차량의 구조적 안전성에 대한 확보뿐 아니라 정기적인 유지보수, 종사자 교육, 비상대응 계획 수립 등 복합적인 관리체계를 갖추어야 하며 그 이행 여부는 사고 이후 법적 판단의 주요 기준이 된다. 특히 차량 설비, 제동장치, 통신시스템, 승객 대피 경로 등에서 결함이 존재하거나 이를 인지했음에도 적절한 조치를 취하지 않은 경우 관리상의 중대한 결함으로 간주될 수 있다.

도시철도차량은 시민을 직접적으로 태우고 운송하는 궤도형 교통수단으로써 그 운영과 관리에 대한 법적 책임은 단순한 기술적 수준을 넘어서 시민 안전을 총괄하는 공공책임의 영역에 속하며 「중대재해처벌법」의 적용 대상 중에서도 가장 직접적이고 명확한 분야로 분류된다.

4.3 철도차량 중 동력차 · 객차(전용철도 제외)

철도차량은 「철도산업발전기본법」 제3조 제4호에 따라 선로 운행을 목적으로 제작된 동력차, 객차, 화차, 특수차 등을 포괄하며 중대재해처벌법의 적용 대상은 동력차 및 객차 중 일반 시민이 이용하는 철도차량으로 한정된다(전용철도 제외).

철도차량은 도시철도차량과 구분되며 도시철도차량은 「도시철도법」에 따라 별도로 정의되지만 동일하게 중대시민재해 적용 대상 공중교통수단으로 분류된다. 양자는 법적 근거와 관리주체에 차이가 있을 뿐 모두 궤도 기반 운송체계로서 시민이 직접 탑승하는 공중교통수단에 해당하며 그 안전관리와 운영 책임은 법령상 강화된 의무체계를 요구받는다.

따라서 철도차량에서 발생한 사고가 단순한 운행 중 기술적 문제를 넘어 구조적 · 관리적 결함으로 인해 시민 피해로 연결되었다면 해당 철도 운영기관 또는 기업의 경영책임자는 「중대재해처벌법」에 따라 형사책임을 질 수 있다. 이런 측면에서 살펴보면 이 법은 철도산업 전반에 걸쳐 안전관리체계를 강화하는 수단으로 작용하고 있다.

4.4 시외버스

「중대재해처벌법」은 시외버스를 공중교통수단의 하나로 명시하고 있으며 이는 불특정 다수의 시민이 이용하는 운송 수단으로써 중대시민재해 적용 대상에 해당한다. 해당 정의는 「여객자동차 운수사업법 시행령」 제3조 제1호 라목에 따른 시외버스 운송사업을 기반으로 하며 중·대형 승합자동차를 운행계통에 따라 운송하는 사업을 의미한다.

구체적으로는 시외우등고속버스, 시외고속버스, 시외고급고속버스, 시외우등직행버스, 시외직행버스, 시외고급직행버스, 시외우등일반버스, 시외일반버스 등이 포함된다. 이들은 모두 고속도로나 국도 등 장거리 노선을 따라 운행되는 여객 운송 수단으로써 공중교통수단의 본질을 갖춘다.

시외버스는 중대시민재해 적용 범위에 포함되는 공중교통수단으로써 사고 발생 시 법적 책임의 핵심 대상이 된다. 이를 통해 시민의 안전을 확보하고 운송사업자의 안전관리 의무를 강화하려는 법의 입법 취지가 구체적으로 구현된다.

반면 시행령 제3조 제1호 가목(시내버스), 나목(농어촌버스), 다목(마을버스)과 같은 단거리·지역 단위 운송 수단은 공중교통수단 정의에서 제외되어 있으며 이들 차량은 중대시민재해 적용 대상에서 배제된다. 이는 법령이 운행 거리, 이용 형태, 운송 구조 등을 기준으로 공중교통수단의 범위를 구분한 결과로 볼 수 있다.

택시는 시행령 제3조 제1호 마목에 따른 개별운송사업 또는 일반택시운송사업의 수단으로써 운행되며 「중대재해처벌법」 제2조 제5호에 명시된 공중교통수단의 범주에는 포함되지 않는다.

택시는 이용자가 개별적으로 호출하거나 승차하는 형태의 운송 수단으로써 운영 방식이나 이용 구조 면에서 대중성의 정도가 시외버스나 철도차량 등과는 다르다. 운행은 주로 단독 혹은 소규모 승객을 대상으로 하며 탑승 인원도 제한적이기 때문에 집단적인 시민 피해 발생 가능성은 상대적으로 낮게 평가된다.

이러한 특성에 따라 현재 법률 체계에서는 택시를 공중교통수단으로 인정하지 않고 있다. 만약 택시 운행 중 사고로 시민이 사망하거나 중대한 피해를 입더라도 중대시민재해로 판단되기는 어렵다.

그러나 택시, 시내버스 역시 시민이 일상적으로 이용하는 교통수단이라는 점에서 안전관리의 중요성은 간과될 수 없다. 향후 교통 운송 환경의 변화나 시민 피해 사례의 증가에 따라 공중교통수단의 범위 확대나 재정의에 대한 입법적 논의가 필요할 것 같다. 특히 법의 목적이 시민 보호와 책임 강화를 지향하는 만큼 이용 구조와 사고 위험성에 따라 합리적인 재검토가 이루어질 필요가 있다.

4.5 여객선

'여객선'은 「중대재해처벌법」상 공중교통수단의 하나로 규정되어 있다. 해당 수단에서 발생한 사고가 설계 · 제조 · 설치 · 관리상의 결함으로 인한 것일 경우에는 중대시민재해로 판단되어 법적 책임이 부과될 수 있다. 이때 여객선은 「선박안전법」 제2조 제10호에 따라 13인 이상의 여객을 운송할 수 있는 선박으로 정의되며 「해운법」 제2조 제1호의2에서는 이를 해양수산부 장관이 정한 기준에 따른 선박으로 규정하고 있다.

구체적으로 「해운법 시행규칙」 제1조의2에 따르면 여객선은 다음과 같이 구분된다.

① 여객만을 운송하는 여객 전용 여객선이 있으며 이는 화물 적재 기능 없이 승객 수송에만 집중된 선박이다.
② 여객과 화물을 함께 운송할 수 있는 여객 · 화물 겸용 여객선으로써 이에는 차량을 함께 적재할 수 있는 일반카페리 여객선(25노트 미만), 쾌속 카페리 여객선(25노트 이상) 그리고 차량 구역이 차단되지 않은 차 도선형 여객선이 포함된다.

이러한 선박은 모두 해양수산부의 관리 · 감독 아래 운행되며 해상에서 불특정 다수를 대상으로 운송 기능을 수행하는 공중교통수단으로써 시민의 안전에 직접적인 영향을 미친다. 따라서 여객선의 설계상 결함(예 : 내화 성능 부족, 구조적 문제), 제조상의 불량(예 : 내구성 미비), 설치상의 오류(예 : 화재 안전설비 부재), 관리상의 부주의(예 : 과적, 인원 초과, 승무원 미교육 등)는 모두 중대시민재해의 직접적인 원인이 될 수 있다.

여객선은 법령에 의해 명시적으로 공중교통수단으로 인정받는 해운 교통수단으로써 안전관리 기준에 따른 유지보수 이행과 운영 책임이 수반되는 고위험 분야이다. 실제 사고가 발생할 경우는 법령의 적용 여부 판단이 명확하고 시민의 생명과 안전을 직접적으로 위협할 수 있는 만큼 중대 시민재해로 적용될 가능성이 높다고 볼 수 있다.

반면에 화물운송선은 「중대재해처벌법」에서 정의하는 공중교통수단에 해당하지 않는 것으로 보는 것이 일반적이다. 화물만을 운송하는 선박은 여객을 대상으로 하지 않기 때문에 공중교통수단의 범주에서 제외된다.

여객선은 「선박안전법」 제2조 제10호에 따라 13인 이상의 여객을 운송할 수 있는 선박으로 정의되며 이는 공중교통수단으로 법령상 명시되어 있다. 반면에 화물운송선은 여객을 수송하지 않고 물류 운송을 목적으로 운항되는 선박으로써 법적 성격상 시민의 직접적 이용 대상이 아니므로 중대재해처벌법에서 규정하는 시민 피해와 직접적인 인과관계를 형성하기 어렵다.

그러나 예외적으로, 화물운송선의 운항 중 발생한 사고가 일반 시민에게 직접적인 위해를 가하는 경우 예컨대 항만 내 선박 폭발, 위험물 누출, 화재 등으로 인근 시민의 사망 또는 중상 발생 시에는 사건의 성격, 피해의 범위, 시설 또는 운송의 관리책임을 종합적으로 고려해 중대시민재해 적용 가능성이 제기될 수 있다. 다만, 이러한 경우에도 해당 선박이나 항만 시설이 공중교통수단, 공중이용시설로 볼 수 있는지 시민 피해가 구조적 또는 관리상의 결함에서 비롯된 것인지에 대한 정밀한 법적 검토가 필요하다.

결론적으로 화물운송선 자체는 법령상 명시된 공중교통수단이 아니므로 원칙적으로 중대시민재해의 적용 대상이 아니다. 설령 시민 피해가 발생하더라도 그 적용 여부는 시설의 공중이용성, 사고의 직접성, 경영책임자의 의무이행 여부 등을 기준으로 예외적으로 판단되어야 한다. 이는 중대재해처벌법의 법적 구조가 불특정 다수의 시민 보호를 목표로 설계된 제도적 틀이라는 점에서 기인한 한계이기도 하다.

한편 어선은 「중대재해처벌법」에서 공중교통수단으로 직접 명시되어 있지는 않다. 이 법은 일반 시민이 다수 이용하는 시설이나 운송 수단에서 발생한 시민 피해를 중대시민재해로 규정하는데 어선은 주로 어업 종사자들이 업무 수행을 위해 승선하는 사업장이므로 시민의 일반적인 이용 수단은 아니다.

그러나 어선은 사업장으로 기능하는 공간이며 특히 근로자들이 선원으로 고용되어 선박 내에서 노동을 제공하는 경우는 「중대재해처벌법」상 중대산업재해의 적용 대상이 될 수 있다. 예를 들어 상시 근로자 수가 5인 이상인 연근해어업 사업장에서 어선 운항 중 사망자

1명 이상 또는 중상자 2명 이상이 발생한 경우 해당 사업의 경영책임자 또는 실질적 운영자가 법 제4조에 따른 안전보건 확보의무를 적절히 이행했는지 여부가 법적 판단의 중심이 된다.

어선에서의 중대산업재해는 일반적으로 선박의 구조적 결함(예 : 추진 장치 고장, 화재 취약성), 관리상의 부주의(예 : 구명 설비 미비, 과적, 비상 훈련 미실시) 또는 선원 교육 부족 등에 의해 발생할 수 있다. 이러한 사고가 단순한 개인의 부주의가 아닌 사업장 차원의 안전보건관리체계의 결함으로 인해 발생한 경우는 중대산업재해와 관련하여 경영책임자에게 법적 책임이 부과될 수 있다.

낚싯배는 일반적으로 「중대재해처벌법」에서 규정하는 공중교통수단이나 공중이용시설의 범주에 포함되지 않는다. 낚싯배는 공중교통수단에 해당하지 않을 뿐만 아니라 「선박안전법」 제2조 제10호에서 규정한 13인 이상을 수송할 수 있는 여객선의 기준에도 미달하는 경우가 많다. 따라서 낚싯배에서 일반 시민이 피해를 입었다고 하더라도 해당 사고를 중대시민재해로 인정받기는 어렵다.

레저용 낚싯배는 이러한 대중교통수단과는 달리 개별 이용자가 자발적으로 승선하는 형태의 소규모 선박으로써 법령상 공중교통수단으로는 인정되지 않는다. 레저용 낚싯배는 일반적으로 여객 운송 목적이 아닌 레저 활동을 위한 선박으로 분류된다.

실제로 낚시어선업은 안전사고 발생 빈도가 높으며 선장의 안전교육 미이행이나 구명 설비 부족 등으로 인해 대형 인명피해로 이어지는 사례도 적지 않다. 이에 따라 해양수산부는 낚시어선의 안전관리 실태를 점검하고 사업자에게 안전보건관리체계 구축과 종사자 교육의 철저한 이행을 강조하고 있으며 중대재해처벌법의 적용 가능성을 열어두고 있는 상황이다.

4.6 운송용 항공기

운송용 항공기는 「중대재해처벌법」에서 공중교통수단으로 명시된 항공기로써 해당 항공기의 설계 · 제조 · 설치 · 관리상의 결함으로 인해 시민이 사망하거나 중대한 피해를 입은 경우는 중대시민재해로 판단될 수 있다. 이때 적용되는 항공기는 「항공사업법」 제2조 제7호에 따른 항공운송사업에 사용되는 항공기를 의미한다. 항공운송사업은 국내항공운송사업, 국제항공운송사업, 소형항공운송사업으로 구분된다.

국제항공운송사업은 국내 공항과 외국 공항 사이의 운항뿐만 아니라 외국 공항 간의 운항도 포함하는 개념이다. 중대재해처벌법의 적용 대상이 되는 항공기는 국토교통부 장관으로부터 면허 또는 허가를 받은 항공운송 사업자가 운항하는 항공기에 한정된다. 즉, 외국 국적 항공기가 외국 공항 간을 운항하는 경우 우리나라 국민이 탑승했더라도 해당 항공기는 우리나라 법령의 적용 대상이 되지 않는다는 해석이 가능하다.

또한 「항공사업법」 제54조 제1항에 따른 외국인 국제항공운송사업은 항공사업법 제2조 제38호에서 별도로 정의되며 이는 항공운송사업의 범위에 포함되지 않는다. 따라서 외국인 국제항공운송사업자가 운항하는 항공기는 「중대재해처벌법」상 공중교통수단의 범위에서 제외된다는 견해도 존재한다.

「중대재해처벌법」에서 말하는 운송용 항공기는 국내 또는 국제항공운송사업자로서 국토교통부 장관의 면허 · 허가를 받은 자가 운항하는 항공기에 한정되며 외국 항공사가 외국 공항 간을 운항하는 항공기는 법 적용 대상에서 제외될 수 있다. 이는 법령의 적용 범위가 국내 법적 관할권과 행정 감독권이 미치는 범위 내에서 제한적으로 설정되어 있다는 점을 반영한 것이다.

2024년 12월 29일, 태국 방콕을 출발한 ○○항공 여객기가 오전 9시 3분경 무안국제공항에 착륙을 시도하던 중 활주로를 벗어나 콘크리트 구조물과 충돌한 뒤 폭발하면서 대한민국 항공 역사상 최악의 인명피해를 낳은 참사가 발생하였다. 이 사고로 총 탑승자 181명 중 179명이 사망하고 단 2명만이 생존하였다.

사고 당시 해당 항공기는 보잉 737-800 기종으로 2009년에 제작되어 2017년 ○○항공에 등록된 HL8088 기체였다. 과거에도 기체 결함으로 인해 비상 회항한 이력이 있었으며 사고 당일에는 관제탑으로부터 조류 충돌 경고를 받았다. 실제로 착륙 직전 ‘버드 스트라이크’가 발생해 유압 계통에 이상이 생긴 것으로 추정된다. 기장은 랜딩기어 작동 불능 상황에서 동체 착륙을 시도했지만 기체는 활주로를 벗어나 무안국제공항 말단의 항행안전시설인 구조물에 충돌한 뒤 대형 화재로 이어졌다.

사고 직전 기체는 ‘메이데이’ 신호를 발신했으며 사고 이후 블랙박스를 비롯한 관련 자료는 항공철도사고조사위원회를 중심으로 국토교통부, 미국 NTSB, 보잉사 조사관들이 참여한 국제 공동 조사팀에 의해 분석이 진행되고 있다. 해당 기체의 안전성, 공항 내 장애물 설치 기준, 관제 대응의 적절성 등도 조사 대상에 포함되어 있다.

사고가 발생한 항공기는 ○○항공이 운항한 운송용 항공기로써 국토교통부 장관의 면허를 받은 항공운송사업자에 의해 운항되었다. 따라서 이 사고는 「중대재해처벌법」 제2조 제5호 마목에서 규정한 공중교통수단에 대한 중대시민재해로 평가될 수 있다. 이에 따라 ○○항공이 해당 항공기의 안전보건 확보의무를 이행했는지 여부가 법적 책임의 핵심 쟁점으로 부각되고 있다.

책임 구조 측면에서 ○○항공은 항공운송사업자이자 해당 항공기의 운영 주체로서 법 제4조에 따라 경영책임자에게 '안전 및 보건 확보의무'가 부과된다. 구체적으로는 항공기의 설계·운항·정비·비상 대응 등 전반적인 안전관리체계를 수립하고 이를 이행해야 할 의무가 있다. 사고 원인이 유압 계통 고장과 조류 충돌 이후 동체 착륙 과정의 실패로 이어졌다는 점에서 '관리상의 결함'이 있었다는 지적이 제기되었다. 특히 과거 기체 이상으로 회항한 전력이 있었고 사고 직전에도 관제탑의 경고를 받은 점은 사전 위험 인지 및 대응 실패로 해석될 여지가 크다.

이에 따라 「중대재해처벌법」의 판단 흐름상 ○○항공은 다음과 같은 법적 쟁점에 직면할 가능성이 높다.

1) 항공기 결함이 경영책임자의 관리 소홀로 이어졌는지 여부

기체 이상 징후에 대한 대응 여부, 정비 이력, 기장 교육 체계 등 구체적인 이행 내역이 평가 대상이 된다.

일반적으로 중대재해로 이어진 항공기 사고에서 나타나는 기체 결함 유형은 항공기의 구조적 안정성과 운영상의 안전관리 수준 사이의 밀접한 연관성을 잘 보여준다. 특히 중대시민재해로 분류되는 사고들은 단순한 기계적 오작동을 넘어서 설계 결함, 정비 미이행, 위험에 대한 사전 대응 실패 등 복합적인 요소들이 얽혀 있는 경우가 많다.

대표적인 결함 유형 중 하나는 유압 계통의 이상으로 이는 조종면·랜딩기어·브레이크 등의 기계적 작동을 담당하는 핵심 시스템이기 때문에 장애가 발생할 경우 조종 불능 상태에 이를 수 있다. ○○항공 사고에서 보듯이 유압 누출로 인해 랜딩기어 작동이 실패하면서 동체 착륙을 시도했고 이 과정에서 활주로를 이탈하여 구조물에 충돌함으로써 대형 참사로 이어졌다.

또 다른 주요 결함은 랜딩기어 고장이다. 항공기의 착륙 과정에서 착륙 장치가 전개되지 않거나 오작동할 경우 안정적인 착륙이 불가능해지며 사고 위험성이 급격히 높아진다. 이는 센서 오류나 기계적 손상 등으로 인해 발생할 수 있으며 착륙 전에 조종사가 이를 인지하더라도 대응 가능한 선택지가 매우 제한적이다.

항법 장비와 센서 오류 또한 중대재해로 이어질 수 있는 중대한 결함이다. 고도계 · 자세계 · 속도계 등 항공기 위치 및 기동 판단 시스템에 오류가 발생하면 기장과 자동조종장치가 정확한 조종을 수행하지 못하게 되고 결과적으로 비행경로 이탈 또는 지형과의 충돌 사고로 연결될 수 있다.

항공기의 기체 구조적 결함 역시 치명적인 영향을 줄 수 있다. 동체의 피로 균열, 부식, 리벳 이탈 등은 장기 운항에 따른 기체 강도 저하를 유발한다. 고속 비행이나 공중 기동 중 기체가 파손되어 기압이 손실되고 탑승자의 안전이 위협받게 된다.

이 외에도 엔진 및 추진 계통 고장(예 : 추력 손실, 화재), 전기 계통 불안정 그리고 정비 불량 역시 반복적으로 나타나는 결함 유형이다. 특히 정비 불량은 항공사 내부의 안전관리 체계 문제를 반영하며 사전 징후를 인지하고도 조치를 취하지 않았거나 정비 이력을 누락한 경우에는 경영책임자의 형사책임으로 확대될 수 있다.

결국 이러한 기체 결함들은 단순한 기술적 사고의 문제를 넘어 항공사의 안전 문화와 경영책임자의 의무이행 여부를 판단하는 기준으로 작용하며 「중대재해처벌법」의 적용 여부를 판단하는 핵심 근거가 된다. ○○항공기 사고를 비롯한 사례들은 항공기 운영 전반에 걸쳐 사소한 결함도 대규모 참사로 이어질 수 있음을 경고하며 지속적이고 실질적인 안전관리체계 확립의 필요성을 환기시키고 있다.

2) 사고 방지를 위한 안전관리체계가 적정하게 구축 · 이행되었는지 여부

이는 내부 감사 기록, 재해 예방 활동 보고서, 비상 대응 매뉴얼 이행 여부 등을 통해 판단된다.

항공사의 경우 해당 의무는 단순한 준법 경영을 넘어 실질적인 '안전관리체계 구축과 이행'을 수반한다. 이를 위해 항공사들은 ICAO(국제민간항공기구)가 권고한 항공안전관리시스템(SMS)을 기반으로 정비 · 조종 · 운항 · 기술 관리 전반에 걸쳐 위험 요소를 사전 파악하고 통제하는 절차를 마련해야 한다. 동시에 국가는 항공사의 안전 이행 수준을 점검하고 감독하기 위해 국가항공안전프로그램(SSP)을 운영한다.

적정한 안전관리체계가 구축 · 이행되었다고 보기 위해서는

① 경영진이 안전을 핵심 가치로 설정하고 이를 조직 전체에 명확히 공유했는지 여부
② 위험성평가가 주기적으로 시행되고 그 결과에 따른 개선 조치가 현장에 반영되었는지 여부
③ 비상 대응 매뉴얼과 훈련 체계가 정립되어 사고 발생 시 즉각적인 대응이 가능했는지가 핵심적으로 평가된다.

또한 협력업체(예 : 외국 공항 정비소, 해외 조종사 고용)의 안전관리 수준까지 포괄적으로 감시가 이루어져야 한다. 승무원 · 조종사 · 정비사의 지속적인 교육훈련과 자율보고제도의 운영 여부도 이행 평가의 중요한 기준이다.

실제로 무안공항 ○○항공기 사고와 같은 중대 사건이 발생한 경우 해당 항공사에 대한 법 적용 여부를 판단할 때는 안전관리체계가 단순히 문서로 존재했는지 여부를 넘어 실제로 현장에서 작동했는지와 경영책임자가 위험 요소를 인지하고 개선을 지시했는지 여부, 사고 발생에 있어 관리상의 결함이 있었는지 등이 법적 판단의 핵심 쟁점이 된다.

항공기 운영에 있어 중대시민재해를 예방하기 위한 안전관리체계는 정비 · 운항의 기술적 요소를 넘어 조직적 · 제도적 · 문화적 측면에서의 실질적인 이행이 수반되어야 한다. 해당 체계가 적정하게 구축 · 이행되지 않았다고 판단될 경우 경영책임자에 대한 형사책임 부과가 가능하다. 이는 단순한 사고에 대한 처벌을 넘어 공중교통수단에 대한 신뢰 확보와 사회적 안전 달성을 추구하는 법 제도의 기본 취지를 반영한 것이다.

3) 경영책임자의 실질적인 지배 여부 및 법인의 책임 범위

법인은 양벌규정에 따라 형사처벌 대상이 되며 경영책임자 외에도 안전 업무 담당자의

과실 여부 역시 병행하여 검토된다.

○○항공은 중대시민재해 판단 기준에 부합하는 구조적 요건을 대부분 충족하고 있으며 사고 원인에 '관리상의 결함' 요소가 명확히 드러난 경우 「중대재해처벌법」 적용 대상이 될 가능성이 매우 높다. 이 사건은 항공사 경영책임자에게 요구되는 안전보건 확보의무가 단순한 서류상의 이행을 넘어 실질적인 예방 · 점검 · 대응 역량을 포함한 입체적 책임 체계로 확장되고 있음을 보여준다.

결론적으로, 무안공항 ○○항공기 사고는 국내법상 공중교통수단에서 발생한 대규모 인명피해 사건으로써 중대시민재해 판단 및 「중대재해처벌법」 적용 여부를 둘러싼 법적 · 행정적 논의가 진행 중이다. 향후 항공안전 기준과 공항시설 관리체계 전반에 대한 제도 개선 논의를 촉발시킨 상징적인 사례로 평가된다.

제5장

설계 · 제조 · 설치 · 관리상의 결함

01 결함 개요와 제외조건

1.1 결함의 개요

중대시민재해의 발생 원인으로는 설계 · 제조 · 설치 · 관리상의 결함이 지목되고 있다. 이러한 결함은 시설, 설비, 부품, 자재 등 그 자체에 내재된 원인에서 비롯된 것으로 이해된다.

그러나 중대시민재해가 실제로 발생했을 경우는 결함의 존재 여부뿐만 아니라 결함의 정도를 명확히 규정하지 못한다면 해당 재해를 중대시민재해로 직결시키는 데는 본질적인 한계가 따를 수 있다. 또한 설계부터 관리까지 전 과정에 걸친 결함의 원인을 둘러싸고 각 관리주체 간 책임을 둘러싼 갈등이 발생할 가능성도 상당하다.

중대시민재해에서 말하는 '결함'은 단순한 오류를 넘어 시민의 생명과 안전에 중대한 위험을 초래할 수 있는 구조적 · 관리적 문제를 의미한다.

일반적으로 결함의 유형은 다양하게 구분된다.

① 설계 결함은 구조물이나 제품의 기본적인 안전성이 확보되지 않았을 때 발생한다. 예를 들어 건물 붕괴나 놀이기구 고장 등이 이에 해당한다.

② 제조 결함은 유해 물질이 포함되었거나 제조상 품질이 현저히 불량한 경우로 사회적으로 큰 파장을 일으킨 가습기 살균제 사건이 대표적이다.

③ 설치 결함은 시공이 부적절하게 이루어진 경우를 의미하며 엘리베이터 낙하 사고 같은 사고가 대표적이다.

④ 관리 결함은 점검 부족이나 유지관리 미흡으로 인해 사고가 발생한 경우이며 화학물질 누출이나 침수 사고 등이 이에 속한다.

1.2 결함의 제외조건 : 이용자 부주의, 자연재난으로 인한 사고

이용자의 과실이나 「재난 및 안전관리 기본법」 제3조 제1호 가목에서 정의한 자연재난과 운영하는 기관이나 기업의 관리 범위를 벗어난 원인으로 발생한 사고는 일반적으로 중대시민재해로 분류되지 않는다.

다만, 설계 · 제조 · 설치 · 관리상의 결함이 이용자의 과실이나 자연재난과 복합적으로 작용하여 중대재해로 이어진 경우는 그 상황에 따라 중대시민재해로 인정될 여지가 있다. 여기서 말하는 자연재난은 태풍, 홍수, 호우, 강풍, 풍랑, 해일, 대설, 한파, 낙뢰, 가뭄, 폭염, 지진, 황사, 조류 대발생, 조수, 화산활동, 소행성 · 유성체 등 자연 우주물체의 추락이나 충돌 등 이에 준하는 자연현상으로 인해 발생한 재해를 포함한다.

이용자의 부주의로 인한 사고는 다양한 공중이용시설과 교통수단에서 빈번하게 발생한다. 예를 들어 기계식 주차장에서 발생한 사고의 약 58%가 이용자의 부주의로 인한 것으로 보고되고 있으며 이는 차량 추락 등의 위험으로 이어지기도 한다. 지하철에서는 무리한 승차 시도나 음주 상태에서 발생한 넘어짐 등이 대표적인 사례이다. 이에 대해 지하철운영기관에서는 '이용자의 부주의로 인한 사고에는 치료비를 보상하지 않는다'라는 입장을 밝히고 있다. 어린이 놀이시설의 경우 추락사고가 전체 사고의 약 70%를 차지하며 이는 대부분 보호자의 감독 부족이나 이용자의 안전수칙 미준수에서 비롯된 것으로 분석된다.

한편 자연재난으로 인한 사고는 광범위하고 심각한 피해를 초래할 수 있다. 예컨대 2023년 태풍 '카눈'의 영향으로 전국적인 폭우와 강풍이 발생하면서 농경지가 침수되고 전신주가 파손되었으며 이재민 수는 1만 명 이상으로 집계되었다. 같은 해 중부지방을 중심으로 발생한 집중호우는 시간당 100 mm가 넘는 폭우로 서울 강남구 등 주요 도심 지역을 침수시켰고 산사태 및 도로 유실로 인해 사망자가 발생하는 등 도시 기반시설에 큰 타격을 입혔다. 강원도에서는 강풍에 의해 산불이 급속히 확산되며 수천 헥타르의 산림이 소실되고 수십 채의 주택이 파손되었다. 이어 2024년에는 극심한 폭염과 황사 현상이 발생해 온열질환으로 인한 사망자가 보고되었으며 농작물 피해와 항공편 결항 등 사회 · 경제적 혼란을 야기하였다.

중대시민재해와의 연관성은 사고의 원인과 그에 대한 관리 주체의 책임 여부에 따라 달라질 수 있다. 일반적으로 이용자의 부주의나 「재난 및 안전관리 기본법」에 명시된 자연재난 등 기업이나 기관의 관리 범위를 벗어난 외부 요인으로 인해 발생한 사고는 중대시민재해로 분류되지 않는다. 그러나 이와 같은 외적 요인이 사고의 직접적인 원인이 되더라도 공중이용시설 또는 공중교통수단의 설계 · 제조 · 설치 · 관리 과정에서 발생한 내재적 결함이 함께 작용한 경우는 중대시민재해로 간주될 여지가 있다.

예를 들어 엘리베이터 사고의 경우 승객의 부주의로 사고가 발생했더라도 센서 오작동이나 유지관리 소홀 등의 관리상 결함이 병존한다면 시설 운영자의 책임이 인정되어 중대시민재해 판단 기준에 부합할 수 있다. 또한 태풍이나 지진 등 자연재난으로 인해 시설물이 붕괴된 경우 해당 구조물이 자연재난에 대한 내구성을 확보하지 못한 채 부실하게 설계되었거나 시공되었다는 사실이 밝혀진다면 단순한 자연재난 사고가 아닌 중대시민재해로 연결될 수 있다.

중대시민재해는 단순한 사고를 넘어 불특정 다수가 이용하는 공중이용시설 및 교통수단의 결함으로 인해 인명피해가 발생한 경우 그 책임을 구조적으로 규명하고자 하는 개념이다. 따라서 사고 발생 원인을 복합적으로 분석하고 공공 안전을 확보하기 위한 관리주체의 역할과 그 책임 범위를 명확히 하는 것이 무엇보다 중요하다.

1.3 제조물책임법에 따른 결함

현행 「중대재해처벌법」은 '결함'에 대한 정의를 명시적으로 규정하고 있지 않다. 이에 따라 해당 개념을 해석함에 있어 「제조물책임법」 제2조를 참조하는 것이 일반적이다. 이 법률에서는 결함을 제조상의 결함, 설계상의 결함, 표시상의 결함으로 구분하며 통상적으로 기대할 수 있는 수준의 안전성이 결여된 경우를 포괄하여 '결함'으로 정의하고 있다.

제조물책임법 제2조(정의)

이 법에서 사용하는 용어의 뜻은 다음과 같다

2. "결함"이란 해당 제조물에 다음 각 목의 어느 하나에 해당하는 제조상·설계상 또는 표시상의 결함이 있거나 그 밖에 통상적으로 기대할 수 있는 안전성이 결여되어 있는 것을 말한다.
   가. "제조상의 결함"이란 제조업자가 제조물에 대하여 제조상·가공상의 주의의무를 이행하였는지에 관계없이 제조물이 원래 의도한 설계와 다르게 제조·가공됨으로써 안전하지 못하게 된 경우를 말한다.
   나. "설계상의 결함"이란 제조업자가 합리적인 대체 설계를 채용하였더라면 피해나 위험을 줄이거나 피할 수 있었음에도 대체 설계를 채용하지 아니하여 해당 제조물이 안전하지 못하게 된 경우를 말한다.
   다. "표시상의 결함"이란 제조업자가 합리적인 설명·지시·경고 또는 그 밖의 표시를 하였더라면 해당 제조물에 의하여 발생할 수 있는 피해나 위험을 줄이거나 피할 수 있었음에도 이를 하지 아니한 경우를 말한다.

제조물책임법은 제품의 안전성과 관련된 결함을 명확히 정의하며 이를 세 가지 유형으로 구분한다.

① 제조 과정에서 제품이 설계와 다르게 제작된 경우 '제조상의 결함'
② 더 안전한 대체 설계가 존재함에도 이를 선택하지 않아 위험을 초래한 경우 '설계상의 결함'
③ 사용자에게 필요한 경고나 사용 지침을 제공하지 않은 경우 '표시상의 결함'

이와 함께 소비자가 일반적으로 기대하는 수준의 안전성이 결여된 상태도 결함으로 간주되며 제조자가 제조 과정에서 주의의무를 이행했는지 여부는 결함 판단에 영향을 미치지 않는다.

반면 중대재해처벌법은 '결함'이라는 용어를 직접 정의하지는 않지만 재해의 주요 원인으로 '설계·제조·설치·관리상의 결함'을 제시하고 있다. 이에 따라 제품 또는 시설의 구조적 문제나 안전관리 미비로 인해 사고가 발생했다면 해당 사고는 중대시민재해로 판단될 수 있으며 사업주나 경영책임자에게는 안전보건 확보의무 위반에 따른 형사책임이 부과될 수 있다.

특히 제조물책임법이 제품 자체의 물리적 · 기능적 안전성에 초점을 맞춘다면 중대재해처벌법은 시설 운영과 관련된 조직적 · 관리적 측면까지 포괄한다는 점에서 두 법률은 결함의 범위와 적용 대상에서 차이를 보인다. 중대재해처벌법에서 강조되는 '설치상의 결함'과 '관리상의 결함'은 제조물책임법에서는 다루지 않는 영역으로 시설물의 지속적인 운영과 유지관리에 따른 안전 책임을 부각시킨다는 의의가 있다.

따라서 '결함'에 대한 이해는 단순한 기술적 결함을 넘어서 조직적 책임과 관리 의무까지 확장되어야 하며 중대시민재해를 판단함에 있어 각 법률의 규범적 취지와 적용 범위를 고려한 입체적인 분석이 요구된다.

02 제조상의 결함

2.1 제조물책임법상 제조상의 결함

제조물책임법은 제품의 안전성과 관련된 결함을 명확히 정의하며 이를 제조상·설계상·표시상의 결함 등 세 가지 유형으로 구분하고 있다.

반면 중대재해처벌법은 '결함'이라는 용어를 직접 정의하지는 않지만 재해의 주요 원인으로 '설계·제조·설치·관리상의 결함'을 제시하고 있다.

제조물책임법에서는 '제조상의 결함'을 제품이 설계 의도와 다르게 제조되어 안전성에 문제가 발생한 상태로 정의한다. 특히 제조 과정에서 제조업자가 주의의무를 다했는지 여부는 결함 존재 판단에 영향을 미치지 않으며 제품이 설계와 다르게 만들어져 위험을 초래한 경우는 제조상의 결함으로 간주된다.

제조물책임법 제3조의2에서는 제품에 결함이 존재하는지를 추정하기 위한 세 가지 요건을 제시하고 있다.

① 피해자가 정상적으로 제품을 사용하던 중 손해가 발생했을 것
② 해당 손해가 제조업자의 실질적인 지배 범위 내에서 발생한 원인으로부터 비롯된 것
③ 제품에 결함이 없었다면 일반적으로 발생하지 않았을 것이라는 점

이 세 가지 요건을 충족하면 해당 손해는 제품의 결함으로 인해 발생한 것으로 추정할 수 있다.

이러한 법적 해석은 대법원 판례에서도 확인된다. 2000년 선고된 판례에서는 제조업자가 제품의 안전성을 확보해야 할 주의의무가 있었다고 판단하여 제조상의 결함을 인정하였다.

법원은 제조업자가 제품을 판매할 당시의 기술 수준과 경제적 조건을 고려해 소비자가 기대할 수 있는 수준의 안전성과 내구성을 갖춘 제품을 공급해야 할 책임이 있다고 판시하였다. 해당 사건에서는 내구연한이 경과한 텔레비전이 정상 사용 중 폭발하였고 결과적으로 제품이 안전성을 갖추지 못해 사용자에게 손해를 입힌 경우는 제조자의 과실 여부와 관계없이 책임이 인정될 수 있으며 이는 중대시민재해 판단에도 중요한 기준이 될 수 있다.

2.2 건설 분야에서 제조상의 결함

건설 산업에서의 제조상 결함은 구조물의 안전과 직결되는 문제다. 자재나 설비가 설계 기준에 부합하지 않게 제조되면 건축물의 내구성이나 구조적 안정성이 저하되어 붕괴 · 화재 · 기계 오작동 등 치명적인 사고로 이어질 수 있다. 예를 들어 배합비 불량 · 강도 기준 미달 · 온도 관리 실패 등으로 생산된 레미콘은 구조물의 강도를 약화시키고 균열이나 붕괴를 초래할 수 있다.

국토교통부 조사에 따르면 일부 레미콘 제조사는 골재 품질 기준을 제대로 충족하지 못하고 있으며 이러한 품질 미달이 실제 사고로 이어진 경우 제조상의 결함으로 분류되어 중대시민재해로 인정될 수 있다. 이 경우 제조업체는 민사적 손해배상뿐만 아니라 형사책임도 부담할 수 있다.

유사 사례로는 다음과 같은 경우가 있다. 제조 과정에서 강도 기준을 충족하지 못한 콘크리트 패널, 기준에 미달하는 철근 납품, 과열로 인한 전기설비 화재, 기계식 주차장의 센서 감지 오류로 인한 추락사고 등이 있다. 이들은 모두 설계에는 문제가 없었지만 제조 단계에서 발생한 결함으로 인해 사고가 발생했다는 점에서 제조물책임법상 제조상의 결함으로 인정될 수 있고 중대시민재해의 법적 기준에 해당할 수 있다.

결국 건설 산업에서의 제조상 결함은 단순한 기술적 문제가 아니라 공공 안전과 직접적으로 연결된 핵심 요소이다. 따라서 제조업체는 제품의 품질과 안전성을 철저히 관리해야 하며 이를 소홀히 할 경우 법적 책임에서 자유로울 수 없다.

03 설계상의 결함

3.1 원료 · 제조물의 설계상 결함

중대재해처벌법에서 말하는 '설계상의 결함'은 원료 또는 제조물의 안전 확보를 위해 요구되는 기술적 또는 관리적 조치가 설계 단계에서 누락되거나 충분히 고려되지 않은 경우를 의미한다. 중대재해처벌법에서는 설계상의 결함을 명시적으로 정의하고 있지는 않지만 「제조물책임법」 제2조 제2호 나목의 정의 규정과 대법원 판례를 통해 그 개념은 명확하게 해석할 수 있다.

제조물책임법에서는 설계상의 결함을 '제조자가 합리적인 대체 설계를 채택했더라면 사고 또는 위험을 예방하거나 줄일 수 있었음에도 이를 적용하지 않아 제품이 안전하지 않은 상태를 말한다'라고 규정하고 있다. 이 정의는 단순한 기술적 실수보다 폭넓은 의미를 가지며 제조자가 선택한 설계가 사회적으로 수용 가능한 수준의 안전성을 갖추었는지 여부를 기준으로 판단한다.

대법원은 2004년 3월 12일 선고한 2003다16771 판결에서 운전자의 오조작이 급발진 사고의 직접적 원인이더라도 제조자가 보다 안전한 설계를 채택했더라면 사고를 회피하거나 피해를 경감시킬 수 있었음에도 불구하고 그러한 조치를 취하지 않은 경우 설계상의 결함을 인정할 수 있다고 판시했다. 단, 결함의 판단은 제품의 용도, 사용자의 기대 수준, 위험의 예측 가능성, 대체 설계의 실현 가능성과 비용 부담, 기존 설계와의 상대적 안전성 등 다양한 요소를 종합적으로 고려하여 사회 통념에 따라 이루어져야 한다.

설계상의 결함은 여러 분야에서 적용되는데 대표적으로 화학제품 분야에서는 '가습기 살균제 사건'이 있다. 제조사는 인체 흡입 가능성이 높은 제품임에도 독성 물질을 포함시킨 설계를 채택하였고 이는 대체 가능한 안전한 성분이 존재했음에도 선택하지 않아 다수의 피해자를 발생시켰다. 이 역시 설계상의 결함이 인정되는 사례에 해당한다.

원료 및 제조물의 설계상의 결함은 단순한 기술적 미비나 사고 가능성 간과가 아니라 안전보건 확보의무를 다하지 않은 설계 선택의 결과로 해석되어야 한다. 이러한 결함이 실제 인명피해로 이어졌다면 해당 사고는 중대시민재해로 분류될 수 있으며 제조업체는 「중대재해처벌법」에 따라 민사적 책임을 넘어 형사책임까지 부담할 수 있다.

3.2 공중이용시설의 설계상의 결함

공중이용시설의 설계상 결함은 단순한 기술적 오류를 넘어 관련 법령에서 요구하는 안전기준을 충족하지 못한 구조적 문제로 해석된다. 특히 「중대재해처벌법」은 공중이용시설의 설계 · 제조 · 설치 · 관리상의 결함으로 인해 사망자 또는 중상자가 발생한 경우를 중대시민재해로 규정하고 있다. 이때 설계상의 결함은 「건축법」, 「시설물의 안전 및 유지관리에 관한 특별법」, 국토교통부 고시 등에서 정한 기준을 충족하지 못한 설계로 판단될 수 있다.

대표적인 사례로는 삼풍백화점 붕괴사고가 있다. 해당 건물은 설계 변경 과정에서 구조적 안정성을 고려하지 않고 무리하게 증축되었으며 기둥 철근의 축소, 하중 계산 미비, 냉각탑 설치 위치 변경 등 다수의 설계상 오류가 누적되어 결국 500명 이상의 사망자가 발생했다. 이는 공중이용시설의 설계 결함이 대형 참사로 이어질 수 있다는 점을 극명하게 보여주는 사례이다.

일반적으로 설계 결함과 콘크리트 품질은 건설 구조물의 안전성과 밀접하게 연관된 핵심 요소인데 이 두 가지는 서로 긴밀하게 연결되어 있다. 콘크리트는 대부분의 구조물에서 주요 하중 지지 재료로 사용되며 설계 단계의 판단 오류나 제조단계의 기준 미달은 콘크리트의 물성 저하, 구조적 취약성, 장기적인 내구성 문제로 이어질 수 있다.

가장 대표적인 설계 결함 유형 중 하나는 구조물의 하중 계산 오류이다. 구조물의 하중이 과소 평가되었거나 하중 분산에 대한 설계가 미흡한 경우 특정 콘크리트 부재에 과도한 응력이 집중되어 휨균열이나 전단파괴가 발생할 수 있다. 슬래브 두께나 보의 단면이 설계 기준보다 작게 설정된 경우 해당 부재는 반복적인 하중에 의해 균열이 진행되고 결국 구조적 결함으로 이어질 수 있다.

또한 온도 변화와 수축을 고려하지 않은 설계 역시 콘크리트 결함의 주요 원인이 될 수 있다. 콘크리트는 수화 반응에 따라 수축이 발생하고 외기 온도의 변화에 따라 팽창과 수축을 반복한다. 이러한 변형을 제어하기 위해 온도 철근이나 수축 줄눈을 설계에 포함해야 하지만 이를 누락하거나 비효율적으로 반영한 경우 균열이 발생하게 된다. 그 균열은 물 등의 침투 경로가 되어 철근 부식을 유발하고 장기적으로는 박락으로 이어질 수 있다.

철근 배근이 부적절하게 설계된 경우에도 콘크리트의 구조적 성능은 크게 저하된다. 예를 들어 철근 간격이 지나치게 넓거나 피복 두께가 기준 이하로 설계되면 콘크리트와 철근 사이의 결합력이 저하되고 외부 환경으로부터 철근이 충분히 보호되지 않아 조기 부식이 발생한다. 이러한 결함은 구조물의 내구성을 약화시킬 뿐 아니라 물리적 안정성에도 영향을 미쳐 중대한 붕괴 위험을 초래할 수 있다.

수도권 일대에서 발생한 노출 콘크리트 품질 저하 사례에서도 설계적 고려 부족이 주요 원인으로 지적된 바 있다. 일부 현장에서는 거푸집 청소 불량이나 배합 설계의 미비로 인해 콘크리트의 재료 분리, 백화 현상, 물곰보 등의 문제가 다수 발생하였다. 이는 설계 의도와 실제 재료 특성 간의 불일치에 따른 품질 결함으로 해석된다.

이처럼 콘크리트는 설계 단계의 판단이 직접적으로 재료 성능과 구조물의 안전에 영향을 미치는 대표적인 소재이다. 설계자가 하중, 배근, 열 변형, 개구부 보강 등 핵심 요소를 제대로 고려하지 않을 경우 그 결과는 치명적인 구조적 실패로 이어질 수 있다. 따라서 설계 결함과 콘크리트의 관계는 건설 산업에서 기술적 이해와 법적 책임이 교차하는 지점이다. 따라서 이를 사전에 방지하기 위한 철저한 설계 검토와 기준 준수는 공공의 안전을 위한 필수 과제라 할 수 있다.

최근 사례로는 창원 NC야구장 외벽 구조물 추락사고가 있다. 경기장 외벽 창문에 부착된 마감재가 추락해 관중이 사망한 사건으로 해당 시설은 연면적 40,000 m^2 이상, 관람석 1,000석 이상인 운동시설로서 「중대재해처벌법」상 공중이용시설에 해당한다. 이 사건은 구조물의 고정 방식이나 하중 분산 설계의 적절성 여부가 주요 쟁점이 되었으며 설계상 결함 가능성도 제기되고 있다.

또한 오송 지하차도 침수 사고 역시 중대시민재해로 논의된 대표적인 사례이다. 14명이 사망한 이 사고는 지하차도 설계에 배수 및 통제 시스템이 충분히 반영되지 않았다는 점에서 설계상 결함과 관리상 결함이 복합적으로 작용한 것으로 평가되고 있다.

오송 지하차도 침수 사고는 단순한 자연재해로 보기 어려우며 구조물의 설계 결함이 시민의 생명에 직접적인 피해를 초래한 대표적 사례이다. 이 사고는 「중대재해처벌법」 시행 이후 공중이용시설의 설계 및 관리 결함으로 인한 첫 번째 중대시민재해로 분류되었으며 이후 관련 제도와 법 해석의 기준을 마련하는 데 중요한 선례가 될 것으로 보인다.

사고의 직접적인 원인은 미호강 제방의 붕괴였다. 공사 과정에서 기존 제방을 철거하고 법정 기준보다 낮은 높이의 임시 제방으로 대체되었다. 집중호우로 인해 제방이 무너지면서 하천수가 인근 지하차도로 유입되었다. 지하차도의 배수 및 통제 설계가 충분히 마련되어 있었다면 침수는 예방 가능했다. 그러나 전기 배전실이 침수되어 펌프가 작동하지 못했고 차량 진입을 제어하는 시스템도 제 기능을 수행하지 못했다. 이는 설계 단계에서 위험 예측과 대응 방안이 충분히 고려되지 않았다는 점에서 구조적 설계 결함으로 평가된다.

당시 홍수경보가 발령된 이후에도 지하차도 진입이 계속 허용되었고 차량이 침수된 구조물 안에 갇힌 상태에서 수위가 급속히 상승해 다수의 사망자가 발생했다. 이러한 긴급 통제 체계나 비상대피 시스템의 부재는 단순한 운영상의 실수가 아니라 설계에 포함되어야 할 필수 안전 요소가 누락된 결과로 볼 수 있다.

법적으로도 이러한 사안은 「중대재해처벌법」 적용 대상이다. 지하차도는 공중이용시설로 분류되며 해당 사고로 14명의 사망자가 발생하면서 중대시민재해 요건을 충족하였다. 이에 따라 검찰은 청주시장, 행정중심복합도시건설청장, 시공사 대표이사를 해당 법률 위반 혐의로 기소하였으며 감리단장과 현장소장에게는 형사처벌이 확정되었다.

이 사건은 설계 결함이 단순한 시설물 완성도의 문제가 아니라 공중이용시설에서 요구되는 사회적 · 법적 안전 의무를 이행하지 못한 결과임을 보여준다. 또한 설계자뿐 아니라 발주자, 시공자, 감리자 등 모든 관련 책임 주체가 적절한 안전 확보 노력을 기울였는지에 대해 생각하게 만든 사례이다. 이 사건은 공중이용시설의 계획과 설계 단계에서 생명과 안전을 중심 가치로 삼는 구조적 접근이 반드시 필요함을 일깨워주는 교훈이다.

이처럼 공중이용시설의 설계상 결함은 단순한 도면상의 실수가 아니라 법령에서 요구하는 안전 기준을 충족하지 못한 구조적 · 기능적 결함으로 해석된다. 그로 인해 인명피해가 발생한 경우 해당 사고는 「중대재해처벌법」상 중대시민재해로 분류되며 사업주 또는 관리 주체에게 민형사상 책임이 부과될 수 있다.

설계자는 물론 발주 기관 모두가 법적으로 엄격한 책임 주체로 평가되며 판단 기준 역시 단순한 설계의 적정성 여부가 아니라 보다 안전할 수 있었음에도 불구하고 그러한 선택을 하지 않은 판단의 결과로 해석된다.

설계단계에서부터 유지관리 단계의 안전율 고려한 **안전성 검토(DFS)**
- 창의적 전문가, 안전 전문가 활용 : 안전 위험요소 발굴

Tip DFS 실시(유지관리 단계의 안전고려) ex) 프로젝터, 가로등 고장

그림 5.1 설계단계부터 유지관리 안전성 고려

04 설치상의 결함

공중이용시설의 설치상 결함은 단순한 시공상의 실수를 넘어 해당 시설이 법령 및 설계도면에서 요구하는 안전 기준을 충족하지 못한 상태를 의미한다. 「중대재해처벌법」은 이러한 결함으로 인해 시민에게 사망 또는 중상해가 발생한 경우를 중대시민재해로 규정하고 있으며 설치상 결함은 「건축법」, 「시설물의 안전 및 유지관리에 관한 특별법」, 국토교통부 고시 등 관련 법령의 준수 여부 및 설계도면의 이행 여부를 기준으로 판단한다.

시공자는 건축주와의 계약에 따라 설계도면에서 요구하는 자재나 시공 방법을 성실히 준수할 의무가 있으며 이를 위반한 경우에는 설치상 결함으로 간주될 수 있다. 특히 대법원 2015년 7월 9일 선고 2015도5512 판결(경주 마리나리조트 붕괴 사건)에서는 "시공자가 설계도면과 다른 자재를 사용하여 시공한 것이 붕괴의 원인이 되었다면 그로 인한 책임을 면할 수 없다"라고 판시함으로써 설계와 다른 시공이 사고의 직접적 원인이 된 경우에는 설치상 결함으로 인정된다는 법적 기준을 명확히 제시하였다.

이 판례는 유지관리 단계에서 발생한 붕괴 사고에 대한 판단이다. 그러나 건설공사 중 발생한 붕괴나 전도 사고 역시 설치상의 결함으로 평가할 수 있는지에 대해서는 법적 · 학문적 논의가 이어지고 있다. 공사 중 사고는 시공 과정에서의 안전조치 미비, 자재 부적합, 구조적 불안정성 등 다양한 요인이 복합적으로 작용할 수 있다. 이러한 요소들이 설계와 시공 간 불일치나 법령 위반에 기인한 것이라면 설치상의 결함으로 확대하여 해석될 여지가 충분하다.

오송 지하차도 침수 사고는 단순한 자연재해가 아니라 공중이용시설의 설치상 결함이 시민의 생명에 직접적인 피해를 초래한 중대한 사례로 평가된다. 이 사고는 「중대재해처벌법」이 적용된 첫 번째 중대시민재해 판례로 공중이용시설의 설치 및 관리상 안전보건 확보의무가 설계 단계뿐만 아니라 시공 과정에서도 철저히 이행되어야 함을 시사한다.

실제로 오송 사고에서는 공사구역 내 제방의 구조적 설계 미비와 시공 관리 부실이 복합적으로 작용해 다수의 시민이 사망했다. 검찰은 이를 중대시민재해로 판단하고 발주청과 시공사 관계자를 「중대재해처벌법」 위반 혐의로 기소하였다. 이 사건은 공사 중 발생한 사고 역시 설치상의 결함으로 법적 평가될 수 있음을 보여주는 중요한 선례로 작용하고 있다.

사고 당시 미호강 제방은 법정 기준보다 낮은 높이로 무단 절개된 후 임시 제방을 반복적으로 축조 · 철거하였다. 이러한 건설공사 행위는 공식 설계도면과 무관하게 현장소장이 자의적으로 결정하였고 강수량 증가에 따라 제방은 쉽게 붕괴되었다. 그 결과 하천수가 인근 지하차도로 유입되었으며 배수펌프가 침수돼 작동하지 않았고 차량 진입을 막는 통제시설도 기능을 상실하게 만들었다. 이러한 일련의 원인은 해당 시설물의 구조와 안전 시스템이 시공 단계에서 충분히 검토되지 않았으며 위험 예측 기반의 기술적 대비가 미비했다는 점에서 설치상의 결함으로 직결된다.

법원은 도로 확장 공사에서 현장소장이 법령을 위반해 제방을 절개하고 침수 위험을 충분히 인지할 수 있었음에도 적절한 대응을 하지 않았다는 점에서 업무상과실치사상죄를 인정하여 징역형을 선고하였다. 감리원 또한 안전관리 소홀로 형사책임을 부담하였고 청주시장과 행복청장 등 발주청 관계자들도 「중대재해처벌법」 위반 혐의로 기소되었다. 이 판례는 공사 중 발생한 행위가 공중이용시설의 설치와 유지관리에 관련된 모든 주체에게 안전보건 확보 책임이 있다는 법적 인식을 정립한 사례로 평가된다.

이 사건은 공중이용시설의 설치상 결함에 대한 법적 판단 범위를 시공 완료 이후뿐만 아니라 공사 중에 발생한 붕괴 · 전도 등 사고까지 확대하여 해석할 필요성을 보여준다. 특히 시민의 생명과 직결되는 시설물에서는 설계도면 준수 여부뿐만 아니라 현장의 자재 선택, 구조물 설치 방식, 전기 · 배수 시스템 구성 등 전체 시공 행위 자체가 법적 판단 대상이 될 수 있다. 설치상의 결함은 실무자뿐만 아니라 관리자, 발주자, 감리자 모두가 함께 책임을 져야 하는 복합적 요소이다.

이러한 점을 고려할 때 중대시민재해 예방을 위한 제도적 접근은 공사 중 안전 확보에 관한 기술적 기준뿐만 아니라 현장 판단 오류에 대한 법적 통제 범위까지 확대되어야 한다. 이런 측면에서 오송 지하차도 사고는 그 기준과 책임의 범위를 명확히 보여주는 중대한 전환점이 된 사례이다.

2025년 3월 29일, 창원 NC파크 경기장 외벽에 부착된 알루미늄 루버(길이 약 2.6 m, 폭 40 cm, 무게 약 60 kg)가 경기 중 관중석 인근으로 추락해 관람객 3명이 부상을 입었고 이

중 1명이 사망하는 사고가 발생하였다. 해당 루버는 햇빛 차단과 통풍 조절을 위한 외장 마감재였으나 스크류 나사못 방식으로 고정된 상태였다. 조사결과 구조물 하중이나 진동에 대한 충분한 설계적 고려 없이 시공된 것으로 알려졌다.

이 사고는 「중대재해처벌법」상 중대시민재해로 논의되고 있으며 구조물의 설치 방식과 시공 과정에서의 안전 확보의무 이행 여부가 핵심 쟁점으로 떠올랐다. 경찰은 루버 설치 업체에 대한 압수수색과 함께 업무상 과실치사상 혐의에 대한 수사를 진행 중이다. 특히 일반 나사못으로 체결된 고정 방식이 구조적 안전성을 확보하지 못한 점에서 설치상의 결함으로 보고 있다.

또한 해당 루버가 과거에 탈 · 부착된 이력이 있었음에도 시설공단에 보고되지 않았다는 정황이 드러나면서 시공 책임과 관리 책임 사이의 법적 책임 소재를 둘러싼 논쟁이 이어지고 있다. 창원시, NC 구단, 시설공단 간의 책임 공방 속에서 경찰은 구조물의 설치 방식뿐만 아니라 관리 · 감독 체계 전반에 대해 수사 범위를 확대하고 있다.

이 사고는 공중이용시설의 설치상 결함이 단순한 시공 실수를 넘어 법령에서 요구되는 안전 기준을 충족하지 못한 구조적 문제일 경우 중대시민재해로 판단될 수 있음을 보여주는 중요한 사례다. 향후 유사 사고 예방을 위해서는 설계도면의 이행 여부, 자재의 적합성, 고정 방식의 안전성 등 설치 단계 전반에 대한 법적 · 기술적 검토가 필요할 것으로 보인다.

나아가 중대시민재해 예방을 위한 법적 · 제도적 관점에서는 공중이용시설의 설치상 결함 개념을 공사 중 발생할 수 있는 구조적 사고까지 포괄하도록 확대하여 해석할 필요가 있다. 이는 시민의 생명과 안전을 보호하기 위한 실질적 조치이다.

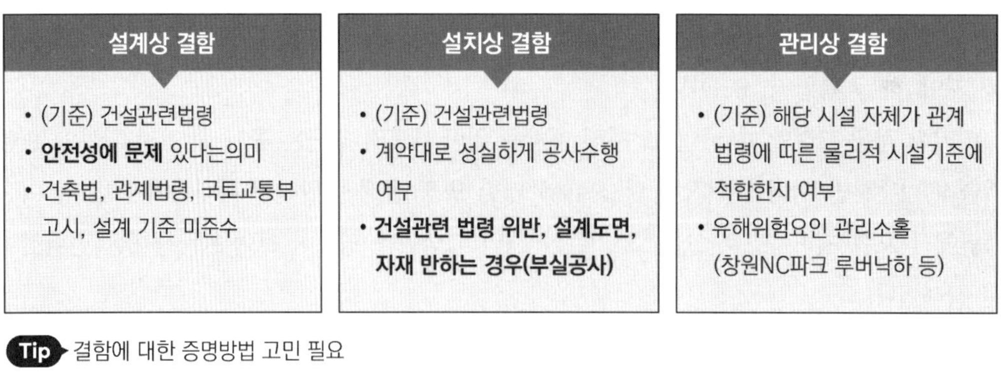

그림 5.2 결함의 종류와 특징

05 관리상의 결함

5.1 관리상의 결함 개요

'관리상의 결함'은 「중대재해처벌법」에서 명시적으로 정의되어 있지는 않지만 일반적으로 시설이나 물건의 유지 · 관리 · 보수 · 개량 등의 업무가 적절히 수행되지 않아 안전성을 확보하지 못한 상태를 의미한다. 표준국어대사전은 '관리'를 "시설이나 물건의 유지, 개량 따위의 일을 맡아 함"이라고 정의하고 있다. 이를 바탕으로 해석하면 관리상의 결함은 원료 · 제조물 · 공중이용시설 등이 통상 갖추어야 할 안전 상태를 지속적으로 유지하지 못한 경우로 볼 수 있다.

법률적 관점에서 관리상의 결함은 단순한 고장이나 운영상의 실수를 의미하는 것이 아니다. 시설이나 구조물이 통상적으로 갖춰야 할 안전성을 유지 · 관리하기 위한 주의의무를 다하지 않아 인명피해 등 손해가 발생한 경우에 성립된다. 이러한 개념은 「민법」 · 「국가배상법」 · 「중대재해처벌법」 등 여러 법령을 통해 구체화되며 각 법률은 위험 방지의무와 안전보건 확보 조치의 이행 여부를 기준으로 결함의 성립 여부를 판단한다.

「민법」 제758조는 '공작물의 설치 · 보존상의 하자'에 대해 다루고 있는데 공작물 관리자에게 위험 방지에 필요한 주의의무를 부과하고 있다. 대법원 2019년 11월 28일 선고 2017다14895 판결에서는 "공작물의 위험성에 비례하여 사회 통념상 요구되는 수준의 방호조치를 취하지 않은 상태"를 관리상의 결함으로 보았다. 즉, 공작물이 용도에 따라 일반적으로 요구되는 안전성을 확보하지 못한 상태가 되었다면 그 관리자는 손해에 대한 배상책임을 부담해야 한다는 것이다.

또한 「국가배상법」 제5조의 '영조물의 설치 또는 관리의 하자'는 단순한 기능적 결함만으로 하자를 인정하고 있지는 않는다. 대법원 2007년 9월 21일 선고 2005다65678 판결은 영조물이 설치된 장소, 이용 형태, 시설의 용도를 고려해 그 안전성을 판단하고 있다. 설치 관리자 또는 운영자가 위험을 예견할 수 있었음에도 불구하고 사회 통념상 요구되는 수준의 조치를 취하지 않았다면 그 관리행위는 법적 결함으로 간주된다고 판시했다.

결국, 관리상의 결함은 '안전성 확보 노력의 불이행'이라는 관점에서 법적 책임을 수반한다. 이는 단순한 설계나 시공의 적정성을 넘어 시설물의 사용 중 지속적인 관리, 위험 예측, 예방적 대응 조치를 포함하는 광의의 운영 책임을 아우른다고 봐야 한다.

준공검사 철저, 하자보수기간 완료후 공사 누락분 검사 철저
- 외부 마감재, 석재, 유리 탈락 가능성
- 이용자 안전 측면에서 정밀 시공 여부 점검

Tip 설치 결함보다는 관리상 결함에 대한 대비

그림 5.3 관리상 결함 사전 해소를 위한 준공검사 철저

결함 없음을 증명할 수 있는 방안 고민 필요
- **설계** : 설계도면, 시방서, 보고서 존재 → **부실여부 판단 용이**
- **시공** : 준공사진 증명가능, **사고발생 시 문제없음 증명 필요(하자관련 無)**
- **관리** : 장시간 소요 시에는 **관리상 책임소재로 귀책 가능**

Tip 중대시민재해는 장기간 경과후 발생한다는 점 인식

Tip 3d 스캐닝 사진, 동영상, 전산화 등을 통한 공사 자료보관

그림 5.4 설계 · 설치 · 관리상 결함 증명 방법

5.2 공중이용시설의 관리상의 결함

공중이용시설의 관리상 결함은 해당 시설을 유지 · 운영하는 과정에서 안전성을 확보하기 위한 조치를 충분히 이행하지 않아 시민의 생명이나 신체에 해를 끼친 경우를 의미한다. 이는 단순한 물리적 구조의 불안정이나 일시적인 고장을 넘어 시설관리자나 운영자가 위험성을 예견하거나 방지할 수 있었음에도 불구하고 사회 통념상 요구되는 수준의 조치를 취하지 않았을 때 발생하는 법적 책임 영역이다. 특히 공중이용시설의 경우 피해 범위와 사회적 파급력이 크기 때문에 관련 법령은 보다 엄격한 기준과 책임 구조를 요구하고 있다.

대표적인 사례

- 2023년 오송 지하차도 침수 사고는 충북 청주에서 집중호우로 인해 제방이 붕괴되며 하천수가 지하차도로 급속 유입되었고 탑승 차량들이 침수되며 총 14명의 시민이 사망했다. 문제는 침수 경고가 사전에 발령되었음에도 지하차도 진입 통제가 이루어지지 않았고 배수펌프와 경고 시스템 등의 안전 설비가 제 기능을 발휘하지 못했다는 점이다. 제방 구조 문제뿐만 아니라 행정기관과 시설 운영자들이 위험을 예측하고 대처할 수 있었음에도 조치를 취하지 않았다는 점에서 관리상의 결함으로 평가되고 있다. 이에 따라 검찰은 청주시장, 행복청장 등 관계자를 중대재해처벌법 위반 혐의로 기소하였다. 이는 관리책임자의 안전확보의무 이행 여부가 중대재해 판단의 핵심 기준이 됨을 보여주고 있다.
- 창원 NC파크 알루미늄 루버 추락 사고는 야구경기장 외벽 루버가 추락하여 1명이 사망하고 2명이 부상당한 사고이다. 루버는 스크류 나사못으로 고정된 상태였으며 하중이나 진동에 대한 고려가 부족했다. 게다가 과거 탈 · 부착 이력이 있었음에도 관리기관에 보고되지 않았다. 안전점검 체계도 허술한 상태였다. 이는 단순한 시공상의 실수를 넘어 운영 · 유지관리 과정에서 위험 요소에 대한 예방 조치가 제대로 이루어지지 않았다는 점에서 관리상의 결함으로 해석된다.
- 2023년 성남시에서 발생한 정자교 붕괴 사고는 이러한 연관성을 보여주는 대표적인 사례이다. 교량 길이 108 m 규모의 교량 보행로 측면 구조물이 붕괴되며 시민 1명이 사망하고 1명이 중상을 입었다. 사고 발생 이후 경찰은 성남시청의 교량 관리 실태에 대한 본격적인 수사에 착수하였다. 해당 교량은 「중대재해처벌법」상 공중이용시설의 물리적 요건(연장 100 m 이상)을 충족했다. 이 사건은 관리 책임의 주체가 지방자치단체장까지 확장될 수 있음을 보여주는 사례로 주목받았다.

교량의 관리 소홀은 공중이용시설의 안전성을 저하시키는 중대한 요인으로 시민의 생명과 직결된 재해로 이어질 경우 「중대재해처벌법」상 중대시민재해로 평가될 수 있다. 중대재해처벌법은 공중이용시설에 대하여 설계 · 제조 · 설치 · 관리상의 결함으로 인해 사망자 또는 중상자가 발생한 경우 사업주 및 경영책임자에게 민 · 형사상 책임을 부과하고 있다.

정자교 붕괴사고에서 제기된 관리상 결함은 크게 세 가지로 나눌 수 있다.

1) 정기적인 안전 점검의 미흡

「시설물의 안전 및 유지관리에 관한 특별법」에 따라 교량은 일정 주기로 정밀안전점검이나 진단을 받아야 하지만 육안으로 확인이 어려운 구조적 결함을 방치하거나 점검 결과가 실제 보수로 이어지지 않았을 경우에는 형식적 점검으로 간주되어 관리 책임의 문제가 될 수도 있다.

2) 예방적 조치의 부재

사고 이전 시민들의 파손 신고가 접수되었음에도 불구하고 해당 구조물의 통제나 보수가 이루어지지 않았다. 만약 이럴 경우에는 위험 예견가능성과 회피 가능성이 충분히 있었음에도 안전 조치를 취하지 않았다는 점은 법적 책임 판단의 핵심이 될 수도 있다.

3) 붕괴 징후와 구조물 이력 관리 부족

사고 위험을 실시간으로 감지하지 못한 기술적 · 제도적 한계다. 이는 사회기반시설에 대한 관리방식의 개선과 함께 중대재해 예방체계의 기술적 확장을 요구한다.

결국, 교량과 같은 공중이용시설은 구조물의 물리적 안전성뿐만 아니라 지속적인 모니터링, 시민과의 커뮤니케이션, 안전조치의 신속한 실행 등 관리행위 전반의 핵심 요소로 작용한다. 관리 소홀은 단순한 부주의가 아니라 공공의 안전과 생명을 지키기 위한 법적 · 윤리적 책임의 회피로 간주될 수 있다. 실제로 중대시민재해로 인정될 경우에는 지방자치단체장, 관리자, 유지보수 업체 등 모든 관계자가 형사책임을 질 수도 있다.

이외에도 자연재해로 인해 건물의 물리적 손상이 중대시민재해로 이어질 수 있음을 보여주는 중요한 사례도 존재한다. 미술관과 같은 공중이용시설은 일정 규모 이상일 경우 「중대재해처벌법」의 적용 대상에 해당된다. 이때 시설물의 구조적 안전성과 이를 유지 · 관리하는 책임의 이행 여부는 사고 발생 시 법적 판단의 핵심 요소로 작용 된다.

만약 미술관이 연면적 3,000 m^2 이상으로 공중이용시설의 요건을 충족하며 집중호우 이후 건물 일부가 파손되었다면 초기 손상의 원인은 자연적 요인에 기인한다. 그러나 문제는 이러한 파손 상태가 장기간 방치되었고 결과적으로 유리창 등이 낙하하여 관람객에게 치명적인 피해를 초래했다고 가정해 보자. 이때에는 시설관리자 또는 사업주가 파손 사실을 인지했음에도 불구하고 적절한 보수나 위험 방지 조치를 취하지 않았다는 점에서 '관리상의 결함'이 성립될 수 있다.

「중대재해처벌법」 제2조 제3호는 공중이용시설의 설계 · 설치 · 관리상의 결함으로 인해 시민이 사망하거나 중상해를 입은 경우를 중대시민재해로 정의하고 있다. 또한 국토교통부 해설서에서도 관리상의 결함 판단 기준은 시설이 관계 법령상 물리적 요건을 충족하는지 여부와 안전 확보의무 이행 여부에 따라 결정된다고 명시하고 있다.

따라서 단순히 자연재해로 인해 발생한 손상이더라도 위험을 인지할 수 있었고 사고를 예방할 수 있음에도 불구하고 필요한 조치를 취하지 않았다면 해당 사고는 중대시민재해로 평가될 수 있다. 이 경우 사업주 또는 경영책임자에게 형사적 책임을 포함한 법적 책임이 부과될 수 있다. 이는 공중이용시설의 관리상 결함 개념이 단순한 유지보수의 범위를 넘어서는 것을 시사한다.

반면 대형 노래방에서 발생한 이용객 간 폭력행위는 시설 자체의 하자나 결함에서 비롯된 것이 아닌 개별 행위자의 범죄에 해당하므로 「중대재해처벌법」의 적용 대상이 아니다. 실제로 국토교통부 해설서에서도 "영업장 시설의 하자 또는 결함이 아닌 경우는 중대시민재해로 보지 않는다"라고 명시되어 있다.

다만, 해당 노래방이 폭력 위험을 예견할 수 있었음에도 불구하고 적절한 예방조치나 대응 체계를 갖추지 않았다면 민사상 또는 다른 법률에 따른 책임이 문제될 수 있다. 그러나 이는 「중대재해처벌법」과는 별개의 법적 영역이다. 중대시민재해는 사고의 직접적인 원인이 공중이용시설의 구조적 문제나 안전관리 미비에 있어야 한다.

이와 같은 사례들은 공중이용시설에서의 관리상 결함이 얼마나 치명적인 결과를 초래할 수 있는지를 보여준다. 특히 해당 사고들은 「중대재해처벌법」의 적용 대상이 될 수 있으며 경영책임자는 시설의 구조 · 설비 · 운영 상태를 종합적으로 점검하고 사고 예방을 위한 조치를 상시적으로 수행해야 한다. 관리상 결함은 단순한 물리적 고장보다 넓은 개념으로 위험을 방치하거나 조치를 게을리한 행위 그 자체가 법적 · 도덕적 책임으로 이어질 수 있다는 점에서 그 중요성이 크다할 수 있다.

따라서 공중이용시설에 대한 관리상 결함은 단순히 시간 경과에 따른 노후화 문제로 치부될 수 없으며 관계 법령에 따른 정기점검의 이행, 구조물의 이상 징후에 대한 즉각적 대응, 시민 신고 체계의 활성화 등 종합적인 관리 시스템의 구축이 중대시민재해 예방을 위한 핵심 요소로 자리매김해야 한다.

관리상 결함은 단순한 유지 소홀을 넘어서 해당 시설이나 제조물의 잠재적 위험성을 고려하여 사회 통념상 요구되는 수준의 안전조치를 충실히 이행했는지를 중심으로 판단되어야 한다. 만약 미이행으로 시민의 생명과 신체에 중대한 피해를 야기한 경우에는 「중대재해처벌법」상 법적 책임이 수반될 수 있다.

06 복합재해에서 결함의 매개적 요인

재해는 일반적으로 하나의 원인만으로 발생하기보다 여러 요인이 복합적으로 작용해 발생하는 경우가 많다. 이러한 관점에서 보면 '결함'은 단독 원인이 되기도 하지만 종종 다른 요인들과 함께 작용하여 재해의 공동원인으로 작용하기도 한다.

중대시민재해에서 결함이 공동원인으로 작용하는 경우는 시민의 생명과 안전에 직결되기 때문에 단일 원인에만 초점을 맞추기보다는 복합적이고 상호 작용하는 요인들을 면밀하게 살펴야 한다.

결함은 단순한 기술적 문제를 넘어 관리체계의 미비 · 경고 시스템의 부족 · 대응 실패 등과 함께 작용할 경우 더욱 치명적인 결과를 초래한다. 예를 들어 공중이용시설에 구조적 결함이 존재했음에도 장기간 유지보수가 제대로 이루어지지 않았다면 이 두 요인이 복합적으로 작용하여 붕괴라는 중대재해로 이어질 수 있다. 또 제품 자체에 결함이 있었지만 경고체계가 미흡하거나 정보 전달이 제대로 이루어지지 않았다면 시민들이 해당 위험에 노출되어 피해를 입을 수 있다.

이처럼 중대시민재해는 단일 요인에 의해 발생하는 것이 아니라 결함을 포함한 여러 위험요인이 유기적으로 얽혀 있는 상태에서 발생한다. 따라서 사후 분석에서는 단순한 기술적 결함뿐 아니라 조직적 문제 · 관리상의 미비점 · 교육과 훈련의 부족 등 다양한 요인을 종합적으로 고려해 원인을 규명하고 재발방지 대책을 수립해야 한다. 이는 단순한 책임 소재 파악을 넘어 사회적 신뢰와 시스템 개선을 위한 핵심적 접근이라 할 수 있다.

대법원은 '공작물 또는 영조물의 설치나 보존상의 결함이 재해의 유일한 원인은 아닐지라도 공동원인 중 하나로 작용했다면 그 결함으로 인해 재해가 발생한 것으로 해석함이 타당하다'라는 입장을 일관되게 유지하고 있다. 이는 사고의 원인을 단편적으로 분석하는 것이 아니라 사고에 영향을 준 모든 요인을 포괄적으로 고려해 법적 책임을 묻는 방향으로 법리를 확립해 온 것이라 할 수 있다.

예컨대 공중이용시설에서 시민에게 피해가 발생한 경우 해당 시설의 구조적 결함이 사고의 직접적인 원인은 아닐지라도 그 결함이 사고 발생 경과에 일정 부분 영향을 미쳤다면 이는 법적으로 중요한 판단 요소가 된다. 이러한 입장은 피해자 보호 관점에서 책임 인정의 범위를 확대하는 경향으로 볼 수 있다. 이는 법원이 공중이용시설 또는 제품의 안전성과 그 관리 의무에 대해 엄격하게 접근하고 있음을 보여주는 지표로 해석된다.

실제로 대법원은 다수의 판례를 통해 이 같은 취지를 분명히 하고 있다. 예를 들어 2017다227103, 94다32924, 2013다61602 판결 등에서는 공작물 또는 영조물의 하자가 단독 원인이 아니더라도 사고의 공동원인으로 작용하였다면 그 하자가 사고의 원인으로 인정되어 손해배상 책임이 부과될 수 있음을 판시하였다.

이러한 판례의 흐름은 중대시민재해와 같이 불특정 다수에게 피해가 발생할 수 있는 사고에 있어 단순한 원인 규명을 넘어서 예방적 관점에서의 법적 기준 강화와 책임 주체의 확대를 의미한다. 즉, 결함이 단독 원인이 아닐지라도 공동원인의 일부로 인정된다면 그에 따른 법적 책임은 면할 수 없다는 것이다. 이는 사회 전체의 안전망을 강화하고 재해 예방 및 피해자 보호에 기여하는 법적 방향성으로 평가된다.

07 결함과 재해 사이의 인과관계

「중대재해처벌법」에는 「제조물책임법」에서 인정되는 결함에 대한 추정 규정이 존재하지 않는다. 이는 형사법적 성격을 지닌 중대재해처벌법의 구조와 그에 따른 절차적 원칙에서 비롯된 것이다. 형사법에서는 무죄추정의 원칙이 핵심으로 자리 잡고 있으며 피고인의 유죄는 검사가 실질적으로 입증해야만 처벌할 수 있다. 따라서 결함이나 인과관계를 추정하여 피고인의 책임을 인정하는 규정을 포함하는 것은 이 원칙에 정면으로 배치될 수 있다.

반면 민사법에서는 피해자의 입증 부담을 완화하고 실질적인 권리구제를 도모하기 위해 인과관계나 결함에 대한 추정 규정을 두는 경우가 많다. 예컨대 「제조물책임법」에서는 일정 요건이 충족되면 제품의 결함과 손해 사이의 인과관계를 추정할 수 있도록 되어 있다. 하지만 이는 피해자 중심의 권리 보호를 위한 민사적 접근에 해당하며 형사재판에서 요구되는 엄격한 입증 기준과는 성격이 다르다.

중대재해처벌법은 형사책임을 묻는 법률로써 결함과 재해발생 사이의 인과관계를 추정하는 조항을 도입하는 것은 피고인의 책임을 충분히 입증하지 않은 상태에서도 처벌이 가능해지는 결과를 초래할 수 있다. 이는 형사법의 입증책임원칙과 충돌하고 과잉처벌과 인권 침해의 우려를 낳을 뿐 아니라 형사사법체계의 합리성과 정당성을 훼손할 위험이 있다. 더구나 이러한 추정 조항은 중대재해의 발생에 있어 복잡하게 작용하는 다양한 요인을 고려하지 못한 채 단순한 개연성만으로 법적 책임을 추정하게 되는 부작용을 가져올 수 있다.

결국 중대재해처벌법은 그 법적 성격에 부합하게 엄격한 인과관계 입증 요건을 요구함으로써 형사절차의 원칙을 유지하려는 방향성을 보여준다. 이는 피해자 보호뿐 아니라 피고인의 권리 보장을 균형 있게 조화시키려는 입법적 고민의 산물로 평가할 수 있다.

중대시민재해에서 원료나 제조물 등의 결함과 재해 사이의 인과관계를 판단할 때는 결함의 유형별로 서로 다른 기준이 적용된다. 이는 단순히 결함이 존재한다는 사실만으로 형사책임이 인정되는 것이 아니라 그 결함이 실제로 재해발생에 어떠한 영향을 미쳤는지를 객관적이고 규범적인 관점에서 검토해야 하기 때문이다.

중대재해처벌법은 단순한 사고 발생만으로 처벌할 수 없고 사업주 또는 경영책임자의 안전보건 확보의무 위반과 재해 사이의 인과관계가 입증되어야 형사책임이 성립한다는 점에서 이 인과관계에 대한 구조적 이해는 핵심적이다.

원료 또는 제조물의 결함은 크게 설계상 · 제조상 · 관리상 결함으로 나뉘며 각각은 재해에 영향을 줄 수 있다. 그러나 중대재해처벌법에는 「제조물책임법」과 달리 결함에 대한 추정 규정이 존재하지 않기 때문에 인과관계 판단에는 과학적 인과관계와 규범적 인과관계 모두의 충족이 요구된다.

① 설계 결함 : 해당 제품이나 시설이 구조적으로 위험을 내포하고 있었는지 그리고 이를 사전에 인식하거나 방지할 수 있었는지가 판단 기준이다. 더 안전한 대체 설계가 존재했음에도 도입되지 않았다면 재해와의 인과관계를 구성할 수 있다.

② 제조 결함 : 설계는 적정했으나 생산 과정에서 오류가 발생한 경우나 설계도면이나 기준과 다르게 제작되었는지, 품질관리 미흡이나 불량 부품 사용 등이 재해의 직접적 원인이 되었는지의 여부가 관건이다.

③ 표시 또는 경고 결함 : 사용자에게 위험성이 충분히 전달되지 않은 경우로 경고 표지의 유무, 표현의 명확성, 사용자의 행동 변화 가능성이 주요 판단 요소가 된다.

④ 관리 또는 보존상의 결함 : 제품이나 시설의 유지 · 관리 미비로 인해 재해가 발생한 경우로서 정기적인 점검의 여부, 결함 발견 이후의 대응, 관리책임자의 주의의무 이행 등이 인과관계 판단에 영향을 미친다.

결국 인과관계를 인정하기 위해서는 해당 결함이 재해를 유발하거나 악화시키는 데 상당한 기여를 했다는 사실이 법적으로 입증되어야 한다. 이는 「중대재해처벌법」이 형사법의 영역에 속하기 때문에 단순한 개연성만으로 책임을 묻는 것이 아니라 실질적으로 재해에 영향을 준 인과성이 과학적 · 규범적으로 동시에 충족되어야 하기 때문이다.

예를 들어 가습기 살균제 사건에서는 제품의 유해성이 과학적으로 입증되었고 피해자들의 폐손상과의 연관성이 규범적으로도 인정되면서 인과관계가 성립되었다. 또 다른 사례인 구미 불산 누출 사건에서는 원료의 관리상 결함이 있었고 그로 인해 다수의 사망 및 중상해가 발생했으며 사업주의 안전관리 의무 위반과 재해 사이의 인과관계가 인정되었다.

따라서 중대시민재해에서의 인과관계는 단순히 "결함이 있었다"라는 사실만으로는 부족하다. 그 결함이 실제로 재해발생에 영향을 미쳤다는 점을 입증해야 한다. 이는 형사법의 엄격한 책임 원칙 즉, 무죄추정과 입증책임의 원칙을 지키기 위한 법적 안전장치라고 할 수 있다.

제6장

중대시민재해 예방을 위한 안전보건 확보의무

01 법적 근거

「중대재해처벌법」은 시민의 생명과 안전을 보호하기 위한 입법적 장치로써 「중대시민재해」 예방을 위해 사업주 및 경영책임자에게 「중대산업재해」와 동일한 수준의 4가지 안전보건 확보의무를 부과하고 있다. 이 의무는 단순한 사고 대응을 넘어 사전 예방적 조치와 법령 준수에 기반한 책임을 명확히 규정하고 있다.

1) 재해예방을 위한 안전보건관리체계의 구축과 이행

조직 내부의 위험 요소를 파악하고 이를 통합적으로 관리할 수 있는 시스템을 갖추는 것을 의미한다. 시행령 제8조 및 제10조에서는 원료 · 제조물 · 공중이용시설 · 공중교통수단별로 구체적으로 요구사항을 규정하고 있다.

2) 재해발생 시 재발방지 대책의 수립 및 이행

단순한 사고 수습을 넘어서 동일 유형의 재해가 반복되지 않도록 체계적인 원인 분석과 구조적 개선을 포함한 재발방지 대책이 마련되어야 한다.

3) 행정기관의 개선 · 시정명령에 대한 성실한 이행

중앙행정기관 또는 지방자치단체가 관계 법령에 따라 명령한 사항을 단순 권고로 보지 않고 법적 책임으로 받아들이고 성실히 이행할 의무가 있다.

4) 안전보건 관련 법령에 따른 의무이행을 위한 관리상의 조치

시행령 제9조 및 제11조에서는 관리상의 조치를 원료 · 제조물, 공중이용시설, 교통수단에 대해 어떻게 구체화할 것인지 명확히 규정하고 있다.

이러한 4가지 의무는 중대시민재해 발생 여부와 관계없이 사업주의 실질적 지배 · 관리 책임을 전제로 사전에 체계를 구축하고 법령을 이행하며 예방적 조치를 다해야 할 법적 근거로 작용한다. 즉, 중대재해처벌법은 사고 발생 시점에만 책임을 묻는 것이 아니라 사전에 이행하지 않은 점 자체에 대해 형사책임을 부과할 수 있도록 설계된 강력한 법적 장치라 할 수 있다.

법 제9조(사업주와 경영책임자 등의 안전 및 보건 확보의무)

① 사업주 또는 경영책임자 등은 사업주나 법인 또는 기관이 실질적으로 지배 · 운영 · 관리하는 사업 또는 사업장에서 생산 · 제조 · 판매 · 유통 중인 원료나 제조물의 설계 · 제조 · 관리상의 결함으로 인한 그 이용자 또는 그 밖의 사람의 생명, 신체의 안전을 위하여 다음 각 호에 따른 조치를 하여야 한다.

1. 재해 예방에 필요한 인력 · 예산 · 점검 등 안전보건관리체계의 구축 및 그 이행에 관한 조치
2. 재해발생 시 재발방지 대책의 수립 및 그 이행에 관한 조치
3. 중앙행정기관 · 지방자치단체가 관계 법령에 따라 개선 · 시정 등을 명한 사항의 이행에 관한 조치
4. 안전 · 보건 관계 법령에 따른 의무 이행에 필요한 관리상의 조치

② 사업주 또는 경영책임자 등은 사업주나 법인 또는 기관이 실질적으로 지배 · 운영 · 관리하는 공중이용시설 또는 공중교통수단의 설계 · 설치 · 관리상의 결함으로 인한 그 이용자 또는 그 밖의 사람의 생명, 신체의 안전을 위하여 다음 각 호에 따른 조치를 하여야 한다.

1. 재해 예방에 필요한 인력 · 예산 · 점검 등 안전보건관리체계의 구축 및 그 이행에 관한 조치

2. 재해발생 시 재발방지 대책의 수립 및 그 이행에 관한 조치
3. 중앙행정기관 · 지방자치단체가 관계 법령에 따라 개선 · 시정 등을 명한 사항의 이행에 관한 조치
4. 안전 · 보건 관계 법령에 따른 의무 이행에 필요한 관리상의 조치

③ 사업주 또는 경영책임자 등은 사업주나 법인 또는 기관이 공중이용시설 또는 공중교통수단과 관련하여 제3자에게 도급 · 용역 · 위탁 등을 행한 경우에는 그 이용자 또는 그 밖의 사람의 생명, 신체의 안전을 위하여 제2항의 조치를 하여야 한다. 다만, 사업주나 법인 또는 기관이 그 시설, 장비, 장소 등에 대하여 실질적으로 지배 · 운영 · 관리하는 책임이 있는 경우에 한정한다.

④ 제1항제1호 · 제4호 및 제2항제1호 · 제4호의 조치에 관한 구체적인 사항은 대통령령으로 정한다.

시행령 제8조(원료 · 제조물 관련 안전보건관리체계의 구축과 이행 조치)

법 제9조제1항제1호에 따른 조치의 구체적인 사항은 다음 각 호와 같다.

1. 다음 각 목의 사항을 이행하는 데 필요한 인력을 갖추어 중대시민재해 예방을 위한 업무를 수행하도록 할 것
   가. 법 제9조제1항제4호의 안전보건 관계 법령에 따른 안전보건관리 업무의 수행
   나. 유해 · 위험요인의 점검과 위험 징후 발생 시 대응
   다. 그 밖에 원료 · 제조물 관련 안전 · 보건 관리를 위해 환경부 장관이 정하여 고시하는 사항
2. 다음 각 목의 사항을 이행하는 데 필요한 예산을 편성 · 집행할 것
   가. 법 제9조제1항제4호의 안전보건 관계 법령에 따른 인력 · 시설 및 장비 등의 확보 · 유지
   나. 유해 · 위험요인의 점검과 위험 징후 발생 시 대응
   다. 그 밖에 원료 · 제조물 관련 안전 · 보건 관리를 위해 환경부 장관이 정하여 고시하는 사항
3. 별표 5에서 정하는 원료 또는 제조물로 인한 중대시민재해를 예방하기 위해 다음 각 목의 조치를 할 것

가. 유해 · 위험요인의 주기적인 점검

나. 제보나 위험 징후의 감지 등을 통해 발견된 유해 · 위험요인을 확인한 결과 중대시민재해의 발생 우려가 있는 경우의 신고 및 조치

다. 중대시민재해가 발생한 경우의 보고, 신고 및 조치

라. 중대시민재해 원인조사에 따른 개선조치

4. 제3호 각 목의 조치를 포함한 업무처리절차의 마련. 다만, 「소상공인기본법」 제2조에 따른 소상공인의 경우는 제외한다.

5. 제1호 및 제2호의 사항을 반기 1회 이상 점검하고, 점검 결과에 따라 인력을 배치하거나 예산을 추가로 편성 · 집행하도록 하는 등 중대시민재해 예방에 필요한 조치를 할 것

시행령 제9조(원료 · 제조물 관련 안전보건 관계 법령에 따른 의무 이행에 필요한 관리상의 조치)

① 법 제9조제1항제4호에서 "안전보건 관계 법령"이란 해당 사업 또는 사업장에서 생산 · 제조 · 판매 · 유통 중인 원료나 제조물에 적용되는 것으로서 그 원료나 제조물이 사람의 생명 · 신체에 미칠 수 있는 유해 · 위험요인을 예방하고 안전하게 관리하는 데 관련되는 법령을 말한다.

② 법 제9조제1항제4호에 따른 조치의 구체적인 사항은 다음 각 호와 같다.

1. 안전 · 보건 관계 법령에 따른 의무를 이행했는지를 반기 1회 이상 점검(해당 안전 · 보건 관계 법령에 따라 중앙행정기관의 장이 지정한 기관 등에 위탁하여 점검하는 경우를 포함한다. 이하 이 호에서 같다)하고, 직접 점검하지 않은 경우에는 점검이 끝난 후 지체없이 점검 결과를 보고받을 것
2. 제1호에 따른 점검 또는 보고 결과 안전보건 관계 법령에 따른 의무가 이행되지 않은 사실이 확인되는 경우에는 인력을 배치하거나 예산을 추가로 편성 · 집행하도록 하는 등 해당 의무 이행에 필요한 조치를 할 것
3. 안전보건 관계 법령에 따라 의무적으로 실시해야 하는 교육이 실시되는지를 반기 1회 이상 점검하고, 직접 점검하지 않은 경우에는 점검이 끝난 후 지체없이 점검 결과를 보고받을 것
4. 제3호에 따른 점검 또는 보고 결과 실시되지 않은 교육에 대해서는 지체없이 그 이행의 지시, 예산의 확보 등 교육 실시에 필요한 조치를 할 것

시행령 제10조(공중이용시설 · 공중교통수단 관련 안전보건관리체계 구축과 이행에 관한 조치)

법 제9조제2항제1호에 따른 조치의 구체적인 사항은 다음 각 호와 같다.

1. 다음 각 목의 사항을 이행하는 데 필요한 인력을 갖추어 중대시민재해 예방을 위한 업무를 수행하도록 할 것
   가. 법 제9조제2항제4호의 안전보건 관계 법령에 따른 안전관리 업무의 수행
   나. 제4호에 따라 수립된 안전계획의 이행
   다. 그 밖에 공중이용시설 또는 공중교통수단과 그 이용자나 그 밖의 사람의 안전에 관하여 국토교통부 장관이 정하여 고시하는 사항
2. 다음 각 목의 사항을 이행하는 데 필요한 예산을 편성 · 집행할 것
   가. 법 제9조제2항제4호의 안전보건 관계 법령에 따른 인력 · 시설 및 장비 등의 확보 · 유지와 안전점검 등의 실시
   나. 제4호에 따라 수립된 안전계획의 이행
   다. 그 밖에 공중이용시설 또는 공중교통수단과 그 이용자나 그 밖의 사람의 안전에 관하여 국토교통부 장관이 정하여 고시하는 사항
3. 공중이용시설 또는 공중교통수단에 대한 법 제9조제2항제4호의 안전 · 보건 관계 법령에 따른 안전점검 등을 계획하여 수행되도록 할 것
4. 공중이용시설 또는 공중교통수단에 대해 연 1회 이상 다음 각 목의 내용이 포함된 안전계획을 수립하게 하고, 충실히 이행하도록 할 것. 다만, 공중이용시설에 대해 「시설물의 안전 및 유지관리에 관한 특별법」 제6조에 따라 시설물에 대한 안전 및 유지관리 계획을 수립 · 시행하거나 공중이용시설 또는 공중교통수단에 대해 철도운영자가 「철도안전법」 제6조에 따라 연차별 시행계획을 수립 · 추진하는 경우로서 사업주 또는 경영책임자 등이 그 수립 여부 및 내용을 직접 확인하거나 보고받은 경우에는 안전계획을 수립하여 이행한 것으로 본다.
   가. 공중이용시설 또는 공중교통수단의 안전과 유지관리를 위한 인력의 확보에 관한 사항
   나. 공중이용시설의 안전점검 또는 정밀안전진단의 실시와 공중교통수단의 점검 · 정비(점검 · 정비에 필요한 장비를 확보하는 것을 포함한다)에 관한 사항
   다. 공중이용시설 또는 공중교통수단의 보수 · 보강 등 유지관리에 관한 사항
5. 제1호부터 제4호까지에서 규정한 사항을 반기 1회 이상 점검하고, 직접 점검하지 않은

경우에는 점검이 끝난 후 지체없이 점검 결과를 보고받을 것

6. 제5호에 따른 점검 또는 보고 결과에 따라 인력을 배치하거나 예산을 추가로 편성·집행하도록 하는 등 중대시민재해 예방에 필요한 조치를 할 것
7. 중대시민재해 예방을 위해 다음 각 목의 사항이 포함된 업무처리 절차를 마련하여 이행할 것. 다만, 철도운영자가 「철도안전법」 제7조에 따라 비상대응계획을 포함한 철도안전관리체계를 수립하여 시행하거나 항공운송사업자가 「항공안전법」 제58조제2항에 따라 위기대응계획을 포함한 항공안전관리시스템을 마련하여 운용한 경우로서 사업주 또는 경영책임자 등이 그 수립 여부 및 내용을 직접 점검하거나 점검 결과를 보고받은 경우에는 업무처리 절차를 마련하여 이행한 것으로 본다.
   가. 공중이용시설 또는 공중교통수단의 유해·위험요인의 확인·점검에 관한 사항
   나. 공중이용시설 또는 공중교통수단의 유해·위험요인을 발견한 경우 해당 사항의 신고·조치요구, 이용 제한, 보수·보강 등 그 개선에 관한 사항
   다. 중대시민재해가 발생한 경우 사상자 등에 대한 긴급구호조치, 공중이용시설 또는 공중교통수단에 대한 긴급안전점검, 위험표지 설치 등 추가 피해방지 조치, 관계 행정기관 등에 대한 신고와 원인조사에 따른 개선조치에 관한 사항
   라. 공중교통수단 또는 「시설물의 안전 및 유지관리에 관한 특별법」 제7조제1호의 제1종 시설물에서 비상 상황이나 위급상황 발생 시 대피훈련에 관한 사항
8. 제3자에게 공중이용시설 또는 공중교통수단의 운영·관리 업무의 도급·용역·위탁 등을 하는 경우 공중이용시설 또는 공중교통수단과 그 이용자나 그 밖의 사람의 안전을 확보하기 위해 다음 각 목에 따른 기준과 절차를 마련하고, 그 기준과 절차에 따라 도급·용역·위탁 등이 이루어지는지를 연 1회 이상 점검하고, 직접 점검하지 않은 경우는 점검이 끝난 후 지체 없이 점검 결과를 보고받을 것
   가. 중대시민재해 예방을 위한 조치능력 및 안전관리능력에 관한 평가기준·절차
   나. 도급·용역·위탁 등의 업무 수행 시 중대시민재해 예방을 위해 필요한 비용에 관한 기준

시행령 제11조(공중이용시설 · 공중교통수단 관련 안전보건 관계 법령에 따른 의무 이행에 필요한 관리상의 조치)

① 법 제9조제2항제4호에서 “안전보건 관계 법령”이란 해당 공중이용시설 · 공중교통수단에 적용되는 것으로서 이용자나 그 밖의 사람의 안전 · 보건을 확보하는 데 관련되는 법령을 말한다.

② 법 제9조제2항제4호에 따른 조치의 구체적인 사항은 다음 각 호와 같다.

1. 안전보건 관계 법령에 따른 의무를 이행했는지를 연 1회 이상 점검(해당 안전보건 관계 법령에 따라 중앙행정기관의 장이 지정한 기관 등에 위탁하여 점검하는 경우를 포함한다. 이하 이 호에서 같다)하고, 직접 점검하지 않은 경우에는 점검이 끝난 후 지체 없이 점검 결과를 보고받을 것
2. 제1호에 따른 점검 또는 보고 결과 안전보건 관계 법령에 따른 의무가 이행되지 않은 사실이 확인되는 경우에는 인력을 배치하거나 예산을 추가로 편성 · 집행하도록 하는 등 해당 의무 이행에 필요한 조치를 할 것
3. 안전 · 보건 관계 법령에 따라 공중이용시설의 안전을 관리하는 자나 공중교통수단의 시설 및 설비를 정비 · 점검하는 종사자가 의무적으로 이수해야 하는 교육을 이수했는지를 연 1회 이상 점검하고, 직접 점검하지 않은 경우에는 점검이 끝난 후 지체 없이 점검 결과를 보고받을 것
4. 제3호에 따른 점검 또는 보고 결과 실시되지 않은 교육에 대해서는 지체없이 그 이행의 지시 등 교육 실시에 필요한 조치를 할 것

「중대재해처벌법」 제9조는 공중에게 제공되는 시설 · 제품 · 교통수단 등에 대해 사업주 및 경영책임자가 안전과 보건을 확보할 법적 의무가 있음을 명시한 조항이다. 이 조항은 중대시민재해를 예방하고 기업 활동으로 인해 시민의 생명과 신체에 위해가 발생하지 않도록 예방 및 관리 책임을 부과하기 위한 취지로 마련되었다.

사업주나 경영책임자는 제조물의 설계 및 제조 과정, 공중이용시설이나 교통수단의 설치 및 관리 과정에서 발생할 수 있는 위험 요소를 사전에 점검하고 제거해야 한다. 특히 도급 · 용역 · 위탁 등의 계약 형태를 통해 실질적인 관리 · 운영권을 갖게 된 경우에는 해당 위험에 대한 책임을 회피할 수 없다. 이러한 의무를 이행하기 위해서는 기업 또는 조직 내부에 안전

보건관리체계를 구축하고 관련 법령에 따른 안전조치를 취하며 만약 사고가 발생한 경우는 재발방지 대책을 수립·이행해야 한다. 아울러 행정기관의 시정명령에 대한 성실한 이행 역시 법적 책임으로 명시되어 있다.

이 조항은 기업이나 조직이 단순한 형식적 안전관리만으로는 충분하지 않으며 실제로 위험을 예방할 수 있는 실질적인 조치와 시스템의 구축 및 실행이 필요함을 강조한다. 「중대재해처벌법 시행령」에서 정한 세부기준은 각 조치가 어떻게 적용되어야 하는지를 더욱 구체화하는 역할을 한다.

02 실질적 지배 · 운영 · 관리

2.1 실질적 지배 · 운영 · 관리 판단 기준

「중대재해처벌법」은 사업주 또는 경영책임자에게 중대재해 예방을 위한 안전보건 확보의무를 부과함으로써 시민과 종사자의 생명과 신체를 보호하는 것을 목적으로 한다. 특히, 사업주나 법인 · 기관이 실질적으로 지배 · 운영 · 관리하는 사업장에서 발생하는 중대재해에 대해 형사적 책임을 지도록 설계되어 있다.

여기에서 '실질적으로 지배 · 운영 · 관리'라는 개념은 단순한 명목상의 책임을 넘어서 해당 시설이나 제조물에 대해 실질적인 통제력과 운영 권한을 보유한 경우를 의미하며 아래와 같은 세 가지 사례를 기준으로 판단할 수 있다.

1) 장소 및 시설에 대한 권리 보유 여부

사업주나 기관이 사업장의 소유권 · 점유권 · 임차권을 보유한 경우 물리적 · 법적 통제 가능성이 인정되어 실질적인 지배로 간주된다.

2) 유해 · 위험요인에 대한 통제권 여부

생산 · 제조 · 판매 · 유통되는 원료나 제조물에서 발생할 수 있는 위험 요소를 직접적으로 통제할 수 있는 경우 해당 주체는 안전조치에 대한 법적 의무를 부담한다.

3) 시설의 보수 · 보강 책임 보유 여부

시설 또는 제품의 보수 · 점검 · 안전관리 조치를 직접 수행해야 하는 법적 · 계약적 책임이 있다면 이는 해당 시설을 실질적으로 관리하는 주체로 판단된다.

이러한 개념은 법령상 명시된 형식적 주체를 넘어 실제 운영 권한을 행사하는 주체에게까지 책임을 확대함으로써 책임 회피를 방지하고 실효성 있는 안전관리 의무이행을 유도하기 위한 구조이다.

결국 「중대재해처벌법」에서 규정하는 '실질적으로 지배 · 운영 · 관리'란 단순한 계약서상의 명목적 책임이 아니라 사업장에 대해 실제로 통제하고 관리할 수 있는 능력과 권한을 갖춘 주체를 기준으로 법적 책임을 판단하게 된다.

2.2 국토교통부 해설서에 따른 판단 기준

국토교통부 해설서에 따르면 공중이용시설이나 공중교통수단에 도급 등의 형태로 업무가 이행되는 경우 그 책임 주체를 판단할 때에는 도급계약서만을 기준으로 삼지 않는다. 대신 사업의 전체 진행 과정에서 실질적으로 통제 · 조율할 수 있는 능력이나 의무가 누구에게 있는지를 종합적으로 검토하도록 하고 있다.

이러한 판단은 다음과 같은 요소를 바탕으로 구성된다.

1) 현장 지시권 여부

해당 작업 현장에 사업주의 지시권을 행사할 수 있는 관리자를 실제로 파견했는지는 현장 통제 의지의 직접적인 증거가 된다.

2) 보고 체계 및 경영상 의사결정 참여 여부

업무 및 비상 상황에 대한 보고 체계가 갖춰져 있으며 사업주 또는 경영책임자가 중요한 경영상 판단에 실제로 관여했는지 여부가 핵심적인 판단 요소이다.

3) 시설 · 설비의 소유권 및 유지관리 책임 여부

사업주가 시설이나 설비의 소유권을 보유하고 유지 · 보수 및 운영에 대한 법적 · 계약적 책임을 지고 있다면 외부에 운영을 맡겼더라도 여전히 실질적인 지배 · 운영 주체로 간주될 수 있다.

4) 예산의 편성 및 집행 권한

사업 운영에 필요한 예산을 편성하고 집행할 권한이 누구에게 있는가도 중대재해 발생 시 법적 책임 소재를 판단하는 기준이 된다.

결국 이러한 모든 요소는 단순한 형식적 계약관계를 넘어 사업주가 해당 사업장을 실질적으로 통제하고 안전보건 조치를 취할 수 있는 구조를 갖추고 있었는지를 평가하는 기준으로 작용한다. 이러한 점에서 「중대재해처벌법」은 책임의 범위를 실질적으로 위험 통제 능력을 가진 주체에게까지 확대함으로써 안전 확보의 실효성을 담보하려는 법적 구조를 형성하고 있다.

2.3 실질적 지배 · 운영 · 관리 판단 사례

2025년 7월 충청남도 아산시 곡교천에서 제방 붕괴 사고가 발생했다. 해당 사고는 기록적인 폭우와 구조적 취약성이 복합적으로 작용하여 발생했으며 시민의 생명과 재산에 심각한 위협을 초래했다. 특히 지역에 사전 재난 경보가 발령되어 주민들이 긴급히 대피했음에도 불구하고 광범위한 침수와 피해가 발생했다는 점에서 법적 · 관리적 책임 소재가 주목받았다.

이 사건 제방 붕괴는 단순한 자연재해의 범주를 넘어 예방 가능한 관리 실패로 분석된다. 자세한 원인은 정확한 사고조사 결과가 나와야겠지만 제방 설계는 폭우와 만조를 동시에 고려하지 못했고 침윤선 관리 미비, 차수벽 설치 여부, 배수시설 부족 등 구조적 취약점이 누적된 상태였다. 이러한 점에서 해당 제방을 유지 · 관리할 책임이 있는 지자체 또는 국가기관은 「중대재해처벌법」상 '실질적으로 지배 · 운영 · 관리'하는 주체로서 법적 책임을 질 수 있다는 해석이 가능하다.

'실질적인 지배 · 운영 · 관리' 여부는 단순한 소유권이나 도급 계약서 유무가 아닌 해당 제방과 하천을 실제로 유지 · 관리하고 예산을 편성 · 집행하며 안전관리체계를 구축했는지 여부를 기준으로 판단한다. 특히 하천 유지보수 계획 수립, 위험 요소 점검, 긴급 복구 체계 마련 등의 실질적 의무가 부여되어 있었다면 해당 기관은 형식적 책임을 넘어 실질적 법적 책임을 부담할 수 있다.

이 사건은 향후 중대시민재해 판단 기준에서 '책임 주체의 실질성'을 보다 엄격하게 적용할 필요성을 제기했다. 물리적 재난 대응을 넘어 예방과 구조적 안전성 확보의 중요성이 부각되었다. 이에 따라 관리 주체들은 하천 · 제방 관리에 대한 기술적 · 제도적 점검을 강화할 것으로 예상된다.

이외에도 중대시민재해에서 '실질적으로 지배 · 운영 · 관리' 책임이 인정되는 사례는 다양한 공중이용시설이나 공중교통수단에서 발생한 사고들을 통해 점차 구체화되는 경향을 보이고 있다. 이들 사고는 단순한 시설 운영 또는 도급 관계로 보기 어려운 실질적 책임 구조를 드러내며 「중대재해처벌법」이 규정하는 책임 범위 해석에 중요한 단서를 제공하고 있다.

예를 들어 대도시 지하철역에서 승강장안전문 고장으로 시민 추락사고가 발생한 경우 해당 지하철 시설을 운영하는 도시철도공사나 지방자치단체는 유지보수 책임뿐 아니라 점검 주기 설정 · 예산 집행 · 사고 대응 체계 마련 등 안전관리 권한을 실질적으로 행사했는지 여부가 판단 기준이 된다. 유지보수가 외부 업체에 위탁되었더라도 전체 시스템을 통제하는 기관이 책임 주체로 간주될 수 있다는 의미이다.

또 다른 사례로는 대형 쇼핑몰이나 복합상업시설의 전기설비 화재 사고로 시민 다수가 피해를 입었을 경우 시설 소유주 또는 운영법인은 설비 유지 · 관리를 외부에 위탁했더라도 소유권을 보유하며 안전지침 수립과 비상 대응 체계를 구축했다면 실질적 지배 · 운영 · 관리자로서 법적 책임을 질 수가 있다.

버스 차고지에서 정비 중인 차량이 폭발하여 인근 시민이 피해를 입은 경우도 마찬가지다. 해당 시설을 운영하거나 예산을 집행하는 지자체나 공공기관이 차량 정비 안전기준 수립, 정비 인력 배치, 소방설비 확보 등 직접적인 통제권을 행사했다면 실질적 책임을 부인하기는 곤란하다.

또한 건설 현장 인근 도로에서 낙하물로 시민이 부상한 사고에서는 종합건설업체가 하청을 통해 시공을 맡겼다 하더라도 공정 전체를 관리하고 안전 점검을 주도한 주체가 실질적 책임 주체로 인정될 수 있다. 특히 공정표 작성 · 작업환경관리 · 안전교육 실시 등이 원청에 의해 이루어졌다면 해당 업체가 '실질적으로 지배 · 운영 · 관리'하는 주체로 간주될 수가 있다.

이외에도 건설공사로 인해 인접한 건축물에 손해가 발생한 경우 시공사의 안전조치 이행 여부, 공사의 기술적 적절성, 피해와의 인과관계를 중심으로 법적 책임이 판단된다. 특히 인접 건물에 균열 · 침하 등 물리적 손상이 발생한 경우 해당 피해가 공사로부터 직접 발생했는지 여부가 중요하게 검토된다.

예를 들어 연약지반에서 굴착공사 중 흙막이 · 배수 · 진동 방지 조치를 시행하지 않아 인접 건축물 바닥의 침하와 외벽 균열이 발생한 사건에서 법원은 공법 선택의 부적절성과 피해 예방 노력의 부족을 이유로 손해배상 책임을 인정하기도 했다. 특히 사전 안전진단 미이행이나 계측기 부재로 인한 지반 변화 모니터링 실패는 시공사의 과실을 더 무겁게 평가하는 요소가 되었다.

일반적으로 법적 판단은 다음 요소들을 종합적으로 고려한다.

① 피해 발생 시점과 공사 진행 단계의 연관성
② 피해 건물의 기존 상태와 내구성
③ 시공사의 관리 노력과 예방조치 이행 여부

단순히 건물이 노후되었거나 기존에 균열이 있었던 사정만으로는 책임을 면할 수 없으며 공사로 인해 손상이 현저하게 심화되었거나 새로운 위험이 발생한 경우 시공사는 이에 대해 책임을 부담하게 된다. 피해 범위는 단순한 수리 비용 외에도 임대 수익 손실, 부동산 가치 하락 등 간접 손해를 포함할 수 있으며 이는 특별손해로서 별도 입증이 요구된다.

결국 인접 건축물에 미치는 영향은 단순한 공사 부작용이 아니라 시공사의 안전관리와 사전 예방조치 실패로 인한 법적 책임으로 연결될 수 있다. 이러한 사건은 공사 관계자가 사전에 철저한 영향평가를 수행하고 필요시 적절한 공법을 선택해야 함을 강하게 시사한다.

이때 피해자는 감정 절차, 손해배상 청구 등을 통해 적극적으로 권리를 구제받을 수 있다.

이러한 사례들은 모두 「중대재해처벌법」이 강조하는 '실질적 운영 현실'을 기준으로 한 책임 판단 원칙을 뒷받침한다. 이러한 점은 향후 유사 사고에 있어 법적 책임 소재를 분명히 하고 사전 예방 중심의 안전관리체계 확립에 있어 중요한 이정표가 될 것이다.

핵심 포인트

- 책임 판단의 핵심은 공사의 기술적 적절성 + 사전 예방 노력 + 피해와의 인과관계이다.
- 노후된 건물이라도 공사로 인해 피해가 심화되었을 경우 시공사의 책임이 발생할 수 있다.
- 피해자 측은 직접손해뿐만이 아니라 간접 손해까지 입증 가능하며 이에 따라 손해배상 범위도 확대될 수 있다.

제7장

원료 · 제조물 안전보건 확보의무

01 안전보건 확보의무 개요
02 안전보건관리체계의 구축과 이행에 관한 조치
03 재해발생 시 재발방지 대책 수립 및 그 이행에 관한 조치
04 중앙행정기관 · 지방자치단체가 관계 법령에 따라 개선 · 시정 등을 명한 사항의 이행에 관한 조치
05 안전보건 관계 법령에 따른 의무이행에 필요한 관리상의 조치

01 안전보건 확보의무 개요

「중대재해처벌법」 제9조 제1항은 원료 및 제조물의 안전 및 보건 확보의무를 명시하고 있다. 이는 사업주 또는 경영책임자에게 실질적인 책임을 부과하여 재해 예방을 제도적으로 강화하려는 목적을 담고 있다.

사업주 또는 경영책임자 등은 다음의 네 가지 조치를 이행하여야 한다. 이는 법인이나 기관이 실질적으로 지배 · 운영 · 관리하는 사업 또는 사업장에서 생산 · 제조 · 판매 · 유통되는 원료 및 제조물의 설계 · 제조 · 관리상의 결함으로 인해 이용자 또는 그 밖의 사람에게 생명 및 신체에 위해를 초래하지 않도록 하기 위함이다.

안전 및 보건 확보의무(법 제9조 제1항)

1. 재해예방에 필요한 인력 · 예산 · 점검 등 안전보건관리체계의 구축 및 그 이행에 관한 조치
2. 재해발생 시 재발방지 대책의 수립 및 그 이행에 관한 조치
3. 중앙행정기관 · 지방자치단체가 관계 법령에 따라 개선 · 시정 등을 명한 사항의 이행에 관한 조치
4. 안전보건 관계 법령에 따른 의무이행에 필요한 관리상의 조치

이러한 법적 의무는 다음과 같은 네 가지 항목으로 구성된다.

1) 재해예방을 위한 안전보건관리체계 구축 및 실질적 이행

사업주 등은 단순한 형식적 제도 마련을 넘어서 조직 전반에 안전관리 절차를 내재화하는

실질적 조치를 이행해야 한다.

2) 사고 발생 시 원인 분석과 재발방지 대책 수립

재해가 발생한 경우에는 사고 원인을 면밀히 분석하고 유사 재해의 재발을 방지할 수 있도록 구체적이고 실행 가능한 개선대책을 수립·이행해야 한다.

3) 행정기관의 법령 기반 명령 이행

중앙행정기관이나 지방자치단체 등 관계기관이 법령에 따라 발령한 개선·시정 등의 명령을 성실히 이행해야 한다. 이는 공공 규제 시스템과의 협업을 통한 예방 제도화라는 취지를 반영한다.

4) 내부 안전보건관리체계 구축 및 운영

관련 법령에서 규정한 안전보건 의무를 이행하기 위해 적절한 내부 관리 체계를 갖추고 이를 지속적으로 운영함으로써 사업주는 관리상의 법적 책임을 다해야 한다.

이 네 가지 조치는 단순한 기술적 조치나 운영지침에 그치지 않고 사업주의 경영 판단과 조직문화에까지 영향을 미치는 핵심적인 법적 책무로 해석된다. 이런 측면에서 「중대재해처벌법」은 원료 및 제조물의 위험성을 사전에 통제하고 조직적으로 예방하며 사고 발생 시에는 적극적으로 대응할 수 있는 체계를 마련하도록 하는 실질적 규범의 기반을 제공하고 있다.

02 안전보건관리체계의 구축과 이행에 관한 조치

2.1 법적 근거

안전보건관리체계의 구축 및 그 이행에 관한 조치(시행령 제8조)

1. 다음 각 목의 사항을 이행하는 데 필요한 인력을 갖추어 중대시민재해 예방을 위한 업무를 수행하도록 할 것
   가. 법 제9조제1항제4호의 안전보건 관계 법령에 따른 안전보건관리 업무의 수행
   나. 유해 · 위험요인의 점검과 위험 징후 발생 시 대응
   다. 그 밖에 원료 · 제조물 관련 안전보건관리를 위해 환경부 장관이 정하여 고시하는 사항
2. 다음 각 목의 사항을 이행하는 데 필요한 예산을 편성 · 집행할 것
   가. 법 제9조제1항제4호의 안전보건 관계 법령에 따른 인력 · 시설 및 장비 등의 확보 · 유지
   나. 유해 · 위험요인의 점검과 위험징후 발생 시 대응
   다. 그 밖에 원료 · 제조물 관련 안전보건관리를 위해 환경부 장관이 정하여 고시하는 사항
3. 별표 5에서 정하는 원료 또는 제조물로 인한 중대시민재해를 예방하기 위해 다음 각 목의 조치를 할 것
   가. 유해 · 위험요인의 주기적인 점검
   나. 제보나 위험 징후의 감지 등을 통해 발견된 유해 · 위험요인을 확인한 결과 중대시민재해의 발생 우려가 있는 경우의 신고 및 조치
   다. 중대시민재해가 발생한 경우의 보고, 신고 및 조치
   라. 중대시민재해 원인조사에 따른 개선 조치
4. 제3호 각 목의 조치를 포함한 업무처리 절차의 마련. 다만, 「소상공인기본법」 제2조에

따른 소상공인의 경우는 제외한다.
5. 제1호 및 제2호의 사항을 반기 1회 이상 점검하고, 점검 결과에 따라 인력을 배치하거나 예산을 추가로 편성·집행하도록 하는 등 중대시민재해 예방에 필요한 조치를 할 것

사업주 또는 경영책임자 등은 「중대재해처벌법」 및 그 시행령의 관계 법령에 따라 사업과 관련된 안전 및 보건 확보의무를 성실히 이행해야 한다. 특히 취급하는 원료·제조물로부터 발생할 수 있는 유해·위험요인에 효과적으로 대응하기 위해 사업자의 판단에 따라 적절한 안전보건관리체계를 구축하고 이를 실제로 운영해야 한다.

「중대재해처벌법 시행령」 제8조에서는 이러한 안전보건관리체계의 구축과 이행에 관한 조치를 다음의 다섯 가지 항목으로 구체적으로 규정하고 있다. 이 조치는 중대시민재해를 예방하기 위한 안전관리의 기반으로서 인력·예산·점검체계 등 핵심 자원을 확보하고 이를 효과적으로 운영하기 위한 절차적 기반을 마련하는 데 중점을 두고 있다.

2.2 필요한 인력 확보와 업무 수행

사업주 또는 경영책임자는 「중대재해처벌법 시행령」에 따라 중대시민재해 예방을 위한 안전보건관리체계를 구축하고 이를 실질적으로 운영하기 위해 업무 수행이 가능한 인력을 확보하고 적절히 배치할 의무가 있다.

이때 확보된 인력은 단순한 명목상의 존재가 아니라 실질적 재해 예방을 위한 명확한 업무와 책임이 부여되어야 하며 이를 효과적으로 수행할 수 있도록 적절한 환경과 여건을 마련해야 한다.

예를 들어 다음과 같은 업무에 인력이 직접 관여할 수 있도록 조직 내 업무 분장과 보고 체계를 갖추는 것이 중요하다.

① 안전보건 관계 법령에 따른 위험요인 점검 및 대응 활동
② 유해·위험요인의 감지 및 신속한 신고·조치

③ 환경부 고시에 따른 원료 · 제조물 관련 관리 사항 이행

이러한 조치는 중대시민재해 예방을 위한 실질적 대응력을 조직 내부에 내재화하는 것으로 단순한 인력 확보를 넘어 실행력 있는 안전보건관리체계를 마련하는 데 그 목적이 있다. 따라서 인력의 전문성 확보, 지속적인 교육, 역할 명확화가 함께 고려되어야 한다.

법령은 반드시 신규 인력 채용이나 별도 조직 구성을 요구하지는 않으며 사업주는 다음과 같은 방식으로 유연하게 인력을 운영할 수 있다.

① 타 법령에 따라 이미 확보된 안전보건 담당 인력 활용가능
② 자체적으로 운영 중인 조직 및 인력을 재구성하여 관련 업무 수행

이러한 유연한 운영은 현장 여건과 조직 특성을 고려한 실효적 접근 방식으로 중복 인력 운영에 따른 부담은 줄이되 관리 체계의 효율성과 실행력을 확보하는 취지를 담고 있다. 단, 기존 인력을 활용하더라도 해당 인력이 유해 · 위험요인의 점검 및 대응 업무를 실제로 수행할 수 있는 역량을 갖추고 중대시민재해 예방 업무를 감당할 수 있는 수준으로 적정하게 배치되어야 한다.

인력확보 시에는 단순한 인력 확보를 넘어서 조직의 성격, 업무 난이도, 위험 수준 등을 고려한 역량 있고 자격을 갖춘 인력 구성이 요구된다.

「중대산업재해」에 관한 법 제4조는 일정 규모 이상의 사업장에 대해 겸직이 불가능한 안전보건 전담 조직 설치 의무를 명시하고 있다. 이 조직은 타 직무와 병행할 수 없으며 오로지 산업재해 예방만을 위한 독립적 기능을 수행하도록 설계된다.

반면 「중대시민재해」에 해당하는 원료 · 제조물 안전관리 업무에는 겸직 제한 규정이 존재하지 않는다. 이에 따라 사업주는 기존 안전보건 인력의 활용(타 법령에 따라 이미 확보된 인력 등)이나 내부 조직 내 인력의 적절한 재배치나 역할 부여 등을 통해 유연하게 법적 의무를 이행할 수 있다.

이 경우에도 반드시 다음 요소들이 확보되어야 한다.

① 인력이 유해 · 위험요인 점검 및 대응 업무를 충분히 수행할 수 있는 역량 보유

② 업무에 대한 명확한 역할·책임 부여
③ 조직 내 의사결정과 대응 체계가 유기적으로 작동될 수 있는 구조 마련

결론적으로 중대시민재해 대응 조직은 반드시 전담조직 형태일 필요는 없다. 그러나 법적 의무를 이행할 수 있을 만큼의 실질적 수행 능력과 조직적 안정성을 갖춘 상태에서 책임 있는 운영이 이루어져야 한다.

1) 안전보건 관계 법령에 따른 안전보건관리 업무의 수행

사업주 또는 경영책임자는 유해·위험요인을 예방하고 안전하게 관리하기 위해 관련 안전보건 관계 법령에서 요구하는 인력 요건을 충족한 인력을 확보하고 해당 인력이 실질적 안전보건 업무를 적절히 수행할 수 있도록 배치해야 한다.

여기서 '안전보건 관계 법령'이란 해당 원료 또는 제조물이 사람의 생명·신체에 미치는 유해·위험을 예방하고 안전하게 관리하는 목적을 가진 법령을 의미한다. 중대재해처벌법에서는 이러한 개별 법령들을 직접 열거하지는 않지만 그 취지에 부합하는 법령 전반을 포함하는 것으로 해석된다.

일반적으로 중대재해처벌법은 다음과 같은 의무이행 체계를 요구한다.

① 개별 안전보건 관계 법령상 의무 준수를 기본 원칙으로 함
② 의무이행의 현황을 파악한 뒤 부족한 경우에는 보완할 의무를 부여
③ 개별 법령 이행 이후에도 중대재해처벌법이 요구하는 수준에 부합하는지 재검토 및 추가 보완을 요구

따라서 개별 법령에서 안전보건 인력 배치나 업무 부여에 관한 구체적 규정이 없더라도 사업주는 중대재해처벌법이 요구하는 인력 기준을 충족하고 있는지 여부를 자체적으로 점검·검토한 후 필요시 추가적 보완조치를 이행해야 한다.

2) 유해 · 위험요인의 점검과 위험 징후 발생 시 대응

사업주 또는 경영책임자 등은 유해 · 위험요인의 점검과 위험징후 발생 시 대응을 위한 인력을 갖추어 중대시민재해 예방을 위한 업무를 수행해야 한다.

환경부 해설서에 따르면 유해 · 위험요인 점검 및 대응을 위한 인력의 배치와 업무 부여 예시를 다음과 같이 제시하고 있다.

① 유해 · 위험요인이 발견 또는 신고 접수된 경우 긴급안전점검, 긴급안전조치, 정비 · 보수 · 보강 등 개선을 위한 업무
② 시설의 기능 유지, 안전 관련 시설 및 설비의 설치 업무
③ 중대시민재해 발생에 대비한 재해대응 절차도, 이용자를 위한 비상대피 지도 등의 제작 · 개선을 위한 업무
④ 중대시민재해 발생 시 원인 개선을 위한 종사자 교육 또는 이용자 안내 조치 등의 업무
⑤ 안전관리에 필요한 물품 · 보호구 및 장비 구입 등의 업무

3) 그 밖에 원료 · 제조물 관련 안전보건관리를 위해 환경부 장관이 정하여 고시하는 사항

환경부 장관이 정하여 고시한 「환경부고시 제2022-26호, 원료 및 제조물로 인한 중대시민재해 예방에 필요한 인력 및 예산 편성 지침」에서는 사업주 및 경영책임자 등이 다음 각 호의 사항을 이행하는 데 필요한 인력을 확보해야 한다고 규정하고 있다.

원료 및 제조물로 인한 중대시민재해 예방에 필요한 인력 및 예산 편성 지침 제3조(인력 확보)
[환경부고시 제2022-26호, 2022.1.27]

사업주와 경영책임자 등은 다음 각 호의 사항을 이행하는 데 필요한 인력을 확보한다.
1. 법 제9조제1항제4호의 안전보건 관계 법령에 따른 안전보건관리 업무
2. 원료, 제조물의 생산 · 제조 시 안전점검, 안전진단, 성능시험, 성능평가, 품질검사, 안전정보 알림, 품질관리체계 운영, 유해 · 위험요인 신고접수 및 처리 등 유해 · 위험요인

점검업무
3. 원료, 제조물의 보관 · 유통 시 보관 · 진열 위생관리, 제품표시 확인, 부패 · 변질 · 유통기한 관리, 안전정보 알림, 안전운송, 유해 · 위험요인 신고접수 및 처리 등 유해 · 위험요인 점검업무
4. 유해 · 위험요인이 발견 또는 신고 접수된 경우 제2호 또는 제3호에 따른 긴급안전점검을 실시하고 사업주 또는 경영책임자 등에게 보고하고, 조치가 필요한 경우 해당 원료 및 제조물의 파기, 수거, 판매중지 또는 관련 시설 등의 정비, 보수, 보강 등 긴급안전조치 및 조치결과 통보 업무
5. 법 제9조제1항제4호의 안전보건 관계 법령에 따른 안전보건교육, 직무교육, 관리자교육, 판매자 교육, 기술교육, 위생관리 교육 등 의무교육

4) 반기 1회 이상 점검 및 필요한 조치

사업주 또는 경영책임자는 「중대재해처벌법 시행령」 제8조 제5호에 따라 중대시민재해 예방을 위한 업무 수행에 필요한 인력을 확보하고 해당 사항에 대해서는 반기 1회 이상 정기적으로 점검토록 하고 있다. 점검 결과에 따라 인력을 추가로 배치하거나 업무 조정 등의 조치를 통해 중대시민재해 예방에 필요한 실질적인 대응을 이행해야 한다.

따라서 법령 이행 여부를 점검하는 행위는 결과론적 처벌을 피하기 위한 최소한의 리스크 관리이자 기업의 안전문화 정착과 지속가능성 확보를 위한 전략적 행위로 해석된다.

5) 인력 확보 예시

환경부 해설서에 따르면 「화학물질관리법」이 적용되는 사업장에서 「중대재해처벌법」에 따라 인력을 확보해야 하는 예시는 다음과 같다.

「화학물질관리법」 제32조에 따르면 유해화학물질 영업자는 유해화학물질 취급시설의 안전 확보와 위해 방지를 위한 직무를 수행하도록 하기 위해 사업 개시 전에 해당 영업장의 유해화학물질 취급량과 종사자 수 등 환경부령으로 정한 기준에 따라 유해화학물질관리자를 선임해야 한다.

표 7.1「화학물질관리법 시행규칙」제33조에 따른 유해화학물질관리자의 선임

구분		인원
유해화학물질관리책임자*		1명(10명 미만 : 점검원이 책임자 겸직 가능)
유해화학물질관리 점검원	유해화학물질 운반업을 영위하는자**	유해화학물질 운반차량 20대당 1명 (20대 미만 선임 제외)
	유해화학물질 운반업 외의 영업을 영위하는 자***	연간 유해화학물질 취급량이 1) 1천 톤 미만인 경우 : 1명 2) 1천 톤 이상 1만 톤 미만인 경우 : 2명 3) 1만 톤 이상 10만 톤 미만인 경우 : 3명 4) 10만 톤 이상 100만 톤 미만인 경우 : 4명 5) 100만 톤 이상인 경우 : 5명

* 종업원 10명 미만 : 유해화학물질관리 점검원이 유해화학물질관리 책임자를 겸할 수 있다.

** 유해화학물질 운반차량 20대 이하 : 유해화학물질관리 점검원을 선임하지 않을 수 있다.

*** 유해화학물질 제조업, 보관 · 저장업, 판매업(취급시설 없이 판매하는 자는 제외)의 경우 종사자 500명당 1명을, 유해화학물질 사용업의 경우 종사자 5,000명당 1명을 추가로 선임해야 한다.

예를 들어 사업장에서 유해화학물질을 취급하는 경우에는「화학물질관리법」제32조에 따라 유해화학물질관리자를 지정해야 한다. 또한 이들이 관련 업무를 실제로 수행하고 있는지 여부를 정기적으로 점검해야 한다.

점검 결과 해당 인력이 법령상 자격이나 배치 기준을 충족하지 않거나 실질적인 업무 수행이 이루어지지 않고 있는 경우에는 즉시 인력 보강 또는 배치 조정 등의 조치를 취해야 한다.

이러한 조치는 단순한 위법 여부 판단을 넘어서 중대시민재해 예방을 위한 사전적 위험 통제 수단으로 작동한다. 안전보건 업무가 실질적으로 운영되지 않을 경우 잠재적 위험이 외부로 확산되어 제조물책임 문제는 물론 사회적 피해로 이어질 수 있다.

2.3 필요한 예산 편성 · 집행

사업주 또는 경영책임자 등은 중대시민재해를 예방하기 위해 안전보건관리체계가 단순히 형식적으로 존재하는 데 그치지 않고 실질적으로 작동할 수 있는 기반을 갖추어야 할 법적 책임이 있다. 이를 위해 「중대재해처벌법 시행령」 제8조 제2호는 다음 사항을 이행하는 데 필요한 예산을 편성하고 실제로 집행하는 것까지 명시적으로 의무를 규정하고 있다. 즉, 조직 내에서 재해예방과 관련된 각종 활동 예를 들어

① 법령상 요구되는 안전보건 인력의 확보 및 유지
② 위험요인 점검을 위한 설비 및 장비 마련
③ 위험 징후 발생 시 신속 대응을 위한 비상 체계 운용 등에 필요한 비용을 사전에 재무계획에 반영

하지만 이러한 계획이 실제로 집행되지 않는 경우에는 법적 책임을 면하기 어렵다.

예산 집행은 단순한 회계 행위가 아니라 중대시민재해 예방을 위한 실질적 대응력을 확보하는 핵심 수단으로 작동한다. 특히 원료 · 제조물의 설계, 유통, 사용 과정에서 발생할 수 있는 유해 · 위험요인을 통제하기 위해 필요한 장비나 전문 인력을 확보하지 못하면 안전관리 체계는 실효성을 갖기 어렵다.

따라서 재해 예방을 위한 예산은 단순한 운영 비용이 아니라 법적 책임 이행 수단이자 생명 보호를 위한 최소한의 투자로 인식되어야 한다.

중대시민재해를 예방하기 위해 필요한 예산을 편성하고 집행해야 할 구체적인 사항은 다음과 같다.

① 법 제9조제1항제4호의 안전 · 보건 관계 법령에 따른 인력 · 시설 및 장비 등의 확보 · 유지
② 유해 · 위험요인의 점검과 위험징후 발생 시 대응에 필요한 예산 편성 · 집행
③ 그 밖에 원료 · 제조물 관련 안전 · 보건 관리를 위해 환경부 장관이 정하여 고시하는 사항에 필요한 예산 편성 · 집행

1) 안전 · 보건 관계 법령에 따른 인력 · 시설 및 장비 등의 확보 · 유지

사업주 또는 경영책임자 등은 안전보건 관계 법령에 따라 관련 인력 · 시설 · 장비 등을

갖추고 이를 유지하기 위한 예산을 편성 · 집행했는지 확인하고 필요한 조치를 취해야 한다. 환경부 해설서에 따르면 안전보건 관계 법령에 따른 예산 편성 예시는 다음과 같다.

① 인건비 : 원료 · 제조물 안전관리 업무, 시설 · 설비 유지보수 업무 수행인력의 인건비
② 시설 · 장비 확보 및 유지관리비 : 원료 · 제조물 취급시설 등의 안전과 정비 · 점검을 위한 신규 시설 및 장비 확보비용, 기존 시설 및 장비의 보수 등을 위한 비용
③ 안전점검비용 : 정기안전점검, 정밀안전진단, 긴급안전점검 등의 비용(위탁 시 위탁 비용으로 별도기재)
④ 기타비용 : 재해발생 및 우려 시 안전조치비, 계획수립, 안전교육, 관련 서류작성 및 보관 등의 행정비용

표 7.2 원료 · 제조물 관련 주요 안전보건 관계 법령상 필요 예시

구분	예산 예시
고압가스법	• 제조 · 저장 · 판매 : 시설 · 기술 기준 준수 및 유지 예산 • 수입 : 시설 · 기술 기준 준수 및 유지 예산 • 운반 : 운반차량 기준 준수 및 유지 예산
농약관리법	• 제조 · 수입 · 판매 : 시설 · 장비 요건 준수 및 유지 예산
마약류관리법	• 제조 · 수입 · 판매 : 시설기준 준수 및 유지 예산
비료관리법	• 생산시설 기준 준수 및 유지 예산
화학제품안전법	• 제조 · 수입 : 제조 · 보관 시설 기준 준수 및 유지 예산
식품위생법	• 제조 · 가공 · 운반 · 판매 · 보존 : 시설기준 준수 및 유지 예산 • 급식 : 시설기준 준수 및 유지 예산
약사법	• 약국 : 시설기준 준수 및 유지 예산 • 제조 · 수입 : 기준 준수 및 유지 예산
의료기기법	• 제조 · 수입 : 시설과 제조 · 수입 및 품질관리체계 유지 예산
총포화약법	• 판매 : 시설기준 준수 및 유지 예산
화학물질관리법	• 취급 : 취급기준, 취급시설기준 준수 및 유지 예산 • 운반 : 운반장비 및 시설기준 준수 및 유지 예산

원료 또는 유해화학물질을 취급하는 사업장의 경우 다수의 관계 법령에서 해당 물질의 취급에 따른 안전 확보를 위해 안전시설과 장비의 확보를 명시적으로 요구하고 있다.

대표적으로 「화학물질관리법」 제23조는 유해화학물질 취급시설을 설치 · 운영하려는 자에게 화학사고 예방관리계획서 제출 의무를 부과하며 그 내용에 방재시설과 장비의 보유 현황을 포함하도록 규정하고 있다. 또한 동법 제24조는 업종 및 물질별로 요구되는 취급시설과 장비 기준을 제시함으로써 법령 수준에서 물리적 안전자원 확보를 강제하고 있다.

그러나 모든 원료나 제조물이 이러한 구체적 법령의 적용을 받는 것은 아니다. 일부 원료 또는 제조물의 경우 관계 법령상 인력 · 시설 · 장비 관련 요건이 명시되어 있지 않을 수도 있다. 이러한 경우에는 「중대재해처벌법 시행령」 제8조 제2호 및 제3호에 따라 유해 · 위험요인의 점검 및 대응 체계 확보를 위한 예산 편성 · 집행이 필요하다.

즉, 개별 법령에 설비나 장비 확보 기준이 없더라도 해당 원료 또는 제조물이 안전보건 측면에서 잠재적 위험을 내포하고 있다면 사업주는 다음과 같은 조치를 자체 판단에 따라 적정 수준으로 마련하고 실제로 집행해야 할 법적 책임이 있다.

① 자체 점검체계 구축
② 위험 징후 대응 수단 확보
③ 개선 조치 실행을 위한 예산 편성 및 집행

이러한 접근은 자원 확보가 법령상의 직접적인 요구 여부와 무관하게 위험 기반의 예방 관점에서 적절한 수준으로 이루어져야 한다는 중대재해처벌법의 기본 정신을 반영한 것이다.

2) 유해 · 위험요인의 점검과 위험 징후 발생 시 대응

사업주 또는 경영책임자 등은 안전보건 관계 법령상 규정의 유무와 관계없이 유해 · 위험요인의 점검 및 위험 징후 발생 시 대응을 위한 인력 · 시설 · 장비 확보에 필요한 예산을 편성하고 집행해야 한다. 이는 「중대산업재해」에서의 위험성평가에 따른 개선조치 개념과 유사하며 중대시민재해 예방을 위한 사전적 위험 통제 수단으로 기능한다.

환경부 해설서에 따르면 유해 · 위험요인 점검 및 대응을 위한 예산 예시는 다음과 같다.

① 유해 · 위험요인의 점검 및 대응을 위한 인력과 조직을 갖추고 업무를 부여하기 위한 비용(인건비 등)
② 유해 · 위험요인이 발견 또는 신고 접수된 경우 긴급안전점검, 긴급안전조치, 정비 · 보수 · 보강 등 개선을 위한 비용
③ 시설의 기능 유지, 안전 관련 시설 및 설비의 설치 비용
④ 중대시민재해 발생에 대비한 재해대응절차도, 이용자를 위한 비상대피 지도 등의 제작 · 개선 비용
⑤ 중대시민재해 발생 시 원인 개선을 위한 종사자 교육 또는 이용자 안내 조치 비용
⑥ 안전관리에 필요한 물품 · 보호구 및 장비 구입비용

사업주 또는 경영책임자 등은 안전보건 관계 법령에서 유해 · 위험요인의 점검 및 대응 업무가 직접 규정된 경우 해당 업무에 필요한 인력 · 시설 · 장비 확보 및 운영 비용은 이미 해당 법령에 따라 법적 의무로 예산 편성 · 집행 대상에 포함된 것으로 볼 수 있다.

이러한 경우는 「중대재해처벌법 시행령」 제8조 제2호 및 제3호에서 규정한 유해 · 위험요인 점검 및 대응을 위한 별도의 예산을 중복하여 편성할 필요는 없다. 즉,

① 점검 및 대응 업무가 특정 안전보건 법령에 따라 체계적으로 수행되고 있고
② 관련 예산이 별도로 편성 · 운영되고 있는 경우에는 중대시민재해 예방을 위한 예산 항목과 기능적 · 내용적으로 중복됨을 인정하여 추가적인 재정 편성을 요구하지는 않는다.

단, 이러한 판단은 실질적 이행 여부를 전제로 하며 단순히 예산 항목이 존재한다는 이유만으로는 중대시민재해 예방책임을 다했다고 보기 어렵다. 따라서 사업주는 기존 관계 법령에서 요구하는 인력 · 시설 · 장비 확보 내역과 실행 상태를 「중대재해처벌법」의 안전관리 체계 요구사항과 조화롭게 검토하고 실제로 중대시민재해 예방에 충분한 수준으로 운영되고 있는지를 반기 점검 등을 통해 확인해야 한다.

필요시에는 보완적 성격의 예산을 추가로 편성하거나 운영 개선을 위한 조치를 취해야 한다.

3) 그 밖에 원료 · 제조물 관련 안전보건관리를 위해 환경부 장관이 정하여 고시하는 사항

환경부 장관이 정하여 고시한 「환경부고시 제2022-26호, 원료 및 제조물로 인한 중대시민재해 예방에 필요한 인력 및 예산 편성 지침」에 따르면 사업주 및 경영책임자 등은 다음 각 호의 사항을 이행하는 데 필요한 예산을 확보해야 한다.

원료 및 제조물로 인한 중대시민재해 예방에 필요한 인력 및 예산 편성 지침 제4조(예산 편성 · 집행) [환경부고시 제2022-26호, 2022.1.27]

사업주와 경영책임자 등은 다음 각 호의 사항을 이행하는 데 필요한 예산을 편성 · 집행한다.

1. 법 제9조제1항제4호의 안전보건 관계 법령에 따른 인력 · 시설 및 장비 등의 확보 · 유지
2. 유해 · 위험요인의 점검을 위한 인력 · 시설 및 장비 등의 확보 · 유지
3. 유해 · 위험요인이 발견 또는 신고 접수된 경우 긴급안전점검 및 조치가 필요한 경우 긴급안전조치
4. 법 제9조제1항제4호의 안전보건 관계 법령에 따른 안전보건교육, 직무교육, 관리자교육, 판매자교육, 기술교육, 위생관리교육 등 의무교육

4) 반기 1회 이상 점검 및 필요한 조치

사업주 또는 경영책임자 등은 「중대재해처벌법 시행령」 제8조 제5호에 따라 중대시민재해 예방을 위한 업무 수행에 필요한 예산을 확보하고 해당 사항에 대해 반기 1회 이상 정기적으로 점검해야 한다. 점검 결과에 따라 예산을 추가로 편성 · 집행하거나 필요한 조치를 취함으로써 중대시민재해 예방에 실질적으로 대응해야 한다.

2.4 중대시민재해 예방조치(점검, 신고 및 조치, 원인조사)

「중대재해처벌법 시행령」 제8조 제3호에서는 [별표 5]에서 정한 원료 또는 제조물로 인한 중대시민재해를 예방하기 위해 다음 각 목의 조치를 이행할 의무를 규정하고 있다.

① 해당 원료 또는 제조물로 인해 발생할 수 있는 유해 · 위험요인에 대한 주기적인 점검을 실시해야 한다. 이 점검은 설계 단계부터 제조, 저장, 운송, 사용까지 전 과정에 걸쳐 이루어져야 하며 위험요소의 변화를 예측하고 사전에 통제할 수 있도록 체계화된 절차를 수립해야 한다.

② 내부 제보나 외부의 위험 징후 감지 등을 통해 유해 · 위험요인이 확인된 경우에는 그 위험성을 검토하고 중대시민재해로 이어질 우려가 있다면 즉시 관계기관에 신고하고 적절한 조치를 취해야 한다. 이때 대응의 신속성과 정밀성이 시민의 생명과 안전을 보호하는 핵심 요소로 작용한다.

③ 중대시민재해가 실제로 발생한 경우에는 법령에 따라 보고 · 신고의무를 이행하고 피해 확산 방지를 위한 응급조치, 현장 통제, 피해자 보호 등의 조치를 실행해야 한다. 이러한 대응은 법적 의무이자 사회적 책무이며 이후 책임 판단의 중요한 기준이 된다.

④ 사고 발생 후에는 그 원인을 철저히 조사하고 관련된 제품 설계 · 제조공정 · 사용관리 체계 등에 대한 구체적인 개선 조치를 실시해야 한다. 개선 조치는 단순한 재발방지를 넘어서 조직 내 안전문화 확립과 책임 강화의 수단이 되어야 한다.

중대재해처벌법 등에 관한 법률 시행령 [별표 5]
제8조제3호에 따른 조치 대상 원료 또는 제조물(제8조제3호 관련)

1. 「고압가스 안전관리법」 제28조제2항제13호의 독성가스
2. 「농약관리법」 제2조제1호, 제1호의2, 제3호 및 제3호의2의 농약, 천연식물보호제, 원제(原劑) 및 농약활용기자재
3. 「마약류 관리에 관한 법률」 제2조제1호의 마약류
4. 「비료관리법」 제2조제2호 및 제3호의 보통비료 및 부산물비료

5. 「생활화학제품 및 살생물제의 안전관리에 관한 법률」 제3조제7호 및 제8호의 살생물물질 및 살생물제품
6. 「식품위생법」 제2조제1호, 제2호, 제4호 및 제5호의 식품, 식품첨가물, 기구 및 용기·포장
7. 「약사법」 제2조제4호의 의약품, 같은 조 제7호의 의약외품(醫藥外品) 및 같은 법 제85조제1항의 동물용 의약품·의약외품
8. 「원자력안전법」 제2조제5호의 방사성물질
9. 「의료기기법」 제2조제1항의 의료기기
10. 「총포·도검·화약류 등의 안전관리에 관한 법률」 제2조제3항의 화약류
11. 「화학물질관리법」 제2조제7호의 유해화학물질
12. 그 밖에 제1호부터 제11호까지의 규정에 준하는 것으로써 관계 중앙행정기관의 장이 정하여 고시하는 생명·신체에 해로운 원료 또는 제조물

그러나 별표 5와는 무관하게 실무적·사회적 관점에서는 일반 시민에게 위해를 초래할 가능성이 있는 모든 원료 및 제조물에 대해 그 범위를 확대 적용할 필요성이 제기되고 있다.

따라서 사업주 또는 경영책임자는 별표 5에 포함되지 않은 품목이라 하더라도 중대시민재해 발생 위험성이 존재하는 경우에는 법령의 취지에 따라 동일한 수준의 안전조치를 자율적으로 수행할 필요가 있다.

따라서 「중대재해처벌법 시행령」 [별표 5]에 포함되지 않았다는 이유만으로 위험요인 관리 대상에서 제외되어서는 안 되며 사업주는 자체적인 위험성평가와 안전관리 기준 수립을 통해 포괄적인 책임을 이행해야 할 필요가 있다.

1) 유해·위험요인의 주기적인 점검

유해·위험요인의 주기적 점검 조치의 경우 그 주기가 구체적으로 명시되지는 아니한 상태이다. 시행령 제8조 제5호에 따라 반기 1회 이상 인력과 예산을 점검하는 것이 원칙이다. 상기 조문은 반기 1회 이상보다는 짧은 주기의 점검을 실시하여 상시적으로 유해·위험요인을 도출하라는 의미로 사료된다.

그러나 개별 관계 법령에 별도의 규정이 있는 경우에는 해당 주기를 준수하면 된다. 예를

들어 화학물질관리법 제26조(취급시설 등의 자체 점검)에서는 유해화학물질의 취급시설 등에 대하여 주 1회 이상 정기적으로 자체 점검을 실시하도록 규정하고 있다.

실무 팁

- "반기 1회 이상"이라는 표현은 최소 기준일 뿐이며 실제로는 상시적이고 반복적인 점검 체계를 갖추는 것이 법령의 취지에 부합한다.
- 특히 유해화학물질 관련 시설은 주간 단위의 점검이 법적으로 요구되므로 타 법령과의 충돌을 피하기 위해 법령별 점검 주기표를 정리해두는 것이 좋다.

유해 · 위험요인 점검 방법은 ① 사업장 순회점검 또는 청취조사 ② 안전보건 자료 또는 안전보건 체크리스트 ③ 청취조사 ④ 안전보건 체크리스트 ⑤ 그 밖에 사업장의 특성에 적합한 방법 등이 있다.

안전보건 관계 법령상 유해 · 위험요인의 점검 절차의 예는 다음과 같다.

① 「화학물질관리법」제23조의2(화학사고 예방관리계획서 이행 등) 제1항에 따라 안전계획 내의 자체 점검계획에 따라 안전관리 목표 및 방향성에 대한 주기적인 검토 · 보완 및 개선 계획, 설비 · 장치의 안전관리 계획 및 점검계획(화학사고 예방관리계획서 작성 등에 관한 규정 고시)에 따라 유해 · 위험요인 점검

② 「고압가스법」제11조(안전관리규정), 시행규칙[별표 15 : 안전관리 규정의 작성요령]에 따라 탱크운반, 자율검사를 위한 검사장비 보유, 자율검사요원의 관리에 관해 안전관리규정을 준수하고 있는지 여부 점검

③ 「건강기능식품법」제21조(자가품질검사 의무), 제21조의2(원재료 검사 확인의무 등)과 시행규칙 [별표 7 : 자가품질검사기준], 건강기능식품 기준 및 규격 고시, 건강기능식품 원재료 진위검사에 관한 규정 고시에 따른 검사를 이행하여 원재료에 대한 유해 · 위험요인 점검

④ 「광산안전법」 제9조(성능검사 등), 제11조(안전규정)에 따라 광산안전사항(근로자 준수사항, 화약사용 사항, 전기 · 기계설비 안전, 광해방지 등) 점검

⑤ 「농약관리법」 제24조(유통 농약 및 농약활용기자재의 검사 등) 제2항(자체검사), 제23조(농약 등의 안전사용 기준) 등에 따라 유해 · 위험요인 점검

2) 제보나 위험 징후의 감지 등을 통해 발견된 유해 · 위험요인을 확인한 결과 중대시민재해의 발생 우려가 있는 경우의 신고 및 조치

소비자기본법 제47조(결함정보의 보고 의무), 제48조(물품 등의 자진 수거 등), 그 밖에 제품안전기본법 제13조(사업자의 제품 수거 등의 의무 등), 자동차관리법 제31조(제작 결함의 시정 등), 식품위생법 제45조(위해식품 등의 회수) 등에 따르면 사업자는 소비자에게 제공한 물품 등에 소비자의 생명 · 신체 또는 재산에 위해를 끼치거나 끼칠 우려가 있는 제조 · 설계 또는 표시 등의 중대한 결함이 있다는 사실을 알게 된 경우 결함정보를 보고토록 하고 있다. 또한 물품 등의 결함으로 인해 소비자의 생명 · 신체 또는 재산에 위해를 끼치거나 끼칠 우려가 있는 경우는 해당 물품 등의 자진 수거 등의 조치를 해야 한다.

소비자기본법상 물품 등의 결함에 대한 사업자의 주기적 점검은 현재 의무화되어 있지 않다. 이에 따라 향후 주기적인 점검 결과 결함이 발견된 경우는 관계 법령에 따라 보고 및 자진 수거 등의 조치를 취하는 선순환 구조가 잘 마련되어야 할 것으로 보인다.

또한 일반 시민들로부터 유해 · 위험요인에 대한 제보를 적극적으로 받을 수 있는 시스템을 구축할 필요가 있다. 주기적인 자체 점검을 통해 위험 징후를 상시적으로 감시하고 발견된 유해 · 위험요인에 대해서는 적극적으로 확인하고 개선하도록 조치를 할 필요가 있다.

3) 중대시민재해가 발생한 경우의 보고, 신고 및 조치

중대시민재해의 발생 우려가 있는 경우나 발생한 경우를 대비하여 신고 및 조치를 위한 업무처리 절차를 마련해야 한다. 이 절차에 대한 법적인 형식은 정해져 있지는 않다. 예를 들어 유해 · 위험요인의 발굴, 유해 · 위험요인의 신고, 유해 · 위험요인의 확인에 따른 조치 등의 내용을 포함하는 것이 바람직하다.

중대시민재해가 발생한 경우에는 업무처리 절차서에 따라 개인사업주 또는 경영책임자 등에 대한 내부 보고 절차, 관계기관에 대한 신고 절차를 수립하고 즉각적인 조치를 취해야

한다. 아울러 추가 피해 방지를 위한 조치도 함께 이루어져야 한다.

4) 중대시민재해 원인조사에 따른 개선 조치

중대시민재해가 발생한 경우 근원적인 원인 조사(RCA, Root Cause Analysis)를 실시하고 유사한 사고가 재발하지 않도록 예방할 필요가 있다. 사고의 원인을 정확히 파악해야만 유사한 사고를 막을 수 있기 때문에 원인조사는 매우 중요하다.

이러한 원인조사를 위해서는 내부 및 외부 종사자, 전문가, 시민들이 함께 참여하여 자체적으로 조사를 수행할 수 있는 체계 구축이 필요하다. 단, 자체 조사의 경우 사고의 책임 소재 문제로 인해 철저한 조사가 이루어지지 않을 가능성이 있으므로 체계적인 참여와 투명성 확보가 중요하다.

2.5 업무처리 절차 마련

사업주 또는 경영책임자는 사업장 운영과 제조물 관리 과정에서 발생할 수 있는 유해 · 위험요인을 식별하고 사고의 징후를 사전에 감지하여 적절히 대응할 수 있도록 명확한 업무처리 절차를 수립해야 하며 이를 실제 작동 가능한 구조로 설계해야 한다.

해당 절차에는 유해 · 위험요인의 주기적 점검, 위험 징후 발견 시 신고 및 초동 조치가 포함되어야 한다. 또한 중대시민재해가 발생한 경우 내부 보고 체계를 신속히 가동하고 관계 행정기관에 법령에 따라 신고하고 피해 확산 방지를 위한 조치를 즉시 이행할 수 있도록 구성되어야 한다. 사고 이후에는 정확한 원인조사를 실시하고 그 결과를 바탕으로 설비 · 공정 · 교육 등 다양한 측면에서 개선 조치를 수행해야 한다.

이 절차는 조직의 특성과 운영 현실을 반영해 계획되어야 하며 소상공인을 제외한 모든 사업자가 마련해야 하는 필수적인 안전관리 절차다. 업무처리 절차는 단지 문서로 존재하는 것이 아니라 실무 전반에 내재화되어야 하며 이를 통해 중대시민재해 예방을 위한 조직 내 대응 역량과 책임 체계를 실질적으로 확립할 수 있다.

1) 업무처리 절차 마련

중대재해처벌법 시행령 제8조 제4호는 사업주 또는 경영책임자에게 중대시민재해 예방을 위한 체계적인 업무처리 절차를 마련하도록 규정하고 있다. 이 절차에는 유해·위험요인의 점검, 위험 징후의 감지 및 신고, 중대시민재해 발생 시 대응, 사고 원인 조사 및 개선 조치까지의 일련의 흐름을 포함해야 한다. 단순한 선언적 계획이나 형식적인 문서가 아닌 실질적인 실행 체계여야 한다.

따라서 해당 절차를 자율적으로 계획할 것이 아니라 법령에서 요구하는 조치를 정확히 반영하고 조직 내 각 단계별로 명확히 작동하는 구조로 마련해야 한다.

또한 업무처리 절차는 다른 안전보건 관계 법령에서 이미 유사한 조치가 규정되어 있는 경우 해당 법령에 따른 의무이행 절차를 포함하는 것으로 충분하다. 중대재해처벌법 시행령에 따라 중복적인 절차를 별도로 마련하거나 추가적인 의무를 부담해야 하는 것은 아니다. 중요한 것은 이 절차의 실효성과 이행력이며 이를 통해 중대시민재해 예방을 위한 조직의 대응 능력이 실제로 작동하고 있음을 입증할 수 있어야 한다.

시행령 제8조 제3호

1. 유해·위험요인의 주기적인 점검
2. 제보나 위험 징후의 감지 등을 통해 발견된 유해·위험요인을 확인한 결과 중대시민재해의 발생 우려가 있는 경우의 신고 및 조치
3. 중대시민재해가 발생한 경우의 보고, 신고 및 조치
4. 중대시민재해 원인조사에 따른 개선 조치

2) 업무처리 절차 마련 조치 의무 대상

중대재해처벌법 시행령 [별표 5]에 해당하는 원료 또는 제조물을 취급하는 경우 유해·위험요인의 주기적인 점검과 대응 등이 포함된 업무처리 절차를 사전에 마련하고 이에 따라 조치할 필요가 있다.

업무처리 절차 마련 의무의 적용 범위에 대해 환경부는 시행령 제8조 제3호 및 [별표 5]에서 정한 원료 또는 제조물을 생산 · 제조 · 판매 · 유통하는 개인사업주 또는 경영책임자에게만 해당한다고 보고 있다.

이에 대해 일부에서는 업무처리 절차 마련은 시행령 [별표 5]에 규정된 대상에 한정되지 않고 시민이 재해를 입을 가능성이 있는 모든 원료 및 제조물까지 확대 적용해야 한다는 견해도 있다. 필자 역시 이러한 관점에 동의한다. 그래야만 중대재해처벌법이 중대시민재해를 규율하기 위해 마련된 목적에 더욱 부합한다고 판단하기 때문이다.

표 7.3 업무처리 절차 서면 양식 예시

<table>
<tr><td colspan="6">1. 사업장 일반현황</td></tr>
<tr><td>상호(명칭)</td><td></td><td>업종</td><td>취급하는 원료 · 제조물 종류</td><td>안전보건 담당자</td><td></td></tr>
<tr><td>연락처</td><td colspan="5">사업장, 안전보건 담당자, 사무실 등</td></tr>
<tr><td>주소(사업장)</td><td colspan="5"></td></tr>
<tr><td colspan="6">2. 유해 · 위험요인 목록 및 안전장치</td></tr>
<tr><td colspan="6">① 사업장에서 생산, 제조, 판매, 유통하는 원료 · 제조물 관련 유해 · 위험요인 목록</td></tr>
<tr><td colspan="6">② 안전장치 · 장비 목록 및 배치</td></tr>
<tr><td colspan="6">3. 유해 · 위험요인 점검 계획</td></tr>
<tr><td>내용</td><td>추진 일정</td><td>추진 절차</td><td>예산 확부 여부</td><td colspan="2">미확보 시 조치계획</td></tr>
<tr><td>(점검대상/
내용 등)</td><td>점검주기, 수시점검
요건 및 준비사항 등</td><td>결과보고,
피드백 절차 등</td><td></td><td colspan="2"></td></tr>
<tr><td colspan="6">4. 유해 · 위험요인의 신고 및 확인에 따른 조치</td></tr>
<tr><td>① 내부 대응</td><td colspan="5">비상 연락체계 및 비상 대응조직 상세, 신고접수 및 조치방안 등</td></tr>
<tr><td>② 외부 대응</td><td colspan="5">관계기관의 신속한 보고 및 신고 절차</td></tr>
<tr><td colspan="6">5. 중대시민재해 발생 시 보고, 신고 및 조치 계획</td></tr>
<tr><td colspan="6">① 사고 발생 시 비상 연락체계(신고, 전파절차 등) 및 가동중지에 관한 절차 등</td></tr>
<tr><td colspan="6">② 응급조치계획(가동 중지, 회수, 응급구호 조치 등)</td></tr>
<tr><td colspan="6">6. 원인조사 및 개선 조치</td></tr>
<tr><td colspan="6">① 사고원인조사 및 재발방지계획</td></tr>
<tr><td colspan="6">② 단기 및 중장기 사고복구 계획</td></tr>
</table>

표 7.4 유해 · 위험요인 점검과 신고 및 조치 업무처리 절차 예시

[유해 · 위험요인의 발굴]

- 사업주 또는 경영책임자 등은 안전보건 담당자로 하여금 주기적인 점검 등을 통해 유해 · 위험요인을 발굴할 수 있도록 업무처리절차 마련
- 사업주 또는 경영책임자 등은 안전보건 담당자가 이와 같은 절차를 이행하고 있는지를 점검

[유해 · 위험요인의 신고]

- 사업주 또는 경영책임자 등은 유해 · 위험요인의 신고 절차(예 : 안전보건 담당자 및 현장 작업자의 참여 기반 신고제도 등)를 마련하여 유해 · 위험요인을 발굴할 수 있도록 조치

[유해 · 위험요인의 확인에 따른 조치]

- 유해 · 위험요인의 발굴, 신고 또는 조치 요구 시 안전보건 담당자 등은 유해 · 위험요인을 확인하고 경미한 경우 자체 개선을 실시
- 신고에 의해 확인하는 경우 신고자에게도 조치결과를 전달
- 유해 · 위험요인이 심각한 경우 안전보건 담당자는 사업주 또는 경영책임자 등에게 보고하고 사업주 또는 경영책임자 등은 이를 보완할 수 있는 조치를 지시하고 결과를 확인

〈징후발생과 대응 방법〉

- 안전보건 담당자가 위험 징후 대응 업무를 이행하며 위험 징후에 대한 대응 인력을 갖추고 이에 대한 업무를 공식적으로 부여
- 위험 징후가 발생 시 생산 · 제조 · 판매 · 유통되고 있는 원료 · 제조물에 대하여 긴급대응 방안을 마련하고 필요한 조치 실시

[긴급대응방안의 내용]

- 해당 원료 · 제조물의 종류
- 해당 원료 · 제조물 등으로 인하여 인체에 미치는 위해의 종류 및 정도
- 판매 등의 금지가 필요한 경우 이에 관한 사항
- 해당 원료 · 제조물의 이용자 등에 대한 긴급대응 요령 등의 교육 · 홍보에 관한 사항
- 관계 행정기관 또는 지방자치단체에 대한 보고 절차

표 7.5 유해 · 위험요인 발견 시 징후 대응 절차 업무흐름도 표준(안)

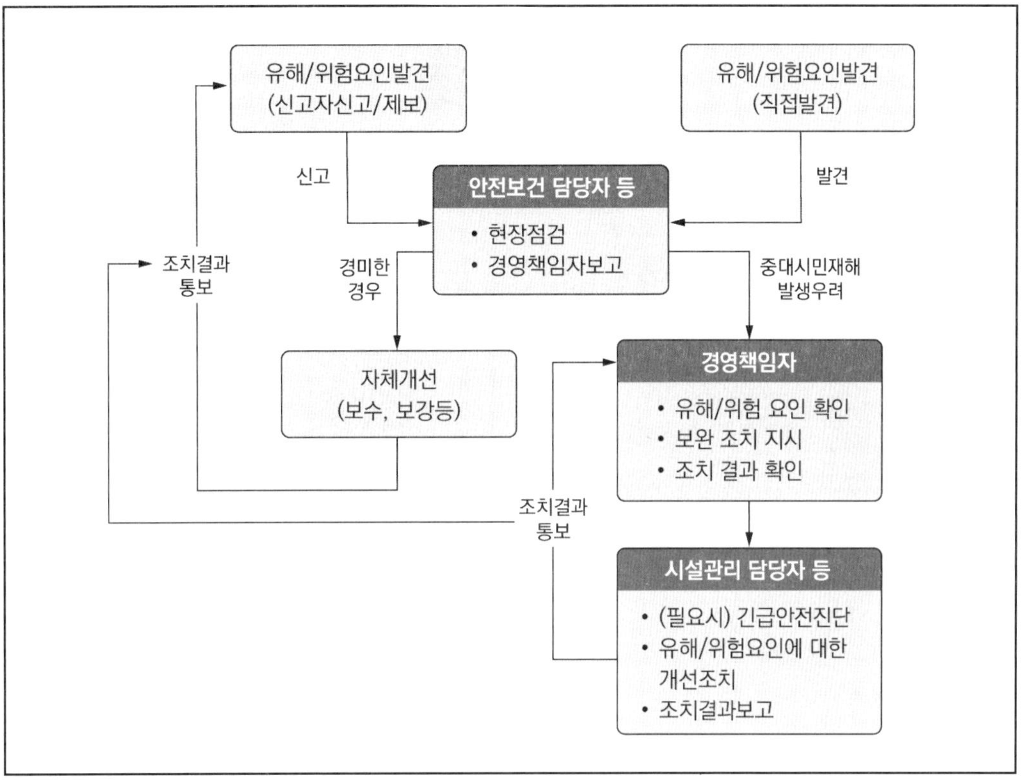

중대시민재해가 발생한 경우의 보고, 신고 및 조치

1. 사업주 또는 경영책임자 등은 안전관리 담당자의 대응상황 및 조치사항을 보고받고 필요시 추가 피해방지 조치를 지시하며 상황 종료 후 피해 원인조사 및 개선대책 등 재발방지 대책 마련을 지시
2. 이에 따라 안전관리 담당자는 사업주 또는 경영책임자 등의 지시사항을 이행하고 조치결과를 사업주 또는 경영책임자 등에게 보고

중대시민재해 발생 시 신고사항

1. 사고 발생 시간 및 장소
2. 사고내용 및 사고원인, 사고 피해 현황과 피해확산 현황, 현장 응급조치 현황, 대피 현황 등
3. 신고자 및 사업장 책임자 연락처(성명, 전화번호)

표 7.6 중대시민재해 발생 시 신고 및 보고체계 예시

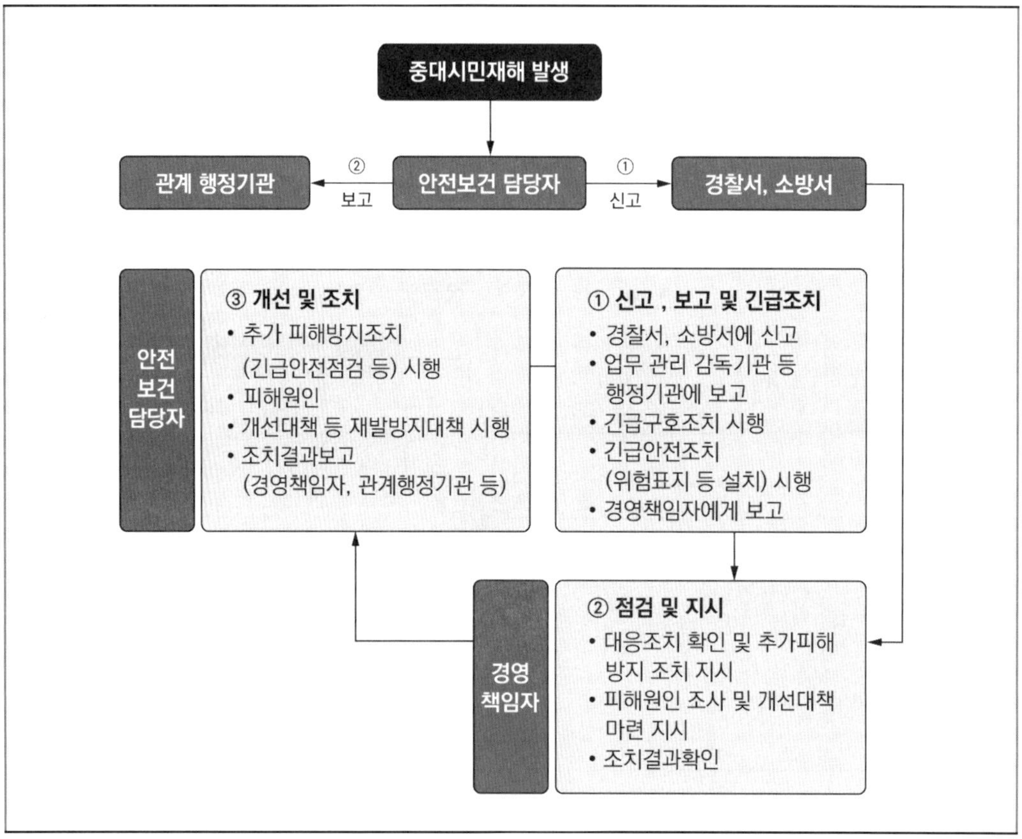

3) 소상공인 제외

중대재해처벌법 시행령 제8조 제4호는 중대시민재해 예방을 위한 업무처리 절차 마련 의무에서 「소상공인기본법」 제2조에 따른 소상공인을 명시적으로 제외하고 있다. 이는 사업 규모와 조직적 대응 역량을 고려한 입법적 배려로 이해할 수 있으나 실질적인 안전 확보라는 법의 목적과는 충돌할 여지가 있다.

현실적으로 일반 시민이 소상공인이 취급하는 원료나 제조물로 인해 중대시민재해를 당할 가능성은 결코 낮지 않다. 특히 식품, 화학제품, 생활용품 등 시민의 일상과 밀접한 제품을 다루는 소상공인 사업장에서 발생하는 사고는 피해 범위가 광범위할 수 있으며 시민의 생명과 신체에 직접적인 위해를 초래할 수 있다.

그러함에도 소상공인을 업무처리 절차 마련 의무에서 제외하는 것은 법의 적용 형평성과 예방 중심의 안전관리 관점에서 한계를 드러낸다. 물론 소상공인을 보호하려는 입법 취지는 이해되지만 시민 안전 확보가 더 우선시되어야 하므로 향후 법령 개정 시 소상공인 제외 조항은 삭제할 필요가 있다고 본다.

중대시민재해는 사업장의 규모와 관계없이 발생할 수 있으며 오히려 안전관리 역량이 부족한 소규모 사업장에서 발생할 가능성이 더 높다. 따라서 일정 수준 이상의 안전관리 기준을 모든 사업자에게 요구하는 방향으로 법령을 보완할 필요가 있다.

향후 입법적 개선이나 정책적 보완을 통해 소상공인에게도 위험성평가 기반의 간소화된 업무처리 절차 마련을 유도하거나 공공기관이 컨설팅 · 교육 · 매뉴얼 등을 제공하여 실질적인 안전관리 역량을 강화할 수 있도록 제도적 장치를 마련할 필요가 있다.

여기에서 '소상공인'은 「소상공인기본법」 제2조에 따른 자를 의미한다. 이는 「중소기업기본법」 제2조 제2항의 소기업 중 다음 요건을 모두 충족하는 자를 말한다.

① 상시 근로자 수가 10명 미만일 것
② 업종별 상시 근로자 수 등이 대통령령으로 정하는 기준(광업 · 제조업 · 건설업 · 운수업 10명 미만, 그 외 5명 미만)에 해당할 것

2.6 반기 1회 이상 점검 및 필요한 조치

중대재해처벌법 시행령 제8조 제5호는 사업주 또는 경영책임자에게 중대시민재해 예방을 위해 인력과 예산을 반기 1회 이상 점검하고 그 결과에 따라 필요한 인력 배치나 예산의 추가 편성 · 집행 등 실질적인 조치를 취할 의무를 부과하고 있다. 이는 원료 또는 제조물의 안전관리를 위한 안전보건관리체계가 실제로 작동하고 있는지를 내부적으로 점검하고 즉각적인 개선을 이끌어 내기 위한 자체 점검 중심의 규정이다.

한편 시행령 제9조 제2항 제1호는 법 제9조 제1항 제4호에서 규정한 안전보건 관계 법령에 따른 의무이행 관련 관리상의 조치를 외부 전문기관에 위탁하여 점검할 수 있도록 명시

하고 있다. 이는 객관성과 전문성을 확보하기 위한 제도적 장치로 해석되며 법령상 의무이행 여부를 외부에서 검증할 수 있도록 허용하고 있다.

그러나 시행령 제8조 제5호에는 외부 위탁 점검에 대한 규정이 존재하지 않는다. 사업주 또는 경영책임자가 직접 점검을 수행하거나 조직 내부의 관리체계를 통해 이행 여부를 확인해야 하는 구조다. 이는 원료 · 제조물 관련 안전보건관리체계의 구축과 이행 조치에 대해서는 외부 기관에 의존하지 않고 사업자가 직접 책임을 지고 관리해야 함을 의미한다는 점에서 중요한 차이가 있다.

이와 같은 규정은 단순한 행정적 점검을 넘어 경영책임자가 안전보건관리에 필요한 자원을 직접 확인하고 관리하도록 유도함으로써 안전이 경영의 주변적 요소로 전락하지 않도록 하는 제도적 안전장치로 볼 수 있다. 특히 기업 운영 과정에서 비용 절감이나 수익 중심의 판단이 우선될 경우 안전보건 관련 인력과 예산이 축소되거나 경시될 위험이 있는데 제8조 제5호는 이를 방지하기 위한 사전적 통제 기제로 작동한다.

즉, 경영적 판단에서 안전보건이 후순위로 밀리는 구조를 법적으로 견제하고 경영책임자의 지속적이고 직접적인 관심과 개입을 유도함으로써 안전관리 체계가 조직 내에서 실질적으로 작동하도록 하는 규정으로 평가된다.

따라서 실무적으로는 제8조 제5호의 점검 의무를 위탁이 불가능한 자율적 내부 점검 의무로 이해해야 한다. 사업주는 이를 소홀히 해서는 안 되며 내부 점검체계의 정비와 기록관리를 철저히 수행해야 한다.

03 재해발생 시 재발방지 대책 수립 및 그 이행에 관한 조치

3.1 법적 근거

안전 및 보건 확보의무(법 제9조 제1항)

법 제9조(사업주와 경영책임자 등의 안전 및 보건 확보의무)

① 사업주 또는 경영책임자 등은 사업주나 법인 또는 기관이 실질적으로 지배·운영·관리하는 사업 또는 사업장에서 생산·제조·판매·유통 중인 원료나 제조물의 설계·제조·관리상의 결함으로 인한 그 이용자 또는 그 밖의 사람의 생명, 신체의 안전을 위하여 다음 각 호에 따른 조치를 하여야 한다.

1. (생략)
2. 재해발생 시 재발방지 대책의 수립 및 그 이행에 관한 조치
3. (생략)
4. (생략)

3.2 의의

중대재해처벌법 제9조 제1항 제2호는 중대시민재해 발생 시 사업주 또는 경영책임자가 단순한 사고 대응에 그치지 않고 그 원인을 면밀히 조사한 후 재발방지를 위한 대책을 수립·이행해야 하는 법적 의무를 명시하고 있다. 이는 형식적인 보고나 일회성 응급조치만으로 책임을 면할 수 없으며 구조적 문제를 해결하고 안전보건관리체계를 근본적으로 개선하여

동일한 재해가 반복되지 않도록 조치할 것을 요구하는 실질적인 의무다.

이 조항은 특히 중대시민재해와 유사한 사고가 해당 사업장에서 과거 반복적으로 발생했음에도 불구하고 원인 분석이나 개선 조치를 충분히 하지 않은 경우를 대상으로 한다. 이러한 부작위는 법령상 안전보건 확보의무 위반으로 간주될 수 있다. 예를 들어 시설 개선, 관리 기준 강화, 인력 재배치 등 법령에서 요구된 조치를 취하지 않았다면 그 경영 판단은 단순 실수가 아닌 형사적 책임을 수반하는 법적 위반이 될 수 있다.

따라서 제9조 제1항 제2호는 재해발생 이후 수습에 그치지 않고 과거 재해 경험을 반영한 예방적 대응 체계의 구축과 내재화를 요구한다. 사업주 또는 경영책임자가 보다 적극적으로 리스크를 분석하고 예방조치를 실행함으로써 국민의 생명과 신체를 보호하는 실효성 있는 안전보건관리체계를 마련하도록 설계된 규정이다.

3.3 재해의 범위

중대재해처벌법 제9조 제1항 제2호에서 규정하는 재해의 범위는 반드시 중대시민재해에 해당하는 사고만을 의미하는 것은 아니다. 법령상 "재해발생 시"라는 표현은 포괄적으로 해석될 여지가 있으며 이에 따라 경미한 재해까지 포함하여 사고 원인조사 및 재발방지 대책 수립 의무가 적용된다는 견해도 일부 존재한다.

이러한 해석은 특히 하인리히의 법칙에 근거할 때 더욱 타당성을 가진다. 하인리히는 산업재해의 발생 구조를 1 : 29 : 300 비율로 설명하며 하나의 중대재해가 있기 전에는 29건의 경미한 사고와 300건의 잠재적 위험이 존재한다고 주장하였다. 이 이론은 중대재해예방을 위해 경미한 사고와 위험요인을 사전에 관리하고 개선하는 것이 필수적임을 강조한다.

따라서 경미한 재해에 대해서도 원인을 조사하고 반복 발생을 방지하기 위한 대책을 수립하는 것은 과잉 대응이 아니라 중대시민재해 예방을 위한 선제적이고 합리적인 안전관리 전략으로 볼 수 있다. 물론 지나치게 미미한 사례까지 법적 의무로 포함시키는 것은 과도하다는 반론도 있지만 실제 경미한 사고가 누적되어 중대재해로 이어질 수 있는 만큼 예방적 접근의 중요성이 더욱 크다고 말할 수 있겠다.

결국 법령의 해석과 적용에서는 재해의 중대성보다 재해발생의 경향성, 반복성 그리고 잠재적 위험 여부를 기준으로 판단하는 것이 바람직하며 이는 안전보건 확보의 실효성을 높이는 방향으로 이어질 수 있다.

따라서 반복적이거나 일정 수준 이상의 위험성을 가진 재해는 물론, 아차사고 등에 대해서도 재발방지 대책을 수립하는 것이 타당하다. 다만, 이와 같은 조치는 중대재해처벌법 시행일 이후 발생한 재해를 대상으로 적용된다.

3.4 재발방지 대책의 수립 및 그 이행에 관한 조치

중대재해처벌법의 취지에 따라 사업주 또는 경영책임자는 조직 내에서 재해가 발생했을 때 즉시 보고받을 수 있는 절차를 사전에 마련하고 보고받은 경우는 즉각적으로 적절한 재발방지 대책을 수립하거나 이에 대한 조치를 제도화해야 한다. 이 의무는 단순한 사후 대응이 아니라 사고 발생 흐름을 조기에 포착하고 반복 방지를 위한 체계적인 관리방안을 구축하기 위한 실질적인 책임이다.

따라서 경미한 사고든 중대한 재해든 누락 없이 보고될 수 있도록 포괄적이고 접근성 높은 내부 보고 체계를 수립해야 한다. 이러한 체계를 통해 재해발생 사실이 신속하게 경영책임자 또는 전담 조직에 전달되고 이후에는 안전보건 확보의무에 따라 다음과 같은 실질적 조치를 이행토록 해야 한다.

① 사고 원인 분석
② 관련 위험요인의 개선 조치
③ 직원 대상 교육 및 예방 기준 정비
④ 개선 조치의 제도적 내재화

특히 경미한 사고라 할지라도 하인리히의 법칙에 따르면 이는 중대시민재해로 이어질 수 있는 초기 신호일 수 있어 조기 관찰과 대응이 필수적이다. 결과적으로 내부 보고 체계와 재발방지 절차는 단순한 법적 의무를 넘어 조직의 지속 가능한 안전 문화 형성을 위한 핵심적인 기반이 된다.

재해발생 시의 재발방지 대책은 사후 조치를 전제로 하며 그 구체적인 내용은 다음과 같은 절차를 포함한다.

① 재해에 대한 면밀한 조사와 원인 분석
② 현장 담당자 및 전문가 의견 수렴을 통한 유해 · 위험요인의 식별
③ 유사 재해 예방을 위한 위험요인별 제거 · 대체 · 통제 방안 검토
④ 종합적인 개선대책의 수립 및 실행

표 7.7 재발방지 대책의 수립 및 그 이행을 위한 계획 구성 예시

구분	내용	상세내용
Ⅰ	사고 개요	사고 유형, 현황, 현장 정보, 사고정보, 피해상황
Ⅱ	조사 내용	조사방법, 조사활동, 문서점검, 현장조사
Ⅲ	사고 원인 분석 및 결론	(필요시) 시험실시, 기타 자문 등을 통한 원인 분석 ※ 사고의 과학적 원인과 업무 절차상의 원인 모두 포함
Ⅳ	재발방지 대책	자체 방지대책, 명령에 따른 이행조치 계획 및 결과 보고
Ⅴ	향후 조치	필요한 경우 추가 조사 계획 등

3.5 중대시민재해 재발방지 대책의 핵심

중대시민재해의 재발방지 대책은 단순한 사후 조치가 아니라 사고의 근본 원인을 분석하고 구조적 개선을 통해 유사 재해의 반복을 막기 위한 선제적 대응 전략이다.

중대시민재해가 발생한 경우 사업주 또는 경영책임자 등은 그 사실을 보고받을 수 있는 체계를 갖추는 것은 물론 이후 재발을 방지하기 위한 구체적인 조치까지 마련해야 하는 실질적인 의무가 있다.

이는 일상적인 경미 사고를 포함한 모든 위험 징후를 조직 내에서 신속히 포착하고 책임

자에게 전달될 수 있도록 하는 선제적 안전관리의 기반이다.

재해발생 절차는 보고의 신속성과 전달 경로의 명확성을 중심으로 구성되어야 하며 보고 이후 경영책임자가 즉각적인 대책 수립을 지시하거나 이를 조직 규정 또는 매뉴얼 형태로 제도화하는 것이 바람직하다.

이때 수립되는 대책은 사고의 원인과 반복 가능성을 고려한 것이어야 하며 단순한 물리적 복구 수준을 넘어선 구조적 개선 예컨대 설비 교체, 공정 개편, 인력 재배치, 교육 강화 등을 포함해야 한다.

중요한 점은 '재해'의 범위를 중대시민재해에 국한하여 해석하기보다는 경미한 재해까지 포함해 폭넓게 접근하는 것이 바람직하다는 것이다. 일부에서는 경미 사고까지 재발방지 대책의 의무를 부여하는 것이 과도하다는 견해도 존재하지만 '하인리히의 법칙'에서 나타나듯이 중대재해는 다수의 경미 사고와 징후가 반복된 결과로 발생할 수 있다는 점을 고려할 때 경미한 재해에 대해서도 체계적인 보고 및 개선 조치가 수행되어야 한다는 해석은 충분히 타당하다.

결국 재해의 유형과 규모를 불문하고 위험 징후와 재해는 모두 중대시민재해로 발전할 수 있는 가능성을 내포하고 있다는 점에서 예방 중심의 안전관리체계를 갖추어야 하며 보고·분석·대응·제도화까지 이어지는 선순환적 절차를 조직 내에 정착시켜야 한다.

재발방지 대책은 법적 의무를 넘어 조직의 안전문화 정착과 시민 보호를 위한 전략적 접근이 되어야 한다.

04 중앙행정기관 · 지방자치단체가 관계 법령에 따라 개선 · 시정 등을 명한 사항의 이행에 관한 조치

4.1 법적 근거

법 제9조 제1항 제3호는 중앙행정기관 등이 명한 개선 및 시정 사항의 이행에 관한 조치를 규정하고 있다.

안전 및 보건 확보의무(법 제9조 제1항)

법 제9조(사업주와 경영책임자 등의 안전 및 보건 확보의무)

① 사업주 또는 경영책임자 등은 사업주나 법인 또는 기관이 실질적으로 지배 · 운영 · 관리하는 사업 또는 사업장에서 생산 · 제조 · 판매 · 유통 중인 원료나 제조물의 설계 · 제조 · 관리상의 결함으로 인한 그 이용자 또는 그 밖의 사람의 생명, 신체의 안전을 위하여 다음 각 호에 따른 조치를 하여야 한다.

1. (생략)
2. (생략)
3. 중앙행정기관 · 지방자치단체가 관계 법령에 따라 개선 · 시정 등을 명한 사항의 이행에 관한 조치
4. (생략)

4.2 조문 취지

중대시민재해 예방을 위한 안전보건관리 의무를 이행함에 있어 관계 법령에 따라 중앙행정기관이나 지방자치단체가 시민의 생명 · 신체에 대한 유해 또는 위험을 방지하기 위해 명한 개선 또는 시정 사항이 있을 경우 이를 반드시 이행해야 할 법적 책임이 있다.

이러한 명령은 단순한 권고나 행정적 지침을 넘어서 법령상 근거에 따라 발령되는 공식적인 조치이며 해당 사업자가 그 이행을 미루거나 누락할 경우에는 중대한 법적 책임을 부담할 수 있다.

특히 이러한 개선 · 시정 명령이 이행되지 않은 상태에서 중대시민재해가 실제로 발생한 경우 그 불이행 행위는 단순한 관계 법령 위반에 따른 행정처분에 그치지 않고 중대재해처벌법 제11조에 따라 형사 책임이 부과될 수 있는 사안으로 발전한다.

이는 법령에서 명확히 요구한 예방조치를 사업주가 알고 있었음에도 불구하고 이를 이행하지 않은 점을 중대시민재해의 직접적인 원인으로 간주할 수 있기 때문이다.

따라서 사업주 또는 경영책임자는 중앙행정기관 및 지방자치단체의 개선 · 시정 명령을 단순한 절차적 행정 행위로 받아들여서는 안 되며 이를 중대시민재해 예방을 위한 실질적인 안전관리 체계의 일부로 인식하여 즉각적이고 철저한 이행 조치를 취해야 한다.

4.3 중앙행정기관 및 지방자치단체가 개선 · 시정을 명한 사항

중대재해처벌법에서 규정하는 중앙행정기관 또는 지방자치단체의 개선 · 시정 명령은 관계 법령에 따라 시민의 생명 · 신체에 위해를 줄 수 있는 유해 · 위험요인을 사전에 통제하기 위한 법적 강제력을 가진 행정처분으로 이해되어야 한다.

개선 · 시정 명령은 행정청이 사업자 또는 경영책임자에게 법령 위반이나 안전보건상 위해 우려가 있는 사항을 발견한 경우 이를 시정하거나 개선하도록 공식적으로 명하는 행정처분이다. 이러한 명령은 사업장의 원료 또는 제조물의 설계 · 제조 · 관리 과정에서 발생할 수 있는 결함이 시민의 생명 · 신체에 중대한 위해를 초래할 수 있다고 판단될 때 내려지며 그 내용과 법적 성격에 있어 단순한 행정지도나 권고와는 명확히 구분된다.

행정청은 관계 법령에 따라 사업자의 행위를 점검하거나 민원 · 사고 등을 통해 위험 요소를 인지한 이후 정당한 절차에 따라 개선 또는 시정이 필요한 사안을 서면으로 통지하게 된다. 이는 「행정절차법」 제24조 제1항에 근거하여 특별한 규정이 없는 한 모든 행정처분은 원칙적으로 문서로 이루어져야 하기 때문이다.

명령에는 구체적인 위반 사항, 이행 대상, 이행 기한 등이 명시되어 있다. 만약 이를 이행하지 않을 경우 과태료나 허가 취소 등의 행정벌뿐 아니라 중대시민재해가 발생한 경우는 형사처벌까지 연결될 수 있는 법적 강제력을 가진 조치이다.

이러한 개선 · 시정 명령은 중대재해처벌법에서도 핵심적인 예방 체계로 간주된다. 특히 해당 명령이 원료 · 제조물의 설계 · 제조 · 관리상의 결함에 관한 사항이라면 이를 이행하지 않음으로 인해 시민에게 피해가 발생한 경우는 단순한 법령 위반을 넘어 중대시민재해의 직접적인 원인을 제공한 것으로 간주될 수 있다.

여기서 말하는 개선 · 시정 명령은 단순한 행정지도, 권고, 조언과는 명확히 구분된다. 행정지도는 행정청이 특정 행정 목적을 달성하기 위해 민간에 대해 비강제적으로 안내하거나 권유하는 행정 작용인 반면 개선 · 시정 명령은 법령에 근거하여 발령되는 구체적이고 강제적인 처분으로 불이행 시에는 행정벌 또는 형사처벌로 이어질 수 있다.

사업주 또는 경영책임자는 행정청으로부터 개선 · 시정 명령을 받은 경우 이를 단순한 운영상 권고나 선택 사항으로 오인해서는 안 된다. 중대시민재해 예방을 위한 법령상 의무이자 실질적인 안전보건관리의 핵심 단계로 인식해야 한다.

이때 이러한 명령의 내용은 중대시민재해와 직접적으로 관련된 원료 · 제조물의 설계 · 제조 · 관리상의 결함에 대한 개선 또는 시정에 한정된다. 즉, 단순한 운영상의 미비나 일반적 행정 관리의 개선 요구는 중대재해처벌법의 적용 대상이 아니며 시민의 안전보건에 직접적인 영향을 미치는 기술적 · 관리적 결함에 대한 조치만이 해당 법령의 규율 대상이 된다.

이러한 법적 구조는 사업주 또는 경영책임자에게 사전적 위험 통제와 법령 이행의 실효성 확보를 요구하는 것이며 명령의 이행 여부는 향후 중대시민재해 발생 시 책임 판단의 핵심 기준이 된다.

4.4 실행방법

구체적인 내용이 시행령에 위임되어 있지 않으므로 환경부 · 산업통상자원부 · 공정거래위원회 · 식품의약품안전처 · 지방자치단체 등의 행정기관이 발령한 안전보건 관련 개선 및 시정명령 사항을 토대로 필요한 조치의 이행 여부를 판단하여야 할 것으로 보인다.

표 7.8 관계 행정기관의 명령 사항 이행 조치 계획 및 결과 보고서 구성 예시

구분	내용	상세내용
I	명령 사항 확인	• 개선 · 시정 명령의 구체적인 내용을 확인했는가? • 개선 · 시정 명령의 구체적인 내용의 확인 후 명확하지 않은 내용을 관계 행정기관에 문의했는가? • 개선 · 시정 명령의 구체적인 내용의 확인 후 해당 내용을 관련 담당자 등과 공유했는가?
II	이행조치계획서 마련	• 이행 조치를 위한 계획서를 마련했는가?
III	이행 조치 실시	• 이행계획에 따라 이행을 했는가?
IV	재발방지 대책	• 재발방지를 위한 대책을 마련했는가?
V	이행 조치 결과 정리 및 보고	• 이행 조치 후 그 결과를 문서로 정리했는가? • 이행 조치 후 그 결과를 문서로 정리한 것을 관계 행정기관에 보고했는가?

개선 · 시정 명령 등에 대한 불복 절차가 진행 중인 경우 법령상 본 호를 적용할 수 있는지에 대한 법적 논란의 여지가 존재한다.

이러한 상황에서는 법 제9조 제1항 제1호 및 제4호에 따른 안전보건 확보의무의 준수 여부를 우선적으로 심사하는 것이 타당할 것으로 보인다.

재발방지를 위해 관계 행정기관이 원료 · 제조물 관련 조치를 명령한 경우 또는 원료 · 제조물의 회수 등을 권고하거나 건의한 경우는 사업자 또는 경영책임자는 이를 성실히 수행하고 협조할 법적 의무가 있다.

표 7.9 중대시민재해 재발방지를 위한 관계 행정기관의 명령 사항

「고압가스법」 제18조제3항에 따르면 산업통상자원부 장관은 다음 각 호의 어느 하나에 해당하는 경우 수집검사를 하지 아니하고 그 용기 등의 제조자 또는 수입자에게 회수 등을 명할 수 있다.

1. 제26조의2제2항에 따라 가스사고조사위원회가 유사한 사고의 재발방지를 위하여 용기 등에 대한 회수 등의 조치가 필요하다고 권고 또는 건의하는 경우
2. 유통 중인 용기 등에서 공공의 안전에 위해를 일으킬 수 있는 명백하고 중대한 결함이 발견되어 긴급하게 용기 등에 대한 회수 등의 조치가 필요한 경우

표 7.10 「화학제품안전법」 제37조(회수 명령 등)에 따른 조치 예시

환경부 장관은 다음 어느 하나에 해당하는 경우에는 제품을 제조 · 수입 · 판매 또는 유통한 자에게 해당 생활화학제품 또는 살생물제의 회수, 폐기 등의 필요한 조치를 명할 수 있다. 조치명령을 받은 자는 조치를 이행하고 조치의 결과 등을 환경부 장관에게 보고해야 한다.

- 생활화학제품 : 제조 또는 수입 금지, 미확인 또는 미승인, 미신고, 표시기준 위반
- 살생물 물질 : 제조 또는 수입 중지, 미승인, 물질승인 또는 물질 동등성 인정 취소
- 살생물 제품 : 제조 또는 수입 중지, 미승인, 제품승인 또는 제품 유사성 인정 취소, 표시기준 미준수
- 살생물 처리제품 : 안전기준 또는 표시기준 미준수
- 정당한 사유 없이 새로운 위해성 등에 대한 보고 및 조치 권고를 따르지 아니한 경우

⇒ 조치명령 이행 및 보고를 위해 필요한 사항 : 「화학제품안전법 시행규칙」 제37조

① 조치계획서
- 명령을 받은 날부터 10일 이내에 유역환경청장 또는 지방환경청장에게 제출해야 한다.
- 조치계획서에는 아래 사항이 포함돼야 한다.

- 해당 생활화학제품 또는 살생물제의 명칭, 제조량 · 수입량, 판매량 및 거래업체명
- 조치 계획량
- 조치명령을 이행하는 데 걸리는 예상 기간
- 조치명령을 이행할 장소 및 구체적인 이행 방법
- 조치 사실을 국민에게 알리는 방법

② 조치결과보고서

- 조치계획서에 따른 조치명령 이행 예상기간 종료일부터 7일 이내에 유역환경청장 또는 지방환경청장에게 제출해야 한다.
- 조치결과보고서에는 아래 사항이 포함돼야 한다.

> - 해당 생활화학제품 또는 살생물제의 명칭, 제조량 · 수입량, 판매량, 조치량 및 미조치량 등이 포함된 조치실적
> - 미조치량 등의 명세 및 향후 조치 계획
> - 재발방지를 위한 대책

05 안전보건 관계 법령에 따른 의무이행에 필요한 관리상의 조치

5.1 법적 근거

안전 및 보건 확보의무(법 제9조 제1항 제4호)

법 제9조(사업주와 경영책임자 등의 안전 및 보건 확보의무)

① 사업주 또는 경영책임자 등은 사업주나 법인 또는 기관이 실질적으로 지배 · 운영 · 관리하는 사업 또는 사업장에서 생산 · 제조 · 판매 · 유통 중인 원료나 제조물의 설계 · 제조 · 관리상의 결함으로 인한 그 이용자 또는 그 밖의 사람의 생명, 신체의 안전을 위하여 다음 각 호에 따른 조치를 하여야 한다.

1. (생략)
2. 생략)
3. (생략)
4. 안전보건 관계 법령에 따른 의무 이행에 필요한 관리상의 조치

관리상의 조치 의무(시행령 제9조)

제9조(원료 · 제조물 관련 안전보건 관계 법령에 따른 의무 이행에 필요한 관리상의 조치)

① 법 제9조제1항제4호에서 "안전보건 관계 법령"이란 해당 사업 또는 사업장에서 생산 · 제조 · 판매 · 유통 중인 원료나 제조물에 적용되는 것으로써 그 원료나 제조물이 사람의 생명 · 신체에 미칠 수 있는 유해 · 위험요인을 예방하고 안전하게 관리하는 데

관련되는 법령을 말한다.

② 법 제9조제1항제4호에 따른 조치의 구체적인 사항은 다음 각 호와 같다.

1. 안전보건 관계 법령에 따른 의무를 이행했는지를 반기 1회 이상 점검(해당 안전보건 관계 법령에 따라 중앙행정기관의 장이 지정한 기관 등에 위탁하여 점검하는 경우를 포함한다. 이하 이 호에서 같다)하고, 직접 점검하지 않은 경우는 점검이 끝난 후 지체없이 점검 결과를 보고받을 것
2. 제1호에 따른 점검 또는 보고 결과 안전보건 관계 법령에 따른 의무가 이행되지 않은 사실이 확인되는 경우는 인력을 배치하거나 예산을 추가로 편성·집행하도록 하는 등 해당 의무이행에 필요한 조치를 할 것
3. 안전보건 관계 법령에 따라 의무적으로 실시해야 하는 교육이 실시되는지를 반기 1회 이상 점검하고, 직접 점검하지 않은 경우는 점검이 끝난 후 지체없이 점검 결과를 보고받을 것
4. 제3호에 따른 점검 또는 보고 결과 실시되지 않은 교육에 대해서는 지체없이 그 이행의 지시, 예산의 확보 등 교육실시에 필요한 조치를 할 것

중대재해처벌법 제9조 제1항 제4호 및 같은 법 시행령 제9조는 사업주 또는 경영책임자에게 안전보건 관계 법령에 따라 부여된 의무를 단순히 인지하는 수준을 넘어 실제로 이를 이행하고 관리하는 책임을 부과하고 있다.

여기서 핵심은 해당 법령상의 의무가 조직 내에서 실효성 있게 이행되고 있는지를 주기적으로 점검하고 그 결과에 따라 필요한 인력 배치나 예산 집행, 절차 개선 등 구체적인 관리조치를 취하는 것이다.

시행령 제9조는 이러한 관리조치를 구체화하여 사업 또는 사업장이 이행해야 하는 안전보건 관계 법령상의 의무에 대해 반기 1회 이상 점검을 실시하도록 정하고 있다.

이 점검은 단순한 내부 확인에 그치지 않고 필요시 중앙행정기관의 장이 지정한 외부 전문기관에 위탁함으로써 객관성과 전문성을 확보하도록 설계되어 있다. 이는 중대시민재해 예방을 위해 법령상 의무가 사업장 운영에서 실제로 작동하는지를 제3자가 검증하도록 하는 장치이다.

아울러 점검 결과 법령상의 의무가 미이행된 사실이 확인되면 즉각적으로 인력 재배치,

예산 추가 편성 · 집행 등의 후속 조치를 통해 중대시민재해 발생 가능성을 줄여야 한다. 특히 교육 의무가 이행되지 않은 경우 교육실시 지시, 교육자료 마련, 예산 확보 등 실질적 조치가 포함되어야 한다.

이 조항은 사업주 또는 경영책임자에게 단순 점검이나 확인을 넘어 위험 요소를 사전에 제거하고 구조적으로 안전관리체계를 강화하는 능동적 관리 책임을 요구한다.

법령의 실효성을 확보하고 시민의 생명과 안전을 보호하기 위한 선제적 조치로 해석된다.

5.2 중대재해처벌법 제9조 제1항 제4호 안전보건 관계 법령의 의미

원료나 제조물에 적용되는 안전보건관계 법령이라 함은 원료나 제조물이 사람의 생명 · 신체에 미칠 수 있는 유해 · 위험요인을 예방하고 안전하게 관리하는 데 관련된 법령을 의미한다.

시행령에서는 안전보건 관계 법령을 구체적으로 특정하고 있지는 않다. 그러나 중대재해처벌법의 입법 목적을 고려할 때 해당 사업 또는 사업장에서 생산 · 제조 · 판매 · 유통 중인 원료나 제조물에 적용되는 모든 안전보건 관계 법령을 포함하는 것으로 해석하는 것이 타당할 것으로 보인다.

참고로 시행령 별표 5(제8조 제3호에 따른 조치 대상 원료 또는 제조물 관련)에는 해당 법령의 예시가 열거되어 있으며 이를 통해 적용 범위를 유추할 수 있다.

관리상의 조치 의무(시행령 제9조)

시행령 별표 5(제8조 제3호에 따른 조치 대상 원료 또는 제조물(제8조 제3호 관련))

1. 「고압가스 안전관리법」 제28조제2항제13호의 독성가스
2. 「농약관리법」 제2조제1호, 제1호의2, 제3호 및 제3호의2의 농약, 천연식물보호제, 원제(原劑) 및 농약활용 기자재
3. 「마약류 관리에 관한 법률」 제2조제1호의 마약류

4. 「비료관리법」 제2조제2호 및 제3호의 보통 비료 및 부산물비료
5. 「생활화학제품 및 살생물제의 안전관리에 관한 법률」 제3조제7호 및 제8호의 살생물 물질 및 살생물 제품
6. 「식품위생법」 제2조제1호, 제2호, 제4호 및 제5호의 식품, 식품첨가물, 기구 및 용기·포장
7. 「약사법」 제2조제4호의 의약품, 같은 조 제7호의 의약외품(醫藥外品) 및 같은 법 제85조제1항의 동물용 의약품·의약외품
8. 「원자력안전법」 제2조제5호의 방사성물질
9. 「의료기기법」 제2조제1항의 의료기기
10. 「총포·도검·화약류 등의 안전관리에 관한 법률」 제2조제3항의 화약류
11. 「화학물질관리법」 제2조제7호의 유해화학물질
12. 그 밖에 제1호부터 제11호까지의 규정에 준하는 것으로서 관계 중앙행정기관의 장이 정하여 고시하는 생명·신체에 해로운 원료 또는 제조물

안전보건 관계 법령은 시행령에서 열거되지 않은 법률이라 하더라도 시행령 제9조 제1항과 같이 원료나 제조물이 사람의 생명·신체에 미칠 수 있는 유해·위험요인을 예방하고 안전하게 관리하는 데 해당하는 법률은 안전보건 관계 법령에 모두 포함될 수 있다.

사업이나 사업장의 특성에 따라 다르겠지만 일반적으로 아래와 같은 법령이 해당될 수 있을 것으로 보인다.

표 7.11 안전보건 관계 법령 정리 예시

NO	법령	NO	법령
1	산업안전보건법	17	수입식품안전관리특별법
2	원자력안전법	18	어린이제품 안전 특별법
3	약사법	19	어린이놀이시설 안전관리법
4	마약류관리법	20	승강기 안전관리법
5	화장품법	21	위험물안전관리법
6	농약관리법	22	해사안전법
7	비료관리법	23	지하수법

NO	법령	NO	법령
8	사료관리법	24	수도법
9	총포 · 도검 · 화약류 등의 안전관리에 관한 법률	25	먹는물관리법
10	건강기능식품에 관한 법률	26	도시가스사업법
11	의료기기법	27	선박안전법
12	고압가스 안전관리법	28	액화석유가스의 안전관리 및 사업법
13	화학제품안전법	29	전기안전관리법
14	식품위생법	30	자동차관리법
15	화학물질관리법	31	석면안전관리법
16	광산안전법	32	전기생활용품안전법

5.3 안전보건 관계 법령 적용 사례

한 대형 쇼핑몰에서 승강기 관리의 소홀로 인해 중대재해 사건이 발생하였다. 이 사건에서는 승강기의 안전 점검이 제대로 수행되지 않았고 그 결과 시민 3명이 중상을 입고 1명이 사망하는 비극적인 사고로 이어졌다. 이 사건은 중대시민재해에 해당할 수 있을까?

대형 쇼핑몰에서 발생한 승강기 사고는 중대시민재해에 해당할 수 있는 법적 요건을 갖춘 사례로 볼 수 있다.

승강기는 「승강기안전관리법」에 따라 제조물로 분류되며 시민이 일상적으로 이용하는 시설 중 하나이므로 그 관리 의무는 중대재해처벌법의 적용 대상이 된다.

만약 사고 조사 결과 해당 쇼핑몰의 운영 관리자가 승강기안전관리법 등 관련 법령에서 요구되는 유지보수 · 안전 점검 등의 의무를 이행하지 않았고 그러한 관리상의 결함이 사고의 직접적인 원인으로 확인된다면 이 사고는 중대시민재해로 판단될 수 있다.

그 경우 사업주 또는 경영책임자는 중대재해처벌법 제11조에 따라 최소 1년 이상의 징역형 또는 10억 원 이하의 벌금에 처해질 수 있으며 이는 법령상 안전보건 확보의무를 위반한 결과로 평가된다.

결국 이 사례는 중대시민재해 판단에 있어 원료나 제조물의 안전관리 의무가 얼마나 중요한지를 보여주는 대표적 사례라고 할 수 있다. 사고 예방을 위해서는 단순히 점검을 실시하는 것에 그치지 않고 그 점검이 실제로 효과적으로 이루어졌는지를 확인하는 관리체계가 요구된다.

5.4 의무 이행에 필요한 관리상의 조치

중대재해처벌법 제9조 제1항 제4호 및 시행령 제9조는 사업주 또는 경영책임자에게 안전보건 관계 법령에서 규정하고 있는 다양한 의무사항이 조직 내에서 실제로 이행되고 있는지를 확인하고 그 이행을 위한 실질적인 관리 조치를 취할 의무를 부과하고 있다.

이 조항은 단순히 규정된 의무를 알고 있거나 명문화된 지침만을 갖춘 상태를 넘어서 법령상 요구되는 내용이 현장에서 실행되고 있으며 그 결과가 일정한 기준에 따라 주기적으로 점검되고 개선되고 있는지를 확인할 수 있어야 한다는 점에서 중요하다.

1) 안전보건 관계 법령에 따른 의무를 이행했는지를 반기 1회 이상 점검

사업주 또는 경영책임자는 이를 위해 먼저 해당 법령에 따른 의무이행 여부를 반기 1회 이상 점검해야 한다. 이 점검은 내부 점검 방식으로 수행할 수도 있고 중앙행정기관의 장이 지정한 외부 전문기관에 위탁하여 보다 객관적이고 정밀하게 실시할 수도 있다.

특히 외부 기관을 통한 점검은 법령 이행 실태에 대한 신뢰성과 타당성을 높일 수 있는 수단으로 기능하며 점검 결과에 따라 필요한 보완조치를 즉시 이행하는 것이 요구된다.

점검 결과 법령상 의무가 미이행된 사항이 확인된 경우는 이에 따라 인력을 추가로 배치하거나 관련 예산을 별도로 편성·집행함으로써 해당 의무가 실효성 있게 이행될 수 있도록 조치를 취해야 한다.

이때 인력 배치나 예산 편성은 단지 형식적인 대응이 아니라 위험 관리와 재해예방을 위한 적정 자원의 확보와 운영관리라는 관점에서 접근되어야 한다.

이 조항은 사업주의 안전보건 확보의무를 단순한 법령 준수 차원이 아닌 위험 예방과 조직 역량 강화를 위한 능동적이고 구조화된 관리체계의 실현을 요구하는 규정이라 할 수 있다. 의무이행 여부에 대한 점검과 그 결과를 반영한 조치는 중대시민재해 예방을 위한 핵심 운영 프로세스이다.

이러한 관리상의 조치는 형식적인 점검이나 보고에 그쳐서는 안 되며 실제로 조직 내에서 안전보건 관련 법령이 제대로 이행되고 있는지를 실질적으로 확인하고 개선하는 책임 있는 경영 행위로 이어져야 한다.

특히 점검 결과가 부실하거나 보고가 누락된 경우에는 경영책임자에게 최종적인 법적 책임이 귀속될 수 있다.

2) 안전보건 관계 법령에 따른 의무교육

중대재해처벌법 시행령 제5조 제2항 제3호는 사업주 또는 경영책임자에게 안전보건 관계 법령에 따라 의무적으로 실시해야 하는 교육의 이행 여부를 반기 1회 이상 점검할 것을 명시하고 있다.

이때 점검은 직접 수행할 수도 있고 중앙행정기관의 장이 지정한 외부 전문기관에 위탁하여 실시할 수도 있다. 직접 점검하지 않은 경우는 점검이 완료된 즉시 결과를 보고받아야 하며 보고받은 결과에 따라 필요한 조치를 취해야 한다.

점검 또는 보고 결과 해당 교육이 실시되지 않았거나 불충분하게 이행된 사실이 확인된 경우 경영책임자는 지체없이 교육의 실시를 지시하고 교육에 필요한 예산을 확보하거나 강사 섭외, 교육 자료 마련 등 실질적인 실행 조치를 취해야 한다. 이는 단순한 행정적 절차가 아니라 법령상 의무를 이행하고 중대시민재해를 예방하기 위한 핵심적인 관리 책임으로 간주된다.

따라서 교육 점검은 단순한 체크리스트가 아니라 조직의 안전 문화와 법령 이행 수준을 입증하는 중요한 수단이다.

표 7.12 안전보건 관계 법령에 따라 의무적으로 실시해야 하는 교육 예시

구분	내용
「약사법」 약사, 한의사의 연수교육(법 제15조)	• 약사 및 한약사의 자질 향상을 위하여 필요한 연수 교육 - 매년 6시간 이상
「마약류관리법」 마약류 취급자, 원료물질 수출입업자 등의 교육(법 제50조)	• 마약류 또는 원료물질 관리에 관한 교육 - 허가 또는 지정을 받은 후 1년 이내 1회 2시간
「화장품법」 책임판매관리자, 맞춤형 화장품조제관리사의 교육(법 제5조)	• 화장품의 안전성 확보 및 품질관리에 관한 교육 - 최초교육 : 종사한 날부터 6개월 내 - 보수교육 : 최초교육을 받은 날 기준 매년 1회
「건강기능식품법」 영업자, 종업원의 교육(법 제13조)	• 건강기능식품의 안전성 확보 및 품질관리, 건강기능식품의 표시 · 광고 등에 관한 교육 - 매년 2시간
「의료기기법」 품질책임자 교육(법 제6조의2)	• 의료기기의 최신 기준규격, 품질관리 및 안전관리에 관한 교육 - 매년 1회 이상
「화학물질 관리법」 유해화학물질 안전교육(법 제33조)	• 법 제28조제2항에 따른 유해화학물질 취급시설의 기술인력 - 2년마다 16시간 • 법 제32조에 따른 유해화학물질관리자 - 취급시설이 없는 판매업의 유해화학물질관리자 : 2년마다 8시간 - 위 사항에 해당하지 않는 유해화학물질관리자 : 2년마다 16시간 • 유해화학물질 취급 담당자 - 유해화학물질 영업자가 고용한 사람으로서 유해화학물질을 직접 취급하는 사람 : 2년마다 16시간(유해화학물질을 운반하는 자는 2년마다 8시간) - 법 제31조제1항에 따른 수급인과 수급인이 고용한 사람으로서 유해화학물질을 직접 취급하는 사람 : 2년마다 16시간(유해화학물질을 운반하는 자는 2년마다 8시간) - 화학사고예방관리계획서 작성 담당자 : 2년마다 16시간 - 그 밖에 환경부 장관이 화학사고 예방 등을 위하여 필요하다고 인정하여 고시한 사람 : 2년마다 16시간

개별 안전보건 관계 법령에 법정 의무 교육이 없는 경우 「중대재해처벌법」에 따라 새로운 교육실시 의무가 부여되는 것은 아니다. 가끔 사업장에 중대재해처벌법 교육을 의무적으로 받아야 한다고 하면서 접촉하는 사례가 있으나 이는 잘못된 접근이다.

「중대재해처벌법」에서는 개별 안전보건 관계 법령에 따른 교육실시 여부를 점검하고 미흡한 경우 이에 대한 조치를 취할 의무를 사업주 또는 경영책임자에게 부여하고자 하는 것이 입법 취지이다.

따라서 기존의 안전보건 관계 법령에 따른 교육실시 여부를 점검하고 부족한 부분이 확인되었을 때에는 교육이 이어질 수 있도록 조치를 취해야 한다.

제8장

공중이용시설, 공중교통수단 안전보건 확보의무

01 안전보건 확보의무 개요

공중이용시설 및 공중교통수단 관련 안전 및 보건 확보의무 4가지는 「중대재해처벌법」 제9조 제2항에서 규정하고 있다.

안전 및 보건 확보의무(법 제9조 제2항, 제3항, 제4항)

법 제9조(사업주와 경영책임자 등의 안전 및 보건 확보의무)

② 사업주 또는 경영책임자 등은 사업주나 법인 또는 기관이 실질적으로 지배 · 운영 · 관리하는 공중이용시설 또는 공중교통수단의 설계 · 설치 · 관리상의 결함으로 인한 그 이용자 또는 그 밖의 사람의 생명, 신체의 안전을 위하여 다음 각 호에 따른 조치를 하여야 한다.

1. 재해예방에 필요한 인력 · 예산 · 점검 등 안전보건관리체계의 구축 및 그 이행에 관한 조치
2. 재해발생 시 재발방지 대책의 수립 및 그 이행에 관한 조치
3. 중앙행정기관 · 지방자치단체가 관계 법령에 따라 개선 · 시정 등을 명한 사항의 이행에 관한 조치
4. 안전보건 관계 법령에 따른 의무이행에 필요한 관리상의 조치

③ 사업주 또는 경영책임자 등은 사업주나 법인 또는 기관이 공중이용시설 또는 공중교통수단과 관련하여 제3자에게 도급 · 용역 · 위탁 등을 행한 경우는 그 이용자 또는 그 밖의 사람의 생명, 신체의 안전을 위하여 제2항의 조치를 하여야 한다. 다만, 사업주나 법인 또는 기관이 그 시설, 장비, 장소 등에 대하여 실질적으로 지배 · 운영 · 관리하는 책임이 있는 경우에 한정한다.

④ 제1항제1호 · 제4호 및 제2항제1호 · 제4호의 조치에 관한 구체적인 사항은 대통령령으로 정한다.

중대재해처벌법은 단순한 현장 안전조치 이행을 넘어서 경영책임자 또는 사업주가 조직 전체의 안전보건관리체계를 실제로 구축하고 운용하도록 요구하는 구조적 책임을 부여하는 법이다.

기존의 안전 관련 법령이 주로 현장에서 직접 시행되어야 할 행위와 조치를 중심으로 규율했다면 중대재해처벌법은 보다 상위 단계로 확장하여 인력 · 예산 · 점검 등 경영책임자 수준에서 통제 가능한 핵심 요소들을 포함시켜 재해예방의 실효성을 확보하려는 의도를 담고 있다.

제9조 제2항 제1호와 제4호는 바로 이러한 법의 취지를 구체화한 조항이다. 제1호에서는 재해예방에 필요한 인력의 확보, 예산의 편성 및 집행, 점검 체계의 마련 등 안전보건관리체계를 조직적으로 구성하고 이행할 것을 요구한다. 제4호에서는 안전보건 관계 법령에 따른 의무이행을 단순히 인식하는 수준이 아니라 실질적으로 점검하고 필요한 자원을 배치하는 등 관리상의 조치를 취할 것을 명시하고 있다.

이들 조항은 시행령에 의해 더욱 구체화되어 사업자가 반기 1회 이상 의무이행 여부를 점검하고 미이행 사항에 대해서는 즉각적인 개선 조치를 취하도록 강제하고 있다.

한편 제9조 제2항 제2호에서 규정된 재해발생 시 재발방지 대책의 수립 및 이행에 관한 조치는 그 대상이 모든 형태의 재해를 포함하는 것이 아니라 법령의 전체 구조와 목적에 비추어 볼 때 중대시민재해에 한정되는 것으로 해석하는 것이 타당하다.

이는 중대시민재해가 사회적 파급력과 생명 · 신체에 대한 위해 정도가 높은 사건인 만큼 그에 상응하는 조직적 대응과 구조적 개선이 요구되기에 법이 설정한 명확한 책임 범위 안에서 다뤄져야 하기 때문이다.

또한 해당 규정은 법 시행일 이후에 발생한 중대시민재해에 한하여 적용되는 것으로 보아야 하며 이는 법 적용의 시점과 경과 규정에 따른 법적 명확성을 확보하기 위한 해석이다.

결국 중대재해처벌법은 단순히 안전 수칙을 강화하는 법이 아니라 조직 전체의 운영 방식과 경영 판단 속에 안전보건을 중심에 두도록 설계된 법률이다. 이는 재해예방을 위한 근본적인 변화와 책임의 구조화를 요구하는 법적 패러다임의 전환이라 할 수 있다.

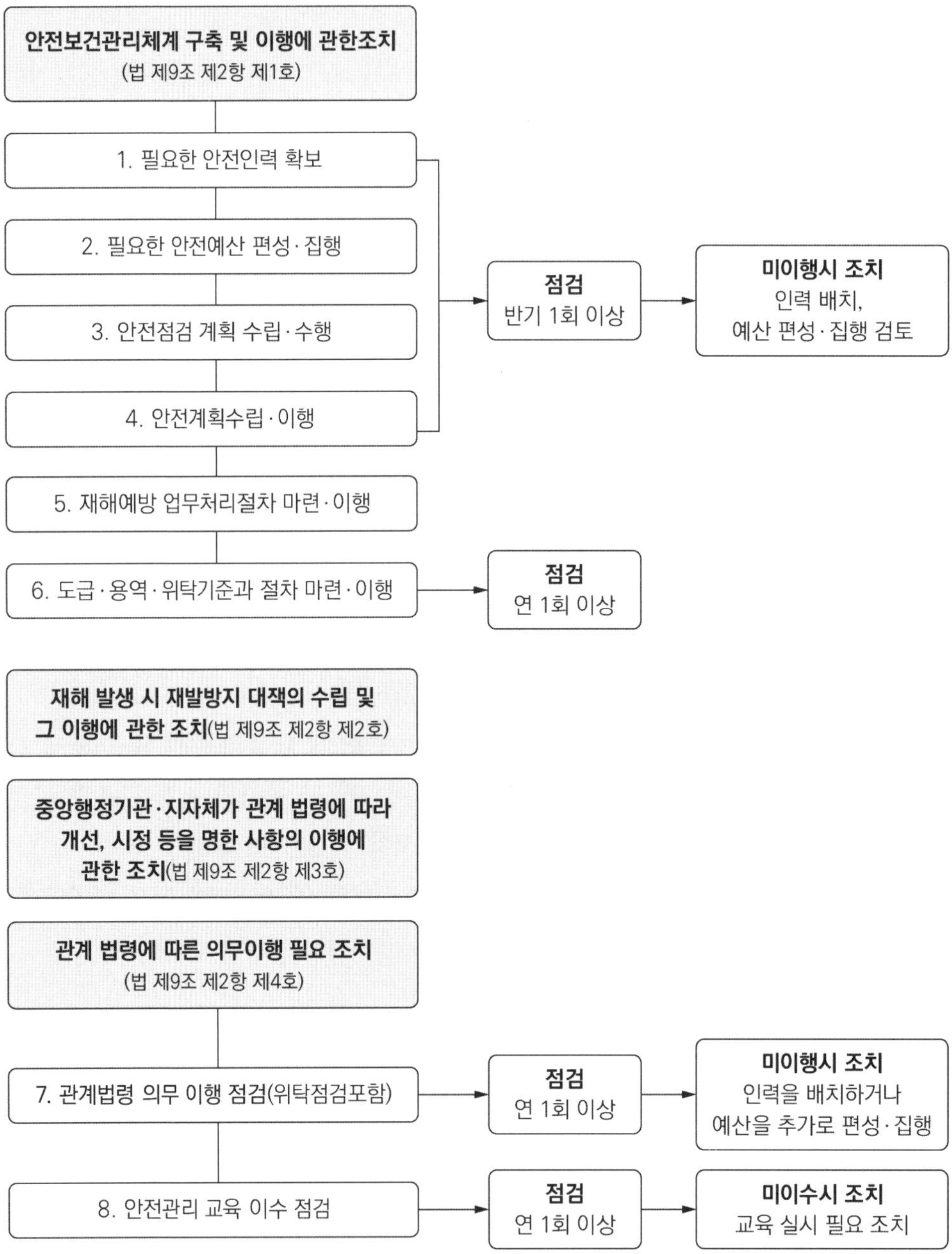

그림 8.1 안전보건 확보의무 요약표

02 안전보건관리체계의 구축과 이행에 관한 조치

2.1 법적 근거와 의의

안전보건관리체계의 구축 및 그 이행에 관한 조치(시행령 제10조)

법 제9조 제2항 제1호에 따른 조치의 구체적인 사항은 다음 각 호와 같다.

1. 다음 각 목의 사항을 이행하는 데 필요한 인력을 갖추어 중대시민재해 예방을 위한 업무를 수행하도록 할 것
   가. 법 제9조제2항제4호의 안전보건 관계 법령에 따른 안전관리 업무의 수행
   나. 제4호에 따라 수립된 안전계획의 이행
   다. 그 밖에 공중이용시설 또는 공중교통수단과 그 이용자나 그 밖의 사람의 안전에 관하여 국토교통부 장관이 정하여 고시하는 사항
2. 다음 각 목의 사항을 이행하는 데 필요한 예산을 편성 · 집행할 것
   가. 법 제9조제2항제4호의 안전보건 관계 법령에 따른 인력 · 시설 및 장비 등의 확보 · 유지와 안전점검 등의 실시
   나. 제4호에 따라 수립된 안전계획의 이행
   다. 그 밖에 공중이용시설 또는 공중교통수단과 그 이용자나 그 밖의 사람의 안전에 관하여 국토교통부 장관이 정하여 고시하는 사항
3. 공중이용시설 또는 공중교통수단에 대한 법 제9조제2항제4호의 안전보건 관계 법령에 따른 안전점검 등을 계획하여 수행되도록 할 것
4. 공중이용시설 또는 공중교통수단에 대해 연 1회 이상 다음 각 목의 내용이 포함된 안전계획을 수립하게 하고, 충실히 이행하도록 할 것. 다만, 공중이용시설에 대해 「시설물의 안전 및 유지관리에 관한 특별법」 제6조에 따라 시설물에 대한 안전 및 유지관리 계획을 수립 · 시행하거나 공중이용시설 또는 공중교통수단에 대해 철도운영자가 「철

도안전법」 제6조에 따라 연차별 시행계획을 수립·추진하는 경우로서 사업주 또는 경영책임자 등이 그 수립 여부 및 내용을 직접 확인하거나 보고받은 경우에는 안전계획을 수립하여 이행한 것으로 본다.

가. 공중이용시설 또는 공중교통수단의 안전과 유지관리를 위한 인력의 확보에 관한 사항

나. 공중이용시설의 안전점검 또는 정밀안전진단의 실시와 공중교통수단의 점검·정비(점검·정비에 필요한 장비를 확보하는 것을 포함한다)에 관한 사항

다. 공중이용시설 또는 공중교통수단의 보수·보강 등 유지관리에 관한 사항

5. 제1호부터 제4호까지에서 규정한 사항을 반기 1회 이상 점검하고, 직접 점검하지 않은 경우에는 점검이 끝난 후 지체없이 점검 결과를 보고받을 것
6. 제5호에 따른 점검 또는 보고 결과에 따라 인력을 배치하거나 예산을 추가로 편성·집행하도록 하는 등 중대시민재해 예방에 필요한 조치를 할 것
7. 중대시민재해 예방을 위해 다음 각 목의 사항이 포함된 업무처리절차를 마련하여 이행할 것. 다만, 철도운영자가 「철도안전법」 제7조에 따라 비상대응계획을 포함한 철도안전관리체계를 수립하여 시행하거나 항공운송사업자가 「항공안전법」 제58조제2항에 따라 위기대응계획을 포함한 항공안전관리시스템을 마련하여 운용한 경우로서 사업주 또는 경영책임자 등이 그 수립 여부 및 내용을 직접 점검하거나 점검 결과를 보고받은 경우에는 업무처리절차를 마련하여 이행한 것으로 본다.

가. 공중이용시설 또는 공중교통수단의 유해·위험요인의 확인·점검에 관한 사항

나. 공중이용시설 또는 공중교통수단의 유해·위험요인을 발견한 경우 해당 사항의 신고·조치요구, 이용 제한, 보수·보강 등 그 개선에 관한 사항

다. 중대시민재해가 발생한 경우 사상자 등에 대한 긴급구호조치, 공중이용시설 또는 공중교통수단에 대한 긴급안전점검, 위험표지 설치 등 추가 피해방지 조치, 관계 행정기관 등에 대한 신고와 원인조사에 따른 개선 조치에 관한 사항

라. 공중교통수단 또는 「시설물의 안전 및 유지관리에 관한 특별법」 제7조제1호의 제1종시설물에서 비상 상황이나 위급상황 발생 시 대피 훈련에 관한 사항

8. 제3자에게 공중이용시설 또는 공중교통수단의 운영·관리 업무의 도급·용역·위탁 등을 하는 경우 공중이용시설 또는 공중교통수단과 그 이용자나 그 밖의 사람의 안전을 확보하기 위해 다음 각 목에 따른 기준과 절차를 마련하고, 그 기준과 절차에 따라

도급 · 용역 · 위탁 등이 이루어지는지를 연 1회 이상 점검하고, 직접 점검하지 않은 경우에는 점검이 끝난 후 지체없이 점검 결과를 보고받을 것

가. 중대시민재해 예방을 위한 조치 능력 및 안전관리 능력에 관한 평가기준 · 절차

나. 도급 · 용역 · 위탁 등의 업무 수행 시 중대시민재해 예방을 위해 필요한 비용에 관한 기준

1) 조문 취지

중대재해처벌법은 공중이용시설 및 공중교통수단을 실질적으로 지배 · 운영 · 관리하는 사업주 또는 경영책임자에게 시민의 생명과 신체를 보호하기 위한 안전보건 확보의무를 부과하고 있으며 이를 이행하기 위한 구체적인 관리체계의 구축과 실행을 요구하고 있다.

이러한 안전보건관리체계는 단순한 현장 조치에 그치지 않고 조직적 · 경영적 차원에서 다음과 같은 핵심 요소를 포함한다.

① 자원 확보가 필수적이다. 이는 안전관리를 위한 인력의 확보와 배치, 예산의 편성 및 집행, 유해 · 위험요인의 도출과 점검을 포함한다. 특히 공중이용시설이나 공중교통수단은 다수 시민이 이용하는 공간이므로 사고 발생 시 피해 규모가 클 수 있어 자원의 적정성과 지속성이 매우 중요하다.

② 이러한 자원 확보와 이행을 위한 업무처리 절차의 마련이 요구된다. 이는 단순한 규정이 아니라 PDCA(Plan – Do – Check – Act) 사이클에 기반한 체계적 접근을 의미한다. 이를 위해 반기 1회 이상 점검을 통해 이행 여부를 확인하고 미흡한 사항에 대해서는 즉각적인 개선 조치를 취해야 한다.

③ 점검 결과에 따라 필요한 인력의 추가 배치, 예산의 보완, 교육실시 등 실질적인 조치가 뒤따라야 한다. 이는 단순한 형식적 점검이 아닌 중대시민재해 예방을 위한 실효성 있는 대응으로 이어져야 한다.

중대재해처벌법은 공중이용시설 및 공중교통수단의 안전관리를 단순한 현장 책임이 아닌

경영책임자의 전략적 의무로 규정하고 있으며 이를 통해 시민의 생명과 안전을 보호하고 사회적 신뢰를 확보하려는 법적 구조를 갖추고 있다.

2) 중대산업재해의 안전보건관리체계 활용의 문제점

중대산업재해와 중대시민재해를 동일한 안전보건관리체계로 운영하는 것은 근본적인 문제를 안고 있다. 두 재해 유형은 그 발생 배경, 피해 대상, 관리 목적과 방식이 서로 다르기 때문이다.

중대산업재해는 작업장 내 종사자의 안전보건 확보를 목표로 하며 산업안전보건법을 중심으로 한 작업환경 개선, 위험성평가, 보호구 착용 등 근로자 중심의 대응 방식을 취한다. 반면 중대시민재해는 공중이용시설, 공중교통수단 등 불특정 다수가 이용하는 공간에서 발생하며 일반 시민의 생명과 신체 보호를 목적으로 한다.

여기에 요구되는 안전보건관리체계는 시설물의 설계, 설치, 유지관리와 같은 기술적 요소뿐 아니라 행정적 통제, 계약 구조에 따른 책임 분산, 시민 이용 환경의 위험 요인 진단 등 훨씬 복잡하고 다양한 관점이 필요하다.

따라서 기존의 중대산업재해 중심 안전보건관리체계를 중대시민재해에 그대로 적용하는 것은 구조적으로 부적합하며 예방과 대응의 실효성이 떨어질 수밖에 없다.

공중이용시설이나 민간 다중이용시설 운영자는 중대시민재해 중심의 별도 관리 체계를 수립하고 공중이용시설에 특화된 점검 방식과 비상 대응 체계, 행정·법적 책임 구조를 운용해야 한다.

중대시민재해는 단순히 산업재해의 확장 개념이 아니라 사회적 책임과 공공성이 강조되는 독립적인 재해 유형으로 이해되어야 하며 이에 걸맞은 정책적·제도적 접근이 필요하다.

이처럼 목적과 관리방식이 상이함에도 불구하고 하나의 체계로 통합하려는 시도는 실질적인 위험 관리 능력을 저하시킬 수 있으며 시민의 생명과 안전을 보장하는 데 오히려 장애가 될 수 있다. 따라서 중대시민재해에 대해서는 별도의 안전보건관리체계를 구축하고 시설물 특성에 맞춘 점검 방식과 시민 중심의 대응 전략이 필요하다.

동일한 체계로 **중대산업재해 + 중대시민재해** 를 담당하는 것은 문제 있음
- 추구하는 목적, 접근방법이 서로 상이(**종사자 안전 + 이용자 안전**)

Tip 별도의 중대시민재해에 대한 안전보건관리체계 구축 필요

그림 8.2 중대산업재해의 안전보건관리체계 활용의 문제점

2.2 안전보건 관계 법령

공중이용시설을 운영하거나 관리하는 사업주 또는 경영책임자는 해당 시설의 유형에 따라 적용되는 다양한 안전보건 관계 법령에 따른 의무를 이행해야 하며 그에 맞는 관리 체계를 구축하고 이를 실질적으로 운용할 책임이 있다.

중대재해처벌법 시행령에서는 이러한 공중이용시설별 법령 예시를 구체적으로 제시하고 있다. 이는 시민의 생명과 안전에 직결되는 시설 운영에 있어 법적 이행 수준을 명확히 하기 위한 제도적 근거로 작용한다.

공중이용시설 또는 공중교통수단의 안전보건 관계 법령은 해당 공중이용시설 및 공중교통수단에 적용되는 것으로써 이용자나 그 밖의 사람의 안전보건을 확보하는 데 관련되는 법령을 말한다. 구체적으로는 다음 표와 같다.

표 8.1 안전보건을 확보하는 데 관련되는 법령

NO	법령 내용
1	공중이용시설 또는 공중교통수단의 안전 확보를 목적으로 하는 법률
2	이를 이용하는 국민의 안전을 위해 의무를 부과하는 법률
3	공중이용시설 및 공중교통수단을 구성하는 구조체, 시설, 설비, 부품 등의 안전에 대하여 안전점검, 보수 · 보강 등을 규정하는 법률
4	이용자의 안전을 위해 관리자, 종사자가 관련 교육을 이수토록 규정하는 법률 등

공중이용시설 또는 공중교통수단의 구조 안전, 이용 안전, 화재 안전 등이 아닌 효율적인 이용, 원활한 교통 흐름, 경제적인 가치를 고려한 성능 개선 등 부가적인 목적을 가진 법령은 일반적으로 안전보건 관계 법령에 해당하지 않는다.

또한 공중이용시설과 공중교통수단을 구성하는 요소 외에 목적을 위해 부가로 설치된 부대시설, 공작물 등에 대한 법령도 해당되지 않는다. 공중이용시설 대상별 안전보건 관계 법령의 예시는 다음 표와 같다.

표 8.2 공중이용시설 대상별 안전보건 관계 법령의 예시

NO	법령
1	도로시설(도로교량, 도로터널) : 시설물안전법
2	철도시설, 철도교량, 철도터널 : 시설물안전법, 철도건설법, 철도안전법
3	철도역시설 : 시설물안전법, 건축물관리법
4	공항시설(여객터미널) : 시설물안전법, 건축물관리법
5	항만시설(방파제, 파제제, 호안) : 시설물안전법, 항만법
6	댐 시설(다목적, 발전용, 홍수전용댐 등) : 시설물안전법, 댐건설관리법, 저수지댐법
7	건축물 : 시설물안전법, 건축물관리법, 초고층재난관리법
8	하천시설(하구둑, 제방 · 보) : 시설물안전법, 하천법
9	상하수도시설 : 시설물안전법, 수도법, 하수도법
10	옹벽 및 절토사면 : 시설물안전법

표 8.3 공중교통수단 대상별 안전보건 관계 법령의 예시

NO	법령
1	철도 분야(도시철도 차량, 철도 차량) : 철도안전법
2	버스 분야(시외버스) : 교통안전법, 여객자동차 운수사업법, 자동차관리법
3	항공 분야(운송용 항공기) : 항공안전법

표 8.4 공중이용시설 대상별 안전보건 관계 법령과 주요 내용 예시

시설 유형	적용 법령	주요 내용
지하역사, 철도역사, 여객터미널	철도안전법, 여객자동차 운수사업법, 시설물의 안전 및 유지관리에 관한 특별법	승강장 · 대합실 등 다중이용 공간의 구조 안전 및 점검 의무
공항시설	항공안전법, 공항시설법	항공기 및 여객터미널의 안전관리, 위기대응 계획 수립
대형 쇼핑몰, 복합상업시설	승강기안전관리법, 건축법	시설물 유지관리, 승강기 · 에스컬레이터 점검, 화재 예방 등
공연장, 체육시설	공연법, 체육시설의 설치 · 이용에 관한 법률	관람석 안전, 군중사고 예방, 대피훈련 등
병원, 의료기관	의료법, 감염병의 예방 및 관리에 관한 법률	환자 및 방문객 안전, 감염 예방, 시설 위생관리
박물관, 미술관, 도서관	박물관 및 미술관 진흥법, 도서관법	구조물 안전, 비상대피 통로 확보, 이용자 보호 조치
유원시설, 놀이공원	관광진흥법, 어린이놀이시설 안전관리법	놀이기구 안전성 검사, 어린이 보호 기준 준수
숙박업소, 장례식장	공중위생관리법, 장사 등에 관한 법률	위생 기준, 화재 · 가스 누출 예방, 지하시설 안전관리
식품 제조 · 판매시설	식품위생법, 소비자기본법	식품 안전, 유통기한 관리, 위해 요소 점검 등

지하역사, 지하도상가, 철도역사 등 다중이용시설에는 '시설물의 안전 및 유지관리에 관한 특별법', '철도안전법', '실내공기질관리법' 등이 적용되어 구조적 안전성과 공기질 등 환경 요소를 통합적으로 관리해야 한다. 의료기관, 어린이집, 노인요양시설 등 복지 및 돌봄 중심의 시설에는 '감염병예방법', '영유아보육법', '노인복지법', '의료법' 등 관련 법령이 적용되어 안전뿐만 아니라 질병 예방과 위생 기준도 함께 관리되어야 한다.

또한 대형 쇼핑몰, 공연장, 체육시설 등 상업 · 문화시설에는 '유통산업발전법', '공연법', '체육시설법', '소방시설법' 등을 중심으로 건축물의 안전, 화재 대응 체계, 다중인원 대응 시스템 등이 법령에 따라 정비되어야 한다.

어린이 놀이시설과 다중이용업소에는 각각 '어린이놀이시설 안전관리법', '다중이용업소의 안전관리에 관한 특별법' 등의 법령이 적용되어 이용자의 연령과 특성을 고려한 맞춤형 안전관리가 요구된다.

이처럼 공중이용시설별 안전보건 관계 법령은 시설의 구조, 기능, 이용 대상 등에 따라 세분화되어 있으며 사업주는 해당 법령을 명확히 이해하고 시설별 특성과 위험 요소를 반영해 안전관리체계를 구축해야 한다. 이는 중대시민재해를 예방하고 법령 이행의 실효성을 확보하기 위한 핵심적인 관리 의무로 작용한다.

중대시민재해 대상 공중이용시설에 적용되는 **안전 관계법령 파악, 이행**
- (**공사 중**) 건설기술진흥법, 건축법, 주택법, 소방시설법, 화재예방법 등
- (**유지관리**) 시설물안전법, 철도건설법, 철도안전법, 건축물관리법, 항만법, 댐건설관리법, 저수지댐법, 초고층재난관리법, 하천법, 수도법, 하수도법 등

Tip 공중이용시설에 적용되는 안전관계 법령 파악, 내용 분석

그림 8.3 안전보건 관계 법령 파악

2.3 필요한 인력 확보와 업무 수행(시행령 제10조 제1호)

중대재해처벌법 시행령 제10조 제1호는 사업주 또는 경영책임자가 중대시민재해를 예방하기 위해 반드시 수행해야 할 핵심적인 안전보건관리 조치를 명시하고 있다. 그중에서도 '필요한 인력의 확보 및 업무 수행에 관한 조치'는 가장 기초적이면서도 중요한 의무에 해당한다. 이는 단순히 법령에 따라 안전관리 인력을 형식적으로 선임하거나 인사 조직표에 이름을 올려두는 수준을 넘어 해당 인력이 실제로 안전보건 관련 업무를 원활히 수행할 수 있도록 실질적인 업무 환경을 마련해야 한다는 점에서 의미가 크다.

더 나아가 단순한 인력 확보에 그치지 않고 이들이 법령상 요구되는 업무를 실질적으로 수행할 수 있도록 제도적·재정적 지원이 병행되어야 한다.

또한 이러한 업무 수행의 상태는 반기 1회 이상 정기적으로 점검하여 법령상 업무가 실제로 제대로 이행되고 있는지를 평가하고 결과에 따라 인력을 재배치하거나 업무를 보완하는 조치를 취해야 한다.

1) 인력 확보의무

사업주 또는 경영책임자는 중대시민재해 예방을 위해 관련 업무를 수행할 인력을 확보해야 한다. 공중이용시설 및 공중교통수단은 그 유형과 규모가 다양하며 이를 운영하는 기업이나 기관의 상황과 여건 또한 상이하므로 확보해야 할 안전 인력의 수를 일률적으로 정하기는 어렵다. 따라서 경영책임자는 각 기관에서 안전 업무를 수행하는 인력이 충분히 확보되어 있는지를 점검하고 시민의 안전 및 보건 확보를 위해 필요한 경우 추가로 인력을 편성해야 한다. 이는 경영책임자가 반드시 관심을 갖고 직접 챙겨야 할 중요한 사항이다.

다만, 중대재해처벌법 시행 이후 반드시 새로운 인력을 추가로 확보해야 한다는 의미는 아니며 기존 인력을 활용해 법령상 요구되는 업무를 충분히 수행할 수 있는 경우에는 해당 의무를 이행한 것으로 볼 수 있다.

> 건설기술진흥법에 따른 안전, 품질, 시공관리 인력 배치 + 업무활동 증빙
> - 안전총괄책임자, 안전관리책임자, 안전관리담당자
> - 품질관리자, 시공관리자

Tip 안전보건 확보의무(안전보건관리체계: 안전인력 배치 + 업무수행)

그림 8.4 건설공사 중 안전 인력 배치

2) 점검 의무

중대재해처벌법 시행령 제10조 제5호 및 제6호는 사업주 또는 경영책임자에게 중대시민재해 예방을 위한 인력 확보와 그 관리에 관한 실질적 책임을 부여하고 있다. 해당 조항은 단순한 인력 배치에 그치지 않고 인력이 실제로 안전보건 관련 업무를 수행할 수 있도록 점검하고 개선하는 지속적이며 능동적인 관리 체계를 요구한다.

사업주는 먼저 인력 확보 관련 사항을 반기 1회 이상 점검해야 하며 이 점검은 내부적으로 수행하거나 외부 전문기관에 위탁할 수 있다. 직접 점검하지 않았더라도 시행령 제10조 제5호에 따라 점검 완료 후 지체없이 결과를 보고받아야 하며 단순히 점검을 위탁했다는 이유만으로 책임이 면제되지는 않는다.

점검 또는 보고 결과 인력 부족이나 업무 수행의 미흡 등이 확인되면 시행령 제10조 제6호에 따라 즉시 추가 인력을 배치하거나 기존 인력이 부여받은 업무를 충실히 수행하도록 지시하는 등 필요한 조치를 취해야 한다. 이는 단순한 인사조치를 넘어 중대시민재해 예방을 위한 법적 의무로써 인력의 수뿐만 아니라 역할의 명확성, 권한의 적절성, 업무 수행의 실효성까지 포괄하는 관리 책임이다.

결국 이 조항은 사업주 또는 경영책임자가 조직 내 안전보건관리체계가 실질적으로 작동하고 있는지를 주기적으로 점검하고 그 결과에 따라 개선 조치를 취할 것을 요구하는 핵심적인 실행 장치라고 할 수 있다.

3) 안전보건 관계 법령에 따른 안전관리 업무의 수행과 필요인력

법령에 따른 안전관리 업무에는 안전점검, 보수·보강, 안전조치 등이 포함된다. 이러한 업무가 원활히 수행될 수 있도록 충분한 인력을 확보하는 것이 필수적이다.

표 8.5 법령에 따른 안전관리 업무와 인력 배치

NO	업무	내용
1	안전점검 업무	• 법률에서 정기적으로 공중이용시설 또는 공중교통수단에 대해 실시하도록 규정한 안전점검, 정기점검, 정기안전점검, 안전진단, 정밀진단, 정밀안전진단, 긴급점검, 긴급안전점검 등 정기적인 점검업무 - 시설물안전법에 따른 정기안전점검, 정밀안전점검, 정밀안전진단 등
2	보수·보강 업무	• 공중이용시설 및 공중교통수단에 대한 점검의 결과로 중대한 결함 등이 발견되었을 때 법률 및 시행령에서 의무적으로 수행하도록 한 보수·보강 등의 업무 - 시설물안전법에 따른 정밀안전진단 등의 결과로 중대한 결함이 발견되었을 때 이에 대한 보수·보강 업무
3	안전조치 업무	• 법률에서 규정한 긴급안전조치, 공중이용시설 사용제한·사용금지·해체, 용도제한, 위험표지의 설치 등의 업무

만약 중대시민재해가 발생한 경우 법령에 따라 필요한 안전관리 인력을 적절히 확보하지 않아 안전보건 확보의무를 위반했다면 해당 사업주 또는 경영책임자는 처벌을 받을 수 있다.

4) 수립한 안전계획의 이행과 필요인력

공중이용시설 또는 공중교통수단에 대한 안전점검 및 점검 · 정비, 보수 · 보강 등의 계획이 원활히 이행될 수 있도록 관련 인력을 충분히 확보해야 한다. 이때 확보해야 할 인력은 안전계획의 내용을 직접 수행하는 인력과 계획에 포함된 각 항목의 이행 여부 및 이행 수준을 점검하는 데 필요한 인력을 포함한다. 이러한 인력은 안전계획의 이행을 담당하는 핵심 인력으로 간주될 수 있다. 공중이용시설 안전보건 인력 확보 예시는 다음 표와 같다.

표 8.6 공중이용시설 안전보건 인력 확보 예시

NO	시설분류	공중이용시설 안전보건 인력 확보 참고지침
1	「시설물안전법」 상 시설물	• 「시설물의 안전 및 유지관리 실시 등에 관한 지침」 - [별표22] 시설물별 직접인건비 기준인원수 - [별표23] 시설물별 조정비 - [별표24] 기준인원수(또는 조정비) 보강 - [별표27] 군집시설물의 기준인원수 산정 방법
2	건축물 (노인요양시설)	• 「노인복지법 시행규칙」 - [별표4] 노인의료복지시설의 시설기준 및 직원 배치기준
3	건축물 (유기시설)	• 「관광진흥법 시행규칙」 - 제41조 안전관리자의 자격 · 배치기준 및 임무 등

5) 국토교통부 고시로 정한 사항의 이행과 필요인력

안전보건 관계 법령에 따른 안전관리 업무의 수행(가목) 또는 시행령 제10조 제4호에 따라 수립된 안전계획의 이행(나목) 이외에도 기업 또는 기관이 인력을 확보해야 할 대상 업무가 국토교통부 고시를 통해 추가로 규정되어 있다(공중이용시설 및 공중교통수단의 재해예방에 필요한 인력 및 예산 편성 지침, 국토교통부고시 제2022-55호, 2022.01.24. 제정).

이는 공중이용시설 및 공중교통수단의 유형과 규모가 다양하고 이를 운영하는 기업 또는 기관의 상황과 여건도 다를 수 있다는 점을 고려했다. 따라서 직접적으로 안전 인력의 수를 정하기보다는 수행해야 할 안전 업무를 규정하는 방식으로 제시되고 있다. 경영책임자는 각 기관의 안전 업무 수행인력이 충분히 확보되어 있는지를 점검하고 시민의 안전 및 보건 확보를 위해 필요한 경우 추가로 인력을 편성해야 한다.

다만, 모든 경우에 추가 인력을 확보해야 한다는 의미는 아니며 기존 인력을 활용하여 법령상 요구되는 안전 업무를 충분히 수행할 수 있는 경우에는 해당 의무를 이행한 것으로 간주될 수 있다.

공중이용시설 및 공중교통수단의 재해예방에 필요한 인력 및 예산 편성 지침

제3조(공중이용시설 관련)

① 사업주와 경영책임자 등은 다음 각 목의 사항이 이행되도록 인력을 확보 · 편성한다.

1. 공중이용시설의 유해 · 위험요인 확인 · 점검
2. 공중이용시설의 유해 · 위험요인이 발견 또는 신고 접수된 경우 긴급안전점검, 긴급 안전조치(이용제한, 위험표지설치 등), 정비 · 보수 · 보강 등 개선

② 사업주와 경영책임자 등은 다음 각 목의 사항이 이행되도록 예산을 편성 · 집행한다.

1. 공중이용시설의 유해 · 위험요인 확인 · 점검
2. 공중이용시설의 유해 · 위험요인이 발견 또는 신고 접수된 경우 긴급안전점검, 긴급 안전조치(이용제한, 위험표지설치 등), 정비 · 보수 · 보강 등 개선
3. 중대시민재해 발생 시 원인 개선과 유사사례 방지 등을 위한 종사자 교육 또는 이용자 안내 조치
4. 안전관리에 필요한 시설 및 설비의 설치, 물품 · 보호구 및 장비의 구입
5. 시행령 제11조에 따른 안전의무 이행 점검

제4조(공중교통수단 관련)

① 사업주와 경영책임자 등은 다음 각 목의 사항이 이행되도록 인력을 확보 · 편성한다.

1. 공중교통수단의 유해 · 위험요인 확인 · 점검

2. 공중교통수단의 유해 · 위험요인이 발견 또는 신고 접수된 경우 긴급안전점검, 긴급안전조치(운행제한 등), 차량 등의 정비 · 보수 · 보강 · 교체 등 개선

② 사업주와 경영책임자 등은 다음 각 목의 사항이 이행되도록 예산을 편성 · 집행한다.

1. 공중교통수단의 유해 · 위험요인 확인 · 점검
2. 공중교통수단의 유해 · 위험요인이 발견 또는 신고 접수된 경우 긴급안전점검, 긴급안전조치(운행제한 등), 차량 등의 정비 · 보수 · 보강 · 교체 등 개선
3. 중대시민재해 발생 시 원인 개선과 유사사례 방지 등을 위한 종사자 교육 또는 이용자 안내 조치
4. 안전관리에 필요한 설비의 설치, 물품 · 보호구 및 장비의 구입
5. 시행령 제11조에 따른 안전의무 이행 점검

인력 확보 업무와 관련한 국토교통부 고시의 주요 내용은 다음과 같다.

(1) 유해 · 위험요인 확인 · 점검업무

사업주 또는 경영책임자는 유해 · 위험요인을 확인하고 점검함으로써 재해발생 가능성을 사전에 파악하고 이를 관리하기 위한 업무처리 절차를 마련해야 할 법적 의무를 부담한다. 이러한 의무가 실효성 있게 이행될 수 있도록 유해 · 위험요인의 확인 및 점검업무를 수행할 전문 인력을 충분히 확보해야 한다.

(2) 유해 · 위험요인이 발견되거나 신고가 접수된 경우 긴급안전점검, 긴급안전조치, 정비 · 보수 · 보강 등 개선을 위한 업무

유해 · 위험요인이 공중이용시설에서 발견되었거나 관련 신고가 접수된 경우 사업주 또는 경영책임자는 해당 위험으로 인한 중대시민재해를 예방하기 위해 즉각적인 점검 · 조치 · 개선 등의 일련의 업무를 수행해야 할 법적 의무를 부담한다. 이러한 대응 업무는 단순히 개별 부서의 임시적 조치가 아니라 조직적으로 마련된 업무처리 절차에 따라 체계적으로 이행되어야 하며 구체적인 내용은 다음과 같다.

① 긴급 안점점검

우선 긴급안전점검은 신고 또는 발견된 유해·위험요인을 중심으로 즉시 현장에서 실시되어야 한다. 육안 점검뿐 아니라 필요시 법령에 따른 기술 진단 또는 정밀 점검까지 포함된다. 점검은 내부 안전관리담당자나 시설 담당자가 수행할 수 있으며 위험의 정도에 따라 외부 전문기관의 객관적인 진단을 의뢰할 수도 있다. 해당 점검은 위험요인의 실제 존재 여부와 심각성을 판단하기 위한 기초 과정이며 결과는 안전관리대장에 기록된 후 경영책임자에게 보고되어야 한다.

② 긴급 안전조치

점검 결과 즉시 조치가 가능한 경미한 위험요인은 현장에서 즉각 개선되어야 한다. 중대한 위험요인은 시설·설비 사용 중지, 출입 통제, 위험 구역 설정, 경고 표지 설치 등 긴급 대응조치가 신속히 시행되어야 한다. 필요시 정밀안전진단이 병행되며 조치 결과는 해당 신고자에게도 안내되어야 한다.

그 후 구조적·지속적 대응으로써 정비·보수·보강 작업이 진행된다. 이는 위험요인이 시설물의 구조적 또는 기능적 결함에 기인한 경우에 필요한 조치로 정비는 기계나 설비의 성능 회복을 위한 조정·청소·교체, 보수는 물리적 손상 부위의 복구, 보강은 구조적 안정성 강화를 위한 추가 설치나 설계 변경 등을 포함한다. 해당 조치는 관련 법령과 기술 기준에 따라 설계되며 전문 인력과 예산이 지원되어야 한다.

③ 단발적 대응에 그치지 않도록 후속 관리 및 재발방지 체계 작동

점검 및 조치 결과는 문서화되며 유사한 위험요인의 존재 가능성이 있는 다른 시설에도 공유된다. 반기 1회 이상 전체 대응 절차의 실효성을 점검하고 필요시 인력 재편성 및 절차 개선이 수행되어야 한다.

결국 유해·위험 요인에 대한 대응은 단순한 현장 조치가 아니라 사업주 또는 경영책임자가 책임지고 운영해야 할 법적·관리적 안전관리체계의 핵심 요소이며 이는 시민의 생명과 안전을 보호하는 실질적인 재해예방 활동으로 기능한다. 이러한 의무가 효과적으로 이행될 수 있도록 유해·위험 요인 발견 또는 신고 시 안전조치 및 개선 업무를 수행할 전문 인력을 확보해야 한다.

표 8.7 유해 · 위험요인 예시

분야	시설분류	공중이용시설 안전보건 인력 확보 예시
교량	교면 포장 및 표면 균열 · 손상	• 포장 불량 • 포장 손상(A) • 신축이음 파손(B)
	난간/연석 손상	• 배수구, 배수관 등 막힘(A) • 누수로 인한 구조물 부식 • 난간/연석 파손(B) 등
터널	노면 균열 · 손상	• 포장 불량 • 포장 손상(A, B)
	안전시설 손상	• 방호벽, 가드레일 손상 및 결함(A) • 고정부 손상 및 전도 우려(B) 등
건축물	안전시설, 구조체 손상	• 난간 손상, 미설치(A) • 구조체 손상(B)
	내 · 외부 마감재 손상	• 내부 마감 손상으로 균열 발생(A) • 외부 마감재 손상(B)
철도 차량	부품 손상	• 차량 부품의 과도한 마모, 탈락 등

국토교통부는 「중대시민재해 해설서」에서 유해 · 위험 요인의 예시를 표 8.7과 같이 제시하고 있다. 그러나 일부 항목은 구조안전, 이용안전, 화재안전과 직접 관련되지 않고 효율적인 이용, 교통 흐름 개선, 경제적 가치 증진 등 부가적인 목적을 포함하고 있어 해석상 논란이 발생할 여지가 있다. 예를 들어 도로포장 불량으로 인해 차량 전복 사고가 발생한 경우 해당 위험요인을 '이용안전'이 아닌 '기능상 효율'로 볼 경우 적용 여부에 대한 해석이 엇갈릴 수 있다. 이에 따라 향후 명확한 기준 설정이 요구된다.

6) 중대시민재해를 위한 안전 전담 조직 구성

중대시민재해를 예방하고 시민의 생명과 안전을 보호하기 위해서는 체계적인 안전관리체계 구축이 필수적이다. 이를 위한 핵심 조치 중 하나가 바로 안전 전담 조직의 구성이다.

「중대재해처벌법」에서는 중대산업재해의 경우와 달리 중대시민재해에 대한 전담 조직의 구성에 대해서는 직접적으로 규정하고 있지는 않다. 그러나 일정 요건을 충족하는 기업이나 기관은 중대시민재해 전담조직을 마련하는 것이 매우 바람직하다. 이러한 조직은 단순히 사고에 대비하는 방어적 장치가 아니라 일상적인 업무 속에서 위험요인을 식별하고 개선하는 능동적 관리 주체로 운영되어야 한다.

안전전담 조직은 조직 내에서 독립적이며 전문적인 역할을 수행하며 최소 2명 이상의 안전보건 전문 인력으로 구성된다. 이들은 다음과 같은 주요 업무를 담당한다.

① 정책 수립 및 제도운영
② 유해 · 위험요인의 점검 및 개선
③ 예산 편성 및 집행
④ 교육훈련 및 비상대응 체계 구축
⑤ 도급 · 용역 · 위탁 등 외부 활동에 대한 안전 감시 및 조치

2023년 7월 15일, 충북 청주시 오송읍 궁평2 지하차도에서 발생한 침수 사고는 14명의 사망자를 낳은 참혹한 재난으로 「중대재해처벌법」상 중대시민재해로 규정된 첫 사례가 되었다. 이 사건은 단순한 자연재해가 아닌 관리 · 예방 시스템의 실패가 복합적으로 얽힌 인재(人災)로 평가받고 있다. 이 사건은 중대시민재해 전담 조직의 필요성과 역할을 극명하게 보여주는 사례이다.

청주시는 미호강 제방의 유지 · 보수 책임을 위임받았음에도 불구하고 안전점검을 생략하거나 허위로 등록하는 등 관리 의무를 소홀히 했다는 지적을 받았다. 중대시민재해 전담조직은 있었지만 행정직렬 1명만 배치된 형식적인 조직으로 실질적인 예방 기능을 수행하지 못했다. 검찰은 청주시장을 중대시민재해 혐의로 기소하면서 전담 조직의 실효성 부족이 법적 책임으로 이어질 수 있음을 보여주었다.

오송 참사를 통해 드러난 문제점을 바탕으로 중대시민재해 전담 조직은 다음과 같은 기능을 강화할 필요가 있다. 전담조직은 단순한 형식적 운영을 넘어 실질적인 역량과 운영체계를 갖춰야 효과를 발휘할 수 있다.

① 실질적인 인력 배치가 핵심

안전보건 전문 인력을 충분히 확보함으로써 단순 행정적 업무를 넘어선 기술적 점검과

현장 중심의 대응이 가능해야 한다. 이들은 각종 시설물, 공사 현장, 도시 기반시설에 대해 정기적이고 체계적인 점검을 수행하며 위험 요소를 식별하고 개선방안을 제시하는 역할을 해야 한다.

② 예방 중심의 운영 철학 구축

재난이 발생한 뒤에 대응하는 방식이 아니라 재난 발생 가능성을 사전에 탐지하고 위험 요소를 제거하는 데 초점을 맞춰야 한다. 이는 시민의 생명과 안전을 최우선 가치로 삼는 전담 조직의 근본 방향이 되어야 한다.

③ 부서 간 협업 체계

안전은 특정 부서만의 문제가 아니라 하천 관리, 도로 유지, 건설 행정 등 다양한 부서가 연결되어 작동되는 구조다. 따라서 관련 부서 간 정보 공유는 물론 공동 대응체계와 정기적인 협업 프로세스가 정립되어야 한다.

④ 운영이 현실적인 성과로 이어지기 위해서는 예산과 권한 확보가 필수적

안전점검과 시설 개선은 예산이 수반되어야만 실현 가능하며 조직이 실질적인 조치를 취할 수 있도록 행정적 권한 역시 명확히 부여되어야 한다.

표 8.8 중대시민재해 전담 조직 운영의 4대 핵심 요소

요소	설명
1. 실질적 인력 배치	• 단순 행정직이 아닌 안전보건 전문 인력 확보 필요 • 기술적 점검과 현장 대응이 가능한 인력이어야 함
2. 예방 중심 운영 철학	• 사고 발생 후 대응이 아닌 사전 위험 탐지 및 제거에 초점 • 시민 생명 보호를 최우선 가치로 설정
3. 부서 간 협업 체계	• 하천, 도로, 건설 등 다양한 부서와의 정보 공유 • 공동 대응 프로세스 구축 필수
4. 예산 및 권한 확보	• 점검과 개선을 위한 예산 편성과 실질적 조치를 위한 행정적 권한 부여가 반드시 병행되어야 함

이 네 가지 요소는 중대시민재해 안전전담 조직이 형식적인 수준에 그치지 않고 실질적인 기능을 수행하기 위한 기본 조건이다.

(오송지하차도 **청주시** 사례) 중대재해 TF에 **담당인력 1명만 형식적 지정**
- 기존 업무수행 + 예상 못한 **추가 위험성(창원 NC) 확인, 조치** 위해 필요

Tip 별도의 중대시민재해 전담조직 구성 필요(시설물 유지관리 경력)

그림 8.5 중대시민재해 전담 조직 구성

2.4 필요한 예산 확보 및 집행(시행령 제10조 제2호)

중대재해처벌법 시행령 제10조 제2호는 사업주 또는 경영책임자에게 중대시민재해 예방을 위해 필요한 예산을 사전에 확보하고 이를 실제로 집행하도록 하는 법적 의무를 명확히 부과하고 있다. 이는 단순히 회계상 예산 항목에 안전관리 비용을 포함시키는 수준을 넘어서 안전보건관리체계가 실질적으로 작동할 수 있도록 구체적이고 실행 가능한 재정적 기반을 마련하는 것을 의미한다.

사업주는 조직의 규모, 업종 특성, 시설의 위험도 및 이용자 수 등을 고려하여 중대시민재해 예방을 위한 필수 안전 업무 항목들을 식별하고 항목별로 적정 예산을 편성해야 한다. 이러한 항목에는 안전관리자 및 보건관리자 등의 인건비, 유해·위험요인에 대한 정기점검 및 긴급진단 비용, 교육실시를 위한 강사료 및 교육자료 제작비, 설비 보강 및 구조 개선에 따른 공사비, 비상대응체계 운영을 위한 훈련비나 보호구 구입비 등이 포함될 수 있다.

예산의 편성에 그치지 않고 실제로 집행하는 것이 이 조항의 핵심이며 형식적인 예산 항목 설정이나 집행 연기 등은 법령 이행 의무를 충족하는 것으로 간주되지 않는다. 안전보건 업무가 예산 부족 또는 우선순위 부족으로 인해 지연되거나 무산되는 일이 없도록 경영책임자는 해당 예산을 안정적으로 확보하고 필요시 추가 예산을 신속히 반영하는 절차를 마련해야 한다.

또한 예산 집행 과정은 투명하고 책임 있는 방식으로 운영되어야 한다. 집행 내역은 내부 점검이나 외부 감사 등을 통해 검증 가능해야 한다. 반기 1회 이상 예산 집행의 이행 여부와 그 실효성을 확인하고 미흡한 경우에는 개선 조치를 취할 수 있도록 관리체계를 구축해야 한다.

결국 시행령 제10조 제2호는 중대시민재해 예방에 있어 안전보건이 단순한 운영 항목이 아니라 기업이나 기관의 경영 핵심 가치로 내재화되어야 함을 강조하는 조항이다. 예산 확보와 집행은 경영책임자가 안전 문제를 조직의 전략적 우선순위로 설정하고 있다는 것을 나타내는 가장 직접적인 증표이며 이는 사고 예방뿐 아니라 법적·사회적 책임을 다하는 데 필수적인 기반이 된다.

1) 예산 편성 의무

중대시민재해 예방을 위해 필요하다고 인정되는 업무에 대하여 사업주 또는 경영책임자 등은 해당 업무를 수행하기 위한 예산을 편성하고 실제로 집행하도록 하는 의무가 규정되어 있다.

다만, 공중이용시설 및 공중교통수단의 유형과 규모가 다양하고 이를 운영하는 기업 또는 기관의 상황과 여건도 서로 다를 수 있는 점을 고려해야 한다. 법령에서는 편성해야 할 안전 예산의 구체적인 규모를 직접 규정하기보다는 예산이 투입되어야 할 안전 업무 항목들을 제시하고 있다.

경영책임자 등은 각 법인·기관이 안전 업무를 수행하는 데 필요한 예산이 충분히 편성되었는지를 확인하고 시민의 안전과 보건을 확보하기 위해 필요한 경우에는 예산을 추가로 편성해야 한다. 단, 모든 경우에 추가 예산을 확보해야 한다는 의미는 아니며 기존에 편성된 안전 예산을 활용하여 충분히 업무 수행이 가능한 경우에는 추가 예산 없이도 해당 의무를 이행한 것으로 간주될 수 있다.

2) 점검의무

사업주 또는 경영책임자 등은 시행령 제10조 제5호에 따라 예산 편성·배치에 관한 사항을 반기 1회 이상 점검해야 한다. 이때 직접 점검하지 않은 경우에는 점검 종료 후 지체없이 그 결과를 보고받아야 한다. 또한 시행령 제10조 제6호에 따라 점검 또는 보고 결과를 바탕으로 안전보건관리에 필요한 예산을 추가로 편성하거나 기존 예산을 조정하는 등 적절한 조치를 신속히 취해야 한다.

3) 예산 편성 규모와 항목

재해예방에 필요한 예산은 해당 공중이용시설 및 공중교통수단을 운영하는 사업주, 법인 또는 기관의 규모, 운영 형태, 위험요인 및 이용자의 특성 등 다양한 상황과 여건에 따라 달라질 수 있다. 그러나 다음과 같은 항목에 대해서는 예산을 확보하는 것이 바람직하다.

① 전담 인력 인건비 : 안전관리자, 보건관리자 등의 배치와 운영을 위한 인건비
② 위험요인 점검 비용 : 정기적인 안전점검, 긴급진단 및 리스크 평가에 필요한 예산
③ 교육 및 홍보비 : 안전교육 실시를 위한 강사료, 교육자료 제작비, 이용자 대상 홍보비용 등
④ 설비 개선 및 보강비 : 낡은 시설의 보수, 구조물의 안전성 강화 등에 따른 공사비
⑤ 비상 대응체계 운영비 : 재난 대비 훈련비, 보호구 및 응급구호 장비 구입비
⑥ 안전보건관리체계 점검 및 관리비 : 안전보건관리체계의 실효성 점검, 개선조치 수행을 위한 행정 지원 비용

이러한 예산 항목은 안전보건관리체계가 실질적으로 작동하도록 하기 위한 최소한의 재정적 기반이며 법령이 요구하는 경영자의 책임 이행을 위한 핵심 요소이다.

표 8.9 필요한 예산 확보

NO	시행령에 따른 예산 항목
1	• 안전보건 관계 법령에 따른 안전관리 업무의 수행(가목)
2	• 안전계획의 이행(나목)
3	• 국토교통부고시로 정한 사항의 이행(다목)

표 8.10 놀이공원 운영사의 예산 항목별 내용 예시

항목	시행령에 따른 예산 항목	비고
전담 인력 인건비	• 놀이기구 안전관리 담당자 급여 • 응급구조 인력 및 의료 지원 인건비	혼잡도와 기구 운행시간에 따른 탄력 배치 필요
놀이기구 안전 점검	• 기구별 정기검사 수수료 • 부품 교체 및 정비 비용 • 외부 기술기관 진단 위탁비	사고 이력 높은 기종은 점검 주기 강화 권장
비상 대응체계 운영비	• 응급처치 키트 및 AED 구입비 • 사고 대응 훈련비 및 매뉴얼 제작 • 비상 방송 시스템 유지비	연간 정기훈련 및 매뉴얼 숙지 필요
관람객 대상 안전 교육 · 홍보비	• 입장 전 안전 안내 영상 제작 • 홍보물 인쇄 및 현장 배포 • 다국어 안내문 제작	외국인 관광객 대응 필수
시설 개보수 및 환경 개선비	• 통행로 정비 및 미끄럼 방지 설비 • 방수 · 방풍 시설 보강 • 놀이기구 주변 울타리 설치비	안전구역 명확화 및 유아 보호구역 조성 포함
안전계획수립 및 관리체계 운영비	• 안전계획 점검 • 내부 보고서 작성 및 외부 컨설팅 비용	법적 규정 반기 점검 및 보고 대응 포함

표 8.11 안전보건 예산 편성 항목 및 세부 내용 예시

구분	필요 예산 항목	세부 내용
안전계획 이행	안전점검 비용	• 공중이용시설 : 안전점검, 정밀안전진단 비용 • 공중교통수단 : 점검, 정비, 장비확보 비용
	유지관리 비용	• 공중이용시설 및 공중교통수단 보수 · 보강 등 유지관리에 필요한 비용
	안전계획 이행에 필요한 인력 확보 비용	• 안전 인력 확보 및 유지 비용
	개선조치 요구사항 이행비용	• 이행점검 결과 개선조치 요구사항을 이행하는 데 필요한 비용
시민재해 관리 업무처리절차 이행	유해 · 위험요인 점검 비용	• 이용자 측면에서 유해 · 위험요인 확인 · 점검 비용
	유해 · 위험요인 신고시스템 운영 비용	• 별도 신고시스템 운영 시 시스템 운영 비용(국민신문고 등 공통시스템 사용 시 개별적으로 편성할 필요 없음)

구분	필요 예산 항목	세부 내용
	유해 · 위험요인 발견 시 보수 · 보강 등 대응 비용	• 유해 · 위험요인 신고, 발견 시 보수 · 보강 등 개선조치에 필요한 비용
	중대시민재해 발생 시 대응 비용	• 사상자 등에 대한 긴급구호조치, 긴급안전점검, 위험표지 설치 등 추가 피해방지 조치, 원인조사, 개선조치에 필요한 비용
	대피훈련 시행 비용	• 비상 상황이나 위급상황 발생 대비 대피훈련 소요 비용(1종 시설물, 공중교통수단)
재해발생 시 재발방지 대책 수립 · 이행	재해발생 시 재발방지 대책 수립 및 이행비용	• 재해발생 시 재해발생 원인조사 및 분석 비용, 재발방지 대책 수립 용역 비용(필요시), 재발방지 대책 이행에 필요한 비용
개선 · 시정 명한 사항 이행	중앙행정기관 · 지자체 개선 · 시정 명한 사항 이행비용	• 중앙행정기관, 지자체가 개선 · 시정 명한 사항 이행계획 수립 및 시행에 필요한 비용
안전보건 관계 법령상 의무 이행	안전 · 보건 관계 법령에 따른 인력 · 시설 · 장비 비용	• 시설물별 안전보건 관계 법령에 따른 인력 · 시설 · 장비 확보 · 유지 비용
	안전 · 보건 관계 법령상 의무이행에 필요한 비용	• 시설물별 안전 · 보건 관계 법령에 따른 안전점검 등 의무이행에 필요한 비용
	의무이행 점검 위탁 비용	• 연 1회 안전 · 보건 관계 법령상 의무이행 여부 점검 위탁비용(외부 위탁 시만)
	법정 의무교육 이수 비용	• 시설물별 법정 의무교육 대상자 교육 이수에 필요한 비용

4) 안전보건 관계 법령에 따른 안전관리 업무의 수행(가목)

안전보건관계 법령에 따른 안전관리 예산에는 안전 점검 비용, 보수 · 보강 비용, 안전조치 비용, 인건비 등이 포함된다.

표 8.12 안전보건관계 법령에 따른 안전보건 업무 수행에 필요한 예산

NO	항목	안전보건 업무 수행에 필요한 예산
1	안전점검 비용	• 법률에서 정기적으로 공중이용시설 또는 공중교통수단에 대해 실시하도록 규정한 안전점검, 정기점검, 정기안전점검, 안전진단, 정밀진단, 정밀안전진단, 긴급점검, 긴급안전점검 등의 비용 -「시설물안전법」에 따른 정기안전점검, 정밀안전점검, 정밀안전진단 등
2	보수 · 보강 비용	• 공중이용시설 및 공중교통수단에 관한 점검의 결과로 결함 등이 발견되었을 때 법률 및 시행령에서 수행토록 한 시설물 보수 · 보강 등의 비용 -「시설물안전법」에 따른 정밀안전진단 등의 결과로 중대한 결함이 발견되었을 때 이에 대한 보수 · 보강 업무
3	안전조치 비용	• 법률에서 규정한 긴급안전조치, 사용제한 · 사용금지 · 해체, 용도제한, 위험표지의 설치 등의 비용
4	인건비	• 법령에서 규정한 안전점검, 보수 · 보강, 안전조치, 수행하는 인력의 고용, 운영 비용
5	기타	• 그 외에 법정 안전계획의 수립, 빕징 안전교육의 실시 등에 소요되는 비용도 안전 관련 예산으로볼 수 있음

중대재해처벌법 시행령 제10조 제2호와 국토교통부 해설서에 따르면 사업주 또는 경영책임자는 공중이용시설 및 공중교통수단의 운영에 있어 중대시민재해를 예방하기 위한 안전보건관리체계를 실질적으로 구축하고 이행하기 위해 필요한 예산을 사전에 확보하며 이를 적절히 집행해야 할 법적 의무를 부담한다. 해당 예산은 단순히 형식적 항목으로 편성하는 것이 아니라 시설의 유형과 위험도, 이용자 특성 등을 반영하여 실제로 작동 가능한 안전체계를 뒷받침하는 실행 예산이어야 한다.

5) 안전계획의 이행(나목)

안전계획은 단순한 예방 활동을 넘어 자원 배분과 조직 운영의 중심축으로 작동해야 하며 이를 실현하기 위한 예산 편성과 집행은 중대시민재해 예방을 위한 핵심 수단이다. 사업주는 모든 관련 항목이 빠짐없이 반영되도록 사전 계획을 수립하고 집행 후에는 그 내역과 결과를 점검하여 지속적으로 보완 · 강화하는 체계를 운영해야 한다.

공중이용시설 또는 공중교통수단의 안전관리를 위해 수립된 계획이 현장에서 실효성 있게 이행되기 위해서는 적절하고 충분한 예산의 확보와 집행이 필수적이다. 중대재해처벌법 시행령 제10조 제2호와 국토교통부 해설서에서는 이 점을 명확히 하고 있다. 사업주 또는 경영책임자는 해당 시설의 규모, 이용자 수, 위험요인 등에 따라 계획 수립 단계에서부터 필요한 예산을 구체적으로 산정하고 이를 실제로 집행하여 안전점검, 정비, 보수·보강 등 각종 조치가 중단 없이 실행될 수 있도록 해야 한다.

안전계획의 이행은 단순히 계획서 작성이나 절차 수립에 그치는 것이 아니라 정기적이고 반복적인 점검과 개선조치가 현장에서 실질적으로 이루어지고 있는지 여부를 평가하는 과정이 수반되므로 이행 여부와 그 정도를 점검하는 데 소요되는 비용 또한 '안전계획 이행'의 일부로 간주된다. 예컨대 공중이용시설에 대한 정밀안전진단, 공중교통수단의 장비 확보 및 정비, 점검 결과에 따른 보강 공사, 안전조치 이행 상황에 대한 외부 평가 등은 모두 예산의 직접적인 집행 항목에 포함되어야 한다.

또한 안전계획의 이행 여부 점검을 외부 전문기관에 위탁하는 경우 해당 위탁 비용 역시 정당한 예산 항목으로 편성되어야 하며 이는 경영책임자가 안전보건관리체계를 적극적으로 관리하고 있다는 증거로 작용한다.

6) 국토교통부 고시로 정한 사항의 이행(다목)

국토교통부 고시로 정한 사항은 공중이용시설 및 공중교통수단의 재해예방에 필요한 인력 및 예산 편성 지침(국토교통부고시 제2022-55호, 2022.01.24. 제정)에 규정되어 있다.

해당 고시에서는 안전보건 관계 법령에 따른 안전관리 업무의 수행(가목) 또는 시행령 제10조 제4호에 따라 수립된 안전계획의 이행(나목) 외에도 기업 또는 기관이 인력을 확보해야 할 대상 업무를 추가로 규정하고 있다.

공중이용시설 및 공중교통수단의 유형과 규모가 다양하며 이를 운영하는 기업 또는 기관의 상황과 여건 또한 서로 다를 수 있는 점을 고려해 고시에서는 확보해야 할 안전 인력의 수나 안전 예산을 직접 규정하기보다는 수행해야 할 안전업무를 제시하고 이에 따라 자체적으로 산정하도록 하고 있다.

또한 해당 업무를 수행하는 예산을 반드시 추가로 확보하라는 의미는 아니며 기존에 편성된 안전 예산을 활용하여 업무 수행이 충분히 가능할 경우는 추가 예산을 확보하지 않아도 해당 의무를 이행한 것으로 인정된다. 예산 확보 업무와 관련된 고시의 주요 내용은 다음과 같다.

표 8.13 국토교통부 고시의 주요 내용에 따른 예산 확보 업무

NO	항목	안전보건 예산 확보 예
1	유해 · 위험요인 확인 · 점검	• 유해 · 위험요인을 확인하고 점검하여 재해를 일으킬 수 있는 요인을 사전에 파악하여 관리할 유해 · 위험요인 확인 · 점검 관련 예산
2	유해 · 위험요인이 발견 또는 신고 접수된 경우 긴급안전점검, 긴급안전조치, 정비 · 보수 · 보강 등 개선	• 교량, 터널 분야 예시 : 노면 · 교면의 포장 균열 · 손상 발생 신고 접수 시 이에 대한 긴급안전점검 및 보수 · 보강 조치, 이용자에 대한 이용 제한 조치 등 업무 • 철도 분야 예시 : 차량 운행에 필요한 부품 탈락 등 위험요인 발생 신고접수 시 이에 대한 긴급안전점검 및 부품 교체 조치, 차량 운행 제한 조치 등 업무
3	중대시민재해 발생 시 원인 개선과 유사 사례 방지 등을 위한 종사자 교육 또는 이용자 안내 조치	• 유사 사례 방지를 위한 사례공유 교육, 이용자의 안전한 이용을 위한 안내판 설치 조치 등
4	안전관리에 필요한 시설과 설비의 설치, 물품 · 보호구 및 장비의 구입	• 안전 물품 예시 : 안전표지판, 안전삼각대, 비상탈출용망치, 안전경광봉 등 • 안전 장비 예시 : 차량 차체 진단장비, 철도차량 점검 특수 해머, 차량 수리 · 보수, 점검 · 교체 장비 등
5	시행령 제11조에 따른 안전 의무이행 점검 비용	• 안전보건 관계 법령에 따라 의무가 이행되었는지 점검하는 비용 등

인력, 예산 정량적 검토, 배치(국토교통부 미규정)
- 법령 업무수행(안전점검, 보수보강, 안전조치 업무)
- 안전계획(안전점검 실시, 점검과 정비, 보수보강 계획) 이행
- 유해위험요인 확인 점검, 긴급안전점검, 긴급안전조치, 정비, 보수보강
- 종사자 교육, 시설 및 설비, 물폼, 보호구 및 장비 구입
- 안전확보의무 이행점검

Tip 인력, 예산 적절성(정량적, 정성적) 기준 마련

Tip 반기 1회 점검 실시 후 적절성 피드백 – 정량적, 정성적 판단 기준 필요

그림 8.6 안전 인력, 예산 적절성 확보

2.5 안전보건 관계 법령에 따른 안전점검

공중이용시설에서의 안전보건 확보를 위해 안전보건 관련 법령에서는 사업주 또는 경영책임자에게 해당 시설에 대한 안전점검 실시 의무를 명확히 규정하고 있다. 이는 「시설물의 안전 및 유지관리에 관한 특별법」을 비롯한 다양한 관계 법령을 통해 구체화되고 있다.

공중이용시설에서의 안전점검은 단순한 법적 절차가 아니라 시민의 안전권을 실질적으로 보장하기 위한 핵심적인 관리책임이다. 사업주 또는 경영책임자는 이를 주기적으로 성실하게 수행하고 그 결과를 조직적 대응체계로 연계하여야 한다.

1) 안전점검의 정의

공중이용시설 또는 공중교통수단에서 실시되는 안전점검은 시민의 생명과 신체를 보호하기 위한 핵심적인 안전보건 확보조치로 간주되며 관련 법령에서는 이러한 점검의 정의와 방법, 주체 및 목적을 명확하게 규정하고 있다. 특히 「시설물의 안전 및 유지관리에 관한 특별법」 등에서 정하는 바에 따라 안전점검이란 경험과 기술을 갖춘 자가 육안 또는 점검기구를 활용하여 시설물에 내재된 유해 · 위험요인을 조사하는 행위를 의미한다.

이러한 점검은 단순한 외관 확인에 그치는 것이 아니라 구조적 안정성, 기능적 적합성, 설비 상태, 이용 환경의 위험요인 등을 종합적으로 평가함으로써 중대시민재해의 잠재적 요인을 사전에 식별하고 대응하기 위한 실질적인 예방 조치로서의 역할을 수행한다. 법령상 안전점검은 점검의 주기, 대상, 수행 방법에 따라 정기안전점검, 정밀안전진단, 긴급안전점검 등으로 세분화된다.

정기안전점검은 일정한 주기(예 : 연 1회 이상)에 따라 시설물의 기초적인 안정성을 확인하는 절차로 관리 주체가 직접 실시하거나 전문가의 조력을 받아 수행할 수 있다. 정밀안전진단은 구조적 결함이나 위험요인이 의심되는 시설물을 대상으로 보다 심도 있는 기술적 분석을 실시하는 것이며 주로 안전진단 전문기관 또는 국토안전관리원이 수행한다. 긴급안전점검은 자연재해, 사고, 시설물 이상 발생 등 긴급상황에서 즉각적으로 실시되는 대응 점검으로 추가 피해를 방지하기 위한 목적을 가진다.

점검은 단순히 확인에 그치는 것이 아니라 결과에 따라 필요한 보수 · 보강 등 개선조치를 즉각 시행해야 하며 점검 기록은 시설물의 안전관리대장에 문서로 보존되고 필요시 관계기관에 보고하여야 한다. 또한 점검 대상 시설이 「공중이용시설」 또는 「공중교통수단」에 해당하는 경우 불특정 다수의 시민이 이용하기 때문에 점검의 성실성과 조치의 적시성은 더욱 중요하며 이는 중대시민재해 예방을 위한 법적·사회적 책임으로 직결된다.

안전점검은 사업주 또는 경영책임자가 공중이용시설의 위험요인을 선제적으로 관리하고 안전보건 확보의무를 성실히 이행하고 있음을 입증하는 핵심 행위이다.

2) 주요 규정 사항

사업주 또는 경영책임자 등은 안전보건 관계 법령에 따른 안전점검이 수행될 수 있도록 하여 운영 대상의 안전 상태를 확인하고 재해를 유발할 수 있는 요소를 사전에 파악 및 관리할 수 있도록 해야 한다.

또한 사업주 또는 경영책임자 등은 안전점검의 계획 수립과 수행에 관련된 사항을 반기 1회 이상 점검해야 하며 직접 점검하지 않은 경우에는 점검이 종료된 후 지체없이 점검 결과를 보고받아야 한다. 점검 또는 보고 결과에 따라 안전점검의 이행을 지시하는 등 중대시민재해 예방을 위한 필요한 조치를 취해야 한다.

3) 공중이용시설 대상별 안전점검의 예시

공중이용시설의 경우 지하역사나 철도역사, 지하도상가 등은 '시설물의 안전 및 유지관리에 관한 특별법'과 '철도안전법' 등에 따라 구조물의 균열, 누수, 피난통로 확보, 환기설비 등 다양한 항목에 대해 정기적인 점검을 실시해야 한다.

여객터미널이나 항만, 공항시설은 승강기와 에스컬레이터의 작동 상태, 소방설비의 유지, 출입통제 시스템 점검 등이 주요 대상이며 '항만안전법' 및 '항공안전법' 등의 적용을 받는다.

의료기관, 노인요양시설, 어린이집과 같은 복지시설에서는 감염병 예방 체계, 위생 설비, 응급대응 체계의 점검이 중요하며 '의료법', '노인복지법', '영유아보육법' 등이 준용된다.

또한 대형마트, 공연장, 체육시설 등 다중인원이 집중되는 장소에서는 화재 예방 설비,

군중 밀집 대응체계, 피난경로 확보 등을 중심으로 '소방기본법' 및 '유통산업발전법' 등을 근거로 점검을 실시해야 한다.

어린이놀이시설의 경우 놀이기구의 고정 상태, 충돌 방지 구조, 출입구 안전 등을 확인하며 '어린이놀이시설 안전관리법'에 따라 체계적인 관리가 이루어진다.

공중교통수단에서는 도시철도차량과 일반 철도차량의 제동장치, 객차 연결부, 승객 출입문 작동 상태 등을 '도시철도법', '철도산업발전기본법'에 따라 점검하고 시외버스 및 노선버스는 타이어 상태, 비상소화기 비치 여부, 운전자 피로 관리 등이 「여객자동차운수사업법」에 의해 관리된다.

여객선은 구명장비와 선박의 안정성, 항로의 안전관리를 「선박안전법」과 「해운법」을 기준으로 점검하며 항공기는 기체 외관과 비상구 작동 여부, 조종실의 통신 장비 등에 대해 「항공안전법」에 따라 상세한 점검이 이뤄진다.

이러한 안전점검은 시설의 특성과 법령상 요구사항을 반영하여 주기적으로 실시되어야 하며 점검 결과에 따라 위험요인이 발견된 경우 보수 · 보강 등의 조치가 신속히 이행되어야 한다. 이는 단순한 절차 수행이 아니라 시민 안전을 확보하고 중대시민재해를 예방하기 위한 사업주 또는 경영책임자의 실질적인 관리 책임으로 이해되어야 한다.

안전점검은 안전보건 관계 법령에 따라 정해진 시기에 실시를 하여야 한다. 공중이용시설과 공중교통수단 대상별 안전점검의 예시는 다음과 같다.

표 8.14 공중이용시설 대상별 안전점검 예시

관계 법령	관련 조항 및 의무	점검 주기
건축물		
시설물안전법	제11조 정기안전점검	• A · B · C등급 : 반기에 1회 이상 • D · E등급 : 연 3회 이상
	제11조 정밀안전점검	• A등급 : 4년에 1회 이상 • B · C등급 : 3년에 1회 이상 • D · E등급 : 2년에 1회 이상
	제12조 정밀안전진단	• A등급 : 6년에 1회 이상 • B · C등급 : 5년에 1회 이상 • D · E등급 : 4년에 1회 이상
건축물관리법	제13조 정기점검	• 최초 5년 이후 3년 단위
	제16조 안전진단	• 필요시
다중이용업소법	제11조 정기점검	• 매 분기별 1회 이상 점검 ※ 소방시설법에 따른 자체점검을 실시한 그 분기에는 점검 미실시 • 소방시설관리업자에게 위탁도 가능
소방시설법	제25조 자체점검	• 작동기능점검 : 연 1회(대부분 대상물) • 종합정밀점검 : 연 1회(해당 대상물에 한정) ※ 종합정밀점검 대상인 경우에도 작동기능 점검을 하여야 함 • 소방시설관리업자에게 위탁도 가능
도로(도로교량, 도로터널), 항만, 상하수도, 옹벽 및 절토사면		
시설물안전법	제11조 정기안전점검	• A · B · C등급 : 반기에 1회 이상 • D · E등급 : 연 3회 이상
	제11조 정밀안전점검	• A등급 : 3년에 1회 이상 • B · C등급 : 2년에 1회 이상 • D · E등급 : 1년에 1회 이상
	제12조 정밀안전진단	• A등급 : 6년에 1회 이상 • B · C등급 : 5년에 1회 이상 • D · E등급 : 4년에 1회 이상

표 8.15 공중교통수단 대상별 안전점검 예시

관계 법령	관련 조항 및 의무	점검 주기
철도 분야(도시철도 차량, 철도차량)		
철도안전법	제38조의12 정밀안전진단	• 5년 단위
버스 분야(시외버스 차량)		
자동차관리법	제43조 정기검사	• 1년 단위(차령 8년 이하) • 6개월 단위(차령 8년 초과)
항공 분야(운송용 항공기)		
항공안전법	제90조 안전운항체계 검사	• 운항 시작 전

표 8.16 점검 예시

수단 유형	주요 점검 항목	적용 법령
공중이용시설		
지하역사 / 철도역사 / 지하도상가	구조물 균열, 누수, 피난 통로 확보, 환기설비 상태	시설물의 안전 및 유지관리에 관한 특별법, 철도안전법
여객터미널 / 항만 / 공항	승강기 · 에스컬레이터 작동 상태, 소방설비, 출입 통제 시스템	항만안전법, 항공안전법
의료기관 / 노인요양시설 / 어린이집	감염병 예방체계, 위생 설비, 응급대응 체계	의료법, 노인복지법, 영유아보육법
대형마트 / 공연장 / 체육시설	화재 예방 설비, 군중 밀집 대응, 피난 경로 확보	소방기본법, 유통산업발전법
어린이 놀이시설	놀이기구 고정 상태, 충돌 방지 구조, 출입구 안전	어린이놀이시설 안전관리법
공중교통수단		
도시철도 / 일반 철도차량	제동장치, 객차 연결부, 출입문 작동 상태	도시철도법, 철도산업발전기본법
시외버스 / 노선버스	타이어 상태, 비상 소화기 비치 여부, 운전자 피로 관리	여객자동차운수사업법
여객선	구명 장비, 선박 안정성, 항로 안전관리	선박안전법, 해운법
항공기	기체 외관, 비상구 작동 여부, 조종실 통신 장비	항공안전법

4) 공사 중 인접 시설물에 대한 점검

공사 중 발생할 수 있는 중대시민재해를 예방하기 위해서는 인접한 공중이용시설에 대한 사전 점검과 관리가 필수적이다. 특히 다수 시민이 이용하는 시설은 사고 발생 시 피해 규모가 크기 때문에 공사 착공단계부터 철저한 안전조치가 요구된다.

공중이용시설에는 도로교량, 터널, 지하차도, 철도역사, 지하철 승강장 등 시민이 일상적으로 이용하는 구조물이 포함되며 중대재해처벌법 제2조 제4호에 따라 이들 시설은 중대시민재해의 적용 대상이다.

공사 과정에서 인접한 공중이용시설에 미치는 영향을 최소화하기 위해서는 시설의 구조적 안정성 확보와 시민 안전보호가 핵심이다. 구조물의 안정성은 공사로 인한 진동, 하중 변화, 지반 침하 등이 인접 시설물에 영향을 줄 수 있으므로 사전에 정밀 분석을 실시하고 필요한 경우 보강 조치를 병행해야 한다.

공중이용시설을 이용하는 시민의 안전을 확보하기 위해서는 이용자 보호 조치를 철저히 해야 한다. 이를 위해 공사 구간과 공중이용시설 사이에 안전 펜스, 안내 표지, 방호벽 등을 설치하여 접근을 통제하고 낙하물이나 장비 이동 등에 따른 사고를 예방하는 조치가 이루어져야 한다.

또한 사고 발생 시의 비상 대응을 위해서는 대피 경로 확보, 비상 연락망 구성, 응급조치 계획 수립 등의 내용을 포함한 대응체계를 사전에 마련하고 실무자들이 이를 숙지하도록 정기적인 훈련을 실시해야 한다.

공사 작업 일정과 방식 또한 시민의 안전과 시설 보호를 고려하여 조정되어야 한다. 시민의 이용이 많은 시간대를 피하거나 소음 · 진동이 적은 공법을 선택함으로써 불편과 위험을 줄여야 하며 시민 안전중심의 공사 운영 방식을 반영할 필요가 있다.

공중이용시설의 안전관리는 단일 부서의 책임으로 보기 어려우므로 시설물 관리 부서와 공사 시행 부서 간의 정보 공유와 공동 점검체계를 반드시 마련해야 한다. 이러한 부서 간 협업은 위험 요소를 사전에 인지하고 신속하게 대응할 수 있는 기반이 된다.

만약 건설공사로 인해 발생한 진동이 인접한 공중이용시설에 영향을 미치고 그 결과 시민의 생명이나 신체에 중대한 피해가 발생한 경우는 「중대재해처벌법」상 중대시민재해에 해당할 수 있다. 특히 공중이용시설은 교량, 터널, 대형 상업시설, 지하철 역사 등 불특정 다수가 일상적으로 이용하는 공간이기 때문에 해당 시설에서 발생하는 사고는 사회적으로도 그 파장이 매우 크다.

예컨대 진동으로 인해 건축물에 구조적 균열이나 침하가 발생하고 그로 인해 천장이나 벽체가 붕괴되어 시민이 다치거나 사망한 경우는 법에서 규정한 '사망자 1명 이상' 또는 '2개월 이상 치료가 필요한 부상자 10명 이상'의 기준을 만족할 수가 있다. 이 경우에는 중대시민재해로 간주된다. 또한 시설 내부에 설치된 가스 배관, 전기설비, 급수 시스템 등의 손상으로 인해 2차 피해가 발생한 경우 역시 중대시민재해에 해당될 수 있다.

반면 단순히 진동으로 인해 구조물이 일부 손상되었지만 시민의 생명이나 신체에 피해가 없는 경우에는 중대시민재해로 보기 어렵다. 이러한 경우는 재산상의 손해나 소음·불편 민원으로 처리되며 손해배상 등의 민사적 책임으로 귀결될 수 있다.

결국 중요한 것은 피해의 정도와 시민에게 미친 영향이다. 따라서 공사 시행자는 사전에 진동으로 인한 영향을 분석하고 필요시 구조물 보강과 모니터링 장비 설치 등 예방 조치를 반드시 취해야 한다. 안전은 선택이 아닌 의무이며 이를 소홀히 했을 경우 법적·행정적 책임뿐만 아니라 사회적 신뢰까지 무너질 수 있다.

오송지하차도 침수 참사는 미호강 인근의 임시 제방 공사와 직접적으로 연결되어 있는 인재로 평가된다. 해당 사고는 단순한 폭우에 의한 자연재해가 아니라 공사 과정의 부실과 관리체계의 실패가 복합적으로 작용한 결과였다.

미호천교 확장 공사 과정에서 기존 제방이 철거되고 이를 대체하기 위한 임시 제방이 법적 기준에도 미치지 못하는 높이로 축조되었다. 더욱이 이 시공은 정식 설계도나 시공계획서도 없이 진행되어 구조적 안전성이 크게 저하된 상태였다. 이러한 부실시공은 집중호우가 발생한 날 미호강 수위가 급상승하면서 오전 8시경 임시 제방이 무너지는 참사로 이어졌다.

제방 붕괴 직후 하천수가 주변으로 급속히 유입되었고 불과 10분 만에 궁평2 지하차도를 완전히 침수시켰다. 당시 지하차도를 지나던 차량 17대가 고립되며 많은 인명피해가 발생했다. 특히 시내버스를 이용하던 시민들이 변을 당하면서 국민적 충격을 안겼다.

이 사고는 임시 제방이라는 '공사 중 안전조치'가 적절하게 이행되지 않았을 경우 얼마나 치명적인 결과로 이어질 수 있는지를 보여준다. 공사 시 계획과 감리, 행정기관의 관리 모두가 유기적으로 작동하지 않았고 사고 후에는 시공계획서를 뒤늦게 조작하는 등 책임 회피

시도까지 있었다.

결과적으로 오송 침수 참사는 단순한 제방 붕괴가 아니라 공중이용시설과 인접한 건설공사과정에서의 안전관리 실패, 책임감 결여 그리고 행정 대응 미비가 맞물려 발생한 재난이었다. 이는 향후 공사 전 과정에서의 투명한 계획 수립과 철저한 점검 그리고 시민 안전을 최우선에 두는 운영체계의 중요성을 다시금 일깨워주는 사건이다.

(오송지하차도 **청주시** 사례) 공중이용시설(실질적 지배, 운영, 관리)
- **안전보건 확보의무**(안전보건관리체계 구축, 이행)

Tip 공사 중 **공중이용시설(인접시설물) 영향 여부 판단 + 대상 포함**

Tip 설계, 설치 중에도 **안전보건확보의무(관리체계 구축, 이행) 필요**

안전계획, 안전점검, 인력, 예산 재해예방 업무처리절차 등
- 체계적 관리 위한 전산 시스템 개발 운영(워크 스마트 등)

기존	관리 측면에서 중대시민재해 접근(그러나 설계, 시공에서는 미접근)

그림 8.7 공사 중 인접 시설물에 대한 안전보건 확보의무 수행

5) 안전점검 시 고소 위치 근접 점검 실시

2025년 창원 NC파크에서 발생한 외벽 알루미늄 루버 추락사고는 중대시민재해로 판단될 수 있는 대표적인 사례로 간주된다. 이 사고는 경기장 외벽의 고소 위치에 설치된 구조물이 제대로 점검되지 않은 상태에서 추락해 관람객에게 직접적인 생명 피해를 초래했다는 점에서 시설물의 설계·시공·관리상의 결함과 연계된 중대한 안전관리 실패로 볼 수 있다.

해당 알루미늄 루버는 지상 17.5 m 높이에 설치된 알루미늄 구조물로 길이 2.6 m, 무게 약 60 kg에 이르는 대형 부품이다. 사고 당시 이 구조물이 경기장 매점 위쪽에서 추락하여 관람 중이던 시민 3명이 부상을 입었고 이 중 한 명은 사망에 이르렀다. 부실하게 설치된 루버가 지속적인 풍하중과 시간 경과에 따른 피로 누적 등의 외적 요인으로 고정 장치가 약화되었을 가능성이 제기되었다. 특히 안전점검과정에서 고소 위치에 대한 근접 점검이

이루어지지 않았다는 점이 결정적인 관리상 결함으로 지목되고 있다.

중대재해처벌법은 공중이용시설에서의 설계 · 설치 · 관리상의 결함으로 인해 사망사고가 발생한 경우 이를 중대시민재해로 규정하고 있다. 창원 NC파크와 같이 다수 시민이 이용하는 체육시설은 공중이용시설에 해당한다. 고소 구조물에 대한 안전점검 미실시는 시민 생명 보호 의무를 소홀히 한 것으로 간주될 수 있다. 해당 시설이 공중이용시설이고 안전점검이 철저하게 이루어지지 않아 시민의 생명이나 신체에 중대한 피해가 발생한 경우는 「중대재해처벌법」에 따라 처벌 대상이 될 수 있다.

이 사고는 단순한 외벽 부품 추락이 아니라 시설물 관리체계 전반의 부실이 시민의 생명과 직결된 피해로 이어졌다는 점에서 공중이용시설 관리 주체와 운영기관의 법적 · 행정적 책임을 묻는 계기가 되었다. 또한 향후 고소 위치 점검의 중요성과 정기적 · 근접 방식의 안전점검 체계 구축이 얼마나 중요한지를 보여주는 상징적인 사례로 남게 되었다.

중대재해처벌법은 단순한 점검 누락 자체를 처벌하는 것이 아니라 그로 인해 발생한 결과에 따라 경영책임자나 법인의 책임을 묻고 있다.

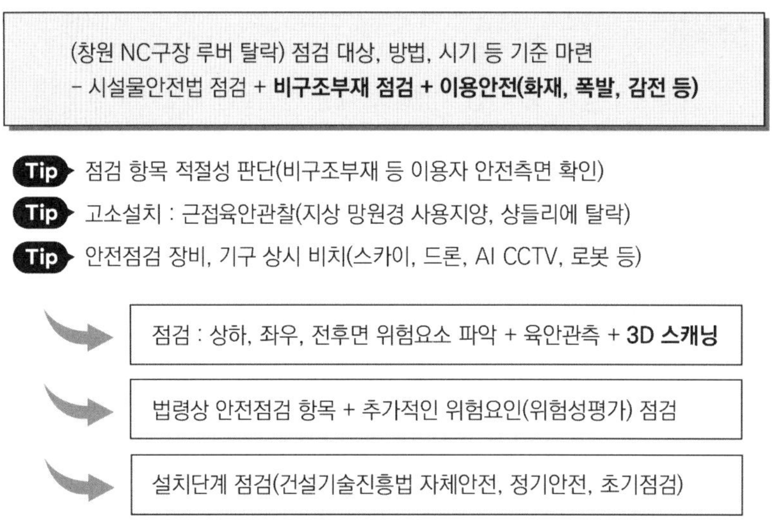

그림 8.8 안전점검 적절성 확보

2.6 안전계획 수립(시행령 제10조 제4호)

사업주 또는 경영책임자 등은 연 1회 이상 안전계획을 수립하고 계획에 포함된 내용이 충실히 이행되도록 해야 한다. 또한 시행령 제10조 제5호에 따라 반기 1회 이상 안전계획의 이행에 관한 사항을 점검하고 직접 점검하지 않은 경우는 점검이 끝난 후 지체없이 점검 결과를 보고받아야 한다. 아울러 시행령 제10조 제6호에 따라 점검 또는 보고 결과에 따라 안전계획에 포함된 사항의 이행을 지시하는 등 중대시민재해 예방을 위한 필요한 조치를 취해야 한다.

1) 안전계획 수립을 갈음할 수 있는 조건

「시설물의 안전 및 유지관리에 관한 특별법」에 따라 시설에 대해 관리계획을 수립 · 시행하는 경우 또는 「철도안전법」에 따라 철도시설 또는 철도차량에 대해 연차별 시행계획을 수립 · 추진하는 경우에는 별도의 안전계획을 작성하지 않더라도 해당 문서를 직접 확인하거나 보고를 받음으로써 관련 의무를 갈음할 수 있다.

표 8.17 안전계획 수립을 갈음할 수 있는 조건

관계 법령	안전계획	계획 내용
시설물 안전법	시설물의 안전 및 유지관리 계획	• 시설물의 적정한 안전과 유지관리를 위한 조직 · 인원 및 장비의 확보에 관한 사항 • 긴급상황 발생 시 조치체계에 관한 사항 • 시설물의 설계 · 시공 · 감리 및 유지관리 등에 관련된 설계도서의 수집 및 보존에 관한 사항 • 안전점검 또는 정밀안전진단의 실시에 관한 사항 • 보수 · 보강 등 유지관리 및 그에 필요한 비용에 관한 사항
철도 안전법	철도안전종합계획 연차별 시행계획	• 철도 안전 종합계획의 추진 목표 및 방향 • 철도 안전 목표 및 중점 추진 방향 • 철도 안전에 관한 시설의 확충, 개량 및 점검 등에 관한 사항 • 철도차량의 정비 및 점검 등에 관한 사항 • 철도 안전 관계 법령의 정비 등 제도 개선에 관한 사항 • 철도종사자의 안전 및 근무환경 향상에 관한 사항

관계 법령	안전계획	계획 내용
		• 철도 안전 관련 전문 인력의 양성 및 수급 관리에 관한 사항 • 철도 안전 관련 교육훈련에 관한 사항 • 철도 안전 관련 연구 및 기술개발에 관한 사항
소방시설법	특정소방시설물마다 작성하여야 하는 소방계획서를 수립 · 시행	• 소방계획서는 인력의 확보(자위소방대 · 초기대응체계 구성 및 운영, 소방안전관리자 선임), 안전점검에 관한 사항(자체점검, 화재예방 및 홍보, 화기취급 감독), 보수 · 보강 등 유지관리(일상적 안전관리, 피해복구)를 포함하고 있음 • 기존의 안전계획서가 법 시행령 제10조제4호 가목부터 다목까지의 사항을 포함 : 해당 계획서로 갈음(단, 소방계획서의 경우 화재뿐만 아니라 붕괴, 폭발 등 안전사고에 대응하는 것으로 수립해야 하며 필요한 인력 · 안전예산 확보도 포함할 것) • 예시1 : 건축물 전체가 공중이용시설인 경우 : 해당(소방)계획서 + 재해예방 작성

2) 안전계획 주요 포함내용

공중이용시설 및 공중교통수단은 각각 구조, 기능, 위험요인 등이 상이하므로 시설별 제원과 유형에 따라 맞춤형 안전계획을 설계해야 한다. 예를 들어 지하역사는 대피 동선과 환기설비, 화재 대응체계 중심으로 구성되어야 한다. 반면에 항공기나 여객선 등 공중교통수단은 탑승 중 위험요인에 대한 실시간 대응체계와 장비 확보 계획이 포함되어야 한다.

안전계획은 시설의 제원과 유형, 운영기관의 안전예산 및 인력 배치 현황, 대상에 대한 안전점검 및 유지관리 방안 등을 포함하여 구성되어야 하며 이를 통해 계획이 단순한 형식적 문서에 그치지 않고 실질적인 실행력을 확보할 수 있도록 해야 한다.

또한 해당 시설을 관리 · 운영하면서 투입하는 예산과 인력은 안전계획의 실현 가능성을 좌우하는 요소로서 반드시 반영되어야 한다. 안전점검을 수행할 수 있는 전문 인력의 확보와 업무 전담 조직 구성, 필요 예산의 항목별 편성과 집행 계획 등은 계획의 신뢰성과 운영 지속성을 보장하는 기반이 된다. 특히 점검과 유지관리와 관련된 항목에서는 정기안전점검, 정밀안전진단, 긴급안전점검의 구분과 주기, 보수 · 보강 조치의 실행 시기 및 책임 주체 등을 명확히 해야 한다.

기획재정부의 「공공기관의 안전관리에 관한 지침」 제6조에 따르면 공공기관은 자체적으로 수립하는 안전경영책임계획의 내용을 활용하여 안전계획을 보다 구체적으로 구성할 수 있다. 여기에는 시설물 안전 분야, 안전예산 현황, 안전 전담 조직 및 역할, 안전 인력 현황 등이 포함되며 각 항목은 안전계획 수립 시 실질적인 운영 근거로 작용할 수 있다. 민간기업 역시 이와 유사한 틀을 기준으로 자사 시설의 안전계획을 정교화할 수 있다.

안전계획은 법령에 따라 요구되는 문서가 아니라 실제로 작동할 수 있도록 설계된 현장 중심의 안전관리 운영지침이다. 이는 사업주 또는 경영책임자가 안전을 조직 운영의 최우선 가치로 설정하고 있음을 보여주는 제도적 증표라 할 수 있다. 이 계획은 중대시민재해 예방, 시설물의 지속적인 안전성 확보, 시민의 생명 보호라는 궁극적인 목표 달성을 위한 출발점이 되어야 한다.

표 8.18 공중이용시설과 공중교통수단 안전계획 주요 구성 항목 예시

구분	세부 내용	설명 및 고려사항
시설 기본 정보	시설의 제원 및 유형	위치, 규모, 구조적 특성, 설비 구성 등
이용자 특성 분석	이용자 수, 연령, 교통약자 비율 등	위험요인 파악 및 대피계획 수립에 활용
위험요인 분석	구조적, 환경적, 운영상 위험요소	외부 전문가 진단 및 사고 이력 반영 권장
안전예산 편성 및 배치	항목별 예산 산정 및 확보계획	인건비, 점검비용, 설비 보강비 등 포함
인력 구성 및 운영체계	안전업무 전담조직 및 역할 명시	운영자 · 점검자 · 보고자 등 업무 분장 필요
점검 및 유지관리 계획	정기 · 정밀 · 긴급 점검 주기 및 방법	법령 기준 주기 반영 및 외부 위탁 여부 명시
비상 대응 및 대피체계	대피경로, 연락체계, 훈련 계획 등	훈련 일정, 시나리오, 책임자 지정 포함
교육 및 홍보 계획	직원 · 이용자 대상 안전교육 및 안내	다국어 안내, 시각 자료, 캠페인 등 활용
사고 발생 시 대응 절차	사고 대응 매뉴얼 및 예산 확보	예비비 편성, 응급조치 계획 등 포함
사후 점검 및 재발방지	사고 후 개선계획 및 실행 절차	용역비, 보고서 작성, 시정조치 등 포함

중대시민재해를 막기 위한 공중이용시설과 공중교통수단의 안전계획은 공중이용시설 또는 공중교통수단의 제원과 유형, 기업 또는 기관에서 운영 · 관리에 투입하는 안전예산 · 인력, 대상에 대한 안전점검 및 유지관리 계획 등을 포함하여 작성하여야 한다.

국토교통부가 중대시민재해 해설서에서 제시하고 있는 안전계획의 주요 포함내용 예시는 다음과 같다.

(1) 하나의 공중이용시설을 운영하는 기업 또는 기관

<table>
<tr><td colspan="6">00년 안전계획
00기관, 00년 00월</td></tr>
<tr><td colspan="6">1. 공중이용시설 개요</td></tr>
<tr><td colspan="2">공중이용시설명</td><td></td><td>소유자</td><td></td><td rowspan="4">(사진대지)</td></tr>
<tr><td colspan="2">관리주체</td><td></td><td>준공연도</td><td></td></tr>
<tr><td colspan="2">소재지</td><td colspan="3"></td></tr>
<tr><td colspan="2">공중이용시설 현황(제원 등)</td><td colspan="3"></td></tr>
<tr><td colspan="6">2. 안전 예산 및 인력 현황</td></tr>
<tr><td rowspan="5">안전예산</td><td>① 안전점검 비용</td><td colspan="4">• 공중이용시설에 관한 정기안전점검, 정밀안전진단, 긴급안전점검 등의 비용</td></tr>
<tr><td>② 보수 · 보강 비용</td><td colspan="4">• 시설의 안전과 정비 · 점검을 위한 장비 확보 비용
• 시설물의 보수 · 보강 등의 비용</td></tr>
<tr><td>③ 안전조치 비용</td><td colspan="4">• 공중이용시설에 관한 긴급안전조치, 이용제한 등 안전조치 등 비용</td></tr>
<tr><td>④ 인건비</td><td colspan="4">• 안전점검 또는 보수 · 보강 업무 수행인력 인건비</td></tr>
<tr><td>⑤ 기타 비용</td><td colspan="4">• 그 외 안전확보에 소요되는 비용</td></tr>
<tr><td colspan="2">안전인력</td><td colspan="4">안전점검 또는 보수 · 보강 업무 수행인력</td></tr>
<tr><td colspan="6">3. 00년 추진계획 및 점검</td></tr>
<tr><td colspan="2">구분</td><td>내용</td><td>추진일정</td><td>추진일정</td><td>미확보 시 조치계획</td></tr>
<tr><td rowspan="3">안전점검 등</td><td>정기안전점검</td><td>(점검대상, 점검내용 등)</td><td></td><td></td><td></td></tr>
<tr><td>정밀안전점검</td><td>〃</td><td></td><td></td><td></td></tr>
<tr><td>정밀안전진단</td><td>〃</td><td></td><td></td><td></td></tr>
<tr><td rowspan="2">유지관리</td><td>관리1</td><td>(보수 · 보강 대상, 수량 등)</td><td></td><td></td><td></td></tr>
<tr><td>관리2</td><td>〃</td><td></td><td></td><td></td></tr>
</table>

(2) 다수 공중이용시설 또는 공중교통수단을 운영하는 기업 또는 기관

국토교통부가 발간한 중대시민재해 해설서에서는 다수의 공중이용시설 또는 공중교통수단을 운영하는 기업 및 기관을 대상으로 보고서 형식의 안전계획 작성 예시를 제시하고 있다.

통상적으로 안전계획 보고서는 해당 시설의 안전관리체계를 종합적으로 설명하는 문서로써 포함되어야할 구체적인 내용은 아래와 같다.

① 시설 개요

시설명, 소재지, 운영 주체, 시설 규모, 이용자 수 등의 기본 정보를 기재하여야 한다. 이는 해당 시설이 공중이용시설 또는 공중교통수단에 해당함을 명확히 하기 위한 기초자료로 활용된다.

② 안전관리체계의 현황

전담 조직의 구성, 관련 인력의 배치 및 담당 역할 등을 포함해야 한다. 특히 안전관리 책임자의 지정 여부가 명확히 확인될 수 있도록 하여야 한다.

③ 위험요인 분석 및 평가

해당 시설의 구조적, 환경적, 운영적 측면에서 발생 가능한 유해 · 위험 요소를 식별, 분석하고 과거의 사고 사례나 외부 전문가의 진단 결과 등을 근거로 객관성을 확보해야 한다.

④ 안전점검 및 유지관리 계획

안전계획의 핵심 사항으로써 정기점검, 정밀안전진단, 긴급점검 등의 구분에 따라 점검 주기 및 절차를 구체적으로 명시하여야 하며 점검의 외부 위탁 여부 또한 명확히 기록되어야 한다.

⑤ 보수 · 보강 및 개선계획

구조적 취약 부위 또는 잠재적 위험 요소에 대한 보완 대책을 포함하고 그에 따른 예산 확보와 집행 일정 또한 함께 수립되어야 한다.

⑥ 비상 대응 계획

사고 발생 시 활용 가능한 대피 경로, 비상 연락망 구성, 응급조치 체계 등을 포함하고 실전형 시나리오 기반의 훈련 계획이 병행되어야 한다.

⑦ 안전예산 편성 현황

항목별 산정 내역과 예산 집행 계획을 기술하고 예비비 확보 여부와 관련 예산 간의 연계성 역시 검토되어야 한다.

⑧ 교육 및 홍보 계획

시설 종사자 및 이용자를 대상으로 실시하는 안전교육 프로그램, 각종 홍보 활동, 안내문 및 시각자료 제작 등에 관한 사항이 포함되어야 하며 다국어 사용이나 특별한 접근성 요구가 있는 경우 그에 대한 대책도 함께 마련되어야 한다.

⑨ 개선 및 보완 조치의 이력 관리

최근 점검 결과에 따른 시정 사항과 이행 현황을 기록하고 필요한 경우 사진 및 관련 보고서를 증빙 자료로 활용할 수 있도록 한다.

⑩ 종합 평가 및 향후 계획

현재 시점에서의 안전관리 수준을 진단하고 중·장기적으로 달성하고자 하는 목표와 개선 방향을 제시함으로써 안전계획의 실효성과 완성도를 높여야 한다.

안전계획 목차(안)

I. 개요

- 1. 수립 목적 → • 기관에서 00년도 중대시민재해 예방을 위해 중점적으로 추진하고자 하는 안전계획의 주요목적과 지향점등을 간략히 기술
- 2. 추진 방향 → • 공중이용시설, 공중교통수단의 안전계획 추진방향(세부목표 또는 주요과제 등) 제시
- 3. 수립 대상 현황 → • 공중이용시설, 공중교통수단의 안전계획 추진방향(세부목표 또는 주요과제 등) 제시

II. 00년 안전관리 현황 및 추진계획

- 1. 안전 예산 현황 → ① 인건비, ② 시설·장비 확보·유지관리비, ③ 안전점검비, ④ 기타비용 ※위탁시 위탁비용으로 별도 기재
- 2. 안전 조직 및 역할 → • 조직도 및 책임자, 인전조직 업무분장 제시
- 3. 안전 인력 현황 → • 안전인력 현황, 안전인력의 전문성, 안전인력 충원계획 등

II. 00년 향후계획

→ • 'P(계획) → D(이행) → C(점검) → A(개선)'
* 세부 이행시기, 중점사업 등 단계로 작성하거나 중점 사업 중심으로 개조식 등으로 정리하여 기술 중점사업별 추진배경, 추진계획, 기대효과, 추진일정 등 제시

(예시)
1. 추진과제 1(유해·위험시설 장비)
2. 추진과제 2(안전점검 추진)
3. 추진과제 3(보수·보강 등 유지관리 시행)

그림 8.9 안전계획 예시 : 다수 공중교통수단 운영·관리 기관용

(3) 다중이용시설에 대한 안전관리계획 예시

다중이용시설은 공연장, 영화관, 쇼핑몰, 고시원, 숙박업소 등 다양한 유형으로 존재하며 불특정 다수가 동시에 이용하는 공간적 특성상 화재, 붕괴, 낙하물 등의 위험에 취약하다. 소방청 등 관계기관은 「중대재해처벌법」과 「다중이용업소의 안전관리에 관한 특별법」 등 관련 법령과 지침을 통해 시설 운영자와 사업주에게 실질적인 안전계획 수립과 이행의 책임을 부여하고 있다.

이에 따라 안전관리계획의 세부내용은 다음과 같다.

① 시설의 기본 정보

시설명, 위치, 규모, 구조적 특성, 평균 이용자 수 등을 정확히 파악하고 기술하는 데서 출발한다.

② 시설 내에서 안전관리를 담당할 전담 조직과 인력 배치

각 인력의 역할과 책임을 명확히 해야 한다. 안전관리책임자 지정 여부와 업무분장은 계획서에 명시되어야 하며 평상시 관리뿐 아니라 비상상황 대응까지 포함하는 종합적 체계가 요구된다.

③ 시설별 위험요인을 사전에 식별하고 분석하는 절차

구조적 결함, 군중 밀집, 전기 · 가스설비 이상, 피난로 부족 등 다양한 요인을 평가하고 이에 대한 개선방안을 제시해야 한다. 특히 고위험 업종에 대해서는 외부 전문가의 진단 결과를 반영하여 취약구역 중심의 우선 대응 전략이 마련되어야 한다.

④ 정기적 안전점검과 정밀안전진단, 긴급점검의 주기와 범위

안전보건관계 법령에 따라 설정하며 점검 결과에 따른 보수 · 보강 계획도 함께 수립해야 한다. 이 과정에서 예산 확보는 중요한 요소로 작용하며 점검비, 설비 보강비, 교육비, 홍보비 등의 항목별 예산 편성은 계획의 실현 가능성을 좌우한다.

⑤ 비상대응 체계

사고 발생 시의 대피 경로, 연락망, 응급조치 절차 등을 포함하여 수립한다. 관련 훈련은 주기적으로 시행하여 대응 역량을 강화해야 한다. 또한 종사자 및 이용자 대상의 교육·홍보 활동을 통해 안전 인식을 제고하고 안내문·시각자료·다국어 콘텐츠 등의 접근성도 함께 고려되어야 한다.

안전관리계획은 단순히 행정적 요건을 충족하는 문서가 아니라 시설 운영자가 안전을 최우선 가치로 설정하고 조직 운영의 중심에 두고 있음을 나타내는 제도적 근거이다. 안전관리계획은 중대시민재해를 예방하기 위한 실질적인 실천 지침으로 기능해야 한다.

□ 일반개요

<table>
<tr><th colspan="2">구분</th><th colspan="6">일반 현황</th></tr>
<tr><td colspan="2">명칭</td><td colspan="6"></td></tr>
<tr><td colspan="2">도로명주소</td><td colspan="6"></td></tr>
<tr><td colspan="2">연락처</td><td colspan="6">□ 안전 · 보건책임자 □ 사무실</td></tr>
<tr><td colspan="2" rowspan="4">규모/구조</td><td colspan="6">□ 건축면적 m² □ 연면적 m²</td></tr>
<tr><td colspan="6">□ 위치 : 지상 층 /지하 층</td></tr>
<tr><td colspan="6">□ 건물구조</td></tr>
<tr><td colspan="6">□ 용도</td></tr>
<tr><td colspan="2" rowspan="2">인원 현황</td><td colspan="6">□ 거주인원 명 □ 근무인원 명</td></tr>
<tr><td colspan="6">□ 고령자 명 □ 영유아 명
□ 장애인(이동/시각/청각/언어) 명</td></tr>
<tr><td colspan="2" rowspan="4">안전 · 보건관리
담당자 지정현황</td><td colspan="3">안전 · 보건 책임자</td><td colspan="3">안전 · 보건 책임보조자</td></tr>
<tr><td>성명</td><td colspan="2">지정일자</td><td colspan="2">성명</td><td>지정일자</td></tr>
<tr><td></td><td colspan="2"></td><td colspan="2"></td><td></td></tr>
<tr><td colspan="6">☎ (유선) (휴대전화)</td></tr>
<tr><td rowspan="3">현황</td><td>업무위탁</td><td colspan="6">□ 대행업체 : □ 연락처 :
□ 면허번호 : □ 대행기간 : 년 월 일 ~ 년 월 일
※ 안전 · 보건관리를 대행 · 위탁하는 경우만 작성</td></tr>
<tr><td rowspan="2">보험가입
(화재 등)</td><td>가입 기간</td><td colspan="2">보험사 명</td><td colspan="2">가입대상</td><td>가입금액</td></tr>
<tr><td></td><td colspan="2"></td><td colspan="2"></td><td></td></tr>
<tr><td colspan="2" rowspan="2">안전 · 보건 예산
(단위 : 천 원)</td><td>점검비용</td><td colspan="2">보수 · 보강 비용</td><td colspan="2" rowspan="2">안전 · 보건
인력
(단위 : 명)</td><td>수행인력</td></tr>
<tr><td></td><td colspan="2"></td><td>(기존종사자
중에서 지정
가능)</td></tr>
<tr><td colspan="2" rowspan="2">안전 · 보건
점검</td><td colspan="2">내용</td><td colspan="2">일정(매분기)</td><td colspan="2">개선사항 조치</td></tr>
<tr><td colspan="2"></td><td colspan="2"></td><td colspan="2"></td></tr>
</table>

□ 안전 · 보건관리

구분	관리항목	관리 주기				관리 계획
		주	월	분기	연	
점검	안전시설등 점검		V			안전시설등 육안점검
교육	소방안전교육			V		자체 안전교육 실시
훈련	자체소방훈련				V	합동소방훈련 실시

□ 중대사고 예방 및 홍보

홍보방법	계 획	홍보방법	계 획
□ 홍보주간(기간) 운영		□ 홍보물(리플렛, 스티커) 배부	
□ 포스터, 표어 전시		□ 현수막, 배너 설치	
□ 영상물 상영		□ 모바일 App, SNS 활용	
□ 체험시설(체험관)견학		□ 구내 캠페인 방송	
□ 문서, 이메일 공지		□ 기타( )	
비고 :			

□ 화기(火氣) 등 취급의 감독(해당하는 경우만 작성)

순번	허가일자	허가장소	작업종류	안전 · 보건감시인

□ 초기대응대 구성(해당 영업 · 시설 등의 종사자로 구성)

<table>
<tr><td colspan="3">1. 조직개요</td></tr>
<tr><td rowspan="2">편성</td><td>초기 대응대</td><td>□ 편성인원 : 대장　　명, 부대장　　명, 대원　　명
□ 조직구성 : □ 지휘통제팀(　　명) □ 현장대응팀(　　명)</td></tr>
<tr><td>초기 대응체계</td><td>□ 편성인원 :　　명, A조(　　명) □ B조(　　명)
□ C조(　　명)</td></tr>
<tr><td colspan="2">운영시간</td><td>□ 주간편성(　~　시) □ 야간편성(　~　시)
□ 휴일(공휴일)</td></tr>
</table>

<table>
<tr><td colspan="7">2. 대원편성 및 임무 현황</td></tr>
<tr><td rowspan="2">구분</td><td rowspan="2">소속</td><td rowspan="2">성명</td><td rowspan="2" colspan="2">개별임무</td><td colspan="2">비상연락체계</td></tr>
<tr><td>사무실</td><td>개인</td></tr>
<tr><td>대장</td><td></td><td></td><td colspan="2">대응총괄</td><td></td><td></td></tr>
<tr><td>부대장</td><td></td><td></td><td colspan="2"></td><td></td><td></td></tr>
<tr><td>지휘반
(지휘 통제)</td><td></td><td></td><td colspan="2">사고발생 시 상황 전</td><td></td><td></td></tr>
<tr><td rowspan="4">대응반
(현장대응)</td><td></td><td></td><td colspan="2">시설 긴급보수</td><td></td><td></td></tr>
<tr><td></td><td></td><td colspan="2"></td><td></td><td></td></tr>
<tr><td></td><td></td><td colspan="2"></td><td></td><td></td></tr>
<tr><td colspan="6">* 각 구역별로 2인 이상을 선정</td></tr>
<tr><td rowspan="2">초기
대응체계</td><td rowspan="2">구분</td><td colspan="2">A조( )</td><td>B조( )</td><td>C조( )</td><td>D( )</td></tr>
<tr><td colspan="2">(~ 시)</td><td>(~ 시)</td><td>(~ 시)</td><td>(~ 시)</td></tr>
<tr><td></td><td></td><td colspan="2"></td><td></td><td></td><td></td></tr>
<tr><td></td><td></td><td colspan="2"></td><td></td><td></td><td></td></tr>
<tr><td></td><td colspan="6">* 비고 :</td></tr>
</table>

□ 비상연락체계 구축

구분	대응방법 및 절차
비상경보	화재경보방식(□일제경보, □우선경보)에 따라 화재경보 □ 일제경보방식 : 전층[~ 층] 화재경보 □ 우선경보방식 : 발화층+직상층(층)+지하층 화재경보
상황전파	안전사고 전파 시 다음 방법에 따라 상황전파 □ 육성 □ 경종 □ 비상방송(자동/수동) □ 시각경보기 □ 초기대응대 비상소집(비상방송 및 비상연락망) ☎ 종합방재실(수신반) : / 기타 :
사고신고	
* 비고 : 종합방재실(수신반) : / 근무시간 :	

□ 공공기관 출동현황

구분	주요내용	비고
관할기관	00소방서 00119안전센터로 부터 00 km 떨어짐 00경찰서 00지구대로부터 00 km 떨어짐	
연소 확대 우려구역(건물)	본 건물 옆에 있는 00빌딩과 00미터 이격되어 연소 확대 우려는 없을 것으로 보임	
집결지	본 건물의 정면 오른쪽 주차장에 소방차 등 집결 필	
소방차 진입계획	초기대응대 인력중 00명이 소방차 진입을 안내 등	

□ 교육훈련 및 자체평가

[년 제 차] 교육훈련 및 평가계획

<table>
<tr><th>구분</th><th colspan="4">주요 내용</th></tr>
<tr><td>명칭</td><td colspan="4">화재시 발생시 이용객 피난대피 훈련</td></tr>
<tr><td>일자/장소</td><td colspan="4">일자 : 년 월 일 / 장소 :</td></tr>
<tr><td rowspan="3">종류</td><td>대상</td><td colspan="3">□ 초기대응대 □ 재실자, 거주자</td></tr>
<tr><td>이론</td><td colspan="3">□ 강의식 □ 세미나</td></tr>
<tr><td>실습</td><td colspan="3">□ 도상훈련 □ 종합훈련 □ 부분(기능)훈련</td></tr>
<tr><td>교육계획</td><td colspan="4"></td></tr>
<tr><td>훈련계획</td><td colspan="4"></td></tr>
<tr><td rowspan="2">평가계획</td><td>평가일시</td><td>년 월 일</td><td>평가자(경영책임자 등)</td><td>(서명)</td></tr>
<tr><td>평가방법</td><td colspan="3"></td></tr>
<tr><td>비고</td><td colspan="4"></td></tr>
</table>

□ 피난대책 수립

<table>
<tr><th>구분</th><th colspan="3">피난절차 및 방법</th></tr>
<tr><td>경보설비</td><td colspan="3">□ 경종(□전층 □부분층) □ 비상방송설비 □ 기타( )</td></tr>
<tr><td>피난인원</td><td colspan="3">□ 상시거주(명) □ 상시근무(명) □ 유동인원(______명)
<table>
<tr><th>층(구역별)</th><th>피난인원</th><th>층(구역별)</th><th>피난인원</th></tr>
<tr><td></td><td></td><td></td><td></td></tr>
<tr><td></td><td></td><td></td><td></td></tr>
<tr><td></td><td></td><td></td><td></td></tr>
</table>
□ 재해약자 현황(해당사항에 ✔ 표시)
<table>
<tr><th rowspan="2">노인</th><th rowspan="2">영유아</th><th rowspan="2">어린이</th><th rowspan="2">임산부</th><th colspan="5">장애유형</th></tr>
<tr><th>이동</th><th>시각</th><th>청각</th><th>언어</th><th>인지</th></tr>
<tr><td></td><td></td><td></td><td></td><td></td><td></td><td></td><td></td><td></td></tr>
</table>
*노인[65세↑], 영유아[6세↓], 어린이(13세↓), 임산부, 장애인</td></tr>
<tr><td rowspan="3">피난경로</td><td>□ 제1피난로</td><td colspan="2"></td></tr>
<tr><td>□ 제2피난로</td><td colspan="2"></td></tr>
<tr><td>□ 옥상피난</td><td colspan="2">□ 옥상출입[□ 상시개방 □ 상시폐쇄(잠금장치)]
□ 자동개폐장치(□ 유 □ 무)
□ 옥상광장(□ 유 □ 무)</td></tr>
<tr><td rowspan="4">피난보조</td><td>재해약자</td><td>피난동선</td><td>피난방법</td></tr>
<tr><td>어린이 10명</td><td>중앙계단을 통해 이동</td><td>초기대응대에서 인솔</td></tr>
<tr><td></td><td></td><td></td></tr>
<tr><td></td><td></td><td></td></tr>
<tr><td>집결지</td><td colspan="3">인원 파악하기 위해 지상 주차장 00구역에 집결(내부 고립자 발생 시 해당사항을 긴급구조기관에 전달)</td></tr>
</table>

□ 피해복구

○ 화재, 붕괴, 균열 등으로 인한 피해복구 계획을 실행하기 위한 장/단기 피해복구 계획의 주요 내용은 아래와 같다.

구분	주요 내용
단기복구	화재발생 후 관련 소방시설등의 작동 여부를 점검하고 불량사항은 모두 수리
장기복구	복구기간 동안 관계인(관리자, 점유자, 소유자)이 사용할 장소를 확보
	소방시설이 정상 작동하기 전까지는 건물 사용금지
비고	

○ 화재, 붕괴, 균열 등 피해복구를 위한 지원기관, 지원내용 및 연락처는 아래와 같다.

구분	지원내용	연락처
지자체(00과)	관계인의 임시생활시설 마련	
비고		

2.7 중대시민재해 예방 업무처리 절차 마련(시행령 제10조 제7호)

중대재해처벌법 시행령 제10조 제7호는 공중이용시설 또는 공중교통수단을 운영·관리하는 사업주 또는 경영책임자에게 중대시민재해를 예방하기 위한 업무처리 절차의 마련과 실질적 운영 의무를 명확하게 규정하고 있다. 이는 단순히 사고 발생 이후의 대응 매뉴얼을 의미하는 것이 아니라 재해발생 이전 단계에서부터 체계적으로 위험요인을 관리하고 발생

시 즉각적으로 대응할 수 있는 포괄적 관리 절차를 구축하라는 취지이다.

이러한 업무처리 절차에는 먼저 시설 내 유해 · 위험요인의 식별을 위한 정기점검과 수시점검 체계가 포함되어야 한다. 육안 점검은 물론, 법령에서 요구하는 정밀안전진단 · 긴급안전점검 등을 통해 구조적 결함이나 설비 이상, 감염병 위험 등 잠재적 요인을 선제적으로 파악하고 그 결과를 기록 · 보고하여 개선의 근거로 삼는 것이 핵심이다.

위험요인이 발견되거나 시민 또는 종사자의 신고가 접수된 경우는 해당 내용을 즉시 검토하고 긴급조치를 시행할 수 있도록 개선 업무 수행인력을 확보하고 대응 흐름을 구축해야 한다. 위험의 정도에 따라 현장에서 즉시 보수 · 보강하거나 위험 표지 설치 및 출입 제한, 더 나아가 작업 중지 조치까지 연계될 수 있다. 필요한 경우 외부 전문기관을 통한 긴급안전진단이 병행되며 그 결과는 경영책임자에게 보고되어 의사결정에 반영되어야 한다.

중대시민재해가 실제로 발생했을 경우는 사상자에 대한 긴급 구호 조치, 시설물에 대한 즉각적인 안전 점검, 2차 피해 방지를 위한 추가 조치 등이 이루어져야 하며 사고 현장 보존 · 원인 조사 · 유가족 지원 등과 같은 후속 관리까지 포괄된다. 또한 재발방지를 위한 대책 수립, 대피훈련 실시, 관련 기관과의 정보 공유 등이 포함되어야 하며 이러한 모든 절차는 반기 1회 이상 점검되어 실제로 작동되고 있는지 평가되어야 한다.

1) 업무처리 절차 마련 · 이행을 갈음할 수 있는 조건

경영책임자 등은 기업 또는 기관 차원에서 중대재해를 유발할 수 있는 유해 · 위험요인을 파악하고 발생 시 현장에서 담당자들이 적절히 대응할 수 있도록 절차나 매뉴얼 등을 마련하도록 해야 한다. 이는 경영책임자 등이 공중이용시설 또는 공중교통수단의 유해 · 위험요인을 직접 확인하거나 보수 · 보강 등의 조치를 직접 수행하라는 의미라기보다는 해당 요인을 확인하고 신고에 대한 조치를 요구함으로써 보수 · 보강이 적절히 이행되어 중대시민재해를 예방할 수 있도록 '업무처리 절차'를 마련하라는 취지이다.

철도안전법 제7조에 따라 비상대응계획을 포함한 철도안전관리체계를 수립 · 시행하는 경우에는 별도의 업무처리 절차를 작성하지 않더라도 해당 문서를 직접 확인하거나 보고받음으로써 법적 의무를 이행한 것으로 인정된다.

항공안전법 제58조 제2항에 따라 위기대응계획을 포함한 항공안전관리시스템을 마련하여 운용한 경우도 별도의 업무처리 절차를 작성하지 않더라도 그 수립 여부와 내용을 직접 점검하거나 점검 결과를 보고받음으로써 해당 의무를 갈음할 수 있다.

표 8.19 중대시민재해 예방업무 처리절차를 갈음할 수 있는 조건

법령	업무처리절차	법 조항 내용
철도 안전법	철도안전관리체계	**제7조(안전관리체계의 승인)** ① 철도운영자 등(전용철도의 운영자는 제외한다. 이하 이 조 및 제8조에서 같다)은 철도운영을 하거나 철도시설을 관리하려는 경우에는 인력, 시설, 차량, 장비, 운영절차, 교육훈련 및 비상대응계획 등 철도 및 철도시설의 안전관리에 관한 유기적 체계(이하 "안전관리체계"라 한다)를 갖추어 국토교통부 장관의 승인을 받아야 한다. ② 전용철도의 운영자는 자체적으로 안전관리체계를 갖추고 지속적으로 유지하여야 한다. (중략)
항공 안전법	항공안전관리 시스템	**제58조(국가 항공안전프로그램 등)** ② 다음 각 호의 어느 하나에 해당하는 자는 제작, 교육, 운항 또는 사업 등을 시작하기 전까지 제1항에 따른 항공안전프로그램에 따라 항공기 사고 등의 예방 및 비행안전의 확보를 위한 항공안전관리시스템을 마련하고, 국토교통부장관의 승인을 받아 운용하여야 한다. 승인받은 사항 중 국토교통부령으로 정하는 중요사항을 변경할 때에도 또한 같다

(1) 철도안전관리체계

철도운영자 및 철도시설관리자는 「철도안전법」 제7조 및 제8조에 따라 철도 운영 또는 시설관리에 앞서 비상대응계획을 포함한 안전관리체계를 국토교통부 장관에게 승인받아야 하며 이를 지속적이고 실효성 있게 유지·관리할 법적 책임을 갖는다. 이는 철도가 대규모 인명피해로 이어질 수 있는 공중교통수단이라는 점에서 사고 예방과 체계적인 대응을 위한 제도적 장치이다. 안전관리체계는 단순한 서면 계획을 넘어서 다음과 같은 항목으로 구성된다.

① 운행에 필요한 인력 확보 및 교육훈련 계획
② 차량 및 시설물 유지관리 체계

③ 운행 절차 및 관제시스템
④ 비상대응 시나리오 및 사고 보고 · 조사 체계
⑤ 위험관리, 내부 점검, 개선 피드백 시스템 등

국토교통부 장관은 안전관리체계가 실제 현장에서 이행되고 있는지 확인하기 위해 정기 및 수시검사를 실시할 수 있으며 점검 결과 미이행 또는 위반 사항이 있을 경우 승인 취소, 업무 정지, 시정 명령, 과징금 등의 행정처분을 내릴 수 있다. 이는 철도사업자 운영에 직접적인 영향을 미친다.

따라서 철도운영자 및 철도시설관리자는 승인된 안전관리체계를 단순한 매뉴얼로 유지하는 데 그치지 않고 현장 중심으로 실효성 있게 운영하며 변화하는 위험요인에 따라 수시로 개선 · 보완하는 관리 역량을 지속적으로 강화해야 한다. 이는 형식적인 법령 이행이 아니라 국민의 생명과 안전을 책임지는 경영적 · 사회적 책무의 핵심이다.

철도안전관리시스템(SMS)은 철도운영자의 조직과 일상 운영에 깊이 통합되어야 한다.

절차	주요내용
승인신청	• 신청기관 → 국토교통부 • 비상대응계획, 열차운행체계, 유지관리체계
↓	
서류 및 현장검사	• 보완요청서 통보(국토교통부 → 신청기관) • 조치결과서 제출(신청기관 → 국토교통부)
↓	
안전관리체계 승인	• 승인증명서 발급(국토교통부 → 신청기관)
↓	
안전관리체계 이행	• 철도운영자 및 철도시설관리자는 승인받은 안전관리체계를 지속해서 유지하고 이행 여부를 스스로 점검

그림 8.10 철도안전관리체계 승인 및 지속유지

(2) 항공안전관리시스템

항공운송사업자가 항공사고 예방과 비행 안전을 실질적으로 확보하기 위해서는 체계적이고 선제적인 안전관리체계를 구축하고 이를 조직 내에서 효과적으로 운영해야 한다. 이에 따라 「항공안전법」 제58조 제2항은 항공운송사업자가 운항을 시작하기 전에 항공안전관리시스템(SMS, Safety Management System)을 수립하고 국토교통부 장관의 승인을 받은 후 운용해야 할 법적 의무를 명시하고 있다.

항공안전관리시스템은 단순한 사고 대응 절차를 넘어 항공사의 전체 조직 운영에 걸쳐 안전을 내재화한 종합적 안전경영체계이다. 최고경영자의 안전에 대한 책무 선언부터 각 부서별 안전책임 분장, 사고 및 위해 요인의 식별 · 평가 · 경감 조치에 이르는 일련의 관리 과정이 포함된다. 특히 사고나 위기 상황을 단순히 기록하는 데 그치지 않고 비행자료 분석 프로그램(FDAP) 등을 통해 데이터 기반으로 위험을 사전 예측하고 조치를 설계하는 체계까지 내장되어야 한다. 이는 사고 예방의 실효성을 높이는 핵심 기반이다.

절차	주요내용
승인신청 (사업 시작 30일 전까지)	• 항공안전관리시스템 메뉴얼, 항공안전관리시스템 이행계획서 및 이행확약서 등을 갖추어 신청(항공운송사업자 → 국토교통부)
↓	
서류 및 현장검사	• 보완요청서 통보(국토교통부 → 신청기관) • 조치결과서 제출(신청기관 → 국토교통부)
↓	
안전관리시스템 승인	• 승인서 발급(국토교통부 → 항공운송사업자)
↓	
안전관리시스템 이행	• 항공운송사업자는 승인받은 안전관리체계를 지속해서 유지

그림 8.11 항공안전관리시스템

국토교통부 장관에게 승인받은 항공안전관리시스템은 운항 개시 이후에도 지속적으로 유지 · 관리 · 개선되어야 하며 조직 운영 중 안전과 관련된 중대한 변경사항이 발생한 경우에는 재승인을 받아야 한다. 안전 관련 교육과 훈련, 내부 감사, 변화관리 등도 항공안전관리시스템의 주요 구성 요소로 간주되며 모든 운영 단계에서 안전은 최우선의 판단 기준으로 작용해야 한다.

항공운송사업자의 항공안전관리시스템은 단순한 법령상 제출 문서가 아니라 비행안전을 조직의 핵심 가치로 반영하는 경영책임 이행의 직접적 증표이며 국민의 생명과 재산을 보호하는 사회적 책무를 수행하는 기반이다. 따라서 항공사는 운항 안정성을 확보하고 사고 발생 가능성을 사전에 차단할 수 있는 실효적인 안전운영체계를 마련해야 한다. 항공안전관리시스템에 포함되어야 할 사항은 다음과 같다.

표 8.20 항공안전관리시스템에 포함되어야 할 사항

내용	주요 내용
항공안전에 관한 정책 및 달성 목표	• 최고경영관리자의 권한 및 책임에 관한 사항 • 안전 관련 업무분장에 관한 사항 • 총괄 안전관리자의 지정에 관한 사항 • 위기대응계획 관련 관계기관 협의에 관한 사항 • 매뉴얼 등 항공안전관리시스템 관련 기록 · 관리에 관한 사항
항공안전 위험도의 관리	• 항공안전 위해요인의 식별 절차에 관한 사항 • 위험도 평가 및 경감 조치에 관한 사항 • 자체 안전보고의 운영에 관한 사항
항공안전보증	• 안전성과의 모니터링 및 측정에 관한 사항 • 변화관리에 관한 사항 • 항공안전관리시스템 운영절차 개선에 관한 사항
항공안전증진	• 안전교육 및 훈련에 관한 사항 • 안전관리 관련 정보 등의 공유에 관한 사항

2) 업무처리 절차

업무처리 절차에는 ① 유해 · 위험요인의 확인 · 점검에 관한 사항 ② 유해 · 위험요인 발견 시 개선에 관한 사항 ③ 중대시민재해 발생 시 추가 피해방지조치와 원인조사에 따른 개선조치에 관한 사항 ④ 대피훈련에 관한 사항 등이 포함되어야 한다.

(1) 유해 · 위험요인의 확인 · 점검에 관한 사항(가목)

공중이용시설 또는 공중교통수단은 불특정 다수가 이용하는 공간이나 수단으로 안전관리는 중대시민재해 예방의 핵심 과제로 간주된다. 이에 따라 사업주 또는 경영책임자는 해당 시설의 특성 및 계절 · 환경적 요인을 고려하여 정기점검과 수시점검(육안관찰)을 포함한 업무처리 절차를 체계적으로 마련하고 이행할 법적 의무가 있다.

정기점검은 상반기 · 하반기, 해빙기 · 장마철 등 구조적 안정성이나 이용환경 변화가 예상되는 시기를 기준으로 실시되며 관련 법령인 「시설물의 안전 및 유지관리에 관한 특별법」, 「소방시설법」, 「승강기안전관리법」 등에 따라 점검 항목과 주기가 명시된다. 예를 들어 해빙기에는 지반 침하 및 구조물 균열 여부, 장마철에는 배수시설 기능 및 누수 여부를 집중적으로 확인해야 한다.

수시점검(육안관찰)은 안전 업무 수행자의 판단에 따라 필요 시 즉각 실시되며 시설물 외관, 기계장비 작동 상태, 출입구 · 통로의 안전성 등을 확인한다. 특히 시민 또는 종사자의 신고가 접수된 경우는 즉시 현장 점검이 이루어져야 하며 위험요인이 발견되면 경미한 경우에는 자체 개선하고 중대한 경우는 사용금지, 출입통제, 위험표지 설치, 긴급안전진단 등의 조치를 취해야 한다.

이러한 점검 · 관찰은 단순 확인에 그치지 않고 위험요인의 식별 → 기록 → 개선조치 → 결과보고로 이어지는 전반적 업무 흐름으로 설계되어야 한다. 이를 통해 중대시민재해 발생 가능성을 사전에 차단하고 시설의 안전성을 지속적으로 확보할 수 있다. 업무처리 절차는 문서화되어야 하며 반기 1회 이상 이행 여부와 실효성을 점검하고 필요한 경우 인력 · 예산 · 장비의 추가 확보 등 개선조치를 병행해야 한다.

(2) 유해 · 위험요인 발견 시 개선에 관한 사항(나목)

유해 · 위험요인 신고 또는 조치 요구 시 시설관리자는 해당 요인을 확인한 후 경미한 경우에는 자체적으로 개선하고 그 조치 결과를 신고자에게 통보해야 한다.

유해 · 위험요인이 중대시민재해 발생 우려가 있는 경우 시설관리자는 이를 경영책임자 등에게 즉시 보고하고 경영책임자는 보수 · 보강 지시 및 조치 결과 확인까지 이루어지도록 업무처리 절차를 마련해야 한다.

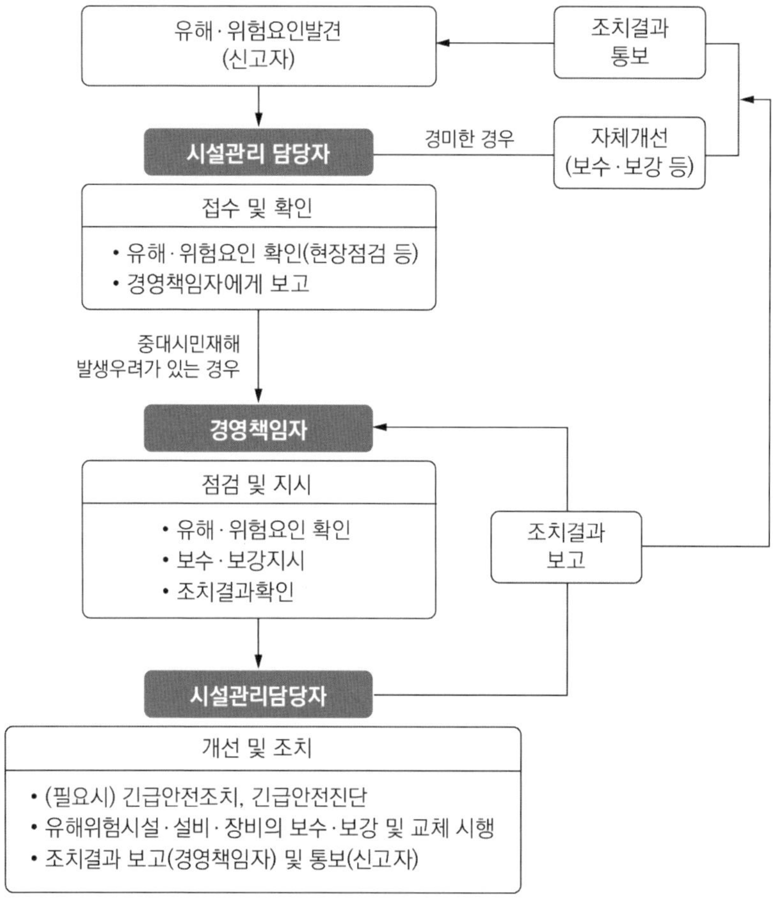

그림 8.12 유해 · 위험요인 발견 시 개선절차 예시

(3) 중대시민재해 발생 시 추가 피해방지조치 및 원인조사에 따른 개선조치에 관한 사항 (다목)

중대시민재해가 발생한 경우 중대시민재해 발생 상황을 경영책임자 등에게 보고하도록 업무처리 절차를 마련해야 한다. 안전관리 담당자는 경찰서와 소방서에 관련내용을 신고하고 관계 행정기관에 상황을 보고하며 재해자에 대해 긴급구호조치와 긴급안전조치 등을 시행해야 한다.

경영책임자 등은 안전관리 담당자의 대응 상황과 조치 사항을 보고받고 필요시 추가 피해 방지 조치를 지시하며 상황 종료 후에는 피해 원인조사와 개선대책 등 재발방지 대책을 마련하도록 지시해야 한다.

안전관리 담당자는 경영책임자 등의 지시 사항을 이행하고 그 조치 결과를 경영책임자 등과 관계 행정기관 등에 보고하도록 업무처리 절차를 마련해야 한다.

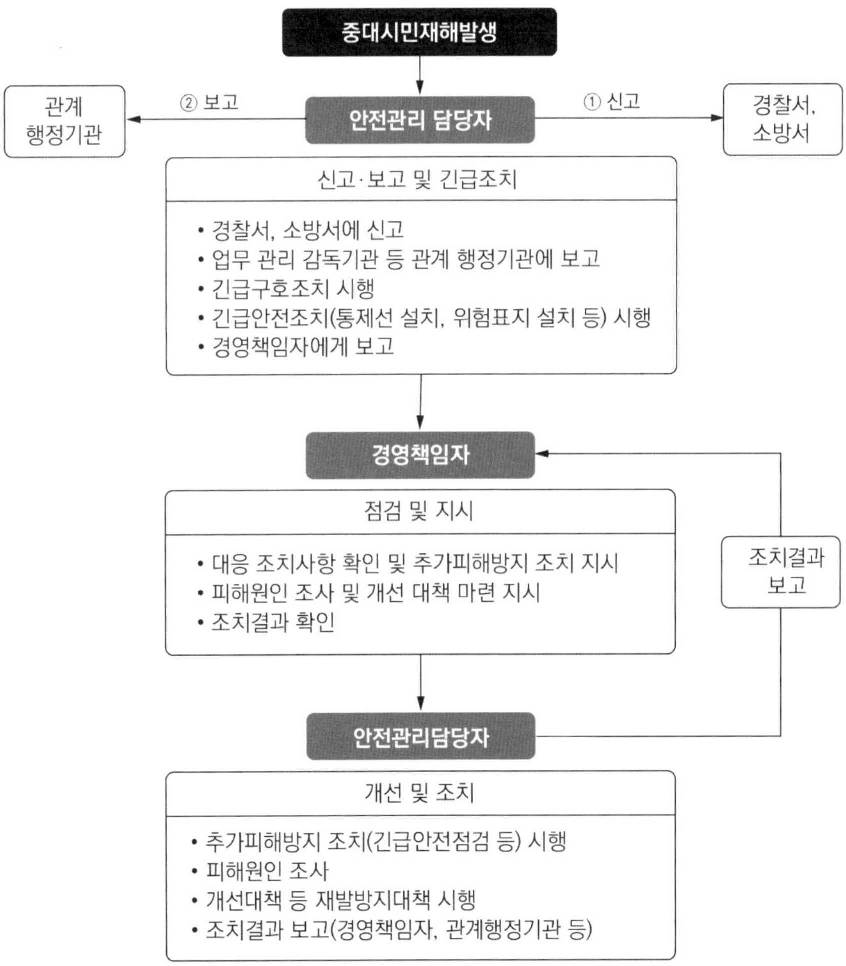

그림 8.13 중대시민재해 발생 시 대응조치 절차 예시

표 8.21 구조물 재해 유형 대응 절차 예시

단계	조치 내용
사고인지	시민 또는 관계자 신고접수, 현장 이상 징후 확인
초동 조치	사고 위치 통제, 추가 붕괴 방지 조치 시행
기관 신고	경찰서, 소방서, 관계기관에 신속히 사고 상황 전파
피해자 대응	구조활동, 응급조치, 위험 구역 분리 · 차단
경영진 보고	사고 경위, 피해 현황, 조치 결과를 즉시 보고
원인 조사	외부 전문기관 의뢰 또는 자체 원인분석
후속 조치	재발방지 대책 수립, 시설 개선, 훈련 및 점검 강화

교량 · 터널 · 비탈면 · 옹벽 등의 파손이나 붕괴로 인한 중대시민재해 발생 시 대응 절차의 예시는 다음과 같다.

표 8.22 중대시민재해 발생 시 대응절차 예시

□ **재해유형**

○ 교량 · 터널 · 비탈면 · 옹벽의 파손 · 붕괴 등으로 인한 재해

구분	재해 유형
총괄	• 시설물 붕괴 · 일부 탈락 등 훼손의 유형이 다양하고 시설별 유형도 많아(교량의 경우 케이블교, 아치교, 트러스교 등) 일반적인 형태로 예시
교량	• 교량 파손 · 붕괴로 인한 차량 추락, 케이블 절단으로 인한 피해
터널	• 터널 파손 · 붕괴로 인한 매몰사고, 제연 팬 등 시설물 탈락에 의한 피해 • 해저터널 침수로 인한 피해
비탈면 옹벽	• 사면 또는 옹벽 파손 · 붕괴로 인한 매몰사고

□ **대응절차**

○ ① 위기상황 보고 · 전파 → ② 초동조치 → ③ 위기수준 평가 → ④ 대응조치 → ⑤ 후속조치 순으로 구성(재난대응 매뉴얼 준용)

NO	대응 절차	내용
1	위기상황 보고 · 전파	• 위기상황을 발견 · 접수한 자는 즉시 소속기관의 기관장, 상황실장, 상황총괄반장 등 관계자에게 보고 · 전파 - 사고개요(일시, 장소, 사고시설물, 사고 유형), 인명피해 현황, 응급조치사항
2	유관기관 전파	• 소방서, 경찰서, 화학물질안전원 등 유관기관에 전파 • 사안의 중대성을 고려하여 필요시 상급기관에도 보고 - 중대시민재해에 해당하는 인명피해가 발생한 경우에는 지체없이 국토부 본부 상황반장(소관과장) 및 담당자에게 보고 · 전파 * 사망자 1명 또는 부상자 10명 또는 질병자 10명 이상 발생 * 교량 · 터널 ⇒ 도로시설안전과장/비탈면 · 옹벽 ⇒ 도로관리과장
3	초동조치	• 2차 피해를 예방하기 위한 긴급안전조치를 실시하고 초기대응반은 현장 출동하여 유관기관 초기대응 지원 등 실시 - 방재시설 가동, 비상방송 송출, VMS 표출, 사고차량 유해위험물질 탑재 여부 확인 등 - 소방차, 구급차, 경찰차 등 신입로 확보, 교동동제, 긴급대피 등
4	자체 상황판단 회의 실시	• 위기수준 평가, 대응조직 구성 · 운영 필요성, 필요 조치 등을 검토하고 위기수준 평가결과를 관계기관에게 전파 - 피해규모, 대응 시급성, 확대 가능성, 전개속도, 지속시간, 파급효과 등을 종합적으로 검토 - "경계" 이상 위기경보 수준으로 대응하기 위해 중수본 구성 · 운영이 필요한 경우에는 국토부 본부 상황반장 및 시설담당자에게 요청
5	대응조치	• 대응조직 구성 · 운영, 연락체계 유지, 사고수습상황 파악, 추가 필요 조치를 검토하고 조치 이행 또는 지시 - 교통정보 제공, 추가 긴급안전조치, 사상자 인적사항 파악 등 피해자 지원대책 등 - 대응상황은 상급기관 및 관계기관에 보고 · 통보(초기-중간-최종, 필요시 수시)
6	시설물복구	• 시설물 피해현황 파악, 긴급안전점검 또는 진단 실시, 사고분석 등을 통해 시설물 항구복구계획 수립하여 보고
7	후속 조치	• 시설물 긴급복구 실시, 상황종료 시 관계기관에게 전파, 교통소통 재개 시행 · 홍보하고 재발방지 대책 수립하여 보고 - 상기 제시되지 않은 구체적인 사항은 분야별 재난대응매뉴얼(도로터널, 해상교량, 특수교) 절차에 따름 - 도로터널 사고 대응 매뉴얼이나 터널 외 도로재난에도 적용토록 규정

(4) 대피훈련에 관한 사항(라목)

「시설물의 안전 및 유지관리에 관한 특별법」상 제1종 시설물 또는 공중교통수단에 대해서는 비상상황이나 위급상황 발생 시에 대비하여 대피훈련(비상대응계획 등)을 실시하는 절차를 마련해야 한다.

대피훈련에는 다음과 같은 요소들이 포함될 수 있다.

① 훈련의 시기, 장소, 목표
② 참여 범위 및 시나리오 설정
③ 훈련 결과 분석을 통한 개선사항 도출
④ 개선사항을 대피훈련 계획에 반영하여 수정·보완하는 절차

도로 분야, 철도 분야 등은 재난관계 법령에 따른 대피훈련 예시가 존재하며 재난 관련 법령 또는 매뉴얼에 따라 재난대응훈련 시 대피훈련을 실시한 경우는 「중대재해처벌법」상 법적 의무를 이행한 것으로 간주된다.

표 8.23 도로 분야 대피훈련 예시

□ **훈련주관** : 도로관리사업소

□ **훈련시기** : 교량, 터널 각각 연 1회 이상 실시

□ **참여기관**

○ 도로관리사업소, 기초자치단체, 관할 소방서, 경찰서 등 유관기관
○ 훈련 시나리오, 참여 필요성, 대내외 여건 등을 고려하여 국토관리청이 참여 범위 설정

□ **훈련방식**

○ 교량, 터널별 재해 시나리오를 가정하여 대피훈련을 실시하고, 훈련 자체점검·평가에 따른 미비점은 개선 조치
○ 국토관리청은 훈련계획 및 훈련 결과를 본부 도로시설안전과로 보고

□ **기관별 비상대비훈련 시행 절차**

훈련주관	광역지차체 도로관리사업소
참여기관	국토안전관리원(교량), 터널위탁관리소(터널), 기초자치단체, 유관기관 등
훈련시기	주관기관별 교량, 터널 각각 연 1회 시행

훈련계획 수립	• 훈련 시기, 대상시설물, 훈련목표, 참여범위와 시나리오, 훈련 결과에 대한 평가 · 환류 방안 등 포함 • 훈련계획 보고
훈련실시	• 상황전파 및 초기상황 보고 • 고립 차량, 시민 대피 • 재난자원동원 • 유관기관 협조체계 등
훈련 자체 점검 · 평가	• 개선 필요사항 발굴 - 차년도 훈련계획 수립 시 개선 필요사항 반영 • 필요시 매뉴얼 개정 • 훈련결과 보고

표 8.24 철도분야 대피훈련 예시

□ **대피훈련**

○ 철도운영자 및 철도시설관리자는 철도비상사태의 유형별(충돌, 탈선 등) 비상대응 시나리오에 따라 주기적으로 훈련을 시행하여야 함

□ **비상대응계획의 비상대응 시나리오 예시**

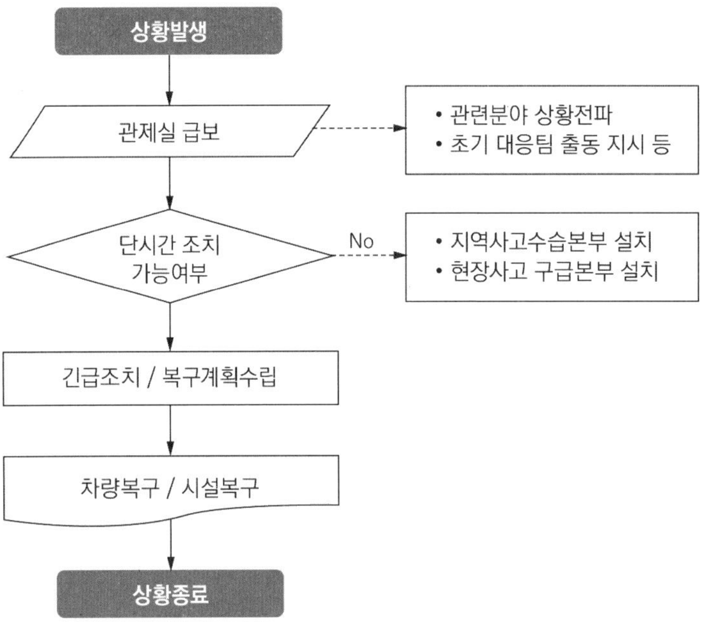

□ **관계 법령에 따른 훈련 예시**

법령	훈련 내용
재난 안전법	• 재난대비훈련 : 중앙행정기관의 장은 재난관리책임기관, 긴급구조지원기관, 군부대 등 관계기관과 합동으로 연 1회 이상 실시 - 재난대응 안전한국훈련 등(재난대응에 필요한 중요 역량의 실행과정 등 훈련) • 위기상황매뉴얼 : 다중이용시설 관계인은 위기상황 매뉴얼을 작성 · 관리하고 이에 따른 훈련을 매년 1회 이상 실시 - 테러, 화재, 침수, 폭설, 붕괴, 가스누출 등 위기상황별 · 단계별 대처방법에 관한 사항 등 - 위기관리 표준매뉴얼, 위기대응 실무매뉴얼, 현장조치 행동매뉴얼

법령	훈련 내용
자연재해 대책법	• 비상대처계획 : 시설물 또는 지역의 관리주체는 자연재해발생 시 다중이용시설 등 피해 경감을 위한 비상대처계획을 수립 – 비상시 응급행동 요령, 비상대피계획, 위험지역 교통통제 등 비상대처 필요사항 등
초고층재난 관리법	• 재난 · 테러훈련 : 초고층 건축물 등의 관리주체는 관계인, 상시 근무자, 거주자에게 재난 및 테러 등에 대한 교육 · 훈련

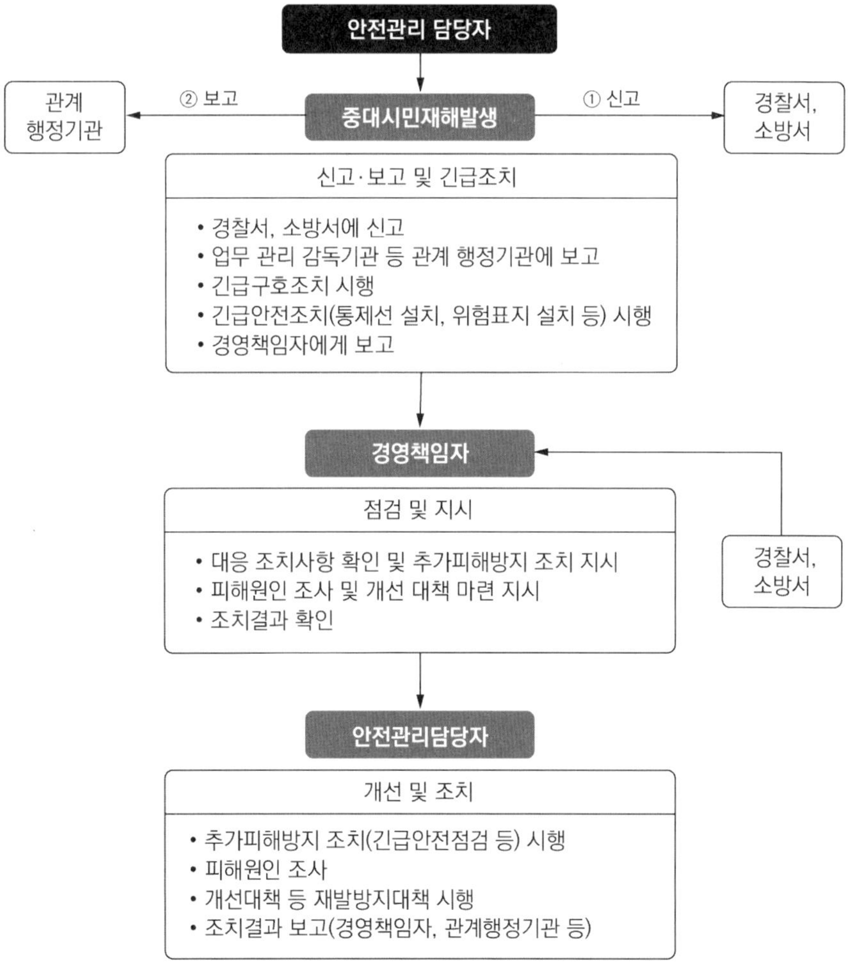

그림 8.14 추가 피해방지조치, 원인조사에 따른 개선조치

2025년 7월 16일에 발생한 오산시 옹벽 붕괴사고는 집중호우로 인해 지반이 약화된 상태에서 구조물의 안전관리 미비가 복합적으로 작용하여 인명피해로 이어진 대표적인 중대시민재해 사례로 꼽힌다. 사고 발생 이전 주민이 옹벽 침하와 붕괴 위험에 대한 민원을 제기했음에도 불구하고 사전 조치가 제대로 이루어지지 않았다는 점에서 시설물에 대한 선제적 대응체계와 비상훈련의 실효성에 대한 재검토가 요구된 사건이었다.

이 사건은 비상대응계획과 대피훈련의 중요성을 극명하게 드러낸 사례다. 이는 「중대재해처벌법 시행령」 제10조 제7호에 명시된 공중이용시설 또는 공중교통수단의 경영책임자가 마련해야 할 비상대피훈련 절차의 필요성과 직접적으로 연계되어 이해할 수 있다.

해당 조항은 사업주 또는 경영책임자가 제1종 시설물 또는 시민 이용시설에 대해 침수, 붕괴, 화재 등 비상상황을 가정한 대피훈련을 정기적으로 실시할 의무를 부여하고 있다. 이는 단순한 형식적 이행이 아닌 실제 위기 상황 발생 시 시민의 생명과 안전을 지키기 위한 필수적인 대응 수단이다.

오산 옹벽 붕괴 당시를 되돌아보면 사고 직전 위험 징후가 있었음에도 해당 시설에 대한 즉각적인 통제나 주민 대상 대피 지침이 마련되지 않았던 점에서 비상대피훈련의 부재가 피해 확산의 주요 원인 중 하나로 작용했을 가능성이 있다. 이와 같은 재난은 돌발적으로 발생할 수 있기 때문에 평상시 시나리오 기반의 대응훈련을 통해 시민들이 위기 시 행동요령을 체득하고 시설 관리주체가 실질적인 대응 역량을 갖추는 것이 필수적이다.

결국 오산 사고는 중대시민재해 예방을 위한 업무처리 절차 중 비상대피훈련이 단순한 법적 의무를 넘어 시민을 보호하는 실질적인 생명보장 수단임을 입증한 사례이다. 지자체와 시설 운영 주체는 훈련의 정기성, 참여의 내실화, 대응체계의 연계성 강화에 대한 사회적 요구를 다시금 인식할 필요가 있다.

또한 2023년 7월 15일에 발생한 오송 지하차도 참사는 집중호우로 인한 미호강 제방 붕괴로 지하차도가 급격히 침수되면서 14명이 사망한 중대한 시민재해 사례로 기록되었다. 이 사고는 자연재해가 아니라 사전에 방지할 수 있었던 인재로 평가되며 위험요인의 인지 및 통제조치가 제대로 이루어지지 않은 상태에서 시민들이 치명적인 침수 상황에 노출되었다는 점에서 비상대피훈련의 부재와 대응체계 미비가 피해 확산의 핵심 원인으로 지적되고 있다.

사고 당시 이미 호우경보와 홍수주의보가 발령되었고 제방 붕괴 가능성에 대한 주민의 신고도 있었으나 지하차도에 대한 사전 통제, 차량 진입 차단, 대피 지침 전달 등 긴급 대응이 이루어지지 않았다. 이는 「중대재해처벌법 시행령」 제10조 제7호에서 규정한 공중이용시설 및 공중교통수단의 경영책임자가 마련해야 할 비상상황 대비 대피훈련과 업무처리 절차가 서류상에서만 존재했지 실제 현장에서는 작동하지 않았음을 보여준다.

오송참사 시민진상조사위원회의 조사 결과에 따르면 사고 당시 지자체 및 유관기관 간 정보 공유가 부족했고 지하차도 침수 위험에 대한 통제 기준이 마련되어 있었음에도 불구하고 실제 통제는 이행되지 않았다. 이처럼 매뉴얼과 법령상 대응 절차는 존재했지만 비상대피훈련 미실시와 실질적 대응체계의 부재가 시민 생명을 위협하는 구조적 문제로 작용했다.

비상대피훈련은 이러한 위기 상황에서 시민이 스스로를 보호하고 대응 주체가 신속하게 조치를 취할 수 있도록 하는 핵심적인 수단이다. 따라서 형식적인 법적 의무가 아닌 실질적인 생명 보호 체계로 이해되어야 한다. 훈련은 정기적이며 시설 특성에 적합한 시나리오 기반으로 운영되어야 하고 참여자들이 실제 행동요령을 체득할 수 있도록 구성되어야 한다.

오송 지하차도 참사를 비롯한 여러 사고들은 이러한 훈련 부재가 어떤 결과로 이어졌는지를 극명하게 보여준 사례이다. 사고 발생 이후 지하차도 자동 진입차단 시스템 확대, 침수 위험 지역 대응 강화 등 제도 개선이 이루어졌다. 하지만 보다 근본적인 해결을 위해서는 비상대피훈련의 내실화와 업무처리 절차의 현장 작동력 강화가 반드시 병행되어야 한다.

> 비상시 대피 위한 대피로 확보, 조명 불가시 인식 조치
> - 바닥, 벽면 대피로 표시(조명 미확보시에도 인식 가능)
> - 비상 대피 시설 비치 및 안내(방문객 포함)
> - 의료시설 준비, 안내, 대응

Tip 비상 대피 위한 게시, 표시, 교육 실시

그림 8.15 비상대피 위한 업무 절차 마련

2.8 도급 · 용역 · 위탁 시 조치(시행령 제10조 제8호)

개인사업주, 법인 또는 기관이 제3자에게 공중이용시설 또는 공중교통수단의 운영 · 관리 업무를 도급 · 용역 · 위탁 등으로 맡긴 경우 경영책임자 등은 다음 두 가지 사항을 마련해야 한다.

① 수탁기관이 중대시민재해 예방을 위한 조치 능력과 안전관리 능력을 확보하고 있는지를 평가하는 기준과 절차 마련
② 수탁기관이 도급 · 용역 · 위탁 등의 업무를 수행할 때 중대시민재해 예방을 위해 필요한 비용을 산정하는 기준을 마련

또한 연 1회 이상 이 기준과 절차가 원활히 준수되고 있는지를 점검하여야 한다.

1) 수탁기관 안전관리 능력 산정기준 마련

공중이용시설의 운영을 수탁받은 기관은 해당 시설에서 중대시민재해를 예방하기 위해 안전관리 능력을 충분히 갖추고 있어야 하며 이를 객관적으로 평가하기 위한 기준 마련은 매우 중요한 제도적 과제다. 수탁기관의 안전관리 능력은 단지 계약 체결 시 요구되는 자격요건을 넘어 해당 시설의 실질적 안전 확보와 법령상 책임 이행 수준을 판단하는 핵심 지표로 작용한다.

이에 따라 국토교통부 및 지방자치단체는 「중대재해처벌법」 시행 이후 수탁기관의 안전관리 역량을 보다 체계적이고 정량적으로 평가하기 위해 산정 기준을 마련해야한다. 해당 기준은 다음과 같은 핵심 영역을 중심으로 구성된다.

① 조직 구성
② 인력 배치
③ 예산 운영
④ 점검체계

⑤ 대피 훈련 수행

⑥ 법령 이행 실적

(1) 중대시민재해 예방 조치 능력 및 안전관리 능력

국토교통부 중대시민재해 해설서에서는 도급 · 용역 · 위탁 등을 받은 자의 재해 예방 조치 능력과 안전관리 역량을 평가하기 위해 수탁기관의 안전보건관리체계 구축 현황, 최근 3년 이내 중대사고 발생 이력 등을 평가할 수 있다고 설명하고 있다.

「중대재해처벌법 시행령」 제10조 제8호는 중대시민재해를 예방하기 위해 수탁기관을 선정할 때 해당 기관의 예방 조치 능력과 안전관리 역량 평가에 주안점을 두도록 하고 있다. 즉, 수탁기관이 공중이용시설 등의 운영 · 관리 측면에서 얼마나 실질적인 역량을 갖추었는지 평가할 필요가 있다.

그러나 현재 국토교통부 해설서는 중대시민재해 예방 측면보다는 중대산업재해 중심의 내용을 담고 있어 추후 개선이 필요한 상황이다. 이에 따라 현재는 도급 · 용역 · 위탁을 수행하는 과정에서 중대산업재해에 관한 안전보건 확보의무에 따른 안전보건관리계획서를 평가하고 있다. 향후 개선되어야 할 방향은 공중이용시설의 운영과 중대시민재해 측면에서 안전관리에 대한 계획서를 평가할 필요가 있다.

표 8.25 단계별 선정기준(국토부 해설서) 예시

단계	주안점	세부 내용
입찰	• 도급사업(작업) 안전보건관리계획과 적격수급업체 선정기준의 내용을 입찰 설명 시 명확하게 제시	• 도급사업(작업) 안전보건관리계획의 주요 사항 - 안전보건관리 인력의 구성 및 운영방안 - 안전보건관리 활동계획 / 교육계획 - 작업 관련 실적, 작업자의 이력 · 경력 · 자격사항 - 최근 재해발생 현황 등 • 수급업체 안전보건관리 수준평가 기준 제시 - 도급사업(작업)시 사망사고 예방에 주안점을 둔 항목으로 구성
계약	• 수급업체 선정기준에 따른 수급업체 안전보건관리 수준 평가를 통해 수급업체 선정	• 도급인의 조치사항과 수급인의 준수사항을 명확히 제시 - 법규 준수 및 안전보건 조치 이행 등에 관한 내용 명시

국토교통부 중대시민재해 해설서에 따른 단계별 선정 기준에서는 다양한 요소를 기반으로 수탁기관의 능력을 평가할 수 있으며 주요 평가 기준으로는 안전 조직 · 인력, 안전관리 규정 · 지침 · 매뉴얼, 재해 대응체계, 교육 및 훈련 운영 현황 등이 있다고 명시하고 있다.

또한 평가 항목별 배점은 기업 또는 기관의 특성과 여건을 고려하여 탄력적으로 설정할 수 있으며 재해 예방 조치 능력과 안전관리 역량은 평가 시점의 상황에 맞추어 항목 구성이나 배점 · 가점을 조정하여 결정하는 것이 바람직하다는 입장이다.

입찰 단계에서 수급인 선정 시에는 안전보건관리 계획서 제출을 요구하고 계약 단계에서는 수급업체 선정기준에 따라 업체를 평가 · 선정해야 한다. 수급인 선정 시 제출되는 안전보건관리 계획서는 중대산업재해를 중심으로 접근한 내용으로 구성되어 있다는 점이 문제이다. 따라서 중대시민재해 관점에서 공중이용시설의 안전 운영과 관리에 대한 별도의 안전관리 계획서 제출과 이에 대한 평가가 보다 적절하고 실효성 있는 조치라고 할 수 있다.

(2) 평가절차

도급 · 용역 · 위탁 등을 시행할 때 재해 예방을 위한 조치 능력과 안전관리 역량을 확인할 수 있는 평가항목을 마련하고 이를 기존 평가항목에 추가하여 운영하는 것이 바람직하다. 평가항목별 배점과 상 · 중 · 하의 등급 기준은 기업 또는 기관별 상황과 여건을 고려하여 유연하게 설정할 수 있다.

재해 예방을 위한 조치 능력 및 안전관리 역량을 종합적으로 평가하기 위해서는 다음과 같은 평가영역과 세부기준을 설정할 수 있다.

① 안전관리 조직 측면

안전을 전담하는 부서의 독립성과 기능 수행 여부와 더불어 안전인력이 적절하게 배치되어 있는지를 판단하는 것이 핵심이다. 이 기준은 해당 조직이 안전문제를 독립적으로 인식하고 조치할 수 있는 체계를 갖추었는지를 평가하는 데 활용된다.

② 인력 운영 역량 항목

안전담당 인력의 수와 그들이 보유한 자격, 관련 교육 이수 실적 등을 종합적으로 살펴

봐야한다. 이는 조직이 안전관리 인력을 어떻게 확보하고 지속하여 역량을 개발하고 있는지를 평가하는 지표가 된다.

③ 운영 규정 및 매뉴얼 부문

안전관리 지침과 운영 매뉴얼의 구비 여부, 최신성 여부, 법령 준수 이력 등을 바탕으로 운영체계의 체계성과 적법성을 평가한다.

④ 교육 · 훈련 체계

안전과 관련된 정기 교육의 실시 여부, 실제 대피훈련 실적, 훈련 참여자의 참여율 및 훈련 이후 피드백 시스템의 운영 여부 등을 기준으로 평가가 이루어진다. 이는 실질적 대응 능력의 확보 여부를 판단하는 기준이 된다.

⑤ 재해 대응체계 항목

비상연락망이 적절히 구성되어 있는지 위기상황에 대응할 수 있는 시나리오가 마련되어 있는지 그리고 유관기관과 협력하여 대응할 수 있는 체계를 갖추고 있는지 등을 종합적으로 평가한다.

⑥ 과거 재해발생 이력

최근 3년 이내 중대사고 발생 여부, 그 원인에 대한 분석내용 그리고 이에 따른 재발방지 조치의 실효성 여부 등을 중심으로 이루어진다. 이는 과거 경험을 바탕으로 조직의 개선 노력이 지속되고 있는지를 판단하는 데 중요한 기준이 된다.

⑦ 법령 이행실적 항목

「중대재해처벌법」을 포함한 안전보건 관련 법령의 이행 여부와 함께 행정처분 이력이 있는지를 평가하여 법규 준수 수준을 진단한다.

이상의 각 항목은 상황에 따라 상 · 중 · 하의 평가 수준으로 분류될 수 있으며 배점은 기관별 여건을 고려하여 유연하게 설정할 수 있다. 이러한 평가는 수탁기관 선정 시 중대시민재해 예방 역량을 객관적으로 판단하기 위한 근거자료로 활용될 수 있다.

국토교통부 중대시민재해 해설서에 따른 평가 항목 및 평가 기준의 예시는 다음과 같다.

표 8.26 평가 항목 및 기준 예시

평가 항목	평가 기준	평가 결과		
		상	중	하
안전 인력 및 예산 현황	• 안전전문 인력(관련 자격증 보유자, 관련 학과 졸업자 등) 보유 현황 • 안전 예산 현황(안전 예산 편성항목, 매출액 대비 비중 등)			
안전관리규정 · 지침 · 매뉴얼 현황	• 법정 보유 안전관리규정/지침/매뉴얼 구비 여부			
재해대응체계 현황	• 재해신고 · 보고절차도 유무 • 재해대응 조직 및 업무분장 현황 • 유관기관 비상연락망 유무			
교육 및 훈련실적	• 교육 및 훈련 프로그램 유무 • 최근 3년간 안전교육 및 훈련 실적			
중대재해 발생에 따른 행정처분 등	• 최근 3년 내 중대재해 발생 횟수 • 중대재해로 인한 행정제재 이력(횟수 및 정도)			
○ 배점 설정 예시 - 각 평가 항목에 대해 10~20점 범위 내 배점 설정 가능 - 상 · 중 · 하 등급에 따라 가점 · 감점 기준 적용 - 기관별 상황(규모, 관리대상, 예산 등)에 따라 탄력적 적용				

평가항목과 기준은 시행령에서 상세한 내용을 규정하고 있지 않으므로 사업주 등에게 합리적으로 기대되는 주의의무에 부합하는 내용과 수준으로 설정되어야 하며 각 사업장의 여건에 따라 수정하여 활용하는 것이 가능하다.

일반적으로 평가에 대한 구체적인 방법은 제시되어 있지 않다. 따라서 평가의 공정성과 객관성을 확보하기 위해서는 내외부 전문가로 구성된 평가위원회를 조직하여 평가를 진행하는 것이 바람직하다. 또한 평가에 대한 정량적 및 정성적 기준을 명확하게 마련하여 운영할 필요가 있다.

(3) 향후 개선 방향

「중대재해처벌법」은 중대산업재해와 중대시민재해를 모두 포괄하는 법률로 제정되었다. 그러나 중대시민재해와 관련하여 실제 현장에서 수립되는 안전관리계획서, 대응 매뉴얼, 평가기준 등의 문서들은 중대산업재해 중심의 항목 구성과 접근 방식으로 인해 중대시민재해 예방 조치 능력을 충분히 반영하지 못하는 한계를 보이고 있다.

평가를 위해 현행 안전관리계획 대부분은 근로자 보호에 중점을 두고 설계되어 있어 시민을 대상으로 하는 시설 운영 시 필수적인 '이용자 안전' 관점의 위험요인 식별 체계가 상대적으로 미비하다. 이는 공중이용시설이나 공중교통수단 등 일반 시민이 이용하는 공간에 특화된 재해 예방 체계를 마련해야 한다는 법령의 본래 취지와 어긋나며 제도의 실효성을 저해하는 요인으로 작용한다.

산업안전보건법에 따른 안전관리자 및 보건관리자는 주로 근로환경을 기준으로 배치되며 일반 시민이 주로 사용하는 시설에서는 이와 별도로 공중재해 위험 요소에 대응할 수 있는 전문 인력의 배치가 요구된다. 예컨대 붕괴 위험이 존재하는 옹벽, 침수 가능성이 높은 지하차도, 대규모 인원이 밀집되는 공연장 등에서는 시민 행동 패턴과 공간 특성을 반영한 점검 방식이 별도로 마련되어야 한다.

점검 항목이나 위험성평가 기준 또한 제조업체, 건설현장, 작업장 등을 중심으로 구성되어 있어 시설이용자 관점에서의 위험요인을 충분히 반영하지 못하고 있는 것이 현실이다. 이에 따라 공중이용시설에서는 구조물의 사용 빈도, 군중 밀집 가능성, 이용자 피난 경로 등 '이용환경 중심'의 위험 요소 평가 항목이 확대되어야 하며 이러한 내용이 시설의 설계 및 관리 구조에 직접 반영되어야 한다.

비상대피훈련 역시 근로자 중심의 내부 시나리오로 운영되거나 시민 참여가 제한된 형식으로 진행되는 경우가 많다. 이로 인해 실제 시민을 대상으로 한 대피 유도 체계, 안내 체계, 행동요령 숙지 프로그램이 훈련 구성에 포함되지 못하는 한계가 존재한다. 따라서 시민이 위기 상황에 직면했을 때 안전하게 대피할 수 있도록 안내방송, 피난 유도 인력, 훈련 참여 절차 등을 포함한 구조화된 훈련 시스템이 마련되어야 한다.

수탁기관의 안전관리능력 평가 또한 산업재해 중심의 기준에 편중되어 있어 시민 안전 대응 경험, 재해 예방 활동 실적 등 공중이용시설 특성에 적합한 항목이 평가 기준에서 배제되는 경우가 많다. 따라서 수탁기관의 시민 대응 역량, 대피훈련 이행 이력, 위험 요인 개선

이행 여부 등을 객관적으로 입증할 수 있는 항목이 평가기준에 포함되어야 제도적 균형이 확보될 수 있다.

사고 발생 이후 작성되는 대응 매뉴얼 및 보고 체계 역시 구조 복구, 시설 통제 중심으로 구성되는 경향이 강하여 피해 시민 및 유가족에 대한 직접적 지원, 심리 상담, 커뮤니티 회복 등 '시민 보호' 관점의 절차는 부차적으로 다뤄지거나 생략되는 경우가 많다. 이에 따라 중대시민재해 대응체계는 사고 피해를 입은 시민을 중심으로 긴급구호, 심리 회복, 생활 안정 지원 등 포괄적 복구 절차를 강화할 필요가 있다.

결국 중대시민재해의 예방과 대응은 중대산업재해의 접근 방식과는 다른 '이용자 중심'의 설계, 대응, 교육, 점검체계를 요구한다. 따라서 법령과 제도운영 기준이 이를 명확히 구분하고 보완할 수 있도록 개선되어야 하며 이를 통해 안전관리 주체들이 시민의 생명을 실질적으로 보호할 수 있는 실행력을 확보하게 될 것이다.

2) 중대시민재해 예방 관리비용 평가 기준

(1) 중대시민재해 예방 관리비용

수탁자의 중대시민재해 예방을 위한 관리비용은 도급·용역·위탁받은 업무수행 시 안전관리에 소요되는 필수 비용을 의미한다. 따라서 사업주 또는 경영책임자는 해당 안전관리 비용을 도급·용역·위탁 비용에 포함하여 계상해야 하며 이는 계약 체결 시부터 명확하게 반영되어야 한다.

아울러 안전관리 비용은 도급·용역·위탁 업무의 준공 이후 실제 사용된 금액을 기준으로 정산되어야 하며 불필요한 산정 또는 형식적인 계상은 지양되어야 한다. 이는 중대시민재해 예방 조치의 실효성을 확보하기 위한 제도적 장치로써 재정적 부담이 조치 실행의 장애가 되지 않도록 하는 취지를 내포하고 있다.

(2) 중대시민재해 예방을 위해 필요한 비용의 예시

일반적으로 공용 중인 터널은 관리인이 상주하거나 비상주하면서 시설물의 운영 및 관리를 수행할 수 있도록 관리사무소 또는 통합관리센터를 설치하고 전문업체에 위탁하여 관리를 시행하고 있다.

해당 시설에서는 안전보건 관계 법령에 따라 안전관리자를 선임하여 시설의 유지관리 업무를 지속적으로 수행하고 있다. 또한 「국도터널 위탁관리 운영 매뉴얼」(2023년 2월, 국토교통부)에 근거하여 다음과 같은 용역 대가 산출 기준을 마련하여 운영하고 있다.

① 직접 인건비 : 현장 운영 인력에 대한 급여 및 수당 등
② 직접 경비 : 순찰 및 점검 차량 유지비, 소모품비 등 현장안전 활동에 소요되는 경비
③ 간접 원가 및 일반 관리비 : 행정운영 및 관리활동 부문의 인건비, 관리부서 운영 경비 등

이와 같은 체계는 터널 안전관리를 위탁 운영하는 과정에서 재해 예방 조치의 실효성과 예산 투명성을 확보하기 위한 제도적 기반으로 작용한다. 공중이용시설 관리에 있어서 중대시민재해 예방을 위해 필요한 비용의 예시는 다음과 같다.

표 8.27 중대시민재해 예방을 위해 필요한 비용의 예시

구분	내용
유해 · 위험요인 발견 시 긴급안전점검, 긴급안전조치, 정비 · 보수 · 보강 등 개선을 위한 비용	• 교량, 터널 분야 예시 : 노면 · 교면의 포장 균열 · 손상 발생신고 접수 시 이에 대한 긴급안전점검 및 보수 · 보강 조치, 이용자에 대한 이용제한 조치 등 업무 • 철도 분야 예시 : 차량운행에 필요한 부품 탈락 등 위험요인 발생 신고접수 시 이에 대한 긴급안전점검 및 부품 교체 조치, 차량 운행제한 조치 등 업무
중대시민재해 발생 시 원인 개선을 위한 종사자 교육 또는 이용자 안내 조치 비용	• 교육 예시 : 유사 사례 방지를 위한 사례공유 교육, 이용자의 안전한 이용을 위한 안내판 설치 조치 등
안전관리에 필요한 물품 · 보호구 및 장비 구입 비용	• 안전 물품 예시 : 안전표지판, 안전삼각대, 비상탈출용망치, 안전경광봉 등 • 안전 장비 예시 : 차량 차체 진단장비, 철도차량 점검 특수 해머, 차량 수리 · 보수, 점검 · 교체 장비 등
시설의 기능 유지, 안전 관련 시설 및 설비의 설치 비용	• 안전 관련 시설 설치 예시 : 건축물 내력벽 보강시설 설치, 철도역사 승하차용 출입문 설비 설치 등 • 안전 관련 설비 설치 예시 : 철도차량 정비 · 점검을 위한 작업설비 설치
중대시민재해 발생에 대비한 재해대응 절차도, 이용자를 위한 비상대피지도 등의 제작 · 개선 비용	• 재해대응 절차도, 비상대피지도 등의 제작 · 개선 비용

(3) 다중이용시설 안전확보를 위한 안전관리비 계상 사례

- 공연장 사례 : 공연법에 따라 객석 수, 관람 인원에 따라 안전관리비를 계상
  - 공연장 운영자 : 객석 수 500석 이상 1% 이상
  - 공연장 외의 장소에서 공연을 하려는 자 : 1천 명 이상 관람 예상 1.15% 이상, 3천 명 이상 관람 예상 1.21% 이상 계상
- 건설현장 사례 : 산업안전보건법에 의한 건설현장 산업안전보건관리비는 공사 종류 및 규모에 따라 1.38%~3.43% 계상

(4) 향후 개선 방향

중대시민재해 예방을 위한 관리비용 평가기준은 공중이용시설 및 공중교통수단의 안전확보를 위한 핵심적인 수단임에도 불구하고 현행 기준은 중대산업재해 중심의 틀을 그대로 적용하거나 형식적인 항목 위주로 구성되어 있어 시민 대상 공중이용시설의 안전관리 특수성과 실효성을 충분히 반영하지 못하는 문제점이 있다.

현행 평가기준은 근로자 보호를 중심으로 설계되어 있어 시민이 이용하는 시설에서 발생할 수 있는 구조적 위험이나 군중 밀집 상황에 대한 대응 항목이 부족하다. 안전예산 항목 또한 작업장 중심으로 편성되는 경우가 많아 지하차도 침수, 옹벽 붕괴, 공연장 내 혼잡사태 등 공중시설 특유의 위험 요소를 충분히 포괄하지 못하는 한계가 있다.

또한 안전관리비용 평가는 예산의 집행 실적에만 초점을 두는 경향이 강해 실제로 위험요인이 개선되었는지 여부보다는 단순한 집행 여부만으로 성과가 판단되는 문제가 있다. 이로 인해 안전예산이 집행되었더라도 시민 보호를 위한 실질적 조치가 미비한 경우에도 긍정적인 평가를 받을 수 있어 평가의 신뢰성과 효과성을 저해하게 된다.

이 외에도 다양한 시설 유형에 따른 위험도 차이를 고려하지 않은 획일적인 기준이 적용됨으로써 지하역사, 옹벽, 항공기 등 구조와 운영 방식이 상이한 시설들에 대해 동일한 평가항목을 사용하는 문제도 발생하고 있다. 이에 따라 노후시설, 군중 밀집 지역, 기후적 위험요인이 높은 시설에 대해서는 별도의 가중치나 세부 항목을 추가하여 평가의 타당성을 확보할 필요가 있다.

비상대응계획 및 대피훈련 관련 예산은 평가 항목에서 소외되는 경우가 많고 훈련 시나리

오의 다양성, 시민 참여도, 실효성 등에 대한 평가도 거의 이루어지지 않고 있다. 오송 지하차도 참사와 오산 옹벽 붕괴 사례에서 확인된 바와 같이 대피훈련의 부재는 재난 피해를 확대시키는 주요 원인이며 이에 따라 해당 항목들이 도급 · 용역 · 위탁 평가에 적극적으로 반영되어야 한다.

수탁기관이 시설을 운영하는 경우 해당 기관이 안전예산을 어떻게 편성하고 운영하는지에 대한 평가 항목이 미비한 점도 문제이다. 위탁 구조에서는 예산의 책임 소재가 모호해지는 경우가 많고 수탁기관의 실질적인 안전관리 역량에 대한 검증이 부족할 경우 중대시민재해 예방의 실효성이 약화될 우려가 있다.

또한 정량적이고 데이터 기반의 평가체계가 부족하여 시설별 위험도, 사고 이력, 점검 결과 등 실제 현장 데이터를 기반으로 안전 수준 향상 효과를 분석하는 체계가 미흡하다. 예산 투입 대비 성과를 객관적으로 평가할 수 있는 플랫폼이 마련되어야 평가의 타당성과 정책 결정의 근거가 될 수 있다.

따라서 중대시민재해 예방을 위한 도급 · 용역 · 위탁 평가기준은 기존의 산업재해 중심 관점에서 벗어나 시민 안전 중심의 구조로 재설계되어야 하며 시설 특성과 위험도를 반영한 항목 구성, 대피훈련 및 비상대응 항목의 강화, 수탁기관 역량의 명확한 반영 등을 통해 평가의 실효성을 높여야 한다.

수탁기관 **중대시민재해 안전관리** 능력 산정기준 마련
- 중대시민재해 예방 조치 능력 및 안전관리 능력

Tip 중대산업재해에 대한 안전관리 능력 평가가 아님에 유의
Tip 수탁하는 기관의 공중이용시설 운영, 관리 능력 보유여부 확인

국토부 매뉴얼에서 제시한 도급, 용역, 위탁시 **평가기준 문제점**
- **중대산업재해 측면에서 접근**하고 있어 문제

주의 평가의 형식적 요식행위 금지, 평가의 공정성 · 신뢰성 확보

그림 8.16 도급 · 용역 · 위탁 평가

03 재해발생 시 재발방지 대책 수립 및 그 이행에 관한 조치

3.1 법적 근거와 의의

안전 및 보건 확보의무(법 제9조 제2항 제2호)

법 제9조(사업주와 경영책임자 등의 안전 및 보건 확보의무)

② 사업주 또는 경영책임자 등은 사업주나 법인 또는 기관이 실질적으로 지배·운영·관리하는 공중이용시설 또는 공중교통수단의 설계·설치·관리상의 결함으로 인한 그 이용자 또는 그 밖의 사람의 생명, 신체의 안전을 위하여 다음 각 호에 따른 조치를 하여야 한다.

1. (생략)
2. 재해발생 시 재발방지 대책의 수립 및 그 이행에 관한 조치
3. (생략)
4. (생략)

「중대재해처벌법」 제9조 제2항 제2호는 공중이용시설, 공중교통수단과 관련하여 사업주 또는 경영책임자에게 재해발생 시 사고의 원인을 철저히 조사하고 그에 따라 적절한 재발방지 대책을 마련하며 관련 법령에 규정된 의무를 충실히 이행할 책임을 부과하고 있다. 이 규정은 단순한 사고 수습이나 원인 확인에 그치는 것이 아니라 해당 재해가 반복되지 않도록 구조적·제도적 개선을 실질적으로 수행할 것을 요구하는 조항이다.

특히 이 조항은 과거에 유사한 재해가 지속하여 발생했음에도 불구하고 사업주 또는 경영책임자가 이를 인지하고도 적절한 조치를 취하지 않은 경우에 처벌 근거로 작용할 수 있다.

다시 말해 반복적인 사고 발생에도 불구하고 위험요인을 제거하지 않았거나 법령상 의무를 형식적으로 이행하고 실질적 개선을 하지 않은 경우 이는 안전 및 보건 확보의무를 위반한 것으로 간주되어 형사책임을 물을 수 있다. 이러한 내용은 법이 지향하는 예방 중심의 안전 관리 철학을 반영한 핵심 규정이라 할 수 있다.

따라서 사업주 또는 경영책임자는 재해발생 이후 단순히 원인을 파악하고 문서화하는 데 그치지 않고 동일하거나 유사한 위험요인이 재차 발생하지 않도록 점검 체계 강화, 교육·훈련 실시, 시설물 보수, 대응 절차의 개선 등 포괄적인 재발방지 대책을 마련해야 한다. 이러한 대책에는 구체적인 실행계획과 예산·인력 확보 방안이 포함되어야 하며 이행 여부는 관계기관의 점검과 평가를 통해 객관적으로 검증될 수 있어야 한다.

결국 본 규정은 중대시민재해와 같은 사고가 단순한 우연이나 불가항력으로 반복되는 것을 방지하기 위해 사업주가 적극적으로 재해 예방 책임을 이행하도록 법적 장치를 제공하는 조항이다.

3.2 재해의 범위

이 규정에서 말하는 '재해'는 반드시 중대시민재해에 해당하는 경우에만 국한되는 것이 아니라 그에 이르지 않더라도 반복적이거나 일정 수준 이상으로 재발방지 대책이 요구되는 재해 전반을 포함하는 것으로 해석함이 타당하다.

특히 본 규정은 공중이용시설 또는 공중교통수단의 설계·설치·관리상의 결함을 원인으로 재해가 발생한 경우에 적용될 수 있으며 그러한 재해는 「중대재해처벌법」이 시행된 이후에 발생한 경우에 한정하여 판단하는 것이 합리적인 해석이라 할 수 있다.

3.3 재발방지 대책의 수립 및 그 이행에 관한 조치

공중이용시설에서 중대시민재해가 발생한 경우 사업주 또는 경영책임자는 「중대재해처벌법」 제9조 및 시행령 제10조의 규정에 따라 재해의 원인을 철저히 조사하고 이를 바탕으로 유사한 재해의 반복을 방지하기 위한 재발방지 대책을 수립·이행할 법적 의무를 부담한다. 이는 단순한 사고 사후처리가 아니라 시민의 생명과 안전을 보호하기 위한 구조적이고 지속 가능한 안전관리체계를 강화하는 핵심 조치로 이해되어야 한다.

개인사업주 또는 경영책임자 등은 재해가 발생한 경우 이를 보고받을 수 있는 절차를 마련하고 재해발생 사실을 보고받은 이후에는 해당 재해의 재발방지 대책을 수립하도록 지시하거나 이를 제도화하여야 한다. 이러한 대책 수립은 이미 발생한 재해에 대한 사후 조치를 전제로 하며 실질적인 위험 제거와 예방 체계 강화를 위한 실행 기반이 되어야 한다.

재발방지 대책의 수립은 단순히 사고의 직접적인 원인을 분석하는 데 그치지 않고 설계적 결함, 관리 소홀, 경고 체계의 미비, 대피훈련 부재, 인력 부족 등 근본적인 배경 요인까지 포함하는 포괄적 원인 조사를 기반으로 해야 한다. 이로부터 도출된 위험 요인은 제거하거나 최소화할 수 있는 실질적인 개선 조치를 수립하여야 한다.

개선 조치는 사고 시설물뿐 아니라 유사한 구조와 기능을 가진 시설에 대한 전수조사를 통해 사용 금지, 출입 통제, 보수·보강 등의 조치가 포함되어야 한다. 각 항목별 조치는 일정, 예산, 인력계획까지 포함하는 실행계획의 형태로 구성되어야 한다. 아울러 이행실태에 대한 반기 1회 이상 자체평가 또는 외부 검증 절차를 마련하여 지속적인 점검과 평가를 가능하게 하여야 한다.

또한 비상대응체계의 강화는 재발방지 대책의 핵심 요소로 작용한다. 시민을 대상으로 한 대피훈련, 안내방송 체계 정비, 행동 요령 숙지 프로그램 운영 등은 단순한 형식적 훈련이 아니라 실제 상황에서 시민의 생명을 보호하기 위한 실효적인 대응 수단으로 기능해야 하며 시나리오 기반 훈련계획의 수립과 평가체계의 병행 운영이 필수적이다.

사업주 또는 경영책임자는 이러한 대책 수립 결과를 관계기관에 보고하고 유사 시설을 운영하는 타 기관과도 정보를 공유하여 개선사례를 확산시킬 의무가 있다. 시민 대상 설명회 개최, 위험요인 신고 체계 구축 등을 통해 시민의 참여를 확대하고 재발방지 대책의 투명성과 공공성을 확보하는 것도 중요한 조치에 포함된다.

결국 재발방지 대책의 수립과 이행은 단순한 대응 행위가 아닌 사업주가 중대시민재해 예방을 위해 안전 및 보건 확보의무를 성실히 이행하고 있음을 입증하는 제도적·실천적 지표로 작용한다. 이러한 노력이 결여되거나 형식적으로 이루어진 경우는 법적 책임으로 직결될 수 있다. 이는 재해가 발생한 이후에도 지속적인 안전 확보 노력을 이어가야 할 경영 책임자의 책무이자 시민의 신뢰를 회복하고 시설의 안전성을 강화하기 위한 중요한 전환점이다.

재발방지 조치의 구체적 내용은 다음과 같다.

① 발생한 재해에 대해 정밀한 조사와 결과 분석을 실시한다.
② 현장 담당자 및 전문가의 의견을 수렴하여 유해·위험요인 및 재해발생 원인을 종합적으로 파악한다.
③ 동일하거나 유사한 재해가 반복되지 않도록 하기 위해 식별된 유해·위험요인별 제거, 대체 및 통제 방안을 검토한다.
④ 위의 과정을 바탕으로 포괄적인 개선대책을 수립하여 체계적으로 이행한다.

표 8.28 재발방지 대책의 수립 및 그 이행을 위한 계획서 구성 예시

구분	내용	상세내용
Ⅰ	사고 개요	사고 유형, 현황, 현장 정보, 사고정보, 피해 상황
Ⅱ	조사 내용	조사 방법, 조사 활동, 상황 점검, 현장 조사
Ⅲ	사고 원인 분석 및 결론	(필요시) 시험실시, 기타 자문 등을 통한 원인분석 결과 ※ 사고의 과학적 원인과 업무 절차상의 원인 모두 포함
Ⅳ	재발방지 대책	자체 방지대책, 명령에 따른 이행조치 계획 및 결과 보고
Ⅴ	향후 조치	필요한 경우 추가 조사 계획 등

04 중앙행정기관 · 지방자치단체가 관계 법령에 따라 개선 · 시정 등을 명한 사항의 이행에 관한 조치

4.1 법적 근거

안전 및 보건 확보의무(법 제9조 제2항 제3호)

법 제9조(사업주와 경영책임자 등의 안전 및 보건 확보의무)

② 사업주 또는 경영책임자 등은 사업주나 법인 또는 기관이 실질적으로 지배 · 운영 · 관리하는 공중이용시설 또는 공중교통수단의 설계 · 설치 · 관리상의 결함으로 인한 그 이용자 또는 그 밖의 사람의 생명, 신체의 안전을 위하여 다음 각 호에 따른 조치를 하여야 한다.

1. (생략)
2. (생략)
3. 중앙행정기관 · 지방자치단체가 관계 법령에 따라 개선 · 시정 등을 명한 사항의 이행에 관한 조치
4. (생략)

「중대재해처벌법」 제9조 제2항 제3호는 공중이용시설을 운영 · 관리하는 사업주 또는 경영책임자에게 중앙행정기관(예 : 국토교통부, 소방청)이나 지방자치단체로부터 법령에 근거한 개선 또는 시정 명령을 받은 경우 그 명령을 실질적으로 이행할 법적 의무를 부과하고 있다.

개인사업주 또는 경영책임자는 중앙행정기관 또는 지방자치단체가 이용자를 포함한 시민

의 안전보건상의 유해 또는 위험을 방지하기 위하여 관계 법령에 근거해 개선 또는 시정 명령을 내린 경우 이를 적극적으로 이행하여야 할 의무가 있다.

만약 중앙행정기관이나 지방자치단체의 개선 · 시정 명령이 이행되지 않은 상태에서 중대시민재해가 발생한 경우 해당 법령에 따른 행정처분과는 별개로 「중대재해처벌법」 제11조에 따라 형사처벌 대상이 될 수 있다. 이는 미이행 행위가 중대재해의 직접적 원인으로 연결되었을 때 법적 책임이 행정적 제재를 넘어 형사적 수준으로 확대될 수 있음을 의미한다.

4.2 조문 취지

시설물의 위험 요인이나 운영상의 결함이 발견되어 해당 기관으로부터 시정 명령이 내려졌을 경우 사업주 또는 경영책임자는 이를 내부적으로 보고 · 검토한 후 형식적인 수용에 그치지 않고 현장 중심의 이행계획을 수립하여야 한다.

이행계획은 개선 대상의 범위, 구체적인 조치 내용, 예산 및 인력 확보 방안, 이행 일정 등을 포함한 실행 가능 수준으로 작성되어야 한다. 계획에 따라 실제 시설 개선, 운영 프로세스의 보완, 대응체계 정비 등의 구체적인 활동으로 연결되어야 한다.

또한 이행 여부는 단회성 조치로 그쳐서는 안 되며 일정 기간 내에 점검과 평가가 반복적으로 실시되어야 한다. 특히 반기 1회 이상 이행실태를 자체적으로 점검하거나 외부 기관을 통해 검증받는 절차를 마련할 필요가 있다. 이러한 점검은 해당 조치가 실제로 위험 요인을 해소하고 시민의 안전을 실질적으로 개선하였는지를 판단하는 기준이 되며 이행 미비 시에는 법적 책임 또는 행정처분으로 이어질 수 있다.

특히 이 규정은 중대시민재해가 발생하기 이전에 유사한 사고가 반복된 사례가 있거나 위험 요인이 사전에 인지되었음에도 시정 명령이 이행되지 않은 경우에 사업주 또는 경영책임자의 안전보건 확보의무 위반으로 간주되어 직접적인 처벌의 근거가 될 수 있다. 이는 오송 지하차도 참사, 오산 옹벽 붕괴 사례 등에서 확인된 바와 같이 사전 경고를 무시하거나 대응이 미비했던 사례에 대해 제도적으로 책임을 묻는 중요한 조항으로 작용할 수 있다.

따라서 사업주 또는 경영책임자는 중앙행정기관이나 지방자치단체의 개선 · 시정 명령을 단순한 권고가 아닌 법률상 이행 의무가 수반된 조치로 인식하고 조직적 · 재정적 · 기술적으로 실현 가능한 대응을 수행함과 동시에 그 결과를 투명하게 보고하고 이행 관리체계를 갖춤으로써 시민의 생명과 안전을 실질적으로 보호하는 데 있어 적극적인 역할을 수행하여야 한다.

4.3 중앙행정기관 및 지방자치단체가 개선 · 시정을 명한 사항

중앙행정기관 또는 지방자치단체가 관계 법령에 따라 시행한 개선 · 시정명령은 원칙적으로 서면으로 이루어져야 하며 이는 행정처분으로 간주된다. 일반적으로 행정청이 처분을 시행할 때는 「행정절차법」 제24조 제1항에 따라 다른 법령에 특별한 규정이 없는 경우 문서로 처리하도록 규정되어 있다. 개선 또는 시정명령은 행정처분에 해당되며 단순한 행정지도나 권고, 조언은 이에 포함되지 않는다.

아울러 중앙행정기관 또는 지방자치단체가 안전 및 보건 확보와 무관한 내용에 대해 개선 · 시정을 명령한 경우는 「중대재해처벌법」의 적용 대상이 되기 어렵다.

이는 같은 법 제2조 제3호에서 정의하는 중대시민재해가 "공중이용시설 또는 공중교통수단의 설계 · 제조 · 설치 · 관리상의 결함으로 인해 발생한 사고로 사망자 또는 다수의 중상자, 질병자가 발생한 경우"에 해당한다고 명시하고 있는 것에 근거한다.

따라서 중앙행정기관이나 지방자치단체가 발령한 모든 개선 · 시정명령이 중대시민재해와 직접적인 인과관계를 갖는다고 보기는 어렵고 해당 명령의 중대성과 재해발생 사이의 인과관계가 인정되는 경우에 한하여 「중대재해처벌법」 제9조 제2항 제3호의 적용 대상이 된다.

예를 들어 지하차도의 침수 위험에 대해 중앙행정기관이 사전 통제조치를 명령하였음에도 불구하고 이를 이행하지 않아 인명피해가 발생한 경우 해당 명령은 중대한 개선 · 시정명령으로써 인과관계가 인정되어 중대시민재해로 판단될 수 있다. 반면 시설물의 경미한 미관 개선 지시나 일반적인 유지관리 지시 등은 중대시민재해와 직접적인 관련성이 부족하므로 해당 조항의 적용 대상에서 제외될 수 있다.

또한 중앙행정기관 및 지방자치단체의 행정처분이 이루어진 경우는 그 사실뿐 아니라 구체적인 내용까지 사업주 또는 경영책임자에게 보고되는 시스템을 구축할 필요가 있다. 이는 명령 이행 여부와 중대시민재해 발생 간의 인과관계를 객관적으로 판단하고 사업주 또는 경영책임자의 안전보건 확보의무의 이행 여부를 규명하는 데 활용될 수 있다.

4.4 실행방법

구체적인 내용은 시행령에 위임되어 있지 않으므로 실제 국토교통부, 해양수산부, 소방청, 지방자치단체 등에서 발령한 안전보건 관련 개선 또는 시정명령 사항을 토대로 필요한 조치의 이행 여부를 판단하여야 할 것으로 보인다.

한편 개선 · 시정명령 등에 대한 불복 절차가 진행 중인 경우는 「중대재해처벌법」 제9조 제2항 제3호의 적용 여부에 대해 법적 판단이 요구될 소지가 있다. 이러한 경우는 제3호가 아닌 제1호(재해예방을 위한 안전 및 보건 확보의무) 및 제4호(안전보건관리체계의 구축과 이행 의무) 규정에 따른 의무 준수 여부를 우선하여 심사함이 타당할 것으로 보인다.

표 8.29 관계 행정기관의 명령 사항 이행조치 계획 및 결과 보고서 구성 예시

구분	내용	상세내용
Ⅰ	명령 사항 확인	• 개선 · 시정명령의 구체적인 내용을 확인했는가? • 개선 · 시정명령의 구체적인 내용의 확인 후 명확하지 않은 내용을 관계 행정기관에 문의했는가? • 개선 · 시정명령의 구체적인 내용의 확인 후 해당 내용을 관련 담당자 등과 공유했는가?
Ⅱ	이행조치계획서 마련	• 이행조치를 위한 계획서를 마련했는가?
Ⅲ	이행조치 실시	• 이행계획에 따라 이행을 했는가?
Ⅳ	재발방지 대책	• 재발방지를 위한 대책을 마련했는가?
Ⅴ	이행조치 결과 정리 및 보고	• 이행조치 후 그 결과를 문서로 정리했는가? • 이행조치 후 그 결과를 문서로 정리한 것을 관계 행정기관에 보고했는가?

05 안전보건 관계 법령에 따른 의무이행에 필요한 관리상의 조치

5.1 법적 근거

「중대재해처벌법」 제9조 제2항 제4호 및 동법 시행령 제11조는 사업주 또는 경영책임자 등에게 안전보건 관계 법령에 따른 의무이행을 위한 관리상의 조치를 취할 의무를 부과하고 있다.

이는 단순한 법령 준수를 넘어서 관계 법령에서 규정한 안전보건 관련 의무를 실질적으로 이행할 수 있도록 조직적 · 제도적 기반을 마련하고 체계적으로 운영할 것을 요구하는 규정이다.

이와 같은 조치는 재해예방을 위한 기반 조성의 핵심 요소로 작용하며 단순한 형식적 준수가 아닌 실효성 있는 안전 확보 활동의 운영체계 정비를 통해 중대시민재해의 예방을 실현하려는 법적 취지와 연결된다.

안전 및 보건 확보의무(법 제9조 제2항 제4호)

법 제9조(사업주와 경영책임자 등의 안전 및 보건 확보의무)

② 사업주 또는 경영책임자 등은 사업주나 법인 또는 기관이 실질적으로 지배 · 운영 · 관리하는 공중이용시설 또는 공중교통수단의 설계 · 설치 · 관리상의 결함으로 인한 그 이용자 또는 그 밖의 사람의 생명, 신체의 안전을 위하여 다음 각 호에 따른 조치를 하여야 한다.

1. (생략)

2. (생략)
3. (생략)
4. 안전보건 관계 법령에 따른 의무이행에 필요한 관리상의 조치

관리상의 조치 의무(시행령 제11조)

제11조(공중이용시설 · 공중교통수단 관련 안전보건 관계 법령에 따른 의무이행에 필요한 관리상의 조치)

① 법 제9조제2항제4호에서 "안전보건 관계 법령"이란 해당 공중이용시설 · 공중교통수단에 적용되는 것으로서 이용자나 그 밖의 사람의 안전 · 보건을 확보하는 데 관련되는 법령을 말한다.

② 법 제9조제2항제4호에 따른 조치의 구체적인 사항은 다음 각 호와 같다.

1. 안전보건 관계 법령에 따른 의무를 이행했는지를 연 1회 이상 점검(해당 안전보건 관계 법령에 따라 중앙행정기관의 장이 지정한 기관 등에 위탁하여 점검하는 경우를 포함한다. 이하 이 호에서 같다)하고, 직접 점검하지 않은 경우에는 점검이 끝난 후 지체없이 점검 결과를 보고받을 것
2. 제1호에 따른 점검 또는 보고 결과 안전보건 관계 법령에 따른 의무가 이행되지 않은 사실이 확인되는 경우에는 인력을 배치하거나 예산을 추가로 편성 · 집행하도록 하는 등 해당 의무이행에 필요한 조치를 할 것
3. 안전보건 관계 법령에 따라 공중이용시설의 안전을 관리하는 자나 공중교통수단의 시설 및 설비를 정비 · 점검하는 종사자가 의무적으로 이수해야 하는 교육을 이수했는지를 연 1회 이상 점검하고, 직접 점검하지 않은 경우에는 점검이 끝난 후 지체없이 점검 결과를 보고받을 것
4. 제3호에 따른 점검 또는 보고 결과 실시되지 않은 교육에 대해서는 지체없이 그 이행의 지시 등 교육 실시에 필요한 조치를 할 것

안전보건 관계 법령에 따른 의무에는 교육 이수, 안전점검, 설비 정비, 비상대응계획 수립 등 다양한 분야가 포함된다. 이러한 사항들을 실제 현장에서 효과적으로 구현하기 위해서는 이를 뒷받침하는 안전보건 관리체계의 구축, 예산의 편성, 인력의 배치, 점검 및 평가 절차의 수립이 함께 마련되어야 한다.

시행령 제11조는 이러한 관리적 기반을 구체적으로 명시함으로써 해당 의무가 단순한 서류상의 요건을 넘어서 실제 조직적 행동으로 이어지는 안전보건 확보 체계임을 강조하고 있다.

이와 같은 관리상의 조치는 중대시민재해를 예방하는 데 있어 핵심적인 역할을 수행하며 단순히 사후 대응을 위한 체계가 아니라 예방 중심의 안전보건 확보 시스템을 구축하기 위한 실천적 요구사항으로 작동한다.

사업주 또는 경영책임자가 이 규정을 단순한 법령 준수 차원에서 바라보지 않고 조직적이고 체계적인 안전관리 책임의 구성요소로 인식하고 적극적으로 이행할 경우 「중대재해처벌법」의 본래 취지인 생명 보호와 재해 예방이 실제 현장에 정착될 수 있다.

5.2 안전보건 관계 법령의 기준

공중이용시설 및 공중교통수단에 적용되는 안전보건 관계 법령은 이용자 또는 그 밖의 사람의 안전과 보건을 확보하는 데 관련되는 법령을 의미한다. 구체적인 법령은 아래와 같다.

표 8.30 안전보건 관계 법령

구분	상세내용
1	• 공중이용시설 또는 공중교통수단의 안전 확보를 목적으로 하는 법률
2	• 대상을 이용하는 국민의 안전을 위해 의무를 부과하는 법률
3	• 공중이용시설 및 공중교통수단을 구성하는 구조체, 시설, 설비, 부품 등의 안전에 대하여 안전점검 · 보수 · 보강 등을 규정하는 법률
4	• 이용자의 안전을 위해 관리자, 종사자가 관련 교육을 이수토록 규정하는 법률 등

「중대재해처벌법 시행령」 제11조에 따른 안전보건 관계 법령의 정의는 "이용자나 그 밖의 사람의 생명·신체의 안전 및 보건을 확보하는 데 관련되는 법령"으로 한정된다. 이 정의에 따라 판단할 때 공중이용시설이나 공중교통수단의 안전과 직접적인 관련이 없는 목적을 위해 제정된 법령이나 해당 시설의 구성요소 외의 부대시설이나 공작물 등을 대상으로 한 규정은 일반적으로 안전보건 관계 법령에 해당하지 않는다.

예컨대 공중이용시설 또는 공중교통수단의 구조안전, 이용안전, 화재안전 등과 무관하게 효율적인 이용, 원활한 교통 흐름, 경제적 가치 향상을 목적으로 성능 개선을 위한 법령은 중대시민재해 예방에 직접적인 인과성이 없으므로 안전보건 관계 법령으로 보기 어렵다. 공중교통시설의 효율적 운영, 서비스 향상, 이용자 편의 증진 등을 목적으로 제정된 법령은 해당 시설의 구조안전이나 이용자의 생명·신체 보호와 직접적인 관련성이 부족하므로 중대재해처벌법상 안전보건 의무로 판단되기 어렵다.

또한 공중이용시설이나 교통수단에 부차적으로 설치된 구조물이나 공작물(예 : 광고탑, 안내시설, 편의시설, 조경물 등)의 설치 및 관리에 관한 법령 역시 그 목적이 안전보건 확보가 아닌 기능성 향상이나 미관 개선에 있는 경우에는 안전보건 관계 법령으로 적용되지 않는다. 이러한 설치물은 공중이용시설의 본질적 안전성과는 별개의 영역에 해당하며 해당 시설물의 관리 실패가 직접적으로 중대시민재해를 유발하지 않는 이상 중대재해처벌법의 적용 대상이 되지 않는다.

중대재해처벌법 제9조 제2항은 공중이용시설 또는 공중교통수단의 설계·설치·관리상의 결함으로 인한 이용자의 생명·신체에 대한 안전보건 확보를 위한 조치를 요구하고 있다. 이에 따라 '안전보건 관계 법령에 따른 의무'는 해당 법령상 사업주 등에게 일반적으로 부과된 모든 의무가 아니라 해당 시설의 구조적 결함과 관련된 실질적 안전보건 조치에 한정된다고 해석함이 타당하다.

따라서 중대재해처벌법상 사업주 또는 경영책임자가 이행해야 할 안전보건 관계 법령의 범위는 시민의 생명과 신체를 보호하는 데 직접적으로 관련된 법령으로 한정되어야 하며 단순 편의, 경제성 제고, 부대시설 설치 목적 등과 관련된 법령은 그 적용 범위에서 제외하는 것이 타당하다. 이는 법률 적용의 명확성을 확보하고 중대시민재해 예방을 위한 실효성 있는 관리책임을 부여하기 위한 핵심적인 법적 기준으로 작용한다.

5.3 안전보건 관계 법령에 따른 의무이행 여부 점검

사업주 또는 경영책임자 등은 공중이용시설 또는 공중교통수단의 이용자 및 그 밖의 사람의 안전과 보건을 확보하기 위하여 안전보건 관계 법령상 의무의 이행 여부를 연 1회 이상 정기적으로 점검하여야 한다.

만약 점검 결과 해당 의무가 이행되지 않은 사실이 확인되는 경우 경영책임자는 인력배치, 예산의 추가 편성과 집행 등 이행을 위한 실질적인 조치를 취해야 한다. 이러한 후속조치는 단순한 행정 대응을 넘어 재해예방을 위한 실질적 관리행위로 작용해야 한다.

다만 안전보건 관계 법령상의 의무가 일부 미이행된 경우라고 해서 곧바로 경영책임자에게 형사책임이 부과되는 것은 아니다. 법은 해당 의무의 이행 여부를 판단함에 있어 단순한 결과 중심의 접근을 지양하고 경영자의 관리 노력과 조치의 실효성을 종합적으로 평가하도록 기준을 마련하고 있다.

예를 들어 경영책임자가 법령상 의무사항에 대해 정기적으로 이행 여부를 점검 · 확인하였는지 점검 과정에서 미이행 사실을 인지하고 개선을 지시하였는지 그리고 개선 지시의 이행을 위하여 필요한 예산 확보, 인력 배치, 교육 운영, 기술적 지원 등을 제공하였는지 여부가 핵심적인 판단 요소가 된다.

「중대재해처벌법」 제9조 제2항 제4호 및 그에 따른 시행령 제11조는 경영책임자에게 안전보건 관계 법령상 의무를 단순히 준수하는 것에서 나아가 해당 의무들이 실제 현장에서 지속적으로 이행될 수 있도록 관리상의 조치를 능동적으로 수행할 책임을 부여하고 있다. 이는 중대시민재해 예방을 위한 구조적 안전관리체계의 핵심 기반으로 작용한다.

시행령 제11조는 이러한 이행 관리의 일환으로 연 1회 이상 점검 실시와 결과를 문서화하고 보고를 의무화 하고 있다. 이는 관리 조치가 단순한 행정절차가 아닌 재해예방의 실천행위로 작동해야 함을 강조하고 있다.

따라서 안전보건 의무가 일부 이행되지 않은 경우에도 경영책임자가 이를 인지하고 합리적이며 적정한 대응조치를 취했음을 입증할 수 있다면 해당 경영자는 법적 책임에서 제외될 수도 있다. 반면 의무이행 여부를 파악하지 않았거나 미이행 사실에 대해 개선 조치를 취하지 않았으며 안전관리체계를 방치한 경우는 관리상의 조치 의무를 이행하지 않은 것으로 평가되어 형사처벌 대상이 될 수 있다.

결국 본 규정은 결과 중심의 사후처벌이 아니라 예방 중심의 안전관리체계 구축과 책임 이행을 촉진하기 위한 제도적 장치로 작용하고 있다. 경영책임자는 이를 단순한 준법 의무로 이해하기보다는 조직의 안전문화 정착과 지속적인 점검·개선 활동 수행을 위한 실천적 의무로 인식하고 능동적으로 이행해야 한다.

5.4 교육 이수 여부 점검

사업주 또는 경영책임자 등은 공중이용시설이나 공중교통수단의 이용자 및 그 밖의 사람의 안전과 보건 확보를 위하여 안전보건 관계 법령에 따른 교육이 적절히 이수되었는지를 연 1회 이상 정기적으로 점검하여야 한다.

만약 점검 결과 교육이 이수되지 않은 사실이 확인된 경우 경영책임자는 인력 배치, 예산의 추가 편성과 집행 등 교육 이수를 위한 실질적 조치를 취해야 한다. 해당 조치는 단순히 교육 기회를 제공하는 차원을 넘어 법령상 의무를 실효성 있게 이행하도록 조직적 대응을 수행하는 것으로 이해되어야 한다.

한편 교육 미이수 사실이 존재한다고 하여 중대재해처벌법에 따라 즉각적으로 경영책임자가 형사처벌을 받는 것은 아니다. 법령은 해당 책임자의 의무이행 여부를 판단함에 있어 관리상의 조치가 적절하게 이루어졌는지를 종합적으로 검토하도록 규정하고 있다.

예를 들어 경영책임자가 해당 교육의 이수 여부를 정기적으로 점검·확인하였는지 교육이 미이수된 경우 이수를 지시하고 필요한 행정·재정적 조치를 실시했는지 그리고 그 과정을 통해 의무이행을 위한 실질적 노력을 기울였는지 여부가 주요 판단 기준이 된다.

이러한 규정은 단순히 결과 중심의 사후처벌을 지양하고 조직 차원의 안전관리 노력과 예방 중심의 관리책임 이행을 강조함으로써 중대시민재해 예방을 위한 지속가능한 안전문화 정착의 기반으로 작용한다.

1) 공중이용시설 안전관리 교육 예시

안전관리 교육은 시민의 생명과 안전을 직접적으로 다루는 시설을 관리하는 책임자에게 요구되는 중대시민재해 예방 역량을 함양하기 위한 실무 중심의 필수 교육과정으로 설계되어야 한다. 해당 교육은 단순히 법령을 암기하거나 절차를 숙지하는 데 그치지 않고 실제 위험 요소를 식별하고 대응할 수 있는 능력을 체계적으로 개발하는 데 목적을 두어야 한다.

교육은 공중이용시설의 유형별 위험 요소와 관리 항목에 대한 실무 교육이 병행되어야 한다. 옹벽, 지하차도, 공연장, 승강기 등 시민 밀집도와 특성이 다양한 시설에 대해 육안관찰을 통한 수시점검과 정기점검의 차이와 절차, 위험요인 발견 시의 대응 방안 등을 사례 중심으로 교육할 필요가 있다.

비상대응체계 및 대피훈련 관련 교육도 핵심 내용으로 포함되어야 한다. 사고 발생 시 시설관리자 또는 수탁기관이 시민을 신속하게 대피시키기 위한 방송 안내 체계, 피난 유도 절차, 훈련 시나리오 설계와 운영 방법 그리고 훈련 결과 평가와 개선 방법에 대해 구체적으로 학습할 수 있도록 구성되어야 한다.

사례 중심 교육은 현장 이해도를 높이는 데 있어서 매우 효과적이다. 예컨대 오송 지하차도 침수 사고와 오산 옹벽 붕괴와 같은 다양한 사례 분석을 통해 사고 발생 원인, 예방 실패 요인, 점검체계의 부재가 시민 안전에 미친 영향을 분석함으로써 유사 사고 예방을 위한 대응 전략을 현장 수준에서 습득시키는 것이 좋다.

아울러 수탁기관의 안전관리 능력 평가 기준, 점검보고서 작성, 훈련계획서 수립 등 실제 시설 운영자가 작성해야 하는 안전 관련 문서의 양식과 보고 절차도 교육에 포함되어야 한다. 이는 안전관리 업무를 체계적이고 문서화된 방식으로 관리할 수 있는 기반을 구축하는 데 도움이 될 것이다.

결국 이러한 교육은 공중이용시설의 운영자가 시민의 생명과 안전을 책임질 수 있는 실질적 전문성을 갖추도록 설계된 실천적 교육이어야 하며 정기적이고 현장 중심의 내용으로 구성되어야 한다.

표 8.31 공중이용시설 안전관리자 교육 예시

법령	안전교육
안전점검 등 책임기술자 교육 (시설물안전법)	• 정기안전점검(신규교육 35시간 이상, 보수교육 매 5년 마다 7시간 이상)
발주청에 소속되어 근무하는 건설기술인 교육(건설기술진흥법)	• 건설기술 업무수행(기본교육 35시간 이상)
재난안전 분야 전문교육 (재난 및 안전관리 기본법)	• 관리자 전문교육(7시간 이상) • 실무자 전문교육(14시간 이상) • 신규교육 + 정기교육(매 2년)

시설물 안전을 담당하는 인력에 대한 교육은 공중이용시설 및 공중교통수단의 구조적 안정성과 시민의 생명·신체의 안전 확보를 위한 필수적인 제도적 조치이다. 이런 교육은 단순한 직무 보조가 아닌 중대시민재해 예방을 위한 실무 역량을 갖추도록 설계된 핵심 과정으로 이해되어야 한다.

시설안전 담당 인력은 시설물의 결함이나 위험요인을 조기에 발견하고 기술적·행정적 조치를 적시에 수행할 수 있는 복합적 안전관리 역량을 확보해야 하며 이를 위해 구조·기계·전기·소방 분야에 대한 지식과 법령 이해도가 요구된다. 교육은 이론과 실무를 병행하는 방식으로 구성되어야 하며 공중이용시설의 특성과 시민 이용환경을 고려한 사례 중심 교육이 포함되는 것이 바람직하다.

공공의 경우 「공공기관의 안전관리에 관한 지침」(행정안전부 고시)에 따라 시설안전 담당 인력은 기관의 안전경영책임계획 수립 및 이행실적 점검의 핵심 주체로 기능하며 이를 위해 정기적·지속적인 안전보건 교육을 통해 역량을 개발해야 한다. 이는 단순한 법령 이행의 차원을 넘어 중대시민재해 발생 가능성을 사전에 차단하고 구조적·운영적 결함을 조기에 식별하여 적절한 조치를 취할 수 있는 실무 능력을 제고하는 데 중점을 두고 있다.

결론적으로 시설안전 담당 인력에 대한 교육은 공공기관의 안전관리체계가 현장에서 실효성 있게 작동되기 위한 가장 핵심적인 요소이며 이 과정을 통해 안전 인력은 단순한 행정처리자의 역할을 넘어 위험요인을 예측하고 대응할 수 있는 전문적인 안전관리자로서 역할을 수행하게 된다. 이는 공공의 신뢰와 시민 보호를 위한 실질적인 행정역량 확보라는 점에서 매우 중요한 법적·제도적 장치로 작용한다.

2) 공중교통수단 교육 예시

공중교통수단 안전교육의 예시는 다음과 같다.

표 8.32 공중교통수단 안전교육 예시

법령	안전교육
철도종사자 안전교육 (철도안전법)	• 안전교육(분기별 6시간 이상) • 정기교육(매월 2시간 이상)
항공종사자 안전교육	• 위험물 취급자 교육(항공안전법) - 위험물 취급자는 국토교통부 장관이 시행하는 교육을 받아야 함 • 승무원 교육(항공안전법) - 최초교육 및 최초 교육을 받은 날부터 12개월마다 1번 이상
시외버스 종사자 안전교육	• 교통수단운영자 교통안전담당자 교육(교통안전법) - 신규교육(16시간, 직무 시작 후 1회) - 보수교육(8시간, 2년마다)

06 도급인의 안전보건 확보의무

6.1 법적 근거

「중대재해처벌법」 제9조 제3항은 공중이용시설 또는 공중교통수단에 대한 도급 · 용역 · 위탁 계약 체결 여부와 관계없이 해당 시설을 실질적으로 지배 · 운영 · 관리하는 사업주 또는 법인 · 기관은 이용자 또는 시민의 생명과 신체의 안전을 확보하기 위한 조치를 이행할 법적 책임이 있다는 점을 명확히 규정하고 있다.

이는 명목상 책임자가 아니라 실질적인 관리권을 갖는 자에게 안전관리 의무를 직접적으로 부과하는 조항으로써 책임 회피를 방지하고 실질적인 예방 조치를 유도하기 위한 제도적 장치라 할 수 있다.

예를 들어 시설운영을 제3자에게 위탁하였더라도 원청 기관 또는 해당 법인이 운영상의 주요 결정권을 행사하고 있다면 시민 대상 안전사고 예방 의무를 직접 부담하게 되며 이행 미비 시에는 형사책임 대상이 될 수 있다.

안전 및 보건 확보의무(법 제9조 제3항)

법 제9조(사업주와 경영책임자 등의 안전 및 보건 확보의무)

③ 사업주 또는 경영책임자 등은 사업주나 법인 또는 기관이 공중이용시설 또는 공중교통수단과 관련하여 제3자에게 도급 · 용역 · 위탁 등을 행한 경우는 그 이용자 또는 그 밖의 사람의 생명, 신체의 안전을 위하여 제2항의 조치를 하여야 한다. 다만, 사업주나 법인 또는 기관이 그 시설, 장비, 장소 등에 대하여 실질적으로 지배 · 운영 · 관리하는 책임이 있는 경우에 한정한다.

6.2 조문 취지

「중대재해처벌법」 제9조 제3항은 공중이용시설 또는 공중교통수단의 운영과 관련하여 개인사업주, 법인 또는 기관이 제3자에게 도급·용역·위탁 등의 계약을 체결한 경우 해당 시설, 장비, 장소에 대해 실질적으로 지배·운영·관리하는 책임이 있다면 그 이용자 또는 시민의 생명과 신체의 안전을 확보하기 위한 조치를 반드시 이행해야 한다고 명시하고 있다.

이 규정은 법 제5조와 상호 대응되는 조항으로써 지배·운영·관리의 대상으로 '장소' 외에도 '시설', '장비'를 명시하고 있으며 단순한 명의상 계약 관계를 넘어 실질적인 관리책임이 있는 경우에 안전보건 확보의무를 부과하고자 하는 내용을 담고 있다.

여기에서 "실질적으로 지배·운영·관리하는 책임이 있는 경우"란 중대시민재해의 발생 원인을 고려하여 해당 시설, 장비, 장소에 대한 소유권·임차권 및 기타 사실상의 지배력을 바탕으로 위험에 대한 제어 능력을 보유한 자를 의미한다고 국토교통부 해설서에서는 설명하고 있다.

즉, 단순히 민사상 소유권이나 임차권을 보유하고 있다는 이유만으로 안전보건에 대한 법적 책임이 발생하는 것은 아니다. 해당 시설 등에 대한 위험 통제 가능성을 중심으로 법률상 또는 계약 관계에 따라 실질적인 관리·통제 권한이 있는지 여부를 개별적이고 구체적으로 검토되어야 한다.

따라서 이 조항은 단순한 계약상 책임의 유무를 따지는 것이 아니라 실질적인 통제 가능성과 관리 권한의 보유 여부를 기준으로 안전보건 확보의무를 판단하도록 하여 외주화 및 위탁 구조 내에서 발생할 수 있는 책임 회피를 방지하고자 하는 제도적 취지를 내포하고 있다.

즉, 시설의 운영권이 제3자에게 이전되었더라도 원사업주 또는 위탁기관이 해당 시설의 구조·장비·장소 등에 대해 실질적인 통제 권한을 가지고 있다면 중대시민재해 예방을 위한 법적 의무를 여전히 부담하게 되며 이에 따른 조치를 이행하여야 한다.

이와 같은 취지는 실질적인 책임의 유무를 기준으로 안전관리 의무를 명확하게 부과함으로써 도급·용역·위탁 등 다양한 계약 형태 속에서도 시민의 안전을 실질적으로 보호할 수 있는 법적 기반을 마련했다는 점에서 의미가 있다. 이는 오송 지하차도 참사 등에서 확인된 바와 같이 시설의 운영 주체가 누구인지에 따라 책임을 분명히 할 필요성이 대두된 상황에서 핵심적인 법령의 판단기준으로 평가된다

07 안전보건 확보의무 이행사항 점검요령

7.1 개요

공중이용시설의 안전보건 확보의무 이행 사항에 대한 점검은 「중대재해처벌법」 제9조 제2항 및 시행령 제10조 · 제11조에 근거하여 중대시민재해를 예방하기 위한 핵심적인 절차로 작용한다. 이는 단순한 형식적 확인을 넘어 실질적인 위험요소의 관리와 대응체계 구축 여부를 종합적으로 판단하는 기준으로 작용한다.

점검은 다음과 같은 주요 항목을 중심으로 이루어져야 한다.

1) 안전보건관리체계 구축 여부

① 시설별 전담 안전관리 인력의 배치 여부
② 안전관리계획의 연 1회 이상 수립 및 실제 실행 여부
③ 안전관리 예산의 편성 및 목적에 따른 집행 내역

2) 시설물 유지관리 절차 이행

① 정기점검, 정밀안전진단, 긴급점검 등의 실행 여부
② 점검 결과에 따른 보수 · 보강 조치의 이행 여부
③ 점검 및 조치 이행 내역의 문서화 및 관계기관 보고 여부

3) 비상대응계획 및 대피훈련 체계 구축

① 시나리오 기반 시민 대상 훈련실시 여부

② 안내방송 체계 및 행동요령 사전 마련 여부
③ 훈련 결과의 분석 및 개선 · 조치 이행 여부

4) 법령상 의무이행 여부 점검

① 「시설물안전법」, 「소방시설법」 등 관련 법령에 따른 교육 이수 여부
② 미이행 사항에 대한 개선 · 조치 실행 여부
③ 연 1회 이상 정기점검의 실시 및 보고 절차 준수 여부

5) 위탁운영 구조에서의 책임 이행

① 수탁기관의 안전관리 능력 평가 기준 설정 여부
② 중대시민재해 예방을 위한 관리비용의 계약 반영 및 조건 명시 여부
③ 위탁 운영기관의 자체점검 결과 수령 여부 및 보고체계 확보

이러한 점검은 자체적으로 수행하거나 외부 전문기관에 의해 최소 연 1회 이상 정기적으로 실시되어야 한다. 점검 결과는 사업주 또는 경영책임자의 안전보건 확보의무 이행 여부를 객관적으로 검증하는 근거로 활용 될 수 있다.

이는 단순한 사후 평가를 넘어 중대시민재해 예방을 위한 실효성 있는 안전관리의 제도적 기반을 확립하는 것이며 책임 주체가 명확하게 체계적 조치를 이행하고 있다는 점을 사회와 시민에게 입증하는 과정이기도 하다.

7.2 안전보건 확보의무 이행사항 점검 체크리스트 예시

공중이용시설의 안전보건 확보를 위해 사업주 또는 경영책임자는 관리상의 조치에 대해서는 연 1회 이상 주요 이행사항에 대한 점검을 실시하고 그 결과를 바탕으로 필요한 개선사항을 도출하고 문서화하여야 한다.

① 시설 및 설비의 안전조치와 유지보수 업무를 담당할 적절한 안전 인력을 확보하고 각 인력의 역할 수행 여부를 점검해야 한다. 인력 부족이나 전문성 미흡 등의 문제가 발견될 경우 즉각 개선대책을 마련해야 한다.

② 안전관리에 필요한 예산이 적절히 편성되고 목적에 맞게 집행되고 있는지를 검토해야 한다. 인건비, 시설 · 장비 확보 및 유지관리비, 안전 점검비, 기타 안전 관련 비용 항목별로 집행 내역을 점검하고 부족하거나 불필요하게 지출된 예산에 대해서는 보완 조치를 해야 한다.

③ 정기점검, 정밀안전점검, 정밀안전진단 등의 점검계획이 수립되어 실제 수행되었는지를 확인하고 점검 과정에서 발견된 위험요인은 문서화된 개선대책으로 연결되어야 한다. 이후 차기 점검에서는 조치사항이 적정하게 실행되었는지를 검토함으로써 실효성을 확보해야 한다.

④ 연간 안전계획의 수립 및 이행 여부를 확인해야 한다. 계획에는 인력 배치, 점검 일정, 시설 유지관리, 안전 예산 집행 등이 포함되어야 한다. 단순한 계획 수립에 그치지 않고 실질적인 시행이 이루어졌는지를 평가해야 한다.

⑤ 유해 · 위험요인에 대한 점검 절차와 발견 시 조치, 재해발생 대응, 비상 대피 훈련 등 재해 예방을 위한 업무처리 절차의 수립과 이행 여부를 확인해야 한다. 각 절차가 문서화되어 현장에 적용되었는지 여부도 점검해야 한다.

⑥ 도급 · 용역 · 위탁 구조 내에서 재해예방 능력을 평가할 수 있는 기준과 절차 그리고 예방 비용 산출 기준이 적절하게 마련되어 계약에 반영되었는지를 점검해야 한다. 차기 점검시에는 그 기준이 실제로 작동하여 성과를 나타냈는지를 확인해야 한다.

⑦ 안전보건 관계 법령에 따른 법정 의무 사항의 이행 여부를 점검하고 이행되지 않은 경우는 개선 조치를 취했는지를 확인해야 한다.

⑧ 안전관리자와 종사자에 대한 교육이 해당 주기에 맞춰 실시되었는지를 점검하고 교육 미이수자가 발생한 경우는 보충 교육이나 관련 조치를 수행했는지 여부를 확인해야 한다. 이러한 점검 내용은 단순한 확인을 넘어 중대시민재해 예방 체계의 핵심 운영 지표이다. 각 항목은 문서화된 결과로 체계적 관리가 가능해야 실효성 있는 안전관리 체계가 구축된다. 국토교통부 해설서에 따른 안전 의무이행 사항 점검 체크리스트 예시는 다음과 같다.

표 8.33 안전보건 확보의무 이행사항 점검 체크리스트 예시

이행사항		점검 결과	
		상반기	하반기
1. 필요한 안전인력 확보	① 시설 · 설비 안전조치 업무 ② 시설 · 설비 유지보수 업무	안전인력 점검/ 필요시 개선사항 도출(문서화)	안전인력 업무점검(문서화)
2. 필요한 안전예산 편성 · 집행	① 인건비 ② 시설 · 장비확보, 유지관리비 ③ 안전점검비 ④ 기타비용	안전예산 편성 · 집행 점검/ 필요시 개선사항 도출(문서화)	안전예산 집행 점검(문서화)
3. 안전점검 계획 수립 · 수행	① 정기안전점검 ② 정밀안전점검 ③ 정밀안전진단	위험요인 도출/ 필요시 개선사항 도출(문서화)	위험요인 조치사항 확인(문서화)
4. 안전계획 수립 · 시행	① 인력확보 ② 안전점검 등 ③ 유지관리 ④ 안전예산 편성	안전계획 점검/ 필요시 개선사항 도출(문서화)	안전계획 이행점검(문서화)
5. 재해예방 업무처리절차 마련 · 이행	① 유해 · 위험요인 점검 ② 유해 · 위험요인 발견시 조치 ③ 재해발생시 대응 ④ 비상대피훈련	업무처리절차 점검/ 필요시 개선사항 도출(문서화)	업무처리절차 이행성과점검(문서화)
6. 도급 · 용역 · 위탁 기준과 절차 마련 · 이행	① 재해예방능력 평가기준 · 절차 ② 재해예방비용 기준	도급 등 기준과 절차 마련 점검/ 필요시 개선사항 도출(문서화)	도급 등 이행성과점검(문서화)
7. 안전보건 관계 법령 의무 이행 점검	① 의무이행사항 점검 ② 미이행 시 조치	관계 법령 의무사항 점검/ 필요시 개선사항 도출(문서화)	관계 법령 이행사항 점검(문서화)
8. 안전관리자/ 종사자교육 시행 점검	① 교육이수 점검 ② 미이수 시 조치	교육대상자 점검/ 필요시 개선사항 도출(문서화)	교육이수 점검(문서화)

7.3 안전보건 확보의무 위반행위별 사례 예시

국토교통부 해설서에 따른 안전 의무 위반행위별 사례 예시를 들면 다음과 같다.

표 8.34 안전 의무 위반 행위별 사례 예시

안전보건 확보의무	재해별 위반내용		
	교량 붕괴	지하철 화재	터널 붕괴/화재
① 안전업무 수행에 필요한 인력 확보 및 수행		안전보건관리 책임자 미선임으로 역사 · 터널, 차량 내 관리 부재로 사고 발생원인의 사전 미제거	
② 안전업무 수행에 필요한 예산편성 · 집행		소화기 위치인식 및 소화장비 부족 등	
③ 안전점검 계획 및 수행	형식적인 안전점검 및 관리소홀, 일일점검일지 및 안전점검결과통보서 허위작성 및 행사		갱구부 절토사면, 터널 변위부 안전점검 등 실시 미흡
④ 안전계획 수립 및 이행	안전점검 등 실시결과에 따른 적절한 보수 · 보강 조치 미흡	전동차량 내 가연성 내상재 사용으로 연소 급속 확대 및 유독성 가스발생으로 인한 시계 판단 불가 및 질식으로 피해 확대	안전점검 등 실시결과에 따른 적절한 보수 · 보강 조치 미흡
⑤ ①~④ 반기 1회 이상 직접 점검(점검 결과 보고)	용접결함과 제작 오차 검사 미흡, 신축이음 장치의 잦은 파손보수 등 구조적 하자로 인한 교량 자체 붕괴 위험성에도 안전진단 미실시 등 도로유지관리상의 과실	지하철 화재 발생 시 교행하는 전동차량의 화재현장 진입금지 조치 등 기관사 및 지하철 사령실 초기대응 미흡	
⑥ ⑤결과에 따라 인력 · 예산 등 필요한 조치			
⑦ 중대시민재해 예방 업무 처리절차 마련 및 이행 – 유해 · 위험요인 확인 · 점검, 1종시설물 대피훈련 등	중차량 통행방지, 철강재 부식, 부적절한 수직재 고정 및 안전진단 조치 불이행 등 유지 관리상의 과실	피난 동선이 길어 유사시 대피시간 지연, 대량 발생 연기의 효과적 제어 미흡	비상대피방송, VMS 표출, 제연설비 및 진입차단막 등 터널 방재시설 가동 및 진입차량 차단 등 초기대응 미흡

안전보건 확보의무	재해별 위반내용		
	교량 붕괴	지하철 화재	터널 붕괴/화재
⑧ 도급 · 용역 · 위탁 시 안전확보 기준과 절차 마련 및 점검 - 수탁기관 안전관리능력 평가, 재해예방 필요비용 기준 등			
⑨ 의무이행 여부 연 1회 이상 직접 점검(점검 결과 보고)			
⑩ ⑨결과에 따라 인력 · 예산 등 필요한 조치			
⑪ 안전교육 이수여부 연 1회 이상 직접 점검(또는 점검 결과 보고)		사업장 안전보건교육 미실시	
⑫ ⑪결과에 따라 이행 지시 등 필요한 조치			

제9장

가상 사고 기반 중대재해처벌법 적용 시나리오 분석

01 내화구조부 불법 변경한 업무시설의 화재사고
02 도로터널 내에서 차량 연쇄추돌 사고 화재로 사망사고
03 도로 교량 붕괴로 인한 시민 사망사고
04 역사 천장의 낙하물로 인한 시민 사망사고
05 철도차량 정비 불량으로 인한 시민 상해사고
06 항공기 착륙 도중 기체 결함으로 인한 추락사고
07 가습기 살균제 사건
08 변압 변류기 폭발사건
09 구미 불화수소가스 누출 사건
10 거제 OO병원 집단환자 발생 사건
11 기침약(시럽)에서 디에틸렌글라이콜 검출
12 멜라민 분유 파동
13 불법 유통 주류 섭취로 인한 메탄올 중독
14 유독가스 스티렌 누출사고

01 내화구조부 불법 변경한 업무시설의 화재사고

1.1 사고 개요

업무시설(민간, 연면적 3,000 m^2 이상)의 내화 구조부를 불법으로 수선·변경한 시설에서 화재가 발생하여 이용자 2명이 사망하고 2명이 부상함
※ 업무시설 소유자 : A 회사
※ 관리자 : B 회사(「건축물관리법」에 따른 관리자)
※ A 회사와 B 회사는 모두 상시 근로자 50인 이상 기업임

이 사건은 연면적 3,000 m^2 이상의 민간 업무시설에서 내화 구조부를 불법으로 수선·변경한 결과 화재가 발생하여 이용자 2명이 사망하고 2명이 부상당한 사건으로 중대재해처벌법 시행령 별표 2에서 규정한 공중이용시설에 해당한다.

1.2 중대재해처벌법 적용 검토

법 적용 여부

중대시민재해 범위, 원인, 재해 규모 검토 결과 : 모두 충족

① 범위 : 업무시설(건축물)은 시행령 제3조제1호(별표2)에 따른 공중이용시설
② 원인 : 건축물의 설계 · 제조 · 설치 · 관리상의 결함으로 발생
③ 재해 규모 : 사망자 1명 이상 발생

의무 및 위반 사항

건축물관리법

- B 회사(관리자)는 건축물의 내화구조, 방화벽 등을 건축법 기준에 따라 적합하게 관리하여야 하며 정기적으로 점검하여야 함(제12조제1항, 제13조제1항)
- 조사 내용 : 업무시설에 대한 정기점검을 적기 이행하지 않아 내화구조부 불법 수선 · 변경에 대한 원상복구 등 보수 · 보강 조치 없이 2년 이상 방치된 것으로 조사됨(경찰 등)

중대재해처벌법

- A 회사의 경영책임자인 대표는 제3자(B 회사)에게 도급 · 용역 · 위탁한 경우 업무시설 정기점검이 수행되도록 했어야 하고(시행령 제9조제3항), 이러한 사항이 잘 이행되고 있는지 반기 1회 이상 점검하고 개선을 지시하여야 함(시행령 제10조제3 · 5 · 6호)
- 조사 내용 : A 회사 대표는 업무시설에 대해 정기점검의 이행상황을 점검하지 않았으며 B 회사도 건축법 기준에 따라 업무시설을 적합하게 관리하지 않은 것이 주요 요인으로 조사됨(경찰 등)

처벌

건축물관리자인 B 회사(기업)

- 건축물관리법 위반 사항(건축물 유지 · 관리 미이행)에 대해 1,000만 원 이하의 과태료가 부과될 수 있음

A 회사, B 회사 대표(개인)

- 중대재해처벌법 위반 사항(정기점검 미수행, 건축물 유지 · 관리 미이행)으로 중대재해가 발생한 것에 대해 1년 이상의 징역 또는 10억 원 이하의 벌금이 부과될 수 있음

내화구조부의 불법 수선 · 변경은 중대재해처벌법상 안전보건 확보의무를 위반한 행위로 평가될 수 있다. 내화구조는 화재 발생 시 피해 확산을 방지하고 인명피해를 최소화하는 핵심적인 구조적 요소로써 그 유지 · 관리 및 변경에 있어 고도의 주의의무가 요구된다. 특히 공중이용시설이나 업무시설과 같이 다수의 시민이 이용하는 공간에서는 내화구조의 적법성과 안전성이 직접적으로 생명과 신체의 보호와 연결되므로 이를 임의로 수선하거나 변경하는 행위는 안전보건 확보의무를 실질적으로 저버린 것으로 간주된다.

만약 내화구조의 변경이 화재 발생과 피해 확대에 영향을 미친 경우 해당 시설의 소유자 및 관리자에게 안전보건 확보의무 위반이 인정될 수 있다. 단순히 건축법 위반을 넘어 안전보건 확보의무의 이행 여부를 판단함에 있어 구조적 안전 요소에 대한 사전 점검과 예방조치의 실효성을 중시할 필요가 있다.

따라서 내화구조부의 불법 수선·변경은 중대재해처벌법 제9조에서 규정한 안전보건 확보의무를 위반한 행위로 평가되며 그로 인해 중대시민재해가 발생한 경우에는 경영책임자 등과 법인에 대해 형사책임과 민사상 징벌적 손해배상 책임이 동시에 문제될 수 있다. 이는 기업이 시설의 구조적 안전을 단순한 형식적 요건이 아닌 실질적 관리책임으로 인식하고 사전에 위험요소를 제거하는 예방 중심의 경영을 실현하도록 유도하는 법적 근거가 된다.

관련 판례 요약

○ 내화구조의 불법 변경으로 인해 화재가 발생하거나 피해가 확대된 경우 법원은 다음과 같은 판단을 내릴 가능성이 높다.
- 경영책임자에게 실형 또는 집행유예 선고 가능성 : 안전보건 확보의무를 이행하지 않았다고 판단될 경우 대표이사에게 징역형 선고
- 법인에 대한 벌금형 병과 : 기업 자체에도 수천만 원에서 1억 원 이상의 벌금이 부과됨
- 징벌적 손해배상 인정 가능성 : 고의 또는 중대한 과실이 인정될 경우 민사상 손해배상 책임도 병행됨
- 내화구조 변경 시 품질인정서 미확보, 감리 미실시 등도 위반 요소로 판단

○ 이러한 사례들은 단순히 "불법 시공"이라는 기술적 문제를 넘어서 경영책임자의 예방조치 실효성과 사전 점검 체계의 구축 여부를 핵심 판단 기준으로 삼고 있다는 점에서 중요하다.

실무적 시사점

- 내화구조 변경 시 반드시 품질인정 자재 사용, 감리자 확인, 건축법 및 고시 기준 준수 필요
- 공중이용시설 및 업무시설은 중대시민재해 적용 대상이므로 구조적 안전 요소에 대한 정기점검과 문서화된 개선 조치 필수
- 안전보건 확보의무는 단순한 형식이 아닌 실질적 이행 여부로 판단됨

02 도로터널 내에서 차량 연쇄추돌 사고 화재로 사망사고

2.1 사고 개요

4차로 지방도의 터널 내부에서 이용자의 과속 운전으로 연쇄 추돌사고가 발생하였고 이로 인한 화재로 일반 시민 2명이 사망하였다.
※ 시설물 소유자 및 관리자는 ○○ 지자체임

이 사고는 4차로 지방도 터널 내부에서 과속 운전으로 인한 연쇄추돌과 화재로 일반 시민 2명이 사망한 사건이다. 이 사건은 중대재해처벌법 시행령 별표 2에서 규정한 공중이용시설에 해당하는 터널에서 발생한 것이다.

표 9.1 사고개요 요약

항목	내용
사고 장소	4차로 지방도 터널 내부
사고 원인	이용자의 과속 운전으로 인한 연쇄추돌
결과	화재 발생 → 일반 시민 2명 사망
시설물 소유자 및 관리자	○○ 지자체
시설 유형	공중이용시설(불특정 다수 이용)

2.2 중대재해처벌법 적용 검토

법 적용 여부

중대시민재해 범위, 원인, 재해 규모 검토 결과 : 미충족

① 범위 : 화재가 발생한 터널은 시행령 제3조제2호(별표3)에 따른 공중이용시설
② 원인 : 차량 운전자의 과속운전으로 추돌사고가 발생 → 원인 미충족
 - 이로 인해 유출된 차량 내부의 발화요인 등이 화재의 직접적인 원인인 것으로 조사(경찰 등)
③ 재해 규모 : 사망자 2명 이상 발생

해당 사고는 4차로 지방도 터널 내부에서 과속 운전으로 인한 연쇄 추돌과 화재로 일반 시민 2명이 사망한 것으로 이는 중대재해처벌법 시행령 별표 2에서 규정한 공중이용시설에 해당하는 터널에서 발생한 시민재해 적용대상이 될 수 있다.

중대재해처벌법 제2조 제2호에 따르면 공중이용시설에서 일반인이 사망한 경우는 중대시민재해로 분류된다. 이에 따라 해당 시설의 관리 · 운영 책임자에게 안전보건 확보의무 이행 여부가 법적 쟁점이 된다. 이용자의 과속이라는 행위가 직접적인 사고 원인이라 하더라도 터널 내 안전시설(예 : 과속 방지 장치, 화재 대응 시스템, 비상 대피 안내 등)의 설치 유지 · 관리 의무가 미이행된 경우 중대재해처벌법상 경영책임자 등으로서 책임을 질 수 있다. 특히 해당 시설을 실질적으로 지배 · 운영 · 관리하고 있었다면 안전보건 확보의무를 다했는지 여부가 형사책임 및 민사책임 판단의 핵심이 된다.

결국 이 사례는 단순한 교통사고를 넘어 공중이용시설의 안전관리체계가 시민의 생명과 직결된다는 점에서 지방자치단체의 안전보건 확보의무 이행 여부에 대한 법적 검토가 필요하며 중대재해처벌법 제10조, 제11조, 제15조의 적용 가능성이 존재한다. 그러나 이 사고는 공중이용시설인 도로터널의 설계 · 제조 · 설치 · 관리상의 결함이 아닌 이용자의 과실이 직접적인 원인이 되어 발생한 사고였다. 따라서 중대재해처벌법의 적용 대상이 아니며 경영책임자가 법에 따른 안전보건 확보의무를 이행했는지 여부와 무관하게 처벌을 받지 않을 것으로 보인다.

03 도로 교량 붕괴로 인한 시민 사망사고

3.1 사고 개요

지방도 상에 균열이 있었던 연장 500 m의 도로 교량이 붕괴되어 해당 교량 위를 주행하던 차량이 떨어지면서 운전자 1명이 사망하였다.
※ 시설물의 소유자 및 관리자는 A 지자체임

사고는 지방도에 위치한 연장 500 m의 도로 교량에서 발생한 것으로 교량에 균열이 존재하였음에도 적절한 보수나 안전조치가 이루어지지 않은 상태에서 붕괴가 발생하였고 이로 인해 교량 위를 주행하던 차량이 떨어져 운전자 1명이 사망하였다.

3.2 중대재해처벌법 적용 검토

법 적용 여부

중대시민재해 범위, 원인, 재해 규모 검토 결과 : 모두 충족

① 범위 : 붕괴된 교량은 시행령 제3조제2호(별표3)에 따른 공중이용시설
② 원인 : 도로 교량의 설계 · 제조 · 설치 · 관리상의 결함으로 발생
③ 재해 규모 : 사망자 1명 이상 발생

의무 및 위반사항

시설물안전법

- 도로 노선 및 도로 시설물에 대해 관리책임을 지는 A 지자체는 소관 시설물의 안전과 기능을 유지하기 위해 도로 교량에 대해 정기적으로 안전점검을 실시하여야 함(제11조)
- 조사 내용 : 안전점검이 적기 이행되지 않아 도로 교량의 균열이 보수 · 보강 등 조치 없이 2년 이상 방치된 것으로 파악되었으며 안전점검을 이행하지 않은 것이 도로 교량의 직접적인 붕괴 원인으로 조사됨(경찰 등)

중대재해처벌법

- A 지자체의 경영책임자인 지자체장은 도로 교량 안전점검이 수행되도록 조치했어야 하고 이러한 사항이 잘 이행되고 있는지 반기 1회 이상 점검하고 개선을 지시하여야 함(시행령 제10조제3 · 5 · 6호)
- 조사 내용 : A 지자체장은 관할 도로 교량 등에 대해 안전점검의 이행상황을 2년째 보고받지 않았고 개선 지시 등을 일체 하지 않았으며 이로 인해 지자체가 안전점검을 이행하지 않은 주요 요인으로 조사됨(경찰 등)

처벌

A 지자체(기관)

- 시설물안전법 위반사항(안전점검실시 지연)에 대해 300만 원~1,000만 원의 과태료 부과 가능

지자체장(개인)

- 중대재해처벌법 위반 사항(안전점검 수행 관리조치 미이행, 개선조치 미지시)으로 중대재해가 발생한 것에 대해 1년 이상의 징역 또는 10억 원 이하의 벌금 부과 가능

이 사건은 중대재해처벌법 시행령 별표 2에서 규정한 공중이용시설에서의 시민 사망사고로써 중대시민재해의 요건을 충족한다. 특히 시설물의 소유자 및 관리자가 지방자치단체(A 지자체)인 경우에도 법적 책임이 문제될 수 있다. 중대재해처벌법 제10조 및 제11조에 따르면 공중이용시설의 실질적인 지배 · 운영 · 관리 주체가 안전보건 확보의무를 위반하여 시민재해가 발생한 경우 해당 지자체는 경영책임자 등으로서 형사책임과 법인의 양벌 책임을

질 수 있다. 특히 교량의 균열이 사전에 인지되었거나 인지 가능하였음에도 불구하고 구조적 안전성에 대한 점검 · 보수 · 통제 조치가 미흡하였다면 안전보건 확보의무 위반이 인정될 수 있다. 또한 고의는 아니더라도 중대한 과실이 인정되는 경우는 중대재해처벌법 제15조에 따라 징벌적 손해배상 책임도 발생할 수 있다.

이때 피해자의 유족은 민법상 위자료 청구와 함께 중대재해처벌법상 손해배상 청구가 가능하다. 결국 이 사건은 공중이용시설의 구조적 결함과 관리 소홀로 인해 시민의 생명이 침해된 사례로써 지자체의 안전보건관리체계와 책임 구조에 대한 법적 판단이 핵심 쟁점이 될 것이다.

3.3 중대시민재해 판단서

1. 사고 개요

- 발생 일시 : 사고일
- 사고 장소 : 지방도 상 연장 500 m 도로 교량
- 사고 내용 : 교량에 균열이 존재한 상태에서 적절한 보수 및 안전조치가 없어 붕괴가 발생함
- 피해 상황 : 교량 위를 주행하던 차량이 낙하하여 운전자 1명 사망
- 시설 소유자 및 관리자 : A 지자체

2. 시설물 성격 및 법령상 분류

- 해당 교량은 「중대재해처벌법 시행령」 별표 2에서 규정한 공중이용시설(불특정다수인이 이용하는 교량)로 분류됨
- 연장 500 m 이상 교량으로써 「시설물의 안전 및 유지관리에 관한 특별법」 상 1종 시설물에 해당됨

3. 법 적용 판단

◉ 중대시민재해 해당 여부

- 「중대재해처벌법」 제2조 제2호에 따라 공중이용시설의 설계 · 제조 · 설치 · 관리상의 결함으

로 인해 시민이 사망한 경우 중대시민재해로 분류됨

- 본 사고는 관리상의 결함 또는 보수 미이행에 따른 붕괴로 인명피해가 발생하였으므로 중대시민재해 요건을 충족함

◉ 법적 책임 주체 및 관련 조항

- 9조 안전보건 확보의무(시설의 실질적 지배 · 운영 · 관리자 해당)
- 제10조 경영책임자 등에 대한 형사책임
- 제11조 법인에 대한 양벌 책임
- 제15조 징벌적 손해배상(고의 또는 중대한 과실 시 적용)

4. 안전보건 확보의무 이행 여부

- 문제점 : 교량 균열 사전 인지 또는 인지 가능한 상태였음에도 정기점검 · 정밀진단 · 보수 등의 구조적 안전관리 조치가 미흡
- 검토사항
  - 위험요소 인지 시점 및 대응 경과
  - 시설물 안전등급 평가 및 조치 내역
  - 점검보고서 및 유지보수 이력
  - 관리 담당 부서 및 책임자 지정 여부

5. 민사상 손해배상 검토

- 피해자 유족은 민법상 위자료 청구 가능
- 「중대재해처벌법」 제15조에 따른 징벌적 손해배상 청구 가능
- 단순 과실이 아닌 중대한 과실 여부 판단 필요

6. 결론 및 조치 권고

- 본 사고는 「중대재해처벌법」상 중대시민재해에 해당함
- A 지자체는 시설의 안전관리 의무를 이행했는지 여부에 따라 경영책임자 및 법인에 대한 형사 · 민사상 책임이 문제될 수 있음
- 필요시 관계기관의 정밀조사와 법률 검토 후 책임 소재에 대한 판단과 행정조치 이행 필요

04 역사 천장의 낙하물로 인한 시민 사망사고

4.1 사고 개요

천장 부근에 균열(중대한 결함)이 있었음에도 위험 표지판이 설치되지 않은 철도역사 대합실 천장에서 떨어진 낙하물에 맞아 시민 1명이 사망하였다.

4.2 중대재해처벌법 적용 검토

법 적용 여부

중대시민재해 범위, 원인, 재해 규모 검토 결과 : 모두 충족

① 범위 : 철도역사는 시행령 제3조제2호(별표3)에 따른 공중이용시설
② 원인 : 철도역사의 설계 · 제조 · 설치 · 관리상의 결함으로 발생
③ 재해 규모 : 사망자 1명 이상 발생

의무 및 위반사항

시설물안전법

- 철도역사에 대해 관리책임이 있는 A 공사는 안전점검을 실시한 결과 역사 시설물에 중대한 결함이 있다고 통보받은 경우 해당 시설물의 보수 · 보강, 위험표지 설치 등 안전조치를 실시해야 함(제24 · 25조)

- 조사 내용 : 중대한 결함의 통보에도 불구하고 적정한 보수 · 보강이 실시되지 않았고 위험표지판을 설치하여 이용을 제한하는 등 시민의 안전보건 확보를 위한 조치가 매우 부족했던 것으로 조사됨(경찰 등)

중대재해처벌법

- A 공사의 경영책임자는 철도역사의 안전점검 이행 현황 등을 보고 받고 그 결과에 따라 중대시민재해 예방에 필요한 조치를 해야 함(시행령 제10조제3 · 5 · 6호)
  - 경영책임자 : 철도역사를 운영하는 기관에 대하여 경영 일체에 대한 최종 결정권이 있거나 해당 철도역사의 운영 사업에 대해 예산 · 인력 등 투입 권한이 있는 자
  - 조사 내용 : A 공사의 경영책임자는 철도역사에 대해 안전점검 결과를 보고 받고 중대한 결함이 통보된 사안에 대해서 보수 · 보강 실시, 위험표지 설치 등의 조치를 하도록 지시하였으나 직원의 근무 태만으로 이행되지 않은 것으로 조사됨(경찰 등)

처벌

A 공사(기관)

- 시설물안전법 위반사항(위험표지 미설치)에 대해 300만 원~1,000만 원의 과태료가 부과될 수 있음

A 공사 사장(개인)

- 중대재해처벌법상 의무사항을 준수하였으며 의무 위반 사항이 없으므로 처벌이 이루어지기 어려움

A 공사 직원(개인)

- 업무상과실치사상죄 적용 가능

해당 사례는 「중대재해처벌법」상 중대시민재해에 해당할 가능성이 매우 높으며 철도역사 대합실이라는 공중이용시설에서 발생한 시설물 관리상의 결함으로 인한 시민 사망사고로 평가된다. 철도역사 대합실은 「중대재해처벌법 시행령」 별표 2에 따라 공중이용시설로 명시되어 있다. 천장 부근의 균열이라는 중대한 결함이 존재했음에도 불구하고 위험 표지판이 설치되지 않은 점은 안전보건 확보의무를 이행하지 않은 것으로 볼 수 있다. 특히 낙하물로

인한 사망은 예측과 예방 가능한 사고 유형으로 시설물의 유지관리와 위험 요소에 대한 사전 조치가 미흡했다면 경영책임자 등의 중대한 과실이 인정될 수 있다. 이 경우 해당 철도시설을 실질적으로 지배 · 운영 · 관리하는 기관 또는 법인은 「중대재해처벌법」 제10조에 따라 형사책임을 질 수 있으며 제15조에 따라 징벌적 손해배상 책임도 발생할 수 있다. 피해자가 시민인 점에서 중대시민재해로 분류되며 사망자가 1명 이상 발생한 경우 법적 요건을 충족한다.

최근 철도 관련 공공기관들은 「중대재해처벌법」 시행 이후 천장 낙하물 사고와 같은 시나리오를 중대시민재해 예방 대상으로 설정하고 시설물 점검을 강화하고 있는 추세이다. 이 사건은 그러한 예방체계가 제대로 작동하지 않았을 가능성을 보여주는 사례이다.

4.3 중대시민재해 판단서

1. 사고 개요

- 발생 장소 : 철도역사 대합실
- 사고 내용 : 천장 부근에 균열(중대한 결함)이 있었음에도 위험 표지판이 설치되지 않은 상태에서 낙하물이 떨어져 시민 1명이 사망
- 시설물 유형 : 공중이용시설(중대재해처벌법 시행령 별표 2에 해당)
- 관리주체 : 해당 철도시설을 실질적으로 지배 · 운영 · 관리하는 기관 또는 법인

2. 법령상 공중이용시설 해당 여부

- 시행령 별표 2 제3호 : 철도역사의 시설 중 연면적 2,000 m^2 이상인 대합실은 공중이용시설로 명시됨
- 해당 대합실이 이 기준을 충족할 경우 중대시민재해 판단의 전제 요건을 만족함

3. 중대시민재해 요건 충족 여부

○ 사망자 발생
- 시민 1명 사망

- 법 제2조 제3호 가목

○ 시설물 결함
- 천장 균열 및 위험 표지 미설치
- 법 제9조 제2항

○ 예방 가능성
- 낙하물 사고는 예측 · 예방 가능 유형
- 법 제10조, 제15조

○ 위 요건을 종합할 때 본 사고는 중대시민재해에 해당할 가능성이 매우 높음

4. 안전보건 확보의무 이행 여부

- 결함 인지 가능성 : 균열이 시각적으로 확인 가능한 상태였는지 여부
- 사전 조치 미흡 : 위험 표지판 미설치, 낙하물 방지 조치 부재 여부
- 정기점검 및 보수 이력 : 시설물 유지관리 기록의 존재 여부
- 경영책임자 등의 과실 여부 : 실질적 관리주체가 위험요소를 인지하고도 조치하지 않았는지를 판단

5. 법적 책임 판단

- 경영책임자 등 : 제10조, 형사책임(징역 또는 벌금)
- 법인 또는 기관 : 제11조, 양벌 책임(최대 50억 원 벌금)
- 민사상 책임 : 제15조, 징벌적 손해배상(최대 5배)

6. 결론 및 조치 권고

- 본 사고는 중대시민재해 요건을 충족
- 해당 철도시설의 관리주체는 법적 책임 대상이 될 수 있음
- 향후 시설물 점검 체계 강화, 위험요소 사전 제거, 경영책임자에게 보고 체계 구축 등이 필요함

05 철도차량 정비 불량으로 인한 시민 상해사고

5.1 사고 개요

호우 및 강풍으로 인해 광역철도 차량의 주요 부품이 파손되었음에도 이를 인지하고도 별도의 조치 없이 차량을 운행한 결과 사고가 발생하여 승객 1명이 사망하고 14명이 부상을 입었다.

5.2 중대재해처벌법 적용 검토

법 적용 여부

중대시민재해 범위, 원인, 재해 규모 검토 결과 : 모두 충족

① 범위 : 사고 철도차량은 법률 제2조제5호 나목에 따른 공중교통수단

② 원인 : 자연재난으로 인해 주요 부품이 파손되기는 하였으나 별도 보수 · 교체 등 없이 방치하여 사망 및 부상 사고가 발생한 것이므로 철도차량의 설계 · 제조 · 설치 · 관리상의 결함으로 인해 재해가 발생한 것으로 볼 수 있음

③ 재해 규모 : 사망자 1명 이상 발생

의무 및 위반 사항

철도안전법

① 철도차량 소유자 등은 철도차량 제작 시점부터 일정 기간 내에 물리적 사용 가능 여부와 안전 성능 등에 대한 진단을 받아야 함(제38조의12)

② 조사 내용 : 법률에 따른 진단을 적기에 받았으며 주요 부품이 파손되어 추가 조치가 필요하다는 진단을 받은 것으로 조사됨(경찰 등)

중대재해처벌법

① 철도차량을 운영하는 기관의 경영책임자는 종사자나 이용자가 철도차량에 대한 유해 · 위험요인을 확인, 점검하고 이를 발견한 경우 신고 및 조치요구, 보수 · 보강 등이 실시되도록 기관 내에 업무처리 절차를 마련하여야 함

- 경영책임자 : 철도차량을 운영하는 기관에 대하여 경영 일체에 대한 최종 결정권이 있거나 해당 철도차량의 운행 · 운영 사업에 대해 예산 · 인력 등 투입 권한이 있는 자

② 조사 내용 : 경영책임자는 유해 · 위험요인이 발견되었을 때 이를 개선할 수 있는 업무처리 절차를 마련하지 않아 자연재난으로 인해 파손된 주요 부품에 정비나 교체가 필요함에도 적절한 조치를 취하지 못한 것으로 조사됨(경찰 등)

해당 사례는 「중대재해처벌법」상 중대시민재해에 해당할 가능성이 매우 높다. 사고는 호우 및 강풍으로 인해 광역철도 차량의 주요 부품이 파손되었음에도 이를 인지한 철도 운영기관이 별도의 안전조치 없이 차량을 운행한 결과 승객 1명이 사망하고 14명이 부상을 입은 것이다. 이는 공중교통수단에서 발생한 시민의 생명 · 신체 피해에 해당한다. 「중대재해처벌법 시행령」 별표 2에 따르면 광역철도 차량은 공중교통수단으로 분류되며 이 수단을 이용하던 시민이 사망하거나 중상을 입은 경우 중대시민재해로 간주된다.

본 사례는 사망자 1명과 부상자 14명이 발생하였으므로 법적 요건을 충족한다. 특히 철도차량의 주요 부품 파손이라는 위험 요소를 사전에 인지하고도 운행을 지속한 행위는 안전보건 확보의무를 명백히 위반한 것으로 평가될 수 있다.

이는 단순한 자연재해로 인한 사고가 아니라 위험 인지 후에도 적절한 대응을 하지 않았다는 점에서 경영책임자 등의 중대한 과실이 인정될 수 있는 사안이다. 따라서 철도 운영기

관은 「중대재해처벌법」 제10조에 따라 경영책임자 등의 형사책임을 질 수 있으며 제11조에 따라 법인 자체에도 양벌규정에 따른 벌금형이 부과될 수 있다. 또한 제15조에 따라 피해자 또는 그 상속인은 손해액의 최대 5배까지 징벌적 손해배상을 청구할 수 있는 법적 근거가 성립한다. 이 사건은 공공교통수단의 안전관리체계가 시민의 생명과 직결된다는 점에서 철도 운영기관의 위험 대응 프로토콜과 안전보건 확보의무 이행 여부에 대한 법적 판단이 핵심 쟁점이 될 것이다.

공중교통수단(철도차량)의 파손 원인이 자연재해로 인한 것이더라도 이를 개선하는 절차를 마련하지 않았거나 파손 상황 등을 보고받았음에도 그대로 방치하였다가 이를 원인으로 중대시민재해가 발생한 경우는 「중대재해처벌법」에 따라 경영책임자가 처벌될 수 있다.

5.3 중대시민재해 판단서

1. 사고 개요

- 사고 유형 : 철도차량 주요 부품 손상 후 운행에 따른 사망 · 부상 사고
- 발생 배경 : 호우 및 강풍으로 인해 광역철도 차량의 주요 부품이 파손됨
- 사고 경위 : 해당 파손 상황을 인지한 철도 운영기관이 별다른 안전 조치 없이 차량을 운행하였고 이로 인해 승객 1명 사망, 14명 부상

2. 시설물 및 법적 분류

- 시설물 분류 : 광역철도 차량 → 「중대재해처벌법」에서 정한 공중교통수단
- 이용자 피해 기준 : 사망자 1명 이상 또는 중상자 10명 이상 발생 시 중대시민재해로 분류됨(법 제2조 제2호 및 시행령 참조)
- 결론 : 본 사례는 중대시민재해의 법적 요건을 충족

3. 안전보건 확보의무 이행 여부

- 위험요소 인지 가능성 : 호우 · 강풍 이후 차량 점검 여부, 파손 상황 보고 여부
- 조치 미이행 : 차량의 이상 상태를 알고도 안전조치 없이 운행

- 예방 가능성 : 사고 발생 유형은 충분히 예측되고 예방 가능
- 관리 책임 : 철도 운영기관이 해당 차량을 실질적으로 지배 · 운영 · 관리함
- 상기 요소를 종합할 때 경영책임자 등의 중대한 과실 인정 가능성 높음

4. 적용 법령 및 책임 범위

- 제9조 : 안전보건 확보의무 일반 규정
- 제10조 : 경영책임자 등에 대한 형사책임(징역형 또는 벌금형)
- 제11조 : 법인의 양벌 책임(법인의 고의 · 과실 무관하게 처벌 가능)
- 제15조 : 징벌적 손해배상(손해액의 최대 5배까지 청구 가능)

5. 결론 및 조치 권고

- 본 사고는 「중대재해처벌법」상 중대시민재해에 해당할 가능성이 매우 높음
- 철도 운영기관의 위험 인지 후 대응 미흡은 중대한 과실로 간주될 수 있음
- 사고 원인이 자연재해였다고 하더라도 위험요소에 대한 적절한 조치가 부재한 경우 법적 책임이 발생함
- 향후 유사 사고 방지를 위해 다음과 같은 조치가 필요함
  - 철도차량 재난 대비 프로토콜 점검 및 보완
  - 철도차량 상태에 대한 사전 점검 및 기록 체계 강화
  - 경영책임자 보고 · 확인 체계 재정비
  - 기관 내 재해 대응 교육과 대응 매뉴얼 정비

06 항공기 착륙 도중 기체 결함으로 인한 추락사고

6.1 사고 개요

A 항공기가 착륙 도중 기체 결함으로 인해 추락하여 이용자 1명이 사망하고 5명이 부상을 입었다.
※ 공중교통수단의 소유자 및 운영자 : A 항공

6.2 중대재해처벌법 적용 검토

법 적용 여부

중대시민재해 범위, 원인, 재해 규모 검토 결과 : 모두 충족

① 범위 : 추락한 항공기는 법률 제2조제5호에 따른 공중교통수단
② 원인 : 항공기의 설계 · 제조 · 설치 · 관리상의 결함으로 발생
③ 재해 규모 : 사망자 1명 이상 발생

의무 및 위반 사항

항공안전법

① 항공기에 대해 관리 책임을 지는 A 항공은 항공기 사고 등의 예방 및 비행안전의 확보를 위한

항공안전관리시스템을 구축 · 운영하여야 함(제58조제2항)
② 조사 내용 : 항공기 사고 등의 예방 및 비행안전의 확보가 적기 마련되지 않아 항공기의 기체결함이 보수 · 보강 등 조치 없이 운항된 것으로 파악되었으며 항공안전관리시스템을 구축 · 운영하지 않은 것이 항공기의 직접적인 추락 원인으로 조사됨(경찰 등)

중대재해처벌법

① A 항공의 경영책임자인 대표이사는 항공기의 항공안전관리시스템이 구축 · 운영되도록 조치했어야 하고 이러한 사항이 잘 이행되고 있는지 여부를 반기 1회 이상 점검하고 개선을 지시해야 함(시행령 제10조제3 · 5 · 6호)
② 조사 내용 : A 항공 대표이사는 항공기에 대한 항공안전관리시스템의 구축 · 운영상황을 보고받지 않았고 개선지시 등을 전혀 하지 않아 A 항공이 항공안전시스템을 구축하지 않은 주요 요인으로 조사됨(경찰 등)

처벌

A 항공(기업)

- 항공안전법 위반 사항(항공안전관리시스템 구축 미조치)에 대해 500만 원 이하의 과태료가 부과될 수 있음

A 항공 대표이사(개인)

- 중대재해처벌법 위반 사항(안전점검 수행 관리조치 미이행, 개선조치 미지시)으로 중대재해가 발생한 것에 대해 1년 이상의 징역 또는 10억 원 이하의 벌금이 부과될 수 있음

해당 사례는 중대재해처벌법상 중대시민재해에 해당할 수 있는 전형적인 항공기 사고 유형으로 평가된다. 사고는 A 항공기가 착륙 도중 기체 결함으로 인해 추락하여 이용자 1명이 사망하고 5명이 부상을 입은 것으로 이는 공중교통수단에서 발생한 시민의 생명 · 신체 피해에 해당한다.

중대재해처벌법에 따르면 항공기는 공중교통수단으로 분류되며 이 수단의 설계 · 제조 · 설치 · 관리상의 결함으로 인해 시민이 사망하거나 중상을 입은 경우 중대시민재해로 간주된다. 본 사례는 사망자 1명과 부상자 5명이 발생하였으므로 법적 요건을 충족한다. 특히 A 항공이 해당 항공기의 소유자이자 운영자인 경우 중대재해처벌법상 경영책임자 등이 지

위를 동시에 갖게 되며 기체 결함이 정비 불량이나 안전관리체계 미비에 기인한 것으로 밝혀질 경우 경영책임자에게 형사책임이 인정될 수 있다.

국토교통부는 중대재해처벌법 해설서에서 이와 유사한 사례를 중대시민재해 적용 사례로 명시한 바 있다. 실제로 최근 ○○항공기 사고와 관련하여 중대재해처벌법 위반 여부에 대한 수사가 진행 중이다. 이 사건은 항공기 운영기관의 안전관리체계 구축과 이행 여부, 기체 결함의 인지 가능성과 대응 조치의 적절성이 법적 판단의 핵심이 될 것으로 보인다. 사실, ○○항공기 추락사고는 중대재해처벌법상 중대시민재해에 해당할 가능성이 매우 높다.

○○항공기 사고는 공중교통수단인 항공기에서 발생하였으며 사망자와 부상자가 다수 발생한 점에서 법적 요건을 충족한다. 중대재해처벌법 제2조 제5호에 따르면 항공기는 공중교통수단으로 분류되며 이 수단의 설계 · 제조 · 설치 · 관리상의 결함으로 인해 시민이 사망하거나 중상을 입은 경우 중대시민재해로 간주된다. 이번사고에서 ○○항공은 해당 항공기의 소유자이자 운영자로서 경영책임자 등의 지위를 갖게 되며 기체 결함이나 정비 불량, 안전관리체계 미비 등이 사고 원인으로 밝혀질 경우 중대재해처벌법 제10조에 따라 경영책임자에게 형사책임이 부과될 수 있다. 또한 법인 자체에도 제11조에 따라 벌금형이 부과될 수 있으며 피해자 또는 그 상속인은 제15조에 따라 손해액의 최대 5배까지 징벌적 손해배상을 청구할 수 있는 법적 근거가 성립한다.

○○항공기 추락사고와 관련하여 활주로 인근에 설치된 콘크리트 둔덕은 사고 피해를 확대시킨 주요 원인 중 하나로 지목되고 있다.

해당 둔덕은 착륙 유도장치인 로컬라이저를 지지하기 위해 설치된 구조물로 일반적으로 항공기와 충돌 시 항공장애물 관리 기준에 따라 파손되기 쉬운 재질인 흙이나 연질 재료로 설계되어야 한다. 그러나 무안공항의 경우 해당 둔덕은 콘크리트 기둥과 상판으로 구성되어 있었으며 이는 항공기와 충돌 시 충격을 흡수하지 못하고 오히려 폭발과 인명피해를 유발했다는 의혹이 제기되었다.

사고 당시 ○○항공기는 착륙 중 랜딩기어가 작동하지 않아 활주로를 벗어나며 콘크리트 둔덕과 충돌했고 이로 인해 기체가 파손되며 대규모 화재가 발생하였다. 만약 해당 구조물이 연질 재료로 되어 있었다면 기체 손상이 덜하고 탑승자의 생존 가능성이 높았을 것이라는 의견이 제시되고 있다. 이러한 지적은 공항 내 설치물의 재질과 구조가 항공기 사고의 피해 규모에 직접적인 영향을 미칠 수 있다는 점을 보여준다.

콘크리트 둔덕은 단순한 구조물이 아니라 항공기 사고 시 피해를 최소화하기 위한 안전설계의 핵심 요소로 작용해야 하며 이번 사고는 해당 기준이 제대로 지켜지지 않았을 경우 어떤 결과가 초래될 수 있는지를 극명하게 보여주는 사례로 평가된다.

그러나 콘크리트 둔덕은 공중이용시설에 해당되지 않아 중대시민재해에는 적용되지 않는다. 다만, 사고 원인이 조류 충돌 등 불가항력적인 외부 요인으로 밝혀질 경우에는 중대재해처벌법 적용이 어려울 수 있다. 따라서 법 적용 여부는 국토교통부 항공철도사고조사위원회의 조사 결과에 따라 결정될 것이다. 이에 따라 ○○항공의 안전보건관리체계 구축과 이행 여부, 정비 기록, 대응 매뉴얼의 적절성 등이 핵심 판단 기준이 될 것이다.

6.3 중대시민재해 판단서

1. 사고 개요

- 2025년 ○월 ○일, A 항공 소속 항공기가 착륙 도중 기체 결함으로 인해 추락하였고 이 사고로 이용자 1명이 사망하고 5명이 부상을 입음

2. 관련 법령 및 적용 조항

- 중대재해처벌법 제2조 제3호 : 시민이 공중이용시설 또는 공중교통수단을 이용하던 중 사망하거나 중상을 입은 경우 중대시민재해로 간주
- 중대재해처벌법 : 항공기는 공중교통수단으로 분류되며 해당 수단의 설계 · 제조 · 설치 · 관리상 결함으로 인한 사고는 중대시민재해로 판단
- 본 사례는 사망 1명, 부상 5명으로 중대시민재해 법적 요건을 충족함

3. 책임 주체

- 소유자 및 운영자 : A 항공
- A항공은 해당 항공기의 소유자 및 운영자로서 경영책임자 등의 지위에 해당됨
- 사고 원인이 기체 결함, 정비 불량, 안전관리체계 미비 등으로 밝혀질 경우
  - 경영책임자 : 법 제10조에 따라 1년 이상 징역 또는 10억 원 이하 벌금

- 법인 : 법 제11조에 따라 50억 원 이하 벌금
- 피해자 또는 상속인 : 법 제15조에 따라 최대 손해액의 5배까지 징벌적 손해배상 청구 가능

4. 유사 사례 및 비교 분석

- 국토교통부는 해당 사례를 중대시민재해로 간주 가능하다고 해설서에 명시
- 사고 당시 콘크리트 둔덕과의 충돌은 피해를 확대시킨 요소로 작용함
- 해당 구조물은 연질 재료로 설계되었어야 하나 항공기와 충돌 시 충격을 흡수하지 못함
- 다만, 콘크리트 둔덕은 공중이용시설에 해당하지 않아 직접적인 법 적용 대상은 아님

5. 적용 제한 가능성

- 사고 원인이 조류 충돌 등 불가항력적 외부 요인으로 판단될 경우 중대재해처벌법 적용이 어려울 수 있음

6. 향후 조사 방향

- 국토교통부 항공철도사고조사위원회의 조사 결과에 따라 법 적용 여부 결정 예정
- 핵심 판단 기준 : 안전보건관리체계 구축과 이행 여부, 정비 기록, 대응 매뉴얼의 적절성 등

07 가습기 살균제 사건

7.1 사고 개요

미생물 번식과 물때 발생을 예방하기 위해 가습기 내의 물에 첨가한 가습기 살균제로 인해 산모, 영유아 등이 폐손상 등으로 사망하거나 폐질환 등 건강상 피해를 입은 사건이다. 2012년 2월, 폐손상 환자 사례와 동일한 조직병리 소견이 동물에서 관찰됨에 따라 가습기 살균제와 폐손상 간의 인과관계가 최종 확인되었다.

7.2 중대재해처벌법 적용 검토

법 적용 여부

중대시민재해 범위, 원인, 재해 규모 검토 결과 : 모두 충족

① 범위 : 제조물의 결함으로 사망 · 상해사고가 발생

② 원인 : 미생물 번식과 물때 발생을 예방하기 위해 가습기 내의 물에 첨가한 가습기 살균제로 인해 산모, 영유아 등이 폐손상 등으로 사망하거나 폐질환 등 건강상 피해를 입은 사건

③ 재해 규모 : 2021년 10월 31일 기준 피해 신청자 수는 총 7,598명으로 사망자는 1,724명(영유아 290명 포함)임

의무 및 위반 사항

중대재해처벌법

- 위와 같은 제조물의 설계 또는 제조 과정에서의 결함이 사업주 또는 경영책임자 등의 안전보건확보 의무위반으로 인한 것이었다면 「중대재해처벌법」에 따라 처벌될 가능성이 있음

가습기 살균제 사건은 대한민국 사회에 깊은 상처를 남긴 중대시민재해로 평가된다. 1994년 최초로 출시된 가습기 살균제는 당시 위생을 위해 널리 사용되었지만 이후 수많은 사용자가 호흡기 질환에 시달리며 피해를 입었다. 특히 영유아와 어린이처럼 면역력이 약한 계층이 큰 피해를 겪었으며 1995년부터 사망자가 발생하기 시작해 8,000명 이상의 피해자가 발생하였고 그중 2,000명 이상이 사망한 것으로 알려져 있다. 1990년대 중반부터 사용되기 시작한 가습기 살균제는 가정 내 위생을 개선하기 위한 제품으로 널리 판매되었지만 해당 제품에 포함된 화학물질이 호흡기를 통해 인체에 들어가 치명적인 질병을 유발한다는 사실은 수년이 지나서야 밝혀졌다. 피해자 대부분은 면역력이 약한 영유아와 어린이들이었으며 그중 대부분이 심각한 폐손상으로 목숨을 잃었다.

이 사건은 기업의 제품 안전관리 부실과 정부의 감독 미흡이 복합적으로 작용해 발생한 재난으로 피해 규모나 사회적 파급력을 고려할 때 중대시민재해로 분류될 수 있다. 중대재해처벌법에 따르면 특정 제조물로 인해 사망자 또는 중장기 치료가 필요한 부상자가 대규모로 발생한 경우 중대시민재해에 해당한다. 가습기 살균제 사건은 이 기준을 충분히 만족하는 사례이다.

법적으로 이 사건을 중대시민재해로 분류할 수 있는 근거는 중대재해처벌법에 있다. 이 법에 따르면 제조물로 인해 다수의 사망자나 장기 치료가 필요한 질병자가 발생한 경우 중대시민재해로 규정된다. 가습기 살균제는 이 기준을 충족하며 그에 따라 기업의 법적 책임을 물을 수 있는 사안이다. 하지만 현실에서의 법적 처벌은 쉽지 않았다. 피해 대부분이 법 제정 이전에 발생했기 때문에 소급 적용이 불가능했으며 피해자와 제품 간의 인과관계 입증 역시 과학적·법적 한계를 마주했다. 특히 기업의 고의성이나 인지 여부에 대한 입증에 난항을 겪으며 피해자들은 오랫동안 고통 속에서 싸워야만 했다. 이 사건은 단순히

한 제품의 실패로 보기 어려우며 기업의 윤리적 책임과 정부의 안전관리 시스템 그리고 시민을 보호할 수 있는 법적 제도의 중요성을 되새기게 했다. 결국 가습기 살균제 참사는 대한민국 사회가 안전과 생명을 얼마나 우선시해야 하는지를 반성하게 만든 계기이자 향후 유사한 재해를 예방하기 위한 법과 제도 개선의 필요성을 일깨우는 비극적인 역사로 남게 되었다.

7.3 중대시민재해 판단서

1. 사고 개요

- 가습기 살균제 사건은 1994년 출시된 제품을 시작으로 국내에서 가정용 위생 목적으로 널리 사용된 살균제가 인체에 치명적인 폐질환을 유발한 사건이다. 살균제에 포함된 유해화학물질이 가습기를 통해 공기 중에 분사되어 영유아, 산모, 노약자 등 면역 취약 계층에게 심각한 건강 피해를 초래하였다. 1995년부터 사망자가 보고되기 시작해 8,000명 이상 피해자가 신고하였고 2,000명 이상 사망이 발생했다.

2. 피해 유형 및 규모

- 폐섬유화 등 호흡기 질환, 폐손상, 치명적 만성질환 발생
- 다수의 사망자, 영구적 손상과 장기 치료가 필요한 환자 존재
- 피해자 대부분이 면역력이 약한 영유아, 어린이, 산모 등

3. 법적 판단 근거

- 중대재해처벌법 제2조 제3호 : 제조물로 인해 시민이 사망하거나 중상을 입은 경우 중대시민재해로 판단
- 시행령 별표 5 : 특정 제조물로 인해 대규모 사망 · 부상 발생 시 법적 요건 충족

4. 적용 요건 검토

- 제조물로 인한 시민 피해 : 적용됨
  - 가습기 살균제에 포함된 독성물질

- 다수 사망자 또는 중상자 발생 : 적용됨
  - 수천 명 피해자, 2천여 명 사망 보고
- 인과관계 성립 여부 : 확인됨
  - 2012년 2월, 동물실험 통해 조직병리학적 유사성 확인
- 법 시행 시점과의 관계 : 일부 제한

5. 책임 주체 및 한계

- 제조사는 제품 안전성 검토와 유해성 인지 여부 확인 필요
- 다만, 대부분의 피해가 중대재해처벌법 시행 이전에 발생하여 법적 처벌에 제한 존재
- 피해자와 제품 간 인과관계 입증에도 과학적 · 법적 난점 존재
- 기업의 고의성 · 과실 여부 확인 시 책임 인정 가능

6. 사회적 · 제도적 의미

- 기업의 윤리적 책임과 정부의 제품 관리 감독 체계 미비가 복합적으로 작용한 사건
- 향후 유사 재해 예방을 위한 제품 안전기준 강화, 조기 피해 인지 시스템 확립 필요
- 시민 생명 보호를 위한 중대시민재해 분류 확대 및 제도 개선의 중요성 상징 사례

08 변압 변류기 폭발사건

8.1 사고 개요

변압변류기 내부에서 가열된 절연유가 쏟아져 제조공장 작업자 甲과 乙을 덮쳤고 이로 인해 전신에 중화상을 입었으며 甲은 화상으로 인한 패혈증 및 폐부전증 등으로 사망한 사건이다.

8.2 중대재해처벌법 적용 검토

법 적용 여부

중대시민재해 범위, 원인, 재해 규모 검토 결과 : 모두 충족

① 범위 : 제조물의 결함으로 사망 · 상해사고가 발생
② 원인 : 내구연한 전에 발생한 절연파괴는 위와 같은 절연열화를 최소화하는 방법을 취하지 않은 구조 또는 제조상의 결함이 있는 것으로 추정(대법원은 원심판결을 파기하고 사건을 서울고등법원에 환송함으로써 피고 회사의 제조물책임에 있어서 제품의 하자를 인정함)
③ 재해 규모 : 사망 1명, 중화상 1명

의무 및 위반 사항

중대재해처벌법

• 위와 같은 제조상의 결함이 사업주 또는 경영책임자의 안전보건 확보의무 위반으로 발생한 것이

라면 「중대재해처벌법」의 처벌 대상임
- 유해 · 위험요인 점검 인력이 없었거나 있었더라도 적정업무를 수행하기에 인력 등이 부족했던 것을 사업주 또는 경영책임자 등이 확인하거나 보고받고도 아무런 조치를 취하지 않은 경우 등

이 사건은 산업현장에서 발생한 제조물책임과 기업의 안전 의무에 대한 중요한 법적 쟁점을 드러낸 사례로 평가된다. 변압변류기 내부의 절연유가 고온에 의해 가열되어 갑작스럽게 쏟아져 나와 작업자 甲과 乙을 덮쳤고 그 결과 두 사람 모두 전신에 중화상을 입었다. 특히 피해자 甲은 화상 후유증으로 인한 패혈증과 폐부전증 등으로 사망하며 이 사건의 심각성이 부각되었다.

사고는 변압변류기 제조업체의 사업장이 아닌 사용자의 사업장에서 발생했지만 문제의 제품은 특정 제조업체가 생산한 변압변류기로 확인되었다. 당시 제품은 내구연한에 도달하기 전의 시점에서 사고가 발생했는데 이는 절연물의 파괴가 예상보다 빠르게 이루어진 것이었다. 대법원은 절연열화를 예방하거나 최소화할 수 있는 기술적 조치를 제품 구조에 반영하지 않았다는 점을 들어 해당 제품에 구조 또는 제조상의 결함이 존재한다는 점을 인정하였다.

이에 따라 대법원은 원심판결을 파기하고 사건을 서울고등법원으로 환송함으로써 제조사에 대한 책임 가능성을 인정하는 방향으로 판단을 내렸다. 이는 제조물책임법에 기반하여 제품 결함이 반드시 직접적 증거에 의해서만 입증되는 것이 아니라 사고의 양상과 기술적 가능성에 따라 합리적으로 추정될 수 있다는 중요한 법리를 제시한 판례다. 이 사건은 산업현장에서 사용하는 장비의 안전성과 제조사의 책임 범위를 재점검하게 만들었으며 기업이 제품 설계 단계에서부터 예측 가능한 모든 위험을 대비해야 한다는 경각심을 불러일으켰다. 동시에 사용자 현장에서 발생한 사고라 할지라도 제품 자체의 결함이 사고의 근본 원인이라면 제조사가 법적 책임을 질 수 있다는 기준을 명확히 한 사례로 남는다.

8.3 중대시민재해 판단서

1. 사고 개요

- ○○○ 전기장비 사업장에서 변압변류기의 절연유가 고온에 의해 갑작스럽게 유출되어 작업자 甲과 乙이 덮침을 당함
- 양 피해자는 전신에 중화상을 입었고 피해자 甲은 화상 후유증으로 인한 패혈증과 폐부전증 등으로 사망함

2. 사고 발생 환경

- 사고 장소 : 제조업체의 사업장이 아닌 사용자 사업장
- 기기 정보 : 특정 제조업체가 생산한 변압변류기
- 제품 상태 : 내구연한 이전 상태에서 사고 발생 → 예상보다 빠른 절연물 파괴

3. 법적 판단 근거

- 제조물책임법 : 제품의 구조 또는 제조상의 결함으로 인해 인체에 피해가 발생한 경우 제조사에 법적 책임 부과 가능
- 대법원 판례 : 사고 당시 제품 구조가 절연열화 방지 기술적 조치를 반영하지 않아 결함이 존재한다고 추정
- 원심판결 파기 후 서울고등법원으로 환송 → 제조사의 책임 인정 가능성 명시

4. 중대시민재해 해당 여부 검토

- 시민 대상 피해 발생 : 해당
  - 변압변류기를 사용하는 산업현장에서 근무 중인 작업자 甲 · 乙에 중화상 · 사망 피해
- 특정 제조물로 인한 피해 : 해당
  - 변압변류기의 구조 · 제조 결함 추정
- 사망자 또는 장기 치료 부상자 발생 : 해당
  - 사망 1명 + 중화상 1명 이상
- 제품의 결함 입증 가능성 : 판례 확인
  - 기술적 결함 존재 추정 인정됨

5. 책임 주체 및 한계

- 해당 변압변류기의 제조사는 제품 설계 및 구조상 안전조치 미비로 인한 법적 책임 가능

- 해당 사례는 산업현장 사고라도 제조사의 책임이 직접 인정될 수 있다는 판례적 기준을 마련
- 제품 결함의 입증은 직접 증거뿐 아니라 사고의 양상과 기술적 분석을 통한 추정도 인정됨

6. 사회적 · 제도적 의미

- 기업은 제품 개발 단계부터 예측 가능한 모든 위험에 대비한 설계 · 검토 의무가 있음
- 제조물책임법 적용에 있어 사용자 현장에서 발생한 사고도 제조사의 구조적 책임을 인정할 수 있음
- 산업재해 발생 시 제품 안전과 기업의 관리 의무를 함께 점검할 필요가 있다는 점을 환기시킨 사건

09 구미 불화수소가스 누출 사건

9.1 사고 개요

2012년 9월, H 주식회사 구미 공장에서 탱크 컨테이너 생산설비를 통해 불화수소를 이송하기 위해 밸브를 연결하는 작업 중 불화수소가 누출되어 현장에서 작업 중이던 근로자 4명과 펌프 수리업체 직원 1명이 사망하였다.

9.2 중대재해처벌법 적용 검토

법 적용 여부

중대시민재해 범위, 원인, 재해 규모 검토 결과 : 모두 충족

① 범위 : 제조물의 결함으로 사망 · 상해사고가 발생

② 원인 : H 주식회사 구미 공장에서 탱크 컨테이너의 생산설비로 불화수소를 이송하기 위하여 밸브를 연결하는 작업 중 불화수소가 누출되어 현장에서 작업 중이던 4명의 근로자와 펌프 수리업체 직원 1명이 사망

③ 재해 규모 : 탱크 컨테이너에서 계속 누출된 불화수소는 인근 사업장과 지역주민, 사고를 수습하던 관계자들에게도 영향을 주어 사망 5명, 입원 치료 12명, 건강검진 7,162명, 농작물 237.9 ha, 가축 3,209두, 차량 1,138대 등의 피해 발생

의무 및 위반 사항

중대재해처벌법

① 원료의 관리상 결함이 사업주 또는 경영책임자 등의 안전보건 확보의무 위반으로 인한 것이었다면 「중대재해처벌법」에 따라 처벌될 수 있음
② 관리상의 결함이 안전보건 관계 법령에 따른 의무 불이행으로 발생한 것이었고 사업주 또는 경영책임자 등은 점검 결과 이러한 사실을 알게 되었음에도 의무이행을 위한 조치를 취하지 않은 경우
③ 중대산업재해 및 중대시민재해 모두에 해당되는 사건으로 모두에 대하여 각각 기소하거나 병합하여 기소하는 것은 담당 검사의 재량인지에 대한 쟁점을 검토 하고 이 결과를 토대로 '중대산업재해와 중대시민재해 모두에 해당하는 경우 그 재해 각각 또는 병합하여 처벌할 수 있음

2012년 9월, 경상북도 구미시의 H 주식회사 공장에서 발생한 불화수소 누출 사고는 대한민국 산업재해 역사상 가장 심각한 화학물질 사고 중 하나로 기록된다. 이 사고는 불화수소(불산)를 탱크 컨테이너에 이송하는 과정에서 밸브 연결 작업 중 누출이 발생하면서 현장에 있던 근로자 4명과 펌프 수리업체 직원 1명이 사망하는 참극으로 이어졌다. 불화수소는 극도로 부식성이 강하고 인체에 치명적인 독성을 지닌 화학물질로 피부나 호흡기를 통해 체내에 침투하면 뼈를 녹이고 심장과 폐를 손상시켜 사망에 이를 수 있는 위험성을 가진다.

당시 누출된 불산은 약 8톤으로 추정되며 사고 직후 적절한 보호장비 없이 현장에 투입된 구조 인력과 인근 주민들까지 노출되면서 피해가 확산되었다. 사고 이후 인근 지역 주민 약 1만 2천 명이 병원 진료를 받았고 농작물 121 ha가 고사했으며 가축 4천여 마리가 폐사하는 등 환경적 피해도 막대했다. 정부는 사고 발생 12일 만에 해당 지역을 특별재난지역으로 선포했고 이후 총 380억 원의 피해 보상이 이루어졌다. 이 사건은 화학물질 관리의 허술함과 초동 대응의 미흡함을 드러내며 이후 화학물질관리법 제정과 산업단지 내 합동방재센터 설치 등 제도적 개선을 촉진하는 계기가 되었다.

9.3 중대시민재해 판단서

1. 사고 개요

- 사고 일시 : 2012년 9월
- 장소 : 경상북도 구미시 H 주식회사 공장
- 사고 내용 : 탱크 컨테이너 생산설비에서 불화수소(불산)를 이송하는 과정 중 밸브 연결 작업 중 누출 발생
- 직접 피해 : 작업 중이던 근로자 4명과 펌프 수리업체 직원 1명이 사망

2. 물질 특성 및 2차 피해

- 불화수소 : 강력한 부식성과 독성을 가진 화학물질
  - 피부 · 호흡기 침투 시 심장 · 폐손상, 뼈의 칼슘 침출 → 사망 위험
- 누출량 : 약 8톤으로 추정
- 2차 피해
  - 인근 주민 약 12,000명 병원 진료
  - 농작물 121 ha 고사, 가축 약 4,000마리 폐사

3. 법적 판단 근거

- 시민 또는 근로자 피해 : 해당
  - 5명 사망 및 지역주민 건강 피해
- 특정 유해물질로 인한 사고 : 해당
  - 불화수소 누출에 직접 기인
- 산업현장 및 제조물 관련 : 해당
  - 사업장 내 밸브 연결 작업 중 발생
- 다수 피해 및 환경 재난 : 해당
  - 광범위한 인체 · 환경 피해 확인
- 법 적용 가능성 : 높음
  - 산업안전보건법, 중대재해처벌법 검토 대상

4. 정부 대응 및 제도 개선

- 특별재난지역 선포 : 사고 발생 12일 후
- 피해 보상 : 약 380억 원 지급

- 제도 개선
  - 화학물질관리법 제정
  - 합동방재센터 설치 등 산업단지 방재체계 개선

5. 시사점

- 화학물질 취급 안전관리 강화 필요성
- 초동 대응체계 부재와 보호장비 미비 지적
- 기업과 정부의 예방적 안전책임제도화 필요
- 중대시민재해의 판단 기준으로써 유해물질 사고의 대표적 사례로 평가

10 거제 OO병원 집단환자 발생 사건

10.1 사고 개요

2002년 10월, ○○제약의 근이완제 '갈라민주'를 투여 받은 환자에게 집단 쇼크 사고가 발생하여 1명이 사망하였다.

10.2 중대재해처벌법 적용 검토

법 적용 여부

중대시민재해 범위, 원인, 재해 규모 검토 결과 : 모두 충족

① 범위 : 제조물의 결함으로 사망 · 상해사고가 발생

② 원인 : 식약처의 조사 결과 ○○제약 근육이완제 갈라민주(H005)에서 혐기성인 "엔테로박터크로아케"균과 호기성인 "코리네박테리움세로시스"균, "바실루스세레우스"균이 검출

- 특히 ○○제약 주사제 멸균기 등 생산설비가 전반적으로 노후됐으며 제조관리 책임자가 없는 상태에서 제조지시서의 임의 발행
- 생산담당자는 공정 불량품을 재생하는 등 우수 의약품 제조 및 품질관리 기준(GMP)을 준수하지 않음으로써 발생된 인위적 사고였음
- 이외에도 8개월 동안 제조관리약사가 근무하지 않은 것으로 확인됨에 따라 전 품목 생산 중단조치를 내려졌음

③ 재해 규모 : 사망 1명

의무 및 위반 사항

중대재해처벌법

① 제조물의 제조 결함이 사업주 또는 경영책임자 등의 안전보건 확보의무 위반으로 발생한 것이었다면 「중대재해처벌법」에 따라 처벌될 수 있음
② 제조상 결함이 안전보건 관계 법령에 따른 의무 불이행(인력 배치 요건 불이행)으로 발생한 것이었고 사업주 또는 경영책임자 등은 점검 결과 이러한 사실을 알게 되었음에도 의무이행을 위한 조치를 취하지 않은 경우 처벌될 수 있음

2002년 10월에 발생한 ○○제약의 근육이완제 '갈라민주' 사고는 대한민국 의약품 안전관리 제도의 허점을 드러낸 중대한 사례이다. 경상남도 거제시의 한 병원에서 근육이완제 '갈라민주(H005)'를 투여받은 환자들 가운데 1명이 사망하고 다수 환자가 고열, 오한, 근육통 등 심각한 쇼크 증상을 겪으며 패혈증이 의심되는 상황이 발생하였다.

이는 주사제를 통해 체내로 직접 투여된 약물이 심각한 생물학적 오염에 노출되어 있었음을 의미한다. 사건 발생 직후 식품의약품안전처는 해당 제품을 수거하여 정밀조사를 진행했다. 조사결과 주사액에서 세 가지 병원성 균이 검출되었다. 혐기성인 '엔테로박터 크로아케균', 호기성인 '코리네박테리움 세로시스균', '바실루스 세레우스균'이 확인되었고 이는 모두 정상적인 약제 제조 환경에서는 검출되어서는 안 되는 균종들이다. 이러한 오염은 명백한 멸균 실패와 제조공정 관리 부실의 결과였다.

식약처는 제조사인 ○○제약의 제조 설비가 위생 기준을 충족하지 못했고 품질관리가 제대로 이루어지지 않았으며 책임 관리자의 부재 등 전반적인 시스템 결함이 사고의 근본적인 원인이라 판단하였다. 이에 따라 '갈라민주'의 품목허가가 취소되었으며 해당 제조사의 모든 제조업무가 정지되었다. 또한 같은 제조소에서 생산된 주사제 10개 품목에 대해 수거 및 폐기가 이루어졌고 전국적인 주사제 실태조사를 통해 유사한 문제의 재발방지를 위한 제도적 대응이 뒤따랐다. 이 사건은 1947년 포도당 주사액 사고 이후 국내에서 두 번째로 발생한 주사제 관련 사망사건으로 기록된다. 이후 의약품 제조관리기준(KGMP) 강화와 멸균공정 검증을 위한 밸리데이션(공정적격성평가) 제도 도입을 촉진하는 계기가 되었다. 이는 단순히 한 제약사의 품질관리 실패를 넘어 국민 생명을 직접 위협할 수 있는 의약품의

안전성 확보가 얼마나 중요한지를 사회 전반에 인식시키는 계기가 되었다.

10.3 중대시민재해 판단서

1. 사고 개요

- 사고 일시 : 2002년 10월
- 사고 장소 : 경상남도 거제시 소재 의료기관
- 사고 내용 : 근육이완제 '갈라민주(H005)' 투여 후 환자 1명 사망, 다수 환자에게 고열 · 오한 · 근육통 등 쇼크 증상 발생
- 의심 원인 : 주사제의 심각한 생물학적 오염

2. 오염 및 조사 결과

- 조사기관 : 식품의약품안전처
- 검출 병원성 균
  - 엔테로박터 크로아케균(혐기성)
  - 코리네박테리움 세로시스균, 바실루스 세레우스균(호기성)
- 의의
  - 정상적인 의약품 제조환경에서는 검출되어서는 안 되는 병원성 균이며 이는 멸균 실패 및 제조 공정 관리 부실을 의미

3. 법적 판단 근거

- 시민 대상 사망 및 중증 피해 : 해당
  - 주사제 투여 후 사망 1명, 집단 쇼크 증상 발생
- 특정 제조물로 인한 피해 : 해당
  - ○○제약의 주사제 '갈라민주'
- 제품 결함 여부 : 인정됨
  - 병원성 균 검출 → 제조 · 관리 실패 확인
- 법적 대응 및 제재 : 이루어짐
  - 품목허가 취소, 제조정지, 전수조사 등 시행

4. 정부 대응 및 제도 개선

• 조치 내용
  - ‘갈라민주’ 품목허가 취소 및 제조정지
  - 동일 제조소 생산 주사제 10개 품목 수거 및 폐기
  - 전국 주사제 실태조사 시행
• 제도 개선 계기
  - 의약품 제조관리기준(KGMP) 강화
  - 멸균공정 검증(Validation) 제도 도입

5. 시사점

• 본 사고는 국민 생명을 직접 위협한 중대 의약품 안전사건
  - 제조물 결함으로 인한 시민사망 및 중증 피해 발생
  - 대규모 위험 잠재성을 가진 유통 제품 존재
• 위 법적 요건에 따라 중대재해처벌법상 중대시민재해로 평가될 수 있는 사례
  - 향후 유사 사안에 대해 보다 강력한 품질관리 · 감독체계가 요구됨

11 기침약(시럽)에서 디에틸렌글라이이콜 검출

11.1 사고 개요

2006년 9월, 파나마의 여러 대형 병원에서 많은 환자가 동일한 특이 증상을 보이는 것이 발견되었다. 미국 질병통제예방센터(CDC)가 해당 기침약을 분석한 결과 독성이 강하고 공업용제 및 부동액 성분으로 주로 사용되는 화학물질인 디에틸렌글라이이콜이 검출되었다.

11.2 중대재해처벌법 적용 검토

법 적용 여부

중대시민재해 범위, 원인, 재해 규모 검토 결과 : 모두 충족

① 범위 : 제조물의 결함으로 사망 · 상해사고가 발생

② 원인 : 디에틸렌글라이이콜은 의약품, 음식, 치약 및 기타 제품에 일반적으로 사용되는 화학물질인 글리세린의 저렴한 위조품

- 한 업체가 가짜 글리세린을 99.5% 순수 글리세린으로 판매한 것으로 드러났고 260,000병의 기침약을 제조하는 데 사용된 것으로 밝혀짐
- 기침약 복용으로 인한 정확한 사망자 수는 집계되지 않았으나 최소 100여 명이 사망한 것으로 확인됨

③ 재해 규모 : 최소 100여 명 사망

의무 및 위반 사항

중대재해처벌법

① 제조물의 제조 결함이 사업주 또는 경영책임자 등의 안전보건 확보의무 위반으로 발생한 것이었다면 「중대재해처벌법」에 따라 처벌될 수 있음
② 유해 · 위험요인을 주기적으로 점검하고 해당 위험요인 발견 시 조치와 관련된 업무처리 절차가 마련되어 있지 않았고 이와 같은 사실을 사업주 또는 경영책임자 등이 확인하였음에도 불구하고 아무런 조치를 취하지 않은 경우

2006년 9월, 파나마에서 발생한 디에틸렌글라이콜 중독 사건은 의약품 오염으로 인한 대규모 인명피해를 초래한 국제적 참사로 기록된다. 당시 파나마의 대형 병원들에서는 다수의 환자가 고열, 구토, 근육 마비 등 유사한 특이 증상을 보이며 입원하였고 사망자가 속출하면서 원인 규명에 나섰다.

미국 질병통제예방센터(CDC)의 분석 결과 해당 환자들이 복용한 기침약과 항히스타민제에서 디에틸렌글라이콜(Diethylene Glycol)이라는 독성 화학물질이 검출되었다. 이 물질은 일반적으로 공업용 용제나 부동액으로 사용되며 인체에 치명적인 독성을 지닌다. 섭취 시 신장 손상, 신부전, 신경계 마비 등을 유발하며 사망에 이를 수 있다.

당시 파나마 정부는 사회보험국 산하 공장에서 제조된 24종의 의약품에 대해 긴급 회수 조치를 취했지만 이미 상당량이 시중에 유통된 상태였고 기침 시럽 2만 병이 회수되지 않아 피해가 더욱 확산될 우려가 있었다. 공식적으로는 94명 이상이 사망한 것으로 확인되었으며 추가로 293건의 사망 사례에 대해 조사가 진행되었다. 사고의 원인은 중국에서 수출된 디에틸렌글라이콜이 글리세린으로 둔갑되어 스페인 업체를 통해 파나마로 유입된 것으로 밝혀졌다. 파나마 정부 실험실에서 이를 약품 원료로 사용하면서 대규모 오염이 발생했다는 점에서 국제적 책임 논란도 불거졌다. 이 사건은 의약품 원료의 공급망 관리 부실, 품질 검증 실패 그리고 국제적 규제의 허점을 드러낸 사례로 이후 세계 각국에서 의약품 원료의 안전성 검증과 유통 관리에 대한 기준이 강화되는 계기가 되었다.

11.3 중대시민재해 판단서

1. 사고 개요

- 발생 일시 : 2006년 9월
- 장소 : 파나마 대형 병원 및 전국 유통 의약품
- 사건 내용 : 기침약 및 항히스타민제에서 공업용 유해물질인 디에틸렌글라이콜(Diethylene Glycol)이 검출되어 복용한 환자들이 고열, 근육 마비, 신장 손상 등 중독 증상을 보여 다수 사망

2. 피해 내용

- 직접 피해자
  - 공식 사망자 94명 이상
  - 조사 중인 사망 사례 293건 추가 접수
  - 기침 시럽 2만 병 회수 실패 → 피해 확산 우려
- 간접 피해자
  - 다수 환자 입원 및 쇼크 증상 발생

3. 사고 원인

- 오염 물질
  - 디에틸렌글라이콜(부동액 및 공업용 용제, 인체 독성 강함)
- 오염 경로
  - 중국에서 디에틸렌글라이콜을 글리세린으로 위장하여 수출 → 스페인 경유 → 파나마 공공 제조소로 유입 → 의약품 원료로 사용됨
- 생산 · 유통 과정
  - 파나마 사회보험국 산하 공장에서 제조된 24종 의약품에 오염 발생

4. 법적 판단 근거

- 제조물로 인한 인체 피해 : 해당
  - 오염된 기침약 · 항히스타민제 복용 후 사망 및 중독 발생
- 시민 대상 집단 피해 : 해당
  - 전국 병원에서 환자 다수 입원 · 사망
- 결함 또는 관리 부실 : 해당
  - 품질 검증 및 원료 검수 실패, 제조공정 문제 발생

- 예방 가능성 : 존재
  - 원료 검증 및 국제 검역체계 강화 시 차단 가능

5. 정부 대응 및 제도 개선

- 조치 내용
  - 24종 오염 의약품 긴급 회수
  - 피해 실태 파악 및 유통 제품 조사
- 국제적 반향
  - 유해물질 수출 · 통관 관리 기준 강화
  - 의약품 공급망 관리 및 원료 검증 의무화
  - WHO · 각국 규제 기관에서 글로벌 품질관리 시스템 강화

6. 시사점

- 본 사건은 제조물 오염으로 인한 대규모 시민 인명피해가 발생한 사례
  - 품질 · 멸균 · 검역 체계의 실패가 치명적 피해로 이어졌음
  - 중대재해처벌법상 기준에 상응하는 중대시민재해의 전형적 유형으로 평가 가능
- 이를 통해 각국은
  - 의약품 원료의 국제 유통에 대한 규제와 검증을 강화
  - 공공 제조기관의 품질관리 체계 개선 등을 법 · 제도적으로 시행하게 되었음

12 멜라민 분유 파동

12.1 사고 개요

2008년, 인체에 유해한 화학물질인 멜라민이 함유된 유아용 분유가 중국 내에서 광범위하게 유통된 사건으로 분유 제조업체들이 단백질 함량을 인위적으로 높이기 위해 멜라민을 분유에 첨가한 것이 원인이었다.

12.2 중대재해처벌법 적용 검토

법 적용 여부

중대시민재해 범위, 원인, 재해 규모 검토 결과 : 모두 충족

① 범위 : 제조물의 결함으로 사망 · 상해사고가 발생
② 원인 : 인체에 유해한 화학물질인 멜라민이 함유된 유아용 분유가 중국 내에서 광범위하게 유통된 사건으로써 분유 제조업체들은 단백질 함량을 인위적으로 높이기 위해 멜라민을 분유에 첨가하여 신장결석, 요로감염 등 인체 악영향을 미쳐 약 300,000명의 중국 유아와 어린이들이 피해를 입었으며 6명은 사망한 것으로 보고됨
③ 재해 규모 : 사망 6명

의무 및 위반 사항

중대재해처벌법

① 제조물의 설계상 또는 제조상의 결함이 사업주 또는 경영책임자 등의 안전보건 확보의무 위반

으로 인한 것이었다면 중대재해처벌법에 따라 처벌될 수 있음
② 유해 · 위험요인을 주기적으로 점검하고 해당 위험요인 발견 시 조치와 관련된 업무처리 절차가 마련되어 있지 않았고 이와 같은 사실을 사업주 또는 경영책임자 등이 확인하였음에도 불구하고 아무런 조치를 취하지 않은 경우

2008년 중국에서 발생한 멜라민 분유 사건은 식품 안전에 대한 국제적인 경각심을 불러일으킨 대표적인 사례다. 당시 중국 내 여러 분유 제조업체는 제품의 단백질 함량을 인위적으로 높이기 위해 공업용 화학물질인 멜라민을 분유에 첨가했다. 멜라민은 질소 함량이 높아 단백질 함량을 측정하는 켈달법을 속일 수 있었기 때문에 품질검사에서 고단백 제품으로 오인되도록 악용된 것이다.

이로 인해 53,000명 이상의 영유아가 신장결석이나 신부전증 등의 질환을 앓았고 최소 4명이 사망한 것으로 집계되었다. 피해 제품은 중국뿐 아니라 해외에도 수출되어 11개국 이상이 중국산 유제품 수입을 중단하는 사태로 이어졌다. 특히 사건의 중심이었던 싼루(三鹿) 그룹을 포함한 21개 제조사의 제품에서 멜라민이 검출되었으며 관련자들은 체포되거나 처벌을 받았다.

이 사건은 단순한 식품 오염을 넘어서 공급망 관리의 허점, 정부의 품질 감독 부재 그리고 기업의 윤리적 책임 문제를 드러냈다. 이후 중국은 식품안전법을 강화하였고 국제 사회도 식품 원료의 안전성 검증과 유통 관리 기준을 재정비하는 계기로 삼았다.

12.3 중대시민재해 판단서

1. 사고 개요

- 사건명 : 2008, 중국 멜라민 분유 사건
- 발생지 : 중국 허베이성 등 전국 규모

- 주요 내용
  - 분유 제조업체들이 단백질 함량을 인위적으로 높이기 위해 공업용 화학물질인 '멜라민'을 분유에 첨가
  - 멜라민은 질소 함량이 높아 단백질 측정법인 켈달법을 속일 수 있음

2. 피해 현황

- 영유아 피해자 수 : 53,000명 이상
- 주요 질환 : 신장결석, 급성 신부전
- 사망자 : 최소 6명
- 수출 피해 : 피해 제품이 해외로도 유통되어 11개국 이상에서 중국산 유제품 수입 중단

3. 유해물질 정보

- 명칭 : 멜라민(Melamine)
- 용도 : 일반적으로 공업용 접착제 · 플라스틱 원료 등 비식용
- 위해성 : 신장에 결정 형성 → 결석 및 기능 저하 유발

4. 관련 업체 및 조치

- 대표 기업 : 싼루(三鹿) 그룹 포함 21개 제조사
- 조치 : 제품 회수, 기업 해체, 관련자 체포 및 형사처벌

5. 중대시민재해 해당 여부 판단

- 법 적용 가능성
  - 「중대재해처벌법」의 '중대시민재해'에 해당하는 식품 안전사고로 간주 가능
- 피해 규모
  - 인체 피해(사망 · 질병)가 다수 발생하고 사회적 · 국제적 반향이 큼
- 유해물질 관리 부실
  - 비식용 공업 화학물질이 식품에 첨가됨
- 품질관리 감독
  - 정부의 검사 및 감독 체계 미비로 대규모 유통 허용
- 기업 책임
  - 고의적 혼합 및 품질 조작 행위가 다수 확인됨

6. 시사점

- 해당 사건은 인체 건강에 심각한 피해를 야기했고 기업의 고의적 행위와 정부 감독 부실이 결합된 구조적인 실패로써 중대시민재해 요건에 충분히 부합함

13 불법 유통 주류 섭취로 인한 메탄올 중독

13.1 사고 개요

2012년 8월, 체코의 한 기업이 에탄올과 메탄올 혼합액을 함유한 1만 리터의 독성 주류를 생산하였다. 해당 주류는 기존 주류와 겉모습이 동일하게 보여 암시장뿐만 아니라 재래시장에서도 판매되었다. 메탄올 중독의 첫 사례는 2012년 9월에 발생하였으며 이후 환자들은 체코 전역 11개 지역에서 확인되었다.

13.2 중대재해처벌법 적용 검토

법 적용 여부

중대시민재해 범위, 원인, 재해규 모 검토 결과 : 모두 충족

① 범위 : 제조물의 결함으로 사망 · 상해사고가 발생

② 원인 : 에탄올과 메탄올 혼합액을 함유한 1만 리터의 독성 주류를 생산함. 메탄올 중독의 첫 사례는 2012년 9월 발생하였으며 그 후 환자는 11개 지역에서 발견됨. 초창기 3명의 환자는 입원 당시 메탄올이 검출되지 않았으나 사망 후 법의학 연구소에 의해 메탄올 중독으로 인한 사망으로 밝혀짐. 이후 체코 내 모든 병원 상황을 매일 모니터링 하기 시작하였고 전국적으로 주의보가 내려짐. 2012년 9월 3일부터 2013년 1월 1일까지 총 121건의 메탄올 중독이 발생함. 병원 입원환자 101명 중 21명은 사망하였고, 병원 외부에서의 사망자는 20명으로 집계

③ 재해 규모 : 사망 41명, 입원환자 101명

의무 및 위반 사항

중대재해처벌법

① 제조물의 제조상 결함이 사업주 또는 경영책임자 등의 안전보건 확보의무 위반으로 인한 것이었다면 중대재해처벌법에 따라 처벌될 수 있음
② 제조상 결함이 안전보건 관계 법령에 따른 의무 불이행으로 발생하였고 사업주 또는 경영책임자 등은 점검결과 이러한 사실을 알게 되었음에도 의무이행을 위한 조치를 취하지 않은 경우

2012년 체코에서 발생한 메탄올 중독 사건은 유럽에서 수십 년 만에 가장 심각한 불법 주류 관련 참사로 기록된다. 당시 한 기업이 에탄올과 메탄올을 혼합한 1만 리터의 독성 주류를 생산했다. 이 술은 외관상 일반 보드카와 유사하여 암시장뿐만 아니라 재래시장에서도 광범위하게 유통되었다.

사고의 첫 중독 사례는 2012년 9월에 보고되었으며 이후 체코 전역 11개 지역에서 환자가 발생해 전국적인 공포로 확산되었다. 메탄올은 소량만 섭취해도 시신경 손상, 실명, 신부전, 사망에 이를 수 있는 치명적인 독성 물질이다. 실제로 이 사건으로 인해 41명이 사망하고 101명이 입원 치료를 받았으며 일부는 실명 위기에 처했다.

이에 체코 정부는 즉각 비상사태를 선포하고 전국적으로 유통된 의심 주류를 회수하는 한편 410개 점포를 단속하고 유통 경로를 추적하였다. 해당 술은 유명 브랜드의 라벨을 위조하여 판매된 것으로 밝혀졌으며 이는 단순한 불법 제조를 넘어 조직적인 범죄 행위로 간주되었다.

이 사건은 제조물의 안전성과 유통 관리의 중요성을 일깨우는 계기가 되었으며 이후 체코를 포함한 유럽 각국에서는 주류 제조 및 유통에 대한 규제 강화와 소비자 경고 시스템 개선이 이루어졌다.

13.3 중대시민재해 판단서

1. 사고 개요

- 사건명 : 2012년 체코 메탄올 중독 사건
- 발생지 : 체코 전역(11개 지역)
- 주요 내용
  - 한 기업이 에탄올과 메탄올을 혼합한 독성 주류 1만 리터를 생산
  - 외관상 일반 보드카와 유사하여 암시장 및 재래시장에 광범위하게 유통됨

2. 피해 현황

- 사망자 : 41명
- 중독 및 입원자 : 101명 이상
- 장애 : 시신경 손상, 실명 위기, 신장 손상 등 심각한 후유증
- 사회적 영향 : 체코 전역 공포 확산 및 주류 소비 급감

3. 유해물질 정보

- 명칭 : 메탄올(Methanol)
- 위험성 : 소량 섭취 시에도 실명, 신부전, 사망 유발 가능
- 용도 : 공업용 · 청소제 · 차량 연료 첨가제로 사용됨
- 식용 여부 : 인간에게 절대 비식용, 독성 극심

4. 조치 및 대응

- 정부 대응
  - 비상사태 선포
  - 410개 점포 단속 및 의심 주류 전량 회수
  - 유통 경로 추적 및 위조 라벨 식별
- 사법처리
  - 해당 제조자와 유통업자 다수 체포
  - 불법 제조 및 위조 혐의로 형사처벌 진행

5. 중대시민재해 해당 여부 판단

- 법 적용 가능성
  - 식품 · 주류에 의한 인체 피해로 「중대재해처벌법」 시민재해 기준에 부합 가능

- 피해 규모
  - 다수 사망 및 중증 피해자 발생, 국가적 비상사태로 이어짐
- 유해물질 관리 부실
  - 메탄올 혼합은 고의적이며 공중보건에 치명적 결과 초래
- 품질관리 감독
  - 제조 · 유통 전반에 걸친 관리 소홀 및 위조 행위로 조직적 책임 존재
- 사회적 파장
  - 국내 법 · 제도 개선 및 유럽 각국 규제 강화의 계기

6. 시사점

- 본 사건은 고의적 유해물질 혼합, 다수의 사망 및 장애 발생, 감독 부재 등 중대시민재해의 요건에 충족하며 기업의 윤리적 책임과 국가 차원의 대응이 요구되는 사례임

14 유독가스 스티렌 누출사고

14.1 사고 개요

2020년, 인도 남부의 ○○○○○ 공장에서 독성가스인 스티렌 가스가 유출된 사건이 발생하였다.

14.2 중대재해처벌법 적용 검토

법 적용 여부

중대시민재해 범위, 원인, 재해 규모 검토 결과 : 모두 충족

① 범위 : 제조물의 결함으로 사망 · 상해사고가 발생

② 원인 : 회사 내 관리 태만의 원인으로 탱크 설계 불량, 냉장 및 냉각 시스템 불량, 공기순환 시스템 부재, 매개변수 측정 불량 등의 여러 기술적 결함으로 발생함. 사고를 대비한 적절한 예비체계가 없었으며 경보 사이렌 시설 또한 고장 난 상태인 것으로 확인됨

③ 재해 규모 : 사망 12명, 인근 주민 병원치료 5,000여 명

의무 및 위반사항

중대재해처벌법

① 제조물의 관리상의 결함이 사업주 등의 안전보건 확보의무 위반으로 인한 것이었다면 중대재해

처벌법에 따라 처벌될 수 있음
② 유해 · 위험요인을 주기적으로 점검하고 해당 위험요인 발견 시 조치와 관련된 업무처리 절차가 마련되어 있지 않았고 이와 같은 사실을 사업주 또는 경영책임자 등이 확인하였음에도 불구하고 아무런 조치를 취하지 않은 경우

2020년 5월 7일, 인도 남부 안드라프라데시주 비샤카파트남에 위치한 ○○화학의 현지 계열사인 ○○폴리머스 공장에서 발생한 스티렌 가스 누출 사고는 국제적으로 큰 충격을 준 산업재해였다. 이 사고는 새벽 시간대에 발생했으며 818톤에 달하는 스티렌 가스가 누출되어 인근 마을을 덮쳤다. 그 결과 12명이 사망하고 약 1,000명이 병원으로 이송되었으며 2만 명 이상이 긴급 대피하는 사태로 이어졌다.

스티렌은 플라스틱 원료로 사용되는 2급 발암물질로 기화된 상태에서 흡입 시 호흡기 손상, 신경계 이상, 혼수상태 등을 유발할 수 있다. 사고 당시 주민들은 구토, 어지럼증, 호흡 곤란 등을 호소했고 가축과 농작물 역시 피해를 입었다.

사고의 근본 원인은 공장 내 안전관리 태만과 기술적 결함에 있었다. 저장 탱크의 설계 자체가 부적절했으며 장기간 보관에 필수적인 냉각 장치가 제대로 작동하지 않아 온도가 상승했다. 또한 가스를 안정적으로 처리하기 위한 공기 순환 시스템이 부재했고 탱크 내부 압력이나 온도 등 핵심 지표를 모니터링 하는 설비에도 결함이 있었다. 결정적으로 사고 직전 경보 시스템이 작동하지 않아 주민들의 대피가 늦어지면서 피해가 더욱 커졌다.

사고 이후 인도 당국은 해당 공장 운영자들을 상대로 형사책임을 물었고 ○○폴리머스 법인장을 포함한 관계자 12명이 과실치사 혐의로 체포되었다. ○○화학 측은 공식 사과와 함께 피해자 지원과 재발방지를 약속했다. 그러나 보상 지연과 책임 회피 논란이 이어지며 국제적인 비판을 받았다.

이 사건은 단순한 기술적 결함을 넘어 해외 공장의 안전기준과 관리체계의 허점을 드러낸 사례이며 인도 내 대형 화학 사고로 기록된다. 공해 산업의 해외 이전과 이에 따른 안전관리 미흡이 얼마나 심각한 결과를 초래할 수 있는지를 전 세계에 경고하는 계기가 되었다.

14.3 중대시민재해 판단서

1. 사고 개요

- 사건명 : ○○폴리머스 스티렌 가스 누출사고
- 발생 일시 : 2020년 5월 7일
- 발생 장소 : 인도 안드라프라데시주 비샤카파트남, ○○폴리머스 공장
- 사건 내용
  - 새벽 시간, 스티렌 저장 탱크에서 가스누출
  - 총 818톤 유출되어 인근 지역에 확산
  - 경보 시스템 미작동, 공기순환 · 냉각 장치 부재 등 복합적 기술 결함 존재

2. 피해 현황

- 사망자 : 12명
- 병원 이송자 : 약 1,000명
- 긴급대피자 : 2만 명 이상
- 2차 피해 : 주민 호흡기 · 신경계 손상, 가축 및 농작물 폐사 등

3. 유해물질 정보

- 명칭 : 스티렌(Styrene)
- 위험성 : 기화 시 흡입하면 호흡기 · 신경계 손상, 혼수상태 가능
- 물질 구분 : 2급 발암물질(IARC 기준), 공업용 플라스틱 원료
- 노출 경로 : 공기 중 흡입, 장기 노출 시 중증 질환 유발 가능

4. 사고 원인

- 기술적 결함 : 냉각 장치 및 모니터링 설비 결함
- 안전관리 부실 : 경보 시스템 미작동, 운영자 안전교육 부족
- 설계 오류 : 저장 탱크 구조 불합리, 장기 보관에 부적합
- 위기 대응 실패 : 초기대응 지연으로 인명 · 환경 피해 확대

5. 조치 및 책임

- 인도 당국 대응
  - 법인장 포함 관계자 12명 과실치사 혐의로 체포

- 공장 운영 중지 및 지역 피해자 지원 조치
- 기업 책임
  - ○○화학 측 공식 사과 및 재발방지 약속
  - 보상 지연 및 책임 회피 논란으로 국제적 비판 유발

6. 중대시민재해 해당 여부 평가

- 피해 규모
  - 사망 · 입원 · 긴급 대피 등 다수 시민 피해 발생
- 유해물질 위험성
  - 2급 발암물질 대량 누출로 직접적 신체 피해 유발
- 고의성 여부
  - 명백한 고의는 아니지만 관리 · 설계 · 감시의 복합적 태만 존재
- 감독 책임
  - 기업 안전관리 소홀 및 경보 시스템 미작동 등 구조적 실패
- 사회적 파장
  - 국제적 이슈 확산, 다국적 기업 책임성 문제 대두

6. 시사점

- 해당 사건은 다수 시민의 생명 · 신체에 중대한 위해를 초래하였고 기업의 시스템적 · 관리적 책임 부재와 정부 대응 미흡이 결합된 구조적 재해로써 「중대재해처벌법」상의 중대시민재해 요건에 해당할 수 있음

제10장

중대시민재해 실무 적용 쟁점 정리

01 법 적용 여부

1.1 고객(개인사업자) 방문 시설에서 발생한 중대재해

Q 사업장 내 고객(개인사업자)이 방문한 시설에서 발생한 중대재해의 경우 중대시민재해로 볼 수 있는지 궁금합니다.

중대재해처벌법은 사업주 또는 경영책임자가 실질적으로 지배 · 운영 · 관리하는 사업 또는 사업장에서 발생한 중대한 재해에 대해 형사책임을 부과하는 법률이며 그중 하나가 중대시민재해이다. 중대시민재해란 공중이용시설, 공중교통수단 또는 생산 · 제조 · 판매 · 유통 중인 원료나 제조물의 설계 · 제조 · 설치 · 관리상의 결함으로 인해 일반 시민에게 사망, 중상, 질병 등의 피해가 발생한 경우를 의미한다.

사업장 내 고객(예 : 개인사업자)이 방문한 시설에서 중대재해가 발생한 경우 해당 고객이 해당 사업장의 종사자가 아닌 일반 시민으로 간주된다면 그 사고는 중대시민재해로 판단될 수 있다. 특히 해당 시설이 공중이용시설에 해당하고 사업주 또는 경영책임자가 실질적으로 지배 · 운영 · 관리하고 있었으며 사고가 시설이나 제조물의 결함에 기인한 것이라면 중대시민재해 요건을 충족할 수 있다.

예를 들어 제조공장을 방문한 고객이 설비의 구조적 결함이나 안전장치 미비로 인해 부상을 입거나 사망한 경우 이는 중대시민재해로 간주될 수 있으며 해당 사업장의 경영책임자는 법적 책임을 질 수 있다. 다만, 실제 적용 여부는 사고 당시의 구체적인 사실관계(결함의 존재, 관리 책임의 범위, 피해자의 신분, 안전보건 확보의무의 이행 여부) 등을 종합적으로 고려하여 판단된다.

1.2 건설 현장의 중대시민재해 적용 여부

Q 건설 현장에서 중대시민재해가 적용될 수 있는지 여부가 궁금합니다.

건설 현장에서 발생한 사고가 「중대재해처벌법」상 중대시민재해에 해당하는지 여부는 피해자의 신분, 사고의 원인, 시설의 성격 그리고 관리주체에 따라 결정된다.

중대시민재해란 공중이용시설, 공중교통수단 또는 생산 · 제조 · 판매 · 유통 중인 원료 또는 제조물의 설계 · 제조 · 설치 · 관리상의 결함으로 인하여 일반 시민에게 사망이나 중상, 질병 등 중대한 피해가 발생한 경우를 의미한다.

이에 따라 건설 현장에서 사고가 발생하였더라도 피해자가 근로자가 아닌 일반 시민에 해당하고 사고의 원인이 시설의 구조적 결함이나 안전관리의 미비에 기인한 경우에는 중대시민재해로 판단될 가능성이 높다.

예컨대 공사장 인근을 지나던 시민이 구조물 붕괴나 낙하물 등의 사고로 피해를 입은 경우에 해당 건설 현장 또는 인접 시설물이 공중이용시설로 기능하고 있었으며 사업주 또는 경영책임자가 이를 실질적으로 지배 · 운영 · 관리하고 있었던 사실이 인정된다면 이 사례는 중대시민재해로 간주될 수 있다.

그러나 건설공사 현장은 일반적으로 완공되지 않은 상태의 시설물이므로 이를 공중이용시설로 보기 어려우며 따라서 중대시민재해에 해당하지 않을 가능성도 존재한다.

아울러 피해자가 근로자인 경우에는 중대산업재해로 분류되며 피해자가 시민이라 하더라도 해당 시설이 공중이용시설로 보기 어려운 경우에는 중대시민재해로 인정되지 않을 수 있음에 유의하여야 한다.

결과적으로 건설 현장에서 발생한 사고의 중대시민재해 해당 여부는 시설의 공중성, 피해자의 지위, 사고 발생 원인, 관리 책임의 유무 등을 종합적으로 고려하여 판단할 필요가 있다.

1.3 개인 부주의와 안전시설 미비

Q 안전사고 발생 시 개인의 부주의나 안전의식 부족으로 인한 사고와 안전시설의 미비 또는 부실로 인한 사고 간의 관계를 어떻게 정리하여 처벌에 반영하는지요? 관련 사례로 설명 가능한지 궁금합니다.

안전사고 발생 시 개인의 부주의와 사업주의 안전관리 의무 위반 간의 책임은 법적으로 구분되며 실제 처벌 여부는 사고의 원인, 예견 가능성, 예방 조치 이행 여부 등을 종합적으로 고려하여 판단된다.

중대시민재해는 단순한 안전사고와는 구별되는 법적 개념이다. 사고의 원인이 시설 또는 제조물의 설계 · 제조 · 설치 · 관리상의 결함에 있으며 피해자가 일반 시민일 경우에 해당한다. 따라서 사고가 개인의 부주의로 보이더라도 그 배경에 사업주 또는 경영책임자의 안전관리 의무위반이 있었다면 중대시민재해로 연결될 수 있다.

예를 들어 대형 쇼핑몰에서 천장 마감재가 낙하하여 시민이 부상을 입은 사고의 경우 단순히 피해자가 해당 공간을 지나가던 시민이었다는 사실만으로는 중대시민재해 여부를 판단할 수 없다. 법원은 시설의 구조적 결함 여부, 반복된 안전 경고의 무시, 점검의 미이행 등 사업주의 관리책임 이행 여부를 중심으로 판단하며 실제로 경영책임자에게 형사책임을 인정한 사례가 존재한다.

또 다른 예로 발전소에서 화재가 발생하고 일반 시민이 사망한 사고를 가정할 경우 이 사고가 단순한 직원의 실수가 아닌 관리자들이 노후 설비를 방치하고 안전관리 보강 요청을 무시한 것으로 확인된다면 발전소장에게 중대시민재해가 적용될 수도 있다.

이처럼 중대시민재해는 사고의 직접적인 원인이 개인의 행동이었다 하더라도 결함을 예견 가능하였고 예방 조치가 가능하였음에도 사업주가 이를 방치하였다면 법적 책임은 물을 수가 있을 것으로 보인다.

법원은 반복된 경고 무시, 안전시설 미비, 점검 미이행 등 조직적 관리 부재를 중대하게 판단하며 이에 따라 경영책임자뿐 아니라 법인에도 처벌이 내려질 수 있다.

결국 중대시민재해는 단순한 사고 결과만을 기준으로 하지 않으며 예방 가능성과 관리 책임의 유무를 중심으로 판단된다. 이는 시민의 안전을 위협하는 구조적·관리적 결함을 핵심으로 하며 기업의 사회적 책임을 넘어 법적·윤리적 책임을 엄격히 요구하는 제도적 장치라 할 수 있다.

표 10.1 사례를 통한 적용 여부 정리

사례	사고 원인	법적 판단 기준	중대시민재해 해당 여부
대형 쇼핑몰 천장 마감재 낙하	구조적 결함 + 점검 미이행	반복된 경고 무시, 관리책임자 조치 미흡	해당 가능성 높음
발전소 화재로 시민 사망	노후 설비 방치 + 안전관리 요청 무시	예방 가능성 있음에도 불구하고 방치	중대시민재해 적용 가능
개인이 공중이용시설에서 넘어짐	바닥 미끄러움 + 경고 표지 없음	예견 가능성이 낮고 관리책임 모호	해당 어려움

핵심 판단 요소 요약

- 피해자가 일반 시민인지 여부
- 사고가 시설·제조물의 결함에 기인했는지 여부
- 사업주가 실질적으로 지배·운영·관리하고 있었는지 여부
- 예견 가능성이 있었고 예방 조치가 가능했는지 여부

02 기존 사고 조사와 대응 방향

2.1 시민재해 사고 조사

Q 기존에 발생한 시민재해 관련 사고의 조사 진행 상황이 궁금합니다.

최근 발생한 중대시민재해 관련 사고들에 대한 수사와 제도 개선 작업이 활발히 진행되고 있다.

「중대재해처벌법」 시행 이후 시민을 대상으로 한 대형 사고들이 사회적 참사로 인식되면서 법적 책임과 예방 조치에 대한 관심이 높아지고 있다. 특히 오송 지하차도 침수 참사, 무안공항 ○○항공기 사고, 대형 싱크홀 사고, 프로야구장 구조물 낙하 사고 등은 중대시민재해로 분류될 가능성이 높아 수사기관의 집중적인 조사가 이루어지고 있다.

오송 지하차도 참사는 2023년 7월 폭우로 인한 제방 붕괴로 지하차도가 침수되면서 24명의 사상자가 발생한 사건으로 검찰은 수사본부를 구성하고 충북도청, 행복도시건설청, 경찰청 등 10여 곳에 대한 압수수색을 진행하며 중대시민재해 제1호 사건으로 판단했다.

무안공항 ○○항공기 사고는 2024년 말 항공기 폭발 화재로 179명이 사망한 대형 참사로 검찰은 ○○항공, 한국공항공사, 국토교통부 등 관련 기관에 대해 중대재해처벌법 적용 가능성을 검토하고 있다. 특히 공중교통수단과 공중이용시설이 모두 관련된 복합적이고 구조적인 결함이 주요 쟁점으로 부각되고 있다.

서울 강동구 대형 싱크홀 사고와 창원 NC파크 구조물 낙하 사고 역시 시민 피해가 발생한 사례로 시민단체와 법조계는 해당 사고들을 중대시민재해로 분류하고 제도 개선을 촉구하는 움직임을 보이고 있다.

경실련은 전국 지자체와 공공기관을 대상으로 중대시민재해 해당 여부에 대한 전수조사를 실시 중이며 제도적 허점과 관리 미비 문제를 지적하고 있다.

이러한 사고들은 단순한 과실을 넘어 시설의 설계·관리상의 결함, 예방조치 미이행, 경고 무시, 점검 부실 등의 요인이 복합적으로 작용한 것이다.

2.2 오송 참사 관련 현장소장 처벌 근거

Q 지난 오송 참사와 관련하여 현장소장이 징역 6년형을 확정받은 법적 판단 기준이 무엇인지 궁금합니다.

오송 지하차도 참사와 관련하여 현장소장이 징역 6년형을 확정받은 것은 업무상과실치사 및 증거위조교사 혐의에 대한 법적 책임이 인정되었기 때문이다. 대법원은 이 사건을 단순한 자연재해가 아닌 예측됐던 인재(人災)로 판단하였다.

2023년 7월 15일, 충북 청주시 오송읍 궁평2 지하차도에서 발생한 침수 사고는 기록적인 폭우로 인해 미호강이 범람하면서 차량 17대가 침수되고 14명이 사망한 참사였다. 사고의 직접적인 원인은 무단 철거된 기존 제방에 부실하게 설치된 임시 제방이었다.

현장소장 A 씨는 미호천교 확장공사 과정에서 당국의 허가 없이 기존 제방을 철거하고 법정 기준보다 낮은 높이로 임시 제방을 설치한 것으로 드러났다. 특히 해당 임시 제방은 기존 제방보다 1.6 m 낮았으며 시공계획서나 도면 없이 설치되었다는 점에서 중대한 과실이 인정되었다.

또한 사고 이후 A 씨는 시공사 직원들에게 서류를 위조하도록 교사하여 마치 계획에 따라 시공된 것처럼 꾸미려 한 혐의도 받았다. 이런 이유로 증거위조교사죄로 추가 기소되었다.

표 10.2 오송지하참사 처벌 근거 요약

항목	내용
피고인	미호천교 확장공사 현장소장 전모 씨
주요 혐의	업무상 과실치사상, 증거위조교사 등
사고 원인	기존 제방 무단 철거와 부실한 임시제방 축조
법적 판단	자연재해가 아닌 예방 가능했던 인재(人災)
최종 판결	징역 6년 확정(대법원 2025년 4월 15일 판결)

1심은 "임시 제방을 기존 규격대로 설치하거나 사고 전날 보수했다면 참사는 발생하지 않았을 것"이라며 징역 7년 6개월을 선고하였고 2심은 "사고가 오로지 피고인의 잘못만으로 발생했다고 보기 어렵다"라며 징역 6년으로 감형하였다. 대법원은 2025년 4월 15일, 상고를 기각하고 징역 6년을 확정하였다.

재판부는 "원심 판단이 법리를 오해한 바 없으며 자유심증주의의 한계를 벗어나지 않았다"라고 판시하며 시설의 결함과 관리책임자의 과실이 명백히 인과관계를 형성했다는 점을 강조하였다.

이 사건은 「중대재해처벌법」상 중대시민재해가 적용된 첫 사례 중 하나로 평가되며 향후 공공기관과 민간사업자의 안전관리 책임에 대한 법적 기준을 제시한 판례로 주목받고 있다.

중대시민재해로 인정되기 위해서는 다음과 같은 요건이 충족되어야 한다.

① 사고의 원인이 특정 원료 또는 제조물, 공중이용시설, 공중교통수단의 설계 · 제조 · 설치 · 관리상의 결함에 있어야 한다. 오송 참사에서는 제방의 무단 철거, 임시 제방의 부실 설치, 차량 진입 차단 미조치, 배수펌프 미작동 등이 복합적으로 작용한 것으로 확인되었다.

② 피해 규모가 사망자 1명 이상 또는 동일한 사고로 2개월 이상 치료가 필요한 부상자 10명 이상 또는 동일한 원인으로 3개월 이상 치료가 필요한 질병자 10명 이상이어야 한다. 오송 참사는 이 요건을 모두 충족하였다.

③ 피해자가 근로자가 아닌 일반 시민이어야 하며 해당 시설이 공중이용시설로 기능하고 있었는지 여부가 중요하다. 지하차도와 제방은 공중이용시설로 간주되었으며 피해자

들은 시민이었다.

④ 사업주 또는 경영책임자가 해당 시설을 실질적으로 지배·운영·관리하고 있었는지 여부가 판단 기준이 된다. 검찰은 청주시장이 제방 유지·보수의 최종 책임자로서 안전점검과 예산·인력 배치에 소홀했다고 판단하였다.

이 사건은 중대시민재해의 적용 가능성과 법적 책임의 범위를 명확히 한 첫 사건으로써 향후 유사한 재난에 대한 사법적 접근 방식과 예방 시스템 설계에 큰 영향을 미칠 것으로 보인다. 특히 공중이용시설의 관리 책임이 다수 기관에 분산되어 있는 경우 책임 소재의 경계와 법적 판단 기준을 어떻게 설정할 것인지에 대한 논의가 활발히 이어지고 있다.

이 사건은 단순히 처벌을 위한 법 적용을 넘어 재해 예방을 위한 제도적 개선과 안전관리 체계의 정비 필요성을 사회적으로 환기시키는 계기가 되었다.

2.3 수사 요령

Q 중대재해처벌법에서는 산업안전보건법과 그 하위 법령(기준에 관한 규칙 등)을 중심으로 위험성평가가 이루어지고 있습니다. 그런데 항공안전, 철도안전 등 각종 시설물의 위험 상황을 제거하기 위해 정의된 시특법, 소방·방화·피난 관련 법령 및 기준에 따른 안전한 시공사항을 위반한 경우(오시공, 누락, 하자 등)도 안전보건 관계 법령 위반에 해당하는지 궁금합니다. 또한 이러한 법령 위반 사실은 수사 당시 국토교통부, 행정안전부, 소방청 등 각 행정 부서의 안전 관련 법령을 기준으로 판단하여 수사하는 것인지 알고 싶습니다.

아울러 조사 당시 각 사건의 관할행정부서 소속 사법경찰관이 경찰과 함께 수사에 참여하는지 그리고 검찰로 기소된 이후 보충 조사가 이루어지는지도 궁금합니다.

중대재해처벌법상 중대산업재해의 경우 「산업안전보건법」을 중심으로 한 안전보건 관계 법령의 이행 여부를 판단 기준으로 삼고 있다.

그러나 중대시민재해의 경우에는 「항공안전법」, 「철도안전법」, 「시설물의 안전 및 유지관리에 관한 특별법」, 「소방시설법」, 「건축법」 등 다양한 안전 관련 법령에서 정한 시공 기준과 안전조치 의무를 위반한 경우 해당 위반이 중대재해의 원인이 되었고 사업주 또는 경영책임자가 이를 예방하거나 통제할 수 있는 위치에 있었던 경우 중대재해처벌법상 안전보건 관계 법령 위반으로 처벌될 수 있다.

예를 들어 항공기나 철도차량의 설계 · 정비 · 운영 과정에서 「항공안전법」 또는 「철도안전법」에서 정한 안전기준을 위반하여 시민에게 피해가 발생한 경우 해당 사업자는 중대시민재해로 처벌될 수 있다.

마찬가지로 건축물의 방화 · 피난 · 소방시설 설치 기준을 위반하거나 「시설물안전법」상 정기점검을 누락한 상태에서 사고가 발생한 경우에도 해당 시설을 실질적으로 지배 · 운영 · 관리하는 자는 중대재해처벌법의 적용 대상이 된다.

항공 분야에서는 ○○항공 여객기 폭발 사고와 같은 대형 참사가 발생한 경우 해당 항공기가 공중교통수단으로 분류되며 중대시민재해로 판단될 수 있다. 이때 국토교통부는 「항공안전법」을 기준으로 사고 원인을 조사하고 고용노동부는 중대재해처벌법(중대산업재해) 적용 여부를 검토한다. 경찰은 현장 감식과 피해자 조사 등을 통해 형사책임 여부를 판단한다. 검찰은 사고 원인과 관리책임자의 의무이행 여부를 바탕으로 기소 여부를 결정한다.

철도 분야에서는 KTX 탈선 사고와 같은 경우 「철도안전법」 위반 여부와 함께 중대재해처벌법 적용 가능성이 검토된다. 이때 국토교통부 철도안전정책관이 기술적 판단을 제공하고 경찰이 수사를 진행한다. 선로 유지보수 미흡이나 안전점검 누락이 확인되면 경영책임자에게 형사책임이 부과될 수 있다.

소방 분야에서는 대형 쇼핑몰 화재나 방화 · 피난시설 미비로 인한 시민 피해가 발생한 경우 「소방시설법」과 「건축법」 위반 여부가 핵심 쟁점이 된다. 소방청 특별사법경찰관이 현장 조사를 실시한다. 이때 경찰과 협업하여 수사를 진행하며 검찰은 중대시민재해로서 법적 책임을 판단한다.

수사 단계에서는 사고의 성격에 따라 관할 행정부서가 달라진다. 중대산업재해는 고용노동부 소속 근로감독관(특별사법경찰관)이 수사를 주도한다. 중대시민재해는 경찰이 1차 수사를 담당한다. 그러나 사고의 유형에 따라 소방청, 국토교통부, 환경부 등 관계기관의 특별사법경찰관이 공동 수사에 참여할 수 있다.

수사 결과는 검찰에 송치되며 검찰은 필요시 보완수사를 지시하거나 직접 수사에 착수할 수 있다. 특히 사회적 파장이 큰 사건의 경우에는 검찰이 수사본부를 구성하거나 직접 수사에 나서는 경우도 있다. 검찰은 각 행정부서의 안전 관련 법령을 기준으로 위반 여부를 판단하며 법령 해석과 기술적 자문을 위해 해당 부처와 협업을 한다. 수사 과정에서 경찰과 행정부서 소속 사법경찰관이 함께 조사에 참여하는 경우도 있으며 검찰은 기소 전 보충조사를 통해 법적 책임의 범위를 명확히 하기도 한다.

결국 중대재해처벌법은 다양한 안전 관련 법령의 준수 여부를 포괄적으로 판단하며 수사기관은 사고의 성격에 따라 관련 부처와 협업하여 법적 책임을 규명한다. 이는 단순한 법 위반 여부를 넘어 사업주 또는 경영책임자의 예방조치 이행 여부와 관리 책임의 실질성을 중심으로 판단하는 구조이다.

이러한 분야별 사고의 수사 절차는 일반적으로 다음과 같은 단계로 진행된다.

1. 사고 발생 후 긴급구호 및 현장 보존
2. 관할 행정부서 및 수사기관에 사고 보고
3. 경찰 또는 고용노동부가 1차 수사 착수
4. 해당 분야의 행정부서(국토부, 소방청 등) 특별사법경찰관이 공동 수사 참여
5. 법령 위반 여부 및 안전보건 확보의무 이행 여부 검토
6. 검찰 송치 후 보완 수사 또는 직접 수사
7. 기소 여부 결정 및 재판 진행

중대재해처벌법은 「산업안전보건법」을 비롯하여 「항공안전법」, 「철도안전법」, 「소방시설법」 등 다양한 안전 관련 법령의 위반 여부를 포괄적으로 판단하고 있으며 수사기관은 사고의 성격에 따라 관계 행정부처와 협업하여 법적 책임을 규명한다.

2.4 대응 방향성 및 범위

Q 중대시민재해의 대응 방향성과 범위 등 모호한 부분에 대한 현재의 조언을 듣고 싶습니다. 대응 방향성이란 시민재해의 어떤 점을 핵심으로 현장에서 준비해야 하는지를 의미합니다. 범위의 모호성은 법에서 재해의 범위와 피해를 규정하고 있고 그에 따른 장소 또한 명시되어 있으나 해당 규정 외의 상황에서도 중대시민재해로 인정될 수 있는지 아니면 법규 내에서만 적용되어야 하는지 궁금합니다.

중대시민재해에 대한 대응 방향성과 적용 범위의 모호성은 현재 많은 기관과 사업장에서 실무적으로 고민하는 핵심 과제이다.

표 10.3 적용 범위의 모호성에 대한 해석

구분	법령상 명시된 범위	확장 적용 가능성
공중이용시설	실내공기질관리법, 시설물안전법, 다중이용업소법 등에서 정의된 시설	시민이 자유롭게 이용하는 공간으로 기능한다면 추가 적용 가능
공중교통수단	도시철도, 여객선, 항공기 등	민간 운영 교통수단도 실질적 관리주체가 있다면 적용 가능
원료 · 제조물	유해화학물질, 식품, 의약품 등	온라인 판매, 위탁 생산 등도 실질적 통제권이 있다면 포함 가능

※ 도로는 법령상 중대시민재해 대상이 아니지만 반복적 사고 발생과 관리 책임이 명확한 경우에는 적용 가능성이 논의되고 있다.

※ 법령에 명시되지 않은 시설이라도 시민이 이용하고 사업주가 실질적으로 관리하는 경우라면 중대시민재해로 판단될 수 있다.

※ 단순한 시민의 부주의가 아닌 시설의 결함이나 관리 소홀로 인한 사고라면 법적 책임이 적용된다.

중대시민재해란 「중대재해처벌법」 제2조 제3호에 따라 특정 원료 또는 제조물, 공중이용시설 또는 공중교통수단의 설계 · 제조 · 설치 · 관리상의 결함으로 인해 시민에게 사망, 중상, 질병 등 중대한 피해가 발생한 경우를 의미한다. 일반적인 피해 기준은 다음과 같다

① 사망자 1명 이상
② 동일 사고로 2개월 이상 치료가 필요한 부상자 10명 이상
③ 동일 원인으로 3개월 이상 치료가 필요한 질병자 10명 이상

중대시민재해는 근로자를 대상으로 한 개념이 아닌 불특정 다수의 시민을 보호하기 위한 제도이므로 대응 방향성은 다음과 같은 관점에서 접근할 필요가 있다.

1. 시설 · 제조물의 결함 예방 : 단순한 고장이나 하자가 아닌 시민의 생명 · 신체에 위해를 줄 수 있는 구조적 · 기능적 결함을 사전에 점검하고 개선
2. 공중이용시설 · 교통수단의 안전관리체계 구축 : 다중이용시설, 여객터미널, 공연장, 의료기관 등에서 시민이 이용하는 공간의 안전계획 수립 및 점검
3. 시민안전 측면에서 위험성평가의 확대 적용 : 산업안전보건법 중심의 위험성평가를 넘어 소방시설법, 시설물안전법, 항공 · 철도안전법 등 타 법령의 안전기준도 포함하여 통합적 평가
4. 재해발생 시 대응 매뉴얼 마련 : 사고 발생 시 즉각적인 통제, 대피, 보고, 재발방지 대책 수립까지 포함한 대응체계 구축
5. 도급 · 위탁 · 용역 관계의 통제력 확보 : 협력업체가 운영하는 시설이라도 실질적인 지배 · 운영 · 관리 권한이 있다면 책임이 발생할 수 있으므로 계약서 및 관리체계 점검 필요

중대시민재해의 적용 범위는 법령상 다음과 같이 규정되어 있으나 해석의 여지가 존재한다.

1. 법령상 명시된 장소 : 공중이용시설(지하역사, 공연장, 대형점포 등), 공중교통수단(버스, 철도, 항공기 등)
2. 법령상 명시된 원료 · 제조물 : 특정하지 않음(인체에 해로운 성질을 가진 원료 · 제조물로 인해 재해가 발생한 경우 포함 가능)
3. 실질적인 지배 · 운영 · 관리 여부 : 소유권, 점유권, 임차권 등 법적 권리뿐 아니라 위험요인을 통제할 수 있는 실질적 권한이 있는 경우 적용 가능

법령에 명시되지 않은 장소나 제조물이라 하더라도 결함이 존재하고 시민 피해가 발생하

였으며 관리책임자가 이를 통제할 수 있는 위치에 있었다면 중대시민재해로 판단될 수 있다. 예를 들어 법령에 명시되지 않은 민간시설에서 구조물 붕괴로 시민이 사망한 경우 해당 시설이 공중이용시설로 기능하고 있었다면 적용 가능성은 높은 편이다.

따라서 대응 방향성은 예방 중심의 안전관리체계 구축과 통제력 확보에 두어야 한다. 적용 범위의 모호성은 법령의 해석과 실질적인 관리 책임의 존재 여부에 따라 유연하게 판단될 수 있다. 이런 측면에서 보았을 때 법령에 명시된 시설 외에도 실질적 위험이 존재하고 시민 피해가 발생한 경우에는 중대시민재해로 적용될 가능성이 충분히 열려 있다.

2.5 사회적 공감대 형성방안

Q 사회적 공감대를 형성하기 위한 방안

중대시민재해에 대한 사회적 공감대를 형성하기 위해서는 단순히 법령의 이해를 넘어 시민의 생명과 안전을 보호하는 데 있어 공동체 전체가 책임을 공유한다는 인식이 필요하다. 중대시민재해란 공중이용시설, 공중교통수단, 원료 · 제조물의 결함 등 다양한 원인으로 인해 불특정 다수의 시민에게 피해를 줄 수 있는 사고를 의미하며 사회적 공감대를 형성하기 위해서는 다음과 같은 조치를 할 필요가 있다. 그 예방과 대응은 특정 기관이나 사업자만의 과제가 아니라 사회 전체의 과제이다.

① 시민 중심의 안전 인식 확산이 필요하다.

시민이 일상에서 접하는 시설이나 제품의 안전성을 스스로 인식하고 위험 요소를 감지하여 신고할 수 있는 참여형 안전 문화가 조성되어야 한다. 이를 위해서는 지역사회 기반의 안전교육, 체험형 프로그램, 시민 참여형 점검 활동 등이 활성화되어야 한다.

② 정책의 투명성과 정보 공개가 강화되어야 한다.

중대시민재해 관련 시설, 점검 결과, 사고 통계 등을 시민에게 공개함으로써 신뢰 기반의 정책운영이 가능해지고 시민의 감시와 참여를 유도할 수 있다. 이는 안전관리의 실효성을 높이는 데 기여한다.

③ 교육과 토론의 장이 마련되어야 한다.

중대시민재해의 개념과 적용 범위, 예방 조치 등을 시민과 실무자에게 알리는 정기적인 교육과 토론회를 통해 법령에 대한 이해를 높이고 다양한 의견을 수렴하여 제도 개선의 기반을 마련해야 한다.

④ 시민 참여형 거버넌스가 구축되어야 한다.

지역사회 기반의 안전보건 협의체를 구성하여 시민 · 전문가 · 행정기관이 함께 위험요인을 진단하고 대응 방안을 마련하는 협력적 구조를 형성해야 한다. 이는 자율성과 책임의 균형을 이루는 방식으로 단순히 규제 중심의 접근을 넘어서는 것이다.

⑤ 법령의 유연한 해석과 적용 확대가 필요하다.

법령에 명시된 시설이나 피해 기준 외에도 실질적으로 시민의 안전을 위협하는 상황이라면 중대시민재해로 판단할 수 있도록 해석의 유연성을 확보해야 한다. 이는 시민이 납득할 수 있는 수준에서 법적 보호를 받을 수 있도록 하는 핵심 요소이다.

결국, 중대시민재해에 대한 사회적 공감대는 시민의 생명과 안전을 최우선 가치로 두는 사회적 합의에 기반하며 이를 위해서는 제도적 정비뿐 아니라 문화적 · 인식적 변화가 병행되어야 한다. 이러한 공감대는 중대재해처벌법의 실효성을 높이고 시민이 체감할 수 있는 안전사회를 구현하는 데 필수적인 요소이다.

03 관리주체

3.1 리츠 사업 관련 운용자산 관리주체

Q 리츠 사업 관련 운용 자산이 공중이용시설에 해당하는 경우 「중대재해처벌법」 상 중대시민재해 의무사항을 이행해야 하는 주체는 AMC(자산운용회사), PMC(자산관리회사), FMC(시설관리회사)가 모두 관리주체에 해당하므로 각 주체가 중첩적으로 의무를 수행해야 한다고 생각하는데 맞는지요.

리츠(REITs) 사업에서 운용 자산이 「중대재해처벌법」상 공중이용시설에 해당하는 경우 안전보건 확보의무의 주체가 누구인지에 대한 판단은 실질적인 지배·운영·관리 권한을 기준으로 이루어진다.

리츠 구조에서는 일반적으로 AMC(자산운용회사)가 리츠의 법적 대표자로서 투자자 보호와 자산 운용의 총괄 책임을 지며 PMC(자산관리회사)는 자산의 운영·관리 전략을 수립하고 실행하며 FMC(시설관리회사)는 현장 시설의 유지·보수 및 안전관리 업무를 수행한다. 「중대재해처벌법」은 단순한 명목상의 지위가 아니라 해당 시설을 실질적으로 지배·운영·관리하는 자를 경영책임자로 간주하여 법적 의무를 부과한다.

AMC는 리츠의 대표 기관으로서 전체 자산 운용과 관련된 예산편성, 인력 배치, 안전계획 수립 등의 의무를 부담할 수 있으며 만약 의사 결정권과 통제권을 행사하는 경우에는 경영책임자로 간주될 수 있다.

PMC는 자산의 운영전략을 수립하고 시설의 운영 방향을 결정하는 역할을 하므로 관리상의 결함이나 안전 조치 미비가 발생한 경우 책임 주체가 될 수 있다.

FMC는 현장 시설의 직접적인 유지·보수 및 안전관리를 담당하므로 시설의 결함이나 점검 미이행 등과 관련된 사고 발생 시 법적 책임이 부과될 수 있다.

국토교통부의 해설서에서도 위·수탁 구조가 복잡한 경우 각 주체가 실질적으로 통제·관리하는 범위에 따라 중첩적으로 안전보건 확보의무를 부담할 수 있음을 명시하고 있다.

결론적으로 리츠 사업에서 공중이용시설을 운용하는 경우 AMC, PMC, FMC 모두가 중대시민재해 예방을 위한 안전보건 확보의무의 주체가 될 수 있으며 각자의 역할과 권한에 따라 중첩적으로 의무를 수행해야 하는 구조가 맞다. 이는 사고 발생 시 책임 회피를 방지하고 실질적인 예방 체계를 구축하기 위한 법의 취지와도 부합한다.

표 10.4 리츠 사업 주체별 중대재해처벌법상 의무사항

주체	역할	의무	적용가능성
AMC (자산운용회사)	리츠의 법적 대표, 자산 운용 총괄	• 안전보건관리체계 구축 • 예산편성 및 인력 배치 • 반기 1회 이상 점검 • 도급·용역·위탁 시 안전조치기준 마련	높음 - 실질적 지배, 운영, 관리 권한 보유
PMC (자산관리회사)	자산 운영 전략 수립 및 실행	• 시설 운영방향 결정 • 안전관리 기준 수립 및 점검 • 협력업체 관리 및 계약	중간~높음 - 운영전략에 따라 책임범위 확대 가능
FMC (시설관리회사)	현장 시설 유지보수 및 안전관리	• 시설점검 및 결함개선 • 위험성평가 수행 • 안전보건교육 이행	높음 - 직접적인 현장관리 책임 존재

실제 적용 가능성이 있는 사례를 다음과 같이 분석할 수 있다.

① AMC가 시설관리 업무를 재위탁한 경우

AMC가 시설 관리 업무를 FMC에 위탁했더라도 의사 결정권과 업무 지시권을 보유하고 있다면 「중대재해처벌법」상 책임을 부담한다. 중대재해처벌법에서는 "위탁한 경우에도 실질적 지배·운영·관리 책임이 있는 자가 법적 책임을 진다"라고 해석하고 있기 때문이다.

② AMC가 건설공사 발주자의 역할만 수행한 경우

단순히 발주만 수행하고 총괄·관리하지 않는 경우에는 법적 책임을 부담하지 않는다.

그러나 시공사 선정, 예산 집행, 보험 계약 등 총괄 관리 역할을 수행한 경우에는 실질적인 지배 · 운영 · 관리자로 간주되어 「중대재해처벌법」의 적용 대상이 될 수 있다.

③ PMC가 안전관리 기준을 수립하고 협력업체를 관리한 경우

PMC가 시설의 운영 방향을 결정하고 협력업체에 안전 조치를 지시한 경우 관리상의 결함이 발생하면 중대재해처벌법상 법적 책임의 대상이 될 수 있다.

④ FMC가 현장 점검을 소홀히 하여 사고가 발생한 경우

시설의 결함이나 점검 미비로 인해 시민 피해가 발생한 경우 해당 사고는 「중대시민재해」로 적용될 수 있으며 FMC는 직접적인 법적 책임을 질 수 있다.

이처럼 리츠 구조에서는 각 주체가 역할에 따라 중첩적으로 안전보건 확보의무를 부담하며 사고 발생 시 실질적인 통제력과 관리 권한의 유무가 법 적용의 핵심 기준이 된다.

3.2 리츠 사업 관련 운용회사 책임과 역할

Q 공중이용시설에서 발생할 수 있는 중대시민재해와 관련된 안전보건 확보의무에 관하여 리츠(REITs) 자산의 자산운용회사(AMC), 자산관리회사(PMC), 시설관리회사(FMC) 각각의 책임과 역할에 대해 알고 싶습니다.

리츠(REITs) 사업에서 운용회사의 책임과 역할은 리츠 구조 내에서 자산의 안전성과 수익성을 확보하기 위한 핵심 요소이다. 리츠는 부동산에 투자하는 주식회사 형태의 투자 기구로 일반적으로 위탁 관리 리츠 구조를 채택하고 있으며 이 경우 실질적인 운용은 자산운용 회사(AMC)에 위탁된다. AMC는 리츠의 법적 대표로서 자산의 매입 · 운용 · 매각 등 전반적인 투자 전략을 수립하고 실행하는 주체이며 리츠의 성과는 AMC의 역량에 크게 좌

우된다.

AMC는 국토교통부의 인가를 받아야 하며 일정한 자본금(70억 원 이상)과 전문 인력(5인 이상)을 갖추어야 한다. 이들은 투자자 보호를 위해 자산 운용의 투명성과 안정성을 확보해야 하며 리츠의 자산에 대한 예산편성, 인력 배치, 안전관리체계 구축 등의 의무를 수행한다.

리츠 구조 내에는 AMC 외에도 자산 관리 회사(PMC)와 시설 관리 회사(FMC)가 존재할 수 있다. PMC는 자산의 운영전략을 수립하고 협력업체와의 계약을 관리하며 FMC는 현장 시설의 유지 · 보수 및 안전관리 업무를 담당한다. 이들 모두는 해당 자산에 대해 실질적인 지배 · 운영 · 관리 권한을 행사하는 경우 「중대재해처벌법」상 안전보건 확보의무의 주체가 될 수 있다.

특히 리츠가 운용하는 자산이 공중이용시설에 해당하는 경우 AMC뿐만 아니라 PMC, FMC 모두가 중대시민재해 예방을 위한 법적 의무를 중첩적으로 부담할 수 있다. 이는 단순한 명목상의 역할이 아니라 각 주체가 실질적으로 통제할 수 있는 범위 내에서 예방 조치, 점검, 재발방지 대책 수립 등의 의무를 이행해야 함을 의미한다.

3.3 리조트 업종의 중대시민재해 범위

Q

1. 리조트 업종에서 발생할 수 있는 중대시민재해의 범위 및 재해 사례와 고객 여정에 따른 예방 방안과 효과적인 대응 방법에 대해 알고 싶습니다.

2. 호텔리어로 근무하다가 안전관리팀으로 전보된 후 중대시민재해 업무를 맡은 지 이제 한 달여가 되었습니다. 근로자를 포함한 시민의 안전을 지키기 위한 사명감을 가지고 더 잘하고 싶은 마음이 들어 앞서 나아가신 선배님들과 전문가님들의 배움의 노하우(학습에 유용한 교재 등)를 많이 배우고 싶습니다. 또한 호텔 및 리조트 업계에서의 중대시민재해의 범위, 재해 사례, 고객 여정에 따른 실질적인 예방 방안 등에 대해서도 질의 드립니다.

리조트 업종은 다중이용시설의 성격을 띠며 「중대재해처벌법」상 중대시민재해의 적용 대상이 될 수 있다. 리조트는 숙박, 식음료, 수영장, 사우나, 레저시설 등 다양한 공간을 포함하며 다음과 같은 법령상 공중이용시설로 분류될 수 있다.

1. 「실내공기질 관리법」에 따른 실내 체육시설, 공연장, 의료기관, 어린이집 등
2. 「다중이용업소의 안전관리에 관한 특별법」에 따른 휴게음식점, 목욕장업, 실내 골프연습장, 키즈카페 등
3. 「시설물의 안전 및 유지관리에 관한 특별법」에 따른 건축물, 부대시설, 수영장, 옹벽 등

리조트 내 시설에서 설계 · 설치 · 관리상의 결함으로 인해 시민에게 사망 또는 중상해가 발생한 경우 해당 사고는 「중대시민재해」로 간주될 수 있다. 리조트 업종에서 발생 가능한 중대시민재해 사례는 다음과 같다.

1. 수영장 익사 사고

- 안전요원 미배치, 수심 표시 미흡, 구조장비 부재 등으로 인해 어린이 익사
- 관리책임자의 안전계획 미수립 및 점검 미이행이 핵심 쟁점

2. 객실 내 가스 누출사고

- 보일러 배기구 결함으로 일산화탄소 중독 발생
- 시설점검 미비 및 경고장치 미설치

3. 리조트 내 화재 사고

- 비상구 폐쇄, 소방시설 미작동, 피난 안내 미흡으로 다수 부상
- 소방시설법 및 다중이용업소법 위반

리조트 이용자는 예약 → 체크인 → 시설 이용 → 숙박 → 체크아웃의 과정을 거치며 각 단계에서 위험요인이 존재한다. 이에 따라 다음과 같은 예방 방안이 필요하다.

1. 예약 및 사전 안내 단계

- 시설 안전정보, 피난 안내, 수영장 · 레저시설 이용 수칙 사전 고지
- 유아 · 노약자 동반 시 주의사항 별도 안내

2. 체크인 및 입실 단계

- 객실 내 비상벨, 피난 경로, 가스 · 전기 안전장치 작동 여부 점검
- 고객 대상 안전 브리핑 또는 QR코드 안내 제공

3. 시설 이용 단계

- 수영장, 사우나, 놀이시설 등 위험시설에 안전요원 배치
- 시설별 위험성평가 및 정기점검 실시
- 어린이 · 노약자 보호를 위한 시설별 안전장치 설치(예 : 난간 간격, 미끄럼 방지)

4. 숙박 중

- 야간 비상 대응체계 구축(예 : 응급상황 발생 시 연락체계)
- 화재 · 가스 · 전기 사고 대비 자동 경보 시스템 운영

5. 체크아웃 및 사후관리

- 고객 피드백을 통한 위험요인 수집 및 개선
- 사고 발생 시 신속한 보고 및 대응 매뉴얼 운영

리조트 업종은 단순한 숙박시설을 넘어 복합적 위험 요소가 존재하는 다중이용시설이다. 따라서 중대시민재해 예방을 위해서는 시설별 위험 요소를 고객 여정에 따라 세분화하고 실질적인 안전관리체계를 구축하는 것이 핵심이다. 소방시설법, 건축법, 시설물의 안전 및 유지관리에 관한 특별법 등 관련 법령을 통합적으로 반영한 위험성평가를 통합 운영하고 「중대재해처벌법 시행령」 제10조에 따른 안전계획 수립과 반기 1회 이상 점검 의무를 이행할 필요가 있다. 또한 외부 용역 업체가 운영하는 시설이라도 실질적 관리 권한이 있다면 책임이 발생하므로 도급 · 위탁 관계를 통제하고 안내문, 교육 영상, 체험형 안전 캠페인 등을 통해 고객의 안전 인식 제고를 위한 고객 중심의 '안전 리터러시'를 강화할 필요가 있다.

04 공중이용시설

4.1 공중이용시설 관리대상 시설물 기준

Q 공중이용시설의 관리대상 시설물 기준 및 대고객 행사(예 : 모터쇼, 채용 박람회 등)의 우수 관리 프로세스 소개

공중이용시설은 「중대재해처벌법」상 중대시민재해의 적용 대상이 되는 핵심 공간으로 다수 시민이 이용하거나 통행하는 시설을 의미한다. 이러한 시설은 사고 발생 시 생명 · 신체상의 피해가 클 수 있기 때문에 법령에서는 시설의 규모, 용도, 구조적 특성 등을 기준으로 관리대상 시설물을 구체적으로 규정하고 있다.

대표적인 공중이용시설로는 공연장, 집회장, 전시장, 판매시설, 숙박시설, 병원, 학교, 여객터미널, 철도역사, 공항 여객터미널, 도서관, 박물관, 체육시설, 목욕장, 키즈카페, 실내 골프장, 노래방, 게임장, 인터넷 카페 등이 있다. 대부분은 바닥면적이 일정 기준(예 : 1,000 m^2 이상)을 초과하거나 관람석 수가 일정 규모(예 : 500석 이상)를 넘는 경우에 해당한다.

이러한 시설은 「실내공기질 관리법」, 「다중이용업소의 안전관리 특별법」, 「시설물의 안전 및 유지관리에 관한 특별법」 등 관련 법령에 따라 안전관리 의무가 부여되며 중대시민재해 예방을 위해 사업주 또는 경영책임자는 시설의 설계 · 시공 · 관리 단계에서 위험성평가, 안전 점검, 비상 대응 계획 수립 등을 이행해야 한다.

한편 모터쇼, 채용 박람회 등 대고객 행사는 공중이용시설 내에서 다수 시민이 밀집하는 환경을 조성하므로 행사 기획 단계부터 안전관리체계를 구축하는 것이 중요하다. 우수한 행사 운영 프로세스는 다음과 같은 단계로 구성된다

① 기획 단계

행사 목적과 대상, 규모를 명확히 설정하고 장소의 안전성과 접근성을 고려하여 선정한다. 행사 성격에 따라 소방, 피난, 구조 시설의 적정성도 함께 검토해야 한다.

② 준비 단계

공급업체 선정, 안전관리계획 수립, 참가자 등록 시스템 구축, 홍보 전략 실행 등이 포함되며 특히 비상 대응 매뉴얼과 안전요원 배치 계획이 중요하다.

③ 실행 단계

현장 리허설, 장비 점검, 인력 배치, 돌발 상황 대응체계 구축이 이루어지며 참가자 동선과 피난 경로 확보가 핵심이다.

④ 사후 평가 단계

참가자 피드백 수집, 사고 발생 여부 점검, 개선사항 도출 등을 통해 다음 행사에 반영할 수 있는 안전 관리 개선안을 마련한다.

결국 공중이용시설의 안전관리는 단순한 시설점검을 넘어 시민의 생명과 안전을 보호하기 위한 예방 중심의 통합적 대응체계 구축이 핵심이며 대고객 행사는 이러한 체계를 실질적으로 작동시키는 시험대가 된다. 따라서 사업주와 행사 운영자는 법령에 따른 안전보건 확보의무를 충실히 이행함으로써 중대시민재해를 예방하고 사회적 신뢰를 확보할 수 있다.

4.2 공중이용시설의 시설물 관리업무 범위

Q

1. 공중이용시설의 시설물 관리업무 범위와 중대시민재해 해당 여부에 관한 질의

2. 공중이용시설의 청소 업무가 「중대재해처벌법」에 따른 시설물의 관리 업무에 포함되는지 여부와 포함되는 경우 경영책임자가 「중대재해처벌법」에 따라 연 1회 이상 안전계획을 수립 · 이행하고 반기 1회 이상 점검(직접 점검하지 않을 경우는 보고를 받을 것)이 요구되는지에 대해 질의 드립니다.

3. 공중이용시설의 화장실에서 이용 고객이 턱 걸림이나 청소로 인한 바닥 물기로 인해 넘어짐 사고가 발생하여 재해가 발생한 경우 해당 사고가 「중대재해처벌법」에 따른 중대시민재해에 해당되어 경영책임자에게 책임이 있는지요?

4. 공중이용시설의 이용 고객이 부주의로 인해 바닥에 미끄러질 수 있는 물질을 흘린 경우 다른 이용 고객이 해당 물질로 인해 넘어짐 사고를 당해 재해가 발생하였다면 해당 사고가 「중대재해처벌법」에 따른 중대시민재해에 해당되어 경영책임자에게 책임이 있는지요?

5. 공중이용시설의 부지 내 제설 업무가 「중대재해처벌법」에 따른 시설물의 관리 업무에 포함되는지 여부와 포함되는 경우 경영책임자가 「중대재해처벌법」에 따라 연 1회 이상 안전계획을 수립 · 이행하고 반기 1회 이상 점검(직접 점검하지 않을 경우에는 보고를 받을 것)이 요구되는지에 대해 질의 드립니다.

6. 공중이용시설의 건축물 외부 부지에 눈이 쌓여 제설은 하였으나 물기 등에 의한 미끄러짐으로 인해 이용 고객이 넘어짐 사고를 당해 중대시민재해가 발생한 경우 해당 사고가 「중대재해처벌법」에 따른 중대시민재해에 해당되어 경영책임자에게 책임이 있는지요?

공중이용시설의 시설물 관리 업무는 「중대재해처벌법」상 중대시민재해 예방과 직접적으로 연결되며 해당 시설의 설계 · 설치 · 관리상의 결함으로 인해 시민에게 피해가 발생할 경우 법적 책임이 발생할 수 있다. 이러한 시설은 공연장, 여객터미널, 병원, 도서관, 박물관, 체육시설, 목욕장, 키즈카페, 실내 골프장 등 다중이용 공간을 포함하며 「시설물의 안전 및 유지관리에 관한 특별법」에 따른 제1 · 2종 시설물(예 : 교량, 터널, 댐, 옹벽 등)도 포함된다.

시설물 관리 업무의 범위는 단순한 유지 · 보수를 넘어 시민의 생명과 신체를 보호하기 위한 예방 중심의 안전관리체계를 구축하는 것을 포함한다. 구체적으로는 시설물의 정기점검과 정밀안전진단, 위험성평가, 보수 · 보강 계획 수립, 도급 · 위탁 관계의 통제, 안전 인력 배치 및 교육, 비상 대응체계 마련 등이 포함된다. 특히 외부 업체가 운영하는 시설이라 하더라도 실질적으로 지배 · 운영 · 관리 권한을 가진 자는 법적 책임을 질 수 있다.

중대시민재해로 해당하기 위해서는 다음과 같은 요건이 충족되어야 한다.

① 시설물의 결함으로 인해 시민이 사망하거나 중상해를 입은 경우
② 해당 시설이 공중이용시설로 기능하고 있었고, 사업주 또는 경영책임자가 실질적으로 지배 · 운영 · 관리하고 있었던 경우
③ 사고가 예견 가능하고 예방 가능했음에도 불구하고 안전 조치를 이행하지 않은 경우

예를 들어 여객터미널의 천장 구조물이 붕괴되어 시민이 사망한 경우 해당 시설이 공중이용시설에 해당하고 관리상의 결함이 인정된다면 중대시민재해로 판단될 수 있다. 또한 자연재해나 이용자의 부주의가 원인이 된 사고라 하더라도 시설물의 결함과 중첩되어 사고가 발생한 경우에는 중대시민재해로 간주될 수 있다.

결국 공중이용시설의 시설물 관리 업무는 단순한 기술적 유지관리 수준을 넘어 시민의 안전을 확보하기 위한 법적 · 윤리적 책임을 수반하며 중대시민재해 예방을 위한 핵심적인 요소로 작용한다. 사업주와 경영책임자는 이러한 시설물의 위험요인을 사전에 식별하고 실질적인 통제력을 바탕으로 안전보건 확보의무를 이행해야 한다.

1) 공중이용시설의 청소업무가 「중대재해처벌법」에 따른 시설물의 관리업무에 포함이 되는지 여부

병원, 요양시설, 식음료시설, 여객터미널, 공연장 등 다중이용시설에서의 청소는 단순한 미관 유지가 아니라 감염병 예방, 미끄럼 사고 방지, 유해 물질 제거 등 시민의 안전과 직결된 업무로 간주된다. 「중대재해처벌법」 제9조 제2항은 공중이용시설의 설계 · 설치 · 관리상의 결함으로 인해 시민에게 피해가 발생한 경우 경영책임자에게 안전보건 확보의무를 부과하고 있으며 시행령 제10조에서는 청소와 같은 위생 · 환경 유지 업무도 시설물의 관리 업무로 포함될 수 있음을 시사하고 있다. 특히 도급 · 용역 · 위탁 형태로 청소 업무가 수행되는 경우에도 해당 시설을 실질적으로 지배 · 운영 · 관리하는 자가 법적 책임을 질 수 있다.

따라서 청소 업무가 시설의 안전성과 시민 건강에 영향을 미치는 경우 경영책임자는 「중대재해처벌법 시행령」 제10조 및 제11조에 따라 다음과 같은 의무를 이행해야 한다.

① 연 1회 이상 안전계획을 수립하고 이행해야 한다. 이 계획에는 청소 업무를 포함한 시설물의 유지관리 계획, 인력확보, 점검 일정, 보수 · 보강 계획 등이 포함되어야 하며 도급 업체의 안전관리 능력 평가 기준도 마련되어야 한다.

② 반기 1회 이상 점검을 실시하거나 지정 기관에 위탁하여 점검해야 하며 직접 점검하지 않은 경우는 점검 결과를 지체없이 보고받아야 한다. 점검 결과에 따라 유해 · 위험요인이 발견되면 즉시 개선 조치를 취해야 하며 청소 업무 종사자에 대한 안전보건 교육 이행 여부도 확인해야 한다.

결론적으로 공중이용시설의 청소 업무가 시민의 생명 · 신체에 영향을 줄 수 있는 경우에는 「중대재해처벌법」상 관리 업무로 간주되며 경영책임자는 이에 대한 예방 중심의 안전관리 체계 구축과 점검 의무를 성실히 이행해야 한다. 이는 단순한 법적 의무를 넘어 시민의 안전을 확보하고 사회적 신뢰를 유지하기 위한 핵심적인 책임이다.

2) 청소로 인한 바닥 물기로 인해 넘어짐 사고가 발생하여 중대시민재해 발생

공중이용시설의 화장실에서 이용 고객이 턱에 걸리거나 청소 후 바닥에 남은 물기로 인해 넘어져 중대한 부상을 입은 경우 해당 사고는 「중대재해처벌법」상 중대시민재해로 판단될 수 있으며 경영책임자에게 법적 책임이 부과될 가능성이 있다. 중대시민재해로 인정되기 위해서는

① 사고의 원인이 공중이용시설의 설계 · 설치 · 관리상의 결함에 있어야 하며
② 피해 규모가 사망자 1명 이상 또는 동일 사고로 2개월 이상 치료가 필요한 부상자 10명 이상일 경우에 해당되어야 한다.
③ 해당 시설이 시민이 자유롭게 이용하는 공중이용시설로 기능하고 있었는지
④ 사업주 또는 경영책임자가 해당 시설을 실질적으로 지배 · 운영 · 관리하고 있었는지가 판단 기준이 된다.

화장실 내 턱의 높이가 법적 기준에 부합하지 않거나 시각적 표시가 미흡하여 걸림 사고가 발생한 경우 또는 청소 후 바닥 물기를 방치하고 미끄럼 주의 표지판을 설치하지 않아 이용자가 넘어져 중대한 부상을 입은 경우에는 시설의 관리상의 결함으로 간주될 수 있다. 특히 이러한 위험 요소가 예견이 가능하고 예방 조치가 가능했음에도 불구하고 이를 이행하지 않았다면 경영책임자의 안전보건 확보의무 위반으로 판단될 수 있다.

「중대재해처벌법 시행령」 제10조에 따르면 경영책임자는 공중이용시설에 대해 연 1회 이상 안전계획을 수립 · 이행하고 반기 1회 이상 직접 점검하거나 지정 기관에 위탁하여 점검을 실시해야 하며 직접 점검하지 않은 경우는 점검 결과를 지체없이 보고받아야 한다. 이러한 의무를 이행하지 않았거나 점검 결과에 따른 개선 조치를 취하지 않은 경우 사고 발생 시 형사책임이 부과될 수 있다.

만약 공중이용시설의 화장실에서 발생한 넘어짐 사고가 중대한 피해로 이어졌고 그 원인이 시설의 구조적 결함이나 관리 부실에 있었다면 해당 사고는 중대시민재해로 판단될 수 있으며 경영책임자는 「중대재해처벌법」상 책임을 질 수 있다. 이는 단순한 사고가 아닌 예방 가능성과 관리 책임의 유무를 중심으로 판단되는 법적 구조에 따른 결과이다.

3) 다른 이용 고객이 흘린 이물질로 인해 넘어짐 사고가 발생

공중이용시설에서 이용 고객의 부주의로 인해 바닥에 미끄러운 물질이 흘러 다른 이용자가 넘어져 중대한 부상을 입은 경우 해당 사고가 「중대재해처벌법」상 중대시민재해에 해당하는지는 사고의 원인과 시설 운영자의 관리 책임 여부에 따라 달라진다. 중대시민재해는 특정 원료 또는 제조물, 공중이용시설 또는 공중교통수단의 설계 · 설치 · 관리상의 결함으로 인해 시민에게 사망 또는 중상해가 발생한 경우를 의미한다. 따라서 사고의 직접적인 원인이 단순한 이용자의 부주의라 하더라도 시설 운영자가 해당 위험을 예견하고 통제할 수 있는 위치에 있었음에도 이를 방치했다면 중대시민재해로 판단될 수 있다.

예를 들어 바닥에 흘린 물질이 장시간 방치되어 있었고 청소나 점검체계가 미비하여 위험요소가 제거되지 않았으며 경고 표지나 미끄럼 방지 조치가 이루어지지 않았다면 이는 시설 관리상의 결함으로 간주될 수 있다.

4) 공중이용시설의 부지 내 제설 업무

공중이용시설의 부지 내에서 수행되는 제설 업무는 「중대재해처벌법」상 시설물의 관리 업무에 포함될 수 있다고 보는 일부 의견이 있다. 「중대재해처벌법」 제9조 제2항 제4호는 사업주 또는 경영책임자에게 “안전보건 관계 법령에 따른 의무이행에 필요한 관리상의 조치”를 이행할 것을 명시하고 있다. 여기서 관리상의 조치란 단순한 시설물 내부의 유지관리뿐 아니라 해당 시설의 부지 전체에 걸친 위험 요소에 대한 예방적 조치를 포함한다. 제설 업무는 겨울철 눈이나 얼음으로 인해 발생할 수 있는 미끄럼 사고를 방지하기 위한 대표적인 관리행위로써 시민의 생명과 신체에 직접적인 위해를 줄 수 있는 위험 요소를 제거하는 활동이다.

또한 「시설물의 안전 및 유지관리에 관한 특별법」 제2조 제11호에서는 “유지관리”를 시설물의 기능을 보전하고 이용자의 안전을 높이기 위한 일상적인 점검 · 정비 · 복구 · 보수 · 보강 등의 활동으로 정의하고 있으며 제설 작업은 이러한 유지관리의 일환으로 간주될 수 있다. 특히 공중이용시설의 부지 내 보행 공간이나 진입로는 시민이 통행하는 주요 공간이므로 제설 작업을 통해 안전한 통행 환경을 확보하는 것은 법령상 요구되는 관리상의 조치에 해당한다는 입장이다.

「중대재해처벌법 시행령」 제10조에서도 공중이용시설에 대해 연 1회 이상 안전계획을 수립하고 반기 1회 이상 점검을 실시하거나 점검 결과를 보고받아야 한다고 규정하고 있으며 이 안전계획에는 시설물의 유지관리와 유해·위험요인의 확인 및 개선이 포함되어야 한다. 따라서 제설 업무가 시설물의 안전 유지와 시민의 위험 요소 제거를 위한 활동으로 포함된다면 경영책임자는 이에 대한 안전계획을 수립하고 점검 의무를 이행해야 한다. 따라서 공중이용시설의 부지 내 제설 업무는 시민의 안전과 직결되는 관리행위로써 「중대재해처벌법」상 관리상 조치 의무에 해당하며 경영책임자는 이를 포함한 안전계획을 수립하고 정기적으로 점검하거나 점검 결과를 보고받아야 할 법적 책임이 있다는 주장이다.

반면에 일부에서는 제설 업무 자체는 공중이용시설의 범주에는 포함되지 않기 때문에 해당되지 않는다는 주장도 있다. 제설 업무는 겨울철 눈·얼음으로 인한 미끄럼 사고를 예방하기 위한 필수적인 안전관리 행위로써 시민의 생명과 신체에 직접적인 위해를 줄 수 있는 위험 요소를 제거하는 활동이다. 제설 작업은 공중이용시설 "자체"로 보기보다는 공중이용시설의 안전관리를 위한 관리책임으로써의 수단적 조치로 해석되는 것이 적절하다. 다만, 중요한 점은 제설 업무가 실질적으로 시민의 생명·신체에 위해를 줄 수 있는 사고를 예방하거나 유발할 수 있다면 시설물의 관리상의 조치 의무에 해당될 수도 있다. 즉, 시설 그 자체는 아니더라도 해당 행위가 법령에서 요구하는 예방 조치의 일환이라면 경영책임자의 법적 의무가 발생할 수는 있다.

따라서 제설 작업은 중대시민재해의 직접적 범주가 아니라 해당 재해의 예방을 위한 관리책임의 일부로써 작동하는 조치로 이해하는 것이 합리적이다. 따라서 공중이용시설의 부지 내에서 제설 작업이 이루어지는 경우 해당 업무는 시설물의 안전 유지와 직결되며 「중대재해처벌법」상 관리 업무로 간주될 수도 있다는 점을 염두에 두고 안전관리를 할 필요가 있을 것으로 보인다.

4.3 공중이용시설 안전관리 수준

Q 중대시민재해 예방을 위해 공중이용시설의 안전 관리 수준(위험성평가의 범위 및 수준 등)이 어느 정도 유지되고 있는지를 타 기관 또는 기업과 비교해보기 위한 사례

중대시민재해 예방을 위한 공중이용시설의 안전관리 수준을 타 기관이나 기업과 비교하기 위해서는 실제 운영 사례와 위험성평가의 범위 및 수준을 살펴보는 것이 중요하다. 경기도와 인천광역시는 중대시민재해 예방을 위한 선도적 대응을 추진하고 있으며 공중이용시설의 안전보건관리체계 구축과 위험성평가 수준에서 타 기관과 비교 가능한 사례를 제공하고 있다. 경기도는 「중대재해 예방 및 관리에 관한 조례」를 제정하고 중대시민재해 예방·관리 매뉴얼을 발간하여 총 657개소의 공중이용시설을 대상으로 연간 예방·대응 계획을 수립하고 있다. 이 계획에는 시설별 위험성평가 항목, 안전 예산편성, 인력확보, 점검 주기 등이 포함되며 특히 노후 시설물에 대한 정밀진단과 보수·보강 계획이 체계적으로 반영되어 있다. 경기도는 2025년 상반기 중대시민재해 대상 시설에 대해 분석을 실시한 결과 일부 시설에서 안전보건관리체계의 이탈 징후를 확인하고 개선안을 제시하였다.

인천광역시는 중대시민재해 예방팀을 조직하고 280개소의 적용 시설에 대해 전수조사와 자체 진단을 실시하였다. 실무자 설문 조사를 통해 법령 이해도와 이행 수준을 파악하고 있으며 안전보건관리체계의 실질적 작동 여부를 중심으로 대응 역량을 강화하고 있다. 또한 '찾아가는 행정 컨설팅'을 통해 시설별 위험요인을 진단하고 도급·위탁 관계의 통제력 확보와 안전교육 이행 여부를 점검하고 있다.

이러한 사례들은 단순한 법령 준수를 넘어 실제 현장에서 위험요인을 식별하고 개선하는 수준까지 안전관리를 수행하고 있음을 보여준다. 위험성평가의 범위는 「산업안전보건법」뿐 아니라 「소방시설법」, 「시설물의 안전 및 유지관리에 관한 특별법」, 「승강기 안전관리법」 등 다수의 관계 법령을 통합적으로 반영하고 있으며 평가 항목은 구조적 결함, 설비 고장, 이용자 행동, 환경 조건 등 물적·인적 요인을 모두 포함하고 있다.

4.4 공중이용시설이 아닌 곳에서 발생한 사고

Q

「중대재해처벌법」상 공중이용시설이 아닌 장소에 서비스 제공용으로 설치된 장비가 낙하하여 해당 장소를 통행하던 일반 시민이 사망한 경우 중대시민재해에 해당할 수 있는지 궁금합니다. 또한 만약 중대시민재해에 해당할 수 있다면 중대산업재해 예방을 위한 '사업주와 경영책임자 등의 안전 및 보건 확보의무' 외에 중대시민재해 예방을 위한 별도의 '사업주와 경영책임자 등의 안전 및 보건 확보의무' 이행을 위해 취해야 할 조치사항이 있는지도 궁금합니다.

공중이용시설이 아닌 장소에서 서비스 제공용으로 설치된 장비가 낙하하여 일반 시민이 사망한 경우 해당 사고가 「중대재해처벌법」상 중대시민재해에 해당하는지는 사고의 원인과 장비의 성격 그리고 사업주 또는 경영책임자의 관리 책임 여부에 따라 판단된다. 중대시민재해는 「중대재해처벌법」 제2조 제3호에 따라 특정 원료 또는 제조물, 공중이용시설, 공중교통수단의 설계 · 제조 · 설치 · 관리상의 결함으로 인해 시민에게 사망 또는 중상해가 발생한 경우를 의미한다. 따라서 사고 장소가 공중이용시설에 해당하지 않더라도 낙하한 장비가 특정 제조물로 간주될 수 있고 그 장비의 설계나 설치, 관리상의 결함이 사고의 직접적인 원인이었다면 중대시민재해로 판단될 수 있다. 예를 들어 기업이 서비스 제공을 위해 설치한 키오스크, 광고탑, 무인기기 등이 시민에게 제공되는 장비이고 해당 장비의 고정 불량이나 구조적 결함으로 인해 낙하 사고가 발생했다면 이는 제조물 또는 설치물의 관리상의 결함으로 간주될 수 있다.

특히 해당 장비가 불특정 다수의 시민이 접근 가능한 위치에 설치되어 있었고 사업주 또는 경영책임자가 실질적으로 지배 · 운영 · 관리하고 있었다면 중대시민재해로 판단될 가능성이 높다. 이 경우 사업주 및 경영책임자는 중대시민재해 예방을 위한 별도의 안전 및 보건 확보의무를 이행해야 하며 이는 중대산업재해와는 구분되는 의무이다.

중대시민재해 예방을 위한 사업주 및 경영책임자의 의무는 「중대재해처벌법」 제9조 및 시행령 제10조 · 제11조에 따라 구체적으로 규정되어 있다. 시민 대상 서비스 제공 장비를 포함한 모든 공중이용시설 · 제조물 · 공중 교통수단에 대해 실질적인 안전관리 조치 위반

방안을 제시하면 다음과 같다.

① 시민에게 제공되는 장비에 대해 위험성평가 절차를 마련하고 이를 실제로 이행해야 한다. 이는 단순한 서류상의 계획이 아니라 장비의 구조적 안정성, 설치 위치, 이용 방식 등을 고려한 실질적인 위험요인 식별과 개선조치를 포함한다.
② 연 1회 이상 안전계획을 수립하고 이행해야 하며 반기 1회 이상 점검을 실시하거나 점검 결과를 보고받아야 한다. 이때 점검은 장비의 물리적 상태뿐 아니라 이용자 안전정보제공 여부, 경고 표시의 적정성, 접근제한장치의 작동 여부 등을 포함해야 한다.
③ 장비 설치 · 운영을 도급 · 용역 · 위탁 형태로 수행하는 경우 수급인의 안전관리능력을 평가할 수 있는 기준과 절차를 마련하고 중대시민재해 예방에 필요한 비용 기준을 설정해야 한다. 이를 계약에 반영하고 반기 1회 이상 점검해야 한다.
④ 사고 발생 시에는 재발방지 대책을 수립하고 유사 장비에 대한 전수 점검을 실시해야 하며 개선조치가 이행되었는지 확인하고 기록으로 남겨야 한다. 이는 단순한 사후 대응이 아니라 유사 사고의 예방을 위한 구조적 개선을 의미한다.
⑤ 시민 보호를 위해 장비 주변에 경고 표시, 접근제한장치, 안전정보제공 등의 조치를 취해야 하며 이는 이용자의 안전 인식 제고와 사고 예방을 위한 필수적인 조치이다.

이러한 의무는 단순한 형식적 요건이 아니라 시민의 생명과 신체를 보호하기 위한 실질적이고 지속적인 안전관리체계의 구축과 운영을 의미한다.

실제로 여러 지자체에서는 이러한 조치를 포함한 중대시민재해 예방 매뉴얼을 마련하여 시설별 대응체계를 운영하고 있다. 따라서 사고 장소가 공중이용시설이 아니더라도 낙하한 장비가 시민에게 제공되는 제조물로 기능하고 그 결함으로 인해 시민이 사망한 경우에는 중대시민재해로 판단될 수 있으므로 사업주 및 경영책임자는 중대시민재해 예방을 위한 안전 및 보건 확보의무를 별도로 이행해야 한다.

4.5 지하도상가 관리

Q 지하도상가를 관리하는 회사입니다. 현재 지하도상가는 「초고층 및 지하연계 복합건축물 재난관리에 관한 특별법」의 적용을 받고 있어 연 1회 이상 '재난예방 및 피해경감계획서'를 작성하도록 되어 있습니다. 이 경우에도 별도의 '안전계획서'를 수립해야 하나요? 만약 안전계획서를 작성하지 않은 경우 처벌을 받게 되나요?

「중대재해처벌법 시행령」 제10조 제4호 가목부터 다목의 규정은 안전계획 수립에 있어 기본적인 준수사항을 명시하고 있으며 이들 항목이 개별 법률의 이행계획에 이미 포함되어 있는 경우 별도의 안전계획서를 중복하여 작성할 필요는 없다고 명시되어 있다. 이는 행정의 효율성 확보와 과도한 규제 부담 방지를 위한 해석으로 이해된다. 다만, 안전계획서의 미작성 자체로 인한 즉각적인 행정처분이나 법적제재 조항은 존재하지 않지만 이 조치가 법적 면책을 의미하는 것은 아니다. 실제로 중대시민재해가 발생하는 경우 수사기관은 해당 영업시설의 사전 예방 조치 여부를 조사하면서 안전계획서의 존재와 작성 내용 등을 확인하게 되며 이는 안전 및 보건 확보의무 이행 여부를 평가하는 판단 기준으로 활용될 수 있다.

따라서 사업주 및 경영책임자는 법령상 명시된 안전 의무에 대한 형식적 요건을 넘어 안전계획의 구체성, 이행 의지, 점검 이력 등을 문서화하여 선제적으로 준비하는 것이 바람직하다. 이는 중대재해 발생 시 법적 책임의 경중을 가름하는 요소로 작용하며 결과적으로 조직의 위기 대응체계와 법적 리스크관리 수준을 보여주는 근거로 작용할 수 있다. 이러한 관점에서 안전계획서 작성은 단순한 문서 행정이 아니라 기업의 사회적 책임(CSR)을 이행하는 핵심 프로세스라고 봐야 한다.

05 제조업 기반 유해화학물질

5.1 제조업 기반의 사업장에서 중대시민재해 적용 관리

Q

제조업 기반의 사업장에서도 중대시민재해가 적용되어 관리해야 하는지 궁금합니다. 당사는 염소, 인화성 가스, 인화성 액체를 사용하는 사업장으로 PSM 대상 사업장이며 제1종 시설물을 보유하고 있습니다. 이러한 사유로 인해 중대시민재해가 적용되는지 아니면 중대산업재해만 관리하면 되는지 궁금합니다.

귀사의 경우 염소, 인화성 가스, 인화성 액체를 사용하는 PSM(Process Safety Management) 대상 사업장이기 때문에 중대산업재해뿐만 아니라 중대시민재해의 적용 대상이다.

중대시민재해는 특정 원료 또는 제조물, 공중이용시설, 공중교통수단의 설계 · 제조 · 설치 · 관리상의 결함으로 인해 시민에게 사망 또는 중상해가 발생한 경우를 의미한다. 사업장에서 생산 · 제조 · 판매 · 유통 중인 원료나 화학물질이 인체에 해로운 성질을 가지고 있고 그 취급 과정에서 시민에게 피해를 줄 수 있는 경우에는 중대시민재해로 간주될 수 있다.

예를 들어 사업장에서 염소가 누출되어 인근 지역 시민이 중독되어 사망하거나 중상해를 입은 경우 이는 중대산업재해가 아닌 중대시민재해로 판단된다.

따라서 중대산업재해 예방을 위한 안전보건관리체계뿐만 아니라 중대시민재해 예방을 위한 별도의 안전계획과 점검 체계를 함께 구축해야 한다. 중대시민재해 예방을 위한 사업주 및 경영책임자의 의무에는 다음과 같은 조치가 포함된다.

① 시민에게 노출될 수 있는 원료·제조물에 대한 위험성평가 절차 마련 및 이행
② 연 1회 이상 안전계획 수립 및 이행과 반기 1회 이상 점검 또는 점검 결과 보고
③ 도급·용역·위탁 관계에서의 안전관리 기준 마련과 수급인 평가
④ 사고 발생 시 재발방지 대책 수립 및 유사 장비·시설에 대한 전수 점검
⑤ 시민 보호를 위한 경고 표시, 접근제한장치, 안전정보제공 등 예방 조치

따라서 제조업 기반의 사업장이라 하더라도 시민에게 피해를 줄 수 있는 원료·제조물을 취급하고 있다면 중대시민재해의 적용 대상이 될 수 있으며 이에 따라 중대산업재해와 중대시민재해를 동시 관리하는 체계를 갖추는 것이 법적·실무적으로 필요하다.

5.2 지자체에서 준수해야 할 사항과 유해화학물질 취급

Q 지자체 및 관공서에서 준수해야 할 사항 또는 유해화학물질을 취급하는 탱크로리 운송 시 중대시민재해와 관련된 부분이 궁금합니다.

유해화학물질을 운송하는 탱크로리 사업자는 해당 차량이 시민에게 직접적인 위해를 줄 수 있는 제조물로 기능하기 때문에 「중대재해처벌법」상 중대시민재해의 적용 대상이 될 수 있다. 특히 탱크로리의 구조적 결함, 안전밸브의 오작동, 방재 장비 미비, 운전자 교육 미이행 등으로 인해 누출, 폭발, 화재 등의 사고가 발생하여 시민이 사망하거나 중상해를 입은 경우는 중대시민재해로 간주된다. 이에 따라 운송사업자는 다음과 같은 조치를 이행해야 한다.

① 운반 장비에 대한 위험성평가를 실시하고 방재 요령 카드, 안전밸브, 누출 감지기, 개인 보호구, 방재 장비 등을 갖추어야 한다.
② 운송 계획서와 자체 점검 대장을 작성하고 반기 1회 이상 점검을 실시하거나 점검

결과를 보고받아야 한다.

③ 도급 · 위탁 관계가 있는 경우 수급인의 안전관리 능력을 평가하고 필요비용과 기준을 마련해야 한다.

④ 사고 발생 시에는 재발방지 대책을 수립하고 유사 차량에 대한 전수 점검을 실시해야 하며 시민 보호를 위한 경고 표시와 접근제한장치도 설치해야 한다.

유해화학물질을 운송하는 탱크로리에 대해 지자체 및 관공서가 준수해야 할 사항은 「화학물질관리법」과 관련 고시, 산업안전보건 기준에 따라 시설기준, 운행 관리, 사고 예방 및 대응 체계를 포함하여 다층적으로 규정되어 있다.

지자체 및 관공서는 유해화학물질을 운송하는 탱크로리에 대해 허가 · 점검 · 감독 · 교육 · 사고 대응 등 다양한 역할을 수행해야 하며 특히 시민 안전과 환경 보호를 위해 다음과 같이 법령상 요구되는 사항을 철저히 이행해야 한다.

① 유해화학물질 운반 업체에 대한 영업 허가와 변경 신고 관리를 수행해야 한다. 운반 차량의 구조, 적재량, 운반 물질의 종류 등을 확인하고 운반 계획서 및 방재 요령 카드(MSDS 포함)를 검토하여 적정성을 판단해야 한다. 운반 차량은 「화학물질관리법 시행규칙」 별표 5 및 별표 6에 따른 운반 시설 기준을 충족해야 하며 지자체는 이를 검사 기관과 협력하여 정기적으로 확인해야 한다.

② 운반 차량에 대한 시설과 장비 기준 점검을 수행해야 한다. 탱크로리에는 누출 감지기, 긴급 차단 밸브, 방호틀, 접지 도선, 안전밸브, 방재 장비(소화기, 방독 마스크, 로프 등)가 갖추어져 있어야 한다. 지자체는 운반 업체가 이를 유지 · 관리하고 있는지를 반기 1회 이상 점검하거나 점검 결과를 보고받아야 한다.

③ 운반자에 대한 안전교육 이수 여부 확인이 필요하다. 운전자는 해당 화학물질의 성질, 취급 시 주의사항, 사고 발생 시 조치 사항에 대해 교육을 받아야 한다. 지자체는 교육 이수증을 확인하고 미이수자에 대해 시정조치를 취해야 한다.

④ 운반 중 사고 발생 시 비상 대응체계 구축과 협조가 요구된다. 지자체는 유해화학물질 누출, 화재, 폭발 등의 사고 발생 시 관계기관과 협력하여 신속한 대응이 가능하도록 비상 연락망, 방재 장비, 대피계획 등을 사전에 마련해야 하며 사고 발생 시에는 즉시

현장에 출동하여 통제 및 복구를 지원해야 한다.

⑤ 운반 차량의 운행 전·중·후 점검 사항을 관리해야 한다. 운반 전에는 적재물의 누출 여부, 고정 상태, 경고 표시 부착 여부 등을 확인하고 운행 중에는 정전기 방지 접지, 안전 속도 준수, 운전자 휴식 시간 확보 등을 점검해야 하며 운행 후에는 누출 여부 및 차량 상태를 확인해야 한다.

⑥ 지자체는 유해화학물질 운반 차량의 차고지 확보, 세차 시설, 폐수처리 시설, 개인 보호구 비치, CCTV 설치 등을 포함한 운반 업체의 시설기준 이행 여부를 지속적으로 관리해야 한다.

만약 위반 시에는 행정처분 또는 과태료 부과 등의 조치를 취해야 한다. 지자체 및 관공서는 유해화학물질 운송과 관련된 시설기준, 운반자 교육, 사고 예방 및 대응, 점검 및 감독을 체계적으로 수행함으로써 시민의 생명과 환경을 보호하는 법적·행정적 책임을 이행해야 한다.

5.3 사외 배관에서 화학물질의 유출

Q 사외 배관에서 화학물질이 유출되어 인근 지역 주민에게 중대재해가 발생했다면 중대시민재해에 해당할 것으로 보입니다. 「중대재해처벌법」 규정 이행에 있어 중대산업재해와 달리(혹은 추가적으로) 관리해야 하는 부분은 무엇인가요?

사외 배관에서 유해화학물질이 유출되어 인근 지역 주민에게 사망 또는 중상해가 발생한 경우 해당 사고는 「중대재해처벌법」상 중대시민재해에 해당할 수 있다. 이 경우 사업주 및 경영책임자는 중대산업재해와는 구분되는 별도의 중대시민재해에 대한 안전 및 보건 확보 의무를 이행해야 한다. 중대산업재해는 근로자에게 발생한 재해를 대상으로 하며 「산업안전보건법」 중심의 관리체계를 요구한다.

반면 중대시민재해는 일반 시민에게 발생한 재해를 대상으로 하며 특정 원료 또는 제조물의 설계 · 제조 · 관리상의 결함이 원인이 된 경우에 적용된다. 사외 배관을 통해 이송되는 유해화학물질은 사업장에서 생산 · 제조 · 유통 중인 특정 원료 · 제조물로 간주될 수 있으며 해당 배관의 구조적 결함이나 관리 미비로 인해 시민에게 피해가 발생했다면 중대시민재해로 판단될 수 있다. 이러한 경우 사업주 및 경영책임자는 중대시민재해 예방을 위해 다음과 같은 조치를 별도로 이행해야 한다.

① 유해화학물질 및 사외 배관에 대한 위험성평가 절차를 마련하고 이를 실제로 이행해야 한다. 배관의 재질, 구조, 압력, 내구성, 누출 감지 시스템 등은 기술 기준을 충족해야 한다. 또한 「화학물질관리법」과 관련 고시에서 정한 사외 배관 이송 시설의 설치나 관리 기준을 따라야 한다.

② 연 1회 이상 안전계획을 수립하고 반기 1회 이상 점검하거나 점검 결과를 보고받아야 한다. 점검 항목에는 배관의 내압 시험, 비파괴 검사, 누출 검지기 설치, 긴급 차단 밸브 작동 여부 등이 포함된다.

③ 도급 · 용역 · 위탁 관계가 있는 경우 수급인의 안전관리 능력을 평가하고 중대시민재해 예방에 필요한 기준과 비용을 마련해야 한다.

④ 사고 발생 시에는 재발방지 대책을 수립하고 유사 배관에 대한 전수 점검, 구조 개선, 경고 표시 강화 등의 조치를 취해야 한다.

⑤ 시민 보호를 위해 사외 배관이 인근 지역을 통과하는 경우 위험 물질 이송 사실을 알리고 경고 표지 및 접근제한장치를 설치해야 한다.

결론적으로 사외 배관에서 유해화학물질이 유출되어 시민에게 피해가 발생한 경우에는 중대산업재해와는 별도로 중대시민재해로 판단될 수 있으며 이에 따라 사업주 및 경영책임자는 중대시민재해 예방을 위한 안전보건관리체계를 별도로 구축하고 이행해야 한다.

5.4 제조물에 의한 중대시민재해 성립 조건

Q

1. 제조물에 의한 중대시민재해의 성립 조건이 궁금합니다.
2. 공중교통수단이나 산업재해와 관련해서는 다양한 솔루션이나 교육이 마련되어 있지만 제조물과 관련된 정보나 교육은 접해본 적이 없습니다. 혹시 제조물 관련 정보는 어디에서 확인할 수 있는지 그리고 관련 교육계획이 있으신지 궁금합니다.

제조물 관련 중대시민재해에 대한 정보와 교육은 최근 들어 점차 확대되고 있으며 환경부와 관련 전문기관을 중심으로 실무자와 기업을 위한 다양한 자료와 교육프로그램이 마련되고 있다. 우선 환경부는 「중대재해처벌법」 제3장에 해당하는 제조물 분야의 중대시민재해에 대해 해설서와 리플릿을 발간하여 법령의 구조, 적용 대상, 경영책임자의 의무, 예방 조치 등을 상세히 설명하고 있다. 이 자료는 지자체 홈페이지를 통해 공유되고 있으며 환경부 공식 웹사이트에서도 열람할 수 있다.

서울시 또한 2025년 중대재해(산업 · 시민) 예방 종합계획을 수립하면서 제조물 분야를 포함한 안전보건 교육과정별 교육 시간과 내용을 정리한 자료를 공개한 바 있다. 이는 지자체 차원의 교육계획 수립과 실무자 역량 강화에 기여하고 있다. 결론적으로 제조물 관련 중대시민재해에 대한 정보는 환경부의 해설서, 지자체의 예방 계획서, 전문기관의 컨설팅 프로그램 등을 통해 취득할 수 있으며 교육은 법령 이해도 제고, 실무자 교육, 맞춤형 진단 · 처방 형태로 점차 확대되고 있다. 향후 온라인 콘텐츠나 워크숍 등 제조물 분야에 특화된 교육도 더욱 활성화될 것으로 기대된다.

5.5 제조사에서 판매사로 운송하는 과정에서 발생하는 사고

Q 제조사에서 판매사로의 운송 과정에서 발생할 수 있는 리스크를 줄이기 위한 방법에 대해 의견 부탁드립니다.

제조사에서 판매사로 제품을 운송하는 과정에서 중대시민재해 측면에서 발생할 수 있는 리스크를 줄이기 위해서는 단순한 물류 효율화가 아닌 제조물의 안전성과 운송 중 시민 피해 가능성에 대한 사전 예방적 관리체계를 구축하는 것이 핵심이다. 중대시민재해는 「중대재해처벌법」 제2조 제3호에 따라 특정 원료 또는 제조물의 설계 · 제조 · 관리상의 결함으로 인해 시민에게 사망 또는 중상해가 발생한 경우를 의미한다. 제조사와 판매사 간 운송 과정에서 제품의 물리적 결함, 포장 불량, 운송 중 누출 · 파손 등으로 인해 시민에게 피해가 발생할 경우 해당 법 적용 대상이 될 수 있다. 따라서 제조물 운송 과정에서 중대시민재해를 예방하기 위해서는 다음과 같은 구체적인 조치가 필요하다.

① 제조물의 위험성평가와 운송 리스크 분석을 실시해야 한다. 제품의 물리적 특성, 화학적 성질, 온도 민감도, 충격 민감도 등을 고려하여 운송 중에 발생 가능한 위험요인을 사전에 식별하고 이에 대한 대응 방안을 마련해야 한다. 특히 유해화학물질, 고압가스, 인화성 물질 등은 「화학물질관리법」과 관련 고시에 따른 운송 기준을 충족해야 한다.

② 운송 업체와의 계약 시 안전관리 기준을 명확히 설정하고 도급 · 용역 · 위탁 관계에 있는 수급인의 안전관리 능력을 평가해야 한다. 중대시민재해 예방을 위한 비용 기준을 계약서에 반영하고 반기 1회 이상 점검하거나 점검 결과를 보고받아야 한다.

③ 운송 장비 및 포장 방식에 대한 기술적 기준을 마련해야 한다. 제품의 특성에 따라 충격 방지 포장, 누출 방지 밀봉, 온도 유지 장치 등을 적용하고 탱크로리나 컨테이너 등 운송 장비에 대해 누출 감지기, 긴급 차단 밸브, 경고 표시 등을 설치해야 한다.

④ 운송 중 시민 피해 가능성이 있는 경로에 대한 사전 분석을 실시하고 대체 경로 확보를 마련할 필요가 있다. 특히 도심지, 학교, 병원 인근을 통과하는 경우는 위험물 운송

제한 시간대 설정, 경고 표지 부착, 운전자 교육 등을 통해 시민 피해 가능성을 최소화해야 한다.

⑤ 사고 발생 시 재발방지 대책을 수립하고 유사 제조물에 대한 전수 점검을 실시해야 한다. 사고 원인을 분석하고 구조 개선, 포장 방식 변경, 운송 경로 조정 등 실질적인 개선조치를 이행해야 하며 이를 기록으로 남겨야 한다.

제조사에서 판매사로의 운송 과정은 단순한 물류 절차가 아니라 시민의 생명과 안전에 직결되는 제조물 관리 행위로 간주될 수 있다. 중대시민재해 예방을 위한 법적·기술적·운영적 조치를 통합적으로 이행하는 것이 필수적이다.

06 원료 · 제조물

6.1 원료 및 제조물의 범위

Q "원료 및 제조물"의 범위는 무엇인가요?

「중대재해처벌법」은 제조물이나 원료의 종류를 시행령 [별표 5]에서 규정하고 있다. 그러나 이 법의 핵심은 제품의 본질적인 성질이 인체에 유해한가의 여부도 있지만 설계 · 제조 · 관리 과정에서 결함이 존재했는지에 있다. 즉, 원료나 제조물이 본래 유해성을 지니지 않더라도 그 생산 · 유통 · 사용 과정에서 안전보건 확보의무를 위반해 위해를 발생시킨 경우라면 법 적용 대상이 될 수 있다.

이는 법이 단순한 결과 책임이 아닌 기업과 경영책임자의 사전적 예방 의무와 안전보건 확보 조치의 이행 여부에 중점을 둔다는 것을 뜻한다. 특히 제조물의 결함은 물리적 · 화학적 성질뿐 아니라 경고 표시의 미흡, 구조적 설계 미비, 품질관리 실패, 사용상 위험에 대한 고려 부족 등 복합적인 요인을 포함하여 판단된다. 따라서 중대시민재해로 분류되기 위해 해당 제조물에 반드시 독성 화학물질이 포함되어 있어야 하는 것은 아니며 통상적인 사용 과정에서 인체 피해가 발생하고 그 원인에 결함이 있다면 「중대재해처벌법」의 적용이 가능하다. 이러한 해석은 피해자 보호와 기업 책임 강화를 목표로 한 입법 취지와도 부합한다.

기본적으로 인체에 해로운 원료 · 제조물이 포함되며 유해성을 기본적 속성으로 하지 않는 경우도 생산 · 제조 · 판매 · 유통 단계에서 설계 · 제조 · 관리상 결함이 있다면 「중대재해처벌법」의 적용 대상이 될 수 있다.

6.2 자동차, 승강기 등의 제작 과정에서 결함

Q 자동차, 승강기 등도 제작 과정에서 결함이 있는 경우 중대시민재해의 원인이 되는 원료 또는 제조물로 볼 수 있을까요?

「중대재해처벌법」의 적용 범위에서는 해당 제조물의 고유 성질보다 설계 · 제조 · 설치 · 관리 과정에서의 결함 여부와 그로 인한 인체 피해 발생 여부가 더욱 핵심적인 판단 기준이 된다. 즉, 제품 자체에 독성이 없더라도 사용 과정에서 인체피해가 발생했을 경우 사업주나 경영책임자가 안전보건 확보의무를 제대로 이행하지 않은 경우 해당 제조물은 법적 책임이 따를 수 있는 대상이 된다. 예를 들어 승강기가 과속방지장치 없이 설치되어 다수의 추락사고가 발생하거나 자동차의 브레이크 시스템에 설계 결함이 있어 운전자 또는 보행자의 생명과 건강을 해치는 사고가 발생했다면 이는 단순한 고장이나 사고가 아니라 안전조치를 소홀히 한 구조적 결함에 따른 중대시민재해로 간주될 수 있다.

이 경우 해당 제조물은 「중대재해처벌법」에서 규정하는 원료 · 제조물에 해당하며 사업주나 경영책임자에게 법적 책임을 묻는 근거가 된다. 이 법은 피해자 보호와 책임자 의무 강화를 취지로 하며 그 적용 범위를 원료의 유해성이나 물리적 특성에만 제한하지 않는다. 오히려 일상적이고 일반적인 설비일지라도 운용 과정에서 안전 확보의무를 이행하지 않아 중대한 인명피해가 발생했다면 해당 제조물은 법적 판단의 대상이 될 수도 있다.

6.3 제조물에서 부동산의 일부를 구성하는 동산

Q 제조물이란 제조되거나 가공된 동산(다른 동산이나 부동산의 일부를 구성하는 경우를 포함한다)을 의미하는데 부동산의 일부를 구성하는 동산에는 어떤 것이 있나요?

「중대재해처벌법」 제2조 제6호에서 규정하는 '제조물'은 단순히 공산품이나 기계류에 국한되지 않고 건물의 일부를 구성하는 장치나 설비까지 포괄적으로 포함하는 개념이다. 대표적인 예로 승강기가 있다. 이는 건물 내에 설치되어 사람의 이동을 돕는 역할을 하지만 동시에 물리적 위험을 내포하고 있어 법적 판단의 대상이 될 수 있다. 승강기는 정상 작동 시 인체에 직접적인 위해를 가하지 않지만 설계 · 제조 · 관리상의 결함이 존재할 경우 중대한 시민 피해를 초래할 수 있다. 과속방지장치 미설치, 정기점검 미실시, 결함 인지 후 미조치 등의 상황에서 사고가 발생하면 해당 승강기는 인체에 유해한 제조물로 간주되어 「중대재해처벌법」의 적용 대상이 된다.

다만, 이러한 법 적용 여부는 단순히 물리적 사고 발생 여부만으로 판단하는 것이 아니라 피해 규모, 안전보건 확보의무 이행 수준, 사고 발생의 인과관계, 결함의 존재와 책임 주체 등을 종합적으로 고려하여 판단해야 한다. 즉, 사고에 연루된 사업주 또는 관계자의 주의의무 위반이 명확히 드러나야 법적 책임으로 이어질 수 있으며 제조사, 설치업체, 유지관리업체 중 누구에게 주된 책임이 있는지도 사실관계를 바탕으로 엄격히 따져봐야 한다. 이러한 해석은 중대시민재해를 예방하고 시민의 생명과 안전을 보호하기 위한 입법 취지를 반영한 것으로 실질적 책임을 지닌 자에게 형사적 책임을 부과함으로써 사회 전체의 안전관리 수준을 높이고자 하는 데 목적이 있다.

6.4 원료 · 제조물의 범위 및 기준

Q 「중대재해처벌법 시행령」 제8조의 법령 내용에서 원료 · 제조물의 범위 및 기준은 시행령 별표 5에 기재된 원료 · 제조물만을 의미하나요?

중대재해처벌법 시행령 [별표 5]에서 제조물이나 원료의 종류를 규정하고는 있지만 기본적으로 모든 원료 · 제조물을 적용 대상으로 보는 것이 좋다. 이는 인체에 해로운 성분이 포함된 경우뿐만 아니라 본래 유해성을 가지지 않는 원료나 제품이라도 설계 · 제조 · 관리상의 결함으로 인해 재해가 발생할 수 있다면 법 적용 대상이 된다는 의미다. 법령에서는 원료 · 제조물의 범위를 좁게 해석하지 않으며 시행령에서도 이를 명시적으로 한정하고 있지 않다.

특히 시행령 제8조는 경영책임자와 기업이 안전보건 확보의무를 어떻게 이행해야 하는지에 대한 실무적 조치 기준을 제시하고 있다. 시행령 제8조 제1호 및 제2호는 안전보건관리를 위한 인력과 예산의 편성 · 집행을 요구하고 있다. 제3호에서는 유해 · 위험요인을 포함한 원료 · 제조물에 대해 주기적인 점검, 신고 및 개선조치, 재해발생 시의 보고 · 신고 의무를 명시하고 있다. 또한 제4호에서는 업무처리 절차 마련과 재해 대응체계 구성, 제5호에서는 반기 1회 이상 점검을 실시하고 결과에 따른 조치 이행까지 포함하고 있다.

이처럼 중대재해처벌법은 원료 · 제조물의 본질적 특성보다는 이를 어떻게 설계 · 제조 · 관리하고 있는지 그리고 위험 발생 가능성을 사전에 어떻게 예방하고 대응하고 있는지에 초점을 두고 법 적용 여부를 판단한다. 중대재해처벌법은 단순한 사고 책임을 넘어 예방 중심의 안전보건관리체계 구축을 요구하는 법으로 모든 원료와 제조물이 잠재적으로 중대시민재해를 일으킬 수 있는 대상임을 인식하고 기업은 그에 상응하는 의무를 다하도록 하는 것이 바람직하다.

6.5 생산한 전기

Q 전기를 생산(발전)하여 한전으로 전기를 판매하고 있다면 생산한 전기는 「중대재해처벌법」 제9조제1항에 따른 제조물에 해당하나요?

「중대재해처벌법」은 원료 및 제조물의 적용 범위를 시행령 [별표 5]에서 규정하고는 있다. 그러나 이 법에서 말하는 '원료'와 '제조물'은 그 종류나 물리적 · 화학적 특성과 관계없이 폭넓게 해석될 수 있으며 기본적으로 모든 원료 · 제조물이 적용 대상이 될 수 있다. 이러한 법적 구조는 인체에 해로운 성분이 내재된 원료 또는 제조물뿐만 아니라 본래 유해성을 지니지 않은 물질이라도 설계 · 제조 · 관리상의 결함으로 인해 인명피해가 발생할 경우 해당 원료나 제조물이 중대시민재해로 이어질 수 있음을 의미한다. 예를 들어 전기, 전선, 배관, 기계장치 등은 원재료의 성질만으로는 유해하지 않지만 제조물책임법의 범위에 포함되며 이들이 결함을 지닌 상태에서 인명피해를 유발한 경우에는 중대재해처벌법의 적용 대상이 된다.

시행령에서는 원료 · 제조물에 대한 안전보건 조치를 상세히 규정하고 있다. 기업은 관련 인력과 예산을 편성 · 집행하고 유해 · 위험요인이 있는 원료 · 제조물에 대해서는 정기적인 점검, 보고, 개선조치를 수행해야 하며 재해발생 시에는 신속한 보고와 대응이 필수적으로 요구된다. 이러한 의무는 단순한 관리 수준을 넘어 경영책임자의 사전 예방적 조치와 체계 구축을 핵심 책임으로 규정하고 있다.

결국 중대시민재해의 판단에 있어 중요한 것은 원료나 제조물의 성질 그 자체가 아니라 그 사용 및 관리 과정에서 안전보건확보 의무를 어떻게 이행했는지와 사고의 원인이 결함에 있었는지 그리고 이에 대한 책임 주체가 누구인지를 종합적으로 고려해야 한다는 점이다. 이러한 해석은 피해자 보호를 우선시하고 기업의 안전관리 책임을 강화하려는 입법 취지와도 밀접하게 연관된다.

6.6 전기 생산을 위한 황산, 암모니아

Q 전기를 생산(발전)하기 위해 석탄을 사용하고 발전 과정에서의 환경오염을 방지하기 위해 황산 · 암모니아 등을 사용한다면 이러한 황산과 암모니아도 「중대재해처벌법」에 따른 원료로 보아야 하나요?

「중대재해처벌법」은 제조물이나 원료의 적용 범위를 시행령 [별표 5]에서 한정적으로 규정하고 있다. 그러나 이는 해당 법이 특정 물질이나 제품에 국한되지 않고 제조나 공정 과정에서 사용되거나 관리되는 모든 원료 및 제조물에 포괄적으로 적용될 수 있도록 설계되었다. 따라서 해당 물질이 최종 제품의 구성 요소가 아니더라도 사업장 내에서 유해 · 위험요인으로 작용할 수 있다면 법적 책임의 대상이 될 수 있다. 예를 들어 황산이나 암모니아와 같은 물질이 사업장에서 직접 유통되거나 생산되지 않더라도 외부 공급업체로부터 공급 받아 사업장 내 저장 탱크에 보관하고 공정 중에 사용하는 경우 이는 단순한 공급 물질이 아닌 법적 의미에서의 '원료'로 간주된다.

이러한 물질은 인체에 심각한 위해를 가할 수 있는 유해화학물질이므로 이를 적절히 저장하고 점검하며 사고 예방체계를 마련하는 것은 사업주 및 경영책임자의 안전보건 확보의무에 해당한다. 또한 이러한 원료 · 제조물에 대해 사업주는 「중대재해처벌법 시행령」 제8조에 따라 정기적인 점검, 위험요인에 대한 신고 및 조치, 재해발생 시 보고 절차를 이행해야 하며 추가적으로 업무처리 절차를 마련하고 관련 인력과 예산을 확보해 반기 1회 이상 관리 실태를 점검해야 한다. 결국 이 법은 단순히 제조물의 성질에 의존하는 것이 아니라 해당 물질이 실제 사업장에서 어떻게 사용되고 있는지 어떠한 위험을 내포하고 있는지 그리고 사업주가 그에 맞는 예방과 대응체계를 제대로 갖추고 있었는지를 종합적으로 판단해 적용 여부를 결정하게 된다.

6.7 원료, 제조물 측면에서 건물이 무너지며 버스를 덮치는 사고

Q 건축 현장에서 건물이 무너지며 지나가던 버스를 덮쳐 시민이 사망한 경우 이는 중대시민재해에 해당하나요?

일반적으로 "제조물"이라는 개념은 인체에 직접적인 위해를 가할 수 있는 물리적 · 화학적 성질을 지닌 물건을 지칭하는 것으로 오해될 수 있으나 「중대재해처벌법」에서는 그 범위를 훨씬 넓게 정의하고 있다. 법 제2조 제6호에 따르면 제조물은 "다른 동산이나 부동산의 일부를 구성하는 물건"까지 포함하며 단순한 완제품뿐만 아니라 그 공정 과정에서 사용되는 원료나 물질도 적용 대상이 될 수 있다. 이러한 해석에 따라 일반적인 건축물 자체는 법령상 원료·제조물로 간주되지 않는다. 건축물은 고정된 구조물로서 부동산의 성격을 가지며 기계장치나 물리적 작용을 수행하는 기능성이 없기 때문이다.

그러나 건물 내에 설치된 승강기, 소방설비, 자동문, 냉난방 시스템 등은 독립적인 작동 기능을 가지며 구조 또는 관리상의 결함으로 인해 인체에 피해를 줄 수 있다면 법에서 말하는 제조물로 간주된다. 특히 이들 장비는 사고 발생 시 단순한 고장 수준을 넘어서 설계·제조·설치·관리상의 결함이 원인이라면 중대시민재해로 연결될 가능성이 크다. 따라서 사업주나 관리주체는 해당 설비에 대한 점검과 예방 조치를 충실히 수행해야 하며 사고 발생 시에는 법적 책임이 따를 수 있다.

결국 제조물의 개념은 물건의 형상이나 용도보다 기능성과 위해 가능성 그리고 관리자의 예방 의무이행 여부를 중심으로 해석되어야 한다. 이는 중대재해처벌법의 취지인 인명 보호와 책임 강화 원칙에 근거한 해석이며 실제 법 적용에 있어서도 사고 발생의 특성과 관리 구조를 면밀히 검토한 종합 판단이 요구된다.

6.8 조치 대상 원료 또는 제조물에 포함되지 않는 경우

Q 사업장에서 사망자가 1명 이상 발생하거나 동일한 원인으로 3개월 이상 치료가 필요한 질병자 10명 이상이 발생한 재해가 있었습니다. 그런데 저희 사업장에서 취급하는 원료·제조물은 「중대재해처벌법」 시행령 [별표 5]에서 정한 조치 대상 원료 또는 제조물에 포함되지 않습니다. 이런 경우도 중대시민재해에 해당하나요?

「중대재해처벌법」은 원료 및 제조물의 적용 대상을 시행령 [별표 5]에서 규정하고 있다. 그러나 이 법의 해석에 있어서 원료·제조물의 적용 범위는 포괄적이고 기능 중심적인 관점에서 접근해야 한다. 해당 물질이나 제품이 법령상의 별표에 명시되어 있지 않더라도 그것이 인체에 해로운 작용을 할 수 있고 그 사용·관리 과정에서 안전보건 확보의무를 위반함으로써 인명피해가 발생한 경우 해당 사고는 중대시민재해에 해당될 수 있으며 「중대재해처벌법」의 적용 대상이 된다. 시행령 [별표 5]에서 정하고 있는 원료 · 제조물은 시행령 제8조 제3항 및 제4항에 따라 업무처리 절차 마련 대상이 되는 원료 · 제조물을 의미한다. 일반적으로 시행령 [별표 5]는 대표적인 유해 · 위험 원료 · 제조물 목록이 제시된 것이며 해당 목록에 포함되지 않았다는 이유만으로 법 적용 대상에서 제외된다고 볼 수 없다. 법률은 어떠한 원료 · 제조물도 위험요인을 내포하고 있을 수 있으며 관리 소홀이나 설계 · 제조상의 결함으로 인해 중대한 시민 피해를 발생시킬 수 있다는 점을 전제로 하고 있다.

실제로 전선, 배관, 공정 설비 등은 일반적으로 유해 물질로 인식되지 않지만 「제조물책임법」의 해석에 따라 제조물로 분류될 수 있다. 사고 발생 시 설계 또는 관리상의 결함으로 인해 인명피해가 발생한다면 「중대재해처벌법」에 따라 법적 책임을 물을 수 있는 대상이 된다.

이러한 점을 종합적으로 고려할 때 중대시민재해의 성립 여부는 단순한 물질의 속성에 의존하지 않고 그 물질의 사용 방식, 관리 환경, 위험성 인지 및 대응 수준, 피해의 심각도, 사업주의 조치 이행 여부 등 다면적인 요소를 통해 판단되어야 한다.

6.9 동일한 사고 및 원인

Q 중대시민재해 발생 시 '동일한 사고' 및 '동일한 원인'의 의미와 '치료 기간'은 어떻게 해석하나요?

「중대재해처벌법」에서 '동일한 사고'란 하나의 사고로 보거나 장소적 · 시간적으로 근접성을 가진 일련의 과정에서 발생한 사고로 판단되는 경우를 말한다. 이때 '동일한 사고'로 인정되기 위해서는 두 가지 요건이 모두 충족되어야 한다.

① 사고가 발생한 장소와 시간의 연속성이 있어야 하며

② 사고로 인해 2개월 이상 치료가 필요한 부상자가 10명 이상 발생해야 한다.

사고의 원인이 같더라도 서로 다른 장소에서 발생하거나 시간적으로 명확한 간격이 있는 경우에는 각각 별개의 사고로 간주된다. 예컨대 동일한 설비 결함으로 인한 사고가 몇 주 간격으로 다른 사업장에서 발생한 경우 사고의 원인이 동일하더라도 '동일한 사고'로 판단되지는 않는다.

'2개월 이상 치료가 필요한 부상'은 단순히 입원 기간이나 회복 기간을 기준으로 판단하지 않는다. 해당 부상 자체 또는 그로 인해 발생한 합병증 등에 대해 직접적인 치료 행위가 2개월 이상 지속되어야 하며 기능 회복을 위한 재활 치료 기간은 원칙적으로 포함되지 않는다.

최초 진단 당시 치료 기간이 2개월 미만이었더라도 치료 과정에서 기간이 늘어나 2개월 이상 치료가 필요한 부상자가 10명 이상 발생한 경우는 그 시점에서 중대시민재해가 발생한 것으로 판단한다.

'동일한 원인'이란 단순히 유사한 질병이 발생했다는 의미를 넘어 하나의 사고 또는 장소적·시간적으로 밀접하게 연결된 일련의 과정에서 발생한 경우를 말한다.

따라서 질병의 원인이 같더라도 시간적 또는 장소적 근접성이 부족하면 각각 개별 질병 발생 사례로 간주되며 '동일한 원인'으로 인정되지는 않는다. '3개월 이상 치료가 필요한 질병자'란 해당 질병 자체뿐 아니라 그로 인해 발생한 합병증 등을 포함해 직접적인 치료가 3개월 이상 지속되어야 하며 단순한 기능 회복이나 재활 과정에서의 치료 기간은 포함되지 않는다. 즉, 환자 상태에 따라 치료 기간이 장기화되었다 하더라도 재활 중심의 관리나 회복 조치는 중대시민재해 판단 기준의 치료 기간에 포함되지 않는다.

6.10 상시근로자 5인 미만인 사업 또는 사업장

Q 상시근로자 5인 미만인 사업 또는 사업장에서도 원료·제조물로 인한 재해가 발생한 경우 「중대재해처벌법」의 중대시민재해 관련 규정이 적용되나요?

「중대재해처벌법」은 중대산업재해와 중대시민재해를 구분하여 규율하고 있으며 그 적용 대상 역시 다르게 설정되어 있다. 특히 상시근로자 5인 미만의 사업 또는 사업장의 경우 「중대재해처벌법」 제3조에 따라 중대산업재해에 관한 적용은 예외로 인정된다. 이는 해당 사업장의 규모나 근로환경을 고려한 제한 규정이다.

그러나 이러한 예외는 중대시민재해에는 적용되지 않는다. 즉, 해당 사업장이 근로자 수 기준에서 법적 적용을 받지 않더라도 그 사업장에서 원료 또는 제조물을 통해 불특정 다수의 시민에게 인명피해가 발생한 경우 사업주는 「중대재해처벌법」에 따라 법적 책임을 질 수 있다.

예를 들어 상시근로자가 3명인 소규모 공장에서 유독물질을 잘못 취급하거나 설계 · 제조 · 관리상의 결함으로 인해 그 물질이 외부로 유출되어 다수 시민에게 피해를 준다면 이는 중대시민재해에 해당하며 법 적용을 받는다. 이때 사업주 또는 경영책임자는 안전보건 확보 의무의 이행 여부에 따라 처벌 가능성이 발생한다. 이러한 규정은 시민의 생명과 안전을 보호한다는 법의 본래 목적에 충실하며 규모와 관계없이 사회 전체에 영향을 줄 수 있는 재해에 대해서는 예외 없는 책임 체계를 마련하고자 하는 취지를 반영한 것이다.

6.11 일반 시민이 사업장 내에서 사망하거나 부상

Q 일반 시민이 사업장 내에서 사망하거나 부상을 당한 경우 중대산업재해와 중대시민재해 중 어디에 해당되나요?

「중대재해처벌법」에서 규정하는 중대시민재해는 단순히 근로자에게 발생한 사고에만 적용되는 것이 아니라 노무를 제공하거나 업무를 수행하지 않는 일반 시민에게 발생한 인명피해도 포함된다고 볼 수 있다. 즉, 피해자가 근로자인지 여부는 중대시민재해 판단의 핵심 요건이 아니다. 사고가 사업장 원료 또는 제조물로부터 유발되었는지 피해 규모가 중대한지의 여부가 중요한 기준이 된다. 예를 들어 제조공장을 견학하던 방문객이 안전설비의 결함이나 위험물질 누출 등으로 인해 사망하거나 부상을 입은 경우 피해자는 근로자가 아니지만 해당 사고는 중대시민재해에 해당할 수 있다. 이는 사업장이 일반 시민에게도 직접적인 위해 요인을 제공한 경우로 간주되며 사업주는 안전보건 확보의무를 다했는지의 여부에 따라 법적 책임을 질 수 있다. 따라서 사업주 또는 경영책임자는 근로자뿐만 아니라 사업장을 출입하거나 제품에 노출될 수 있는 모든 사람에 대한 안전관리 의무를 이행해야 하며 이를 소홀히 했을 경우 중대시민재해로 판단되어 「중대재해처벌법」의 적용을 받게 된다.

6.12 중대시민재해 적용 범위 등의 문의

Q 중대시민재해의 적용 범위 등에 대해 문의하려면 어디에 연락해야 하나요?

「중대재해처벌법」상 중대시민재해는 사고의 성격과 발생 영역에 따라 담당 주무부처가 구분되어 관리되고 있다. 구체적으로 다음과 같이 분류할 수 있다. 먼저, 원료 · 제조물 분야에서 발생한 중대시민재해는 환경부 화학물질정책과(☎ 044-201-6775)가 총괄한다. 이는 유해화학물질의 취급 · 저장 · 누출 및 관리상 결함 등으로 인해 시민에게 직접적인 인명피해가 발생하는 사고에 해당하며 사업장의 안전관리와 사고 예방체계 구축에 대한 행정지도를 포함한다.

공중이용시설 또는 공중교통수단 분야에서 발생한 중대시민재해는 국토교통부 시설안전과(☎ 044-201-4594)가 담당한다. 예를 들어 건물과 같은 공중이용시설과 버스 · 지하철 · 항공기 등 교통수단에서 시민 피해가 발생한 경우에 해당하며 관련 시설의 설계 · 운영 · 점검 체계 등에 대한 법적 기준과 행정 감독이 포함된다.

이외에도 중대시민재해에 연계된 다양한 안전보건 관계 법령에 따라 산업통상자원부, 행정안전부, 보건복지부 등 소관 부처별로 안전보건 확보의무의 세부 이행사항을 관리하는 체계가 존재한다. 해당 부서들은 법률에 따른 예방 조치, 사고 대응 절차, 교육 및 점검 기준 등을 마련하고 이를 각 사업장에 요구한다. 결국 중대시민재해 관리체계는 사고 유형에 따라 주무 부처가 기능적으로 분화되어 있으며 사업주 또는 경영책임자는 자신이 속한 사업장의 사고 가능성과 분야에 따라 적절한 행정지도와 법령 기준을 숙지하고 이행할 책임을 갖고 있다.

6.13 사업주 및 경영책임자 등

Q 「중대재해처벌법」상 '사업주 및 경영책임자 등'의 구체적인 의미는 무엇인가요?

법령상 '사업주'란 "자신의 사업을 영위하는 자, 타인의 노무를 제공받아 사업을 하는 자"를 의미한다. 「중대재해처벌법」은 실질적으로 사업을 수행하는 자에게 안전 및 보건 확보의무를 부여하는 법률로 계약 구조나 고용 형태와 무관하게 적용 범위를 폭넓게 인정한다. 즉, 직접 근로자를 고용하지 않더라도 사업 수행을 위해 계약을 체결하고 해당 수급인이 노무를 제공하거나 수급인의 종사자가 사업장의 업무에 참여하는 경우라면 그 사업을 영위하는 자는 「중대재해처벌법」상 '사업주'에 해당할 수 있다. 이러한 법적 구조는 단순히 고용관계가 있는 근로자에게만 적용되는 것이 아니다. 실질적으로 사업장 내에서 일하는 모든 사람에게 영향을 미친다고 볼 수 있다. 특히 중대재해가 발생했을 경우 법은 해당 사업주가 안전조치, 예방계획, 점검 및 개선 활동을 성실히 이행했는지를 기준으로 책임 여부를 판단한다.

한편 「중대재해처벌법」이 규정하는 '경영책임자 등'의 범위는 다음과 같다.

① 사업을 대표하고 총괄하는 권한과 책임을 가진 사람 또는 그에 준하여 안전보건 업무를 담당하는 사람으로 민간기업의 대표자, 최고경영자, 안전보건 총괄 책임자 등이 포함된다.

② 공공부문에서는 중앙행정기관의 장, 지방자치단체의 장, 「지방공기업법」에 따른 지방

공기업의 장 그리고 「공공기관의 운영에 관한 법률」상 공공기관으로 지정된 기관의 장 등이 해당된다.

결국 이 법은 단순한 고용책임이나 관리 범위를 넘어 사업을 영위하는 자가 제3자의 노무 제공 구조 속에서 안전보건 확보 책임을 다할 수 있도록 명확한 의무를 부여하고 있으며 사회적 안전망 강화를 위한 포괄적인 책임 구조를 형성하고 있다.

6.14 경영책임자 등 특정

Q '경영책임자 등'은 어떠한 기준으로 특정될 수 있나요?

「중대재해처벌법」에서 규정하는 안전보건 확보의무는 단일한 주체에만 귀속되는 것이 아니라 사업주와 경영책임자 모두에게 공동으로 부과되는 법적 책임이다. 법 제9조에서 "사업주 또는 경영책임자"라는 표현은 단순한 선택적 책임을 의미하는 것이 아니라 두 주체가 각각 독립적으로 그리고 공동으로 의무를 이행해야 한다는 의미를 내포하고 있다.

특히 경영책임자는 법적으로 사업을 대표하고 총괄하는 권한과 책임을 가진 사람을 의미하며 이에 더하여 안전 및 보건에 관한 업무를 실질적으로 담당하면서 최종적인 의사결정권을 행사할 수 있는 자 또한 '경영책임자 등'으로 간주된다. 이는 조직 내에서 명시적으로 안전관리 업무를 전담하지 않더라도 실질적으로 그 정책 수립이나 실행에 있어 결정권을 행사할 수 있는 자는 법적 책임 주체가 될 수 있다는 점을 시사한다.

나아가 경영책임자가 복수로 존재하는 경우는 중대재해 발생 시 각 책임자의 의무이행 여부, 최종적 결정에 대한 관여 정도 그리고 해당 사고와의 인과관계 등을 고려하여 개별적으로 형사책임이 부과된다. 이는 책임의 분산이나 형식적 직책을 통한 면책을 방지하고 실질적으로 책임을 갖고 있는 자에게 법적 귀속을 명확히 하기 위한 법 취지다.

「중대재해처벌법」은 조직 내 공식적인 직책뿐만 아니라 그 직책을 통해 실질적으로 안전보건 관련 의무를 결정하고 집행할 수 있는 권한을 가진 자 모두에게 책임을 묻는 구조로 되어 있다. 이는 예방 중심의 안전관리체계를 확립하고자 하는 입법 취지를 반영한 것이다. 일반적으로 경영책임자는 다음과 같이 구분할 수 있다.

① 사업대표 및 총괄관리가 공동으로 이루어지는 경우(공동대표이사 등)

사업을 대표하고 총괄하는 권한과 책임이 있는 사람이 2명 이상이라면 두 사람 모두 경영책임자가 될 수 있으며 안전 및 보건 확보의무도 공동으로 부여된 것으로 볼 수 있다. 특히 복수의 대표이사가 있는 경우에는 회사 내의 ⓐ 직무 ⓑ 책임과 권한 ⓒ 기업의 의사결정 구조 등을 종합적으로 고려하여 해당 사업에서 실질적인 최종 경영책임자가 누구인지 판단하게 된다.

② 하나의 법인이 복수의 사업 부분을 가지고 사업 부분마다 책임자가 다른 경우

하나의 법인에 두 개 이상의 사업이 있고 각각의 사업을 대표하고 총괄하는 권한과 책임이 있는 자가 있으며 각 사업 부문이 독립성을 가지고 분리되어 별개의 사업으로 평가될 수 있는 경우는 각 사업을 대표하고 총괄하는 권한과 책임이 있는 사람이 해당 사업 부문의 경영책임자에 해당할 수 있다.

③ 여러 개의 사업 부분이 있으면서 법인 전체를 대표하고 사업 전체를 총괄하는 대표자가 있는 경우

사업 부문별 대표가 각 사업 부문의 조직, 인력, 예산 등 경영의 독립성을 가지고 별개의 사업으로 운영되는 경우 원칙적으로 각 사업 부문별 대표가 경영책임자에 해당한다. 그러나 여러 사업 부문을 총괄하는 차원에서 해당 사업 부문의 경영상 중요한 의사결정을 총괄대표가 하거나 부문별 대표와 공동으로 수행하는 경우는 법인 내 직위와 직무, 해당 사업 부문에서의 실질적인 권한 행사, 기업의 의사결정 구조에 따른 영향력 등을 종합적으로 고려하여 총괄대표가 경영책임자에 해당하는지 여부를 판단해야 한다.

6.15 실질적으로 지배 · 운영 · 관리

Q 사업주나 법인이 직접 운영 또는 관리하지 않는 작업장이라 하더라도 실질적으로 지배 · 운영 · 관리하는 사업 또는 사업장의 의미는 무엇인가요?

원료 · 제조물로 인한 중대시민재해에 대해 「중대재해처벌법」은 실질적으로 지배 · 운영 · 관리하는 사업 또는 사업장을 적용 범위로 한다. 그러나 법률에서는 "실질적인 지배 · 운영 · 관리"의 의미를 명확히 규정하고 있지 않다. 다만, 유사한 개념이 「산업안전보건법」에 규정되어 있어 이를 참고할 수 있다. 「산업안전보건법」 제10조 제2항은 도급인의 사업장 개념을 확대하여 단순히 장소를 제공하거나 지정하는 것만으로는 부족하며 도급인이 해당 장소를 실질적으로 지배 · 관리하고 있는지가 중요한 판단 기준이 된다는 점을 강조하고 있다. 이를 통해 법은 산업재해 예방에 있어 도급인의 책임을 보다 명확하게 설정하고 있다. 도급인이 지배 · 관리하는 장소란 해당 장소의 유해 · 위험요인을 인지하고 이를 통제하거나 개선할 수 있는 권한과 책임을 실제로 행사할 수 있는 공간을 의미한다.

예컨대 위험물질이 존재하거나 고소 작업이 이루어지는 장소에 대해 도급인이 안전 조치를 지시하거나 점검 · 관리할 수 있다면 이는 법상 도급인의 사업장으로 인정될 수 있다. 대법원 판례 또한 이러한 법 취지를 뒷받침하고 있다. 대법원 2010도2615 및 2015도8621 판결에서 사업의 전체적인 진행 과정을 총괄하고 조율할 능력이 있는 사업주라면 그가 관리하는 작업장에서 발생할 수 있는 산업재해에 대해 예방 조치를 해야 할 법적 의무가 있다고 판시하였다.

이는 도급인이 직접 작업을 수행하지 않더라도 실질적인 영향력과 관리 능력이 존재한다면 재해예방 책임이 있다는 법적 해석이다. 요컨대, "도급인의 사업장"으로 판단되기 위해서는 단순한 명목상의 제공이나 계약서상의 지시 여부가 아니라 도급인이 해당 사업장의 유해 요인, 작업 환경, 공정 흐름 등을 실제로 통제하고 조율할 수 있는 위치에 있었는지를 중심으로 판단하게 된다. 이는 「산업안전보건법」의 개정 내용과 판례 모두에서 일관되게 적용되는 기준이라 볼 수 있다.

6.16 안전보건 관계 법령의 범위

Q "안전보건 관계 법령"의 범위는 무엇인가요?

「중대재해처벌법 시행령」에서 정의하고 있는 '안전보건 관계 법령'은 원료나 제조물이 사람의 생명이나 신체에 유해 · 위험을 끼칠 수 있는 요소를 예방하고 해당 물질을 안전하게 관리하기 위한 일련의 법령들을 포괄적으로 포함하는 개념이다. 이러한 법령은 생산 · 제조 · 판매 · 유통 단계에서 적용되며 특정 물질에 국한되지 않고 산업 전반에 걸쳐 다양한 위험 요소에 대응하기 위한 법률을 망라한다. 중요한 점은 「중대재해처벌법」에서는 개별 안전보건 법령을 구체적으로 열거하지 않고 있다는 사실이다. 이는 법이 고정적인 법률 목록에 의존하지 않고 그 취지에 맞는 모든 관련 법령을 실질적 관점에서 해석하여 적용할 수 있도록 설계되어 있다는 의미이다.

따라서 사람의 생명이나 신체에 위해를 가할 수 있는 원료 · 제조물의 사용 또는 관리 과정에서 관련된 법령이라면 비록 시행령에 직접 언급되어 있지 않더라도 '안전보건 관계 법령'에 해당할 수 있다. 예를 들어 「산업안전보건법」은 작업장의 유해 · 위험요인을 관리하고 보호장비 착용 등을 요구하는 대표적인 안전보건 관계 법령이다. 「화학물질관리법」은 유해화학물질의 제조, 취급, 저장과 관련된 안전기준을 규정하고 있다. 더불어 「생활화학제품 및 살생물제의 안전관리에 관한 법률」은 소비자가 사용하는 화학제품의 안전관리체계를 마련하고 있으며 「시설물의 안전 및 유지관리에 관한 특별법」은 공중이용시설이나 구조물의 안전 점검과 유지관리 의무를 다룬다.

따라서 '안전보건 관계 법령'은 특정 산업군에 한정되지 않고 사람의 생명과 건강을 보호하기 위한 모든 규정을 아우르는 넓은 개념이다. 사업주나 경영책임자는 자신의 사업 분야와 관련된 법령을 폭넓게 검토하고 이에 따른 안전관리 의무를 성실히 이행해야 한다.

하나의 예로써 종합병원에 적용되는 안전보건 관계 법령은 50여 가지가 넘는다. 일반적으로 종합병원은 국민의 생명과 건강을 직접적으로 다루는 기관으로서 그 특성과 운영 환경에 따라 다양한 안전보건 관계 법령의 적용을 받는다.

이러한 법령들은 병원 종사자뿐 아니라 환자, 방문객 등 모든 사람의 생명과 신체를 보호하기 위해 제정된 것으로 단순한 산업안전 규정에 국한되지 않고 감염 예방, 시설 안전, 화학물질 관리 등 여러 분야에 걸쳐 복합적으로 작용한다. 가장 기본적으로 적용되는 법령은 「산업안전보건법」으로 의료기관 내에서 근무하는 종사자들의 유해·위험요인 노출을 방지하고 보호구 착용, 작업환경 점검, 건강진단 실시 등 종합적인 산업재해 예방 조치를 규정하고 있다.

병원 특성상 다양한 유해화학물질이 사용되므로 「화학물질관리법」도 병원의 주요 적용 대상이다. 병원이 사용하는 약품, 시약, 소독제, 살균제 등은 유해화학물질로 분류될 수 있으며 이에 따라 저장, 취급, 운반, 폐기 등의 전 과정에서 안전관리가 요구된다.

또한 「감염병의 예방 및 관리에 관한 법률」은 의료기관 내 감염병 확산을 방지하기 위한 시설 운영, 격리 조치, 감염병 대응체계 구축 등을 규정하고 있으며 병원은 이를 기반으로 감염관리 지침을 마련해야 한다. 더불어 종합병원이 사용하는 생활화학제품에 대해서는 「생활화학제품 및 살생물제의 안전관리에 관한 법률」이 적용되어 위해성 평가와 표시기준, 사용 제한 등이 관리대상이 된다.

병원 건물 자체나 주요 구조물의 안정성을 확보하기 위해서는 「시설물의 안전 및 유지관리에 관한 특별법」이 적용되며 승강기나 에스컬레이터 등에 대해서는 「승강기안전관리법」이 추가적으로 적용된다. 전기설비와 소방시설과 관련해서는 각각 「전기안전관리법」과 「소방시설법」에 따라 설치, 점검, 유지관리 의무가 있다. 이처럼 종합병원은 다양한 법령의 적용을 받으며 그 법령들은 각각의 분야에서 위험을 예방하고 생명을 보호하기 위한 목적을 가지고 있다.

병원 운영자는 해당 법령들의 취지를 정확히 이해하고 이를 반영한 종합적인 안전보건 시스템을 마련해야 하며 중대재해 발생 시에는 각 법령에 따른 조치 이행 여부가 법적 책임을 판단하는 핵심 기준이 된다. 종합병원 내 공간별로 적용되는 안전보건 관계 법령은 각 공간의 특성과 취급하는 물질, 활동 유형에 따라 구체적이고 상이하게 구성된다.

특히 수술실, 실험실, 약품 보관소는 의료기관 내에서도 위험도가 높은 핵심 공간으로 이를 운영·관리함에 있어 다양한 법령의 복합적인 적용이 요구된다. 먼저 수술실의 경우 인체를 직접적으로 다루는 고위험 작업이 이루어지는 장소로서 「의료법 시행규칙」에 따라

공기정화설비, 예비전원장치, 마취환자 감시장치 등 기본적인 설비 기준이 정해져 있다. 또한 「산업안전보건법」에 따라 의료진의 작업환경 개선과 유해 요인 평가, 보호구 착용 의무가 있다. 환자의 생명과 직접 연관되는 절차이므로 「환자안전법」 및 수술 안전 체크리스트 제도 또한 병행 적용된다.

다음으로 실험실은 화학적 · 생물학적 위험이 공존하는 공간으로 「연구실 안전환경 조성에 관한 법률」에 따라 실험 장비의 점검, 유해인자 노출도 평가, 안전교육 실시 등이 요구되며 「산업안전보건법」을 통해 실험자의 작업환경 보호와 사고 예방 기준이 강화된다.

병원 실험실에서 생물학적 위험물질을 취급하는 경우는 「질병관리청 생물안전지침」을 기반으로 생물안전 수준에 맞춘 관리체계가 마련되어야 한다. 유해화학물질을 사용하는 경우에는 「화학물질관리법」에 따라 저장, 취급, 폐기 절차를 준수해야 한다.

한편 약품 보관소는 병원 운영에 있어 의약품의 안전한 저장과 관리가 필요한 공간으로 「약사법」에 따라 의약품은 지정된 약사 또는 보건관리자의 책임 아래 보관 · 출납되어야 하며 「의약품 등의 안전에 관한 규칙」을 통해 유통기한, 보관 온도, 품질관리 등의 기준이 적용된다.

만약 약품이 유해화학물질로 분류될 경우는 「화학물질관리법」과 「중대재해처벌법 시행령」상 원료 · 제조물로 간주되어 시민 안전과 직결되는 사고 예방 의무가 강화된다. 이처럼 병원 내 주요 공간은 각각의 용도와 위험 요소에 따라 안전보건 관계 법령이 다양하게 적용되며 병원 운영자는 해당 공간에 적합한 법령의 취지를 이해하고 종합적인 안전관리체계를 구축해야 한다.

궁극적으로 이는 환자, 종사자, 방문객 모두의 생명과 건강을 지키기 위한 법적 기반이며 중대사고 발생 시 각 공간의 특성과 적용 법령에 따라 책임 주체 및 의무이행 여부가 명확하게 판단된다.

6.17 생산 · 제조 · 판매 · 유통 사용 취급

Q 「중대재해처벌법」 제9조의 안전보건 관계 법령 내 원료 또는 제조물에 대한 안전보건 확보의무는 원료 또는 제조물을 생산 · 제조 · 판매 · 유통하는 사업 또는 사업장에만 해당하나요? 아니면 원료 또는 제조물을 사용하거나 취급하는 사업장에도 해당 의무가 부여되나요?

법령 내에서는 '취급'에 대한 명확한 정의가 없다. 다만, 사업장에서 사용하거나 취급하는 원료 또는 제조물이 생산 · 제조 · 판매 · 유통의 일련의 과정에 포함되고 안전보건 조치 의무를 위반하여 중대시민재해가 발생한 경우는 「중대재해처벌법」의 적용 대상이 될 수 있다. 「중대재해처벌법」에서는 '취급'이라는 용어에 대한 명문 정의는 제시되어 있지 않지만 법의 취지와 해석을 통해 그 범위와 의미를 포괄적으로 이해할 수 있다. 법령 및 시행령에 따르면 사업장에서 사용하거나 관리되는 원료 또는 제조물이 생산 · 제조 · 판매 · 유통 · 저장 · 운송 등의 일련의 과정에 포함되어 있고 해당 물질의 취급 과정에서 안전보건 조치 의무를 위반하여 중대시민재해가 발생한 경우는 법의 적용 대상이 될 수 있다.

즉, '취급'이라는 행위는 단순히 물리적으로 제품을 다루는 것만을 의미하지 않고 제품 또는 원료의 존재와 관련된 모든 관리 · 운영 행위를 포함한다고 볼 수 있다. 예를 들어 위험물질을 창고에 저장하거나 배관을 통해 이송하거나 기계장치에 장착해 사용하는 행위는 모두 법적 의미에서 '취급'에 포함될 수 있으며 이 과정에서 인체에 유해한 사고가 발생하면 중대시민재해로 인정될 수 있다.

결국 법은 개별 행위의 명칭이나 방식보다는 해당 물질이 사람의 생명 · 신체에 위해를 끼칠 수 있는 위험요인을 지녔고 그 사용 · 관리 · 보관 · 운영 등의 과정에서 안전 및 보건 확보의무를 제대로 이행하지 않은 경우 해당 사업주나 경영책임자에게 법적 책임을 물을 수 있도록 설계되어 있다.

6.18 안전보건 확보의무 인력

Q 안전보건 확보의무를 구분하고 그에 따른 인력을 개별적으로 고용해야 하나요?

반드시 업무별로 인력을 구분하여 채용하거나 기존 인력 외에 새로운 인력을 채용해야 하는 것은 아니다. 타 법령에 따른 기존 안전보건 인력을 활용할 수 있으며 그 외 자체적으로 인력 및 조직을 두고 있는 경우에는 활용이 가능하다. 더불어 유해 · 위험요인 점검업무를 함께 수행하는 것도 가능하다. 다만, 이러한 경우는 업무수행이 충분히 가능하도록 적정한 인력 배치와 실제 업무수행이 이루어져야 한다. 즉, 「중대재해처벌법」 시행 전 사업장에 기존 안전보건 인력과 조직을 두고 있던 경우 해당 인력과 조직을 활용할 수 있다. 사업주 또는 경영책임자는 안전보건 관련 인력과 조직이 관련 업무를 적절하게 수행하고 있는지를 확인하고 부족한 경우에는 이에 대한 조치를 취해야 한다.

「중대재해처벌법」은 사업주 또는 경영책임자에게 안전 및 보건 확보의무를 부여하고 있으며 이를 효과적으로 이행하기 위한 조직구성에 있어 인력을 반드시 업무별로 구분하여 신규 채용해야 한다는 법적 의무는 존재하지 않는다. 즉, 법은 특정 방식의 인력 충원이나 배치를 강제하는 것이 아니라 안전보건 업무를 실질적으로 수행할 수 있는 인력과 조직을 확보하고 운영하는지 여부를 중심으로 판단한다. 따라서 기업이나 기관은 기존에 다른 법령(예 : 「화학물질관리법」 등)에 따라 선임된 안전관리자, 보건관리자, 유해물질 관리자 등 기존 인력을 활용할 수 있다.

이들 인력이 중대재해처벌법에서 요구하는 안전보건 조치와 예방업무를 경영책임자의 지휘 아래 실질적으로 수행하고 있다면 별도의 인력 채용 없이도 법적 요구사항을 충족할 수 있다. 또한 조직 내에 이미 안전보건 업무를 전담하거나 관련 기능을 가진 부서(예 : 안전관리팀, 시설관리팀, 환경팀 등)가 있는 경우 해당 조직을 활용해 중대재해처벌법상 안전보건 확보 조치의 이행 주체로 활용할 수 있다.

이 경우에도 중요한 것은 조직의 명칭이나 구조가 아니라 실제로 예방계획 수립, 위험요인 점검, 대응체계 구축 등 핵심 업무가 수행되고 있는지 여부다. 결국 「중대재해처벌법」은 인력 구분이나 채용 방식에 대해 획일적인 기준을 제시하지 않고 조직과 인력이 실제로 안전보건관리체계 내에서 작동하는지를 중심으로 법적 판단을 내리고 있다. 이는 실효성 있는 재해예방과 조직 책임성 강화를 목표로 하고 있다.

6.19 안전보건관리 업무를 수행할 인력을 갖추고 업무수행의 의미

Q 안전보건 관계 법령에 따라 안전보건관리 업무를 수행할 인력을 갖추고 해당 업무를 수행하도록 조치하는 것은 구체적으로 어떤 의미인가요?

개별 안전보건 법령에 안전보건관리를 위한 인력 기준이 있는 경우 이를 준수해야 하는 것은 「중대재해처벌법」과 관계없이 사업주 또는 경영책임자 등이 이행해야 하는 사항이다. 「중대재해처벌법」의 의무를 이행하기 위해서는 사업주 또는 경영책임자 등이 인력을 갖추었는지 확인하고 그들이 안전보건과 관련된 업무를 수행하는지를 점검해야 하며 이러한 의무이행은 문서화하여 기록할 필요가 있다. 만약 사업과 관련된 개별 안전보건 법령에 인력 기준이 없다고 하더라도 「중대재해처벌법」에 따라 인력을 갖추어야 한다.

그 이유는 '유해·위험요인을 점검'하기 위한 인력을 확보해야 할 의무가 사업주 또는 경영책임자에게 있기 때문이다. 「화학제품안전법 시행규칙」 제36조의2 [별표 2]에서는 살생물 제품 제조업자가 준수해야 할 안전관리 기준 중 인력 기준을 명시하고 있다. 이는 제품의 제조 과정에서 발생할 수 있는 인체와 환경에 대한 위해를 예방하고 제품의 품질과 안전성을 확보하기 위한 최소 요건이다.

이때 제조업자는 제품의 제조에 관한 충분한 지식과 경험을 갖춘 책임자를 지정해야 한다. 이 책임자는 생산 전반을 총괄하면서 제조 과정 중 발생할 수 있는 안전사고나 오염 위험을 인지하고 이를 관리할 수 있어야 한다. 이 책임자는 사람이 노출될 수 있는 유해요소나 환경오염 가능성을 예방하는 역할을 수행한다.

또한 제조에 사용되는 원료, 자재 및 완제품의 보관과 유지 · 관리를 담당할 인력도 지정되어야 한다. 이 담당자는 제품의 물리적 안정성과 위생 상태를 유지하기 위한 조건을 점검하고 저장 환경이나 재고 상태 등을 관리하여 제품의 품질이 유통 전까지 안정적으로 유지되도록 책임을 진다.

이 외에도 제품의 품질을 검증하기 위한 시험 및 검사 업무를 담당할 인력을 지정해야 한다. 이 인력은 살생물 제품의 기능성, 안전성, 오염 여부 등을 객관적인 기준에 따라 검사하여 제품이 법적 기준에 부합하는지를 확인하는 역할을 수행한다.

이와 같은 인력 기준은 살생물 제품이 사람이나 생물환경에 직접적인 영향을 미칠 수 있는 제품인 만큼 제조 단계부터 적절한 전문성과 책임을 갖춘 인력을 구성함으로써 사고 예방과 소비자 보호를 실현하기 위한 제도적 기반이라 할 수 있다.

6.20 선임된 전담 인력 및 조직이 중대시민재해 업무 겸직

Q 「중대재해처벌법」 제2장 제4조(중대산업재해 관련 안전보건관리체계 구축과 이행조치)에 따라 선임된 전담 인력 및 조직이 중대시민재해 업무를 겸직할 수 있나요?

안전보건 관계 법령에 따른 인력과 조직, 그 밖에 기존 안전보건 관련 인력과 조직을 활용하여 원료 · 제조물과 관련된 중대시민재해 예방업무를 수행할 수 있다. 「중대재해처벌법」 및 그 시행령에서는 원료 · 제조물과 관련된 중대시민재해를 예방하기 위한 조직 및 인력 구성에 있어 신규 인력 채용이나 업무별 인력의 독립적 배치를 반드시 요구하지는 않는다. 법령상 의무를 충실히 이행할 수 있는 조직 체계를 갖추고 있다면 기존의 안전보건 관련 인력과 조직을 충분히 활용할 수 있다는 것이 타당한 해석이다.

즉, 「산업안전보건법」, 「화학물질관리법」, 「시설물의 안전 및 유지관리에 관한 특별법」 등 타 법령에 따라 이미 선임된 안전관리자, 보건관리자, 환경관리 담당자, 안전담당 인력 등은 해당 사업장의 특성과 활동 범위에 따라 관계법령에 따른 안전보건 확보의무 이행을 위한 업무를 수행하고 있다. 단, 이러한 인력이 중대시민재해 예방을 위해 요구되는 법적 절차와 대응 조치를 실질적으로 수행할 수 있는 역량과 권한을 부여받고 있어야 하며 경영책임자의 감독 아래 조직적으로 운영되고 있어야 한다.

또한 자체적으로 운영 중인 시설관리팀, 환경안전팀, 위험물질 관리팀 등 내부 조직도 해당 분야의 업무를 총괄·이행할 수 있는 시스템이 갖춰져 있다면 별도의 인력 증원 없이도 중대시민재해 예방 조직으로 기능할 수 있다.

다만, 조직 간 역할 분담과 업무 범위가 문서화되어 명확히 정의되어 있어야 하며 경영책임자의 책임하에 지속적인 점검과 개선이 이루어져야 한다는 점은 필수적이다. 결국 이 법의 취지는 인력구조의 형식이 아니라 위험요인에 대한 실질적인 예방 조치와 안전관리체계가 존재하는지 여부를 중심으로 판단된다. 유연하면서도 책임 있는 조직 운영이 중대시민재해 예방의 핵심이라는 점에서 기존 인력과 조직의 적절한 활용은 충분히 가능하다고 볼 수 있다. 그러나 질의 내용처럼 중대재해처벌법에 따라 중대산업재해 전담조직은 중대시민재해 전담조직으로써의 역할을 수행할 수 없다.

6.21 중대시민재해 예방을 위한 체계를 별도로 마련하여야 하는지 여부

Q 중대산업재해 예방을 위한 안전보건관리체계는 시행하고 있으나 중대시민재해 예방을 위한 체계를 별도로 마련해야 하나요?

원료·제조물 분야 중대시민재해 전담 조직을 반드시 구성하거나 예산을 별도로 구분해야 하는 것은 아니다. 사업주 또는 경영책임자 등은 해당 인력과 예산이 적절한지 여부를 점검하고 부족한 경우 인력을 충원하거나 예산을 추가 편성하는 등의 조치를 취하면 된다. 사실 「중대재해처벌법」에 따라 원료·제조물 분야에서 발생할 수 있는 중대시민재해를 예방하기 위해 전담 조직을 반드시 별도로 구성하거나 예산을 독립적으로 편성해야 한다는 형식적 의무는 법령상 존재하지 않는다. 이는 법이 조직의 구조나 재정 배분 방식보다는 실제로 안전보건 확보의무가 이행되고 있는지의 실효성을 중심으로 판단하기 때문이다.

따라서 사업주 또는 경영책임자 등은 자체적으로 확보된 조직과 예산이 중대시민재해 예방을 위한 업무를 효과적으로 수행할 수 있는지 여부를 점검하고 인력이 부족하거나 예산이 불충분하다고 판단되는 경우는 신규 인력 충원 또는 추가 예산 편성 등의 조치를 자율적으로 취해야 한다. 이처럼 자율성과 유연성을 인정하되 법령상 의무이행에 대한 최종 책임은 사업주 및 경영책임자에게 귀속된다는 점이 중요하다.

다만, 조직 내 인력 배치에 있어서 겸직이 가능한지 여부는 타 관계 법령의 규정을 따르며 만약 다른 법령에서 해당 직무의 겸직을 명시적으로 금지하고 있는 경우에는 해당 인력은 다른 직무를 겸할 수 없고 전담으로 배치되어야 한다. 예컨대 「산업안전보건법」이나 「화학물질관리법」 등 일부 법령에서는 특정 책임자(안전관리자, 유해물질 관리자 등)의 겸직을 제한하고 있다. 이 경우에는 각 법령의 겸직 제한 조항을 반드시 준수해야 한다. 결국 법은 경직된 조직 운영을 요구하지는 않되 재해예방이라는 실질적 목표를 달성하기 위한 합리적이고 충분한 자원 배분과 인력 운용을 요구하고 있다. 경영자는 이를 감시하고 개선할 책임을 지속적으로 수행해야 한다.

중대산업재해에서 구축된 안전보건관리체계가 반드시 중대시민재해 예방 조치로 인정되는 것은 아니다. 시설의 기능, 피해 대상의 범위, 관리주체의 책임 범위 등을 종합적으로 고려해 각 재해 유형에 따라 법적 평가가 이루어지기 때문이다. 경영책임자 등은 이러한 구분과 적용 범위를 정확히 이해하고 공중이용시설 내의 위험요인을 상시 점검하고 개선할 수 있는 체계를 마련해야 한다.

6.22 유해 · 위험요인 점검 및 대응을 위한 업무절차

Q 유해 · 위험요인 점검 및 대응을 위해 어떠한 업무 절차를 준비하면 좋을까요?

원료·제조물 분야에서 유해·위험요인 점검 및 대응 업무 절차는 다음과 같다. 먼저 모든 구성원과 이해관계자들이 신고·제보할 수 있도록 해야 한다. 유해·위험요인의 점검 및 대응 업무 절차는 사업장의 안전보건 확보를 위한 핵심 기제로서 구성원 모두가 능동적으로 참여할 수 있도록 설계되어야 한다. 특히 사업장 내에서는 단순히 관리자의 판단에 의존하는 것이 아니라 모든 종사자와 시민들이 재해 우려 요소를 자발적으로 신고하고 이를 조직적으로 처리하는 절차가 마련되어야 한다.

이를 위해 사업장 관계자는 작업 중 발견한 유해·위험요인을 안전보건 담당자에게 제보할 수 있는 권한을 가져야 하며 조직은 이러한 제보가 원활히 접수될 수 있도록 다양한 경로, 예컨대 익명 신고시스템, 정기점검 중 의견 수렴, 모바일 앱 제보 기능 등을 마련하는 것이 바람직하다.

안전보건 담당자는 제보된 내용을 경청하고 기록하며 위험요인의 구체적 성격과 대응 필요성을 분석하여 후속 조치가 이루어질 수 있도록 해야 한다. 제보 내용은 반드시 사업주 또는 경영책임자 등에게 보고되어야 하며 보고를 받은 경영책임자는 이를 바탕으로 개선조치나 구조적 대응 방안을 검토하여 조치를 취하도록 해야 한다. 이러한 보고와 조치의 연계는 단순한 정보 전달을 넘어 조직 내 위험 예측 기능을 강화하고 실질적인 재해예방 기능을 수행하는 기반이 된다. 결과적으로 유해·위험요인 점검 및 대응 절차는 구성원과 이해관계자들의 참여 → 안전보건 담당자의 수집·검토 → 경영책임자의 결정과 개선이라는 단계적 흐름 속에서 조직이 안전을 관리하는 구조로 자리 잡아야 한다. 이는 안전보건 확보의무 이행 여부를 평가하는 데 있어 중요한 기준이 된다.

사업주 또는 경영책임자 등은 중대시민재해를 예방하기 위해 단순히 사고 발생 이후의 대응에 그쳐서는 안 되며 사업장 내외에서 발생한 각종 재해 현황과 위험 징후를 사전에 분석하고 이를 근거로 예방 조치를 수립·이행하는 것이 핵심적 의무이다. 재해발생 현황은 종사자에게 발생한 사고뿐 아니라 유해·위험요인의 빈도, 장소, 유형, 원인을 포함하여 재해의 패턴과 잠재 위험성을 파악하는 주요 자료로 활용된다. 경영책임자는 이러한 데이터를 종합적으로 검토하고 반복적으로 발생하는 위험을 차단하거나 고위험 작업에 대한 개선조치를 의무적으로 실행해야 한다.

또한 재해로 직접 이어지지 않았더라도 독성물질이나 유해화학물질이 유출된 사례는 매우 중요한 예방 자료로 간주된다. 이런 사고들은 중대시민재해로 확산될 위험성이 높으며 특히 사업장 외 일반 시민에게도 영향을 미칠 수 있기 때문에 유출 경위, 원인, 대응 방식, 누출량 등을 체계적으로 분석하고 개선해야 할 대상으로 선정해야 한다. 사업주 및 경영책임자 등은 사고가 발생하지 않았다고 해서 위험이 없는 것으로 간주해서는 안 된다. 모든 사고 징후와 유해물질 노출 사례를 안전보건관리체계의 관점에서 분석하고 그 결과를 기반으로 시설 · 공정 · 작업환경 등에 대한 구조적 개선과 교육 · 점검을 지속적으로 시행해야 한다. 이런 방법들을 통해 유해 · 위험요인 점검을 통해 발굴된 위험요인은 조직적이고 실효성 있는 방식으로 제거하거나 통제하는 조치가 반드시 수반되어야 한다.

이는 단순한 점검과 기록에 머무르지 않고 실제로 위험을 줄이거나 차단함으로써 종사자와 시민의 생명 · 신체를 보호하기 위한 핵심 행위이다. 독성 화학물질, 인화성 자재 등 유해 · 위험요인이 물질적 성격을 띤 경우에는 해당 물질을 보다 유해성이 낮은 대체물질로 변경하거나 저독성 제품으로 치환하는 방식의 대응이 요구된다. 이러한 대체 조치는 실험적 검토를 거쳐 생산성이나 품질에 미치는 영향을 고려하되 가능하다면 예방적 관점에서 우선 실행되어야 한다.

특정 유해 · 위험요인의 제거가 기술적 또는 경제적 이유로 어렵거나 불가능한 경우에는 해당 물질이나 공정이 사용되는 장소나 지역에 대한 물리적 출입 통제가 필요하다. 이는 작업자와 인근 주민의 노출을 최소화하는 직접적인 조치로써 출입 제한 구역 설정, 경고 표지 부착, 공정 중 관계작업자 외 접근 제한 등의 방식으로 운영될 수 있다. 위험요인이 사업장 외부로 확산될 가능성이 있어 인근 주민에게 피해를 줄 우려가 있는 경우에는 일정한 완충지대를 조성하거나 이격거리를 확보하여 물리적으로 피해 가능성을 감소시켜야 한다. 이때는 주변 주거지역과 사업장 사이의 거리, 지형, 환경영향평가 결과 등을 종합적으로 고려한 설계가 이루어져야 한다. 필요시에는 방음벽, 차폐 설비, 유출 방지 구조물 등도 병행할 수 있다. 결국 유해 · 위험요인의 제거 및 통제는 점검 결과에 따른 실질적 조치가 수반되는지 여부가 안전보건관리체계의 핵심 평가 기준이 되며 경영책임자 및 사업주는 이 조치가 체계적으로 이행되도록 계획을 수립하고 이를 감독할 법적 의무를 갖는다.

유해 · 위험요인이 높은 경우에는 단순한 관리 수준을 넘어 다음과 같이 철저하고 체계적인 대비가 요구된다.

① 위험 설비 및 기계의 위치와 접근 가능성에 대한 파악이 필요하다. 특히 해당 장비나

설비가 외부인이나 주변 주민의 접근이 가능한 공간에 설치되어 있을 경우는 사고 가능성이 높아지므로 물리적 차단 조치나 출입 통제, 경고 표지 설치, 감시체계 강화 등이 수반되어야 한다. 이 단계는 단순 시설관리가 아니라 지역사회 안전을 고려한 외부 노출 방지 계획에 해당된다.

② 생산 · 제조 · 보관 과정에서 독성이 높은 물질을 취급하고 있는 경우 그 물질의 취급 상태, 저장 조건, 이동 경로, 노출 가능성 등을 종합적으로 점검해야 한다. 독성이 높고 인체 또는 환경에 해를 줄 수 있는 물질은 가급적 독성이 낮은 대체물질로 교체하는 방식이 권장되며 이를 위해 독성 비교 자료, 대체물질의 효과성 분석, 업무 표준 변경 등의 검토가 필요하다.

③ 제조물에 독성물질이 포함되어 있는 경우에는 단순히 취급 시 안전을 확보하는 것에 그치지 않고 최종 사용자나 이용자에게 미치는 영향을 분석하고 고지하는 조치가 필요하다.

이는 제품의 사용 · 유통 단계까지 안전관리 범위를 확장시키는 것으로 경고 라벨 부착, 취급 설명서 제공, 위험성 평가 보고서 작성 등의 절차를 통해 사회적 안전망을 강화할 수 있다. 결과적으로 유해 · 위험요인이 높은 사업장이나 공정에서는 위험요인의 인지 → 대체 또는 통제 → 피해 영향 분석 및 예방 조치라는 연계된 흐름이 구축되어야 한다. 이는 단순한 사후 대응이 아닌 중대시민재해 예방을 위한 예측 · 분석 · 개선 중심의 안전보건관리체계에 해당한다.

6.23 유해 · 위험요인 점검 및 대응 업무수행 시 고려해야 할 사항

Q 유해 · 위험요인 점검 및 대응 업무수행 시 고려해야 할 사항은 어떠한 것들이 있을까요?

유해 · 위험요인 점검 및 대응 업무를 수행할 때는 개별 안전보건 관계 법령의 기준과 절차에 따라 작업을 진행하는 것이 원칙이다. 사업장 내 유해 · 위험요인의 성격은 업종, 공정 방식, 설비 구조, 취급 물질에 따라 상이하며 이를 종합적으로 반영한 업무 설계가 필요하다. 이에 따라 담당자에게 업무를 부여할 때는 단순히 법적 기준만 고려할 것이 아니라 현장의 특성과 종사자의 역량, 조직 내 위험 관리 수준을 함께 고려한 실질적인 기준이 적용되어야 한다.

예를 들어 해당 종사자가 취급하는 화학물질이나 설비에 대한 기술적 이해도, 작업 환경에 대한 경험, 유해물질의 독성이나 누출 가능성에 대한 식별 능력 등이 고려되어야 하며 이들이 법령상 점검 및 대응 업무를 제대로 수행할 수 있는 역량을 갖추고 있어야 한다. 또한 업무수행 중에는 종사자나 외부 이해관계자로부터 접수된 제보나 신고 내용을 효과적으로 청취하고 분석할 수 있는 소통 역량이 요구되며 이를 경영책임자에게 명확히 보고하고 관련 부서와 협력하여 개선조치를 실행할 수 있어야 한다.

유해 · 위험요인을 점검하는 업무는 단순한 시설 진단이나 물질 분석에 그치지 않고 안전보건 확보를 위한 조직의 대응력을 높이는 핵심 수단이다. 따라서 업무를 부여할 때는 법적 타당성뿐만 아니라 현장의 실효성, 종사자의 신뢰도, 상호 소통 체계를 충분히 고려해야 한다. 궁극적으로는 법령 기반의 구조적 접근과 현장 중심의 예방체계가 유기적으로 결합될 때 유해 · 위험요인 점검업무는 중대재해를 예방하는 실질적인 수단으로 작동하게 된다.

유해 · 위험요인의 점검을 위한 고려사항

- 사전 준비 : 유해 · 위험요인의 점검계획 수립, 점검범위 설정, 점검에 필요한 자료의 수집
- 위험요인 파악 : 사업장 순회 점검, 안전보건 체크리스트 활용, 사업장 내 · 외부 유해 · 위험요인 파악
- 위험성 추정 : 유해 · 위험요인이 사람의 사망 또는 상해로 이어질 가능성과 중대성의 크기를 추정하고 위험의 크기를 산정
- 위험성 결정 : 유해 · 위험요인별 위험성 추정 결과와 사업장 내 허용 가능한 위험성 크기를 비교하고 추정된 위험성이 허용 가능한 범위에 있는지 판단
- 대책 수립 및 실행 : 위험성이 허용범위를 초과한 경우 이를 감소시키기 위한 대책 마련 및 실행

유해 · 위험요인의 점검을 위한 고려사항(단순판매업자)

- 위험요인 점검 : 진열, 보관 장소 점검, 제품표시 확인, 판매 상품 정보 수집 등
- 위험성 결정 : 점검 결과 또는 기타 사유로 위험성을 알게 된 경우 허용될 수 있는 위험인지 여부 확인(전문가 의견 청취, 관계 기관 문의 등)
- 대책 수립 및 실행 : 위험성이 허용범위를 초과한 경우 이를 감소시키기 위한 대책 마련 및 실행

6.24 유해 · 위험요인 점검 및 대응 등을 위해 전담조직 구성

Q 유해 · 위험요인 점검 및 대응 등을 위해 전담조직을 구성해야 하나요?

「중대재해처벌법」에서 요구하는 안전보건 확보의무 이행을 위해 사업자가 반드시 별도의 전담 조직을 신규로 구성하거나 새로운 인력을 채용해야 하는 것은 아니다. 즉, 이 법은 조직구성이나 인력 충원에 대해 형식적인 요건을 강제하기보다는 실질적인 안전관리 역량과 책임 수행 체계를 갖추고 있는지를 중심으로 판단한다. 이에 따라 「산업안전보건법」 등 관계 법령과 중대재해처벌법 시행 이전부터 구성되어 운영 중인 조직을 그대로 활용할 수 있으며 기존에 채용된 인력에게 관련 업무를 부여하는 방식으로 충분히 안전보건 확보조치를 이행할 수 있다.

이는 법령의 유연성을 반영한 것으로 사업장 내 자원의 효율적 활용과 조직 운영 현실을 고려한 입법 취지라 할 수 있다. 다만, 중요한 점은 단순히 인력을 배치하거나 명목상으로 업무를 부여하는 것으로는 법적 의무를 충족했다고 볼 수는 없다. 따라서 사업주나 경영책임자 등은 이러한 조직과 인력 운영이 적절한 수준으로 유지되고 있는지를 지속적으로 점검해야 한다.

인력이 부족하거나 업무수행이 미흡하다고 판단될 경우는 적극적으로 인력을 충원하거나

업무 배분을 재조정해야 하며 이를 위해 필요한 예산을 편성 · 집행할 책임 또한 부담해야 한다. 결국 이 법은 조직의 형식보다 위험요인에 대한 실질적 대응 능력과 예방 시스템의 작동 여부를 중심으로 책임을 평가하고 있으며 사업주는 안전보건 업무가 형식적인 배치에 그치지 않고 체계적으로 수행될 수 있도록 조직과 인력의 운용 상태를 끊임없이 관리 · 개선해야 한다.

6.25 개별 법령상의 위험 점검 및 대응 의무와 차이점

Q 「중대재해처벌법」의 유해 · 위험요인 점검 및 대응과 관련된 의무는 개별 법령상의 위험 점검 및 대응 의무와 다른 것인가요?

개별 안전보건 법령에 유해 · 위험요인 점검 및 대응 규정이 있는 경우 그 취지는 「중대재해처벌법」과 다르지는 않다. 그러나 「중대재해처벌법」은 사업주 또는 경영책임자 등에게 그러한 점검과 대응을 위한 인력, 예산, 업무처리 절차의 마련 여부를 점검하고 필요한 조치를 취할 의무를 부여한다. 어떤 경우에는 개별 법령에 따른 유해 · 위험요인 점검과 관련된 규정이 없는 경우도 존재하며 이러한 경우는 「중대재해처벌법」에 따라 유해 · 위험요인 점검을 위한 인력, 예산, 업무처리 절차를 마련해야 한다.

6.26 안전보건 관계 법령상의 규정

Q 위험 징후 발생 시 대응과 관련한 안전보건 관계 법령상의 규정은 어떠한 것이 있나요?

일부 안전보건 관계 법령은 유해 · 위험요인을 점검한 후 징후를 발견했을 때 대응 조치의 하나로 관계 행정기관에 보고 · 신고하도록 의무 규정을 두고 있다. 예를 들어 건강기능식품 영업자(약국 개설자 및 수입식품 등 수입 · 판매업자 포함)는 건강기능식품으로 인해 발생했다고 의심되는 바람직하지 않거나 의도되지 않은 징후를 알게 된 경우 식품의약품안전처장에게 보고해야 한다(「건강기능식품법」 제10조의2 제1항). 또한 누구든지 재난이 발생하거나 발생할 징후를 발견했을 때는 즉시 그 사실을 시장 · 군수 · 구청장, 긴급구조기관 또는 관계 행정기관에 신고해야 한다(「재난 및 안전관리 기본법」 제19조 제1항).

판매 중단, 가동 중단 등의 명령에 따르도록 규정한 법령도 있다. 예를 들어 화학사고가 발생하거나 발생할 우려가 있는 경우 해당 화학물질을 취급하는 자는 즉시 화학사고예방관리계획서에 따라 위해 방제에 필요한 응급조치를 해야 하며 화학사고의 중대성 · 시급성이 인정되는 경우는 취급시설의 가동을 중단해야 한다(「화학물질관리법」 제43조 제1항). 그 외에도 환경부 장관은 승인을 받지 않고 수입하거나 생산한 석면 함유 가능 물질 또는 석면 허용 기준을 초과한 석면 함유 가능 물질이 판매되거나 판매를 목적으로 보관 · 진열(이하 "유통"이라 함)된 경우 대통령령에 따라 해당 물질을 수입 · 생산하거나 유통한 자에게 회수 또는 유통 금지를 명하거나 관계 행정기관의 장에게 회수 또는 유통 금지를 요청할 수 있다(「석면안전관리법」 제11조 제8항).

또한 원제 취급자는 원제(농약의 원료)가 유출되어 사람의 건강, 가축 또는 환경에 피해가 발생하거나 발생할 우려가 있을 경우 자체 방제계획에 따라 위해 방지에 필요한 응급조치를 하고 관할 지방자치단체, 지방환경관서, 경찰관서, 소방관서, 지방노동관서, 보건소, 상수원 취수장 등 가까운 유관기관에 신고해야 한다(「농약 등 및 원제의 취급 제한 기준」 행정규칙 제2조 제4항). 발견된 위험 징후가 중대시민재해로 이어지지 않도록 위와 같은 사항을 포함한 필요한 대응 조치를 취해야 한다. 모든 안전보건 관계 법령이 유해 · 위험요인 점검과 위험 징후 발생 시 대응에 관한 규정을 두고 있는 것은 아니므로 개별 법령의 규정을 참고하여 위험 징후에 대응할 필요가 있다.

6.27 유해 · 위험요인의 점검은 어떠한 사항을 점검함으로써 가능한지

Q 유해 · 위험요인의 점검이 어떠한 사항을 점검함으로써 가능한지 개별 안전보건 관계 법령의 내용을 통해 알 수 있을까요?

「화학물질관리법」 제23조에서는 유해화학물질 취급시설을 설치 · 운영하려는 자가 사전에 화학사고 발생으로 사업장 주변 지역의 사람이나 환경 등에 미치는 영향을 평가하고 그 피해를 최소화하기 위한 화학사고예방관리계획서를 작성하여 환경부 장관에게 제출하도록 규정하고 있다. 또한 「화학물질관리법」 제23조의2에서는 제23조에 따라 화학사고예방관리계획서를 제출한 유해화학물질 취급시설 설치 · 운영자는 해당 계획서를 성실히 이행해야 하며 환경부 장관은 주요 취급시설에 대해 그 이행 여부를 정기적으로 점검하도록 하고 있다.

이 화학사고예방관리계획서는 단순한 형식적 문서가 아니라 사고를 사전에 예방하고 사업장의 안전을 확보하기 위한 핵심적인 예방 조치이며 이를 이행하는 것은 사업자의 법적 의무이자 윤리적 책임이다. 또한 유해화학물질을 취급하는 사업장은 자체적으로도 점검을 실시해야 하는데 법령에 따르면 주 1회 이상 점검을 수행하고 그 결과를 5년간 기록 · 비치해야 한다. 이 점검은 배관이나 밸브의 누출 여부, 보관 용기의 손상 상태, 누출 감지장치나 경보 시스템의 작동 여부, 개인 보호장구의 상태 등 전반적인 안전 요소를 포함하여 철저히 이루어져야 한다. 이를 통해 시설의 이상 징후를 조기에 발견하고 사고 발생 가능성을 사전에 차단할 수 있다.

환경부는 화학사고예방관리계획서의 이행상황을 정기적으로 확인하며 사업장의 위험도에 따라 4년, 8년, 12년 주기로 안전진단을 시행한다. 이러한 점검과 진단 체계는 국가 차원에서 화학사고를 예방하고 국민의 생명과 건강을 보호하기 위한 중요한 기반이 된다.

「화학물질관리법」 제23조 제2항에 따른 화학사고예방관리계획서에 포함되어야 하는 내용은 다음과 같다.

- 유해화학물질의 목록 및 유해성 정보
- 화학사고 발생으로 유해화학물질이 사업장 주변 지역으로 유출 · 누출될 경우 사람의 건강이나 주변 환경에 영향을 미치는 정도
- 유해화학물질 취급시설의 목록 및 방재시설과 장비의 보유 현황
- 유해화학물질 취급시설의 공정안전정보, 공정위험성 분석자료, 공정운전 절차, 운전책임자, 작업자 현황 및 유의사항에 관한 사항
- 화학사고 대비 교육 · 훈련 및 자체점검 계획
- 화학사고 발생 시 비상연락체계 및 가동 중지에 대한 권한자 등 안전관리 담당 조직
- 화학사고 발생 시 유출 · 누출 시나리오 및 응급조치 계획
- 화학사고 발생 시 영향범위에 있는 주민, 공작물 · 농작물 및 환경매체 등의 확인
- 화학사고 발생 시 주민의 소산 계획
- 화학사고 피해의 최소화 · 제거 및 복구 등을 위한 조치계획
- 그 밖에 유해화학물질의 안전관리에 관한 사항

6.28 업무처리 절차를 마련하는 것으로 인정 여부

Q 개별 안전보건 관계 법령상 계획서 작성 등의 의무를 수행함으로써 「중대재해처벌법」의 업무처리 절차를 마련한 것으로 인정될 수 있을까요?

유해화학물질을 취급하는 시설을 설치하거나 운영하고자 하는 자는 「화학물질관리법」에 따라 반드시 화학사고 예방관리계획서를 작성하여 제출해야 한다. 이는 단순한 행정절차를 넘어 사업장에서 발생할 수 있는 화학사고를 예방하고 그 피해를 최소화하기 위한 중대한 안전관리 조치라 할 수 있다. 이 계획서는 사업장의 구조와 운영 방식, 취급 물질의 특성, 사고 발생 가능성 및 대응 방안 등을 포괄적으로 담고 있어야 하며 환경부 장관은 해당 계획의 이행 여부를 정기적으로 점검하도록 규정하고 있다.

사업자는 이러한 외부 점검에 대비함과 동시에 자체적인 안전관리를 위해 정기적인 내부

점검을 수행해야 하는데 법에서는 주 1회 이상 자체 점검을 실시하고 그 결과를 5년간 기록 · 비치하도록 명시하고 있다. 점검 항목으로는 유해화학물질 저장 및 운반 설비의 이상 유무, 밸브나 배관의 누출 및 부식 상태, 감지 및 경보 장치의 작동 여부, 보호구의 상태 등 안전과 직결되는 요소들이 포함된다. 이러한 철저한 자체 점검을 통해 사업장은 위험요인을 사전에 파악하고 필요한 보완조치를 신속하게 취할 수 있다.

한편 환경부는 각 사업장의 위험도를 고려하여 4년, 8년, 12년 주기로 안전진단을 실시하도록 하고 있으며 이를 통해 국가 차원에서 화학물질 사고 예방체계를 더욱 견고하게 다지고 있다. 결국 이 모든 절차는 사업장 구성원과 시민들의 생명과 건강을 지키고 안전한 산업 환경을 조성하는 데 그 목적이 있다.

「중대재해처벌법」은 개별 안전보건 관계 법령상 의무 준수를 기본으로 하며 사업주 또는 경영책임자 등에게 그와 같은 의무이행 현황을 파악하고 부족한 경우 보완할 의무를 부여하고 있다. 개별 법령에 따라 「중대재해처벌법」이 요청하는 모든 사항을 담고 있는 경우도 있으나 그렇지 않은 경우도 있기 때문에 사업주 또는 경영책임자 등은 개별 법령에 따른 의무이행 후 「중대재해처벌법」이 요구하는 유해 · 위험요인 점검 및 대응을 위한 인력, 업무, 예산 등이 적절한지를 검토하고 부족한 경우 보완 조치를 취해야 한다.

6.29 중대시민재해 발생 시 취해야 할 조치

Q 중대시민재해 발생 시 취해야 할 조치는 어떠한 것들이 있나요?

일부 안전보건 관계 법령(「화학물질관리법」 등)은 사고 발생 시 신고 등 대응 의무 규정을 두고 있다. 「화학물질관리법」 제43조에 따른 화학사고 대응 의무사항은 다음과 같다. 긴급조치 의무로써 사업주 등은 화학사고 예방관리계획서에 따라 위해 방제에 필요한 응급조치를 우선 실시해야 한다. 만약 화학사고의 중대성 · 시급성이 인정되는 경우 생산 · 제조 사업자는 취급시설의 가동을 중단해야 한다. 또한 신고 의무로써 해당 화학물질을 취급하는 자는 사고 발생 즉시 관할 지방자치단체, 지방환경관서, 국가경찰관서, 소방관서 또는 지방고용노동관서에 그 사실을 신고해야 한다. 신고 내용에는 다음 사항이 포함되어야 한다.

중대시민재해 발생 시 신고사항

화학사고 발생 시 즉시 신고 기준(화학물질관리법 제43조 제2항)

- 사고 발생 시간 및 장소
- 사고 내용 및 사고 원인 사고 피해 현황
- 신고자 및 사업장 책임자 연락처(성명, 전화번호)

협조 의무로써 원료·제조물의 생산·제조·판매·유통업자는 다음 상황에 대해 그 내용을 알 수 있거나 유관기관이 상황 확인을 요청하는 경우 이에 응해야 한다.

중대시민재해 발생 시 협조 사항

- 사고 원인 원료·제조물의 확산 현황(대기, 지하수, 토양, 수질 등)
- 사고 현장의 응급조치 현황
- 근로자 및 지역주민의 대피 현황 등

더불어 화재 현장 또는 구조·구급이 필요한 사고 현장을 발견한 사람은 그 현장의 상황을 소방본부, 소방서 또는 관계 행정기관에 지체없이 알려야 한다(「소방기본법」 제19조).

6.30 중대시민재해 재발방지를 위한 대책 수립과 이행에 관한 예

Q 중대시민재해 재발방지를 위한 대책 수립과 이행에 관한 예는 어떤 것이 있나요?

면밀한 사고 조사를 바탕으로 재발방지를 위한 대책을 수립해야 하며 관계 행정기관의 명령이 있는 경우 적극적으로 조치할 의무가 있다. 명령 이행과 관련하여 재발방지를 위해 원료 · 제조물 등의 회수 등 조치가 필요하다고 권고 또는 명령하는 경우 이를 수행할 의무가 있다.

고압가스를 취급하는 과정에서 국민의 생명과 재산에 위협이 될 수 있는 사고를 예방하기 위해 「고압가스법」은 다양한 안전관리 제도를 마련하고 있다.

그 중 제18조 제3항은 위험성이 높은 용기 등의 회수 조치를 신속히 취할 수 있도록 하는 규정이 있다. 예외적으로 수집검사를 생략하고 제조자 또는 수입자에게 회수를 명할 수 있도록 하고 있다. 우선 제26조의2 제2항에 따라 가스사고조사위원회가 유사 사고의 재발을 방지하기 위해 회수 등의 조치가 필요하다고 권고 또는 건의한 경우 산업통상자원부 장관은 수집검사 없이 즉시 조치를 명할 수 있다. 이는 사고의 재발을 막기 위한 사전 예방적 접근이라 할 수 있다. 또한 유통 중인 용기 등에서 공공의 안전을 위협할 수 있는 명백하고 중대한 결함이 발견된 경우에도 긴급하게 회수 등 조치를 할 수 있도록 규정되어 있다. 이 조치는 시간을 다투는 위험 상황에서 신속한 대응을 가능하게 하여 국민의 안전을 지키기 위한 중요한 수단으로 작용한다. 이와 같은 법령은 사고 발생 후의 대응을 넘어 예방 중심의 안전관리체계를 구축함으로써 고압가스 취급 환경의 안전성과 신뢰성을 높이는 데 기여하고 있다.

6.31 개선 · 시정 등을 명한 사항의 이행에 관한 조치 예

Q 중앙행정기관 · 지방자치단체가 관계 법령에 따라 개선 · 시정 등을 명한 사항의 이행에 관한 조치의 예는 어떤 것이 있나요?

안전보건 관계 법령에 관련된 규정이 있는 경우 구체적인 조치계획과 결과 보고의 내용을 포함하고 있으므로 이에 따른 조치를 이행해야 한다.

생활화학제품 및 살생물제를 제조 · 수입 · 판매 또는 유통하는 자는 「화학제품안전법」에 따라 제품의 안전성과 표시기준을 철저히 준수해야 한다. 만약 다음과 같은 위반행위가 발생할 경우 환경부 장관은 해당 제품에 대해 회수, 폐기 등 필요한 조치를 명할 수 있다.

① 제품이 수입금지 대상이거나 환경부의 승인을 받지 않은 경우 또는 안전기준 적합 확인이나 신고 절차를 이행하지 않은 경우는 법 제35조 제1항에 따라 회수 명령의 대상이 된다. 또한 제품의 겉면이나 포장에 표시해야 할 사항을 누락하거나 허위로 기재한 경우도 동일하게 조치가 이루어진다. 이러한 위반은 소비자에게 직접적인 위해를 초래할 수 있으므로 신속한 행정처분이 필요하다.

② 품질관리 기준을 준수하지 않아 환경부로부터 시정명령을 받았음에도 불구하고 정당한 사유 없이 이를 이행하지 않은 경우는 법 제36조 제2항에 따라 회수명령이 내려질 수 있다. 품질관리 기준은 제품의 안전성과 일관성을 유지하기 위한 핵심적인 요소로 이를 무시한 채 제품을 유통하는 것은 국민 건강과 환경에 심각한 영향을 줄 수 있다. 이러한 법적 조치는 단순한 행정명령을 넘어 국민의 생명과 안전을 보호하고 시장 내 불법 · 불량 제품의 유통을 차단하기 위한 중요한 수단이다. 사업자는 관련 법령을 숙지하고 제품의 승인 · 신고 · 표시 · 품질관리 기준을 철저히 준수함으로써 법적 책임을 다해야 한다. 이러한 조치명령은 국민의 건강과 안전을 보호하기 위한 행정적 수단으로 제품의 유통을 차단하고 피해 확산을 방지하는 데 목적이 있다.

③ 화학제품 또는 살생물제에 대해 환경부 장관으로부터 회수, 폐기 등의 조치명령을 받

은 자는 해당 명령을 성실히 이행하기 위해 조치계획서를 작성하여 유역환경청장 또는 지방환경청장에게 제출해야 한다. 이 계획서는 단순한 형식적 문서가 아니라 국민의 건강과 환경을 보호하기 위한 실질적인 실행계획으로서 다음과 같은 사항을 충분히 고려해야 한다.

- 조치 대상 물질 또는 제품의 명칭 · 제조량 · 수입량 · 판매량 · 거래업체명 등
- 유통 중인 제품의 양을 고려한 조치계획량 산출
- 이행에 필요한 예상 기간
- 조치 장소 및 구체적인 이행 방법
- 국민에게 조치 사실을 알리기 위한 공표 방법

조치명령을 받은 자는 계획서에 따라 회수, 폐기 등의 조치를 완료한 후 그 결과를 환경부장관에 보고해야 하며 이를 위해 조치결과보고서를 작성하여 유역환경청장 또는 지방환경청장에게 제출해야 한다. 이 보고서는 단순한 결과 통보를 넘어 실제 이행된 조치의 실적과 향후 계획 그리고 재발방지 대책까지 포함하는 종합적인 사후관리 문서로써 다음 사항을 반드시 포함해야 한다.

- 제품의 명칭 · 제조량 · 수입량 · 판매량 · 회수, 폐기된 조치량 및 미조치량
- 미조치량에 대한 명세 및 향후 조치계획
- 남은 제품의 처리 일정, 방법, 책임 주체 등
- 동일한 문제 재발방지를 위한 대책(예 : 품질관리 강화, 점검체계 개선, 교육훈련 확대 등)

환경부는 이러한 보고서를 바탕으로 조치의 적정성과 이행 여부를 확인하며 필요시 직접 회수나 폐기 등의 조치를 시행할 수 있다. 이 경우 발생하는 비용은 해당 제품을 제조 · 수입 · 판매 · 유통한 자가 부담하게 된다.

6.32 원료나 제조물의 설계 · 제조 · 관리상의 결함

Q 원료나 제조물의 설계 · 제조 · 관리상의 결함은 어떠한 경우를 의미하나요?

사업주 및 경영책임자 등은 중대시민재해의 예방을 위해 생산 · 제조 · 판매 · 유통 중인 원료나 제조물의 설계 · 제조 · 관리상의 결함으로 인해 이용자 또는 그 밖의 사람의 생명 · 신체의 안전을 확보하기 위한 안전보건 확보의무를 부담한다(법 제9조 제1항). 따라서 이러한 의무를 위반하여 원료나 제조물의 설계 · 제조 · 관리상의 결함이 발생하고 이를 원인으로 사망 또는 상해사고 등이 발생한 경우는 「중대재해처벌법」에 따라 처벌될 수 있다.

이때 "원료, 제조물의 설계 · 제조 · 관리상의 결함"의 의미가 중요하며 이는 민사책임에 관한 특별법인 「제조물책임법」에서 정의되어 있고 관련 판례도 존재한다.

「제조물책임법」은 제조물의 결함으로 인해 발생한 손해에 대해 제조업자가 책임을 지도록 규정하고 있으며 그중 하나가 바로 "제조상의 결함"이다. 이는 제조업자가 제조 또는 가공 과정에서 주의의무를 다했는지 여부와 관계없이 제품이 원래 의도한 설계와 다르게 제조되거나 가공되어 안전성을 갖추지 못한 경우를 의미한다. 즉, 제품이 설계도면이나 기술사양과 다르게 만들어졌고 그로 인해 사용 중 안전에 문제가 생길 수 있다면 제조업자는 해당 결함에 대해 책임을 져야 한다. 이 개념은 제조업자의 과실 여부를 따지기보다는 결과적으로 안전하지 않은 제품이 공급되었는지에 초점을 맞추고 있으며 피해자 보호와 안전 확보를 위한 법적 장치로 작용한다. 예를 들어 자동차의 브레이크 시스템이 설계와 다르게 조립되어 제동력이 떨어지는 경우 제조업자가 주의 깊게 작업했더라도 그 제품은 제조상의 결함으로 간주될 수 있다. 판례는 위 규정을 바탕으로 제조자에게 기대 가능한 범위 내에서 안전성을 갖춘 제품을 제조할 책임이 있다고 인정하였다.

「제조물책임법」 제2조 제2호 나목에서 규정하는 "설계상의 결함"이란 제조업자가 합리적인 대체 설계를 채택했더라면 피해나 위험을 줄이거나 피할 수 있었음에도 이를 채택하지 않아 제품이 안전하지 못하게 된 경우를 의미한다. 이는 단순한 기술적 실수나 제조상의 하자와는 구별되며 제품의 구조적 설계 자체가 안전성을 확보하지 못한 경우를 말한다.

이러한 정의는 제조자의 고의나 과실 여부와 관계없이 제품의 구조적 설계 자체가 안전성을 확보하지 못한 경우에 책임을 묻기 위한 것으로 피해자 보호를 강화하는 데 목적이 있다.

대법원은 1992년 변압변류기 폭발사건에서 이 개념을 구체적으로 설명하였다. 판결에 따르면 제조자는 제품의 구조, 품질, 성능 등에 있어서 현대의 기술 수준과 경제성에 비추어 기대 가능한 범위 내의 안전성과 내구성을 갖춘 제품을 제조할 책임이 있으며 이를 충족하지 못한 경우에는 불법행위에 따른 손해배상 책임을 부담하게 된다. 특히 이 사건에서는 변압변류기의 절연열화가 점진적으로 진행되어 폭발로 이어졌는데 만약 제조자가 절연열화를 최소화할 수 있는 설계적 방법을 채택했더라면 해당 제품은 기사용 기간을 초과하는 내구성을 가질 수 있었을 것으로 판단하였다. 따라서 내구연한 이전에 절연파괴가 발생한 경우 이는 제조자가 그러한 예방적 설계를 하지 않은 데 따른 설계상의 결함으로 추정할 수 있다고 판시하였다.

이 판례는 제조업자의 과실 여부와 관계없이 설계 선택 자체가 안전성을 확보하지 못한 경우에 제조업자가 책임을 질 수 있도록 하는 법적 근거를 제공한다. 예를 들어 특정 전자제품이 과열로 인해 화재 위험이 있는 구조로 설계되었고 실제로 더 안전한 설계가 존재했음에도 이를 채택하지 않았다면 해당 제품은 설계상의 결함이 있는 것으로 간주될 수 있다. 이처럼 설계상의 결함은 제품의 구조적 안전성과 직결되며 피해자 보호를 위한 핵심적인 판단 기준으로 작용한다.

이외에도 대법원은 2003년 선고한 판결(2003다16771)에서 자동변속기 차량의 급발진 사고와 관련하여 제조자가 쉬프트 록(Shift Lock)과 같은 안전장치를 채택하지 않았을 경우 그로 인해 사고가 발생하거나 위험성이 증가했다면 설계상의 결함이 인정될 수 있다고 보았다.

다만 해당 사건에서는 쉬프트 록이 모든 급발진 사고를 예방할 수 있는 것은 아니며 운전자의 기본적인 조작 숙지로도 사고를 방지할 수 있다는 점 등을 고려하여 설계상의 결함을 인정하지 않았다. 이처럼 판례는 단순히 대체 설계의 존재 여부만으로 결함을 판단하지 않고 제품의 특성, 사용자의 기대, 위험의 내용, 대체 설계의 경제성과 실현 가능성 등 다양한 요소를 종합적으로 고려하여 사회 통념에 따라 판단하고 있다. 이는 설계상의 결함 판단이 기술적 · 경제적 · 사회적 요소를 모두 반영하는 복합적이고 실질적인 평가 과정이기 때문이다.

또한 대법원 2013년 7월 12일 선고 2006다17553 판결(일명 "고엽제 사건")에서는 베트

남전에 참전한 우리나라 군인들이 당시 미군에 의해 살포된 고엽제에 노출되어 염소성 여드름 등 질병을 앓게 되었다며 해당 고엽제를 제조 · 판매한 외국 법인들을 상대로 손해배상을 청구한 사안이다. 대법원은 「제조물책임법」 제2조 제2호 나목의 정의를 바탕으로 제조업자가 생명 · 신체에 위해를 발생시킬 위험이 있는 화학제품을 설계하여 그대로 제조 · 판매한 경우에는 특별한 사정이 없는 한 그 제품에 설계상의 결함이 존재한다고 판단하였다.

특히 고엽제에는 독성물질인 TCDD(테트라클로로디벤조다이옥신)가 포함되어 있었고 제조업자들은 이 물질의 유해성을 인식하고 있었음에도 이를 제거하거나 최소화할 수 있는 기술적 조치를 충분히 취하지 않은 채 제품을 유통시켰다. 또한 사용자에게 해당 위험을 경고하거나 알릴 수 있는 표시도 하지 않았다는 점에서 대법원은 제조업자가 고도의 위험방지의무를 위반했다고 보았다. 결과적으로 대법원은 고엽제에 사회 통념상 기대되는 안전성이 결여되었으며 이는 설계상의 결함으로 볼 수 있다고 판단하였다. 이에 따라 TCDD에 노출되어 염소성 여드름이라는 특이성 질환이 발생한 참전 군인들에 대해서는 제조물책임이 인정되었다.

6.33 원료 및 제조물의 판매 · 유통 과정에서의 결함

Q

원료 및 제조물의 판매 · 유통 과정에서 발생한 결함으로 인한 중대시민재해도 「중대재해처벌법」의 적용을 받나요? 그렇다면 온라인 판매중개업자 등도 적용 대상인가요?

사업자가 생산 · 제조 · 판매 · 유통하는 원료나 제조물의 설계 · 제조 · 관리상의 결함으로 인해 발생한 재해에 대해 책임을 묻는 구조이다. 이에 따라 사업자의 모든 영업 과정 즉, 원료의 도입부터 제품이 최종 소비자에게 전달되는 전 과정이 법의 적용 대상이 된다.

생산 및 제조 단계에서는 원료 자체뿐만 아니라 그 원료로 만들어지는 제조물까지 포함되며 위탁 생산 방식으로 제품을 제조하는 경우도 해당 사업자는 법적 책임을 면할 수 없다.

이는 제조물의 안전성과 품질관리에 대한 책임이 단순히 물리적 생산자에게만 있는 것이 아니라 실질적으로 제품을 시장에 내놓는 주체에게도 귀속됨을 의미한다.

판매 및 유통 단계에서는 제품을 직접 판매하거나 유통하는 자뿐만 아니라 수입 판매업자, 판매중개업자, 온라인 플랫폼 사업자 등도 모두 법의 적용 대상이 된다. 특히 최근에는 다양한 법령에서 판매중개업자에게도 안전 확보의무를 부과하고 있으며 이는 단순히 유통 경로를 제공하는 역할을 넘어서 제품의 안전성과 위해성에 대한 책임을 공유해야 한다는 사회적 인식의 변화를 반영한 것이다.

따라서 사업자는 제품의 설계 · 제조 · 관리 전 과정에서 안전성을 확보하고 관련 법령에 따른 의무를 성실히 이행해야 한다. 이를 위해 안전보건관리체계 구축, 점검 및 기록, 재발 방지 대책 수립, 관계기관의 시정명령 이행 등 다양한 조치를 취해야 한다. 이러한 조치는 단순한 형식적 요건이 아니라 중대시민재해를 예방하고 기업의 사회적 책임을 다하기 위한 핵심적인 법적 · 윤리적 의무라 할 수 있다.

6.34 유해화학물질이 방출되어 중대재해가 발생

Q A사는 사무실 환경 개선을 위해 B사의 디퓨저를 구매하여 사용하였습니다. 그런데 디퓨저에서 유해화학물질이 방출되어 중대재해가 발생하였습니다. 이 경우 디퓨저를 구입하여 사용한 A사가 「중대재해처벌법」의 적용 대상인가요?

「중대재해처벌법」은 사업주 또는 경영책임자가 실질적으로 지배 · 운영 · 관리하는 사업 또는 사업장에서 생산 · 제조 · 판매 · 유통 중인 원료나 제조물의 설계 · 제조 · 관리상의 결함으로 인해 중대재해가 발생한 경우 이를 중대시민재해로 규정하고 처벌의 대상으로 명시하고 있다. 따라서 해당 제조물이나 원료가 기업의 생산 · 제조 · 판매 · 유통 과정에 속해 있을 때 발생한 재해는 중대시민재해로 간주될 수 있으며 이 경우 사업주 또는 경영책임자는 법에서 정한 안전보건 확보의무를 이행하지 않은 책임을 지게 된다.

반면 최종 사용자인 A사가 해당 제품을 구입하여 사용하는 단계는 이미 생산 · 제조 · 판매 · 유통의 법적 범위를 벗어난 이후의 과정에 해당하므로 이로 인해 발생한 재해는 「중대재해처벌법」의 적용 대상이 되지 않는다. 그러나 해당 사고가 제조물의 결함으로 인해 발생한 것이라면 중대시민재해에 해당된다. 또한 「제조물책임법」 또는 민법상 손해배상 청구는 가능하며 피해자는 제조자 또는 판매자에게 민사상 책임을 물을 수 있다.

6.35 의약품이 병원의 '관리상 결함'으로 변질

Q 공중이용시설인 병원이 구매하여 보관 중인 의약품이 병원의 관리상 결함으로 변질되어 이 약품을 투여한 환자가 사망했습니다. 이러한 경우도 중대시민재해로 볼 수 있나요?

일반적으로 병원이 「중대재해처벌법」 시행령 [별표 5]에서 정한 「약사법」 제2조 제4호의 의약품을 취급하면서 관리상의 결함으로 환자가 사망한다면 「중대재해처벌법」상 중대시민재해에 해당한다. 다만, 「중대재해처벌법」상 중대시민재해 해당 여부, 안전보건 확보의무 이행 여부, 설계 · 제조 · 관리상의 결함에 대한 책임 주체 등에 대해서는 구체적인 위반 사실관계를 종합적으로 고려하여 판단해야 한다.

「중대재해처벌법」에서 규정하는 중대시민재해란 특정 원료 또는 제조물, 공중이용시설 또는 공중교통수단의 설계 · 제조 · 설치 · 관리상의 결함으로 인해 일반 시민에게 사망 · 중상 · 질병 등 중대한 피해가 발생한 경우를 의미한다. 이는 산업현장에서의 근로자 재해를 다루는 중대산업재해와는 구별되며 시민의 생명과 신체를 보호하기 위한 법적 장치로 마련된 것이다.

이에 따라 중대시민재해가 성립하기 위해서는 단순한 사고나 사용자 과실이 아닌 해당 제조물이나 시설 자체에 내재된 결함이 원인이 되어야 한다. 예를 들어 화학제품에 포함된 유해 성분이 인체에 해로운 영향을 미쳤거나 의료기기의 설계상 오류로 인해 환자에게 위해가 발생한 경우 등이 이에 해당한다. 이러한 결함은 다음과 같이 구분된다.

① 설계상의 결함 : 제품이나 시설이 구조적으로 안전성을 확보하지 못한 경우(예 : 안전장치 미비, 과열 위험 구조 등)
② 제조상의 결함 : 설계는 적절했으나 제조 과정에서 품질 저하 또는 부품 오조립 등으로 안전성이 확보되지 않은 경우
③ 관리상의 결함 : 사용 · 운영 과정에서 점검, 유지보수, 경고표시 등이 미흡하여 사고로 이어진 경우

중대시민재해를 예방하기 위해서 사업주 또는 경영책임자는 「중대재해처벌법」 제9조에 따라 다음과 같은 안전보건 확보의무를 이행해야 하며 이를 위반한 경우 형사처벌 대상이 된다.

① 재해예방을 위한 안전보건관리체계 구축과 이행
② 재해발생 시 재발방지 대책 수립 및 이행
③ 관계기관의 시정명령 이행
④ 안전보건 관계 법령에 따른 관리상의 조치

책임 주체는 단순히 제조자에 국한되지 않으며 해당 제조물을 생산 · 제조 · 판매 · 유통한 모든 사업자(예 : 수입업자, 유통업자, 판매중개업자 등)도 법적 책임을 질 수 있다. 특히 실질적으로 지배 · 운영 · 관리하는 자의 경영책임자가 처벌 대상이 된다. 질의의 경우 의약품을 제조한 제약회사뿐만 아니라 이를 병원에 공급한 유통업체, 병원 내에서 관리 · 투약한 의료기관도 각각의 관리 책임을 다하지 않았을 경우 중대시민재해의 책임 주체가 될 수 있다.

6.36 의약품을 제조 · 판매

Q 본인이 근무하고 있는 사업장은 의약품을 제조 · 판매하는 사업장입니다. 여러 지사가 존재하며 본인의 근무지는 제조공장이 아닌 완제의약품을 저장 및 보관만 하는 장소로써 소분하거나 사용하는 업무는 수행하지 않습니다. 이러한 경우에도 「중대재해처벌법」의 적용 대상에 해당하는지요?

일반적으로 사업주 또는 경영책임자 등이 실질적으로 지배 · 운영 · 관리하는 경우란 장소 · 시설 · 설비에 대한 소유권, 점유권, 임차권 등의 권리를 보유하고 있거나 사업 또는 사업장에서 생산 · 제조 · 판매 · 유통 중인 원료 또는 제조물로 인한 유해 · 위험요인을 통제할 수 있는 경우를 의미한다. 「중대재해처벌법」은 생산 · 제조 · 판매 · 유통 과정에 있는 원료 또는 제조물에 적용되므로 사업자의 모든 영업 과정이 법의 적용 범위에 포함된다고 볼 수 있다.

이때 '사업 또는 사업장'이란 경영상 일체를 이루며 유기적으로 운영되는 기업 등의 조직 그 자체를 의미하며 사업장이 반드시 장소적으로 인접할 필요는 없다. 따라서 근무 중인 지사에서 수행하는 의약품의 보관 · 저장 업무가 본사의 생산 · 제조 · 판매 · 유통 과정의 일부에 해당하고 해당 지사가 경영상 일체를 이루며 유기적으로 운영되는 사업장이라면 해당 지사 역시 「중대재해처벌법」의 적용 대상이 될 수 있다.

6.37 대학 연구실에서 실험용으로 사용하는 시약

Q 대학 연구실에서 실험용으로 사용하는 시약에 대하여 관리상의 결함으로 재해가 발생한 경우 해당 재해는 「중대재해처벌법」상 중대시민재해에 해당하는지요? 또한 중대시민재해에 해당하는 경우 실험실에서 원료 · 시약을 직접 취급하는 연구원이 아닌 원료 · 시약을 배송하는 자 역시 「중대재해처벌법」에 따라 처벌 대상이 될 수 있는지요?

연구실에서 실험용으로 사용되는 원료나 시약이라 하더라도 해당 물질이 생산 · 제조 · 판매 · 유통 중인 상태에 있으며 그 과정에서 관리상의 결함이 존재하여 인명피해가 발생한 경우에는 「중대재해처벌법」상 중대시민재해로 판단될 수 있다. 이는 단순한 실험 목적 여부와 관계없이 해당 원료 또는 제조물이 법령상 적용 대상에 포함되는지를 기준으로 판단된다. 다만, 실험의 목적이 제품의 제조 과정 이해나 연구개발을 위한 것이라면 해당 사고가 중대시민재해에 해당하는지 여부는 추가적인 사실관계 검토가 필요하다. 특히 「연구실 안전환경 조성에 관한 법률」의 준수 여부, 사고 피해자의 신분(근로자인지 일반 시민인지) 그리고 해당 사고가 「중대산업재해」에 해당하는지 여부에 따라 적용 법령이 달라질 수 있다. 이러한 경우 사고가 발생한 연구실에서 원료 또는 시약을 직접 취급한 연구원이나 운송 업무를 수행한 특수형태 근로자가 「중대재해처벌법」의 처벌 대상이 되는 것은 아니며 해당 시설을 실질적으로 지배 · 운영 · 관리하는 사업자 또는 경영책임자가 법적 책임을 부담하게 된다. 즉, 중대재해처벌법은 사고의 직접 행위자보다 경영책임자에게 안전보건 확보의무를 부과하고 있으며 이를 이행하지 않아 사고가 발생한 경우에는 처벌의 대상이 된다.

6.38 사업장에서 만든 소프트웨어의 결함

Q 사업장에서 개발한 소프트웨어의 결함으로 재해가 발생한 경우 해당 재해는 「중대재해처벌법」상 중대시민재해로 볼 수 있는지요? 예컨대 인공지능(AI)의 잘못된 안내로 사고가 발생한 경우 해당 AI를 개발한 업체가 「중대재해처벌법」의 처벌 대상이 되는지 궁금합니다.

사업주 또는 경영책임자 등이 실질적으로 지배 · 운영 · 관리하는 사업 또는 사업장에서 생산 · 제조 · 판매 · 유통 중인 원료나 제조물의 설계 · 제조 · 관리상의 결함으로 중대재해가 발생하여 중대시민재해 요건에 해당하는 경우 해당 재해는 「중대재해처벌법」상 중대시민재해에 해당한다. 이 법에서 "제조물"이란 제조되거나 가공된 동산(다른 동산이나 부동산의 일부를 구성하는 경우를 포함)을 의미하며 제조물의 소프트웨어 결함으로 인해 중대시민재해 요건에 해당하는 재해가 발생한 경우도 「중대재해처벌법」의 적용 대상이 될 수 있다. 다만, 동 법의 적용 여부는 해당 원료 또는 제조물의 설계·제조·관리상의 결함과 관련이 있는지 그리고 이에 대한 관리책임이 존재하는지 등 구체적인 사실관계를 종합적으로 고려하여 판단하여야 한다.

예를 들어 특정 제품이 생산·제조·판매·유통되는 과정에서 안전조치가 미흡하여 결함이 존재하였고 그로 인해 사망 또는 다수의 부상자가 발생한 경우 해당 기업의 경영책임자는 중대시민재해에 해당하는 사고로 판단되어 형사처벌 대상이 될 수 있다. 이때의 경영책임자는 단순한 명목상의 대표가 아니라 실질적으로 안전보건에 관한 업무를 총괄하거나 결정권을 보유한 자를 의미한다. 「중대재해처벌법」은 단순히 사고 발생 여부만을 기준으로 하지 않고 사전에 위험요인을 점검하고 예방조치를 취하였는지 사고 발생 이후에는 재발방지 대책을 수립하고 이를 이행하였는지를 종합적으로 고려하여 책임 여부를 판단한다. 따라서 사업주는 안전보건관리체계를 구축하고 관련 법령에 따른 의무를 성실히 이행하여야 하며 그 이행 내용을 문서로 기록·보관하는 것도 법적 의무에 포함된다. 이와 같이 「중대재해처벌법」은 단순한 사고 책임을 넘어서 기업의 조직문화와 안전관리 시스템 전반에 대한 책임을 묻는 법률로써 예방 중심의 안전관리체계 확립을 강하게 요구하고 있다.

6.39 유해화학물질을 유통하는 과정에서 누출사고

Q 원청인 A사는 유해화학물질을 제조하는 회사이며 해당 물질의 운송은 B사에 전량 위탁하여 유통하고 있습니다. 만약 B사가 유해화학물질을 유통하는 과정에서 누출사고 등으로 중대시민재해가 발생한 경우 어느 회사가 「중대재해처벌법」의 적용을 받게 되는지요?

사업주 또는 경영책임자 등은 「중대재해처벌법」에 따라 실질적으로 지배·운영·관리히는 사업 또는 사업장에서 생산 · 제조 · 판매 · 유통 중인 원료나 제조물의 설계 · 제조 · 관리상의 결함으로 인한 재해를 예방하기 위하여 안전보건관리체계를 구축하고 이를 이행하는 조치를 취하여야 한다. 다만, 유해화학물질 운송 중 안전 및 보건 확보의무를 이행하지 않아 누출사고가 발생하고 그로 인해 「중대재해처벌법」에서 정한 중대시민재해에 해당하는 인명피해가 발생한 경우는 처벌 대상 여부를 판단함에 있어 제조사와 운송사의 실질적인 업무범위 또는 계약 사항, 원료나 제조물의 설계 · 제조 · 관리상의 결함과의 관련성 그리고 이에 대한 관리 책임의 존재 여부 등 구체적인 사실관계를 종합적으로 고려하여야 한다.

6.40 수탁사에 원료 · 제조물의 제조 위탁

Q 시설을 소유한 상태에서 수탁사에 원료 · 제조물의 제조를 위탁하고 있습니다. 이때 중대시민재해가 발생한 경우 위탁을 준 업체도 「중대재해처벌법」상 중대시민재해의 적용 대상이 되는지요?

「중대재해처벌법」에서 말하는 '실질적으로 지배 · 운영 · 관리하는 경우'란 단순한 계약상의 명칭이나 형식에 의존하지 않고 실제로 해당 장소 · 시설 · 설비에 대하여 소유권 · 점유권 · 임차권 등 법적 권리를 보유하거나 유해 · 위험요인을 통제할 수 있는 실질적인 권한과 책임을 가진 경우를 의미한다. 따라서 어떤 사업자가 시설을 소유한 상태에서 수탁사에 원료 또는 제조물의 생산을 위탁하고 그 제조 과정에 대하여 장소 · 설비 · 시설에 대한 권리를 보유하며 제조 과정에서 발생할 수 있는 유해 · 위험요인을 통제할 수 있는 능력과 책임을 가진 경우라면 해당 사업자는 중대시민재해 발생 시 「중대재해처벌법」의 적용 대상이 될 수 있다. 이는 단순히 제조를 위탁하였다는 사실만으로 책임이 면제되는 것이 아니라 위탁을 준 업체가 제조 과정에 대하여 실질적인 통제력을 행사하고 있었는지 여부가 핵심적인 판단 기준이 된다. 예컨대 수탁사의 제조시설에 대하여 위탁사가 안전설비 설치, 작업순서 조율, 점검 및 시정 명령 권한 등을 보유하고 있었다면 이는 실질적인 지배 · 운영 · 관리로 간주될 수 있다. 결국, 중대시민재해에 해당하는 사고가 발생한 경우 법은 위험을 통제할 수 있었던 자에게 책임을 묻는 구조이며 이는 위탁 또는 도급 관계에서도 동일하게 적용된다.

6.41 "생산 · 제조 · 판매 · 유통" 항목의 적용 범위

Q 「중대재해처벌법」에 규정된 '생산 · 제조 · 판매 · 유통' 항목의 적용 범위가 궁금합니다. 이는 원자재 또는 원재료만을 취급하는 사업장을 의미하는 것인가요? 아니면 식당이나 카페처럼 음식 · 음료를 사업장에서 제조하여 판매하는 업소도 해당하는 것인가요?

「중대재해처벌법」은 사업주 또는 경영책임자가 실질적으로 지배 · 운영 · 관리하는 사업 또는 사업장에서 생산 · 제조 · 판매 · 유통 중인 원료나 제조물의 설계 · 제조 · 관리상의 결함으로 인해 중대한 피해가 발생한 경우 이를 중대시민재해로 규정하고 처벌의 대상으로 삼고 있다. 이때 적용되는 '원료 · 제조물'은 단순히 판매되는 제품에 국한되지 않으며 생산 · 제조 단계에서 사용되거나 제조되는 모든 원료 및 제조물을 포함한다. 즉, 판매업자가 판매하는 제품뿐만 아니라 제조업자가 생산하는 원료나 중간재, 실험용 시약 등도 법의 적용 대상이 될 수 있다.

「중대재해처벌법」은 해당 원료 · 제조물의 범위를 시행령 [별표 5]에서 특정하고는 있지만 인체에 해로운 성질을 가진 원료 · 제조물로 인해 재해가 발생한 경우는 중대시민재해로 판단될 수 있다. 이는 해당 물질이 본래 유해성을 지니고 있거나 생산 · 제조 · 유통 과정에서 설계 · 제조 · 관리상의 결함으로 인해 유해성이 발생한 경우 모두를 포함한다. 예를 들어 화학물질, 의약품, 의료기기, 살생물 제품, 방사성물질 등은 본래 인체에 해로운 속성을 지니고 있을 수 있으며 이들이 적절한 안전조치 없이 취급되거나 결함이 있는 상태로 유통될 경우 중대시민재해로 이어질 수 있다. 따라서 사업자는 해당 원료 · 제조물의 유해성 여부와 안전관리체계의 구축과 이행 여부를 철저히 점검하여야 하며 법령상 안전보건 확보의무를 성실히 이행하지 않은 경우는 형사처벌 및 민사상 책임을 부담할 수 있다.

6.42 공원을 관리할 때 사용하는 비료 또는 농약

Q 공원을 관리할 때 사용하는 비료 또는 농약, 감염병 예방을 위해 출입구에 설치하는 손 소독제, 장례식장의 식당 또는 커피점에서 사용하는 세척제 등도 「중대재해처벌법」에서 정하는 '원료 · 제조물'에 해당하는지요?

「중대재해처벌법」은 특정 원료 또는 제조물의 설계 · 제조 · 설치 · 관리상의 결함으로 인하여 일반 시민에게 사망 · 중상 · 질병 등 중대한 피해가 발생한 경우를 중대시민재해로 규정하고 있다. 이때 해당 원료 · 제조물은 시행령 [별표 5]에서 특정하고 있지만 인체에 해로운 성질을 가진 원료 · 제조물로 인해 재해가 발생한 경우는 중대시민재해로 판단될 수 있다. 즉, 해당 물질이 유해화학물질 · 살생물 제품 · 의약품 · 의료기기 · 식품 등으로 명시되어 있지 않더라도 사고의 원인이 된 원료 또는 제조물이 인체에 위해를 줄 수 있는 성질을 가지고 있고 그 취급 과정에서 결함이 있었다면 법의 적용 대상이 될 수 있다. 다만, 중대시민재해로 인정되기 위해서는 단순한 사고 발생만으로는 부족하며 다음과 같은 요건을 충족해야 한다.

① 해당 사고가 설계 · 제조 · 설치 · 관리상의 결함에 기인한 것인지
② 사고 발생 시점에 해당 제조물이 생산 · 제조 · 판매 · 유통 중이었는지
③ 사업주 또는 경영책임자가 해당 제조물에 대해 실질적인 관리책임을 가지고 있었는지
④ 「중대재해처벌법」 제9조에 따른 안전보건 확보의무를 이행하였는지 여부

원료 · 제조물의 생산 · 제조 · 판매 · 유통 과정에 관여한 사업자는 중대시민재해 발생 시 「중대재해처벌법」의 적용 대상이 될 수 있으며 최종 사용자나 단순 소비자는 해당되지 않는

다. 중대시민재해는 원료 · 제조물의 설계 · 제조 · 설치 · 관리상의 결함으로 발생하는 재해로 정의하고 있으므로 원료 · 제조물의 생산 · 제조 · 판매 · 유통 과정에 관여한 사업자가 「중대재해처벌법」의 적용 대상이 된다.

6.43 반기 1회 이상 점검

Q 「중대재해처벌법」에서 '반기 1회 이상 점검'의 정확한 기준은 무엇인지요?

「중대재해처벌법」은 사업주 또는 경영책임자에게 안전보건관리체계의 구축과 이행 여부를 반기 1회 이상 점검하도록 규정하고 있다. 이는 단순한 형식적 점검이 아니라 사업 또는 사업장의 유해 · 위험요인을 사전에 파악하고 개선함으로써 중대재해를 예방하기 위한 실질적인 관리 조치로써의 의미를 가진다. 법령에서는 '반기별로 1회 이상 점검을 실시하여야 한다'라고 명시하고 있으며 일반적으로 상반기(1월~6월)와 하반기(7월~12월)를 기준으로 각각 1회 이상 점검하는 것이 원칙이다. 법의 취지를 고려할 때 하반기 점검은 상반기 점검일로부터 6개월 이후에 실시하는 것이 바람직하다고 권고되고 있다.

예를 들어 상반기 점검을 5월에 실시한 경우 하반기 점검은 11월 이후에 시행하는 것이 적절하다. 이러한 점검은 단순히 문서 확인에 그치는 것이 아니라 현장 실태를 반영한 안전점검 업무 수행 평가, 비상대응 절차의 이행 여부, 도급 · 용역 · 위탁 시 안전 조치 이행 여부 등 다양한 항목을 포함되어야 한다. 점검 결과는 문서화하여 보관하고 필요시 개선 조치를 취하여야 한다. 결국 반기 점검은 「중대재해처벌법」의 핵심 이행 수단 중 하나로써 경영자의 안전보건에 대한 의지와 조직의 예방 역량을 입증하는 기초자료가 된다.

6.44 협력사의 점검이 면제되는 조건

Q 「식품위생법」의 경우 유통사가 협력사 관리를 위한 점검을 실시하도록 규정되어 있으나 협력사가 HACCP 인증을 보유하는 등 일부 요건을 충족한 경우는 협력사 점검을 면제할 수 있는 조항이 있습니다. 반면 「중대재해처벌법」에서는 협력사에 대한 점검을 반기 1회 이상 실시하도록 명시되어 있는데 협력사 점검이 면제되는 조건은 존재하지 않는지요?

「중대재해처벌법」은 사업주 또는 경영책임자가 실질적으로 지배 · 운영 · 관리하는 사업 또는 사업장에서 생산 · 제조 · 판매 · 유통 중인 원료나 제조물의 설계 · 제조 · 관리상의 결함으로 인해 시민에게 중대한 피해가 발생한 경우 이를 중대시민재해로 규정하고 형사처벌의 대상으로 삼고 있다.

유통사가 협력사의 제조 과정에 대하여 장소 · 설비 · 설비 운영에 관한 권한을 보유하고 유해 · 위험요인을 통제할 수 있는 실질적인 관리 권한을 행사하고 있었던 경우 해당 사고는 중대시민재해로 판단될 수 있으며 유통사는 법적 책임을 부담할 수 있다.

이 경우 유통사는 중대시민재해 예방을 위하여 인력 배치, 예산의 편성 · 집행, 반기 1회 이상 점검 등 안전보건관리체계의 구축과 이행 의무를 부담하게 된다. 결국, 「중대재해처벌법」은 제조물의 유형이나 성질에 관계없이 사고의 원인이 된 결함과 그에 대한 관리책임 여부를 중심으로 적용 여부를 판단하며 이를 통해 시민의 생명과 안전을 보호하고 기업의 책임을 강화하는 데 목적을 두고 있다.

6.45 의무이행 사항의 점검

Q 관계 법령상 의무이행 사항에 대한 점검은 반드시 직접 실시하여야 하는 것인지요?

「중대재해처벌법」은 사업주 또는 경영책임자에게 안전보건 관계 법령에 따른 의무이행 여부를 연 1회 이상 점검하도록 규정하고 있으며 이 점검은 반드시 직접 수행하여야 하는 것은 아니다. 해당 법령에 따라 중앙행정기관의 장이 지정한 전문기관 등에 위탁하여 점검하는 것도 가능하며 위탁 점검 역시 법령상 점검으로 인정된다. 다만, 사업주 또는 경영책임자가 직접 점검을 수행하지 않고 외부 기관에 위탁한 경우는 점검이 종료된 후 지체없이 그 결과를 보고받아야 하는 의무가 있다. 이는 단순히 점검을 맡기는 것으로 책임을 면하는 것이 아니라 점검 결과를 확인하고 필요한 조치를 취할 실질적인 관리 책임을 이행해야 함을 의미한다.

또한 위탁 점검을 실시할 경우 해당 기관이 수행하는 점검은 안전보건 관계 법령 전반에 대한 실질적인 점검이 되어야 하며 특정 분야에 한정된 점검만으로는 법령상 점검 의무를 모두 충족하였다고 보기 어렵다. 결국, 위탁 점검은 점검 방식의 하나일 뿐이며 경영책임자의 관리 책임과 점검 결과에 따른 조치 의무는 여전히 유효하다는 점을 유의해야 한다.

6.46 「중대재해처벌법」에 따라 교육을 실시해야 하는가?

Q 개별 관계 법령에 법정 의무 교육 규정이 없더라도 「중대재해처벌법」에 따라 교육을 실시하여야 하는지요?

그렇지 않다. 기존의 안전보건 관계 법령에 따른 교육실시 여부를 점검하는 것이므로 「중대재해처벌법」에 따라 새로운 교육실시 의무가 부여되는 것은 아니다. 개별 법령에 따른 교육실시 여부를 점검하고 그 이행이 미흡한 경우에는 사업주 또는 경영책임자 등에게 필요한 조치를 취할 의무가 부여된다.

사업주 또는 경영책임자 등은 관계 법령에 따른 의무이행 상황을 점검하고 그 이행이 미흡하다고 판단되는 경우는 예산을 추가로 편성하거나 인력을 배치하는 등 의무이행이 충분히 이루어질 수 있도록 사업 환경을 개선할 책임이 있다.

「중대재해처벌법」은 사업주 또는 경영책임자에게 안전보건관리체계의 구축과 이행 의무를 부여하고 있으며 그 일환으로 기존 안전보건 관계 법령에 따른 의무이행 상황을 연 1회 이상 점검하도록 규정하고 있다. 이 점검은 새로운 교육실시 의무를 부여하는 것이 아니라 이미 개별 법령에서 정한 법정 교육의 이행 여부를 확인하고 그 결과에 따라 필요한 조치를 취하는 것을 의미한다.

이는 단순히 교육 여부를 확인하는 데 그치지 않고 교육이 실질적으로 이행될 수 있도록 제도적 · 재정적 기반을 마련하는 것까지 포함된다. 따라서 경영책임자는 점검 결과를 보고받은 후 교육 미이행 사실이 확인되면 즉시 필요한 조치를 취하여야 하며 이를 통해 중대재해 예방을 위한 안전보건관리체계가 실질적으로 작동하도록 하여야 한다.

6.47 중대시민재해 예방에 해당하는 서류를 별도로 구성하여 비치

Q 현재 당사에서는 협력업체 등의 중대재해를 예방하고자 「중대재해처벌법」 시행령에서 요구하는 항목에 따라 지침 및 절차서를 구성하고 점검 및 조치를 실시하고 있습니다. 또한 「화학물질관리법」 등에 따라 주기적인 점검 및 조치를 시행하며 안전보건 시스템을 구축하고 있습니다. 이러한 경우에도 중대시민재해 예방에 해당하는 서류를 별도로 구성하여 비치하여야 하는지요?

사업주 또는 경영책임자 등은 「중대재해처벌법」 제9조에 따라 안전보건 확보의무를 부담하며 유해 · 위험요인의 점검 및 대응을 포함한 인력 배치, 업무 부여, 예산의 편성 및 집행 등 안전보건 확보의무를 이행하여야 한다. 또한 「중대재해처벌법 시행령」 별표 5에 해당하는 원료 · 제조물을 취급하는 경우는 유해 · 위험요인의 주기적인 점검과 대응 등이 포함된 업무처리 절차를 사전에 마련하고 이에 따라 필요한 조치를 취하여야 한다.

「화학물질관리법」상 유해화학물질은 별표 5의 원료 · 제조물에 포함되므로 업무처리 절차를 마련하고 중대시민재해에 따른 안전보건 확보의무의 이행 여부를 점검하는 등 중대산업재해와는 별도로 필요한 조치를 취하여야 한다. 「화학물질관리법」 등 안전보건 관계 법령에 따른 주기적인 점검 및 조치사항을 서면으로 보관하고 「중대재해처벌법」에서 정하는 이행 점검의 내용을 포함하는 경우는 중대시민재해에 따른 운영 서류를 별도로 구성 · 비치할 필요가 있을 것으로 판단된다.

6.48 토지 위에 설치된 공작물의 하자로 사망사고 발생시 중대시민재해 여부

Q

중대재해법상의 "제조물"에 토지위에 설치한 공작물이 포함될까요?
중대재해법상 '제조물'은 '제조되거나 가공된 동산(다른 동산이나 부동산의 일부를 구성하는 경우를 포함)'으로 정의되어 있는데요, 일반적으로 민법상 토지의 정착물은 부동산으로 보는 반면, 중대재해법은 제조물책임법과 마찬가지로 부동산의 일부를 구성하는 경우에도 '제조물'로 정의하고 있습니다.
제조물의 설치, 관리상 결함으로 1명 이상이 사망하면 "중대시민재해"인데, 그렇다면 토지 위에 설치된 공작물의 하자로 사망사고가 발생하면 '중대시민재해'가 되는 것일까요?

특히 중대재해처벌법에서는 제조물의 설계, 제조, 관리상의 결함으로 인해 사망자 1명 이상 발생 등과 같은 결과가 발생했을 경우를 중대시민재해로 규정하고 있다.

중대재해처벌법은 중대산업재해와 중대시민재해로 구분된다. 그 중 중대시민재해는 특정 원료 또는 제조물, 공중이용시설, 공중교통수단의 설계 · 제조 · 설치 · 관리상의 결함으로 인해 일반 시민에게 발생한 사망 또는 중상해를 규율하는 영역이다.

중대재해처벌법에서 규정하는 "제조물"의 대상은 단순한 제품을 넘어 제조되거나 가공된 모든 동산을 포함한다. 이는 다른 동산이나 부동산의 일부를 구성하는 경우도 해당되며 법령상 매우 넓은 범위로 해석된다. 그러나 중대재해처벌법과 시행령에서는 '제조물'의 범위를 명확히 특정하지 않고 있다. 그러다 보니 실무 현장에서는 해석의 혼선이 빈번히 발생하고 있다.

우리가 일상에서 접하는 대부분의 제품, 식품, 전자기기, 생활용품, 건축자재 등은 모두 제조물에 해당할 수 있다. 이들이 설계, 제조, 설치, 관리상의 결함으로 인해 시민에게 중대한 피해를 입히는 경우에는 중대시민재해로 간주되어 법적 책임이 발생할 수 있다. 특히 환경부의 해설에 따르면 해당 제조물이 인체에 해로운 성질을 본질적으로 갖고 있지 않더라도 생산 · 제조 · 판매 · 유통 과정에서 결함이 존재한다면 중대재해처벌법의 적용 대상이 될 수 있다. 예를 들어 일반적인 세정제가 제조 과정에서 유해 화학물질이 혼입되어 소비자에게 건강 피해를 입힌다면 이는 제조물의 결함으로 인한 중대시민재해로 판단될 수 있다. 제조물은 단순히 공장에서 생산된 제품만을 의미하는 것이 아니라 건물에 설치된 기계 · 설비 등도 포함된다.

이처럼 중대재해처벌법은 제조물의 범위를 제한하지 않고 결함 여부와 그로 인한 피해 발생을 중심으로 법적 책임을 묻는 구조를 가지고 있다. 따라서 기업은 제품의 안전성을 확보하기 위해 전 과정에서 철저한 관리와 예방 조치를 취해야 하며 이를 소홀히 할 경우 경영책임자에게 형사처벌이 부과될 수 있다.

만약 토지에 정착된 구조물은 일반적으로 부동산이나 공작물로 분류될 수 있다. 건축물의 경우에는 공중이용시설로 간주될 수 있다. 그러나 건물 내부에 설치된 엘리베이터, 에스컬레이터, 자동문 등과 같은 공작물은 그 기능과 구조의 독립성에 비추어 볼 때 부동산의 일부로서가 아니라 제조물로 해석하는 것이 타당하다. 이는 중대시민재해의 적용 대상인 제조물의 개념을 단순한 물리적 부착 여부가 아닌 기능적 · 구조적 독립성에 따라 판단해야 함을 시사한다.

건축법 제2조에 따르면 인공을 가하여 제작한 시설물 중에서 건축물을 제외한 것을 공작물이라 하고 건축물은 토지에 정착하는 공작물 중 지붕과 기둥 또는 벽이 있는 것과 이에 딸린 시설물, 지하나 고가의 공작물에 설치하는 사무소 · 공연장 · 점포 · 차고 · 창고 등을 말한다. 반면에 기념탑, 광고탑, 광고판, 전기통신용 철탑, 고가수조, 옹벽, 담장, 지하대피호, 기계식주차장 등은 공작물에 해당한다. 이 같은 공작물 중에서 영구적이 아니라 일시적으로 설치한 것이 가설공작물이다.

사고 예방측면에서 공작물은 제조물로 넓게 확장하여 해석하는 것이 바람직하다. 따라서 도로 위에 설치된 전광판이 낙하하여 인명 피해가 발생한 경우 해당 전광판은 공작물이자 제조물로 간주될 수 있으며 그 설계 · 제조 · 표시상의 결함이 인정된다면 중대시민재해에 해당할 수 있다.

또한 토지 위에 설치된 가설 구조물은 일반적으로 공중이용시설에 해당하지 않는다. 그러나 그 내부에 설치된 크레인(양중기) 등의 장비 등은 제조물로서 법 적용 대상이 될 수 있다. 특히 해당 장비의 결함으로 인한 사망 사고는 제조물 책임의 범주에 포함된다. 이런 측면에서 살펴보면 국가, 지자체에서 관리하는 공작물도 단순 국가배상책임만 문제되는 것이 아니라 중처법 적용대상이 되어 굉장히 큰 이슈가 될 수 있다.

따라서 도로에 설치된 각종 부착시설물 예를 들어 가로등, CCTV, 전광판, 광고탑, 표지판 등은 제조물로 간주하여 안전관리 대상에 포함시키는 것이 보수적으로는 바람직하다. 이에 따라 해당 시설물에 대한 정기적 점검 및 관리체계의 구축이 요구된다.

중대재해처벌법의 관점에서 제조물에 대한 사용자의 관리상의 책임은 단순한 제품 관리 차원을 넘어 경영책임자 또는 안전관리 책임자가 제조물의 안전성을 지속적으로 확보하고 그로 인한 시민 피해를 예방할 의무를 의미한다. 이 법은 제품의 설계 · 제조뿐 아니라 설치 이후의 유지관리, 위험 감지, 대응 조치까지 포함하는 포괄적 책임 체계를 요구한다.

즉, 제조물의 결함이 단지 기술적 오류로 발생한 것이 아니라 관리상의 부주의나 안전보건 확보 의무의 미이행으로 인해 중대한 시민 피해로 이어졌다면 이는 중대시민재해로 간주되어 중대재해처벌법의 적용 대상이 된다.

예를 들어, 건물에 설치된 자동문이 센서 오작동으로 시민에게 상해를 입혔을 경우 해당 자동문이 제조물로서 결함이 있었는지뿐 아니라 관리자가 정기적인 점검을 실시했는지와 위험을 인지하고도 적절한 조치를 취했는지가 법적 책임 판단의 핵심이 된다. 만약 경영책임자가 이러한 위험을 알고 있었음에도 불구하고 필요한 조치를 하지 않았다면 이는 법상 안전보건 확보 의무 위반으로 형사처벌 대상이 될 수 있다.

중대재해처벌법은 단순히 사고 발생 여부만을 따지는 것이 아니라 사전 예방과 사후 대응의 체계가 제대로 작동했는지를 중점적으로 판단한다. 따라서 제조물의 관리상의 책임은 제품이 설치된 이후에도 지속적으로 작동 상태를 점검하고 위험 요소를 제거하며 시민의 생명과 안전을 보호하기 위한 적극적이고 조직적인 관리 체계를 의미한다.

현재 일선 공공기관 담당자들은 중대산업재해에 대한 대응에 집중하고는 있다. 그러나 중대시민재해에 대한 인식과 대응은 상대적으로 미흡한 실정이다. 정부를 포함한 공공기관과 지자체는 중대시민재해 예방을 위한 안전 · 보건 확보 의무를 강화하고 관련 시설물에 대한 관리 책임과 법적 해석 기준을 명확히 할 필요가 있다.

07 기타

7.1 중대시민재해 수급인 재해예방 능력 평가

Q

「중대재해처벌법 시행령」 제10조 제8호의 내용(중대시민재해 수급인의 재해예방 능력 평가 및 안전관리비용 지급 기준 마련 및 이행)에 대한 해석 방법은 다음과 같이 나뉜다.

- 갑설 : 해당 시설의 관리 안전성(완성도)을 높이기 위한 평가 및 비용 지급
- 을설 : 해당 시설의 관리 과정에서 부수적으로 발생할 수 있는 재해(작업 대상이 아닌 시설 부분의 손상, 이용자에게 시설물 낙하, 인근 보행자의 추락 등)를 예방하기 위한 평가 및 비용 지급

※ 갑설에 따르면 설계, 진단 등 그 자체로는 시민재해를 야기하지 않는 업무도 평가 대상에 포함되어 적용 범위가 크게 확대된다.

「중대재해처벌법 시행령」 제10조 제8호는 공중이용시설 또는 공중교통수단과 관련하여 도급·용역·위탁 등을 행한 경우 도급인이 수급인의 중대시민재해 예방 능력과 안전관리 능력을 평가하고 이에 필요한 비용 기준을 마련·이행하여야 한다고 규정하고 있다.

이 조항의 해석에 있어 갑설과 을설은 각각 다른 관점을 제시하며 실무 적용에 있어 중요한 판단 기준이 된다.

갑설은 해당 조항을 수급인이 수행하는 본래의 업무 자체의 안전성을 높이기 위한 평가 및 비용 지급으로 해석한다. 즉, 설계·진단·점검 등 시민재해를 직접 유발하지는 않더라도 해당 업무의 완성도와 안전성 확보가 시민의 생명·신체에 영향을 줄 수 있다고 보고 법부

전반에 대한 포괄적인 안전관리 조치를 요구하는 것이다. 이 해석은 예방 중심의 접근으로 시민 피해 가능성을 사전에 차단하는 데 유리하지만 적용 범위가 과도하게 확대될 수 있다는 우려도 존재한다. 예컨대 단순한 설계 검토나 진단 업무까지도 중대시민재해 예방 평가 대상이 될 수 있어 실무 부담이 증가할 수 있다.

을설은 수급인의 업무 수행 과정에서 부수적으로 발생할 수 있는 시민 피해, 예를 들어 작업 중 시설물 낙하, 인근 보행자의 추락 등을 예방하기 위한 평가 및 비용 지급으로 해석한다. 이는 업무 자체보다는 작업 환경이나 주변 위험 요소에 대한 통제를 중점적으로 고려하는 방식으로 시민 피해와 직접 연관된 위험 요소에 집중할 수 있다는 장점이 있다. 다만, 본래 업무의 안전성 확보에는 상대적으로 소홀해질 수 있으며 사후적 대응 중심의 해석이 될 수 있다는 한계도 존재한다.

결론적으로 시행령 제10조 제8호는 갑설과 을설을 이분법적으로 나누기보다는 수급인의 업무가 시민에게 직접 또는 간접적으로 영향을 줄 수 있는 경우에는 업무의 안전성 확보와 부수적 위험 예방을 모두 포함하는 병합적 해석이 바람직하다. 이는 중대시민재해의 핵심이 예방 가능성과 관리 책임의 유무에 있다는 점에서 업무의 직접성과 간접성을 모두 고려한 안전관리 기준 마련이 법령의 취지에 부합한다. 따라서 경영책임자는 수급인의 업무 특성과 시민 피해 가능성을 종합적으로 고려하여 평가 기준과 비용 지급 기준을 마련하고 이를 계약에 반영하여 실질적인 예방 조치를 이행하여야 한다.

7.2 중대시민재해 시설에 대한 유지 · 보수공사 발주

Q

중대시민재해 시설에 대한 유지 · 보수공사를 발주한 경우 건설공사발주자(=시설 관리주체)가 부담하는 안전보건 확보의무의 내용은 무엇인가?

- 중대산업재해와 마찬가지로 건설공사발주자는 해당 공사(또는 공사가 진행되는 시설 부분)에 대해 실질적으로 지배 · 운영 · 관리하지 않는다고 볼 수 있는가?
- 해당 공사 발주자는 시공사에 대해 「중대재해처벌법 시행령」 제10조 제8호(시공사의 시민재해 예방 능력 평가 및 안전관리비용 지급 기준 마련 및 이행)의 의무를 이행해야 하는가?

중대시민재해 시설에 대한 유지 · 보수공사를 발주한 경우 건설공사발주자(즉, 해당 시설의 실질적 관리주체)는 「중대재해처벌법」상 안전 및 보건 확보의무를 부담할 수 있으며 그 의무의 범위와 내용은 공사 대상 시설에 대한 실질적인 지배 · 운영 · 관리 여부에 따라 달라진다.

먼저, 중대산업재해와 관련하여 건설공사발주자는 일반적으로 해당 공사에 대해 시공을 주도하거나 총괄 · 관리하지 않는 한 「산업안전보건법」상 건설공사 발주자이기에 도급인으로서의 안전보건조치 의무를 부담하지는 않는다. 이는 같은 법 제2조 제10호에서 "건설공사의 시공을 주도하여 총괄 · 관리하지 않는 자"를 건설공사발주자로 정의하고 있기 때문이다. 따라서 발주자가 해당 공사에 대해 시공을 직접 수행할 자격이나 능력이 없고 전문 시공업체에 위탁하여 공사를 진행하는 경우는 일반적으로 도급인으로 간주되지 않는다.

그러나 중대시민재해의 경우에는 「중대재해처벌법」 제5조 및 같은 법 시행령 제10조 제8호에 따라 발주자가 해당 시설 · 장비 · 장소에 대해 실질적으로 지배 · 운영 · 관리하는 책임이 있는 경우에는 안전 및 보건 확보의무를 부담하게 된다. 특히 공사 대상 시설이 시민이 이용하거나 접근 가능한 공중이용시설 또는 그 부지에 해당하고 발주자가 해당 시설의 유지 · 관리 권한을 갖고 있으며 공사 중 시민에게 위해를 줄 수 있는 위험요소가 존재하는 경우에는 중대시민재해 예방을 위한 조치를 취해야 할 법적 책임이 발생한다.

이러한 경우 발주자는 시공사(수급인)에 대해 중대시민재해 예방 능력을 평가하고 안전관리비용 지급 기준을 마련 · 이행해야 한다. 이는 같은 법 시행령 제10조 제8호에서 명시된 의무로써 단순히 시공사의 기술력이나 공사 품질뿐만 아니라 시민 피해 예방을 위한 안전관리 능력까지 평가 대상에 포함된다. 예를 들어 외벽 보수공사 중 낙하물로 인한 시민 피해 가능성이 있는 경우 시공사가 해당 위험을 예방할 수 있는 장비 · 인력 · 계획을 갖추고 있는지를 사전에 평가하고 그에 필요한 비용을 계약에 반영해야 한다.

따라서 중대시민재해 시설에 대한 유지 · 보수공사를 발주한 경우 발주자가 해당 시설을 실질적으로 지배 · 운영 · 관리하고 있다면 중대산업재해와는 별도로 중대시민재해 예방을 위한 안전 및 보건 확보의무를 부담하게 되며 시공사에 대한 평가와 비용 지급 기준 마련 · 이행 의무도 함께 수행해야 한다. 이는 시민의 생명과 안전을 보호하기 위한 실질적인 예방 조치로써 법적 책임뿐만 아니라 사회적 책임의 관점에서도 중요하게 다루어져야 한다.

7.3 예측 가능성을 객관적으로 입증

Q 중대재해처벌법에서 예측 가능성을 객관적으로 입증할 수 있는 절차적 방법론의 존재가 중요한 것 같습니다. 건설업 분야에서의 실증적 사례 2건 정도를 알려주세요.

중대재해처벌법에서 '예측 가능성'의 객관적 입증은 경영책임자의 형사책임 판단에 있어 핵심 요소로 작용한다. 특히 건설업에서는 이를 둘러싼 실증적 사례들이 법원의 판단 기준을 구체화하는 데 중요한 역할을 하고 있다. 대표적인 사례로는 'A 종합건설 사건'과 'B 건설 사건'을 들 수 있다.

A 종합건설 사건은 2024년 10월 16일 대구지방법원 영덕지원에서 선고된 판결로 지방상수도 정비공사 현장에서 화물차 운전자가 운전석을 이탈한 상태에서 차량이 미끄러져 사망사고가 발생한 사안이다. 이 사건에서 법원은 해당 공사금액이 50억 원 미만이라는 점을 들어 중대재해처벌법의 적용 대상이 아니라고 판단하였고 대표자에게는 무죄를 선고하였다. 이 사례는 법 적용 대상 여부가 예측 가능성 판단에 직접적인 영향을 미친 사례로 형벌법규의 명확성 원칙이 강조되었다.

반면 B 건설 사건은 같은 날인 2024년 10월 16일 수원지방법원 평택지원에서 선고된 판결로 근린생활시설 신축공사장에서 콘크리트 타설 중 9층 바닥이 붕괴되어 하청 소속 베트남 노동자 2명이 사망한 사안이다. 법원은 원청 대표에게 징역 2년의 실형을 선고하고 법정구속하였다. 동바리 설치가 경험 없는 설치팀에 의해 부실하게 이루어졌고 사전에 검토나 조립도 작성이 없었다는 점을 중대재해처벌법상 의무위반의 핵심 근거로 판단하였다. 이 사건은 반복된 사고와 안전의식 부재가 예측 가능성의 존재를 입증하는 요소로 작용하였다. 위험성평가의 형식적 이행이 아닌 실질적 작동 여부가 유죄 판단의 핵심이 되었다.

이 두 사례는 각각 법 적용 대상의 명확성(형식적 요건)과 사고 예방 노력의 실질성(실질적 요건)을 중심으로 예측 가능성의 판단 기준을 제시한 판례로 평가되며 향후 건설업계의 안전관리체계 구축과 법적 대응에 있어 중요한 참고 기준이 된다. 기업은 단순한 서류상의 안전조치가 아닌 현장 중심의 실질적인 예방 조치와 반복적 위험요소에 대한 개선 노력을 통해 예측 가능성을 입증할 수 있는 체계를 마련해야 한다.

제11장

중대재해처벌법 관련 법령

01 중대재해처벌법

중대재해 처벌 등에 관한 법률(약칭 : 중대재해처벌법)

[시행 2022.1.27.] [법률 제17907호, 2021.1.26., 제정]

법무부(공공형사과) 02-2110-3539
환경부(화학물질정책과) 044-201-6774, 6775
고용노동부(중대산업재해감독과) 044-202-8955
산업통상자원부(산업일자리혁신과) 044-203-4228
국토교통부(시설안전과) 044-201-4594
공정거래위원회(소비자안전교육과) 044-200-4419
중소벤처기업부(인력정책과) 044-204-7442, 7446

제1장 총칙

제1조(목적) 이 법은 사업 또는 사업장, 공중이용시설 및 공중교통수단을 운영하거나 인체에 해로운 원료나 제조물을 취급하면서 안전 · 보건 조치의무를 위반하여 인명피해를 발생하게 한 사업주, 경영책임자, 공무원 및 법인의 처벌 등을 규정함으로써 중대재해를 예방하고 시민과 종사자의 생명과 신체를 보호함을 목적으로 한다.

제2조(정의) 이 법에서 사용하는 용어의 뜻은 다음과 같다.

1. "중대재해"란 "중대산업재해"와 "중대시민재해"를 말한다.
2. "중대산업재해"란 「산업안전보건법」 제2조제1호에 따른 산업재해 중 다음 각 목의

어느 하나에 해당하는 결과를 야기한 재해를 말한다.

가. 사망자가 1명 이상 발생

나. 동일한 사고로 6개월 이상 치료가 필요한 부상자가 2명 이상 발생

다. 동일한 유해요인으로 급성중독 등 대통령령으로 정하는 직업성 질병자가 1년 이내에 3명 이상 발생

3. "중대시민재해"란 특정 원료 또는 제조물, 공중이용시설 또는 공중교통수단의 설계·제조·설치·관리상의 결함을 원인으로 하여 발생한 재해로서 다음 각 목의 어느 하나에 해당하는 결과를 야기한 재해를 말한다. 다만, 중대산업재해에 해당하는 재해는 제외한다.

가. 사망자가 1명 이상 발생

나. 동일한 사고로 2개월 이상 치료가 필요한 부상자가 10명 이상 발생

다. 동일한 원인으로 3개월 이상 치료가 필요한 질병자가 10명 이상 발생

4. "공중이용시설"이란 다음 각 목의 시설 중 시설의 규모나 면적 등을 고려하여 대통령령으로 정하는 시설을 말한다. 다만, 「소상공인 보호 및 지원에 관한 법률」 제2조에 따른 소상공인의 사업 또는 사업장 및 이에 준하는 비영리시설과 「교육시설 등의 안전 및 유지관리 등에 관한 법률」 제2조제1호에 따른 교육시설은 제외한다.

가. 「실내공기질 관리법」 제3조제1항의 시설(「다중이용업소의 안전관리에 관한 특별법」 제2조제1항제1호에 따른 영업장은 제외한다)

나. 「시설물의 안전 및 유지관리에 관한 특별법」 제2조제1호의 시설물(공동주택은 제외한다)

다. 「다중이용업소의 안전관리에 관한 특별법」 제2조제1항제1호에 따른 영업장 중 해당 영업에 사용하는 바닥면적(「건축법」 제84조에 따라 산정한 면적을 말한다)의 합계가 1천제곱미터 이상인 것

라. 그 밖에 가목부터 다목까지에 준하는 시설로서 재해발생 시 생명·신체상의 피해가 발생할 우려가 높은 장소

5. "공중교통수단"이란 불특정다수인이 이용하는 다음 각 목의 어느 하나에 해당하는 시설을 말한다.

가. 「도시철도법」 제2조제2호에 따른 도시철도의 운행에 사용되는 도시철도차량

나. 「철도산업발전기본법」 제3조제4호에 따른 철도차량 중 동력차·객차(「철도사업법」 제2조제5호에 따른 전용철도에 사용되는 경우는 제외한다)

다.「여객자동차 운수사업법 시행령」 제3조제1호라목에 따른 노선 여객자동차운송사업에 사용되는 승합자동차

라.「해운법」 제2조제1호의2의 여객선

마.「항공사업법」 제2조제7호에 따른 항공운송사업에 사용되는 항공기

6. “제조물”이란 제조되거나 가공된 동산(다른 동산이나 부동산의 일부를 구성하는 경우를 포함한다)을 말한다.
7. “종사자”란 다음 각 목의 어느 하나에 해당하는 자를 말한다.

가.「근로기준법」상의 근로자

나. 도급 · 용역 · 위탁 등 계약의 형식에 관계없이 그 사업의 수행을 위하여 대가를 목적으로 노무를 제공하는 자

다. 사업이 여러 차례의 도급에 따라 행하여지는 경우는 각 단계의 수급인 및 수급인과 가목 또는 나목의 관계가 있는 자

8. “사업주”란 자신의 사업을 영위하는 자, 타인의 노무를 제공받아 사업을 하는 자를 말한다.
9. “경영책임자 등”이란 다음 각 목의 어느 하나에 해당하는 자를 말한다.

가. 사업을 대표하고 사업을 총괄하는 권한과 책임이 있는 사람 또는 이에 준하여 안전보건에 관한 업무를 담당하는 사람

나. 중앙행정기관의 장, 지방자치단체의 장,「지방공기업법」에 따른 지방공기업의 장,「공공기관의 운영에 관한 법률」 제4조부터 제6조까지의 규정에 따라 지정된 공공기관의 장

제2장 중대산업재해

제3조(적용범위) 상시 근로자가 5명 미만인 사업 또는 사업장의 사업주(개인사업주에 한정한다. 이하 같다) 또는 경영책임자 등에게는 이 장의 규정을 적용하지 아니한다.

제4조(사업주와 경영책임자 등의 안전 및 보건 확보의무) ① 사업주 또는 경영책임자 등은 사업주나 법인 또는 기관이 실질적으로 지배 · 운영 · 관리하는 사업 또는 사업장에서 종사자의 안전 · 보건상 유해 또는 위험을 방지하기 위하여 그 사업 또는 사업장의 특성 및 규모

등을 고려하여 다음 각 호에 따른 조치를 하여야 한다.

1. 재해예방에 필요한 인력 및 예산 등 안전보건관리체계의 구축 및 그 이행에 관한 조치
2. 재해발생 시 재발방지 대책의 수립 및 그 이행에 관한 조치
3. 중앙행정기관 · 지방자치단체가 관계 법령에 따라 개선 · 시정 등을 명한 사항의 이행에 관한 조치
4. 안전 · 보건 관계 법령에 따른 의무이행에 필요한 관리상의 조치

② 제1항제1호 · 제4호의 조치에 관한 구체적인 사항은 대통령령으로 정한다.

제5조(도급 · 용역 · 위탁 등 관계에서의 안전 및 보건 확보의무) 사업주 또는 경영책임자 등은 사업주나 법인 또는 기관이 제3자에게 도급 · 용역 · 위탁 등을 행한 경우는 제3자의 종사자에게 중대산업재해가 발생하지 아니하도록 제4조의 조치를 하여야 한다. 다만, 사업주나 법인 또는 기관이 그 시설, 장비, 장소 등에 대하여 실질적으로 지배 · 운영 · 관리하는 책임이 있는 경우에 한정한다.

제6조(중대산업재해 사업주와 경영책임자 등의 처벌) ① 제4조 또는 제5조를 위반하여 제2조제2호가목의 중대산업재해에 이르게 한 사업주 또는 경영책임자 등은 1년 이상의 징역 또는 10억 원 이하의 벌금에 처한다. 이 경우 징역과 벌금을 병과할 수 있다.

② 제4조 또는 제5조를 위반하여 제2조제2호나목 또는 다목의 중대산업재해에 이르게 한 사업주 또는 경영책임자 등은 7년 이하의 징역 또는 1억원 이하의 벌금에 처한다.

③ 제1항 또는 제2항의 죄로 형을 선고받고 그 형이 확정된 후 5년 이내에 다시 제1항 또는 제2항의 죄를 저지른 자는 각 항에서 정한 형의 2분의 1까지 가중한다.

제7조(중대산업재해의 양벌규정) 법인 또는 기관의 경영책임자 등이 그 법인 또는 기관의 업무에 관하여 제6조에 해당하는 위반행위를 하면 그 행위자를 벌하는 외에 그 법인 또는 기관에 다음 각 호의 구분에 따른 벌금형을 과(科)한다. 다만, 법인 또는 기관이 그 위반행위를 방지하기 위하여 해당 업무에 관하여 상당한 주의와 감독을 게을리하지 아니한 경우에는 그러하지 아니하다.

1. 제6조제1항의 경우 : 50억 원 이하의 벌금
2. 제6조제2항의 경우 : 10억 원 이하의 벌금

제8조(안전보건교육의 수강) ① 중대산업재해가 발생한 법인 또는 기관의 경영책임자 등은 대통령령으로 정하는 바에 따라 안전보건교육을 이수하여야 한다.

② 제1항의 안전보건교육을 정당한 사유 없이 이행하지 아니한 경우에는 5천만원 이하의 과태료를 부과한다.

③ 제2항에 따른 과태료는 대통령령으로 정하는 바에 따라 고용노동부 장관이 부과·징수한다.

제3장 중대시민재해

제9조(사업주와 경영책임자 등의 안전 및 보건 확보의무) ① 사업주 또는 경영책임자 등은 사업주나 법인 또는 기관이 실질적으로 지배·운영·관리하는 사업 또는 사업장에서 생산·제조·판매·유통 중인 원료나 제조물의 설계·제조·관리상의 결함으로 인한 그 이용자 또는 그 밖의 사람의 생명, 신체의 안전을 위하여 다음 각 호에 따른 조치를 하여야 한다.

1. 재해예방에 필요한 인력·예산·점검 등 안전보건관리체계의 구축 및 그 이행에 관한 조치
2. 재해발생 시 재발방지 대책의 수립 및 그 이행에 관한 조치
3. 중앙행정기관·지방자치단체가 관계 법령에 따라 개선·시정 등을 명한 사항의 이행에 관한 조치
4. 안전·보건 관계 법령에 따른 의무이행에 필요한 관리상의 조치

② 사업주 또는 경영책임자 등은 사업주나 법인 또는 기관이 실질적으로 지배·운영·관리하는 공중이용시설 또는 공중교통수단의 설계·설치·관리상의 결함으로 인한 그 이용자 또는 그 밖의 사람의 생명, 신체의 안전을 위하여 다음 각 호에 따른 조치를 하여야 한다.

1. 재해예방에 필요한 인력·예산·점검 등 안전보건관리체계의 구축 및 그 이행에 관한 조치
2. 재해발생 시 재발방지 대책의 수립 및 그 이행에 관한 조치
3. 중앙행정기관·지방자치단체가 관계 법령에 따라 개선·시정 등을 명한 사항의 이행에 관한 조치
4. 안전·보건 관계 법령에 따른 의무이행에 필요한 관리상의 조치

③ 사업주 또는 경영책임자 등은 사업주나 법인 또는 기관이 공중이용시설 또는 공중교통수단과 관련하여 제3자에게 도급·용역·위탁 등을 행한 경우는 그 이용자 또는 그 밖의 사람의 생명, 신체의 안전을 위하여 제2항의 조치를 하여야 한다. 다만, 사업주나 법인 또는 기관이 그 시설, 장비, 장소 등에 대하여 실질적으로 지배·운영·관리하는 책임이 있는 경우에 한정한다.

④ 제1항제1호·제4호 및 제2항제1호·제4호의 조치에 관한 구체적인 사항은 대통령령으로 정한다.

제10조(중대시민재해 사업주와 경영책임자 등의 처벌) ① 제9조를 위반하여 제2조제3호가목의 중대시민재해에 이르게 한 사업주 또는 경영책임자 등은 1년 이상의 징역 또는 10억 원 이하의 벌금에 처한다. 이 경우 징역과 벌금을 병과할 수 있다.

② 제9조를 위반하여 제2조제3호나목 또는 다목의 중대시민재해에 이르게 한 사업주 또는 경영책임자 등은 7년 이하의 징역 또는 1억 원 이하의 벌금에 처한다.

제11조(중대시민재해의 양벌규정) 법인 또는 기관의 경영책임자 등이 그 법인 또는 기관의 업무에 관하여 제10조에 해당하는 위반행위를 하면 그 행위자를 벌하는 외에 그 법인 또는 기관에게 다음 각 호의 구분에 따른 벌금형을 과(科)한다. 다만, 법인 또는 기관이 그 위반행위를 방지하기 위하여 해당 업무에 관하여 상당한 주의와 감독을 게을리하지 아니한 경우에는 그러하지 아니하다.

1. 제10조제1항의 경우 : 50억 원 이하의 벌금
2. 제10조제2항의 경우 : 10억 원 이하의 벌금

제4장 보칙

제12조(형 확정 사실의 통보) 법무부 장관은 제6조, 제7조, 제10조 또는 제11조에 따른 범죄의 형이 확정되면 그 범죄사실을 관계 행정기관의 장에게 통보하여야 한다.

제13조(중대산업재해발생사실 공표) ① 고용노동부 장관은 제4조에 따른 의무를 위반하여 발생한 중대산업재해에 대하여 사업장의 명칭, 발생 일시와 장소, 재해의 내용 및 원인 등 그 발생 사실을 공표할 수 있다.

② 제1항에 따른 공표의 방법, 기준 및 절차 등은 대통령령으로 정한다.

제14조(심리절차에 관한 특례) ① 이 법 위반 여부에 관한 형사재판에서 법원은 직권으로 「형사소송법」 제294조의2에 따라 피해자 또는 그 법정대리인(피해자가 사망하거나 진술할 수 없는 경우에는 그 배우자 · 직계친족 · 형제자매를 포함한다)을 증인으로 신문할 수 있다.

② 이 법 위반 여부에 관한 형사재판에서 법원은 검사, 피고인 또는 변호인의 신청이 있는 경우 특별한 사정이 없으면 해당 분야의 전문가를 전문심리위원으로 지정하여 소송절차에 참여하게 하여야 한다.

제15조(손해배상의 책임) ① 사업주 또는 경영책임자 등이 고의 또는 중대한 과실로 이 법에서 정한 의무를 위반하여 중대재해를 발생하게 한 경우 해당 사업주, 법인 또는 기관이 중대재해로 손해를 입은 사람에 대하여 그 손해액의 5배를 넘지 아니하는 범위에서 배상책임을 진다. 다만, 법인 또는 기관이 해당 업무에 관하여 상당한 주의와 감독을 게을리하지 아니한 경우에는 그러하지 아니하다.

② 법원은 제1항의 배상액을 정할 때는 다음 각 호의 사항을 고려하여야 한다.

1. 고의 또는 중대한 과실의 정도
2. 이 법에서 정한 의무위반행위의 종류 및 내용
3. 이 법에서 정한 의무위반행위로 인하여 발생한 피해의 규모
4. 이 법에서 정한 의무위반행위로 인하여 사업주나 법인 또는 기관이 취득한 경제적 이익
5. 이 법에서 정한 의무위반행위의 기간 · 횟수 등
6. 사업주나 법인 또는 기관의 재산 상태
7. 사업주나 법인 또는 기관의 피해구제 및 재발방지 노력의 정도

제16조(정부의 사업주 등에 대한 지원 및 보고) ① 정부는 중대재해를 예방하여 시민과 종사자의 안전과 건강을 확보하기 위하여 다음 각 호의 사항을 이행하여야 한다.

1. 중대재해의 종합적인 예방대책의 수립 · 시행과 발생원인 분석
2. 사업주, 법인 및 기관의 안전보건관리체계 구축을 위한 지원
3. 사업주, 법인 및 기관의 중대재해 예방을 위한 기술 지원 및 지도
4. 이 법의 목적 달성을 위한 교육 및 홍보의 시행

② 정부는 사업주, 법인 및 기관에 대하여 유해·위험 시설의 개선과 보호 장비의 구매, 종사자 건강진단 및 관리 등 중대재해 예방사업에 소요되는 비용의 전부 또는 일부를 예산의 범위에서 지원할 수 있다.

③ 정부는 제1항 및 제2항에 따른 중대재해 예방을 위한 조치 이행 등 상황 및 중대재해 예방사업 지원 현황을 반기별로 국회 소관 상임위원회에 보고하여야 한다.

[시행일 : 2021.1.26.] 제16조

부칙〈제17907호, 2021.1.26.〉

제1조(시행일) ① 이 법은 공포 후 1년이 경과한 날부터 시행한다. 다만, 이 법 시행 당시 개인사업자 또는 상시 근로자가 50명 미만인 사업 또는 사업장(건설업의 경우에는 공사금액 50억 원 미만의 공사)에 대해서는 공포 후 3년이 경과한 날부터 시행한다.

② 제1항에도 불구하고 제16조는 공포한 날부터 시행한다.

제2조(다른 법률의 개정) 법원조직법 중 일부를 다음과 같이 개정한다.

제32조제1항제3호에 아목을 다음과 같이 신설한다.

아. 「중대재해 처벌 등에 관한 법률」 제6조제1항·제3항 및 제10조제1항에 해당하는 사건

02 중대재해처벌법 시행령

중대재해 처벌 등에 관한 법률 시행령(약칭 : 중대재해처벌법 시행령)

[시행 2022.12.8.] [대통령령 제33023호, 2022.12.6., 타법개정]

법무부(공공형사과) 02-2110-3539
산업통상자원부(산업일자리혁신과) 044-203-4228
환경부(화학물질정책과) 044-201-6774, 6775
고용노동부(중대산업재해감독과) 044-202-8955
국토교통부(시설안전과) 044-201-4594
공정거래위원회(소비자안전교육과) 044-200-4419
중소벤처기업부(인력정책과) 044-204-7442, 7446

제1장 총칙

제1조(목적) 이 영은 「중대재해 처벌 등에 관한 법률」에서 위임된 사항과 그 시행에 필요한 사항을 규정함을 목적으로 한다.

제2조(직업성 질병자) 「중대재해 처벌 등에 관한 법률」(이하 "법"이라 한다) 제2조제2호다목에서 "대통령령으로 정하는 직업성 질병자"란 별표 1에서 정하는 직업성 질병에 걸린 사람을 말한다.

제3조(공중이용시설) 법 제2조제4호 각 목 외의 부분 본문에서 "대통령령으로 정하는 시설"이란 다음 각 호의 시설을 말한다.

1. 법 제2조제4호가목의 시설 중 별표 2에서 정하는 시설
2. 법 제2조제4호나목의 시설물 중 별표 3에서 정하는 시설물. 다만, 다음 각 목의 건축물은 제외한다.
   가. 주택과 주택 외의 시설을 동일 건축물로 건축한 건축물
   나. 건축물의 주용도가 「건축법 시행령」 별표 1 제14호나목2)의 오피스텔인 건축물
3. 법 제2조제4호다목의 영업장
4. 법 제2조제4호라목의 시설 중 다음 각 목의 시설(제2호의 시설물은 제외한다)
   가. 「도로법」 제10조 각 호의 도로에 설치된 연장 20미터 이상인 도로교량 중 준공 후 10년이 지난 도로교량
   나. 「도로법」 제10조제4호부터 제7호까지에서 정한 지방도 · 시도 · 군도 · 구도의 도로터널과 「농어촌도로 정비법 시행령」 제2조제1호의 터널 중 준공 후 10년이 지난 도로터널
   다. 「철도산업발전기본법」 제3조제2호의 철도시설 중 준공 후 10년이 시난 철도교량
   라. 「철도산업발전기본법」 제3조제2호의 철도시설 중 준공 후 10년이 지난 철도터널(특별시 및 광역시 외의 지역에 있는 철도터널로 한정한다)
   마. 다음의 시설 중 개별 사업장 면적이 2천제곱미터 이상인 시설
      1) 「석유 및 석유대체연료 사업법 시행령」 제2조제3호의 주유소
      2) 「액화석유가스의 안전관리 및 사업법」 제2조제4호의 액화석유가스 충전사업의 사업소
   바. 「관광진흥법 시행령」 제2조제1항제5호가목의 종합유원시설업의 시설 중 같은 법 제33조제1항에 따른 안전성검사 대상인 유기시설 또는 유기기구

제2장 중대산업재해

제4조(안전보건관리체계의 구축과 이행 조치) 법 제4조제1항제1호에 따른 조치의 구체적인 사항은 다음 각 호와 같다.

1. 사업 또는 사업장의 안전 · 보건에 관한 목표와 경영방침을 설정할 것
2. 「산업안전보건법」 제17조부터 제19조까지 및 제22조에 따라 두어야 하는 인력이 총 3명 이상이고 다음 각 목의 어느 하나에 해당하는 사업 또는 사업장인 경우에는 안전

· 보건에 관한 업무를 총괄 · 관리하는 전담 조직을 둘 것. 이 경우 나목에 해당하지 않던 건설사업자가 나목에 해당하게 된 경우에는 공시한 연도의 다음 연도 1월 1일까지 해당 조직을 두어야 한다.

가. 상시근로자 수가 500명 이상인 사업 또는 사업장

나. 「건설산업기본법」 제8조 및 같은 법 시행령 별표 1에 따른 토목건축공사업에 대해 같은 법 제23조에 따라 평가하여 공시된 시공능력의 순위가 상위 200위 이내인 건설사업자

3. 사업 또는 사업장의 특성에 따른 유해 · 위험요인을 확인하여 개선하는 업무절차를 마련하고, 해당 업무절차에 따라 유해 · 위험요인의 확인 및 개선이 이루어지는지를 반기 1회 이상 점검한 후 필요한 조치를 할 것. 다만, 「산업안전보건법」 제36조에 따른 위험성평가를 하는 절차를 마련하고, 그 절차에 따라 위험성평가를 직접 실시하거나 실시하도록 하여 실시 결과를 보고받은 경우는 해당 업무절차에 따라 유해 · 위험요인의 확인 및 개선에 대한 점검을 한 것으로 본다.

4. 다음 각 목의 사항을 이행하는 데 필요한 예산을 편성하고 그 편성된 용도에 맞게 집행하도록 할 것

가. 재해예방을 위해 필요한 안전 · 보건에 관한 인력, 시설 및 장비의 구비

나. 제3호에서 정한 유해 · 위험요인의 개선

다. 그 밖에 안전보건관리체계 구축 등을 위해 필요한 사항으로서 고용노동부 장관이 정하여 고시하는 사항

5. 「산업안전보건법」 제15조, 제16조 및 제62조에 따른 안전보건관리책임자, 관리감독자 및 안전보건총괄책임자(이하 이 조에서 "안전보건관리책임자 등"이라 한다)가 같은 조에서 규정한 각각의 업무를 각 사업장에서 충실히 수행할 수 있도록 다음 각 목의 조치를 할 것

가. 안전보건관리책임자 등에게 해당 업무수행에 필요한 권한과 예산을 줄 것

나. 안전보건관리책임자 등이 해당 업무를 충실하게 수행하는지를 평가하는 기준을 마련하고, 그 기준에 따라 반기 1회 이상 평가 · 관리할 것

6. 「산업안전보건법」 제17조부터 제19조까지 및 제22조에 따라 정해진 수 이상의 안전관리자, 보건관리자, 안전보건관리담당자 및 산업보건의를 배치할 것. 다만, 다른 법령에서 해당 인력의 배치에 대해 달리 정하고 있는 경우에는 그에 따르고, 배치해야

할 인력이 다른 업무를 겸직하는 경우는 고용노동부 장관이 정하여 고시하는 기준에 따라 안전 · 보건에 관한 업무 수행시간을 보장해야 한다.

7. 사업 또는 사업장의 안전 · 보건에 관한 사항에 대해 종사자의 의견을 듣는 절차를 마련하고, 그 절차에 따라 의견을 들어 재해 예방에 필요하다고 인정하는 경우는 그에 대한 개선방안을 마련하여 이행하는지를 반기 1회 이상 점검한 후 필요한 조치를 할 것. 다만, 「산업안전보건법」 제24조에 따른 산업안전보건위원회 및 같은 법 제64조 · 제75조에 따른 안전 및 보건에 관한 협의체에서 사업 또는 사업장의 안전 · 보건에 관하여 논의하거나 심의 · 의결한 경우는 해당 종사자의 의견을 들은 것으로 본다.
8. 사업 또는 사업장에 중대산업재해가 발생하거나 발생할 급박한 위험이 있을 경우를 대비하여 다음 각 목의 조치에 관한 매뉴얼을 마련하고, 해당 매뉴얼에 따라 조치하는지를 반기 1회 이상 점검할 것
   가. 작업 중시, 근로자 내피, 위험요인 제거 등 대응조치
   나. 중대산업재해를 입은 사람에 대한 구호조치
   다. 추가 피해방지를 위한 조치
9. 제3자에게 업무의 도급 · 용역 · 위탁 등을 하는 경우는 종사자의 안전 · 보건을 확보하기 위해 다음 각 목의 기준과 절차를 마련하고, 그 기준과 절차에 따라 도급 · 용역 · 위탁 등이 이루어지는지를 반기 1회 이상 점검할 것
   가. 도급 · 용역 · 위탁 등을 받는 자의 산업재해 예방을 위한 조치 능력과 기술에 관한 평가기준 · 절차
   나. 도급 · 용역 · 위탁 등을 받는 자의 안전 · 보건을 위한 관리비용에 관한 기준
   다. 건설업 및 조선업의 경우 도급 · 용역 · 위탁 등을 받는 자의 안전 · 보건을 위한 공사기간 또는 건조기간에 관한 기준

제5조(안전 · 보건 관계 법령에 따른 의무이행에 필요한 관리상의 조치) ① 법 제4조제1항제4호에서 "안전보건 관계 법령"이란 해당 사업 또는 사업장에 적용되는 것으로서 종사자의 안전 · 보건을 확보하는 데 관련되는 법령을 말한다.

② 법 제4조제1항제4호에 따른 조치에 관한 구체적인 사항은 다음 각 호와 같다.

1. 안전보건 관계 법령에 따른 의무를 이행했는지를 반기 1회 이상 점검(해당 안전보건 관계 법령에 따라 중앙행정기관의 장이 지정한 기관 등에 위탁하여 점검하는 경우를

포함한다. 이하 이 호에서 같다)하고, 직접 점검하지 않은 경우는 점검이 끝난 후 지체없이 점검 결과를 보고받을 것

2. 제1호에 따른 점검 또는 보고 결과 안전 · 보건 관계 법령에 따른 의무가 이행되지 않은 사실이 확인되는 경우는 인력을 배치하거나 예산을 추가로 편성 · 집행하도록 하는 등 해당 의무이행에 필요한 조치를 할 것
3. 안전 · 보건 관계 법령에 따라 의무적으로 실시해야 하는 유해 · 위험한 작업에 관한 안전 · 보건에 관한 교육이 실시되었는지를 반기 1회 이상 점검하고, 직접 점검하지 않은 경우는 점검이 끝난 후 지체없이 점검 결과를 보고받을 것
4. 제3호에 따른 점검 또는 보고 결과 실시되지 않은 교육에 대해서는 지체없이 그 이행의 지시, 예산의 확보 등 교육실시에 필요한 조치를 할 것

제6조(안전보건교육의 실시 등) ① 법 제8조제1항에 따른 안전보건교육(이하 "안전보건교육"이라 한다)은 총 20시간의 범위에서 고용노동부 장관이 정하는 바에 따라 이수해야 한다.

② 안전보건교육에는 다음 각 호의 사항이 포함되어야 한다.

1. 안전보건관리체계의 구축 등 안전 · 보건에 관한 경영 방안
2. 중대산업재해의 원인 분석과 재발방지 방안

③ 고용노동부 장관은 「한국산업안전보건공단법」에 따른 한국산업안전보건공단이나 「산업안전보건법」 제33조에 따라 등록된 안전보건교육기관(이하 "안전보건교육기관 등"이라 한다)에 안전보건교육을 의뢰하여 실시할 수 있다.

④ 고용노동부 장관은 분기별로 중대산업재해가 발생한 법인 또는 기관을 대상으로 안전보건교육을 이수해야 할 교육대상자를 확정하고 안전보건교육 실시일 30일 전까지 다음 각 호의 사항을 해당 교육대상자에게 통보해야 한다.

1. 안전보건교육을 실시하는 안전보건교육기관 등
2. 교육일정
3. 그 밖에 안전보건교육의 실시에 필요한 사항

⑤ 제4항에 따른 통보를 받은 교육대상자는 해당 교육일정에 참여할 수 없는 정당한 사유가 있는 경우에는 안전보건교육 실시일 7일 전까지 고용노동부 장관에게 안전보건교육의 연기를 한 번만 요청할 수 있다.

⑥ 고용노동부 장관은 제5항에 따른 연기 요청을 받은 날부터 3일 이내에 연기 가능 여부

를 교육대상자에게 통보해야 한다.

⑦ 안전보건교육을 연기하는 경우 교육일정 등의 통보에 관하여는 제4항을 준용한다.

⑧ 안전보건교육에 드는 비용은 안전보건교육기관등에서 수강하는 교육대상자가 부담한다.

⑨ 안전보건교육기관등은 안전보건교육을 실시한 경우는 지체없이 안전보건교육 이수자 명단을 고용노동부 장관에게 통보해야 한다.

⑩ 안전보건교육을 이수한 교육대상자는 필요한 경우 안전보건교육이수확인서를 발급해 줄 것을 고용노동부 장관에게 요청할 수 있다.

⑪ 제10항에 따른 요청을 받은 고용노동부 장관은 고용노동부 장관이 정하는 바에 따라 안전보건교육이수확인서를 지체없이 내주어야 한다.

제7조(과태료의 부과기준) 법 제8조제2항에 따른 과태료의 부과기준은 별표 4와 같다.

제3장 중대시민재해

제8조(원료 · 제조물 관련 안전보건관리체계의 구축과 이행 조치) 법 제9조제1항제1호에 따른 조치의 구체적인 사항은 다음 각 호와 같다.

1. 다음 각 목의 사항을 이행하는 데 필요한 인력을 갖추어 중대시민재해 예방을 위한 업무를 수행하도록 할 것
   가. 법 제9조제1항제4호의 안전보건 관계 법령에 따른 안전 · 보건 관리 업무의 수행
   나. 유해 · 위험요인의 점검과 위험징후 발생 시 대응
   다. 그 밖에 원료 · 제조물 관련 안전보건관리를 위해 환경부 장관이 정하여 고시하는 사항
2. 다음 각 목의 사항을 이행하는 데 필요한 예산을 편성 · 집행할 것
   가. 법 제9조제1항제4호의 안전 · 보건 관계 법령에 따른 인력 · 시설 및 장비 등의 확보 · 유지
   나. 유해 · 위험요인의 점검과 위험징후 발생 시 대응
   다. 그 밖에 원료 · 제조물 관련 안전 · 보건 관리를 위해 환경부 장관이 정하여 고시하는 사항

3. 별표 5에서 정하는 원료 또는 제조물로 인한 중대시민재해를 예방하기 위해 다음 각 목의 조치를 할 것
   가. 유해 · 위험요인의 주기적인 점검
   나. 제보나 위험징후의 감지 등을 통해 발견된 유해 · 위험요인을 확인한 결과 중대시민재해의 발생 우려가 있는 경우의 신고 및 조치
   다. 중대시민재해가 발생한 경우의 보고, 신고 및 조치
   라. 중대시민재해 원인조사에 따른 개선조치
4. 제3호 각 목의 조치를 포함한 업무처리 절차의 마련. 다만, 「소상공인기본법」 제2조에 따른 소상공인의 경우는 제외한다.
5. 제1호 및 제2호의 사항을 반기 1회 이상 점검하고, 점검 결과에 따라 인력을 배치하거나 예산을 추가로 편성 · 집행하도록 하는 등 중대시민재해 예방에 필요한 조치를 할 것

제9조(원료 · 제조물 관련 안전 · 보건 관계 법령에 따른 의무이행에 필요한 관리상의 조치) ① 법 제9조제1항제4호에서 "안전 · 보건 관계 법령"이란 해당 사업 또는 사업장에서 생산 · 제조 · 판매 · 유통 중인 원료나 제조물에 적용되는 것으로서 그 원료나 제조물이 사람의 생명 · 신체에 미칠 수 있는 유해 · 위험 요인을 예방하고 안전하게 관리하는 데 관련되는 법령을 말한다.

② 법 제9조제1항제4호에 따른 조치의 구체적인 사항은 다음 각 호와 같다.

1. 안전 · 보건 관계 법령에 따른 의무를 이행했는지를 반기 1회 이상 점검(해당 안전 · 보건 관계 법령에 따라 중앙행정기관의 장이 지정한 기관 등에 위탁하여 점검하는 경우를 포함한다. 이하 이 호에서 같다)하고, 직접 점검하지 않은 경우는 점검이 끝난 후 지체없이 점검 결과를 보고받을 것
2. 제1호에 따른 점검 또는 보고 결과 안전 · 보건 관계 법령에 따른 의무가 이행되지 않은 사실이 확인되는 경우는 인력을 배치하거나 예산을 추가로 편성 · 집행하도록 하는 등 해당 의무이행에 필요한 조치를 할 것
3. 안전 · 보건 관계 법령에 따라 의무적으로 실시해야 하는 교육이 실시되는지를 반기 1회 이상 점검하고, 직접 점검하지 않은 경우는 점검이 끝난 후 지체없이 점검 결과를 보고받을 것
4. 제3호에 따른 점검 또는 보고 결과 실시되지 않은 교육에 대해서는 지체없이 그 이행

의 지시, 예산의 확보 등 교육 실시에 필요한 조치를 할 것

제10조(공중이용시설 · 공중교통수단 관련 안전보건관리체계 구축과 이행에 관한 조치) 법 제9조제2항제1호에 따른 조치의 구체적인 사항은 다음 각 호와 같다.

1. 다음 각 목의 사항을 이행하는 데 필요한 인력을 갖추어 중대시민재해 예방을 위한 업무를 수행하도록 할 것
   가. 법 제9조제2항제4호의 안전 · 보건 관계 법령에 따른 안전관리 업무의 수행
   나. 제4호에 따라 수립된 안전계획의 이행
   다. 그 밖에 공중이용시설 또는 공중교통수단과 그 이용자나 그 밖의 사람의 안전에 관하여 국토교통부 장관이 정하여 고시하는 사항
2. 다음 각 목의 사항을 이행하는 데 필요한 예산을 편성 · 집행할 것
   가. 법 제9조제2항제4호의 안전 · 보건 관계 법령에 따른 인력 · 시설 및 장비 등의 확보 · 유지와 안전점검 등의 실시
   나. 제4호에 따라 수립된 안전계획의 이행
   다. 그 밖에 공중이용시설 또는 공중교통수단과 그 이용자나 그 밖의 사람의 안전에 관하여 국토교통부 장관이 정하여 고시하는 사항
3. 공중이용시설 또는 공중교통수단에 대한 법 제9조제2항제4호의 안전 · 보건 관계 법령에 따른 안전점검 등을 계획하여 수행되도록 할 것
4. 공중이용시설 또는 공중교통수단에 대해 연 1회 이상 다음 각 목의 내용이 포함된 안전계획을 수립하게 하고, 충실히 이행하도록 할 것. 다만, 공중이용시설에 대해 「시설물의 안전 및 유지관리에 관한 특별법」 제6조에 따라 시설물에 대한 안전 및 유지관리계획을 수립 · 시행하거나 공중이용시설 또는 공중교통수단에 대해 철도운영자가 「철도안전법」 제6조에 따라 연차별 시행계획을 수립 · 추진하는 경우로서 사업주 또는 경영책임자 등이 그 수립 여부 및 내용을 직접 확인하거나 보고받은 경우는 안전계획을 수립하여 이행한 것으로 본다.
   가. 공중이용시설 또는 공중교통수단의 안전과 유지관리를 위한 인력의 확보에 관한 사항
   나. 공중이용시설의 안전점검 또는 정밀안전진단의 실시와 공중교통수단의 점검 · 정비(점검 · 정비에 필요한 장비를 확보하는 것을 포함한다)에 관한 사항
   다. 공중이용시설 또는 공중교통수단의 보수 · 보강 등 유지관리에 관한 사항

5. 제1호부터 제4호까지에서 규정한 사항을 반기 1회 이상 점검하고, 직접 점검하지 않은 경우는 점검이 끝난 후 지체없이 점검 결과를 보고받을 것
6. 제5호에 따른 점검 또는 보고 결과에 따라 인력을 배치하거나 예산을 추가로 편성·집행하도록 하는 등 중대시민재해 예방에 필요한 조치를 할 것
7. 중대시민재해 예방을 위해 다음 각 목의 사항이 포함된 업무처리절차를 마련하여 이행할 것. 다만, 철도운영자가 「철도안전법」 제7조에 따라 비상대응계획을 포함한 철도안전관리체계를 수립하여 시행하거나 항공운송사업자가 「항공안전법」 제58조제2항에 따라 위기대응계획을 포함한 항공안전관리시스템을 마련하여 운용한 경우로서 사업주 또는 경영책임자 등이 그 수립 여부 및 내용을 직접 점검하거나 점검 결과를 보고받은 경우는 업무처리 절차를 마련하여 이행한 것으로 본다.
   가. 공중이용시설 또는 공중교통수단의 유해·위험요인의 확인·점검에 관한 사항
   나. 공중이용시설 또는 공중교통수단의 유해·위험요인을 발견한 경우 해당 사항의 신고·조치요구, 이용 제한, 보수·보강 등 그 개선에 관한 사항
   다. 중대시민재해가 발생한 경우 사상자 등에 대한 긴급구호조치, 공중이용시설 또는 공중교통수단에 대한 긴급안전점검, 위험표지 설치 등 추가 피해방지 조치, 관계 행정기관 등에 대한 신고와 원인조사에 따른 개선조치에 관한 사항
   라. 공중교통수단 또는 「시설물의 안전 및 유지관리에 관한 특별법」 제7조제1호의 제1종시설물에서 비상상황이나 위급상황 발생 시 대피훈련에 관한 사항
8. 제3자에게 공중이용시설 또는 공중교통수단의 운영·관리 업무의 도급·용역·위탁 등을 하는 경우 공중이용시설 또는 공중교통수단과 그 이용자나 그 밖의 사람의 안전을 확보하기 위해 다음 각 목에 따른 기준과 절차를 마련하고, 그 기준과 절차에 따라 도급·용역·위탁 등이 이루어지는지를 연 1회 이상 점검하고, 직접 점검하지 않은 경우는 점검이 끝난 후 지체없이 점검 결과를 보고받을 것
   가. 중대시민재해 예방을 위한 조치능력 및 안전관리능력에 관한 평가기준·절차
   나. 도급·용역·위탁 등의 업무 수행 시 중대시민재해 예방을 위해 필요한 비용에 관한 기준

제11조(공중이용시설·공중교통수단 관련 안전·보건 관계 법령에 따른 의무이행에 필요한 관리상의 조치) ① 법 제9조제2항제4호에서 "안전·보건 관계 법령"이란 해당 공중이용시설·공중교통수단에 적용되는 것으로서 이용자나 그 밖의 사람의 안전·보건을 확보하는 데

관련되는 법령을 말한다.

② 법 제9조제2항제4호에 따른 조치의 구체적인 사항은 다음 각 호와 같다.

1. 안전보건 관계 법령에 따른 의무를 이행했는지를 연 1회 이상 점검(해당 안전·보건 관계 법령에 따라 중앙행정기관의 장이 지정한 기관 등에 위탁하여 점검하는 경우를 포함한다. 이하 이 호에서 같다)하고, 직접 점검하지 않은 경우는 점검이 끝난 후 지체없이 점검 결과를 보고받을 것
2. 제1호에 따른 점검 또는 보고 결과 안전·보건 관계 법령에 따른 의무가 이행되지 않은 사실이 확인되는 경우는 인력을 배치하거나 예산을 추가로 편성·집행하도록 하는 등 해당 의무이행에 필요한 조치를 할 것
3. 안전·보건 관계 법령에 따라 공중이용시설의 안전을 관리하는 자나 공중교통수단의 시설 및 설비를 정비·점검하는 종사자가 의무적으로 이수해야 하는 교육을 이수했는지를 연 1회 이상 점검하고, 직접 점검하지 않은 경우는 점검이 끝난 후 지체없이 점검 결과를 보고받을 것
4. 제3호에 따른 점검 또는 보고 결과 실시되지 않은 교육에 대해서는 지체없이 그 이행의 지시 등 교육 실시에 필요한 조치를 할 것

제4장 보칙

제12조(중대산업재해발생사실의 공표) ① 법 제13조제1항에 따른 공표(이하 이 조에서 "공표"라 한다)는 법 제4조에 따른 의무를 위반하여 발생한 중대산업재해로 법 제12조에 따라 범죄의 형이 확정되어 통보된 사업장을 대상으로 한다.

② 공표 내용은 다음 각 호의 사항으로 한다.

1. "중대산업재해발생사실의 공표"라는 공표의 제목
2. 해당 사업장의 명칭
3. 중대산업재해가 발생한 일시·장소
4. 중대산업재해를 입은 사람의 수
5. 중대산업재해의 내용과 그 원인(사업주 또는 경영책임자 등의 위반사항을 포함한다)
6. 해당 사업장에서 최근 5년 내 중대산업재해의 발생 여부

③ 고용노동부 장관은 공표하기 전에 해당 사업장의 사업주 또는 경영책임자 등에게 공표

하려는 내용을 통지하고 30일 이상의 기간을 정하여 그에 대해 소명자료를 제출하게 하거나 의견을 진술할 수 있는 기회를 주어야 한다.

④ 공표는 관보, 고용노동부나 「한국산업안전보건공단법」에 따른 한국산업안전보건공단의 홈페이지에 게시하는 방법으로 한다.

⑤ 제4항에 따라 홈페이지에 게시하는 방법으로 공표하는 경우 공표기간은 1년으로 한다.

제13조(조치 등의 이행사항에 관한 서면의 보관) 사업주 또는 경영책임자 등(「소상공인기본법」 제2조에 따른 소상공인은 제외한다)은 제4조, 제5조 및 제8조부터 제11조까지의 규정에 따른 조치 등의 이행에 관한 사항을 서면(「전자문서 및 전자거래 기본법」 제2조제1호에 따른 전자문서를 포함한다)으로 작성하여 그 조치 등을 이행한 날부터 5년간 보관해야 한다.

부칙〈제33023호, 2022.12.6.〉(도서관법 시행령)

제1조(시행일) 이 영은 2022년 12월 8일부터 시행한다.

제2조 부터 제4조까지 생략

제5조(다른 법령의 개정) ①부터 ⑳까지 생략

㉑ 중대재해 처벌 등에 관한 법률 시행령 일부를 다음과 같이 개정한다.

별표 2 제7호 중 "「도서관법」 제2조제1호"를 "「도서관법」 제3조제1호"로 한다.

㉒부터 ㉕까지 생략

제6조 생략

별표 / 서식

[별표 1] 직업성 질병(제2조 관련)

[별표 2] 법 제2조제4호가목의 시설 중 공중이용시설(제3조제1호 관련)

[별표 3] 법 제2조제4호나목의 시설물 중 공중이용시설(제3조제2호 관련)

[별표 4] 과태료의 부과기준(제7조 관련)

[별표 5] 제8조제3호에 따른 조치 대상 원료 또는 제조물(제8조제3호 관련)

■ 중대재해 처벌 등에 관한 법률 시행령 [별표 1]

직업성 질병(제2조 관련)

1. 염화비닐 · 유기주석 · 메틸브로마이드(bromomethane) · 일산화탄소에 노출되어 발생한 중추신경계장해 등의 급성중독
2. 납이나 그 화합물(유기납은 제외한다)에 노출되어 발생한 납 창백(蒼白), 복부 산통(産痛), 관절통 등의 급성중독
3. 수은이나 그 화합물에 노출되어 발생한 급성중독
4. 크롬이나 그 화합물에 노출되어 발생한 세뇨관 기능 손상, 급성 세뇨관 괴사, 급성신부전 등의 급성중독
5. 벤젠에 노출되어 발생한 경련, 급성 기질성 뇌증후군, 혼수상태 등의 급성중독
6. 톨루엔(toluene) · 크실렌(xylene) · 스티렌(styrene) · 시클로헥산(cyclohexane) · 노말헥산(n-hexane) · 트리클로로에틸렌(trichloroethylene) 등 유기화합물에 노출되어 발생한 의식장해, 경련, 급성 기질성 뇌증후군, 부정맥 등의 급성중독
7. 이산화질소에 노출되어 발생한 메트헤모글로빈혈증(methemoglobinemia), 청색증(靑色症) 등의 급성중독
8. 황화수소에 노출되어 발생한 의식 소실(消失), 무호흡, 폐부종, 후각신경마비 등의 급성중독
9. 시안화수소나 그 화합물에 노출되어 발생한 급성중독
10. 불화수소 · 불산에 노출되어 발생한 화학적 화상, 청색증, 폐수종, 부정맥 등의 급성중독
11. 인[백린(白燐), 황린(黃燐) 등 금지물질에 해당하는 동소체(同素體)로 한정한다]이나 그 화합물에 노출되어 발생한 급성중독
12. 카드뮴이나 그 화합물에 노출되어 발생한 급성중독
13. 다음 각 목의 화학적 인자에 노출되어 발생한 급성중독
    가. 「산업안전보건법」 제125조제1항에 따른 작업환경측정 대상 유해인자 중 화학적 인자
    나. 「산업안전보건법」 제130조제1항제1호에 따른 특수건강진단 대상 유해인자 중 화학적 인자

14. 디이소시아네이트(diisocyanate), 염소, 염화수소 또는 염산에 노출되어 발생한 반응성 기도과민증후군
15. 트리클로로에틸렌에 노출(해당 물질에 노출되는 업무에 종사하지 않게 된 후 3개월이 지난 경우는 제외한다)되어 발생한 스티븐스존슨 증후군(stevens-johnson syndrome). 다만, 약물, 감염, 후천성면역결핍증, 악성 종양 등 다른 원인으로 발생한 스티븐스존슨 증후군은 제외한다.
16. 트리클로로에틸렌 또는 디메틸포름아미드(dimethylformamide)에 노출(해당 물질에 노출되는 업무에 종사하지 않게 된 후 3개월이 지난 경우는 제외한다)되어 발생한 독성 간염. 다만, 약물, 알코올, 과체중, 당뇨병 등 다른 원인으로 발생하거나 다른 질병이 원인이 되어 발생한 간염은 제외한다.
17. 보건의료 종사자에게 발생한 B형 간염, C형 간염, 매독 또는 후천성면역결핍증의 혈액전파성 질병
18. 근로자에게 건강장해를 일으킬 수 있는 습한 상태에서 하는 작업으로 발생한 렙토스피라증(leptospirosis)
19. 동물이나 그 사체, 짐승의 털·가죽, 그 밖의 동물성 물체를 취급하여 발생한 탄저, 단독(erysipelas) 또는 브루셀라증(brucellosis)
20. 오염된 냉각수로 발생한 레지오넬라증(legionellosis)
21. 고기압 또는 저기압에 노출되거나 중추신경계 산소 독성으로 발생한 건강장해, 감압병(잠수병) 또는 공기색전증(기포가 동맥이나 정맥을 따라 순환하다가 혈관을 막는 것)
22. 공기 중 산소농도가 부족한 장소에서 발생한 산소결핍증
23. 전리방사선(물질을 통과할 때 이온화를 일으키는 방사선)에 노출되어 발생한 급성 방사선증 또는 무형성 빈혈
24. 고열작업 또는 폭염에 노출되는 장소에서 하는 작업으로 발생한 심부체온상승을 동반하는 열사병

■ 중대재해 처벌 등에 관한 법률 시행령 [별표 2] 〈개정 2022.12.6.〉

법 제2조제4호가목의 시설 중 공중이용시설(제3조제1호 관련)

1. 모든 지하역사(출입통로 · 대합실 · 승강장 및 환승통로와 이에 딸린 시설을 포함한다)
2. 연면적 2천제곱미터 이상인 지하도상가(지상건물에 딸린 지하층의 시설을 포함한다. 이하 같다). 이 경우 연속되어 있는 둘 이상의 지하도상가의 연면적 합계가 2,000 m^2 이상인 경우를 포함한다.
3. 철도역사의 시설 중 연면적 2,000 m^2 이상인 대합실
4. 「여객자동차 운수사업법」 제2조제5호의 여객자동차터미널 중 연면적 2천제곱미터 이상인 대합실
5. 「항만법」 제2조제5호의 항만시설 중 연면적 5천제곱미터 이상인 대합실
6. 「공항시설법」 제2조제7호의 공항시설 중 연면적 1,500 m^2 이상인 여객터미널
7. 「도서관법」 제3조제1호의 도서관 중 연면적 3천제곱미터 이상인 것
8. 「박물관 및 미술관 진흥법」 제2조제1호 및 제2호의 박물관 및 미술관 중 연면적 3,000 m^2 이상인 것
9. 「의료법」 제3조제2항의 의료기관 중 연면적 2,000 m^2 이상이거나 병상 수 100개 이상인 것
10. 「노인복지법」 제34조제1항제1호의 노인요양시설 중 연면적 1천제곱미터 이상인 것
11. 「영유아보육법」 제2조제3호의 어린이집 중 연면적 430 m^2 이상인 것
12. 「어린이놀이시설 안전관리법」 제2조제2호의 어린이놀이시설 중 연면적 430 m^2 이상인 실내 어린이놀이시설
13. 「유통산업발전법」 제2조제3호의 대규모점포. 다만, 「전통시장 및 상점가 육성을 위한 특별법」 제2조제1호의 전통시장은 제외한다.
14. 「장사 등에 관한 법률」 제29조에 따른 장례식장 중 지하에 위치한 시설로서 연면적 1,000 m^2 이상인 것
15. 「전시산업발전법」 제2조제4호의 전시시설 중 옥내시설로서 연면적 2,000 m^2 이상인 것
16. 「건축법」 제2조제2항제14호의 업무시설 중 연면적 3,000 m^2 이상인 것. 다만, 「건축

법 시행령」 별표 1 제14호나목2)의 오피스텔은 제외한다.

17. 「건축법」 제2조제2항에 따라 구분된 용도 중 둘 이상의 용도에 사용되는 건축물로서 연면적 2,000 m^2 이상인 것. 다만, 「건축법 시행령」 별표 1 제2호의 공동주택 또는 같은 표 제14호나목2)의 오피스텔이 포함된 경우는 제외한다.
18. 「공연법」 제2조제4호의 공연장 중 객석 수 1천석 이상인 실내 공연장
19. 「체육시설의 설치ㆍ이용에 관한 법률」 제2조제1호의 체육시설 중 관람석 수 1천석 이상인 실내 체육시설

※ 비고

둘 이상의 건축물로 이루어진 시설의 연면적은 개별 건축물의 연면적을 모두 합산한 면적으로 한다.

■ 중대재해 처벌 등에 관한 법률 시행령 [별표 3]

법 제2조제4호나목의 시설물 중 공중이용시설(제3조제2호 관련)

1. 교량	
가. 도로교량	1) 상부구조형식이 현수교, 사장교, 아치교 및 트러스교인 교량 2) 최대 경간장 50 m 이상의 교량 3) 연장 100 m 이상의 교량 4) 폭 6미터 이상이고 연장 100 m 이상인 복개구조물
나. 철도교량	1) 고속철도 교량 2) 도시철도의 교량 및 고가교 3) 상부구조형식이 트러스교 및 아치교인 교량 4) 연장 100 m 이상의 교량
2. 터널	
가. 도로터널	1) 연장 1,000 m 이상의 터널 2) 3차로 이상의 터널 3) 터널구간이 연장 100 m 이상인 지하차도 4) 고속국도, 일반국도, 특별시도 및 광역시도의 터널 5) 연장 300 m 이상의 지방도, 시도, 군도 및 구도의 터널
나. 철도터널	1) 고속철도 터널 2) 도시철도 터널 3) 연장 1,000 m 이상의 터널 4) 특별시 또는 광역시에 있는 터널
3. 항만	
가. 방파제, 파제제(波除堤) 및 호안(護岸)	1) 연장 500 m 이상의 방파제 2) 연장 500 m 이상의 파제제 3) 방파제 기능을 하는 연장 500 m 이상의 호안
나. 계류시설	1) 1만 톤급 이상의 원유부이식 계류시설(부대시설인 해저송유관을 포함한다) 2) 1만 톤급 이상의 말뚝구조의 계류시설 3) 1만 톤급 이상의 중력식 계류시설

구분	내용
4. 댐	
	1) 다목적댐, 발전용댐, 홍수전용댐 2) 지방상수도전용댐 3) 총저수용량 1백만톤 이상의 용수전용댐
5. 건축물	
	1) 고속철도, 도시철도 및 광역철도 역 시설 2) 16층 이상이거나 연면적 3만제곱미터 이상의 건축물 3) 연면적 5,000 m^2 이상(각 용도별 시설의 합계를 말한다)의 문화 · 집회 시설, 종교시설, 판매시설, 운수시설 중 여객용 시설, 의료시설, 노유자시설, 수련시설, 운동시설, 숙박시설 중 관광숙박시설 및 관광휴게시설
6. 하천	
가. 하구둑	1) 하구둑 2) 포용조수량 1천만 톤 이상의 방조제
나. 제방	국가하천의 제방[부속시설인 통관(通管) 및 호안(護岸)을 포함한다]
다. 보	국가하천에 설치된 다기능 보
7. 상하수도	
가. 상수도	1) 광역상수도 2) 공업용수도 3) 지방상수도
나. 하수도	공공하수처리시설 중 1일 최대처리용량 500톤 이상인 시설
8. 옹벽 및 절토사면(깎기비탈면)	
	1) 지면으로부터 노출된 높이가 5 m 이상인 부분의 합이 100 m 이상인 옹벽 2) 지면으로부터 연직(鉛直)높이(옹벽이 있는 경우 옹벽 상단으로부터의 높이를 말한다) 30 m 이상을 포함한 절토부(땅깎기를 한 부분을 말한다)로서 단일 수평연장 100 m 이상인 절토사면

※ 비고

1. "도로"란 「도로법」 제10조의 도로를 말한다.
2. 교량의 "최대 경간장"이란 한 경간(徑間)에서 상부구조의 교각과 교각의 중심선 간의 거리를 경간장으로 정의할 때, 교량의 경간장 중에서 최댓값을 말한다. 한 경간 교량에 대해서는 교량 양측 교대의 흉벽 사이를 교량 중심선에 따라 측정한 거리를 말한다.

3. 교량의 "연장"이란 교량 양측 교대의 흉벽 사이를 교량 중심선에 따라 측정한 거리를 말한다.
4. 도로교량의 "복개구조물"이란 하천 등을 복개하여 도로의 용도로 사용하는 모든 구조물을 말한다.
5. 터널 및 지하차도의 "연장"이란 각 본체 구간과 하나의 구조로 연결된 구간을 포함한 거리를 말한다.
6. "방파제, 파제제 및 호안"이란 「항만법」 제2조제5호가목2)의 외곽시설을 말한다.
7. "계류시설"이란 「항만법」 제2조제5호가목4)의 계류시설을 말한다.
8. "댐"이란 「저수지 · 댐의 안전관리 및 재해예방에 관한 법률」 제2조제1호의 저수지 · 댐을 말한다.
9. 위 표 제4호의 지방상수도전용댐과 용수전용댐이 위 표 제7호가목의 광역상수도 · 공업용수도 또는 지방상수도의 수원지시설에 해당하는 경우에는 위 표 제7호의 상하수도시설로 본다.
10. 위 표의 건축물에는 그 부대시설인 옹벽과 절토사면을 포함하며, 건축설비, 소방설비, 승강기설비 및 전기설비는 포함하지 않는다.
11. 건축물의 연면적은 지하층을 포함한 동별로 계산한다. 다만, 2동 이상의 건축물이 하나의 구조로 연결된 경우와 둘 이상의 지하도상가가 연속되어 있는 경우에는 연면적의 합계로 한다.
12. 건축물의 층수에는 필로티나 그 밖에 이와 비슷한 구조로 된 층을 포함한다.
13. "건축물"은 「건축법 시행령」 별표 1에서 정한 용도별 분류를 따른다.
14. "운수시설 중 여객용 시설"이란 「건축법 시행령」 별표 1 제8호의 운수시설 중 여객자동차터미널, 일반철도역사, 공항청사, 항만여객터미널을 말한다.
15. "철도 역 시설"이란 「철도의 건설 및 철도시설 유지관리에 관한 법률」 제2조제6호가목의 역 시설(물류시설은 제외한다)을 말한다. 다만, 선하역사(시설이 선로 아래 설치되는 역사를 말한다)의 선로구간은 연속되는 교량시설물에 포함하고, 지하역사의 선로구간은 연속되는 터널시설물에 포함한다.
16. 하천시설물이 행정구역 경계에 있는 경우 상위 행정구역에 위치한 것으로 한다.
17. "포용조수량"이란 최고 만조(滿潮) 시 간척지에 유입될 조수(潮水)의 양을 말한다.
18. "방조제"란 「공유수면 관리 및 매립에 관한 법률」 제37조, 「농어촌정비법」 제2조제6호, 「방조제 관리법」 제2조제1호 및 「산업입지 및 개발에 관한 법률」 제20조제1항에 따라 설치한 방조제를 말한다.
19. 하천의 "통관"이란 제방을 관통하여 설치한 원형 단면의 문짝을 가진 구조물을 말한다.
20. 하천의 "다기능 보"란 용수 확보, 소수력 발전이나 도로(하천을 횡단하는 것으로 한정한다) 등 두 가지 이상의 기능을 갖는 보를 말한다.
21. 위 표 제7호의 상하수도의 광역상수도, 공업용수도 및 지방상수도에는 수원지시설, 도수관로 · 송수관로(터널을 포함한다) 및 취수시설을 포함하고, 정수장, 취수 · 가압펌프장, 배수지, 배수관로 및 급수시설은 제외한다.

■ 중대재해 처벌 등에 관한 법률 시행령 [별표 4]

과태료의 부과기준(제7조 관련)

1. 일반기준
   가. 위반행위의 횟수에 따른 과태료의 가중된 부과기준은 최근 1년간 같은 위반행위로 과태료 부과처분을 받은 경우에 적용한다. 이 경우 기간의 계산은 위반행위에 대해 과태료 부과처분을 받은 날과 그 처분 후 다시 같은 위반행위를 하여 적발된 날을 기준으로 한다.
   나. 가목에 따라 가중된 부과처분을 하는 경우 가중처분의 적용 차수는 그 위반행위 전 부과처분 차수(가목에 따른 기간 내에 과태료 부과처분이 둘 이상 있었던 경우에는 높은 차수를 말한다)의 다음 차수로 한다.
   다. 부과권자는 다음의 어느 하나에 해당하는 경우에는 제3호의 개별기준에 따른 과태료(제2호에 따라 과태료 감경기준이 적용되는 사업 또는 사업장의 경우에는 같은 호에 따른 감경기준에 따라 산출한 금액을 말한다)의 2분의 1 범위에서 그 금액을 줄여 부과할 수 있다. 다만, 과태료를 체납하고 있는 위반행위자에 대해서는 그렇지 않다.
      1) 위반행위자가 자연재해 · 화재 등으로 재산에 현저한 손실을 입었거나 사업여건의 악화로 사업이 중대한 위기에 처하는 등의 사정이 있는 경우
      2) 위반행위가 사소한 부주의나 오류로 인한 것으로 인정되는 경우
      3) 위반행위자가 법 위반상태를 시정하거나 해소하기 위해 노력한 것이 인정되는 경우
      4) 그 밖에 위반행위의 정도, 위반행위의 동기와 그 결과 등을 고려하여 과태료 금액을 줄일 필요가 있다고 인정되는 경우
2. 사업 · 사업장의 규모나 공사 규모에 따른 과태료 감경기준
   상시근로자 수가 50명 미만인 사업 또는 사업장이거나 공사금액이 50억원 미만인 건설공사의 사업 또는 사업장인 경우에는 제3호의 개별기준에도 불구하고 그 과태료의 2분의 1 범위에서 감경할 수 있다.

3. 개별기준

위반행위	근거 법조문	과태료		
		1차 위반	2차 위반	3차 이상 위반
법 제8조제1항을 위반하여 경영책임자 등이 안전보건교육을 정당한 사유 없이 이행하지 않은 경우	법 제8조 제2항	1천만 원	3천만 원	5천만 원

■ 중대재해 처벌 등에 관한 법률 시행령 [별표 5]

제8조제3호에 따른 조치 대상 원료 또는 제조물(제8조제3호 관련)

1. 「고압가스 안전관리법」 제28조제2항제13호의 독성가스
2. 「농약관리법」 제2조제1호, 제1호의2, 제3호 및 제3호의2의 농약, 천연식물보호제, 원제(原劑) 및 농약활용기자재
3. 「마약류 관리에 관한 법률」 제2조제1호의 마약류
4. 「비료관리법」 제2조제2호 및 제3호의 보통비료 및 부산물비료
5. 「생활화학제품 및 살생물제의 안전관리에 관한 법률」 제3조제7호 및 제8호의 살생물물질 및 살생물제품
6. 「식품위생법」 제2조제1호, 제2호, 제4호 및 제5호의 식품, 식품첨가물, 기구 및 용기·포장
7. 「약사법」 제2조제4호의 의약품, 같은 조 제7호의 의약외품(醫藥外品) 및 같은 법 제85조제1항의 동물용 의약품·의약외품
8. 「원자력안전법」 제2조제5호의 방사성물질
9. 「의료기기법」 제2조제1항의 의료기기
10. 「총포·도검·화약류 등의 안전관리에 관한 법률」 제2조제3항의 화약류
11. 「화학물질관리법」 제2조제7호의 유해화학물질
12. 그 밖에 제1호부터 제11호까지의 규정에 준하는 것으로서 관계 중앙행정기관의 장이 정하여 고시하는 생명·신체에 해로운 원료 또는 제조물

참고
문헌

01 참고도서

1. 가습기살균제사건과 4.16 세월호 참사 특별조사위원회. (2021). 중대시민재해 도입 의미와 안전사회 건설을 위한 향후 과제 정책토론회 자료집.
2. 국가수사본부. (2021). 중대재해처벌법 수사 가이드.
3. 관계부처 합동. (2022.1).「중대재해처벌법」관계부처 해설 모음집.
4. 국토교통부. (2021.12). 중대재해처벌법 해설 – 중대시민재해(시설물 · 공중교통수단).
5. 국토교통부. (2023.10). 중대재해처벌법 해설 – 중대시민재해(시설물 · 공중교통수단).
6. 근로복지공단. (2022.4). 직장어린이집 중대재해처벌법 대응 매뉴얼.
7. 김영국. (2021). "중대재해처벌법의 법적 쟁점과 법정책 과제". 입법학연구, 18(1).
8. 김희진. (발행년도 미상). "지방자치단체 관점으로 본 중대재해처벌법 분석 및 영향 – 중대시민재해를 중심으로". 이슈&정책공간.
9. 경상남도. (발행년도 미상). 원료 · 제조물 중대시민재해 중대재해처벌법 요약자료.
10. 대한의사협회. (2024.4). 중대재해처벌법 관련 Q&A.
11. 박봉철. (2020.8). "휴대전화 전자파 관련 제조물 책임법상 손해배상청구 방안". 동아법학, 88.
12. 사회적참사 특별조사위원회. (2020). 가습기살균제 피해규모 정밀 추산 연구.
13. 정현희. (2022.12). "「중대재해 처벌 등에 관한 법률」의 재판 실무상 쟁점". 사법정책연구원 현안보고서.
14. 소방청. (2021.12). 중대재해처벌법 해설 – 중대시민재해(다중이용시설).
15. 식품의약품안전처. (2022.4). 식품위생 분야 중대시민재해 맞춤형 해설서.
16. 식품의약품안전처. (2022.4). 화장품 분야 중대시민재해 맞춤형 해설서.
17. 식품의약품안전처. (2022.4). 임상시험(의약품) 분야 중대시민재해 맞춤형 해설서.
18. 서울특별시 재난안전관리실. (2023.8). 중대재해처벌법 – 중대시민재해 안내서.
19. 서울시설공단. (2021). 중대시민재해 예방 대응 매뉴얼.
20. 서울시설공단. (2021.9). 시민과 종사자의 안전을 지키기 위한 중대재해 예방 대응관리 계획.
21. 신상영 외 4인. (2022). 중대시민재해 주요 이슈와 장 · 단기 대응 방향. 서울연구원.
22. 이석민 외 1인. (2024.1). 서울시 민간 분야 중대시민재해 시설 실태조사 및 관리 방안. 서울연구원 정책리포트 제388호.
23. 이정기. (발행년도 미상). "중대재해처벌법상 중대시민재해의 법령 해석에 대한 검토 – 사례와 관련". 동아법학, 97.
24. 인천연구원, 조성윤. (2023). 인천광역시 중대시민재해 주요 이슈 및 대응 방안.

25. 한국소비자원. (2020). 2020년 소비자 위해정보 동향 및 통계 분석.
26. 한일임. (2021). “중대시민재해 도입의 의미와 한계는?”. 중대시민재해 도입 의미와 안전사회 건설을 위한 향후 과제 정책토론회 자료집.
27. 환경부. (2021.12). 중대재해처벌법 해설 – 중대시민재해(원료 · 제조물).
28. 환경부. (2021.12). 중대재해처벌법 해설서 – 중대시민재해(원료 · 제조물).
29. 환경부. (2023.12). 원료 · 제조물 중대시민재해 분야 중대재해처벌법의 이해 해설서.
30. 홍채은. (발행 연도 미상). “소비자 관점에서 본 「중대재해처벌법」에서의 중대시민재해”. 소비자정책동향, 116.

02 언론기사 등

1. 경향신문. (2022). 골프장 연못 50대 익사...공중시설 사고에 첫 ‘중대시민재해’.
2. 경향신문. (2025.04.20). 중대시민재해 법 적용 혼선…지자체 대응 역량 부족.
3. 경제정의실천시민연합. (2025.04.09). [기자회견] 중대시민재해 대상 현황 분석발표.
4. 굿투데이뉴스. (2025.01.16). [최명기칼럼] 중대재해처벌법으로 중대시민재해 예방?
5. 대한경제. (2023.06.02). 시설물 크기 따라 처벌 갈려 혼란만 더욱 키우는 중처법.
6. 대한전문건설신문. 최명기. (2024.07.08). [전문가 視角] 간과되고 있는 ‘중대시민재해’ 대비책.
7. 대한전문건설신문. 최명기. (2025.03.31). [전문가 視覺] 건설현장, 중대시민재해도 대비해야.
8. 대한전문건설신문. 최명기. (2025.05.19). [전문가 視覺] 완공 30년후에도 처벌 가능한 ‘중대시민재해’.
9. 매일건설신문. 최명기. (2025.01.20). [기고] 구멍 뚫린 중대시민재해, 이대로는 반복되는 사고 막을 수 없어.
10. 법률신문. (2025.01.25). 국민 관심사 된 중대시민재해.
11. 세이프티퍼스트닷뉴스. (2021.06.10). 광주 건물 철거현장에서 발생한 중대시민재해, 철거와 관련된 제도개선 시급.
12. 서울신문. (2025.04.15). 중대시민재해 대상 확대 필요성…도로 포함 여부 논의.
13. 수원지검 성남지청. (2024.12.19). 성남시장, 중대시민재해 혐의 무혐의 처분.
14. SBS 뉴스. (2025.04.22). 중대시민재해 책임자 기소…청주시장 등 3명.
15. 연합뉴스. (2023.04.05). 성남 정자교 붕괴…중대시민재해 해당 여부 논란.
16. 연합뉴스. (2024.03.24). 서울 강동구 대형 싱크홀 발생…중대시민재해 해당 여부 검토.
17. 연합뉴스. (2024.03.29). 창원 NC파크 구조물 낙하…관중 사망, 중대시민재해 적용 가능성.

18. YTN 뉴스. (2025.04.24). 중대시민재해 예방 위한 법 개정 논의 본격화.
19. JTBC 뉴스. (2025.04.23). 중대시민재해 수사 확대…공중교통수단 관리 실태 점검.
20. 진앤리 법률사무소 블로그. (2024.05.24). 중대시민재해 해당 사례를 통해 살펴보면.
21. 투데이신문. 최명기. (2023.01.21). 건설 현장, 총체적 부실…'위험 보는 눈'부터 만들어야.
22. 한국NGO신문. (2025.04.06). 시민단체, 중대시민재해 대상 현황 공개 예고…"현행 제도 개선점 모색".
23. 한겨레. (2025.04.18). 무안공항 참사, 중대시민재해 적용 가능성 검토.
24. 뉴시스. (2022). 순천 골프장 연못 익사사고...경찰, 중대재해법 적용 검토.
25. KBS 뉴스. (2025.01.09). 오송 참사 중대시민재해, 단체장 엇갈린 운명 이유는?
26. KBS 뉴스. (2025.04.11). 창원NC파크 사망사고…중대시민재해 첫 강제수사.
27. CCEJ 공식사이트. (2025.04.09). 중대시민재해 대상 현황 분석발표 기자회견.
28. 서울시. (2022). 중대시민재해 예방교육. YouTube 영상.

찾아
보기

저자 소개

최명기崔銘起

학력

- 전남대학교 공과대학 토목공학과 졸업(1988.2)
- 명지대학교 정보산업대학원 산업안전, 석사수료(1992.8)
- 동신대학교 대학원 토목공학과 졸업, 공학석사(2000.8)
- 광운대학교 건설법무대학원 건설법무학과 졸업, 법학석사(2009.2)
- 동신대학교 대학원 토목공학과 졸업, 공학박사(2005.2)
- 연세대학교 법무대학원 중대재해처벌법 전문가과정 4기(2024)

자격

- 산업안전지도사(건설안전, 2012)
- 건설안전기술사(1999)
- 토목시공기술사(2000)
- 토목품질시험기술사(2002)
- 도로 및 공항기술사(2003)
- 기술거래사, CMP, Matriz 3rd

경력

- 대한민국산업현장교수단 건설분야 교수 / (사)한국건설안전학회 부회장
- 건설기술교육원 외래교수 / (사)한국건설사회환경학회 부회장
- (사)한국재난안전연구원 부원장 / (사)한국기술사회 안전조사위원장
- (사)한국건설품질기술사회 부회장 / (협)건설품질안전기술원 감사
- (사)한국건설가설협회 시험연구소장
- 동신대학교 토목공학과 산학협력중점 조교수
- 성화대학교 토목환경공학과 조교수(산학협력처장)
- 한국산업안전보건공단 대리/금호건설(주) 사원/육군 공병 중위(학군 26기)

자문위원 경력

- 국회 재난안전정책포럼 전문위원, 한국재난안전정책연구원 사고조사특별위원장
- 한국안전리더스포럼 부회장
- 건설교통부 중앙건설기술심의위원회 위원(10기)
- 행정안전부 중앙재난관리평가위원단 위원
- 국방부 특별건설기술심의위원, 소방청 중앙소방기술심의위원회 위원
- 해양수산부 설계기술자문위원
- 서울, 부산, 원주, 대전, 익산지방국토관리청 기술자문위원
- 서울특별시 감사위원회 명예하도급 호민관, 광주광역시 시민감사관
- 서울특별시, 경기도, 대전, 대구, 인천, 광주, 전라남도, 강원도 지방건설기술자문위원
- 한국도로공사. LH, 국가철도공단, 국토안전관리원, 안전보건공단, 한국환경공단 등 자문위원 다수

상훈 및 저서

- 대통령 표창(2021), 국회건설교통위원장 표창(2020), 행정안전부 장관표창(2009)
- 광주광역시장 표창(2015), 전라남도지사 표창(2010)
- 중대재해처벌법 안전보건 확보의무와 대응 실무(지우북스, 2025)
- 중소기업 경영자와 실무자를 위한 중대재해처벌법 체계구축과 이행 실무(지우북스, 2024)
- 스마트 건설과 안전(지우북스, 2020, 대한민국학술원 우수도서)
- 스마트 안전의 현재와 미래(지우북스, 2022)
- 건설안전공학(지우북스, 2020)
- 스마트 건설 자동화 로봇과 건설용 3D 프린터(지우북스, 2021)
- 안전전문가가 알려주는 중대재해처벌법 대응전략 실무(국토일보, 2021)
- 공항개론(구미서관, 2008), 공항토목시설공학(예문사, 2011) 등 19권

중대재해처벌법

위험을 넘어 안전한 사회로

중대시민재해

이해와 실무

1판 1쇄 발행 2025년 9월 25일

저자 최명기
발행인 서철종
발행처 도서출판 지우북스
주소 경기도 파주시 문발로 115 세종출판벤처타운 209호
전화 031-915-6670(代)
팩스 031-915-6671
이메일 jwbooks@nate.com
홈페이지 www.jwbooks.co.kr
출판등록 제406-251002017-000032호
ISBN 979-11-92639-37-6 93530

정가 42,000원